2010年（总18期）

佛山年鉴

FOSHAN NIANJIAN

佛山年鉴编纂委员会
佛　山　年　鉴　社　编

广东省出版集团
广东人民出版社

·广州·

图书在版编目（CIP）数据

佛山年鉴. 2010／佛山年鉴编纂委员会，佛山年鉴社编. —广州：广东人民出版社，2010.11

ISBN 978-7-218-06936-4

Ⅰ. ①佛… Ⅱ. ① 佛… ② 佛… Ⅲ. ①佛山市－2010－年鉴 Ⅳ. ①Z526. 53

中国版本图书馆CIP数据核字（2010）第211393号

佛山年鉴. 2010

佛山年鉴编纂委员会　佛山年鉴社　编

出 版 人：金炳亮

责任编辑：卢　卫　吴小荃　柏　峰　张贤明　严耀峰

封面设计：卢　卫

出版发行：广东人民出版社

地　　址：广州市大沙头四马路10号（邮政编码：510102）

电　　话：（020）83798714（总编室）

传　　真：（020）83780199

网　　址：http://www.gdpph.com

印　　刷：佛山市华彩印刷有限公司

书　　号：ISBN 978-7-218-06936-4

开　　本：850mm × 1168mm　1/16

印　　张：22　　**插　页**：200　　**字　数**：300千字

版　　次：2010年11月第1版　2010年11月第1次印刷

定　　价：160.00元

编辑说明

一、《佛山年鉴》是由中共佛山市委员会、佛山市人民政府主持出版的一部地方性综合年鉴。每年更新资料出版一次，国内外公开发行。

二、《佛山年鉴》旨在全面、系统、准确地反映每个年度佛山市政治经济和社会各项事业的基本情况，为读者了解和研究佛山提供基本资料。

三、《佛山年鉴》采用分类编辑法。主体内容以篇目、类目、分目、条目四个结构层次的体例设置框架，以条目为表现内容的基本形式。全书条目标题统一采用黑体字加【 】表示。

四、本年鉴按常规以出版年份作卷次名称，《佛山年鉴（2010）》着重反映2009年佛山市政治、经济、文化、教育等各项事业的发展情况。全书设特载，佛山大事记，概况，政治，法制，经济，科教文，社会生活，各区、镇（街道）建设，社会统计资料，文件、法规选编以及部分企业事业单位介绍等12个篇目。为突显出版当年的新闻时效性，特设《新的一页》图片专辑和专题图片特辑，以图片形式反映2009年以及2010年发生的要事和大事。

五、本年鉴统计数据采用法定计量单位，主要统计数据，均经撰稿单位与统计部门核对。全书所载录内容均由各撰稿单位审定提供。由于统计口径不一，个别数字可能不一致，使用时以佛山市统计局提供的数字为准。

六、本年鉴的编辑出版工作得到全市各级党委、政府的大力支持和统计部门、各有关单位以及广东人民出版社的通力合作，谨此致谢。本刊疏漏之处，敬请批评指正。

佛山年鉴编纂委员会

佛山年鉴编委会办公室

佛 山 年 鉴 社

目　　录

第一篇　特　载

第二篇　佛山大事记

第三篇　佛山概况

第四篇 政 治

特辑专栏

第五篇 法 制

第六篇　经　济

图片专栏

第七篇 科教文

第八篇 社会生活

第十篇　社会统计资料

第十一篇　文件 • 法规选编

第十二篇　企业事业单位介绍

坚定不移调结构　脚踏实地促转变

为实现佛山经济社会又好又快发展而努力奋斗！

春风化雨

中共中央政治局常委、国务院副总理李克强（中）在广东格兰仕集团家用电器生产基地视察空调生产车间时，认真查看工资单，了解农民工收入情况。

中共中央政治局常委、国务院副总理李克强（前右三）视察南海区夏西村通过“三旧”改造落实城镇化工作。

中共中央政治局常委、中央政法委书记周永康（前左二）高度赞扬南海综治信访维稳工作。

广东都市型产业基地以佛山一环桂城段和佛平路为主轴，以沿线政府储备地和农村集体土地为载体，成批量、成体系地建设都市型产业聚集发展平台。图为广东省省委书记汪洋（右二）和省市区领导视察广东都市型产业基地。

中共中央政治局委员、广东省省委书记汪洋（右三）参观华南精密制造技术研究开发院。

2010年6月23日上午，省长黄华华（左二）在市委书记、市长陈云贤（左一）等领导陪同下到佛山市调研，了解佛山的教育改革发展情况。

春风化雨

2009 年 11 月 27 日，广东省省委副书记、省长黄华华（前左）在佛山市市委书记林元和（前右）陪同下到 1506 创意产业园视察。

2010 年 8 月 2 日，在省政协副主席汤炳权（前右一），市长李贻伟（前左二），市委常委、顺德区委书记梁毅民（前右二）等陪同下，省长黄华华（前中）一行在顺德区的广东工业设计城参观考察。

2010 年 9 月 21 日，广东省省长黄华华（中）在佛山市市委书记陈云贤（左）的陪同下到志高空调股份有限公司调研，要求志高公司争当全省非公有制企业创先争优的典范。

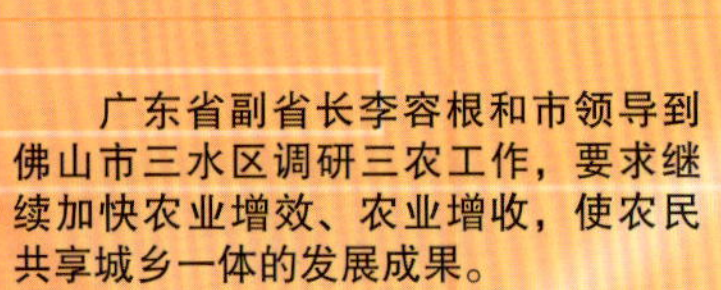

广东省副省长李容根和市领导到佛山市三水区调研三农工作，要求继续加快农业增效、农业增收，使农民共享城乡一体的发展成果。

在第二届广东外商投资企业产品（内销）博览会上，广东省省长黄华华来到佛山参展企业德国宝展位前，了解企业参展情况。

在佛山市光大服装有限公司的生产车间，加拿大总督米夏埃尔 · 让（前左一）与生产一线的女工亲切握手并交谈。

在市委常委、常务副市长冼瑞伦（右三）的陪同下，坦桑尼亚联合共和国总统桑给巴尔（右四）参观中国陶瓷城。

2010 年 7 月 20 日，召开中国共产党佛山市第十届委员会第九次全体会议。

在市委十届九次全会上，市委书记陈云贤作重要讲话，提出“四化融合、智慧佛山”引领佛山新发展，并首次提出“智慧佛山，文化先行”。

2010 年 7 月 24 日，佛山市第十三届人民代表大会第五次会议在市机关大礼堂胜利闭幕。

2010 年 7 月 23 日，佛山市政协第十届四次会议在市政协礼堂胜利闭幕。

在佛山市第十三届人民代表大会第五次会议上，陈云贤向大会作政府工作报告。

2010 年 7 月 24 日，市委书记、市人大常委会主任陈云贤向新当选的佛山市市长李贻伟颁发证书。

2010 年 9 月 3 日举行佛山市人大常委会设立三十周年纪念大会，市委书记、市人大常委会主任陈云贤作重要讲话。

2010 年 5 月 31 日，在佛山市转变经济发展方式专题研讨班开班上，市委书记、市长陈云贤作重要讲话。

2010 年 6 月 27 日，市委书记、市长陈云贤与央视《对话》栏目主持人陈伟鸿畅谈佛山转型，现场掌声阵阵。

2010 年 7 月 23 日下午，陈云贤接受媒体采访，畅谈佛山发展。

优化结构

中科院研究生院继续教育学院与佛山市委党校、中国科学院产业技术创新与育成中心签订共建新人才培训中心协议。

2009 佛山（国际）现代服务业暨第六届佛山（国际）物流合作洽谈会于 6 月 30 日在佛山皇冠假日酒店举行。

2010 年 6 月 9 日，在中共中央政治局委员、广东省委书记汪洋，省委副书记、省长黄华华，一汽集团总经理徐建一，大众汽车集团总裁文德恩等的见证下，省委常委、常务副省长朱小丹，佛山市委书记、市长陈云贤和来自一汽集团、大众汽车、一汽－大众的代表分别代表广东省政府、佛山市政府和一汽集团、大众汽车、一汽－大众在仪式上签约并相互握手祝贺。

在佛山市领导周天明、李子甫以及澳门特区政府经济局局长苏添平等的见证下，佛山和澳门两地有关部门的代表签署相关合作协议。

2010 年 6 月 13 日，在云浮市委书记王蒙徽（前左三）的陪同下，佛山市委书记、市长陈云贤（前左二）考察佛山（云浮）产业转移工业园。

佛山海峡两岸创意农业城动工暨首批进驻企业签约仪式。

新的一页 优化结构

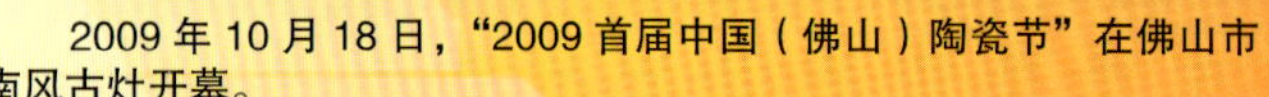

2009 年 10 月 18 日，“2009 首届中国（佛山）陶瓷节”在佛山市南风古灶开幕。

2009 年 5 月 27 日，广东新光源产业基地正式落户南海区罗村。

2010 年 8 月 18 日，禅城区和石湾街道有关领导为广东鹰牌陶瓷集团有限公司成立揭牌。

2010 年 11 月 2 日，红牛集团广东生产基地在三水正式投产，佛山市市委书记陈云贤和参会嘉宾为投产仪式剪彩。

第五届中国国际专利与名牌博览会暨首届中国（顺德）国际工业设计创意博览会开幕式。

可口可乐装瓶商生产（佛山）有限公司生产基地在三水西南金本水乡工业园破土动工。

2009 年 11 月 18 日，佛山机场正式复航。图为佛山沙堤机场开航暨中国联航北京—佛山首航庆祝仪式。

2009 年 2 月 10 日，佛山市举行三水区云东海湖（北湖）蓄水仪式，环境再造工程初结硕果。

2010 年 3 月 12 日，中科院和佛山科技合作座谈会在京举行，双方表示探索产学研合作的“佛山模式”。

在第三届中国（顺德）国际工业设计创意博览会上，市委书记陈云贤向机器人伸手打招呼。这个机器人中文名字叫“若凡”，会“说话”，并且能记住家庭成员的脸，可以照顾老年人，帮助递送药物等。

2010 年 7 月 15 日，彩虹集团 4.5 代 AMOLED 生产线落户顺德，成功签约。市委书记陈云贤（后排中）、顺德区区委书记刘海（后排右二）等参加了签约仪式。

2010 年 4 月 15 日，禅城区人民政府与中国规模最大的第三方互联网数据中心（中信中立）专业外包服务提供商——世纪互联数据中心有限公司在北京隆重签约。

国星光电生产线。

昭信集团LED展厅内，光彩夺目的灯光让人仿佛来到另一个“光的世界”，也将昭信集团从传统行业带入高科技产业。

狮山产业集聚效应不断增强。图为在某汽配车间，工人们正在紧张地工作。

汽车产业带动技术创新和经济发展。

科技创新打造“白色家电之都”。

城市谋略

祖庙—东华里片区改造后的效果图。

省、市领导考察佛山市东华里片区改造现场。

市委书记陈云贤对东平新城的规划、定位提出意见。

市领导陈云贤、周天明等与国家发改委经济体制综合改革司司长孔泾源（右二）等在2009佛山城市可经营项目投资推介会暨签约仪式前参观各展区。

2010 佛山城市可经营项目投资推介洽谈会暨签约仪式。

第二届佛山市政府专家顾问团第一次会议于2010年8月26日下午在佛山皇冠假日酒店举行。

“四化融合、智慧佛山”第二届佛山市政府专家顾问团第一次会议。

佛山市市长李贻伟为第二届佛山市政府专家顾问团成员颁发聘书。

市政府专家顾问团实地考察正在改造中的祖庙—东华里片区。

2010年1月9日，佛山首批新农保养老金发出。广东省委常委、副省长肖志恒为佛山村民颁发新农保个人账号对账折。

民心工程之一的渔民公寓建成。2009年春节，三水区651户水上人家上岸居住。

广佛肇“一起来，更精彩”，广州、佛山、肇庆三市工作会议在广州举行。三市的市委书记、市长在广州塔上俯视城市建设。

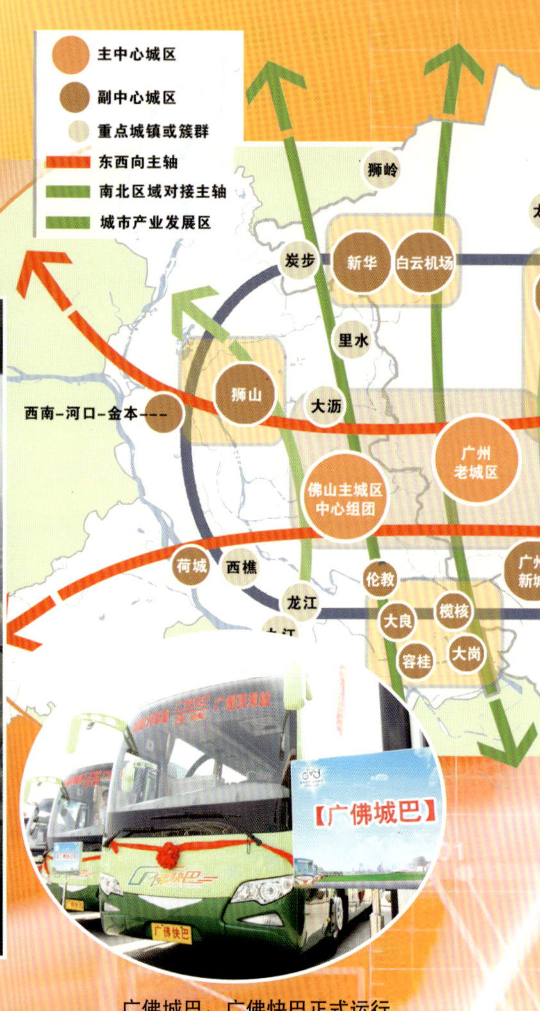

广佛城巴、广佛快巴正式运行。

2010年4月7日，在广佛同城第三次市长联席会议上，广州市市长张广宁、佛山市市长陈云贤分别发言。

《广佛同城化城市管理领域合作协议》签订仪式在佛山市城市管理行政执法局举行。

广佛肇三地环保部门联合在三水西江输水口进行水质抽样检查。

广佛同城化司法协助协议签署仪式。

点燃激情，传递梦想。2010 年 11 月 4 日，象征着和平、友谊和梦想的第 16 届亚洲运动会火炬传递到了美丽的佛山，80 名火炬手与 600 万佛山市民激情共襄盛事，一起为佛山喝彩，为亚运加油。图为佛山市市委书记陈云贤、市长李贻伟在火炬传递仪式上。

2010 年 7 月 28 日，“活力广州”2010 年广东省青少年拳击冠军赛（亚运测试赛）在佛山岭南明珠体育馆举行。

佛山慈善万人行队伍经过通济桥。

中国花样游泳队在世纪莲体育中心游泳馆训练。

佛山公安等部门为亚运会提供完善的安保。

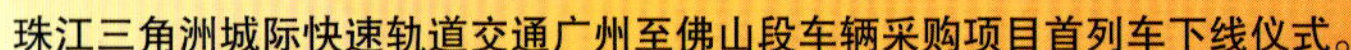
珠江三角洲城际快速轨道交通广州至佛山段车辆采购项目首列车下线仪式。

广佛地铁首通段全线贯通仪式。

在装配生产车间，广佛地铁首列下线的列车被戴上了大红花。

魁奇路站验票入口大厅。

在夏南车辆段内的广佛地铁的控制中心。

地铁站内的自动售票机。

2010 年 11 月 3 日，广佛地铁首通段开通典礼在千灯湖站地面举行。省市领导共同为广佛地铁首通段开通启动按钮。广佛同城生活进入地铁时代，开启珠三角一体化新纪元。

明亮、宽敞的地铁列车。

广佛地铁站有着浓厚的佛山特色。

明亮、宽敞的地铁列车。

佛山市顺德区开展综合改革试验工作动员大会召开。

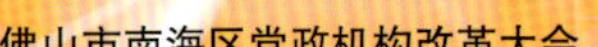

佛山市南海区党政机构改革大会。

顺德区召开容桂街道“简政强镇”事权改革试点工作动员大会。

在顺德区容桂街道海尾社区内的社工服务站，市委书记陈云贤与服务站的社工亲切交谈。

宽敞明亮的行政服务中心大厅。

行政服务中心办证大厅。

南海区村党组织换届选举全面铺开。图为桂城街道平东村村委会的党员们踊跃投票。

“繁荣文学艺术事业，建设岭南文化名城”佛山市文学艺术盛会。

2010 年 6 月 12 日，市委书记、市长陈云贤，市委常委、禅城区委书记梁毅民等领导为参加龙舟赛的龙舟点睛。

国家级非物质文化遗产“香云纱染整技艺”揭牌暨“广东香云纱文化产业园区”和“香云纱文化遗产保护基地”挂牌成立仪式在顺德区伦教街道隆重举行。

由市纪委、市委宣传部等部门主办的反腐倡廉曲艺戏剧小品文艺汇演在佛山琼花剧院举行。

整治后的汾江河水质大为改善，河面上彩龙起舞。

2010 年佛山秋色欢乐节在南海区千灯湖开幕，璀璨的烟花与灯影艺术多维激光、360 度球幕幻彩灯影秀、水幕激光秀及传统的秋色令数以万计的群众大饱眼福。

中共广东省委常委、宣传部部长林雄敲响铜锣，宣布粤剧电影《小周后》首映礼开始暨万场农村放映活动正式启动。

佛山“CHINA 功夫”群雕“踢”进上海世博会。

2010 年 9 月 24 日，佛山市南海区罗村街道中心广场，3167 人分布在广场上集体展示咏春拳。

在第六届（深圳）国际文化产业博览交易会上，佛山剪纸艺人独特的制作技法吸引了众多参展商和采购代表的浓厚兴趣。

“智慧佛山，和谐禅城”文化活动。

低碳绿网

市委书记陈云贤等领导参与公共自行车系统启动仪式。

在禅城区第四届公交周及无车日活动启动仪式上，新投入使用的以天然气作为燃料的公交车、节能环保双燃料新出租车以及公共自行车在现场展示。

禅城区公共自行车站点。

市委书记陈云贤等领导骑自行车畅游三水云东海绿道。

南海区桂城街道公共自行车站点。

省立1号绿道在云东海有10公里示范段，能让骑行者感受到景观、运动和生态三种野趣。

限摩后整洁的城市道路。

汾江河治理后的广佛龙舟邀请赛。

碧水蓝天的宜居家园。

整治后的河涌水质大为改善。

远离污染、水质洁净的自来水厂。

污水处理厂严格处理工业、生活用水。

新的一页
美丽家园

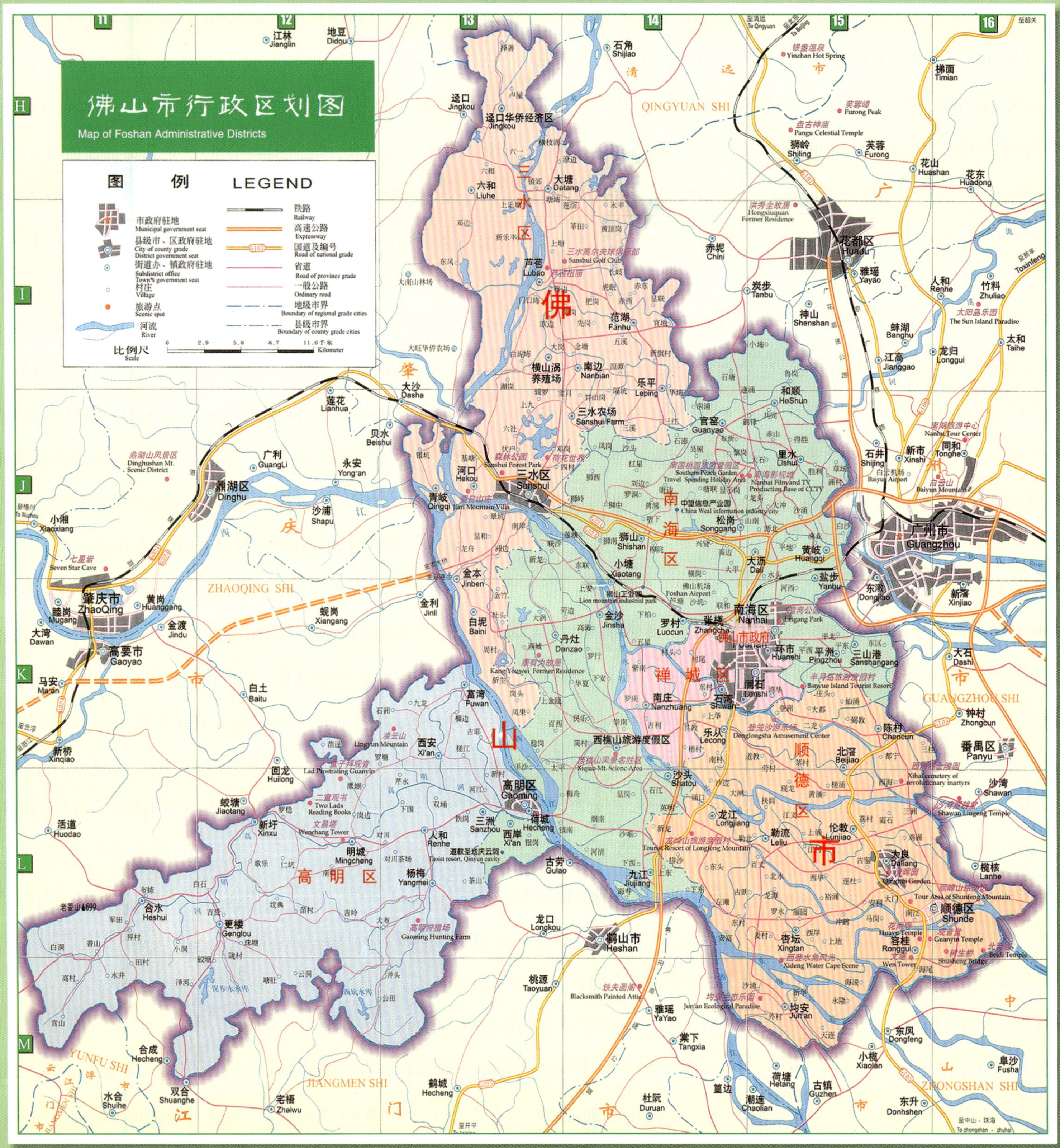

佛山市行政区划图

Map of Foshan Administrative Districts

图例 LEGEND

- 市政府驻地 Municipal government seat
- 县级市、区政府驻地 City of county grade District government seat
- 街道办、镇政府驻地 Subdistrict office Town's government seat
- 村庄 Village
- 旅游点 Scenic spot
- 河流 River
- 铁路 Railway
- 高速公路 Expressway
- 国道及编号 Road of national grade
- 省道 Road of province grade
- 一般公路 Ordinary road
- 地级市界 Boundary of regional grade cities
- 县级市界 Boundary of county grade cities

比例尺 Scale 0 2.9 5.8 8.7 11.6千米 Kilometer

三水区 佛山市 南海区 禅城区 顺德区 高明区

FOSHAN NIANJIAN

第一篇
特 载

传承历史　开拓未来
以“四化融合，智慧佛山”引领佛山新发展

——在中共佛山市委十届九次全体会议上的报告

（2010 年 7 月 20 日）

陈 云 贤

这次全会主要是两大任务：一是认真贯彻落实省委十届七次全会精神，对我市岭南文化名城建设进行再部署、再发动。二是在传承发展的新起点上，部署佛山当前及今后一个时期的工作，以新战略新目标引领佛山新发展，动员全市上下抢抓机遇，一鼓作气，乘势而上，全力推动我市工业化转型、城镇化加速、国际化提升，实现转变经济发展方式的新突破，沿着“四化融合，智慧佛山”的新道路开拓前进。

一、认真贯彻落实省委十届七次全会精神，推动岭南文化名城建设再上新台阶

省委十届七次全会专题研究建设文化强省工作，出台《广东省建设文化强省规划纲要》，对建设文化强省进行全面部署，体现了广东建设文化强省的信心和决心。汪洋书记所作的重要讲话，从中国特色社会主义事业“四位一体”总体布局的高度出发，把文化建设作为经济社会发展的重要组成部分，强调大力弘扬广东“解放思想、改革开放”的时代精神，要求把广东建设成为在全国具有重要影响力的区域文化中心，发展社会主义先进文化的排头兵，提升我国文化软实力的主力省，中国文化“走出去”的生力军和率先探索中国特色社会主义发展道路的示范区，形成具有中国气派、岭南风格、广东特色的现代文化体系。力争用 10 年左右时间，达到与广东经济社会发展相适应的文化发展水平，实现文化事业强、文化产业强、文化辐射力和影响力强、文化形象好的目标。省委这一决策部署，体现了科学发展观的要求，符合先进文化的前进方向，符合广东和佛山的实际，为我们在新时期进一步深化文化体制改革、加快文化事业发展、促进文化与经济的融合指明了方向。我们一定要认真学习、深入领会，按照省委的统一部署，从佛山实际出发，为推动文化强省建设作出新的贡献。

智慧佛山，文化先行。一个地区或城市的竞争力与魅力，最终决定于文化软实力和人文精神的塑造。尤其是随着网络时代和信息技术的迅猛发展，文化与经济交融进一步深化，文化的经济功能明显增强，经济的文化含量不断提高，文化软实力日益成为衡量一个地区综合竞争力的重要标志，文化的发展不仅能够满足人民群众日益多样化、多层次、多方面的精神需求，而且文化产业作为战略性、先导性产业，不断开辟着经济发展的新途径、新空间。文化日益成为我市推进经济社会发展的重要元素，成为推动产业转型、城市转型和环境再造的重要力量。我们把握后国际金融危机时期的重大格局变化，以及从工业社会向信息社会迈进的发展趋势，确立“四化融合，智慧佛山”的新目标，既是贯彻落实省委十届七次全会精神、提升文化软实力的战略选择，也是转变经济发展方式、提升民生社会事业的现实需要。“四化融合，智慧佛山”不仅要实现物

的智能化，更要提升人的智慧和文化的穿透力，通过全社会文化素养的提升和现代人文精神的引领，彰显智慧城市的题中之义，不断扩大岭南文化名城的影响力和辐射力，让岭南文化在继承发展中再放异彩。

佛山是岭南文化的重要发祥地之一，历史文化底蕴深厚，我们以承办第七届亚洲艺术节为起点，推动新时期岭南文化名城建设不断取得新进展，去年出台了《关于进一步推进岭南文化名城建设的若干意见》和《佛山市文化产业发展规划》，全面规划和加快推进文化事业发展，在促进文化与经济融合、弘扬岭南文化传统、创新文化产业发展、构建城乡文化网络等方面走在全省的前面。佛山有条件有能力也必须为建设文化强省发挥更大的作用，在推动岭南文化名城与智慧佛山融合发展中，担当广东文化强省建设的排头兵。

当前和今后一个时期，我们要全力推进岭南文化名城建设和文化产业发展规划的实施，围绕“四化融合，智慧佛山”的战略目标，以“传承文化遗产，壮大文化产业、改善文化民生”为主线，不断推进文化创新发展，大力提升文化软实力，推动佛山文化的发展与繁荣，把佛山建设成为“岭南文化重镇、创意经济集聚高地、现代产业服务中心、休闲娱乐魅力家园”，以人的智慧和城市文化品位的提升，为智慧城市建设注入新的源泉和动力。

我们要把文化建设作为“四化融合,智慧佛山”的重要组成部分，围绕建设岭南文化名城，构建丰富多元的大城市文化形态，推动文化加快融入产业发展、融入市民生活，进一步创新文化发展的新路径。一是实施“广府文化艺术原创工程”，依托佛山丰富的陶瓷、民俗、粤剧、武术、醒狮、龙舟以及名人等文化资源，采用多种文化艺术形态，创作一批具有时代特点、佛山特色和较高水准的现代文化产品。二是加强文化遗产的产业化开发，提升岭南文化在文物博览、文化旅游、商贸、休闲中的功能作用，充分挖掘民间传统文化的产业价值和市场潜力，开发文化旅游基地和各种节庆活动、表演项目、工艺美术产品，把“魅力佛山”、“行通济”、“岭南天地”、“佛山秋色”、石湾公仔、剪纸、香云纱、广绣等独具佛山特色的文化精品打造成为亮丽的城市名片，提高城市文化品位。三是大力发展文化产业，打造各具特色的文化创意园区和产业基地，加快培育发展动漫、智能出版、智能教育、智能图书馆、智能文化信息服务业，支持佛山传媒集团做大做强和争取上市，积极引进文化产业项目，推动文化产业迅速成为佛山现代服务业的支柱产业。四是加快推进城乡公共文化服务体系建设，突出抓好公共文化综合体、博物馆、图书馆以及各具特色的主题公园和广场等一批大型文化设施建设，实现广播、电视、电脑三网覆盖城乡和图书文化信息资源城乡共享，扶持培育各种形式的基层特色文化社区和群众文化艺术社团，打造城市“十分钟文化圈”和农村“十里文化圈”。五是着力提高文化创新能力，深化文化体制机制改革，建立岭南文化研究机构和文化交流论坛，着力构筑文化人才高地，加快培养具有岭南风格、时代风貌的文化团队和文化大师。六是加快文化“走出去”，加强与世界各地的文化交流与合作，不断扩大岭南文化的国际影响力，使佛山这个岭南历史文化名城在传承文化传统、融合现代文明当中焕发出更加灿烂夺目的光芒。

二、全面落实“三着力一推进”,以“四化融合，智慧佛山”引领新发展

（一）传承历史，开拓未来

我们正站在传承历史、开拓未来新的起点上，新的市委领导班子肩负着承前启后、继往开来的历史使命，必须把握新趋势，明确新目标，开拓新未来。

当前世界经济已经进入后国际金融危机时代，世界各国正在积极调整经济政策，经济结构将面临深度调整，科技创新孕育新的突破，物联网、绿色经济、低碳技术及其产业化已经成为世界各国争夺未来发展的战略制高点。我国正处在只有调整经济结构才能促进持续发展的关键时期，单纯依靠资源投入、外延发展的粗放型发展方式在能源、土地等资源制约日益突出和环境容量接近极限的情况下已经难以为继,必须在保持经济平稳较快发展的同时，坚定不移调结构、脚踏实地促转变。广东和佛山都面临深度转型发展的艰难局面，面对国内长三角率先转型、环渤海快速提升、中西部迅速崛起的激烈竞争态势，不转不行，慢转也不行，只有加快经济转型、产业升级和体制机制创新，抢占新兴产业发展战略高地,才能在新一轮的发展中立于不败之地。

佛山经过改革开放30多年的先走一步，历经从农业经济到工业经济、从内源型经济到内外源型经济、从产业低端到产业高端发展三个阶段，正处于工业化中期向后期转变或者后工业化初期阶段转变的过程，呈现出加快转变经济发展方式构建现代产业体系，广佛同城化携领加速融入珠三角一体化，以农村居民收入倍增计划加速推进城乡一体化，进一步与国际接轨、参与国际竞争与提升国际化，抓改革促发展和更多惠及民生的发展趋势。这是我们立足当前、顺势而为、开拓未来的重要基础和方向指引。

经过“十一五”时期的发展，我市产业转型、城市转型和环境再造等各个方面都取得了重大突破。提前实现了“十一五”规划目标，经济总量5年连上3个千亿台阶，2010年全市生产总值预计比2005年实现翻番，全市基本形成产业加快转型升级、区域和城乡比较协调发展、改革向纵深推进、民生社会事业不断发展提升的新格局。今年以来，我市经济承接去年率先突围的态势，继续保持平稳快速增长，一批足以改变佛山面貌的重大项目已经完成或者正在完成。广佛地铁将在亚运会之前顺利通车，岭南天地一期即将投入使用，汾江河综合整治取得“不黑不臭、河水变清”的阶段性成果，一环南延线拓展工程基本竣工，千灯湖金融区初步成型，东平新城雏形逐步展现，祖庙重新修葺对外开放，佛山机场民航成功复航，第二饮用水源首期工程试产通水，五区完成大部制改革，33个镇街简政强镇事权改革全面铺开，“三旧”改造取得突破性进展，绿道网建设初见成效。全市五区亮点纷呈，禅城区实施“优二进三”和发展总部经济取得新突破，南海区新兴产业、生态环保、智能城管成效显著，顺德区大部制改革成为全省标杆，高明区发展不断提速，三水区产业集群凸显，形成百舸争流、五虎争雄的可喜局面。更加重要的是，通过各级党委、政府的不懈努力，我们成功争取到一批国家级、省级的建设示范和重大发展项目，成为引领佛山今后发展的龙头和潜在优势。一是成为全国首个国家级新型工业化产业示范基地，光电显示、光照明、光伏等光电产业正在加快发展。一汽大众项目落户南海，云计算和多功能计算机芯片项目落户禅城，新一代显示（AMOLED）项目落户顺德，引领先进制造和高新技术产业的新发展。二是成为全国首个用“十一五”新指标验收通过的国家环保模范城，南海模式得到国家环保总局充分肯定，全市创建国家生态文明示范区正在开展前期工作。三是“三旧”改造得到国家的高度认同，在全国引起积极反响，成为全省乃至全国的示范。四是成为全省地级市唯一的国家驰名商标和著名品牌示范城市，对佛山实施品牌战略、标准化战略将起到极大的促进作用。五是与中科院全面开展战略合作，共建育成中心和产业孵化基地，形成一大批科技联盟的合作项目，为科研成果转化为现实生产力、促进企业自主创新提供了重要的支撑平台。所有这些，都是支撑佛山现在和未来发展的重要基础和优势，也是我们传承历史、开拓未来的基石。我们要在历届党委、政府打下的良好基础上，在“十一五”时期形成的雄厚实力上，以百倍的信心、扎实的工作，一鼓作气，奋力开拓，率先走出一条成功的转型道路，继续领跑珠三角，领跑广东。

（二）全面落实“三着力一推进”各项工作任务

落实“三着力一推进”是我市今后3年推动“两转型一再造”的重点任务和主要路径，也是力促经济发展方式转变，夯实“四化融合，智慧佛山”基础的重大举措，必须全力以赴，确保各项任务的顺利完成。

*第一，着力转变经济发展方式，加快构建现代产业体系。*当前主要从3个路径，加快我市现代产业体系建设的进程。

一是大力发展战略性新兴产业。以建设国家新型工业化产业示范基地为目标，以“四化融合”为路径，瞄准战略性新兴产业的前沿项目和重大工程，重点主攻光电产业、新材料和现代服务业，力争到2012年产业规模均超过1000亿；重点培育新医药、环保、电动汽车产业；培植发展射频识别（RFID）、物联网、云计算产业，尽快形成一批拥有核心技术和自主品牌、全国同行业领先、进入广东现代产业500强的新兴龙头企业，打造具有国际竞争力的新兴产业集聚区。

二是加快发展现代服务业。实行生产性服务业与生活性服务业并举，不断延伸服务业产业链条，提升第三产业的比重和水平。大力发展与制造业相

联系的工业设计、信息分析、技术检测等制造业服务业，积极拓展工业服务外包，打造工业服务业城市，辐射周边城市以至整个亚太地区。依托广东金融高新技术服务区，发展金融产业集群，建设金融后台服务基地、信息分析中心和金融创新中心，拓展在岸和离岸金融服务外包，服务华南，辐射海外。落实CEPA先行先试试点工作，借力海峡两岸经济合作框架协议（ECFA）签署，促进与港澳和台湾地区现代服务业领域的深度合作。全力推进金融服务、现代物流、信息服务、创意设计、总部经济、会展商务、科技服务、旅游休闲等一批现代服务业重点项目建设，带动我市现代服务业全面升级。

三是以信息技术和先进技术改造提升传统产业。一方面，引导和支持企业加强科技进步、自主创新，用智能技术、物联网技术等信息技术提升机械装备、家用电器、陶瓷、家具等优势传统产业，开发高附加值智能产品，通过夯实基础、创造品牌、注册专利、制定标准、品牌输出，扩大佛山产品国内外市场份额，实现规模化、国际化发展，跻身产业链高端环节，提升产业国际竞争力。另一方面，引导企业与资本市场结合，充分利用联合国支持产业集群和资本运作佛山国际示范城市项目，争取更多的企业上市，实现企业转型升级和做大做强。再一方面，继续加大对高污染、高耗能、低效益企业的关停并转力度，腾出新的发展空间，培育发展总部经济、会展经济、研发经济、物流经济、信息经济集聚区。

*第二，着力实施农民收入倍增计划，加快城乡一体化发展。*通过加快实施农村居民收入倍增计划、实现城市公共服务覆盖农村、推动城市基础设施向农村延伸等三条路径，加快我市城乡一体化进程，进一步缩小城乡差距。

一是加快实施农村居民收入倍增计划。首先要全面加快“三旧”改造步伐。利用国家“三旧”改造政策的支持，抓紧推进“532”工程，经过3年努力，启动“三旧”改造用地10万亩，达到应改造土地面积的50%，实现“旧城镇、旧厂房、旧村居”向“新城市、新产业、新社区”转变。其次要积极推广高科技农产品，建设农业科技示范园，加速农业科技成果转化，带动都市型、生态型、观光型、创汇型农业发展，帮助农民培植新品种，培育新市场，拓展农民增收的新途径。第三要大力提升农业产业化水平，积极推广南海和顺、顺德北滘、三水乐平的农业产业化模式，培养农业产业工人，使产业农民在增加土地租赁收入的同时，获得更多的农业产业化收益。

二是加快社会事业和公共服务向村居延伸。通过镇街简政强镇改革、下放审批权限、政府服务下移基层等途径，大力发展城乡教育、公共医疗、社会保障、就业培训、文化体育等社会事业，提高城乡公共服务均等化水平，进一步解决我市农村面临的公共需求全面快速增长与公共服务供给相对匮乏的矛盾，让广大农村居民分享到统筹城乡发展的成果。

三是加快城市基础设施向农村延伸。加快供水供电、燃气、信息通讯、道路照明等基础设施向农村的延伸建设，完善农村交通路网和村镇公共交通网络，提升公交、道路硬底化、垃圾污水处理等整体水平。积极推进农村生活环境和生态环境建设，加快构建城乡绿道网，不断改善城乡居民生产生活和居住环境。

*第三，着力提升民生社会事业，加快建设和谐佛山。*顺应转型时期更多关注民生社会事业发展提升的新趋势和新要求，各级政府要拿出更多的财力支持民生建设和社会事业发展，投入更多的精力维护社会和谐稳定。当前，要结合亚运的举办，抓住社会关注的突出民生问题，搞好民生工程建设。一是抓好治安升级工程。围绕亚运的安保工作，开展社会治安大整治，全面扫除黑、赌、毒，建立完善在城市主要区域和重点部位加强警力的制度，强化社会治安的控制面，确保亚运安全和佛山平安。二是抓好交通升级工程。紧密结合亚运安保、环保工作，加快推进交通基础设施建设，大力发展公共交通，构建公交、地铁、轻轨以及其他交通路网无缝对接的交通运输体系，为市民提供方便快捷安全的出行环境。全面加强摩托车管理，从8月1日开始启动限摩工作，有步骤分阶段推进，不断改善城市交通环境。三是抓好环境升级工程。以国家授予佛山环境保护模范城市、创建国家生态文明示范城市为契机，全力推进环境再造工程，力争水环境、大气环境和生态环境明显改善。四是抓好食品、药品和安全生产工程。强化食品、药品和农产品市场监

管，加强安全生产隐患排查整治，坚决遏制重大事故发生，保障市民生命安全。五是抓好扶贫开发工程。认真落实“规划到户、责任到人”扶贫开发工作，在高标准做好四川水磨镇、新疆伽师县援建工作的同时，加大对我市革命老区和贫困村居的扶持发展力度，努力实现共同富裕。六是抓好和谐劳动关系构建工程。以创建全国和谐劳动关系示范区为目标，进一步改善用工环境，建立健全劳动关系协调处置机制，充分发挥工会维权作用，切实保障职工合法权益，加快实施优秀农民工进城入户计划，努力实现企业职工“政治有地位、权益有保障、精神有关怀、生活有配套、困难有扶助、发展有机会”。

第四，推进改革促发展。按照科学发展、先行先试的要求，大胆探索，推进重点领域和关键环节的深化改革，率先建立有利于转变经济发展方式的新体制新机制。

一是深化行政管理体制改革。以建设服务型政府、提高政府的执行力为目标，进一步完善五区大部制改革，9月底完成33个镇街的简政强镇事权改革，年底完成事业单位分类改革。配合大部制和简政强镇的新机制，进一步完善行政审批制度，实现行政审批服务“内联五区、外延村居”，更好地服务群众、服务企业、服务社会。探索推进公共服务市场化改革，积极培育行业协会、商会、公益慈善机构等非营利性社会组织，逐步实现还权于社会。结合亚运交通提升工程，抓紧推进市直机关公务用车制度改革，确保9月底前完成改革任务。

二是深化财政金融体制改革。优化财政支出结构，深化金融发展三项计划，打造证券市场“佛山板块”，让资本之光照耀佛山产业高地；加快农信社改制、村镇银行、农业贷款信用体系以及保险业服务“三农”的创新步伐，构建新型农村金融体系。

三是深化农村体制改革。按照“统筹协调，先易后难，分类指导，分步实施”的原则，力争在简政强镇、金融保险、“两确权”、集体经济组织、股份合作、产权交易、村（居）规范管理等关键环节的改革取得新突破。

四是探索社会组织架构和运作方式改革。“四化融合，智慧佛山”不仅需要理念和技术创新，更需要社会组织和运作方式的创新。要适应信息技术进步与广泛应用对人才组织结构的新要求和社会力量组织形式的新变化，探索改革社会组织架构和运作方式，建立完善新的运作规范，使先进的生产管理方式得到更加有效的发挥，让社会力量为“智慧佛山”建设发挥重要作用。

（三）以“四化融合，智慧佛山”引领新发展

新的起点要有新的战略和新的方向，新的市委领导集体肩负着谋划未来、引领发展的重大使命。我们提出“四化融合，智慧佛山”的战略新方向，是立足于佛山正处在人均生产总值超过1万美元、后工业化初期产业从低端向高端转型发展阶段，以及工业化转型、城镇化加速、国际化提升的发展趋势，紧跟全球信息技术革命的步伐和国内外智慧城市发展的浪潮，结合我市构建现代产业体系和抢占战略性新兴产业高地，结合珠三角一体化、广佛同城化和城乡一体化，结合民生社会事业的全面提升与和谐社会的加快构建，而作出的立足当前、面向未来的总体战略创新，是基于佛山的发展特色和产业优势对智慧城市的内涵与路径的延伸和深化，也是贯穿我市“十二五”时期乃至在新一轮转变经济发展方式进程中，推进“两转型一再造”的主攻方向和战略突破口。我们要力争经过3到5年的努力，通过以信息化带动工业化、以信息化提升城镇化、以信息化加快国际化，实现产业、城镇、国际化提升，基本形成“四化融合，智慧佛山”的雏形，使佛山成为宜居宜商宜发展的智慧城市和人民安居乐业的美好家园。

第一，以信息化带动工业化，提升产业综合竞争力。通过两条路径，实现信息化与工业化的进一步融合。一是大力培育发展与信息化相关联的新兴产业，集中力量重点发展光电、现代服务业、电动汽车等高信息技术含量的新兴产业，培育发展射频识别（RFID）、物联网、云计算、服务外包等前沿新兴产业，注意培植信息化与工业化融合当中不断形成的新兴产业，打造信息制造业基地，加快培育新兴产业群。二是运用信息化手段促进传统产业转型升级，在传统产业各个领域各个环节广泛推广应用集成管理软件、三维设计、电子商务、物联网等信息化技术和手段，转变生产与服务形态和模式，提高产品智能化以及资源配置效率和效益，实现传统产业先进制造、现代服务。

第二，以信息化提升城镇化，增强城市发展竞争力。重点在两个领域进行突破：一是积极推进电信网、电视网、互联网的三网融合，形成一个无处不在的U佛山，为城市功能的提升和市民生活方式的转变提供信息网络和基础设施的支撑。二是加大信息技术在城市管理和社会发展领域的渗透和整合力度，把物联网等先进的信息技术与城市运行管理相结合，大力发展智能交通、智能环保、智能土地监控、智能治安、智能城管、智能教育、智能医疗、智能文化、智能商务、智能政务，实现各行各业智能化，并使之有机地结合起来，形成更高水平的智能化、更全面的互联互通、更有效的交换共享、更协作的关联应用，实现城市运营安全、高效、便捷、绿色、和谐的目标。

第三，以信息化加快国际化，提升佛山国际竞争力。通过微观和宏观的信息化与国际化的融合，为企业参与国际竞争、提升我市国际化程度提供支持和服务。在微观层面，引导企业广泛应用企业资源计划（ERP）、产品数据管理（PDM）、客户关系管理（CRM）等国际现代企业管理手段，加快与国际接轨步伐；支持企业以物联网、互联网和射频识别（RFID）等信息技术为依托，建立国际化的研发、生产、销售和服务体系，提高开拓国际市场的能力；大力发展第三方电子交易平台，为企业“走出去”发展国际化企业创造更好的条件。在宏观层面，加快建设集跨部门、跨行业、跨地区的“电子口岸”大通关信息平台，为进出口企业提供电子支付、物流配送、电子报关、电子报检等“一站式”通关服务，提升口岸竞争力；应用信息技术分析产业、行业在国内外市场的状况，帮助企业制定发展策略、占领先机，实现国际化发展；加强与港澳在服务外包、信息网络、旅游、物流与会展、口岸通关等方面的合作，共同打造区域发展新优势。

当前，推进“四化融合，智慧佛山”，要从最基础的、最关键的工作入手。一是要找准路径，选好项目。进一步完善和加快实施《“四化融合，智慧佛山”发展规划纲要》，以此引领全局工作的开展。要瞄准物联网、射频识别（RFID）等前沿先导产业，选好“种子”项目，引进若干“大树”企业，以大项目带动产业链的快速形成，尽快形成占领制高点的新兴产业群。二是要明确任务，落实责任。“四化融合，智慧佛山”涉及经济社会民生各个领域各个方面，各区、各部门、各单位要迅速行动起来，按照《发展规划纲要》的总体部署和分工要求，结合各自职能和任务目标，制订发展计划，出台实施方案，明确部门和领导责任，迅速启动前期工作，寻找各自突破口，分阶段、按步骤推进实施，并从时间、资金、人力、资源、政策等各个方面给予充分保障，力求在短期内取得突破，变成看得见的实实在在的项目和成果。三是要整合资源，形成体系。要打破目前信息资源、网络系统、技术体系的部门封闭运行的格局，推进信息基础设施、信息网络和应用平台的一体化、标准化建设，加快全市各区、各部门、各行业之间的信息资源和信息服务的整合，建设统一的信息公共平台，形成纵向一体、区域横向连通、关联服务有效衔接、覆盖全市的信息化服务体系，让管理更高效，让服务更完善，让生活更便捷。

三、狠抓关键措施的落实，确保各项任务全面完成

不论是落实“三着力一推进”，还是促进“四化融合，智慧佛山”，关键在人，关键在区，关键在抓落实。

（一）以知识转型和人才高地引领工业化转型、城镇化加速、国际化提升

经济要转轨，社会要转型，干部要先转型。要以善于学习为追求目标，开展大规模干部培训，引导干部学以立德、学以增智、学以致用，着力塑造学习型的干部队伍；以真抓实干为导向，明确责任，转变作风，引导干部求真务实、勤政为民、扎实工作，着力塑造实干型的干部队伍；以开拓创新为动力，弘扬改革创新的精神，引导干部大胆探索、锐意进取、奋发有为，着力塑造创新型的干部队伍；以高效服务为目标，强化制度教育和建设，增强公职人员的纪律意识、制度意识，引导干部提高统筹力、增强执行力、强化监督力，着力塑造高效型的干部队伍。要在调结构、促转变的实践中考察选用干部，把“要不要转”、“会不会转”以及抓转变的实际效果作为考察和选用干部的依据，把具有战略思维方式、善于推动转型发展的大批“干实事、能干事、干成事”的优秀干部提拔到领导岗位。

实现“四化融合，智慧佛山”，人才为先。要

努力造就一支与城市战略相适应、与产业转型升级相匹配的数量充足、结构合理、素质优良、门类齐全的创新型人才队伍，把佛山打造成为产业人才聚集区、人事改革试验田、国际人才新洼地、科技人才创业园，努力造就人才辈出、人尽其才的新局面。加快实施重点行业人才集聚、优秀企业家培养、专业技术人才能力提升、高技能人才培养、农村实用人才培训、骨干教师培养、全民健康卫生人才保障、外向型高层次人才开发、社会管理人才开发、公务员队伍能力提升等“人才培养十大工程”，创新人才引进、培养、评价、选用、激励、配置机制，为实现战略目标、完成改革发展任务提供强有力的人才保证和智力支撑。

（二）以新战略、新定位推动五区协调发展

五区是我市落实“三着力一推进”和“四化融合，智慧佛山”的主战场，要围绕市委的战略部署，结合各自的产业基础和发展优势，突出本地特色，实施重点突破，形成局部先行、整体推进、五虎争先的工作格局。禅城区要大力推进新型工业化产业基地建设，成为“四化融合、智慧佛山”的示范区。南海区要率先转变经济发展方式，成为落实“三着力一推进”的先行区。顺德区要继续担当科学发展、先行先试的“领头羊”，在县域经济中领跑广东、领跑全国。高明区要加快建设广佛西翼的宜居之城、创业之都，努力成为后发崛起的优秀范例。三水区要实现跨越式发展，力争3年再造一个“经济新三水”。

（三）全力以赴抓落实

当前各项目标任务已经明确，摆在我们面前一个字就是，干！两个字就是，落实！只说不干，贻误时机，所有的目标都是一句空话，没有半点价值。一要强化领导抓落实。市成立由主要领导牵头的工作领导小组、市分管领导负责的专责工作组和督查组，强化各项工作的统筹指导和检查督促，实行责任到区、到部门、到领导，对工作不落实的单位和领导实行问责，对扰乱干事创业环境的行为要严肃处理。二要抢抓机遇抓落实。把握当前经济趋好、珠三角一体化、广佛同城化以及国家和省给予佛山先行先试政策的有利时机，争取更多的项目进入省和国家的重点项目，更多的创新探索进入先行先试的试点范围，真正把机遇转化为抓落实的推动力，迅速形成新一轮发展的好势头。三要加快推进抓落实。本届党委、政府到明年底换届，抓落实关键就看今明两年，大家要以只争朝夕的精神，真正做到聚精会神搞建设、一心一意谋发展，力争经过两年多的扎实工作，完成本届党委、政府确定的目标任务。四要拓宽思路抓落实。自觉抛弃传统的思维模式，在推进科学发展的实践中不断探索新模式、新路径、新办法，按照科学发展观的要求，遵循市场经济规律，善于用世界的眼光、战略的思维来谋划未来，弘扬“敢为人先”的佛山精神，创造性地开展工作，把破解科学发展难题落到实处。五要统筹兼顾抓落实。要抓好城乡发展的统筹兼顾，把推进城乡一体化、缩小城乡差距作为落实工作的出发点和落脚点。要抓好发展与稳定的统筹兼顾，当前亚运安保迫在眉睫，企业劳资纠纷有所上升，今明两年农村党支部和村委会相继换届，稳定问题变得十分突出，一定要把稳定摆上突出位置，抓紧排查各种苗头，及时妥善化解各种矛盾，为又好又快发展创造稳定环境。要抓好改革与分配的统筹兼顾，让人民群众从改革中得到更多的实惠。六要全面提升抓落实。经济发展要更加注重提高质量和效益，城乡一体化发展要更加注重公共服务均等化和基础设施向农村尤其是革命老区延伸，社会民生事业要更加注重促进治安、交通、环保提升，务必使我们的各项工作提高到一个新的水平。

同志们，全面落实“三着力一推进”，加快实现“四化融合、智慧佛山”，任务艰巨而紧迫。全市上下要团结一心，振奋精神，努力拼搏，扎实工作，在圆满完成“十一五”规划各项目标任务的基础上，制定好“十二五”发展规划，引领佛山乘势而上，不断开创新局面，实现又好又快、科学可持续发展。

政府工作报告

——佛山市第十三届人民代表大会第五次会议

（2010年7月22日）

佛山市市长 陈云贤

各位代表：

现在，我代表佛山市人民政府向大会报告政府工作，请予审议，并请政协各位委员和其他列席人员提出意见。

2009年工作回顾

2009年，是我市进入新世纪以来经济社会发展最为困难的一年。市政府在省委、省政府和市委的正确领导下，在市人大和市政协的监督支持下，坚持以科学发展观统揽全局，坚定不移落实中央、省应对危机的系列政策措施，积极实施《珠江三角洲地区改革发展规划纲要（2008-2020）》（以下简称《规划纲要》），顺利完成市第十三届人大四次会议确定的各项任务。

*经济保持平稳较快增长。*完成生产总值4814.5亿元，增长13.5%；人均生产总值8.06万元（折合1.18万美元）；地方财政一般预算收入254.7亿元，增长11.71%；税收总额668.75亿元，增长6.25%；全社会固定资产投资1470.56亿元，增长16.8%；社会消费品零售总额1429.05亿元，增长21.3%。

*节能环保取得实效。*全市单位GDP能耗下降6.93%，主要污染物二氧化硫和化学需氧量排放量分别下降16.12%和12.79%，完成省下达的年度削减目标，在全省排名第二。城镇污水处理率达68.83%，中心城区生活垃圾无害化处理率达95.8%。

*人民生活持续改善。*城镇新增就业11.78万人，城镇登记失业率1.84%。城市居民人均可支配收入2.46万元，增长9.3%；农村居民人均纯收入1.07万元，增长10.8%，增幅首次超过城市居民收入。城乡居民储蓄存款余额3945.01亿元，比年初增长12.9%。

一年来，我们主要做了以下工作：

一、积极应对国际金融危机，经济在逆势中率先突围

*抢抓机遇，以重点项目建设拉动经济增长。*及时出台促进经济平稳较快发展的政策措施，启动一批重点项目建设，促进了经济企稳回升。全年新增中央投资项目29项，已完成2项，累计完成投资4.53亿元；列入省重点建设项目52项，已立项或开工47项，完成投资236.3亿元，占年度投资计划的106.4%；市重点建设项目289项，已立项或开工266项，预计完成投资360亿元，占年度投资计划的63.8%。

*内外并举，引领企业开拓市场。*落实“家电下乡”政策，开展“广货全国行”等系列活动，引导企业拓展内销市场，累计实现经贸合作金额497.58亿元。稳定外贸出口，引导企业通过展会、经贸洽谈等方式开拓国际市场，共达成贸易协议28亿多美元。全市进出口总值383.39亿美元，其中出口245.78亿美元。

*加强服务，为中小企业解决发展难题。*抓好2800亿元授信额度的落实工作，全年新增贷款总

额超过2273亿元，其中企业贷款1312亿元。建立和完善融资担保体系，担保机构共为1880家企业提供融资担保83亿元。南海、顺德区分别实施“雄鹰计划”、“龙腾计划”，有针对性地解决制约中小企业成长发展的劳动力、土地、市场准入等瓶颈问题，促进企业发展壮大。

二、贯彻实施《规划纲要》，区域一体化建设全面推进

*广佛同城化建设开局良好。*与广州市签署合作框架协议，建立市长联席会议制度，出台《广佛同城化发展规划》。以重点项目建设为抓手，共同推动规划、交通基础设施、产业的对接以及水和大气污染的联防联治。去年计划推进的52个重点项目有46项进展顺利，其中15项已完成。

*融入珠三角一体化发展初见成效。*配合做好珠三角基础设施、产业发展、环境保护、城乡规划和公共服务五个一体化专项规划。推动与珠三角高速公路、轨道交通互联互通。广肇城际轨道佛山至肇庆段动工建设，广珠西二期、江肇等高速公路建设顺利。启动广佛肇经济圈建设，三市确定首批37个重点合作项目。

*佛港澳深化合作取得突破。*出台落实CEPA示范城市实施方案，与港澳建立政府高层沟通互动机制。佛港澳确定在科技业、先进制造业、现代服务业、社会事务业等4个方面开展重点交流合作。佛港在金融、运输、教育培训、医疗门诊、工业设计、粤港电子签名证书互认试点应用等领域合作进展良好，4家港资银行获批在佛山设立异地支行。成功承办全国商务系统落实CEPA示范城市佛山现场工作会。

三、大力推进产业转型，现代产业体系建设初见成效

*现代农业向“精、优、强”发展。*规划建设现代农业园区26个，其中省级园区2个。国通物流、海峡两岸创意农业城、兰花科技园等23个重点项目建设顺利推进。农业产业化、组织化水平得到提高，农业标准化、品牌化建设取得新成绩，顺德区成为“中国鳗鱼之乡”，三水区“乐平雪梨瓜”获评国家地理标志保护产品。

*工业结构调整优化成效明显。*全社会工业总产值12743.49亿元，增长15.1%。全市高新技术产品产值2600亿元，增长20%，新增高新技术企业153家。光电显示、新材料等一批新兴产业加快发展，我市列为首批国家新型工业化产业示范基地。以招商引资优化产业结构，全年新增世界500强项目8个，全市合同利用外资10.13亿美元，实际利用外资18.74亿美元。以高新技术和信息化改造提升传统产业，我市成为国家级信息化和工业化融合试验区。加快淘汰落后产能，关停一批高耗能高污染企业。“双转移”工作取得新成绩，佛山（清远）、（云浮）产业转移园均成为省级示范转移园区。

*服务业发展实现新突破。*第三产业实现增加值1689.99亿元，增长16.1%，占GDP比重35.1%，同比提高1.2个百分点。广东金融高新技术服务区建设加快，累计引进23个项目，投资总额65亿元。举办佛山首届现代服务业暨第六届佛山（国际）物流合作洽谈会，我市成为全国流通领域物流示范城市，顺德区乐从镇获批首个国家级电子商务试点。举办首届“中国（佛山）陶瓷节”和机械装备、节能环保、家电、家具等专业展会。广东工业设计城引进50多家国内外著名企业，佛山创意产业园、南海动漫虚拟创业园建设初具规模。

*自主创新能力得到提高。*积极开展与中科院的战略合作，共建中科院佛山产业技术创新与育成中心，促成各类院企合作项目近100项。禅城区成为国家科技进步示范区。公共技术服务平台建设加强，设立佛山火炬创新创业园等9个科技企业孵化器，在孵高新技术企业320家，新增省级工程技术研究开发中心8家。专利、品牌、标准建设取得成效，全市发明专利申请量和授权量分别增长17.7%和76.5%，新增中国驰名商标9件，参与制定（修订）国家标准105项、行业标准8项。人才战略有效实施，引进外国专家及留学人才450名。

四、大力推进城市转型，城市现代化和综合竞争力不断提高

*统筹城乡发展迈出新步伐。*制定并实施统筹城乡发展的系列政策文件，启动首批28个统筹城乡发展重点项目、5个宅基地换房试点工作。13个村居完成集体经济体制改革试点任务，2467个村组完成“两确权”工作，南海区基本解决“出嫁女”权益问题。集体土地和财务管理进一步规范，三水区率先建立集体土地经营权流转中心和开展消除农

村财务“白头单”结算试点。镇（街道）公交不断完善，全市行政村公交通达率、行政村之间道路硬底化率均达100%。

“三旧”改造成效显著。出台《佛山市三旧改造专项规划（2009～2020年）》，积极争取国家、省的政策支持。全市启动改造项目229个，完成改造项目115个，完成改造新建面积710万平方米。祖庙－东华里、高明区旧汽车站、三水区西南涌等一批改造项目成效显著。成功承办全省“三旧”改造工作现场会。

重点基础设施建设加快推进。广佛轨道交通首通段土建施工基本完成。广明高速西樵至更楼段、广佛高速扩建、西二环和顺立交收费站及连接线建成通车。禅西大道一期、“一环”南拓一期等33个市重点项目动工建设。佛山机场民航成功复航。第二饮用水源首期工程试产通水。“U－佛山”建设全面铺开，一批重点信息化项目建设进展顺利。

城市建设和管理不断加强。各城市组团规划进一步完善。东平新城启动公共文化综合体和区域性交通枢纽站等11个重点项目建设。实施“大城管”、“大综管”战略，城市综合执法和综合监管力度加大，城市环境和秩序明显改善。积极打造“数字城管”，市级数字化城市管理信息系统项目开工建设。

五、大力推进环境再造，科学发展的支撑体系日趋完善

生态环境建设取得新成绩。新建、续建、扩建污水处理厂24间，新增污水处理能力67.3万吨/日。以汾江河及内河涌为重点的水环境综合整治成效显著，时隔26年成功举行端午节汾江河龙舟赛。以机动车尾气、陶瓷行业污染物排放为重点的大气污染源得到有效治理，全市空气质量持续好转。“三年促变，绿地佛山”战略深入实施，新增绿地面积203万平方米，改造绿地面积567万平方米。顺利完成国家园林城市复查迎检工作。

体制机制改革实现新突破。市级政府机构改革全面完成。顺德区开展综合改革试验工作，并实施大部制改革，市级部门进一步向顺德区下放行政审批和日常管理事项。南海区狮山镇、顺德区容桂街道简政强镇事权改革试点顺利推进。行政审批流程改革取得成效，我市被省政府确定为创新行政审批方式试点城市。事业单位分类改革稳步推进。金融发展三项计划成果显著，5家小额贷款公司获准开业，新增上市公司4家，南方风机成为全国首批创业板上市企业；知识产权质押、企业股权质押等新型融资方式得到推广；顺德农信社成功改制为农商行并挂牌营业。联合国支持产业集群与资本运作（佛山）国际示范城市项目正式运作。保险业服务“三农”取得实效，全市政策性农村住房保险投保覆盖率超过61%，三水区建立国内首例“政银保”合作农业贷款模式。财政体制改革继续深化，探索财政资金竞争性分配改革试点，将绩效评价引入预算资金分配。国库集中支付制度改革加快，公务卡改革全面实施。

社会事业发展取得新进步。全市财政一般预算公共服务和民生事业支出236.98亿元，增长9.62%。就业和社会保障工作继续加强，通过开发、收集公益性岗位安置城乡就业难人员，通过举办各类招聘会促进高校毕业生和农民工就业。城乡一体化养老保障体系不断完善，南海区试点将符合条件的城乡居民、顺德区将完全被征土地农村居民纳入城镇职工社会保障体系。启动新型农村社会养老保险工作。教育现代化建设稳步推进，禅城、南海、顺德区被评为“广东省推进教育现代化先进区”。推进全市中小学校舍安全工程，做好中小学代课教师入编工作。医疗卫生服务体系不断健全，社区、村居卫生服务网络日趋完善，甲型H1N1流感得到有效防控。继续稳定低生育水平，我市人口自然增长率为5.02%。文化事业蓬勃发展，成功举行“魅力佛山·秋色辉煌”大巡游及第八届亚洲游泳锦标赛等一批体育赛事，我市荣获首个“中国龙狮龙舟运动名城”称号。社会治安综合治理力度加大，南海区率先建立镇级综治信访维稳中心。安全生产专项整治，农产品、食品、药品质量监管进一步加强。人民调解、信访工作、环境污染、公共安全等突发事件应急机制进一步健全。支援汶川水磨镇重建工作扎实有效，“规划到户，责任到人”扶贫开发工作积极推进。

十件民生实事顺利完成。全市政策性农业保险水稻险种实现全投保，覆盖率为100%。建设保障性住房2440套。解决了175户人均住房面积不到12平方米的渔民住房问题。新建45间社区卫生服

务站，完成205间社区卫生服务站信息化基础设施配套建设。居民住院医保实现市级统筹，门诊基本医保报销范围扩大；大学生及中职校学生被纳入居民医保对象。开展生猪及其肉品专项整治行动，蔬菜抽检合格率超过99%，生猪瘦肉精抽检合格率达99.8%，生鲜乳三聚氰胺抽检合格率达100%。全市完成200人以上、革命老区50人以上自然村农村公路建设项目12个。完成老区村饮水改造工程132个。全年农村（社区）放映公益电影1.12万场次，引进高雅艺术展演17场。企业退休人员月人均养老金提高到1277元。禅城、南海、顺德区低保标准提高到350元/人·月，高明、三水区提高到310元/人·月。

政府自身建设进一步加强。积极向人大常委会报告依法行政工作情况，自觉接受人大的法律监督、工作监督和政协的民主监督。办理人大代表建议和政协提案282件，办复率达100%。全面清理政府及其部门的规范性文件，主动公开政府信息，政府公信力和透明度得到提高。积极推行网络问政，政府科学、民主、依法决策进一步完善。认真落实党风廉政建设责任制，强化反腐倡廉各项工作。厉行节约，大力压缩行政开支。开展以“廉政、效能、服务”为主题的机关作风建设活动，政风行风进一步好转。

与此同时，老年人、残疾人、妇女儿童事业，双拥优抚、粮食储备、物价、统计、民族宗教、外事侨务、对台事务、档案、方志、人防、气象等各项工作都取得了新成绩。

各位代表！回顾一年来的工作，我们获得以下几点体会：一是必须坚持解放思想、与时俱进，正确研判形势，准确把握发展规律和趋势，不断提高科学决策和领导科学发展的能力。二是必须坚持民营企业是佛山发展之根本，同时充分认识利用外资促进经济发展的重要作用，大力实施“双轮驱动”战略，推动内外源型经济协调发展。三是必须坚持扩大投资规模和优化投资结构并举，大力实施重点项目带动战略，推动经济平稳较快增长。四是必须坚持发展经济与改善民生、维护社会公平正义的内在统一，统筹城乡一体化发展，缩小城乡二元差距，实现城乡共同繁荣进步。五是必须坚持科学发展、先行先试，以改革创新精神，加强政府自身改革和建设，更好地发挥推动科学发展、促进社会和谐稳定的引领作用。

各位代表！过去一年我们经受了严峻考验，取得了来之不易的成绩，这是省委、省政府和市委正确领导的结果，是全市人民团结一心、共同奋斗的结果。在此，我代表佛山市人民政府向全市广大干部群众，中央、省驻佛山单位，驻佛山人民解放军指战员、武警官兵和社会各界人士表示崇高的敬意，向长期关心支持佛山建设的港澳台同胞、海外侨胞、国内外友人以及外来务工人员表示衷心的感谢！

我们也清醒地认识到，我市经济社会发展仍然存在一些矛盾和问题，主要是：自主创新能力不强，产业转型升级任务繁重，提升服务业发展水平力度亟待加大；土地、能源、环境约束日益突出，加快转变经济发展方式任重道远；统筹城乡一体化发展仍需加强；城市生活环境和城市国际化水平有待提高；社会和谐稳定还存在较大隐忧；政府执行力有待进一步加强，等等。我们要正视这些问题，并在今后工作中认真加以解决。

2010年工作总体要求和目标任务

今年是继续应对国际金融危机、保持经济平稳较快发展、加快转变经济发展方式的关键一年，是全面实现“十一五”规划目标、为“十二五”发展打好基础的重要一年，也是深入贯彻落实《规划纲要》并力争取得重大成效的一年。

做好今年的政府工作，要以科学发展观为指导，认真贯彻落实党的十七届四中全会、中央经济工作会议、胡锦涛总书记视察广东重要讲话精神，以及省委十届六次全会和市委十届八次、九次全会精神，深入实施《规划纲要》，以“四化融合，智慧佛山”为目标，以转变经济发展方式为核心，大力实施“三着力一推进”战略部署，坚定不移调结构，脚踏实地促转变，全面完成“十一五”规划各项目标任务，努力实现经济社会又好又快发展。

今年经济社会发展主要预期目标是：生产总值增长12%；人均生产总值增长11%；单位GDP能耗完成省下达任务；主要污染物二氧化硫和化学需氧量排放量均完成省下达任务；全社会固定资产

投资增长16%；进出口总额增长5%；社会消费品零售总额增长18%；地方财政一般预算收入增长10%；服务业增加值占GDP比重达36%；全社会试验研究与试验发展（R&D）投入占GDP比重达1.8%；城市居民人均可支配收入增长8.5%；农村居民人均纯收入增长9%；居民消费价格总水平涨幅控制在3%以内；城镇登记失业率控制在4%以内；人口自然增长率控制在6.5‰以内。

为实现上述目标任务，我们要重点抓好四个方面工作：

一、着力转变经济发展方式，加快构建现代产业体系

积极扩内需调结构。进一步落实家电、汽车下乡及“以旧换新”等促进消费的政策措施，继续推动企业参加国内各类产品展销会和开展“广货全国行”活动。加强房地产市场调控，探索建立政策性租赁住房制度，加快以廉租房为主的保障性住房建设。加强和改进投资管理，切实抓好一批重点项目的申报、立项和动工建设。拓宽民间投资领域，引导各类资本投向重大基础设施和产业项目。完善社会保障体系，稳步提高城乡居民收入，增强城乡居民特别是低收入群众消费能力。进一步优化出口产品结构，大力发展服务贸易和服务外包业，积极推进加工贸易转型升级。继续实施“走出去”战略，积极应对国际贸易摩擦。

大力发展战略性新兴产业。落实我市发展战略性新兴产业的工作方案和扶持办法，以建设国家新型工业化产业示范基地为契机，统筹发展战略性新兴产业。大力发展光电、新材料、现代服务业、新医药、环保、新能源汽车等六大产业，其中重点主攻光电、新材料、现代服务业，力争到2012年这三大产业规模均超1千亿元。加大招商引资力度，着力引进先进制造业、战略性新兴产业和现代服务业。

加快发展现代服务业。积极实施服务业“314”计划[1]，稳步提高服务业发展水平和在国民经济中的比重。坚持生产性服务业与生活性服务业发展并举，完善促进服务业发展的政策环境和扶持措施，鼓励各类社会资本进入。重点发展金融服务、现代物流、商务会展、创意设计、信息服务、总部经济等十一类服务业。推动服务业产业链条不断延伸，促进服务外包业发展。进一步推进佛港澳在科技业、现代服务业等领域的深入合作，抓紧落实佛港、佛澳合作各项重点项目。加快推进一批服务业重点项目建设，抓好“广东九江综合保税区”创建工作，支持顺德区申报国家服务业综合改革试点。

继续推进传统产业转型升级。加快实施我市优势传统产业转型升级行动方案，引导企业运用信息技术、科技创新、商业模式创新、价值链提升等手段改造提升传统产业。以联合国支持产业集群和资本运作（佛山）国际示范城市项目建设，带动优势传统产业转型升级；以发展先进制造业引领传统产业转型升级。打好节能减排攻坚战和持久战，进一步淘汰落后产能，促使企业走低碳、清洁、可持续发展道路。继续做好“双转移”工作。落实民营经济发展政策，加强和改善政府服务，引导和支持民营企业通过股份制改造、资本市场上市、技术创新、品牌培育等手段加快向规模化、集约化、品牌化、国际化方向发展壮大。

以“四化融合”构建“智慧佛山”。认真实施《四化融合，智慧佛山发展规划纲要（2010～2015）》，推动信息化、工业化、城市化、国际化的融合。以信息化带动工业化，既要培育与信息化相关联的新兴产业，又要运用信息化手段改造提升传统产业，深化信息技术在传统产业各个环节的运用和渗透。以信息化提升城市化，既要积极推进电信网、电视网、互联网三网融合，加快物联网发展，为人民群众的生产、生活提供便捷高效的信息服务，又要借助信息化手段和措施，大力发展智能交通、智能治安、智能教育、智能医疗、智能文化等等，使我市加快迈向信息社会。以信息化加快国际化步伐，既要在微观层面引领企业不断应用信息化手段开拓国际市场，参与国际合作与竞争，又要在宏观管理上加快实施通关电子化、一体化，为企业走向世界提供更优质的服务，实现国际化发展。深化佛港澳电子商务应用合作，大力发展信息服务外包业，打造广东重要的外包服务业基地。

加强自主创新能力建设。全面推进与中科院的战略合作，加紧建设中科院佛山产业技术创新与育成中心，促进先进科技成果在佛山转化。加快制定知识产权战略规划纲要，实施专利、标准、品牌战略工作考核办法，引导和支持企业建立专利联盟、标准联盟和品牌联盟。加强区域科技创新体系建设，培育发展风险投资、技术交易、公共检测等中介服务机构，推动一批重点产业创新平台、博士后工作站、院士工作室落户佛山。积极争取广东金融高新区成为“新三板”试点园区。实施优秀人才引进培养工程，着力引进海内外高层次创新型人才来我市创业和发展。

二、着力实施农村居民收入倍增计划，加快城乡一体化发展

*千方百计促农村居民增收。*实施农村居民收入倍增计划，通过物业改造、转移就业、合作经营、农民创业、财税补贴等多种途径，提高农村居民的财产性、工资性、经营性、转移性收入，逐步缩小城乡居民收入差距。支持高明区加快革命老区脱贫致富步伐。

*进一步激发农村改革活力。*全面铺开农村集体经济体制改革试点，加紧完成“两确权”工作，推进“股权到人改股权到户”改革，有效解决“出嫁女”权益问题。稳步开展农村产权制度改革试点。加快农村宅基地换房试点建设，完成首批试点村居建设任务。探索开展城乡建设用地增减挂钩工作试点。全面推进集体林权制度改革。

*推动城市基础设施向农村延伸。*编制《佛山市城乡统筹规划》，以规划引领城市基础设施向农村延伸。重点加快公路网、交通站场、天然气管网、生态建设等9大类城市基础设施向农村延伸项目的启动和建设，力争到今年底，全市城市化水平达92.37%，自然村通公交率达70%，城镇污水处理率达77%。

*推进基本公共服务均等化。*制定基本公共服务均等化实施细则和绩效考评机制，探索建立多元化的公共服务供给制度。以农村社区建设为平台，探索在村（居）建立行政服务中心，将公共管理和服务职能延伸到乡村。加快农村各项社会事业发展，逐步缩小城乡、区域之间的基本公共服务差距。

*以园区建设引领现代农业发展。*全面推进现代农业园区建设，提高农业综合生产能力。加强农业园区招商引资，培育引进一批辐射带动能力强的现代农业项目，推动农业龙头企业上市融资。加快农业科技创新和信息技术推广应用，提高农产品的科技含量和附加值，提升农业产业化经营水平，增强农业核心竞争力。

*以“三旧”改造重塑城乡新貌。*实施“三旧”改造“532”工程[2],用3年时间实现“旧貌换新颜，三年建造新佛山”目标。今年争取完成“三旧”改造项目用地面积5万亩，并培植30个市级先进改造示范点。用足用好“三旧”改造政策，完善历史用地手续。加强土地储备,增强政府土地调控能力。

三、着力提升民生社会事业，加快建设富裕和谐佛山

*以“迎亚运”为契机，全力维护佛山安全和谐稳定。*扎实做好亚运佛山赛区安保工作。完善社会治安预警机制和防控体系,依法坚决打击涉黑势力、团伙犯罪以及“两抢一盗”等各类违法犯罪活动，推进“平安佛山”建设。加强信访维稳和人民调解工作，扎实做好法律服务、社区矫正和帮教安置工作。全面实施居住证制度，加强和改善流动人口管理和服务。进一步加强应急平台建设。落实企业安全生产主体责任,加强安全生产隐患排查治理工作，强化食品、药品、农产品安全质量监管，坚决遏制重特大事故发生，保障人民群众生命财产安全。

*以完善路网系统为核心，大力加强现代化综合交通体系建设。*落实城乡交通升级计划及实施方案，统筹区域交通站场、港航建设，促进各种交通运输方式“零换乘”和无缝对接。加快广佛轨道交通建设，确保首通段今年10月建成通车。启动广佛环线建设。加快推进禅西大道、“一环”西延线、广明高速东段等重点项目建设。稳步推进中心城区限摩工作。继续实施公共交通共同体模式改革，提升公交服务水平，力争今年实现全市交通公交分担率12%的目标。加强城市规划、建设和管理。积极创建全国无障碍建设城市，力争今年通过国家验收。加快“数字城管”建设，利用信息技术优化城市资源配置，提升城市管理水平。

*以建设宜居城乡为目标，大力加强环境保护和资源节约利用。*实施迎亚运环境升级计划，进一步强化工业污染、机动车尾气、挥发性有机气体污染的控制和整治。全面开展跨界河流、广佛接壤区域河涌和比赛场馆周边河涌的治理和保洁工作。大力推进节能、节水、节地、节材和资源综合利用，加强饮用水源保护。全面完成城乡水利防灾减灾工程建设任务。

严格落实节能减排问责制，确保完成“十一五”节能减排目标任务；严格执行最严格的耕地保护制度，坚决查处违规违法用地行为。积极创建“全国绿化模范城市”。全面推进绿道[3]规划建设，构建城市道路绿网和水系绿网骨架，建设岭南绿城。加强“不开发区”规划建设，建立基本农田保护补贴等生态补偿机制。

以保障和改善民生为重点，大力发展社会各项事业。继续实施更加积极的就业政策，重点做好城乡就业难人员、高校毕业生、农民工的就业服务工作，鼓励和支持自主创业和自谋职业，以创业带动就业。加强人文关怀，改善用工环境。进一步完善城乡一体化的社会保障体系，探索农民工参加社会养老保险办法，鼓励农村居民参加企业职工基本养老保险。促进教育事业均衡优质发展。加快教育现代化建设，努力争创国家教育综合改革试验区。加快佛山科学技术学院、佛山职业技术学院、佛山高级技工学校规划建设。落实教师平均工资水平“两相当”[4]。深化医药卫生体制改革，完善基本医疗保障制度，逐步建立基本药物制度，健全基层医疗卫生服务体系。稳妥开展公立医院改革试点。加强公共卫生服务体系建设，切实做好重大传染病和职业病防控工作。认真落实人口计生政策，有效控制人口增长，提高人口素质。全面推进全国文明城市创建活动，深入开展“情暖佛山”系列活动，不断提高市民文明素质和现代化大城市意识。大力发展文化事业，加强历史遗址、非物质文化遗产的保护和开发利用，全面完成祖庙修缮工作。推进文化资源整合，把“佛山秋色欢乐节”打造成为佛山特色、中国知名的文化品牌。积极创建“中国书法名城”。加强城市形象宣传，打造城市品牌，提升佛山知名度。贯彻落实《全民健身条例》，加快形成崇尚健身的良好社会风气。全力办好亚运会拳击和花样游泳比赛。全面落实双拥优抚安置政策，争创“全国双拥模范城市”。积极推动广佛同城化和广佛肇经济圈建设，让同城化和区域一体化成果更好地惠及佛山市民。

我们要坚决贯彻中央、省委关于对口援疆、扶贫开发工作的决策和部署。积极开展对口支援新疆伽师县工作，力争年内初见成效。继续推进“规划到户、责任到人”扶贫开发，通过智力扶贫、劳务扶贫等方式，提高帮扶地区“造血”功能，达到自主脱贫。全面完成支援汶川水磨镇恢复重建任务。

重点办好10件民生实事。

一是加强保障性住房建设。今年计划建设保障性住房1600套，力争到年底基本解决2007年调查在册的7400户、人均居住面积12平方米以下低收入家庭的住房问题。

二是全面实施新型农村养老保险制度。建立覆盖全体农村居民、城乡统筹的养老保险制度。

三是实施基本农田保护补贴。将全市基本农田列入“不开发区”范围，依法严格保护，对承担基本农田保护任务的农村集体经济组织或其他责任单位给予财政补贴。

四是实施政策性农业保险。全面推行政策性农村住房保险，在顺德区开展政策性生猪保险险种试点。

五是加强公共卫生服务能力建设。常住人口基本公共卫生服务经费标准达到人均25元以上。新建24间社区卫生服务站。启动市第三人民医院住院综合大楼建设和第四人民医院改造工程。

六是实施中小学校舍安全工程。今年全市要按省要求的校舍安全工程改造项目，完成加固、改造、重建校舍工程9.51万平方米。

七是扩大“明天计划”实施范围。将“明天计划”扩大到159名低保临界家庭残疾子女，安排适宜手术的122名低保临界家庭儿童入院实施手术。

八是实施农村特困家庭危房改造。对270户农村低保户、散居五保户等困难群众危旧房进行改造。

九是完善高龄老人津贴制度。从今年7月1日起，对全市90周岁以上户籍老人发放高龄津贴。其中，90～99岁老人每人每月150元，100岁以上老人每人每月300元。

十是提高企业退休人员基本养老金。从今年1月起，对2009年12月31日前（含本日），已领取基本养老金的23.46万多名企业退休人员调整基本养老金。

四、推进改革促发展

深化行政管理体制改革。参照顺德区大部制改革模式，在全市各区深入推进党政机构改革。支持顺德区深入开展综合改革试验工作。在全市各镇（街道）全面开展简政强镇事权改革，强化面向基层和群众的社会管理和公共服务职能。进一步完善和深化事权下放工作，重点做好区向镇（街道）下放事权工作。加强行政审批电子网络一体化建设，将行政服务内联五区、外延村居。稳步推进事业单位分类改革和人事制度改革。

加快社会管理体制改革。探索推进公共服务市场化改革，建立健全政府购买公共服务机制。积极倡导和支持志愿者服务，培育发展行业协会、商会、社团、公益慈善机构等非营利性社会组织，引导社会组织诚信自律、良性发展。加强城乡社区建设，为明年村（居）换届选举工作打好基础。深化户籍制度改革，建立农民工积分制入户制度，逐步使优秀农民工融入城市。

深化财政金融体制改革。坚持公共财政原则，优化财政支出结构，加大对民生领域和社会事业的投入。建立和完善公共财政预算编制、执行、监督与问效体系。加强公共融资平台监管制度建设，防范政府债务风险。深入实施金融发展三项计划，大力推进金融业创新发展，争取成为中小企业融资改革综合试点区。加快农村金融服务体系建设，稳步推进农信社分批改制和村镇银行试点工作，推广政策性农业贷款担保基金模式。大力发展资本市场，推动更多企业上市融资，打造证券市场“佛山板块”。

各位代表！全面完成今年各项任务，必须进一步加强政府自身改革和建设。深入推进依法行政，严格规范权力运行。自觉接受市人大及其常委会的法律监督和工作监督，主动接受市政协的民主监督，重视群众监督和舆论监督。加快政府职能转变，进一步推进政府科学决策、民主决策、依法决策。科学编制好“十二五”国民经济和社会发展规划。加强电子政务建设，完善网络问政平台，深入推进政务信息公开。加强政风行风建设，建立政府绩效考评体系，提高行政效能。全面落实行政执法责任制，完善行政问责制度。严格执行党风廉政建设责任制，加快推进惩治和预防腐败体系建设，坚决查处各种违纪违法案件。继续推进节约型机关建设，强化公务员队伍教育、管理和监督，努力建设一支为民务实清廉的公务员队伍。

各位代表！佛山正处于经济转型、社会转轨的关键时期，困难和挑战考验着我们，责任和使命激励着我们。让我们在省委、省政府和市委的正确领导下，团结和依靠全市人民，迎难而上，奋力拼搏，为续写佛山发展新辉煌而努力奋斗！

相关专有名词说明：

[1] 服务业“314”计划：即从2010年开始，用3年时间，实施100个现代服务业重点项目，到2012年第三产业增加值占GDP比重达到40%以上。

[2]“三旧”改造“532”工程：即2010年完成“三旧”改造项目用地面积5万亩，2011年完成3万亩，2012年完成2万亩，力争用3年时间实现“旧貌换新颜，三年建造新佛山”目标。

[3] 绿道：即沿着如河滨、溪谷、山脊线等自然走廊，或是沿着如用作游憩活动的废弃铁路线、沟渠、风景道路等人工走廊所建立的线型开敞空间，包括所有可供行人和骑车者进入的自然景观线路和人工景观线路。它是连接公园、自然保护地、名胜区、历史古迹及其他与高密度聚居区之间进行连接的开敞空间纽带。

[4] 教师平均工资水平“两相当”：即县域内中小学教师平均工资水平与当地公务员平均工资水平大体相当，县域内农村中小学教师平均工资水平与城镇中小学教师平均工资水平大体相当。

FOSHAN NIANJIAN

第二篇

佛山大事记

2009年佛山大事记

1月

△3日，广东云浮（佛山）产业转移推介会在佛山市举行。推介会上共有45个投资项目签约进驻云浮市，总投资达50亿元。其中佛山客商投资项目23个，投资额为29.34亿元。

△6日，南海区人民政府与香港新鸿基金融集团签约，在千灯湖投资兴建国际金融综合服务区，投资总额达12亿元。

△7日，位于盐步的名都大酒店五星级挂牌，成为南海区首家五星级酒店。

△8日，国务院发布《珠江三角洲地区改革发展规划纲要（2008～2020）》。其后，佛山市党政及各界开展学习大讨论。4月27日，佛山市人民政府印发贯彻落实《珠江三角洲地区改革发展规划纲要（2008～2020）》实施意见。

佛山市中级人民法院在顺德区人民法院对涉嫌职务侵占罪和贪污罪的陈村镇赤花居委会主任陈志强、社区党支部副书记卢旺球等10人进行宣判。其中陈志强、卢旺球、阮伟财均被判无期徒刑。

△10日，“2008年我心目中的佛山十件大事”在佛山电视台揭晓。十件大事是：“全国首推公交TC模式，市区部分路段禁行货车、电动车”，“周婉峰夺得北京奥运女曲团体银牌”、“金融风暴冲击全球，佛山经济力保平稳”、“南粤冻灾，百万外来工无法返乡”、“股市楼市下跌，佛山市民资产大缩水”、“三水烟花爆竹仓库爆炸”、“佛山在全省率先推出居民门诊医保”、“汶川地震，佛山全城行动齐伸援手”、“毒奶粉殃及佛山200余名‘结石’婴儿，全城‘通缉’问题奶粉”、“年票互免，地铁顺利推进，广佛同城化进程加速”。

南（海）番（禺）大道海怡大桥暨魁奇路东延线公路工程奠基。

△12日，南海千灯湖活水工程启用暨金海桥通车。

顺德区与合肥工业大学等签署在顺德设立“国家光伏系统工程研究中心产业化基地”合约，打造“一基地多中心”的合作新格局。

△14日，《禅城区商业网点规划》网上公示，将建设“一主四副”城市商业中心体系。即祖庙—东华里“岭南天地”商圈为城市商业中心；以中心组团商务区（东平河北岸）、季华路—岭南大道商业带、张槎特色产业商贸中心和南庄国际商贸城为四大城市商业副中心。

△14～15日，顺德区第十四届人大第四次会议召开，梁维东当选为顺德区人民政府区长。

△15日，广东省（佛山）软件产业园在石湾镇街道江湾二路28号（原禅城区政府石湾大院）挂牌。

佛山市中医院新制剂中心在南海区丹灶镇奠基，为目前广东省最大的制剂中心。

△16日，历时一年多的“佛山祖庙修缮工程·万福台”维修竣工举行重启仪式。

位于石湾镇街道前进路的禅城区疾病预防控制中心新办公大楼投入使用。

△17日，“2009年国际中华小姐竞选”总决赛在佛山新闻中心举行。来自世界各大城市的28位候选佳丽参加角逐，其中包括代表佛山参赛的“珠江小姐”冠军杨韵。

△20日，广东省城管执法系统首支女子特勤中队在禅城区上路执勤。

南海中旅被南方航空公司评为“2008年度国内组团旅行社金奖”奖牌。这是佛山地区唯一获此奖项的旅行社。

△ 24 日，佛山市第一批市级非物质文化遗产项目代表性传承人和佛山市第二批市级非物质文化遗产名录向社会公示。共有 66 名传承人与 17 项“非遗”项目列入其中。

是月，佛山市共有 4 个项目纳入首批中央投资计划扶持项目，获得政策扶持资金 1802 万元。其中包括佛山照明、科达机电、雪莱特 3 个环保项目及高明乡镇兽医站基础建设。

2月

△ 9 日，佛山元宵节特色民俗活动“行通济”，由中央电视台与佛山电视台连线同播，省港澳及各地知名媒体，搜狐、腾讯等网站也作报道。据统计，正月十五“行通济”达 70 万人，为历史新高。

△ 10 日，佛山市农村工作会议召开。会上，印发《关于深化农村改革发展，加快城乡一体化进程的决定》（讨论稿）。同时，为发展现代精细农业，着力把陈村“花卉世界”打造成为集生产物流、科技创新、展览展销、观光旅游、餐饮娱乐于一体的农业园区。

政协高明区第八届第四次会议召开，区惠娘当选为高明区政协主席。

△ 17 日，新华社以《佛山陶瓷产业在调整中升级》长篇报道佛山产业通过调整提升，使陶瓷这个传统产业从生产向总部经济更高层次发展。

经禅城区人民政府批准，《佛山市禅城区现代服务业发展规划（2008 ~ 2015 年）》颁布实施。

△ 18 日，新加坡商务考察团一行 60 多名政府官员及企业家到佛山市考察。考察团先后参观佛山创意产业园、东平新城等，表示今后在佛山多个领域加强合作。

△ 19 日，全国白酒标准化技术委员会豉香型白酒（广东米酒）技术委员会在佛山太吉酒厂成立。太吉酒厂同时作为豉香型白酒国家标准的起草者。

△ 22 日，在北京举行的“改革开放 30 年基础教育 30 校 30 人评选”颁奖会上，佛山市第九小学荣获“改革开放 30 年影响力形象（中小学）学校”称号。

△ 23 日，佛山市文联第七次代表大会召开，商学兵当选为市文联主席。

在 2008 年广东建设金融强省激励工作表彰大会上，广东金融高新技术服务区荣获“金融创新奖”特别奖，南海区长区邦敏代表区政府领取奖牌和 2000 万元奖励。

中山大学佛山研究院南海半导体照明工程产学研中试基地在南海经济开发区揭牌。

广州市西江引水工程（佛山段）用地暨原水输送服务签约仪式在南海区举行。

△ 24 日，佛山传媒集团与广州电视台签订战略合作协议，广佛两地电视频道相互对等落地。3 月 2 日，佛山电视台以覆盖广佛为目标进行全面改版。

三水区北江水厂首期工程投产，有效地解决了三水区中北部区域日益突出的供水供需矛盾。

△ 24 ~ 26 日，政协佛山市第十届委员会第三次会议召开。会议补选陈道明为政协副主席。会议共收到提案 226 份，其中广佛同城、金融危机、产业升级等成为委员们关注的重中之重。

△ 25 ~ 26 日，佛山市第十三届人大第四次会议召开。会议审议通过了《政府工作报告》等 6 个报告及各项决议。

△ 28 日，佛山市天然气高压管网有限公司与中海石油气电集团有限责任公司签署《天然气销售合同框架协议》。

3月

△ 1 日，中央电视台记者王小丫到广东凤铝、广东富信等企业采访。了解佛山民营企业如何采取各种创新措施应对全球金融危机，走出市场困境。3 日，在央视 2 套播出。

△ 2 日，广佛聚首广州正式启动广佛同城化建设。19 日，广佛两市人民政府在南海区枫丹白鹭酒店国际会议中心签订《广州市、佛山市同城化建设合作框架协议》。

△ 4 日，中国建设银行以“千年古镇佛山龙卡”名城卡在佛山市举行首发仪式。该卡是以佛山的祖庙、黄飞鸿、行通济和南风古灶为主题元素，被列为全国首批发行名城卡的城市之一。

△ 5 日，中共佛山市委召开深入学习实践科学

发展观活动动员大会。此活动的时间为半年。

新加坡驻华大使陈燮荣到佛山访问，了解佛山城市规划与重点项目建设情况，寻求两地合作空间。

△9日，广东柏林陶塑艺术研究院挂牌成立。这是广东省首个以中国工艺美术大师个人名字命名的艺术研究院。

△10日，南海创业园挂牌成立。

△12日，佛山中旅推出10万套、总面值1800万元的旅游优惠消费券。

顺德区首家五星级旅游饭店——哥顿酒店在容桂挂牌。

全球最大的啤酒酿造商百威英博斥资6亿元兴建的三水工厂投产，首期年产啤酒26万吨。

△18日，佛山市铁路投资建设集团有限公司、佛山市建盈发展有限公司、佛山市节能减排服务管理中心等三家国有独资企业联袂挂牌成立。

佛山首个中小企业融资服务中心成立。

中国光大银行佛山分行办公楼在广东金融高新技术服务区奠基，成为南海千灯湖金融高新区首家金融机构区域总部。

△21日，由副市长李子甫率领的30多家企业代表组成的佛山经贸代表团赴南美洲，进行为期12天的系列经贸洽谈活动。

△23日，三水区总投资60亿元，涉及城建、交通、三旧改造等领域的80项工程同时动工。

△24日，佛山市规划局公布《佛山市东平新城南片控制性详细规划修编》。

4月

△1～2日，中国国际工程咨询公司和广东省国际工程咨询公司主持召开并制定《佛山市城市快速轨道交通建设规划（2009～2020年）》。

△9日，广东省高级人民法院终审裁定，以虚报注册资本罪、挪用资金罪等，对广东科龙电器股份有限公司原董事长顾雏军判处有期徒刑10年，并处罚金680万元。

△14日，中国社会科学院发布2009年《城市竞争力蓝皮书》，佛山市经济规模竞争力全国排名第八。

△15日，南海区大沥镇和该镇沥东村分别获得“全国创建文明村镇工作先进村镇”和“全国文明村镇”称号，举行挂牌仪式，成为南海首个获得文明创建国家级荣誉的镇、村。

△16日，广佛同城化举行首次市长联席会议。会议决定年内广佛两市联手实施52个重点合作项目。主要涉及发展规划、基础设施、产业协作、对接政策和联合行动五大方面。

△17日，广佛两地卫生部门在佛山市签订《广佛医疗卫生事业同城发展合作协议》，自2010年1月1日起，广佛19家医院检验结果互认通用。

△23日，在广州举行的珠江三角洲地区信息化与工业化融合工作座谈会上，顺德作为唯一区级单位参会，并被授予“国家级信息化与工业化融合试验区示范试点”。

△24日，由香港特别行政区政务司司长唐英年率领的香港工商界代表团到佛山访问。代表团一行先后考察了广东金融高新技术服务区和佛山创意产业园，表示进一步加强佛港合作。

轰动全国的“809邮政储蓄案”在佛山市中级人民法院开庭审理：判处主犯何丽琼死刑、何绮丽无期徒刑，其他4名从犯被判4至5年徒刑。该案为2006年8月9日何丽琼涉嫌买凶伤人而东窗事发，6名职员非法吸收储户存款高达13亿多元。

广东省网络创新创业示范区授牌暨现代信息服务推进大会在南海区举行，南海成为国内首个网络创新创业示范区。

△25日，在“广佛同城万人游”活动仪式上，优惠推出首批5万张“广佛同城旅游一卡通”，开展全方位的合作。

△28日，广东都市型产业基地建设启动暨“广东高技术产业重点培育区”在南海区桂城举行授牌仪式，投入30亿元将广佛核心的南海桂城建设成现代都市型产业基地。

△30日至5月1日，在江苏省常州市举办的中国（武进）国际龙舟邀请赛上，南海西樵蒙娜丽莎龙舟队夺得女子组冠军。

是月，在美国旧金山市举行的美国建筑师协会暨2009国家会议与设计展会上，祖庙东华里片区——佛山岭南天地的总体规划设计获得全美区域与城市设计的3项国际大奖。

5月

△10～21日，由副市长邓伟根率领的佛山经贸代表团，到伊朗、卡塔尔、阿联酋3个国家开展系列经贸活动。

△15日，佛山市人民政府与广东移动签订信息产业战略合作协议。未来5年，广东移动将投放50亿元，在3G建设、信息服务等八大方面与佛山开展合作。

△18日，来自十多个国家和地区的56家国际知名设计单位参与的佛山市公共文化综合体（MALL）建筑方案设计国际竞赛，由英国ARUP工厂咨询（上海）有限公司与丹麦HLA联合体联合设计的"坊城"成为最终实施方案。地上、地下总建筑面积约68万平方米，内有博物馆、图书馆、科技馆、青少年文化宫、档案馆等十大公共文化设施项目。其首期工程8月17日动工，计划3～5年建成使用。

三水区南山镇挂牌成立。该镇由迳口华侨经济区和大塘镇六和村合并组成，并保留迳口华侨经济区管委会和迳口华侨农场的牌子。

△18～21日，南海区经过省县域教育专家组验收，成为全省第四个教育现代化先进区。

△18～28日，广东省第九届中学生运动会在佛山市举行。佛山市共有317名运动员参赛，夺得团体总分第三名。

△19日，顺德区龙江镇人民政府与中国塑料加工工业协会、省塑料工业协会，在广州琶洲展馆一同签署了共建"中国塑料建材产业之都"合作框架协议。

△19～30日，佛山市五区天气持续炎热，南海区最高气温达39.1℃，是佛山有气象记录以来第二高值。

△21日，2009年佛山城市可经营项目投资推介洽谈会暨签约仪式举行。共推出城市可经营项目178项，投资经营总额达823.7亿元。其中"岭南天地"一期项目和东平新城交通枢纽项目分别获得投资金额31亿元和28.56亿元。

湘粤经贸合作项目签约仪式在长沙举行。佛山市共有11个合作项目签约，合作金额达36亿元。

南海区尖东2号地块约22.1万平方米，以13.86亿元拍出，是南海区目前拍卖的最大地块。

△23～28日，在澳门举行的国际龙舟赛上，南海区九江男、女子龙舟队双双获得冠军。

△25日，佛山市3名专家获2008年度国务院特殊津贴。他们是：广东雪莱特光电科技股份有限公司总裁柴国生、顺德职业技术学院教授彭亮博士和佛山市第一人民医院内科主任杨希立。至此，佛山市拥有获国务院特殊津贴的专家108名。

△27日，广东省新光源产业化基地落户南海区罗村街道，成为省唯一一个新光源产业化基地。

△30日，时隔26年后，2009年佛山市龙舟邀请赛在汾江河举行。来自广州、佛山等地12支龙舟队经过角逐，顺德区乐从镇龙舟队夺得第一名。

6月

△3日，公安部A级通缉犯成瑞龙，在江西监狱化名服刑期间被侦破，押回佛山受审。该犯11年前杀害佛山巡警姜文华、邓勇坚。成瑞龙一审被认定杀害13人；2010年7月9日，经广东省高级人民法院终审宣判，判处其死刑，由于其中一案证据不足，其背负的13条人命减至11人。

△6日，佛山市第二人民医院综合大楼投入使用。

△9日，世界银行常务副行长胡安·何塞·达布率领世界银行一行6人到佛山市访问。访问团一行考察汾江河中山公园段底泥疏浚工程现场，并听取市领导关于汾江河整治基本情况后，充分肯定佛山世界银行项目的实施情况，他们对佛山在面对全球化金融危机所采取的积极有效措施表示赞赏。

经过4年建设的500千伏顺德变电站配套220千伏线路竣工投产。该变电站总投资超过12亿元，是广东电网史上建设规模、投资规模最大的工程。

全球软饮料第一品牌可口可乐公司签约落户三水区西南镇万亩水乡工业园。该公司占地面积约205亩，首期投资约6万元，计划2010年9月建成投产。

△10日，顺德区龙江专职消防队队员辛继友被广东省人民政府追认为革命烈士。辛继友于2008年7月22日参与顺德日朗家具厂灭火救援工作时牺牲，年仅38岁。

位于南海区的九江大桥经过1年多的修复恢复

通车。该桥于2007年6月15日被船撞塌。整个修复工程核算花费1.4亿元，由佛开高速公路有限公司支付。

△10～13日，第五届泛珠三角经贸洽谈会在广西壮族自治区南宁市举行。佛山共推出50个项目，合作金额达102亿元。

△17日，广佛肇主要负责人相聚肇庆，签署《广佛肇经济圈合作框架协议》。

△25日，佛山市举行23项重点路桥项目动工仪式，计划"十一五"期末，佛山市"五纵九横两环"干线公路基本成型。

历经3年多的建设，高明区首条高速公路——广（州）（高）明高速西樵至更楼段通车。

△26日，佛山市第一人民医院新肿瘤中心落成。同时，佛山市慢性病防治院迁往位于澜石的原市肿瘤医院。

广东金融高新技术服务区的重点配套工程——承业大厦（金融呼叫中心）奠基，总投资约3亿元，计划2011年8月建成。

△28日，广东省新十项重点工程之一——奥特莱斯世界名牌折扣店华南旗舰中心现代服务产业区在三水区奠基。该项目总投资138亿元。

7月

△9日，中共佛山市委书记林元和率领佛山党政代表团前往云浮、清远两市，就联手推进"双转移"工作进行考察交流，共商加快推进产业转移园建设。

△10日，广东省委常委、宣传部部长林雄到佛山市考察文化产业。考察团一行考察了东平新城待建的公共文化综合体——"坊城"，顺德美的集团产品展示中心等。林雄寄望保护传统文化遗产，把它传承和发扬。

△13日，中国科学院与市政府签署共建"中国科学院佛山产业技术创新与育成中心"协议。随后，南海、顺德、高明、三水区政府和佛山高新区管委会，分别与中科院广州生物医院与健康研究所等相关单位，就成立首批6个专业中心签署协议；禅城区政府与中科院软件研究所签署"珠江数字创新和服务中心"。

禅城区南庄镇紫洞村原党支部书记、村委会主任刘子荣挪用征地补偿款共2350万元归个人使用，被公诉部门审查起诉。

志高空调在香港证券交易所主板上市。此次发行7250万股，发行价每股2.27港元，募集资金约1.6亿港元。

△17～18日，首届"世界功夫王争霸赛"在广州举行。佛山籍选手边茂富获得"世界功夫王"称号，这是中国武术选手获得的最高荣誉。

中国选手边茂富（右）在2009世界功夫王争霸赛决赛中，战胜同胞于锦，获得冠军。

△20日，广东省第三批"省级非物质文化遗产"项目向社会公示，佛山市的九江双蒸酒酿造技艺、石湾玉冰烧酒酿技艺、官窑生菜会和陈村花会等4项目榜上有名。

△21日，南海区红十字会医院（罗村医院）挂牌启用，成为佛山市首家红十字会医院。

△24～25日，由国家环境保护部环境影响评价司主持召开的《佛山市城市快速轨道交通建设及线网规划环境影响报告书》审查会召开。

△27日，《佛山市中心组团新城区北片控制性详细规划修编——澜石片区调整》通过专家评审。该片区改造面积约150万平方米，商业办公楼限高150米，是佛山历史上最大的旧城改造项目，计划用6～8年完成。

△29日，佛山市首家儿童医院——顺德儿童医院启用。

△ 11 日，佛山、肇庆市公安在肇庆首次签署《警务协作框架协议》，标志着两市警务协作正式开始。

△ 13 日，重庆—佛山经贸合作暨名优产品展销会在重庆市举行。佛山 200 多家企业参展，两地达成 83 个合作项目，合计金额 240 多亿元。

△ 14 日，广佛肇三市在广州召开主要党政领导工作座谈会，研究部署进一步加快广佛肇经济圈建设。

广东省编制委员会批复同意《顺德区党政机构改革方案》。9 月 16 日，顺德区党政机构改革召开动员大会。顺德区的党政机构由原来的 41 个精简为 16 个，其中设置纪律检查委员会机关和 5 个党委工作部门，10 个政府工作部门。17 日，16 个新部门正式揭牌。

在南京召开的全国文化体制改革经验会上，佛山珠江传媒集团有限公司获得“全国文化体制改革先进企业”荣誉称号。

黄学军继获“2005 中国法官十杰”称号及金法槌、“全国模范法官”等称号后，又获第七届全国“人民满意的公务员”称号。

由佛山传媒集团独家投资拍摄，韩刚导演，赵文瑄、韩国女星李贞贤主演的大型连续剧《孔子》开拍仪式在佛山新闻中心举行。这是目前唯一通过国家广电总局重大历史题材审批的孔子题材电视剧。

禅城区创业基地挂牌成立。该基地将为下岗失业、大学生群体等创业提供租金优惠以及创业培训服务。

△ 14 ~ 16 日，在陕西省西安市举行的全国大众空手道锦标赛上，南海区共有 6 支代表队 23 名运动员参赛，共夺得金牌 4 块，银牌 1 块和铜牌 2 块。

△ 17 日，佛山市第十三届人大常委会召开第二十三次会议，叶明权被任命为市人民政府副市长。

△ 24 日，顺德区开展综合改革试验工作动员大会在区机关大礼堂举行。省委常委、副省长肖志恒宣读《省委省政府关于佛山市顺德区开展综合改革试验工作的批复》。同意在维持顺德目前建制不变的前提下，除党委、纪检、监察、法院、检察院系统及需要全市统一协调管理的事务外，其他所有经济、社会、文化等方面的事务，赋予顺德行使地级市管理权限。

在香港举行的佛山—香港 CEPA 合作交流会上，佛山与香港有关单位签署合作协议。

△ 27 日，广东省省长黄华华率领的省政府考察团一行由市长陈云贤陪同，到汶川县水磨镇视察佛山的援建工作。考察团一行先后考察第二幼儿园和水磨中学，黄华华连声称赞佛山的援建工作做得不错。水磨中学是广东省援建汶川的第二大项目，建筑面积约 4.2 万平方米，总投资约 1.7 亿元，可容纳 2400 名学生。

△ 30 日，在北京举行的“首届中华之魂优秀文学作品”征文颁奖会上，由魏一平等主编的《陶都英姿——佛山名镇风采录 · 石湾篇》获作品集类金奖。

△ 31 日 ~ 9 月 2 日，中共中央政治局常委、中央政法委书记周永康在广东考察工作。31 日，他先后在顺德区北滘镇、南海区桂城街道了解经济发展和社会管理情况，看望基层党员干部群众和政法干警，肯定了广东整合资源、维护和谐稳定的做法。

是月，禅城区新建住宅成交均价创佛山历史新高，达到 9809.44 元 / 平方米。

9月

△ 1 日，即月起，佛山市区城市户籍参保人每月可领失业保险金由 616 元 / 月提高到 708 元 / 月。

佛山塑料集团股份有限公司举行国有股权转让交接仪式，该集团将 1.27 亿国有股权转让给广东省广新外贸集团。广新外贸集团正式成为佛塑股份第一大股东。

佛山市统筹城乡发展重点项目在五区同时启动。其中包括 5 个农村宅基地换房项目，12 个现代农业发展项目，7 个解决农村民生问题项目等。

由南海区人民政府投资 3.5 亿元建设的新桂城中学全面开学。

顺德伦教成艺晒莨厂举行国家非物质文化遗产、香云纱文化遗产保护基地和广东香云纱文化产业园挂牌仪式。

△ 2 日，佛山市首条公路隧道——位于顺德区的大金山隧道通车，总投资为 7174 万元。同日，投资 3040 万元新建 2 个环形匝道桥的顺德立交桥投入使用。

△ 3 日，星期六鞋业在深圳证券交易所挂牌上市，成为 A 股首家上市女鞋企业。

△ 6 日，在北京举行的第六届感动中国人物颁奖大会上，佛山作家冯植、林兆帆、陈华合著的报告文学《爱心孝道两相全》获作品特等奖；作品主人公、南海里水红旗集团董事长梁均雄入选“第六届感动中国百佳人物”。

△ 8 日，中国（佛山）半导体照明产业发展高端论坛在南海区举行。会上，佛山市政府与香港科技大学签署战略合作框架协议书。同时，南海区政府拿出 200 万元奖励在该领域取得突破性成就的技术团队和个人。

△ 9 日，志高空调有限公司被国家质检总局授予“出口免验”证书，成为国内第二家空调免验企业。

在北京举行的表彰“全国模范教师”和“全国教育系统先进工作者”大会上，佛山市启聪学校副校长郑俏华获“全国模范教师”称号。

△ 10 日，由中央宣传部、全国总工会等 11 个部门联合组织开展评选的全国“双百”人物活动中，佛山市的在刑场上举行婚礼的革命伉俪周文雍和陈铁军夫妇入选“100 位为新中国成立作出突出贡献的英雄模范人物”。

△ 13 ~ 14 日，中共中央治安综合治理委员会学校及周边治安综合治理工作领导小组在佛山市召开工作会议，勉励佛山进一步做好综合治理工作。

△ 16 日，“佛山一环”东路平胜大桥获“广东省科学技术奖”二等奖。该桥是世界首座独塔悬索桥，首座四索面悬索桥，第一大跨度自锚式悬索桥，首次在悬索桥上采用混合加劲梁，于 2006 年 11 月投入使用。

△ 17 日，佛山市第三批爱国主义教育基地——广东粤剧博物馆、陈启沅纪念馆、清晖园、粤中纵队纪念馆、三水区博物馆、佛山市城市建设档案馆揭牌。

△ 19 日，“2009 珠江小姐”竞选总决赛在佛山电视台演播厅举行。白鹭获珠江小姐冠军，石昊、张琳燕分别获亚军和季军。

△ 21 日，广东省见义勇为基金会慰问了成功处置“9·13”佛山城巴自燃事件的禅城公安分局的卢绍毅。卢绍毅还成为中央电视台一周新闻人物。13 日下午 5 时 50 分，一汽车途经佛陈大桥时突然冒烟起火，司机和 37 名乘客第一时间转移。正在附近巡查的禅城分局巡警卢绍毅接到指挥中心通报后，立即驾驶警车赶往事发地，当看到着火大巴失控向桥下滑行时，他迅速驾驶警车冲向大巴，避免了人员伤亡事故。2010 年 2 月 10 日，卢绍毅被授予 2009 年度“广东十大新闻人物”称号。

欧洲珠宝巨头比利时优美科集团在南海区狮山镇投产，项目投资达 1.9 亿元。

△ 21 ~ 28 日，佛山市第七届运动会在岭南明珠体育馆举行。此届运动会设 22 个项目，约 3500 名运动员参赛，共产生 424 块金牌，其中 3 人 5 次破 4 项市成年组最高纪录。

△ 25 日，广佛同城化第二次市长联席会议在佛山召开。会议通过《广佛同城化发展规划》及交通基础设施、产业协作、环境保护三方面的工作规划。

△ 25 ~ 27 日，第九届亚洲空手道锦标赛在南海区举行。南海籍运动员吴秋凤夺得金牌和铜牌各 1 块。

△ 26 日，国务院总理温家宝视察佛山市对口援建的四川省汶川县水磨镇。

△ 27 日，佛山市委常委、常务副市长周天明一行到汶川县水磨镇，慰问佛山对口援建工作人员和当地干部群众。

△ 28 日，《禅城区现代产业体系建设规划》通过专家评审。该规划将把祖庙东华里片区与东方广场规划衔接，打造成为佛山最负盛名的超级商业圈。

△ 29 日，精艺股份在深圳证券交易所中小板市场挂牌交易。

是月，原佛山市教育局局长、党组书记冯彦荣，因受贿罪被佛山市中级人民法院判入狱 5 年。冯彦荣共受贿人民币 46 万元，港币 1 万元。

是月，佛山市委、市政府在全市开展“情暖佛山”活动。此活动分三阶段进行，持续至 2010 年广州“亚运会”后。

10月

△ 1 日，国庆 60 周年庆典，编号为 95215 部队及其驻佛山空军某部空中加受油编队亮相国庆阅兵仪式，在北京天安门上空飞过，接受祖国和人民的检阅。

△ 2 日，粤、港、澳联合申报的粤剧被联合国科教文组织批准列入《人类非物质文化遗产代表作名录》。佛山是粤剧的发源地，市教育局表示，佛山将在中小学普及和推广粤剧教育。

△ 12 日，经佛山市人民政府批准，《佛山市综合交通规划》正式实施。

澜石旧改地块 B 区佛禅（挂）2009—010，被增城市碧桂园物业发展有限公司以底价 8.6 亿元拍得该地块的使用权。

胡润在北京发布的 2009 年度百富榜上，佛山有 18 位富豪（或家族）上榜，他们所从事的行业主要集中在房地产、家电、陶瓷等。其中碧桂园集团的杨惠妍家族排名第四位，居佛山榜首。

△ 13 日，中共佛山市委、市政府召开政府机构改革工作会议。经过改革，佛山市政府工作部门和办事机构由 37 个精简为 31 个。

△ 15 日，南海中心城区的联河路（即桂澜路北延线）和一环东路北延线通车。至此，一环东路北延线与西二环连通，极大促进了珠三角一体化发展。

南海区西樵镇原人大副主席、副镇长谭永添受贿近 500 万元，由佛山市中级人民法院判处有期徒刑 15 年。

△ 15 ~ 29 日，在山东举行的第十一届全国运动会上，佛山籍选手有 120 多人，参加了 6 个项目的比赛，共获得金牌 7 块、银牌 6 块和铜牌 8 块。

△ 16 日，健力宝公司以控股股东、实际控股人、董事、监理、高级管理人员损害公司利益为由，将健力宝原先后两任总裁张海、祝维沙及其 5 家关联公司告上法庭，要求 7 被告共赔偿 1.29 亿元的占款和利息，该案在佛山市中级人民法院一审开庭审判。

南海区人民政府与广东中旅集团有限公司签约，计划投入 10 亿元，用 3 ~ 6 年时间，在西樵开发“广东南海西岸旅游产业园”，将西岸打造成为广东省旅游示范点。

△ 18 日，中国五金名牌产品展贸中心挂牌成立，同日，中国五金专业委员会由上海迁址南海区大沥镇。

△ 18 ~ 24 日，首届中国（佛山）陶瓷节在南风古灶举行，共吸引 55 万人次入场参观游玩采购，国内外 1400 家企业参展，合同和意向成交额约 25 亿元。

△ 19 日，在江苏省苏州市召开的全国和谐社区建设工作会议上，禅城区被国家民政部授予“全国和谐社区建设示范区”称号。

△ 20 日，佛山市援藏干部、西藏察隅县委书记彭聪恩的援藏事迹，被新华社专题报道后，在佛山市掀起向他学习的热潮。

△ 24 ~ 25 日，在上海召开的第六届中国国际金融论坛上，南海区获“中国最佳金融生态区”奖，金融高新区荣膺“中国最佳金融服务外包基地”。

△ 26 日，在国家科技部公布的“第三批国家科技进步示范县（市）”名单上，禅城区被评为“国家科技进步示范区”。

△ 27 日，中央政法委组织《人民日报》、新华社等 16 家中央媒体到南海区采访维持社会稳定经验。南海维稳经验将在全国推广。

△ 28 日，经过两小时 275 次举牌竞价，南海千灯湖最后一幅地块，佛南（挂）2009—030 地块由中海地产（佛山）有限公司以 38.2 亿元夺得。

△ 30 日，南方风机股份有限公司在首批创业板集中上市，成为创业板“广东第一企”。

11月

△ 1 日，佛山市人民政府印发《关于支持顺德区开展综合改革试验工作下放行政审批和日常管理权限事项（第一批）的通知》，向顺德区下放 378 项行政审批和日常管理事项，共涉及市政府 29 个部门，正式实施。

△ 5 日，在上海发布的 2009 福布斯中国富豪榜上，碧桂园杨惠妍排名第 5 位，美的集团何享健第 15 位。

△ 6 日，中华全国总工会副主席、书记处第一书记孙春兰到南海桂城夏西村调研工会工作，并对他们的工作给予充分肯定。

△ 9 日，佛山市简政强镇改革正式铺开。南海

区狮山镇和顺德区容桂街道被赋予县级经济社会管理权限。同日，南海区委、区政府决定，将11个部门的过百项事权通过授权或委托等方式下放给狮山镇。狮山镇原则上设置12个内设机构、1个独立设置机构和2个事业单位；顺德区召开容桂街道“简政强镇”事权改革试点工作动员大会，将原来的28个部门和单位整合设置为11个机构和2个分局。

△13日，由佛山投资、女主角由佛山粤剧院李淑勤主演的首部粤剧电影《小周后》开机仪式在广州举行。12月18日《小周后》在横店拍摄，央视和各地媒体也专程到片场采访。

在广州黄花岗剧院，佛山市委常委、宣传部部长叶志容（左一）与省委宣传部、省文化厅、省广播电影电视局等有关领导及《小周后》演创人员为影片开机敲锣、掀幕。

△16日，首届“佛山市十佳卫士”颁奖典礼在佛山新闻中心举行。他们是：林伟光、侯智恩、周友根、黄继洪、曾国彬、梁家龙、周锡开、郭新华、王安华、孙建国。

△18日，佛山机场时隔7年后，正式复航。

△19日，2009佛山投资环境推介会举办，共推出招商项目180个。东平新城保利中心项目、南海盐步雅居乐花园项目两大房地产项目将投资126亿元，成为全场焦点。

△20日，佛山市人力资源和社会保障局挂牌成立。

石湾镇街道办事处与鹰牌控股签订意向协议，石湾镇街道拟以总计5.16亿元收购旗下的石湾鹰牌陶瓷有限公司、石湾鹰牌华鹏陶瓷有限公司、鹰牌河源有限公司3家企业。

广东省数字证书认证中心与富士通香港有限公司在南海区共建数据中心项目举行签约仪式，正式落户南海，成为在中国首个世界顶级数据中心。

△21日，第八届亚洲游泳锦标赛在世纪莲体育中心举行，这是佛山市举办规格最高的单项洲际综合性的体育赛事。

△22日，《叶问前传》在佛山开机，70%的戏份都将在佛山拍摄完成。此前，先后以叶问为题材拍摄的电影或电视剧《叶问》、《叶问2》和《一代宗师》，在全国掀起观影热潮，并在各大颁奖礼获奖，令佛山和咏春拳名声大噪。

△26日，南海国际教育中心、桂城中学国际教育部成立。通过在桂城中学开设IGCESE和A—Level课程，为南海学子进入国外知名大学、走向世界提供坚实平台。

△27～29日，广佛肇名优商品展销会在江苏南京市举行。佛山市与江苏省达成经贸合作项目83个，合作金额95亿元。

△30日，顺德德胜创意产业园挂牌成立，成为佛山市首个创意文化区。

12月

△1日，广佛肇经济圈建设第一次市长联席会议在广州召开。三方审议通过工作协调机制、年度重点工作计划及发展规划编制工作方案，并签署包括交通、教育培训、产业对接、环境保护等合作协议。

△3日，广东援建四川省汶川县“十大民生工程”交付使用。其中包括佛山市援建的水磨镇民生工程。

△4日，在重庆市开幕的“粤渝经贸合作成果展”上，中共中央政治局委员、广东省委书记汪洋和中共中央政治局委员、重庆市委书记薄熙来，现场参观佛山、重庆合作的“优粤诚·广东名优产品（重庆）直销中心”项目，并对其创新商业模式给予充分肯定。

△5日，在北京举行的“中国传媒大会·2009年会”颁奖会上，佛山传媒获得3项全国大奖。分别是：《佛山日报》为中国十大地市报，佛山电视

台为中国十大区域广播电视台（频道），《珠江商报》为中国十大商报。

△ 8 日，原南海体育场地块面积被佛山市嘉地贸易有限公司拍得。该地块面积为 2.9 万多平方米，起始价为 4.46 亿元，成交价为 10.54 亿元。

△ 10 日，由云浮市在佛山市举办的云浮（佛山）产业转移推介会上，佛山市共签约项目 12 个，涉及房地产、陶瓷、管道燃气等行业，投资总额达 10.2 亿元。

△ 11 日，国家人力资源和社会保障部认定 23 家单位为全国首批工伤康复试点机构，其中佛山市第五人民医院榜上有名。

△ 15 日，中共中央政治局常委、国务院副总理李克强到南海区夏西村考察，他称赞该村通过“三旧”改造推动城镇化的工作做得好。

△ 16 日，大部制下的佛山市交通运输局、市城市综合管理局正式挂牌成立。市交通运输局整合了原来市交通局和市公路局的职能，市交通运输局挂市公路局牌子，不再保留市交通局。市城市综合管理局将原公用事业局、市政、园林、绿化、环卫管理的职能整合后，预备设置 8 个职能科室。

△ 17 日，“2009 中国政府网站绩效评估暨第四届中国特色政府网站评选发布会”在北京揭晓。佛山市政府网获得中国特色政府网站“用户满意奖”，三水区政府网获“特色提名奖”。

△ 18 日，南海区农村出嫁女及其子女合法权益得到落实。至是日，全区落实率为 97.6%。

△ 19 日，中国广播影视大奖广播电视节目奖在哈尔滨举行，佛山电视台选送的《胡小燕当选农民工首个全国人大代表》获“优秀消息奖”。此奖项为中国广播电视界最高大奖，也是广东省唯一获奖的地级市电视台。

中国功夫 VS 职业泰拳争霸赛在佛山市岭南明珠体育馆举行，中国选手 4 ：1 获胜。其中佛山籍选手边茂富获冠军。这是佛山历史上最受关注的功夫比赛。

△ 23 日，佛山市电影发展有限公司挂牌，成为一家全资国有企业。

禅城区政府机构改革工作会议召开。禅城将设置区政府工作部门 23 个，比原来减少 1 个。

△ 24 日，《广佛同城化发展规划（2009 ~ 2020 年）正式颁布实施。

佛山市妇女第十一次代表大会闭幕，吴培英当选为市妇联主席。

南海桂城街道怡翠公园应急避难场所启用。该场所总面积约 11.2 万平方米，可紧急疏散 4 万多人，为全市首个完善的避难场所。

△ 25 日，格兰仕集团执行总裁梁昭贤当选为“2009CCTV 中国经济年度人物”，成为唯一当选的佛山企业家。

△ 28 日，全国地铁行业首个博士后工作站——佛山企业博士后工作站佛山地铁分站挂牌。

△ 29 日，佛山市工会第十四次代表大会召开。黄建丰当选为佛山市总工会主席。

连通南海区罗村街道与禅城区张槎街道的兴朗大桥通车。该桥全长 918 米，双向 6 车道，总投资 1.5 亿元。

经过 2 年半的建设，佛山市第二饮用水源首期工程通水仪式在三水区举行。佛山市饮用水实现西江、北江双水源“双保险”。

△ 30 日，禅城区人民政府公布《澜石片区改造项目房屋拆迁安置方案》，住宅最高补偿为 6300 元 / 平方米。同日，该片区改造首批出让的三个地块以 34.6 亿元成交价被香港新鸿基地产集团旗下的彩成投资有限公司竞得。

是月，广东省中西医结合医院（南海区中医院）通过三级甲等医院评审，这是目前广东省县（区）首家三甲医院。（张丽珍）

第三篇

佛山概况

基本概况

地理位置和范围

佛山市位于广东省中南部，珠江三角洲腹地。东倚广州，南邻港澳。全境于北纬22°38′～23°34′，东经112°22′～113°23′之间。佛山市域东距西、南距北均约103公里，大致呈“人”字形，总面积为3848.48平方公里，辖禅城、南海、顺德、三水、高明五区。

佛山市距广州白云国际机场、广州南沙港、广州新火车站车程均在1小时之内，离澳门、香港也在2小时左右。广湛铁路横贯全市东西。广海、广珠等主要公路干线穿越境内，广佛、佛开高速公路和广深珠高速公路等交通干线经佛山而过；广佛地铁在建设中。市与区之间有城巴相连。珠江水系中的西江、北江贯穿全境。50多条主要水道，近1000公里的通航里程和20多个口岸使水上运输四通八达，为经济发展提供了良好的条件。

地质地貌

佛山市在大地构造单元上属于华南褶皱带一部分。加里东构造层广泛分布于广州—佛山—九江一线以东，由各种片麻岩、石英岩、片岩、浅变质砂岩组成。海西印支构造层主要分布于广州—佛山—九江一线以北地区，由砂页岩、石灰岩等构成。顺德城区附近有砾岩、砂岩及火山碎屑岩体分布，属燕山构造层。同时，区内星散露出的花岗岩为燕山期岩浆入侵的产物。喜马拉雅复杂的构造作用和火山活动，形成以三水盆地为主的断陷盆地和零星分布在西樵山、大珠岗的粗面岩；走马营、王借岗一带的玄武岩以及华涌一带的凝灰岩等。区内主要褶皱和断裂构造大体可分五组：呈北北东向的三水禾生坑复式向斜；呈北东东向的高明复式向斜；近东西走向的三水断裂、朗石断裂、顺德容奇附近的东西向断裂、呈北东向的罗客断裂、盐步断裂、鹤城—金鸡断裂、蠕岗断裂（广—从断裂）；呈北西向的三洲—西樵山断裂、炭步—大沥断裂。

上述地质构造，控制着区内地形的发育，形成了棋盘状分布的块状山地和纵横交错的河网地貌特征。本区地形大致西北高、东南低。高明皂幕山主峰海拔805米，为市内最高点；三水大塱涡地势低洼，高程 -1.7米，为全市最低点。占全市总面积约2/3的是西、北江三角洲平原及其支流的河谷冲积平原，几乎遍布顺德和南海南大部及高明东北部，三角洲自西北向东南推进，形成除零星残丘外均为地势平坦、河涌纵横的冲积平原，海拔多在0.7～2.5米之间。此外，区内星散分布的粗面岩山丘、玄武岩石柱群、石灰岩溶洞、砾岩切割而成的峰林以及因地壳抬升而成的5000年前的古海岸线遗迹都构成独特的地貌景观。（严小浪）

人　口

佛山市下辖禅城、南海、顺德、三水、高明5个市辖区，共有街道办事处12个、镇21个。截至2009年底，全市总户数为110.46万户，平均每户3.33人，比上年增加1.71万户，增加1.55%；常住人口367.63万人，比上年增加3.3万人，增长0.9%；根据公安部调整统计口径后的标准，全市常住人口均统计为非农业人口，现有367.63万人（包括未落户常住人口）；全市共有未落户常住人口6290人，比上年减少753人，其中禅城区715人，南海区3189人，顺德区335人，三水区890人，高明区1161人。

全市常住人口中，男性183.29万人，占49.86%；女性184.34万人，占50.14%；性别比（以女性为100，男性对女性的比例）为99.43，比上年下降0.11。全年人口自然增长1.73万人，自然增长率为4.72‰，比上年下降0.54‰；其中出生3.56万人，出生率为9.72‰，死亡1.83万人，死亡率为5‰；人口机械增长1.55万人，机械增长率为4.24‰，其中迁入2.73万人，迁出1.18万人。

禅城区总人口为60.31万人，比上年增长0.94%；其中男性30.45万人，占50.5%，女性29.86万人，占49.5%，性别比为102。南海区总人口为117.51万人，比上年增长1.19%；其中男性58.13万人，占49.47%，女性59.38万人，占50.53%，性别比为97.9。顺德区总人口为121.32万人，比上年增长1.26%；其中男性60.39万人，占49.78%，女性60.93万人，占50.22%，性别比为99.11。三水区总人口为39.12万人，比上年增加0.07%；其中男性19.5万人，占49.77%，女性19.68万人，占50.23%，性别比为99.09。高明区总人口为29.31万人，比上年增长0.7%；其中男性14.81万人，占50.54%，女性14.5万人，占49.46%，性别比为102.18。全市常住人口最多的镇（街）单位是禅城区的祖庙街道办事处，共有30.45万人；常住人口最少的镇（街）单位是三水区的南山镇，共有2.38万人。

至2009年底，全市共有外来人口229.35万人，比上年减少40.11万人，减少了15.2%；禅城、南海、顺德、三水、高明五区的外来人口分别为38.29万人、94.24万人、75.44万人、13.07万人和8.3万人；其中已办暂住证的206.3万人，暂住证申办率为90.8%；全市共有出租屋26.08万间。

年内，全市共办理户籍业务250.7万宗，其中办理“二代证”1.8万人次，户口登记、迁移、变更业务246.6万人次，办理群众咨询、查询业务2.3万人次。（谢腊松）

和谐佛山，幸福家园。

行政区划

2009年，佛山市下辖禅城、南海、顺德、高明、三水5个区。截至年底，全市共有21个镇（485个村委会）、12个街道办事处（272个社区居委会）。其中，禅城区1个镇（54个村委会）、3个街道办事处（87个社区居委会）；南海区6个镇（224个村委会）、2个街道办事处（53个社区居委会）；顺德区6个镇（108个村委会）、4个街道办事处（92个社区居委会）；高明区3个镇（51个村委会）、1个街道办事处（21个社区居委会）；三水区5个镇（48个村委会）、2个街道办事处（19个社区居委会）。（杨　俊）

民族宗教

【综述】 据2000年第5次人口普查，佛山市少数民族常住人口达14.8万人，少数民族48个，占全市人口的2.71%；2005年全国1%人口抽样调查，少数民族人口20.4万人，占全市人口的3.52%，与第5次全国人口普查相比，增长了37.28%，主要的民族是壮族、土家族、苗族、瑶族、侗族、布衣族、蒙古族、回族等，他们来自全国各地，分布在全市各个镇（街道）。

佛山市有佛教、道教、天主教、基督教4个宗教。市一级爱国宗教团体有5个（佛山市佛教协会、佛山市道教协会、佛山市天主教爱国会、佛山市基督教三自爱国会、佛山市基督教协会），区一级6个（禅城区基督教三自爱国会、禅城区佛教协会、顺德区佛教协会、顺德区基督教三自爱国会、顺德区天主教爱国会、三水区基督教三自爱国会）。全市有宗教活动场所52个（佛教寺院16个、道教宫观6个、天主教堂12个、基督教堂点18个）；宗教教职人员211人（佛教130人、道教47人、天主教9人、基督教25人）。信教群众有5.88万多人。宗教人士的政治安排，全国省、市、区各级人大代表、政协委员共28人（其中全国人大代表1人、全国政协委员1人，省人大代表1人、省政协委员1人，市人大代表4人、市政协委员5人，区人大代表2人、区政协委员13人）。

【市人大检查民族宗教工作】 市人大于6月对全市民族宗教工作进行调研，形成了《市人大常委会党组关于进一步加强我市民族宗教工作的意见》，专文报中共佛山市委，并提请市委批转各区委、市直有关单位党组（党委）。8月，中共佛山市委办公室转发了该文。

【民族团结进步表彰大会】 佛山市政府在城市民族工作和扶持少数民族地区发展方面做出了突出贡献，获得国务院第五次民族团结进步模范集体称号，陈云贤市长代表佛山市赴北京参加了表彰大会，并出席国庆60周年系列庆典活动。

【广东民族艺术团巡演】 9月16日，佛山市在佛山琼花大剧院筹办了广东民族艺术团赴珠三角巡演的首场演出。省委常委、省委统战部部长周镇宏、副省长雷于蓝、省委统战部副部长、省民族宗教委主任陈绿平以及佛山市委书记林元和、市长陈云贤等领导观看了演出。

【青海省海东地委组团到佛山考察】 由青海省海东地委副书记、海东行署专员陈兴龙带队，当地就业、财政等相关部门组成的考察团，专程前来佛山交流考察。佛山市委常委、常务副市长冼瑞伦接待了考察团一行，共同探讨城市少数民族管理工作。

【开展维稳工作】 韶关“6·26”、新疆“7·5”事件发生后，及时开展对影响民族团结和社会稳定因素的排查，做好穆斯林群众引导教育工作，妥善处理涉及少数民族矛盾纠纷事件，积极化解矛盾，维护了民族领域平安稳定。

【市基督教两会举行按立牧师仪式】 经报批，4月份，佛山市基督教两会在赉恩堂为许益剑、徐文蓉两人举行按立牧师仪式。

【慈善公益】 2009年，佛山市宗教界开展“百寺扶千户”活动、为台湾地区赈灾以及扶贫等各项公益活动共捐款184万多元，植树7000多棵。佛山仁寿寺慈善医务室、顺德佛教协会慈善诊室和杏坛仁心慈善门诊共为1万多名贫困低保人群提供免费服务。（梁礼臻）

经济和社会发展概况

【综述】 2009年是新世纪以来佛山市经济社会发展最为困难的一年，面对国际金融危机的严重冲击，佛山市坚持以科学发展观统领全局，认真贯彻中央及省扩大内需、促进经济平稳较快发展的一系列政策措施，积极落实《珠江三角洲地区改革发展规划纲要(2008～2020)》(以下简称《规划纲要》)，大力推进“两转型一再造”，全市经济运行平稳，经济增长率先突围，产业结构优化调整，环境保护取得实效，改革开放不断深入，民生事业加快发展。

【经济运行率先突围，内需拉动作用明显】 面对金融危机的冲击，佛山市认真落实各项保增长政策措施，努力化危为机，经济运行实现率先突围，且内需拉动作用进一步显现。全市地区生产总值达4814.5亿元，增长13.5%，增速在珠三角位居第二，领先全省平均增速4个百分点。人均生产总值80579元(折合11795美元)，增长12.8%。地方财政一般预算收入254.7亿元，增长11.71%。完成固定资产投资1470.56亿元，同比增长16.8%。其中，基建、技改投资分别增长29.6%、33.8%，推动投资结构不断优化。落实“家电下乡”、“以旧换新”等政策，举办“广佛金秋购物节”、佛山旅游文化节等活动，全社会消费品零售总额完成1429.05亿元，增速达21.3%，连续三年超过20%。鼓励引导企业通过“广货全国行”、境外经贸洽谈会等系列活动，开拓内外销市场，全年全市进出口总值383.39亿美元。

【产业结构不断优化，转型升级初见成效】 全市产业结构调整力度不断加大，构建现代产业体系取得实效，产业结构呈现高端化趋势。完成第三产业增加值1689.99亿元，占GDP的35.1%，提高1.2个百分点。广东金融高新区已签约23个项目，美旗物流、奥特莱斯、南庄生态休闲区、岭南天地等项目建设加快推进。出台《佛山市“3＋9”特色产业基地实施方案》，陶瓷、纺织等传统产业改造取得新突破，装备制造业发展迅速，新兴产业蓬勃发展。海峡两岸农业合作试验区和现代农业园区建设顺利推进，农业产业化、品牌化水平不断提高，新增5家市级农业龙头企业。实施“技术改造技术创新百亿千项工程”和“技改项目滚动计划”，新增高新技术企业153家。院市合作取得新突破，与中科院共建产业技术创新与育成中心。

【重点项目推进顺利，城市建设不断完善】 全市各级政府和部门狠抓土地、资金配套和责任到位，有力推动项目进展，52个省重点项目与289个市重点项目均推进顺利，城市建设水平不断提升。广佛地铁首通段土建工程累计完成88%。武广铁路佛山段工程顺利完成，广珠城际佛山段正加紧推进。佛山沙堤机场成功复航。三水恒益电厂工程加快建设，南海发电一厂二期扩建工程基本完成。组团城市建设加快推进，东平新城公共文化综合体和区域性交通枢纽站项目已动工建设。出台《佛山市“三旧”改造专项规划(2009～2020)》，启动改造项目229个，完成改造115个。“U-佛山”建设推进顺利，“数字化城管”加快推进。

【广佛同城开局良好，区域合作不断深入】 在广佛两市共同努力下，广佛同城化建设进展顺利，进而推动各项区域合作不断深入。签署广佛同城化合作框架协议，联合编制出台《广佛同城化发展规划

2009～2020》，2009年度52个重点合作项目中15项已经完成，其余推进顺利。广佛肇经济圈合作框架协议正式签订，《广佛肇经济圈发展规划》编制工作启动，37个首批重点合作项目开始对接和启动。省《关于贯彻实施〈规划纲要〉的决定》中直接点到佛山的11个项目中9个加快建设，2个已经启动。落实CEPA示范城市取得成效，出台《佛山市落实CEPA示范城市实施方案》。与港澳建立工作沟通机制，在科技业、先进制造业、现代服务业、社会事务业等4个方面进行深入合作。

【环境治理扎实推进，生态建设取得实效】 加大环境治理与生态保护力度，着力推进“环境再造”，建设宜居家园。进一步完善相关制度，淘汰落后产能，单位GDP能耗继续下降。汾江河整治成效显著，时隔26年成功举办端午节汾江河龙舟赛。新建、续建、扩建污水处理厂共24间，新增污水处理能力67.3万吨／日。推进电厂“上大压小”工程，完成63个二氧化硫减排项目以及电厂企业脱硫工程，有效治理机动车尾气，全市空气质量有所好转。“三年促变，绿地佛山”战略深入实施。全市新增绿地面积203万平方米，改造绿地面积567万平方米。顺利完成国家园林城市复查迎检工作。

【各项改革继续深入，体制机制不断健全】 充分利用改革先行区的优先权限，先行先试，改革创新取得新成果。城乡统筹综合改革工作顺利推进，启动首批28个统筹城乡发展重点项目，农村集体经济管理体制改革28个试点村居中已有13个完成了试点工作，“两确权”工作全面铺开，“两分两换”试点业已进行。大部门管理体制改革已基本完成，顺德综合改革试验取得阶段性成果，市已两次向顺德区下放行政管理权限事项共614项，容桂、狮山“简政强镇”事权改革试点步入实操阶段，行政服务向村居延伸工作正在开展。“两横两纵”行政审批流程改革取得初步成效。国库集中支付制度改革进一步推进，金融发展三项计划推进顺利，2009佛山城市可经营项目投资推介洽谈会成功举办，共签约60项，投资总额354.8亿元。

【社会事业加快发展，人民生活不断改善】 着重调整优化财政支出结构，不断加大民生投入，以办好十件民生实事为抓手，加快推进各项社会事业。城市居民人均可支配收入24578元，增长9.3%；农村居民人均纯收入10699元，增长10.8%。继续实施积极的就业政策，新增就业人数11.78万人，城镇登记失业率为1.84%。企业退休人员基本养老金进一步提高，出台“新农保”实施意见，全面提高低保水平，城乡居民住院基本医疗保险实现市级统筹。做好粮油储备工作，确保粮食安全。建设保障性住房2440套。顺德、禅城、南海先后被评为“广东省推进教育现代化先进区”。推进教师工资福利待遇“两相当”，解决607名中小学教师入编问题。援建四川汶川水磨镇工作取得突出成绩，共完成56个援建工程项目。扶贫开发工作全面展开，革命老区建设稳步推进。 （叶　甜）

政治文明建设

依法治市

【召开市委依法治市领导小组第十四次会议】 5月6日，市委依法治市领导小组召开第十四次全体会议。林元和、卢汉超、杨建华、冼瑞伦、林邦彦、李秀萍等领导小组成员出席会议。会议认为，佛山市依法行政、公正司法、人大监督和“民主法治村”建设等工作扎实推进，社会主义民主法治建设富有成效。面对新形势，依法治市工作要为率先突围金融危机营造良好环境。会议指出，要深入贯彻实施《佛山市人民代表大会常务委员会关于进一步推进社会主义民主法制建设的意见》和市委批转的《市人大常委会党组关于进一步加强我市农村基层民主法治建设的意见》，全面推进“民主法治村”建设，努力走出一条具有佛山特色的法治城市、法治区创建新路子。会议强调，要增强使命感和责任感，在民主法治建设方面不断开拓进取，争当法治建设的排头兵。

【市委批转南海区大沥镇基层民主法治建设经验】 4月21日，经市委同意，市委办公室将市人大常委会党组《一个农村基层建设值得总结和学习的经验——南海区大沥镇基层民主法治建设情况调研》转发全市。大沥镇的经验充分说明，加强农村基层建设重要的是加强领导，根本是实行民主法治，关键是联系实际、关爱民生、解决问题。

【召开全市农村基层民主法治建设经验交流暨法治城市、法治区创建工作会议】 5月18日，市委在南海区大沥镇召开全市农村基层民主法治建设经验交流暨法治城市、法治区创建工作会议，“吹响”全市“民主法治村”建设和法治城市、法治区创建工作的号角。南海区大沥镇委镇政府、大沥镇兴贤村及顺德区乐从镇葛岸村介绍了基层民主法治建设的经验。市委书记、市人大常委会主任、市委依法治市领导小组组长林元和出席会议并作了讲话，市委常委、常务副市长冼瑞伦受市长陈云贤委托对全市依法行政工作进行部署。市领导卢汉超、刘国强、刘海、杨建华、梁毅民、李贻伟、黄建丰、林邦彦、李秀萍以及市、区、镇（街）有关负责人等100多人参加了会议。

【全市开展法治城市、法治区创建活动】 6月11日，市委办公室和市政府办公室联合下发《佛山市开展法治城市、法治区创建活动方案》。创建活动在市委领导下，由市委依法治市领导小组牵头组织，67项创建任务由市委组织部、市中级法院、市司法局等45个部门具体实施。

【举办法治培训班】 举办全市2009年法治培训班，法治市、区、村创建活动的相关负责人共400多人参加。省依法治省办公室和广州市社科院专家作了专题辅导，佛山监狱和高明区荷城街道作了经验介绍。市领导卢汉超、冼瑞伦分别作了培训总结和动员讲话。（吴成江）

依法行政

【综述】 2009年，依法行政工作继续坚持科学发展观，以行政监察为重点，以加强作风建设为抓手，紧贴党委、政府中心任务，创新工作方式方法，反腐倡廉建设不断取得新成效，促进了佛山经济社会平稳健康发展。

【强化监督检查，促进重大决策部署的贯彻落实】 紧紧围绕中央、省委和市委扩内需促增长、加快产业结构调整等决策部署的贯彻落实，深入开展监督检查。出台《佛山市政府投资重大项目建设监督检查办法》，重点对4批33个中央财政资金扶持的项目进行检查。加强对“三旧”改造工作的监督检查，保证工作不走样，达到规划要求。加强对口支援汶川县水磨镇恢复重建救灾款物管理使用情况的监督检查，保证援建工作顺利进行。

【认真开展执法监察维护政令畅通】 开展国有土地使用权出让和房地产开发中违规变更规划、调整容积率问题进行专项治理，落实节能减排的工作要求，对全市节能减排工作进行监督检查，集中整治“瘦肉精”问题并加强监管。制定《佛山市工程建设领域突出问题专项治理工作实施方案》，将8个方面37项内容分工到21个部门落实。对高明区非法盗挖矿产资源的事件进行专项调查，对工作失职的区、局领导进行问责。

【加强对权力运行的监督制约】 以行政审批、行政投诉电子监察系统为基础，开发行政处罚电子监察系统，将行政处罚自由裁量权纳入电子监察范围。建立市领导参与网络问政后相关意见和建议处理督办机制，通过市行政投诉电子监察系统处理网络问政问题1813件。制定《佛山市纪委监察局建立和完善网络发言人制度实施办法》，及时受理和回复网民反映事项48件。

【纠正群众反映强烈的不正之风】 检查全市中小学落实免费义务教育政策和经费保障制度情况。坚决制止和纠正医疗机构乱收费行为，全市网上“阳光采购”药品33.89亿元，招标采购医用耗材7.6亿元。开展社保基金、住房公积金管理使用情况专项治理。对强农惠农政策落实情况进行监督检查，查处哄抬农资价格、制售假劣农资坑农害农行为16件。加强对行业协会、市场中介组织的管理，纠正和查处公共服务行业损害群众消费权益问题61件。巩固治理公路“三乱”工作成果。在国土资源、建设、工商、安全生产监管系统开展民主评议政风行风活动。（叶光明）

基层政权建设

【综述】 2009年，基层政权建设工作坚持科学发展观，以民为本，服务基层，积极工作，取得了明显成效。

【继续抓好村务公开示范创建工作】 6月，开展第二批村务公开民主管理示范单位的检查验收，全市又有7个镇（街）187个村通过了检查验收。南海区率先基本实现全区达标，准备向省申报成为第二批村务公开民主管理示范区。

【开展村务公开“难点村”治理工作】 全市共排查出8个“难点村”（其中禅城区1个、顺德区6个、三水区1个），针对排查的问题，制定了“难点村”治理工作方案。禅城、顺德、三水区各一个“难点村”治理工作初见成效，基本消除了矛盾，促进了村民间的团结和谐，村务公开、村经济建设走上了正轨。

【继续推进城乡社区建设】 全市各级党委、政府加大人、财、物投入，做到了齐抓共管，建立挂点帮扶制度，打造了一批品牌和特色社区，夯实社区工作基础，完善了社区居委会自治功能，拓展了社区服务领域，社区组织领导进一步加强，社区党建工作模式进一步创新，社区综合服务功能进一步提升，社区工作者队伍素质进一步提高，社区治安进一步强化，社区环境进一步美化。2009年，禅城区被命名为全国和谐社区建设示范城区，南海区罗村街道被命名为全国和谐社区建设示范街道，顺德区容桂街道幸福社区、大良街道中区社区被命名为全国和谐社区建设示范社区。全市有199个社区被命名为“六好”平安和谐社区，占社区总数73%。同时，启动农村社区建设实验工作，在南海区开展试点，推进建立农村社区服务中心和活动中心，探索农村社区管理服务体系建设。（杨　俊）

党风廉政建设概况

【综述】 2009年，佛山市各级党委、政府和纪检监察机关按照中央纪委和省纪委全会的工作部署和要求，认真贯彻落实中央构建惩防体系《建立健全教育、制度、监督并重的惩治和预防腐败体系实施纲要》和《建立健全教育、制度、监督并重的惩治和预防腐败体系2008～2012工作规划》，以完善惩防腐败体系为重点，以加强作风建设促进科学发展为抓手，深入推进党风廉政建设和反腐败工作各项任务的落实，为建设富裕和谐佛山提供了良好的纪律保证。

【机关作风建设】 按照市委、市政府的部署，会同有关单位，进一步深化机关作风建设活动。对群众反映事难办、慢作为的机关进行明察暗访，拍摄暗访专题片，在全市纪律教育月活动中播放，引起了极大的反响。邀请部分市人大代表、政协委员、市政府特约监察员，到市公安局等14个单位进行机关作风建设巡查和满意度测评，通过实地巡察、听取汇报、翻阅资料、电话回访等形式，检查机关作风存在问题的整改落实情况。开展“我为机关作风建设建言献策”活动，通过征文、电台热线、网络论坛、手机平台等途径，广泛征求和收集社会各界对机关作风建设的意见、建议，共收到征文195篇，意见建议4095条（次）。聘请了18位优秀征文作者为第一批机关作风建设监督员。会同《南方日报》佛山记者站，开设《机关作风前哨站》专栏，加大宣传力度，营造加强机关作风建设的氛围。开展机关绩效与作风综合考评专题调研，研究制定市级机关绩效与作风综合考评指标体系。举办机关工作人员文明服务礼仪知识竞赛活动，进一步增强机关服务意识。

【领导干部廉洁自律工作】 认真落实中央和省关于厉行节约的有关规定，审核、制止评比达标表彰项目19个，对上半年出现经费超出控制数的71个单位发函预警，由财政出资或以党政机关名义主办的晚会、展览、庆典、论坛等活动同比减少90%，全市党政机关因公出国（境）人次同比减少53.7%，新购公务用车同比减少44.6%，清退违规占用公车17辆。推进“小金库”专项治理，全市共清理出“小金库”12个，涉及金额1331.85万元。

【查案工作】 全市各级纪检监察机关共受理群众信访举报3554件，应办2170件，办结2080件，办结率为96%。立案164件，其中县处级干部5人、乡科级干部35人；结案149件，给予党纪政纪处分148人，涉嫌犯罪被司法机关处理66人。通过办案，挽回经济损失2474.27万元。重点查处了高明区原区委常委、常务副区长梁瑞强诬告陷害、受贿案，市中级人民法院行政审判庭原庭长谢少清等4名法官受贿案，禅城区南庄镇紫洞村原党支部书记兼村委会主任刘子荣挪用公款案，南海区西樵镇原副镇长谭永添挪用公款、受贿案，顺德区安监局单位受贿案，三水区委、区政府原秘书长徐枝荣及西南街道党工委部分领导贪污、受贿案等一批大案要案。注重发挥保护职能，共为750名党员干部澄清是非。落实市委《关于加强镇（街）纪（工）委查办案件工作的若干意见》，全市33个镇（街）办案72件，镇街办案率达到100%。认真开展贯彻落实《中国共产党纪律检查机关案件监督管理工作条例（试行）》试点工作。深入开展治理商业贿赂工作，共查处商业贿赂案件181件，涉案金额9385.46万元。

【纠正群众反映强烈的不正之风】 会同有关部门，检查全市中小学落实免费义务教育政策和经费保障制度情况，开展医疗机构药品、医用耗材集中采购，坚决制止和纠正乱收费行为。全市网上“阳光采购”药品33.89亿元，让利患者约8.61亿元，招标采购医用耗材7.6亿元，让利患者约1.2亿元。开展社保基金、住房公积金管理使用情况专项治理。对强农惠农政策落实情况进行监督检查，查处哄抬农资价格、制售假劣农资坑农害农行为为16件。加强对行业协会、市场中介组织的管理，纠正和查处公共服务行业损害群众消费权益问题61件。巩固治理公路“三乱”工作成果。在国土资源、建设、工商、安全生产监管系统开展民主评议政风行风活动，改革评议方法，发挥新闻媒体的监督作用。

【监督检查工作】 各级纪检监察机关紧紧围绕中央、省委和市委扩内需促增长、加快产业结构调整等决策部署的贯彻落实，深入开展监督检查。出台《佛山市政府投资重大项目建设监督检查办法》，重点对4批33个中央财政资金扶持的项目进行检查。加强对“三旧”改造工作的监督检查，保证工作不走样，达到规划要求。会同广州市纪委制定《关于加强广州佛山两市纪检监察机关协作的工作方案》，推进广佛同城化建设，促进落实《珠江三角洲地区改革发展规划纲要》。加强对口支援汶川县水磨镇恢复重建救灾款物管理使用情况的监督检查，保证援建工作顺利进行。对全市节能减排工作进行监督检查，对高明区非法盗挖矿产资源事件进行专项调查，对工作失职的区、局领导进行问责。

【行政监察工作】 以行政审批、行政投诉电子监察系统为基础，开发行政处罚电子监察系统，将行政处罚自由裁量权纳入电子监察范围。整合网络反腐败资源，把市纪委监察局原有的4个网站合并为佛山廉政网，着力搭建宣传教育、信访举报、廉情预警、电子监察4个平台，促进权力正确行使。建立市领导参与网络问政后相关意见和建议处理督办机制，通过市行政投诉电子监察系统处理网络问政问题1813件。制定《佛山市纪委监察局建立和完善网络发言人制度实施办法》，及时受理和回复网民反映事项48件。

【源头治理腐败工作】 制定《佛山市工程建设领域突出问题专项治理工作实施方案》，将8个方面37项内容分工到21个部门落实，对国有土地使用权出让和房地产开发中违规变更规划、调整容积率问题进行专项治理。全市工程招投标1783项、中标价245.69亿元；招拍挂出让国有土地1038公顷，成交349.68亿元；政府采购金额30.76亿元，节约资金2.66亿元；企业产权交易42宗，成交金额7.63亿元。推广三水区西南街道消灭“白头单”做法，下发《关于进一步完善引入社会中介组织规范农村财务管理体制改革的若干意见》。继续推进公务卡试点工作，将47个预算单位纳入第二批公务卡结算制度改革试点范围。

【落实惩防体系工作规划】 对2009年反腐倡廉工作任务进行分解，将66项工作落实到54个责任部门，年终对各部门完成情况进行检查验收。落实《建立健全惩治和预防腐败体系2008～2012年工作规划》，制定五年工作分工方案，将133项工作分工到市直有关单位，明确工作目标和责任。加强对各区、各派驻纪检监察机构落实惩防体系工作情况的监督检查，促进反腐倡廉教育、制度、监督、改革、纠风、惩治等各项工作整体推进。

（魏晓黎）

精神文明建设概况

【综述】 2009年，佛山市文明创建工作按照中央、省文明办工作部署，围绕市委、市政府中心工作，认真落实全市宣传工作会议精神，以创建全国文明城市为契机，深入开展了“十好”和谐文明村居创建、净化社会文化环境、推进未成年人思想道德建设、“情暖佛山”系列活动等群众性精神文明创建活动。

【以创建全国文明城市为动力，推进全市各项创建工作深入开展】 2009年，佛山市创建全国文明城市工作全面、有序、深入推进。一是对照《测评体系》，深入摸查达标状况。责成各单位对照《测评体系》的标准，认真开展自查。通过两轮的自查、核实，发现有58项难点和重点指标。二是召开创建全国文明城市工作会议，全面部署创建任务。市委书记、市文明委主任林元和亲自牵头召开佛山市创建全国文明城市工作会议，并作重要讲话。会议对2009～2011年的创建任务进行了初步的规划，指出2010年的六大重点工作项目，要求五区及市直各责任单位做到“明确任务、措施到位、责任到人”。三是制订并实施创建计划。全市创建工作会议召开后，五区都对本区的创建工作进行了全面部署，制订了本区的《任务分解表》，明确了2010年度创建工作目标，落实了创建经费，为2010年创建的攻坚做好准备。市直83家责任单位向市文明办报送了2010年度创建计划。

【以“情暖佛山”活动为载体，加强群众思想道德建设，促进社会和谐】 市委、市政府印发了《关于在全市广泛开展“情暖佛山”活动的通知》，活动由市委宣传部统筹，市文明办负责重点在窗口行业、社区中发动群众参与，大力推进思想道德建设。

广泛发动，掀起活动高潮。8月底，全市“情暖佛山”活动动员会召开，市直和五区近100家单位参会。会议对“情暖佛山”活动的工作任务进行全面部署。会后，五区和80多家市直单位迅速报送了活动计划。五区积极行动，“情暖佛山·和美禅城”、“情暖佛山·南海有爱”、“情暖佛山·阳光顺德”、“情暖高明”、“情暖佛山·幸福三水”活动相继开展，活动覆盖到每一个镇（街）、村居。南海区桂城街道将“关爱桂城”活动融入“情暖佛山”系列活动中，以“爱家、爱桂城”为口号，建设关爱服务网点体系，打造特色“关爱”品牌。

大力推动思想道德建设，提升市民素质，倡导和谐风尚。为使“情暖佛山”活动落到实处，让活动成为开展群众思想道德建设的重要载体，全市文明系统组织开展了大量针对性强、参与面广的活动，广泛发动群众参与。一是启动首个“邻里日”活动。在全市五区30多个社区同时启动了以“情暖佛山·守望相助邻里亲”为主题的邻里日活动。二是推动“窗口”单位积极参与“情暖佛山”活动。市文明办牵头召开“情暖佛山——‘擦亮窗口’迎国庆”活动工作会议。全市72家窗口行业的负责人出席了会议。会后，各窗口单位纷纷响应，着力提升服务水平，主动为办证群众排忧解难。同时，组织开展了“迎国庆——礼仪佛山阳光行”第二届窗口行业服务礼仪演示比赛，6家窗口单位和800名市民参加活动。三是举办“情暖佛山——做一个有道德的人”中学生论坛暨“道德模范进校园”活动、“情暖佛山·文明佛山我的家”摄影大赛及获奖作品五区巡展等。各区文明办在落实“情暖佛山”任务中，也结合工作实际，开展了形式多样的活动。

【以净化社会文化环境为抓手，推进未成年人思想道德建设工作上新台阶】 加强统筹，形成工作合力。成立了市净化社会文化环境领导小组及打击“黑网吧”、净化网络、整治持证网吧及净化荧屏声频、净化校园周边环境四个专项行动组，建立工作机制，明确任务分工，针对全市实际，确立了整治工作方案和取缔“黑网吧”、整治网吧违法违规经营、整治互联网低俗之风、整治校园周边环境、净化荧屏声频、加强技术保障、疏堵结合等七大重点工作。

专项整治措施得力，整治效果明显。在市文明委的牵头组织下，各专项行动组针对突出问题，实行联合作战。市工商局牵头的打击“黑网吧”行动组相继推出“飓风”、“雷霆”行动，端掉一大批“黑网吧”；市公安局网监支队采取“跟踪排查、深挖线索、主动出击”的办法，建立联动机制，加强网上信息监管；校园周边环境整治组建立“排查台账”，按点整治。截至11月份，全市共取缔、关闭“黑网吧”1008间，自行关闭“黑网吧”1365户，收缴用于非法经营电脑设备1.14万套；关闭违规网站1033家，过滤、删除有害信息20.1万多条，检查网吧1526间次，查处、纠正违规经营173间次，排查出校园周边各类不良文化场所及行为621宗，侦破涉网淫秽色情案件9宗，抓获涉网淫秽色情违法犯罪嫌疑人35人，建立网监警务室20家，接受群众举报线索410多条，新增网站备案5233家。净化社会文化环境工作得到省督导组的高度评价。11月中旬，中央文明委第十督查组对佛山市开展净化社会文化环境工作进行了督查，并对佛山的净化工作给予了充分的肯定。

推进“文明上网”教育，引导未成年人文明用网。注重发挥自身品牌优势，以“六支队伍”建设为抓手，推进“文明上网、文明用网”教育。一是推动“网脉工程进校园”。二是开展“网络文明”巡讲活动。邀请网络教育专家在佛山五区32家学校，对1.1万名学生及家长开展了“网络文明”巡讲活动，为6700多个家庭提供了家庭安全上网、学习、娱乐的解决方案，成功为17名网瘾少年矫正了上网习惯。三是联同市教育局、市关心下一代工作委员会开展了中小学生“文明之星”评选表彰活动，共表彰“文明之星”100名。

【以“十好”和谐文明村居创建为切入点，持续推进基层文明创建】 2009年是佛山市开展“十好”和谐文明村居创建工作的第二年，为逐步完成“3年达60%”的总目标，市文明办加大组织协调力度，举办村居创建骨干队伍培训，争取创建资源，使创建工作持续推进。

市文明办及时制定《2009年佛山市“十好”和谐文明村居计划和工作方案》，指导全市创建工作。南海区出台《2009年南海区和谐文明村创建工作要点和意见》等文件，对全年和谐文明村创建工作做出总体规划，全年两次走访考察村居100多个，解决基层创建问题；顺德区以打造“顺德好村居”品牌为动力，积极发动各镇、街道从治理村居环境、整治河涌污染入手，开展新一轮的创建活动，首期打造“好村居”26个。三水区创建工作与新农村建设相互联动，开展农村公民思想道德建设专题调研，形成《当前农村公民思想道德建设的存在问题及其对策》，为指导创建工作提供了有力的依据。

【以打造全民阅读活动树品牌为契机，推进“崇文佛山”建设】 自2008年开始启动“崇文佛山”全民阅读活动，每年举办一次，每年设置一个主题，时间跨度8个月以上。该活动由市文明委统筹，8家市直单位和5个区的文明委为责任主体，活动覆盖全市五区，直接参与活动的单位包括有机关、学校、社区、企业等500家以上，参与人数达150万人以上。2009年，从组织形式、阅读方式、宣传教育等方面入手，进一步做好“崇文佛山”品牌建设，工作成效明显增强。

一是实行纵横发动，营造了浓厚的读书氛围。通过市直8家单位和5个区文明委进行纵向、横向的发动，形成纵横交结的组织发动力量；全市统一阅读活动标识logo，统一相对集中时间举办启动仪式，共同营造阅读氛围。二是实施分类阅读，增强活动成效。针对阅读主体身份、职业、需求的不同，实施分类组织、分类阅读。市直机关工委开展“文明服务礼仪知识竞赛”和“读书得趣，好书共享”论坛，1000多名干部参与其中。三是创新阅读方式，提高学习阅读兴趣。各区、各单位结合不同人群的特点，大力开展形式创新，探索出包括“趣味阅读”、“阅读演示”、“网络阅读”、“名人导读”等多种新的阅读和学习方式，推动阅读活动由“要我读”向“我要读”转变。市文明办将主办的启动仪式办成一台有声有色、流光溢彩的“读书晚会”，得到市民的广泛赞誉。市图书馆开展“崇文佛山·阅读春天”系列活动，团市委邀请了原国家文化部部长、作家王蒙，儿童文学家梅子涵，诗歌评论家朱子庆等13位名家大师莅临讲坛，为广大青少年学生特别志愿者开讲。四是媒体开辟专刊、专栏，引领城市学习风尚。《佛山日报》、《珠江时报》、《珠江商报》每周六、日均推出读书专版：《品·读书》、《阅读》、《城市周刊·品书品文》，推介好书，刊登读书心得文章，引领着城市的学习风尚。

【以“我们的节日”为统揽，进一步弘扬传统文明风尚】 积极响应中央文明办提出的开展“我们的节日”活动的部署，利用传统节日的教育功能，挖掘节日文化内涵，开展了系列活动，并不断推陈出新，吸引了广大市民热情参与。一是开展“2009新春联进万家”活动，邀请省文明办、南方报业集团，协同南方书画院、广东楹联学会在佛山市大沥镇共同举办“广东省2009新春联送万家”活动。二是在清明节倡导文明祭祀和整治祭祀市场环境，祭典革命先烈，把原来面向村镇、社区和学校的宣传教育工作，拓展延伸到企业、厂矿。三是把端午节作为开展爱国主义教育的重要平台打造。印制了《我们的节日——端午》2.5万份宣传单张，全面介绍端午节风俗习惯，分发给五区市民，教育市民群众弘扬祖国优秀文化传统，发扬爱国主义精神，广泛参与健康的文体活动。四是引入社会资源，共同举办节日教育活动。举办“水云天·岭南诗社‘贺中秋诗词作品展’暨‘我们的节日·中秋诗文朗诵晚会’活动”，发动商家参与文化建设。

（张志伟）

“龙舟竞渡的欢乐、祥和景象，体现了佛山人民对美好生活的向往和追求，更凝聚成团结拼搏、积极向上的佛山精神。” 在汾江河龙舟赛开幕仪式上，市委书记陈云贤说。

第四篇

政 治

FOSHAN NIANJIAN

佛山市领导机关

中共佛山市委

【综述】 2009年，面对国际金融危机带来的严峻挑战和国内外宏观形势变化带来的种种压力，中共佛山市委全面贯彻落实党的十七大和十七届三中全会精神、省委十届五次全会精神，以邓小平理论和“三个代表”重要思想为指导，坚持以科学发展观统领经济社会发展全局，继续解放思想、实事求是、改革创新，深入开展学习实践科学发展观活动，积极实施《珠江三角洲地区改革发展规划纲要(2008～2020)》，坚定不移落实中央、省应对危机的系列政策措施，加快建设现代产业体系，按照“三促进一保持”要求，着力推进“两转型一再造”，努力促进经济社会又好又快发展。

【贯彻全国“两会”精神】 3月20日，市委传达贯彻十一届全国人大二次会议和全国政协十一届二次会议精神，认真学习全国“两会”和胡锦涛总书记在全国人大广东代表团重要讲话精神，对下一步的学习贯彻活动作了部署。一是深入学习贯彻全国“两会”和胡锦涛总书记在全国人大广东代表团重要讲话精神，增强当好排头兵的信心和决心。二是以贯彻胡锦涛总书记重要讲话精神为动力，努力开创佛山市经济社会发展新局面。重点是抓好：继续加大投资和扩大内需，努力构建经济增长动力新优势；加快建立现代产业体系，努力构建发展模式新优势；着力增强自主创新能力，努力构建自主创新新优势；加快广佛都市圈建设，努力构建城市发展新优势；加大力度推进改革创新，努力构建体制机制新优势；大力发展民生事业，努力构建和谐发展新优势。三是加强党的领导，不断推进社会主义民主法制建设。

【中共佛山市委十届六次全会】 1月13日，市委召开了十届六次全会。一是传达学习中央经济工作会议和省委十届四次全会精神。认真学习和全面贯彻中央经济工作会议和省委十届四次全会精神，把智慧和力量凝聚到落实中央经济工作会议和省委十届四次全会提出的重大战略部署和各项重大任务上来，全面推进佛山市小康社会建设。二是总结2008年的主要工作：解放思想、争当实践科学发展观排头兵学习讨论活动取得重要成果；经济实现又好又快发展；环境建设取得明显成效；社会民生得到改善；党的建设继续加强；形成风清气正的选人用人环境。三是部署2009年的工作。认清形势，坚定信心，明确2009年工作的目标任务。积极应对国际金融危机，确保经济持续平稳较快发展。加快调整产业结构，建设现代产业体系。加强城乡统筹，促进城乡一体化发展。继续深化改革，完善促进科学发展的体制机制。大力发展社会事业，巩固和发展社会和谐稳定局面。以深入学习实践科学发展观活动为契机，全面加强党的建设。

【中共佛山市委十届七次全会】 7月24日，市委召开了十届七次全会。会议深入学习贯彻省委十届五次全会精神，总结上半年工作，分析当前形势，部署安排下半年经济发展各项任务。一是学习贯彻省委十届五次全会精神。全会认真学习贯彻了省委十届五次全会精神，特别是着重传达学习了中共中央政治局委员、广东省委书记汪洋的报告和省长黄华华讲话的主要精神。全会要求，认真学习和全面贯彻省委十届五次全会精神，是全市政治生活中的重大事情，全市各级、各部门要积极开展省委十届五次全会精神学习宣传活动，把思想和行动统一到省委十届五次全会精神上来，把智慧和力量凝聚到落实省委十届五次全会提出的重大战略部署和各项重大任务上来，落实到指导实践、推动工作上来，落实到完成2009年各项目标任务上来，力争成为实现率先突围、探索科学发展模式的排头兵。二是全面总结上半年佛山市经济社会发展情况。三是立足当前，乘势而上，继续突围，力争成为广东率先突围的排头兵。四是着眼长远，加快实施《规划纲要》，提高可持续发展水平，加大力度推动产业结构优化升级，力促一批大项目上马，大力发展现代服务业，推动广佛同城化和广佛肇经济圈建设，加强佛港澳台合作，加快环境再造，解决好民生问题，维护社会和谐稳定，继续抓好深入开展学习实践科学发展观活动。

【开展深入学习实践科学发展观活动】 扎实开展第二批和第三批深入学习实践科学发展观活动，增强干部群众坚持科学发展的自觉性和坚定性，解决一批影响科学发展的突出问题，办好一批群众最关心、最直接、最现实的实事好事，受到中央领导的充分肯定。高度重视开展深入学习实践科学发展观活动，把它作为当前一项重大政治任务和加快佛山全面小康社会建设的重大工程来抓，精心组织、周密安排、扎实推进。通过抓思想发动，抓部署，推动科学发展观学习实践活动各项计划落实。一是加强组织领导，深入动员部署学习实践活动。市委成立了深入学习实践科学发展观活动领导小组，由市委书记任组长，并召开专题会议研究部署全市学习实践活动。3月5日，召开了第二批实践科学发展观活动动员大会，对全市的学习实践活动进行动员和部署。全市学习实践科学发展观活动全面铺开。二是全市各级党员领导干部以身作则、率先垂范，积极投身学习实践活动。三是丰富学习形式，以“六个一”活动推动学习调研阶段各项工作。紧紧围绕“两转型一再造”和“保增长、保民生、保发展”等重点，精心设计自选内容、自选动作，切实抓好学习活动的各个环节。四是抓试点，积极创造新鲜经验。按照省委、市委的部署，顺德区所辖的10个镇（街）、200个村（居），作为试点参加第二批学习实践活动。3月10日，召开了试点工作动员大会，迅速铺开了学习实践活动试点工作。五是加强舆论宣传，营造学习实践活动良好氛围。

【经济在逆势中率先突围】 积极应对金融危机带来的不利影响，认真贯彻落实中央、省“保增长、扩内需、调结构”的系列政策措施，及时出台《佛山市关于促进经济平稳较快发展的若干意见》，促使各项政策及时惠及企业。通过加快实施一批产业发展、基础设施、环境保护、社会事业和民生工程等项目建设，有效遏止增长下滑态势，推动经济企稳回升，实现率先突围。2009年，全市地区生产总值达到4814.50亿元，增长13.5%；人均生产总值80579元（折合11795美元）；地方财政一般预算收入254.70亿元，增长11.71%；税收总额668.75亿元，增长6.25%；全社会固定资产投资1470.56亿元，增长16.8%；社会消费品零售总额1429.05亿元，增长21.3%。

【产业结构调整初见成效】 通过加快淘汰落后产能，一批高耗能高污染企业关停或限期整改，一批企业“双转移”实现异地发展；通过改造提升传统产业，大批民营企业依靠自主创新实现了产业转型、效益增长；通过发展新兴产业，平板显示、新型电光源、光伏、太阳能等产业迅速成长。广东金融高新技术服务区、“岭南天地”、世界名牌折扣店、美旗物流等一批现代服务业项目顺利推进，金融发展“三项计划”成果显著，成功引入一批外资银行，加快建立融资担保体系，一批企业成功上市。加快自主创新步伐，引入中科院等一批科研机构，通过产学研合作共建产业技术创新与育成中心等一批重点创新项目，加强专利、品牌和标准建设，积极引进创新人才，提升了佛山自主创新能力。

【城乡区域统筹发展加快】 以广佛同城化为抓手，构建工作机制，签订合作协议，编制发展规划，落实工作计划，推进基础设施、环保生态、城市规划等对接，广佛同城化和广佛肇一体化建设取得较大进展。大力推进高速公路、城际轨道交通和铁路等基础设施建设，一批电源、电网、供水和信息化项目建成投入使用，佛山机场民航正式复航。东平新城建设有新进展，各城市组团城区建设“亮点”逐步呈现。佛港澳台合作得到加强，出台落实CEPA示范城市实施方案，建立政府高层沟通互动机制，合作领域不断扩大。城乡统筹发展步伐加快，构筑了新的政策体系，启动了一批重点项目，城乡一体化发展新格局逐步形成。

【体制机制改革取得新突破】 一是按照中央、省的要求推进政府机构改革，公布《佛山市人民政府机构改革方案》，新组建大城管、大交通、大建设、大水务以及大人力资源5个大的政府工作部门，市级政府部门由33个整合为31个。二是开展顺德区行政管理体制改革，探索县级区域科学发展的新模式。8月，经省委、省政府批准，佛山市顺德区开展综合改革试验工作，以建设公共服务型政府、全国科学发展示范区为目标，在国内县级行政区率先实施“大部制”改革，将41个党政群部门和部分双管单位整合组建为16个大部门，实行党政决策权、执行权、监督权既分工清晰又统一协调的运行机制。市政府随即向顺德区下放378项行政审批和日常管理权限，全力支持顺德的行政体制改革。顺德改革为全省树立了标杆，成为全国县域改革的新亮点，受到省委的充分肯定。三是开展试点简政强镇事权改革工作，提升基层公共管理和服务水平。11月，在顺德区容桂街道、南海区狮山镇推进简政强镇事权改革试点工作。试点镇（街）全面梳理镇（街）的党政部门、街属单位和部分双管单位职能，根据大部制的要求，重新整合设置工作机构。同时，市委、市政府通过改革，理顺区和镇（街）的关系，实行简政放权，赋予试点镇（街）部分县级管理权限，区向试点镇（街）下放一大批经济社会管理权，增强试点镇（街）解决实际问题和管理社会的能力，也方便了企业和市民办事。

【环境再造迈出坚实步伐】 大力实施“青山、绿地、蓝天、碧水”工程，积极推进“不开发区”建设，启动东平水道、顺德水道整治工程，汾江河、内河涌治理初见成效，时隔26年再次举办端午节汾江河龙舟赛。“三年促变，绿地佛山”效果初步显现，节能减排任务顺利完成。“三旧”改造试点工作取得重大突破，城乡面貌得到改善。“情暖佛山”活动的开展有力促进了互助互爱社会风气的形成。

【民生事业有新发展】 民生10件实事基本落实。教育现代化建设步伐加快，文化产业发展取得新成效。城乡门诊基本医疗保险全面实施，居民住院医疗保险实行市级统筹，率先实现全民医保。城乡低保水平进一步提高，保障性安居工程建设进展顺利。就业形势稳定，全市城镇登记失业率为1.84%。安全生产、防控甲流、食品、农产品安全等工作扎实有效。公共交通不断改善，镇街居民“出行难”问题得到缓解。积极推进“规划到户、责任到人”扶贫开发工作和革命老区建设，援助四川汶川水磨镇重建工作让灾区人民深感满意，并得到中央和省委的高度赞扬。

【民主法治建设扎实推进】 围绕改革发展稳定大局，各级人大、政协积极履行参政议政、民主监督的职能，各民主党派、工商联和工青妇等人民团体发挥了积极作用。社会维稳工作得到加强，率先建立镇街综治信访维稳中心，开展民主法治村建设，建立新闻发言人、网络发言人制度，积极推行网络问政，强化信访工作，依法解决一批多年未解决的积案，社会治安形势有所缓和，保持了社会和谐稳定。

【党的建设取得新成绩】 组织庆祝新中国成立60周年活动，激发全市人民热爱祖国、热爱佛山的热情。加强基层党组织建设，农村、社区和“两新”组织党建工作取得新成效。切实加强反腐倡廉建设，促进机关作风转变，认真查处违纪违法案件，坚决纠正各种不正之风，源头治腐工作取得新成绩，惩治和预防腐败体系建设取得新进展。双拥和党管武装工作进一步加强。在干部队伍建设方面，认真贯彻执行《党政领导干部选拔任用工作条例》，坚持德才兼备、以德为先的用人标准，积极探索体现科学发展观要求的干部考核评价办法。完善干部选拔任用工作机制，规范干部推荐考察程序，提高选人用人公信度。拓宽选人用人视野，积极实践竞争性选拔领导干部和面向基层一线选拔干部的有效方式，搭建优秀年轻干部脱颖而出的平台。加强年轻干部、女干部、党外干部的培养和使用，拓宽后备干部培养锻炼渠道。加强干部监督工作，实行干部选拔任用全过程监督，营造风清气正的用人环境。

【全面推进统战工作】 2月20日，佛山市召开全市统战部长会议，传达贯彻全国全省统战部长会议精神，回顾总结上年的工作，研究部署2009年全市统一战线工作任务。认真做好省委检查组对佛山市贯彻落实中央和省委3个文件情况的检查工作，推动中央和省委对统战工作的政策规定落到实处，推动全市统战工作取得新进步。认真贯彻落实多党合作制度，加强民主党派工作，积极推进多党合作工作。大力开展工作调研，切实做好党外干部的培养考察和推荐安排工作，加大党外干部培养力度；加强了对各民主党派和工商联的指导工作，帮助民营企业增强应对金融危机能力，推进非公经济领域工作。加强了与港澳和海外社团的联络交往，积极开展海外联谊工作。做好民族宗教工作，维护社会和谐稳定。 （田小强　庄　滔　吴　洁）

附录：2009年中共佛山市委领导名单

书　记：林元和

副书记：陈云贤　吴志强

常　委：刘国强（挂职）、刘　海　杨晓光　叶志容（女）　杨建华　冼瑞伦　梁毅民　刘谦强　冯德良　周天明　李贻伟　叶明权（挂职）

现任中共佛山市委领导名单

书　记：陈云贤

副书记：李贻伟　杨晓光

常　委：叶志容（女）　杨建华　冼瑞伦　梁毅民　刘谦强　冯德良　周天明　叶明权（挂职）　邓伟根

（2010年8月市委供稿）

佛山市人大

【综述】 2009年，市人大常委会坚持以邓小平理论和“三个代表”重要思想为指导，以科学发展观统领工作全局，深入贯彻落实党的十七大和十七届三中、四中全会、省委十届四次全会、市委十届七次全会精神，求真务实，开拓创新，以推进社会主义民主法治建设为主线，以推动《珠江三角洲地区改革发展规划纲要》（以下称《规划纲要》）的实施为抓手，依法履行宪法和法律赋予的职责，为佛山市争当实践科学发展观排头兵、实现率先突围创造了良好的法治环境。

【佛山市第十三届人民代表大会第四次会议】 2009年2月25日至26日，佛山市第十三届人民代表大会第四次会议胜利召开。会议听取和审议了陈云贤市长所作的《政府工作报告》，审议了市发展和改革局局长何国森受市人民政府委托所作的《佛山市2008年国民经济和社会发展计划执行情况与2009年计划草案的报告》、市财政局局长焦文庆受市人民政府委托所作的《佛山市2008年预算执行情况和2009年预算草案的报告》，听取和审议了市人大常委会主任林元和所作的《佛山市人民代表大会常务委员会工作报告》、市中级人民法院院长陈陟云所作的《佛山市中级人民法院工作报告》、市人民检察院检察长廖东明所作的《佛山市人民检察院工作报告》，并通过了相应的决议。

【召开市第十三届人大常委会第十九至第二十四次会议】 2009年，市第十三届人大常委会召开了第十九次至第二十四次会议。听取和审议了市人民政府关于提请审议市国资委回购股权资金纳入财政预算安排的报告、关于佛山市2008年公安工作的报告、关于提请审议佛山市综合交通规划的报告、关于佛山市2009年上半年国民经济和社会发展计划执行情况的报告、关于佛山市2009年上半年财政预算执行情况的报告、关于2008年度市本级决算的报告、关于佛山市2008年度预算执行及其他财政收支审计情况的报告、关于2008年依法行政工作报告、关于佛山市级2009年财政预算调整的报告，市建设局、市交通局关于推进社会主义民主法治建设情况的报告和市中级人民法院关于实施《行政诉讼法》情况的报告、市人民检察院关于佛山市监所检察工作情况的报告以及市人大常委会代表资格审查委员会《关于佛山市第十三届人大代表资格审查的报告》等14项报告；作出了《关于召开佛山市第十三届人民代表大会第四次会议的决定》、《关于列席和邀请列席佛山市第十三届人民代表大会第四次会议人员的决定》、《关于佛山市第十三届人民代表大会第四次会议设旁听席的决定》、《佛山市人民代表大会常务委员会关于听取市中级人民法院、市人民检察院专项工作报告的决定》等6项决定和通过了《佛山市人民代表大会常务委员会关于〈佛山市综合交通规划的报告〉的决议》，《佛山市人民代表大会常务委员会关于批准佛山市2008年市本级决算的决议》，《佛山市人民代表大会常务委员会关于批准市级2009年财政预算调整的决议》等3项决议；审议通过了《佛山市人大常委会2009年工作要点》，《佛山市人民代表大会常务委员会关于对市中级人民法院、市人民检察院提请任命司法人员实行任前公示的暂行办法》；决定任命市人民政府副市长1人，任免市人大常委会工作机构负责人4人次，决定任免市人民政府组成人员11人次，任免法官47人次、检察官3人次，撤销职务1人。

【大力推进社会主义民主法治建设，依法治市工作不断引向深入】 佛山市人大常委会充分发挥在依法治市中的主导作用，以点带面，逐步推进，社会主义民主法治建设工作不断深入。一是以听取政府部门法治建设报告为切入点，扎实推进法治政府建设。积极推动“一府两院”开展“民主法治建设年”活动，全面推进法治政府建设。根据《国务院关于加强市县政府依法行政的决定》，常委会第二十三次会议听取和审议了《2008年佛山市人民政府依法行政工作报告》。常委会第二十四次会议听取和审议了市交通局、市建设局关于推进社会主义民主法治建设情况的报告，督促政府各部门进一步提高依法行政意识和能力，扎实推进法治政府建设。常委会依法加强备案审查工作，对市人民政府报送的《佛山市新型农村社会养老保险实施意见（试行）》等8份规范性文件进行了备案审查。二是以听取公安、“两院”专项报告为侧重点，不断促进依法行政、公正司法。根据《关于听取佛山市人民政府公安工作报告的决定》，常委会听取和审议了市人民政府2008年公安工作情况，要求佛山市各级政府及公安部门强化责任意识，加强社会治安综合整治，力争实现“三年内使佛山市社会治安状况根本好转”的目标。为进一步监督和支持“两院”工作，常委会第二十一次会议作出了《关于听取市中级人民法院、市人民检察院专项工作报告的决定》。常委会第二十四次会议听取了市中级人民法院《关于实施〈中华人民共和国行政诉讼法〉的报告》和市人民检察院《关于佛山市监所检察工作情况的报告》，推动政府及有关部门制定和完善行政机关应诉办法，积极推行行政机关负责人出庭应诉制度。还审议通过了《关于对市中级人民法院、市人民检察院提请任命司法人员实行任前公示的暂行办法》，强化对司法人员的任前监督。三是以推动法治城市、法治区创建为着力点，努力创造良好的法治环境。认真贯彻落实省“法治城市、法治区创建活动”的精神，举办法治培训班，各创建单位的领导和各镇（街道）党委及相关部门的负责人参加了培训。常委会深化调研，结合禅城、高明区经验，撰写了《关于依法规范佛山市基层人大对镇（街）财政预算监督工作的调研报告》，市委批转了报告。四是以促进民主法治村建设为突破点，全面开展基层民主法治建设。常委会大力推进民主法治村建设，积极探索基层民主法治的具体实现形式和运作机制。在试点的基础上，认真总结南海区大沥镇民主法治建设经验，并经市委批准，在全市推广。常委会党组审定了《佛山市“民主法治村”建设考核标准》，形成了具有佛山特色的民主法治村建设十条标准。全市485个行政村全面铺开了民主法治村创建工作。五是以确保政府机构改革顺利进行为归结点，依法行使人事任免权。常委会坚持党管干部与人大依法任免干部相统一的原则，强化大局意识，依法及时任命干部。为确保佛山市政府机构改革依法、有序、顺利进行，常委会第二十四次会议及时依法决定任命了6名市政府新组建部门的局长。

【积极创新开展人大监督工作，推动佛山市实现率先突围、科学发展】 常委会全力支持政府抢抓机遇，科学发展，先行先试，全面实施《规划纲要》，大力推进广佛同城化、广佛肇经济一体化以及佛山、江门两市合作。常委会组织对《规划纲要》的实施情况进行了深入调研，主任会议专题听取了市政府关于《规划纲要》实施情况的报告，要求市政府进一步深化体制改革，提高自主创新能力，建设现代产业体系，加快以现代服务业为重点的第三产业发展，不断完善珠三角一体化合作协调机制，努力使佛山市成为珠三角区域经济一体化建设的主力军。常委会还组织了为实施《规划纲要》创造良好法治环境的调研，并向省有关部门提出建立健全落实《规划纲要》的相关法规的建议，为《规划纲要》的全面正确实施提供法律支撑。

常委会依照《监督法》，对2009年上半年国民经济发展和计划、预算执行情况以及上年度决算情况进行调研，常委会会议听取了市政府有关情况报告，依法作出了有关决议，要求政府全面贯彻落实中央、省、市应对金融风险、促进经济发展的政策措施，加快推进“两转型一再造”，着力转变经济发展方式，努力实现率先突围。主任会议听取了市政府关于财政支出绩效评价工作情况汇报，督促政府及有关部门严格执行财政预算，提高财政资金的使用效益。为支持市政府应对国际金融危机，常委会审议同意了市政府《关于提请审议市国资委回购股权资金纳入财政预算安排的报告》，为佛山市率先突围赢得先机。在深入调研的基础上，常委会听取和审议了市政府《关于佛山市综合交通规划的报告》，并作出了相应的决议。

认真贯彻党的十七届三中全会《关于推进农村改革发展若干重大问题的决定》的精神，深入开展农村土地承包经营权流转情况专题调研，提出了要尽快制定佛山市城乡一体化发展规划及农业发展详细规划，建立健全农村土地承包经营权流转服务体系和监管体系的建议。紧紧抓住民族宗教这个社会热点问题，对佛山市民族宗教工作情况进行深入调研，并以常委会党组名义向市委上报了《关于进一步加强佛山市民族宗教工作的建议》，市委予以批转。常委会还深入对《佛山市建设文化名城规划纲要（2003—2010）》的落实情况和《佛山市文化产业发展规划（2008—2020）》编制情况进行调研，提出了改进工作的意见和建议。

常委会紧紧围绕佛山市改革发展中的重大问题和民生问题，认真开展执法检查。组织对佛山市贯彻实施《水污染防治法》情况进行检查，听取和审议了市政府相关情况的报告，推进政府加快水环境保护基础设施建设，加大水环境执法检查监督工作力度。组织对佛山市实施《消防法》情况深入调研，并将调研报告及时转送市政府。一年内，先后对《教师法》、《城市民族工作条例》、《宗教事务条例》、《促进科技成果转化法》等法律、法规的实施情况进行调研。同时，对《就业促进法》、《职业病防治法》、《归侨侨眷权益保护法》、《物业管理条例》等执法检查的整改情况进行跟踪监督，进一步落实常委会审议意见，增强监督实效。

常委会高度重视群众来信来访，按照《信访条例》的要求，建立了“依法畅通、有理有序、热情高效”的信访工作新模式。全年受理群众来信445件，接待群众来访454人次，有效地维护了信访人合法权益。

【充分发挥人大代表作用，代表履职成效明显提高】 常委会高度重视发挥代表作用，认真落实有关代表工作机制，坚持邀请代表参加常委会的调研、执法检查、重大活动等，提高常委会工作透明度，增强代表履职热情。先后组织佛山市的全国、省人大代表对推进《规划纲要》实施、推进广佛同城化交通基础设施建设、发展特色优势产业、推进城市环境再造等情况进行了专题视察、调研，并邀请人大代表列席常委会会议，代表们积极建言献策。全年，代表参加视察、执法检查、调研等活动48次，共396人次；组织代表专业小组开展专题调研活动12次。常委会召开全市人大代表小组长和代表专业小组长经验交流会，相互学习、取长补短，丰富了代表的活动内容。常委会狠抓对涉及全局性的、有代表性的议案、建议的督办工作。组织人大代表视察并重点督办了《关于加快禅西大道工程建设的议案》、《关于健全全市农产品质量安全监督检测体系议案》、《关于建立长效监管机制，从源头上根治“黑网吧”的建议》、《关于加速罗村兴朗大桥建设的议案》、《关于切实落实南海发电一厂排污整治的建议》和进一步解决迳口归难侨住房困难等人民群众关注的热点、难点问题的议案、建议。在常委会的大力督办下，各个议案建议得到了较好的落实。

【不断加强常委会及其机关自身建设，着力打造高效廉洁的工作团队】 高度重视加强自身建设，

努力打造务实、高效的工作团队，不断增强团队的战斗力和凝聚力。一是思想组织建设不断加强。常委会及其机关认真贯彻省委、市委的部署，深入开展学习实践科学发展观活动，把学习实践活动与学习邓小平理论、“三个代表”重要思想结合起来，与学习贯彻《监督法》结合起来，强化了政治意识、大局意识、法治意识，为做好人大工作奠定了良好的思想基础。机关组织建设得到了加强，一批优秀干部在工作实践中得到了锻炼和成长。二是作风建设不断深化。逐步形成刻苦钻研、勤于思索的学风，精雕细刻、精益求精的文风，严谨细致、求真务实的工作作风，艰苦奋斗、严于律己的生活作风。常委会大兴调查研究之风，深入基层、深入群众，努力掌握翔实可靠的第一手材料，增强了工作的科学性、前瞻性。注意加强廉政作风建设，认真贯彻落实党政领导干部廉政守则和规定，班子做到了勤政廉洁。三是理论宣传精品不断涌现。长篇工作通讯《民主法治之花在佛山乡村绽放》在《人民代表报》头版头条刊登。省人大常委会机关刊物《人民之声》第七期专题刊登了佛山市推进民主法治建设的3篇通讯，并配发了评论文章，深入宣传了大沥镇民主法治建设的典型经验。四是外事交流工作不断拓展。常委会不断拓展与国外议会、华人华侨以及港澳台同胞的交流。一年内，常委会接待了香港立法会代表团、澳大利亚昆士兰州议会议长一行、日本伊丹市代表团、毛里求斯路易港市代表团等，扩大了影响，进一步宣传人民代表大会制度。常委会还积极探索、不断加强与台湾高雄县、市议会和台商同胞的交流。（*唐韶群　洪普清*）

附录：2009年市人大常委会主任、副主任名单

主　任：林元和

副主任：卢汉超（常务副主任）　陈广灵　黄少霞　徐海祥　蒋顺威　黄建丰（女）　林邦彦

现任市人大常委会主任、副主任名单

主　任：陈云贤

副主任：卢汉超（常务副主任）　徐海祥　蒋顺威　黄建丰（女）　林邦彦

（2010年8月市人大供稿）

佛山市人民政府

【综述】 2009年，佛山市经济社会发展面对国际金融危机的严峻挑战和国内外宏观形势变化的多方面影响，市政府坚持实践科学发展观，积极地创造性地落实中央、省有关促发展保稳定的系列政策措施，不断推进经济社会健康稳步发展，顺利完成了市十三届人大四次会议确定的各项目标任务。

迎难而上，保持经济平稳较快增长。完成生产总值4814.5亿元，比上年增长13.5%；人均生产总值80579元（折合11795美元）；地方财政一般预算收入254.7亿元，增长11.71%；税收总额688.75亿元，增长6.25%；全社会固定资产投资1470.56亿元，增长16.8%；社会消费品零售总额1429.05亿元，增长21.3%。

重视环境，节能环保工作取得新成绩。全市单位GDP能耗继续下降，主要污染物二氧化硫和化学需氧量排放量完成省下达的年度削减目标。城镇污水处理率达68.83%，中心城区生活垃圾无害化处理率达95.8%。

改善民生，人民生活水平稳步提高。城镇新增就业11.78万人，城镇登记失业率1.84%，比上年降0.01个百分点；城市居民人均可支配收入24578元，增长9.3%；农村居民人均纯收入10699元，增长10.8%；增幅首次超过城市居民收入。城乡居民储蓄存款余额3945.01亿元，比年初增长12.9%。

【市长陈云贤在市人大会议上提出2009年市政府工作主要目标和任务】 2009年2月25日，市长陈云贤在市第十三届人大四次会议上作政府工作报告。

报告提出2009年经济社会发展主要预期目标：生产总值增长11%；人均生产总值力争与本地生产总值同步增长；单位GDP能耗下降4.36%；主要污染物二氧化硫和化学需氧量排入量分别下降6%和5%；全社会固定资产投资增长12%；社会消费品零售总额增长16%；地方财政一般预算收入增长9%；进出口总值力争有所增长；城市居民人均可支配收入增长7.5%；农村居民人均纯收入增

长7%；居民消费价格总水平涨幅控制在4%以内；城镇登记失业率控制在4%以内；人口自然增长率控制在6.3‰以内。

报告强调，实现2009年经济社会发展目标任务要抓好“三个着力”：一是着力推进产业发展转型；二是着力推进城市发展转型；三是着力推进环境再造。报告还明确2009年要办好十件民生实事：一是开展政策性农业保险试点工作；二是加强保障性住房建设；三是加强基层医疗卫生机构建设；四是完善居民基本医疗保险制度；五是加强农产品、食品安全监管工作；六是解决农村居民“出行难”问题；七是扶持革命老区建设；八是改善市民文化生活质量；九是继续提高城乡低保标准；十是继续调整企业退休人员基本养老金。市政府提出的2009年各项任务和民生实事顺利完成。

【市长与部门负责人共勉认真工作、老实做人、干净干事】 2月27日，市政府召开市政府全体（扩大）会议暨政府系统廉政建设工作会议。市监察局、发展改革局、经贸局、环保局等4个单位就做好2009年政府工作、廉政建设的思路和措施作书面发言；常务副市长周天明就上年市政府工作任务完成情况和2009年政府重点工作任务分解作说明，提出要求。市长陈云贤作了讲话，在回顾上年工作成绩，部署2009年工作任务时，强调3句话：“认认真真工作，老老实实做人，干干净净干事。”具体有4点要求：一是对党和人民要忠心耿耿；二是对工作要尽职尽责；三是对群众要满怀激情；四是对成绩要谦虚谨慎。还强调要牢固树立“一个信仰五个意识”，就是执政为民信仰，公仆意识、自省意识、敬畏意识、法治意识、民主意识。

【召开19次市政府常务会议】 2009年，市政府积极应对金融危机，抢抓机遇促进发展，构建和谐改善民生，政务活动频繁而卓有成效。全年共召开19次市政府常务会议和多次市长办公会议，研究解决202个事项，都是涉及经济社会发展和民生的重要事项，主要是：各区经济社会工作任务考核方案；市级公共安全视频监控联网系统建设方式；输电网工程建设激励方案；加强完善国有企业管理方案；市城镇职工参加居民门诊基本医疗保险拨款问题；完善佛山市居民住院和门诊基本医疗保险制度的意见；提高全市低保标准问题；调整企业退休人员基本养老金问题；城镇生活污水处理厂化学需氧量总量减排奖励办法；市综合交通规划；佛职院新校园规划建设方案；建设市文化艺术中心问题；岭南文化名城建设若干意见；计生考核奖励经费问题；半导体照明产业技术创新平台建设经费问题；组建市铁路投资公司问题；佛山港总体规划；市慢性病防治医院用房问题；公共文化综合体设计方案；生猪安全专项治理行动方案；市重点建设项目贷款计划及还款意见；市战略资源规划管理规定；深化农村改革发展加快城乡一体化进程意见；促进农民持续增收实施意见；促进就业工作实施意见；机关工作人员职级生活补贴正常晋升实施细则；筹办市第七届运动会问题；贯彻落实珠三角改革发展规划纲要实施意见；落实CEPA示范城市实施方案；佛山现代服务业暨六届国际物流合作洽谈会方案；创建国家知识产权示范城市方案；促进房地产市场健康发展意见；东平新城东拓片区规划；老年人乘坐公交补贴；统筹城乡发展综合改革试点意见；引进台湾奇美液晶面板项目问题；医药卫生体制改革问题；水上溢油应急预案；城市快速轨道三号线工程可行性报告；公益性岗位安置就业难人员实施办法；商标战略工作实施意见；建立涉法涉诉救助制度；企业上市绿色通道证制度；市党政机关节约行政经费考核意见；廉租房建设专项补助资金问题；高级技工学校新校园建设问题；广佛线二期工程建设问题；解决纺织企业历史问题；城际交通出资方案；创建三旧改造先进示范点意见；友谊奖名单；免费义务教育实施办法；创建无障碍建设城市方案；政策性农村住房保险方案；烟花爆竹经营点规划；一环快速路交通管理经费问题；东平新城建设资金问题；建设工程招标管理办法；政府机构改革问题；申报新型工业化产业示范基地问题；广佛同城化发展规划编制问题；三旧改造专项规划；加发企业退休人员过渡性养老金问题；农村养老保险实施意见；重点产业规划；下放市直行政审批事项；科技孵化基金方案；参与世博会项目经费问题；促进企业落实安全生产意见；市发明专利资助办法；兴朗大桥建设资金问题；集体林权改革意见；完善社会综合治税工作管理规定；交通发展白皮书；2010年财政预算；优抚对象医疗保障办法；现代产业体系建设规划；珠三角产业布局一体化佛山规划；产业转移工业园建设资金问题；轨道交通监控项目等等。

【广佛同城化、广佛肇经济圈建设稳步发展】 2009年，佛山市认真贯彻落实《珠江三角洲区域改革发展规划纲要》，结合实际，积极推进区域经济一体化进程，取得阶段性成果。一是广佛同城化建设启动并稳步推进。广州、佛山共同研究制定《广佛同城化建设市长联席会议及工作协调机制》，形成《广佛同城化建设2009年度重点工作计划》；完善修改《广州市—佛山市同城化建设合作框架协议》及城市规划、交通基础设施、产业、环境保护等4个对接协议；并于3月19日举行了《广州市 佛山市同城化建设合作框架协议》和4个对接协议的签约仪式；编制了《广佛同城化发展规划》，经两市市委、市政府审批通过，于12月24日在广州召开《规划》新闻发布会。规划体现共同发展目标，聚焦重点合作领域，坚持科学合理可行，共6章3万余字，成为全国第一个两市共同编制完成的同城化发展规划。坚持定期组织召开广佛同城化市长联席会议，跟踪《2009年度重点工作计划》推进落实情况，建立52个重点项目推进情况月报制度，为两市领导及时掌握同城化重点项目进展提供依据；还召开广佛同城化建设分管副市长工作协调会议，协调解决重点项目推进过程中遇到的困难问题。二是广佛肇经济圈建设取得初步成果。4月17日举办了广佛肇经济圈发展论坛；佛山市会同广州、肇庆共同研究形成了《广佛肇经济圈合作框架协议》，并于6月17日在肇庆正式签订《广佛肇经济圈合作框架协议》；研究制定了《广佛肇经济圈市长联席会议及工作协调机制》和《广佛肇经济圈2009年重点工作计划》，使广佛肇经济圈建设具备了工作机制和工作指引。

【市政府进行第五次机构改革】 2009年10月13日，市委、市政府召开会议，动员和部署佛山自改革开放以来的第五次大规模政府机构改革。会议由市委常委、常务副市长周天明主持，市委副书记、市长陈云贤作动员讲话，市委组织部副部长、市人事局局长、市编办主任吴英杰宣读了市政府机构改革方案。这次机构改革后，市政府设工作部门31个。涉及变化的部门有：市民族宗教事务局由单独设置调整为与市委统一战线工作部合署办公；组建市人力资源和社会保障局，不再保留市人事局、市劳动和社会保障局；原与市人事局合署办公的市机构编制委员会办公室单独设置，列市委机构序列；组建市住房和城乡建设局，不再保留市建设局（市房产管理局）；组建市交通运输局，不再保留市交通局，市交通运输局挂市公路局牌子；组建市水务局，不再保留市水利局；市农业局挂市委农村工作办公室牌子，不再保留市委农村工作领导小组办公室；将市物价局并入市发展和改革局，市发展和改革局挂市物价局牌子；组建市城市综合管理局，不再保留市城市管理行政执法局、市公用事业管理局；市规划局更名为市城乡规划局；市食品药品监督管理局由省垂直管理调整为市政府工作部门；市政府办公室挂市政府金融工作局牌子，不再保留市金融服务办公室；市打击走私综合治理领导小组办公室并入市政府办公室；市爱国卫生运动委员会办公室并入市卫生局。这些新组建的部门，体现了大部制改革的方向，在理顺部门职责分工上“坚持一件事情原则上由一个部门负责”。而除了对部门进行调整外，此次改革还有“转变政府职能、理顺职责关系”“强化落实责任、完善运行机制”“严格编制管理、健全监督机制”三大任务。此次改革将严格控制机构和编制数量，不突破中央规定的各级政府机构设置限额，不突破现有行政编制总额。而到2010年佛山市将全面实行机构编制实名制管理。这次改革在2009年底基本完成。

【佛山市顺德区开展综合改革试验工作】 2009年8月17日，省委、省政府批复佛山市，同意佛山市顺德区继续开展以落实科学发展观为核心的综合改革试验工作；同意在维持顺德区目前建制不变的前提下，除党委、纪检、监察、法院、检察院系统及需要全市统一协调管理的事务外，其他所有经济、社会、文化等方面的事务，赋予顺德区行使地级市管理权限；同意顺德区深化行政管理体制改革，先行先试，实行大部门体制；理顺与镇（街）财权事权，增强镇（街）活力。

【成功举办2009佛山城市可经营项目投资推介洽谈会暨签约仪式】 5月21日下午在皇冠假日酒店，市政府举行2009佛山城市可经营项目投资推介洽谈会暨签约仪式。国家和省有关部门领导、国内外嘉宾共600多人出席了本次活动。该活动签约项目60项，投资总额354.8亿元。推介项目已签约29项，投资额105.65亿元，分别占推介项目总数的24.58%和投资总额的22.22%。自2005年起，市政府先后举办了四届城市可经营项目投资推介洽谈会活动，签约项目总投资累计1200多亿元。该活动有利推进城市基础设施建设投资多元化、市场化，减轻政府投资负担，也为企业投资提供了指引和长期稳定的回报，并使广大市民从中受惠，实现了政府、投资者、市民三方共赢。

【先后两批次将市直行政审批（管理）事项下放顺德区】 为扶持顺德区作为省综合改革试验区的工作，市政府组织各有关部门对市直行政审批管理进行认真的清理研究，先后两批次下放顺德区。第一批次确定378个事项下放顺德区，自2009年11月1日正式实施；第二批次确定252个事项下放顺德区，自2010年1月1日正式实施。

【出台完善居民住院和门诊基本医疗保险制度的意见】 为进一步完善佛山市居民基本医疗保险制度，逐步提高住院和门诊的保障水平，市政府于2009年1月22日出台完善居民住院和门诊基本医疗保险制度的意见。意见主要内容：一是调整参保居民住院和门诊基本医疗保险费用的报销比例，明确若干个“不低于”的规定；二是明确居民门诊基本医疗保险基金年度使用比例（率）及计算方法；三是控制居民门诊药费自费率，减少居民的负担；四是适当增加居民门诊医疗服务项目，将一些常规化验项目如胸透、心电图检查等纳入医保报销范围；五是保障该工作组织实施的若干措施。该意见自2009年2月1日起实施。该意见施行对于改善民生、提高医疗保障水平，起到了重要的促进作用。

【优先发展公共交通成效显著】 为提高城市现代化水平，佛山市近年加大力度发展公共交通，取得明显成效。一是发展农村镇内公交服务。全市已有15个镇（街）开通镇内公交，开通59条线路，全市行政村100%实现通行公交车。二是加快市内客运班线公交化改造，提升各组团之间公交快速通达水平。三是大力开展公交尾气治理，通过更新改造车辆、强化监督，大大压减了公交车冒黑烟状况。四是加强监管，提升公交服务质量。五是落实八项措施改善出租车经营环境。通过打击非法营运、降低出租车缴纳费用、落实燃油补贴等措施，促进出租车行业健康发展。六是大力宣传“公交优先、节能环保、绿色出行”的新理念，逐步形成全民支持发展公交的共识。

（马时光　何锦沛）

附录：2009年佛山市人民政府市长、副市长名单

市　长： 陈云贤
副市长： 冼瑞伦（常务副市长）
周天明（常务副市长）
叶明权（挂职）李子甫　邓伟根
麦洁华（女）　王　玲（女）

现任佛山市人民政府市长、副市长名单

市　长： 李贻伟
副市长： 冼瑞伦（常务副市长）
周天明（常务副市长）
叶明权（挂职）　李子甫
麦洁华（女）
王　玲（女）

（2010年8月市政府供稿）

【佛山市人民政府行政服务中心】 2009年，围绕市委、市政府的决策部署，市政府行政服务中心继续做好行政服务大厅、12345行政服务（行政投诉）热线日常管理工作，积极推进全市“两横两纵”行政审批流程改革、行政审批网络一体化和行政服务中心体系建设工作，承担行政审批电子监察系统相关工作任务，使“佛山行政服务”成为佛山市建设服务型政府的一个重要品牌。

行政服务大厅日常管理和运作水平稳步提高。至年底，进驻服务大厅的单位有51个，其中市级行政职能部门17个，禅城区行政职能部门22个，行业服务机构12个；进入大厅集中办理的审批服

务事项达480多项，主要分为投资立项、工商登记、工程报建、便民服务等几大类型；进驻工作人员330人，设前台服务窗口112个。中心坚持以每季度窗口评议为主线，进一步落实完善进驻、充分授权、一次告知、限时办结等要求，激励和督促各窗口改进服务方式、提高服务效能，促进了大厅服务水平的整体提高。2009年各窗口共新增（完善）19个进驻事项，压缩32个事项的承诺时限，推出28项提升服务效能的改革举措和便民措施；中心全年共收到办事群众的评议投票3.74万张，满意率达99.9%，各进驻窗口被评为优秀的工作人员共155人次，环保、地税、气象、国税、公安（人口管理）、建设、规划、农业、卫生、工商等10个窗口多次被评为先进窗口。2009年中心承接市政府信息公开有关服务职能，设立政府信息公开服务窗口——“佛山市人民政府信息公开受理处”和“佛山市人民政府现行文件查阅中心”，承担市政府信息公开的咨询、指引和依申请公开的受理、分办，并提供一定范围的政府信息查阅等，为广大市民群众提供更丰富更完善的政府“一站式”信息公开服务。

12345行政服务行政投诉热线功能和服务水平得到较大提升。2009年，热线共接听群众来电14.09万个，比上年增长11.75%。市热线办向五区行政服务中心（热线办）和各级成员单位下派工单共计4.6万件，工单的整体按时办结率也有较大幅度的提升，群众满意率达98.41%，热线为企业群众提供了大量便捷高效的服务。3月起，市劳动社保局的12333劳动社保热线与佛山市12345行政服务热线正式实现并网运作，为佛山市逐步实现政府各类热线的统一外包服务作出了有效示范，为群众提供更专业、更高效、接通率更高的服务，实现行政资源的高度整合和服务效能的大幅提升。2009年，中心进一步理顺和完善接听行政投诉电话的工作流程，加强对话务员的培训，修改和规范行政投诉话务处理规则，逐步提升行政投诉电话接听水平。此外，12345热线参与了佛山市机关作风效能建设“回头看”的回访工作，通过电话形式对来电群众投诉处理情况进行回访，收集相关单位在开展行政服务，处理群众诉求方面的表现数据，为政府机关效能建设提供重要的参考依据。热线进一步加强党团和组织文化建设工作，成立了佛山市人民政府行政服务中心热线支部，并被推荐为市直窗口服务“党员示范岗”（集体）的申报对象。

全市“两横两纵”行政审批流程改革工作取得显著成效。围绕“两横两纵”行政审批流程改革推广工作，认真总结试点经验，推动全市各部门制定市、区统一的改革实施方案、逐项梳理优化审批流程、制定内部监管制度，创新了行政审批管理机制，取得了较好的改革效果，得到了省委、省政府和市委、市政府的认可。2009年5月，省委书记汪洋批示要总结推广佛山市“两横两纵”行政审批流程改革经验，省委在督查专报中将佛山市的改革经验印发全省；9月，佛山市被省政府确定为3个创新行政审批方式的试点城市之一；在全省深化行政审批制度改革工作现场会议上，市政府和南海区政府列为经验交流单位，向会议汇报有关改革情况。市政府在12月召开全市深化行政审批制度改革工作总结大会，市长陈云贤、市纪委书记杨晓光、副市长王玲等市领导出席会议并作重要讲话。

行政审批电子网络一体化建设工作按计划推进。根据国务院和广东省有关行政审批制度改革工作的精神，结合《佛山市深化行政审批制度改革实施方案》和《佛山市信息化发展“3＋1”规划纲要（2008～2012）》的要求，为加快佛山市电子政务建设，创新审批服务方式，提高审批效能，推进科学审批，方便群众办事。2009年，中心继续大力推动行政审批电子网络一体化项目建设。一是顺利完成了项目（一期）的建设任务和验收工作。初步搭建了佛山市网上审批服务大厅，实现了表格下载、表单填写、网上申报和网上咨询等功能；升级改造了佛山市级审批业务办理系统，实现了同网上审批服务大厅的信息交互；制定了网上审批服务大厅与各部门自建的审批业务系统之间的数据交换标准；实现网上审批服务大厅与市政府门户网站的无缝对接。二是积极推动项目（二期）建设。起草了《行政审批电子网络一体化建设方案》，并征求了有关部门的意见；完成了项目二期监理招标工作；和市监察局、市信产局三家联合行文请示市政府印发《佛山市网上审批服务大厅推广应用工作方案》，准备全面推进网上审批服务工作；启动了项目（二期）的招投标工作。

一市五区行政服务体系建设工作推进到基层。一是充分发挥已经形成的市、区两级行政服务中心联席会议机制的沟通桥梁作用，加强各级中心之间、中心与其他相关部门之间的沟通交流，有效发挥市、区、镇（街）各级中心作用。二是根据佛山市电子政务建设的总体部署，以推进行政审批电子网络一体化建设为出发点，大力推动网上审批，搭建跨部门、跨管理层级之间的一体化的行政审批服务网络。三是推动镇（街）行政服务中心的建设，为行政服务中心延伸到村居做准备。到各区及镇（街）行政服务中心开展深入调研，了解各级行政服务大厅（窗口）的建设现状、经验做法和意见建议，切实摸清情况，进行系统科学的分析研究，筹备出台相关指导性文件。四是加强与未纳入行政服务中心的其他政府便民窗口的联系互动，在制度建设、服务标准、监督检查等方面逐步形成相对统一的工作机制。

【禅城区人民政府行政服务中心】 禅城区人民政府行政服务中心季华路大厅在服务大厅建设上实行与佛山市人民政府行政服务中心对外服务窗口合署办公、资源共享的模式开展工作。在区委、区政府重视下，2009年新增加禅城区行政服务中心魁奇路服务大厅，7月试运行，9月正式启用，魁奇路服务大厅设置110个服务窗口，受理业务包括：房地产权登记、司法公证、出入境办证、地税征收等几大部分。禅城区行政服务中心利用自身作为中心城区的天然优势，立足于提升城市素质和品位，以精品服务为方向，强化星级服务考核责任，促进全区对外窗口服务水平提升。区中心联合区效能办出台《禅城区星级服务窗口考核实施方案》，规范全区行政服务窗口服务准则，加大行政服务窗口监督考核力度，强化窗口工作人员使命意识、服务意识，全面提升全区行政服务窗口的服务素质。

为加强区、镇（街）行政服务中心一体化建设，推进服务窗口延伸到村委，在区、镇（街）行政服务体系搭建完成并成功运作的基础上，利用区、镇（街）每季度召开一次联席会议的机制，交流探讨区、镇（街）中心加强管理建设，有针对性提出加强区、镇（街）行政服务中心建设的议题，根据张槎街道的实际情况，探讨建立村级行政服务中心。10月12日，张槎街道莲塘村行政服务中心正式挂牌启用，拉开了村（居）行政服务中心建设的序幕。村级行政服务中心启用，对提升农村基层承接行政和公共服务能力有着积极推动作用，村民群众和企业办事更加方便、高效、快捷。

【南海区人民政府行政服务中心】 南海区行政服务中心自2002年成立以来，不断解放思想、改革创新，通过确立“公平、正义”全新行政服务理念，发扬“中心人”的奉献精神和创造力，坚持实事求是和开拓进取的原则，全力打造五星级行政服务环境。

2009年，南海区的审改进展顺利，各项工作稳步向前。全年共取消36个审批项目，41个项目下放镇街终审，20个项目取消镇级初审，共减少审批环节11个。同时行政服务进一步前移，扎根基层。全区共22个部门256个事项的审批服务已延伸到15个基层中心，其中44%的事项可在镇街终审，初审事项原则上均实行全程代理服务，群众只需在镇街窗口提交申请和领取结果，真正做到“一地办理、限时办结”。在区、镇两级行政服务体系建设完成的基础上，进一步延伸到村居及社区，现各镇街已设立社区服务中心、服务站、便民服务点103个，为村民及社区群众提供出租屋登记备案、暂住证办理、流动人口计划生育服务、综合管理、代办证照等服务。按照事权下放，简政强镇试点工作的要求，第一批11个部门116项事权，已通过委托或授权等方式整体下放到狮山镇实施，加上原已下放的事项，狮山镇可实施的行政审批事项多达300项，狮山镇简政强镇事权下放的试点工作扎实推进。2009年南海区作为全省审改工作先进单位在省审改会议介绍经验，得到省委省政府领导的充分肯定。区中心被省授予“广东省文明窗口”称号。

【顺德区人民政府行政服务中心】 2009年，顺德区大部制改革整合优化了政府部门的组织架构和职能分工，政府部门权责更加协调明晰。顺德区行政服务中心进驻政府部门和双关联检单位达25个（大部制改革前41个），进驻审批事项465项。2009年各窗口受理办结行政审批182万宗，窗口业务提前办结率达92%。配套进驻保险公司、二手车交易、外贸报关等10多家中介机构，大大方便企业和市民办事。该中心积极探索推进并联审批改革，先后在企业注册登记、餐饮娱乐服务业监管和工程报建等领域推进并联审批和联合审批等新举措，2009年全区受理并联审批涉及餐饮服务业1307项；受理工程联合报建项目395项。制订了《顺德区行政服务中心窗口考评暂行制度》，针对窗口工作规范和纪律、服务态度和质量、办事效率、投诉处理等方面，以中心监管、窗口互评、群众评议和社会监督员评议相结合的方式，加强监督考核和情况通报，力促窗口转变工作作风。行政审批电子监察系统累计监控业务64万多笔，充分发挥其实时监控、预警纠错和绩效评估功能。及时处理12345行政热线投诉个案，促进督查整改。

【高明区人民政府行政服务中心】 2009年高明区行政服务中心把“优化提升政务环境”作为工作目标，以“审批提速，服务提质”为切入点，大力推进中心“三项重点”工作，中心通过巩固落实“市3天上报、区5天办结”限时审批制度，以“两横两纵”审批流程专项改革为重点，简化审批部门内部审批环节，全区共取消事项69项，调整事项30项，审批效率进一步提高。在6月1日起在全区范围推进实施工商注册登记并联审批专项改革，将原来需要20个工作日的审批时间压缩到一半左右，该中心从制度、人员和技术给予充分保障，保证工商注册登记并联审批运行畅顺。到12月底，受理事项包括名称核准226件，登记注册57件；办结事项中名称核准226件，登记注册57件，办结率100%。根据《佛山市高明区政府行政服务中心窗口考核工作方案》进行考评，每月按照考核方案从工作态度、考勤情况、工作质量、群众评议等方面对窗口工作人员实行月度评议考核，努力提升政府行政服务第一窗口形象。2009年，共受理各类审批、办证等业务14.36万件，比上年同期增加5.75万件；办结数13.78万件，比上年同期增加5.28万件；办结率为95.9%。共接受群众网上业务咨询237件、网上投诉16件，均准时回复处理。

【三水区人民政府行政服务中心】 2009年，三水区人民政府行政服务中心有28个审批和服务单位，391项行政审批事项和日常管理事项进驻，进驻人员达258人。2009年，该中心着力加强机关作风建设，提高窗口建设水平，改善中心服务环境和服务形象，强化12345行政服务热线，推进行政审批制度改革，为打造服务型政府形象作出了应有的贡献，被广东省文明委员会授予“广东省文明单位”称号。

2009年把加强窗口建设作为整体工作的重心之一。一是科学合理调整进驻单位。为了充分利用办公空间，增强对外服务功能，经过协调，将地税局办税服务厅和国税局税源管理组整体引进，其中，地税局办税服务厅还成为区第一个多功能、智能化的新型政务服务窗口。二是细化完善窗口管理制度。对原有的11项管理制度进行了全面修订，出台《佛山市三水区人民政府行政服务中心制度汇编》，并于7月实施执行。三是全面优化大楼办公环境。上半年完成地税办税服务厅的改造装修；为了群众办事停车方便，从8月份开始对停车场进行重新规划和绿化改造，改造后公共停车位增加240个，彻底解决了停车难题。四是努力提升窗口服务形象。组织多场礼仪培训讲座，统一窗口人员的服装，塑造中心统一规范的服务形象，展现政务工作者的良好风貌。同时还注重从细节着手，为群众提供贴心服务。五是顺利完成工程报建并联审批系统开发应用工作，为推进招商引资和“三旧”改造工作的顺利开展创造了条件。

（吴超凡）

佛山市政协

【综述】 2009年，在中共佛山市委领导下，市政协坚持以科学发展观统领工作全局，把握团结、民主两大主题，围绕市委、市政府的重大决策和全市工作大局，切实履行政治协商、民主监督、参政议政职能，圆满完成了各项工作任务，为建设富裕和谐美丽佛山作出了积极贡献。

政协第十届佛山市委员会在2009年间，辞去委员10名，增补委员17名；辞去副主席职务1名、常务委员职务6名，补选副主席1名、常务委员5名。

增减后，实有委员396名，其中常务委员67名。现有委员中，中共党员141名，占35.61%；非中共人士255名，占64.39%。

【市政协十届三次全会】 2009年2月24～26日，中国人民政治协商会议第十届佛山市委员会第三次会议在市政协礼堂隆重召开。来自佛山市各党派、人民团体、社会各界以及港澳地区特邀人士等28个界别的378名委员出席了会议，市党政军领导到会祝贺，在佛山市工作的省政协委员，市各民主党派、工商联主要负责人，市政府有关部门和中央、省驻佛山部分单位领导，市政协历届正副主席、秘书长等81人应邀列席本次会议，另邀请10名市民代表旁听了会议。会议按照市委十届六次全会提出的部署和要求，围绕积极应对国际金融危机、确保全市科学发展和社会稳定的目标，进一步动员参加政协的各党派、团体和各界人士，深入开展学习实践科学发展观活动，认真履行政协三大职能，为促进社会主义民主政治建设，加快建设“现代制造基地、产业服务中心、岭南文化名城、美丽富裕家园”贡献力量。会议听取和审议了第十届佛山市政协常务委员会工作报告和关于十届二次会议以来提案工作情况的报告，同意这两个报告，并对市政协十届二次会议以来的18件优秀提案进行了表彰；列席了市十三届人大四次会议，听取和讨论了市政府工作报告及有关报告，赞同政府工作报告，认为对上年的工作总结实事求是，对2009年的工作部署安排科学合理；会议同意黄维郭辞去市政协副主席职务及李新喜等6人辞去市政协常委职务，补选了陈道明为市政协副主席及区惠娘等5人为市政协常委；通过了市政协十届三次会议决议。市政协主席蔡河义在闭幕会上作了讲话。

【市政协第七、八、九次常委会议】 2009年，市政协召开了第七、八、九次常委会议。第七次常委会议主要讨论市《政府工作报告（征求意见稿）》；审议通过市政协常委会工作报告（草案）和提案工作情况报告（草案）及市政协十届三次会议有关事项；通过调整增补委员及有关人事任免。第八、九次常委会议分别围绕“佛山交通管理与禁摩”、“发展电子商务物流”问题进行专题议政。

【着眼于促进决策民主化科学化开展政治协商】 围绕佛山市经济社会发展的重大问题采取多种形式开展政治协商，进一步完善协商议政格局。在市政协十届三次全会期间，委员们围绕《政府工作报告》和其他几个报告进行协商讨论，就贯彻实施《珠江三角洲地区改革发展规划纲要》、大力提升广佛同城化水平、应对国际金融危机、加强食品安全管理、促进青年就业创业等问题，市政协各参加单位的10位代表、港澳地区委员梁华先生以及15位委员踊跃发言；首次召开各界别委员代表座谈会，28个界别36名委员代表就产业升级、交通、卫生、社保、教育等问题，与市委、市政府主要领导面对面交流，共商科学发展大计。2009年1月20日，市政协召开十届七次常委会议，市政府有关领导到会通报市政府2008年工作情况和2009年主要工作任务，并听取政协常委的意见建议。8月4日，市委书记林元和专门到市政协向政协领导班子和各民主党派、工商联代表及部分政协委员通报全市上半年经济社会发展情况和下半年工作重点，听取意见和建议。通过政治协商，促进了佛山市的民主科学决策。

【着眼于解决科学发展的重要问题进行议政建言】 把调研议政的着眼点放在综合性、全局性、前瞻性问题的思考上，重点选择了“佛山交通管理与禁摩”、“发展电子商务物流”两大重要课题，分别组成由政协委员、民主党派和专家学者参加的专题调研组，在市政协主席、副主席带领下，深入调查研究，广泛听取各方面的意见，经过反复研讨和论证，形成较高质量的调研报告，先后召开第八、第九次常委会议进行专题议政，并形成建议案供市委、市政府决策参考。市委、市政府重视调研报告和建议案所提出的意见和建议，在相关工作会议上专门听取调研组作有关情况汇报和说明，不少意见建议已被采纳，逐步得到落实。

【着眼于促进发展环境优化实施民主监督】 以专门委员会为主体，根据委员自愿报名情况进行分组，分别组织委员对发展总部经济、食品安全、农村社区卫生站建设、残疾人工作、革命老区建设、上岸渔民生产生活等6个方面的社会热点和民生问题进行专题视察；首次在全会期间组织港澳委员视察广佛地铁建设。通过现场视察和座谈交流，向党委、政府及有关部门提出了许多促进工作落实的意见和建议，使群众反映的一些问题得到解决。组织市政协委员共20批100人次参加“政风行风评议”、“食品药品安全行”、“刑事审判监督专项检查”、“党风廉政建设责任考核座谈会”等有关监督评议和检查活动，努力践行政协委员民主监督权力。十届三次会议期间开办“两会热线”，组织政协委员、市民群众与政府有关部门围绕市民关心的热点问题开展对话交流，增强民主监督实效。同时，还通过媒体刊发有关政协履行职能的宣传稿件200多篇，促进政协民主监督与舆论监督的有机结合。通过佛山市政协网站以及编辑出版4期《佛山政协》会刊等，宣传政协工作成果，扩大民主监督影响。

【以提案、信息促进民生建设】 市政协十届三次会议以来共收到提案309件，立案207件，合并后交办提案191件，内容涉及经济、政治、文化、社会等方面，为党委政府制定发展大计提供了重要参考。据统计，提案所提意见和建议得到解决和基本解决的31件，约占交办提案总数16.2%；正在解决或计划解决的141件，约占交办提案总数74%，提案办理取得较好的实效。市主要领导牵头督办政协重点提案是2009年工作的一大亮点。《大力提升广佛同城化水平的建议》、《加大扶持力度促进中小企业健康稳定发展》被列为重点提案，分别由市委书记、市长亲自牵头督办，很多意见已转化为党委政府有关部门的工作决策和部署。同时，市政协继续发挥全国政协信息直报点优势，认真抓好反映社情民意的信息工作。全年共收到市各民主党派、工商联、有关人民团体，各区政协和市政协委员提交的信息800多篇，编发《佛山政协信息》普刊134期，专报12期，其中，被全国政协、省政协采用30篇，省委、市委采用37篇，省市领导批示11条，不少信息起到了反映民情、汇聚民智、改善民生的重要作用。因工作成绩显著，市政协被全国政协评为2009年信息工作先进单位二等奖。

【广泛开展团结联谊促进爱国统一战线发展】 市政协紧紧围绕团结民主两大主题，巩固发展广泛的爱国统一战线，促进社会和谐稳定。一是拓展民主党派、工商联、人民团体参政议政平台。坚持市政协与各民主党派、工商联负责人联席会议制度，加强中共政协党组与其沟通联系，积极促进各民主党派、工商联、参加政协的人民团体和无党派人士的团结合作，邀请他们参加政协各项活动，支持他们在政协的各种会议上发表意见建议，为他们有序参与佛山市经济、政治、文化、社会建设拓展平台。全年他们共提交提案38件，反映社情民意信息530多篇，充分体现了参政议政的话语权。二是拓展与港澳台及海外开展经济文化交流合作平台。主动加强与港澳台同胞、海外侨胞的联系，市政协领导班子多次前往港澳拜访港澳委员、重要社团，邀请和接待港澳人士、海外侨胞和台湾高雄议会来访，组织港澳委员考察内地经济发展情况，为港澳台地区与内地开展合作交流提供良好平台。建立走访港澳委员制度，定期拜访委员企业，关心、协助佛山的港澳台侨企业解决实际困难。引介港澳同胞捐助公益和扶贫助学。在台湾遭受强台风灾害后，积极发动委员和机关干部捐款救灾。三是拓展与各级政协合作交往平台。通过交流互访、走访慰问、召开茶话会、座谈会及情况通报会等形式，密切与各区政协之间的联系。定期召开市政协与各区政协主席工作会议、秘书长联席会议和提案、信息工作会议，与各区政协联合开展视察、调研、培训等活动，形成上下联动、协调运作、优势互补的良好局面。协助全国政协、省政协开展了“返乡农民工与统筹城乡就业问题”、“加快珠三角交通一体化建设”、“促进港澳台企业转型升级的情况及对策”等调研、视察活动。走访珠三角部分市政协，热情接待各地政协的调研考察140多批2000多人次，既学习借鉴外地先进的做法和经验，又抓住契机宣传推介佛山。四是开展文化活动营造和谐氛围。积极协助省政协举办“政协杯”台球赛、青少年书法大赛、“四洲杯”粤港澳粤曲演唱大赛等有关活动，组队参加省政协举办的乒乓球赛、高尔夫球赛。充分利用市政协联谊大厦这个阵地和平台，精心策划和开展各类文化交流活动，与统战系统联合举办了联欢晚会。多次组织各类书画展和文化讲座，加强对内对外艺术交流。认真挖掘整理文史资料，与佛山炎黄文化研究会联合编辑出版了《佛山历史人物录》第二卷，发挥文史资料“存史、资政、团结、育人”的独特作用。

【抓好自身建设促进政协工作上新水平】 坚持把抓好自身建设作为推进政协工作创新发展的前提和基础，在履行职能中加强自身建设。一是扎实开展深入学习实践科学发展观活动。按照中央和省、市委的统一部署，精心组织了深入学习实践科学发展观活动。把学习实践活动与各项政治理论学习、与人民政协履行职能的实践相结合，通过集中学习教育，深入分析检查，认真落实整改措施，切实把科学发展观体现在政协工作的各个环节，并结合政协实际，就“规范统一市及五区政协内设机构问题”进行专题调研，提出了改进思路和初步方案。通过开展学习实践活动，切实提高了政协工作科学化水平。二是加强委员队伍建设。组织委员学习培训、外出考察、参加界别活动，请党委、政府及有关部门负责人通报全市经济社会发展情况，使委员知情明政，更好地着眼于全市改革发展稳定大局提出意见建议。及时对新增补委员进行履职培训，加深其对政协理论和工作的认识，提高履职的本领。市政协领导和各专委会坚持联系走访委员，了解委员工作、学习和生活情况，指导和帮助委员。还探索实施了特聘委员制度，将社会精英贤达人士吸收到政协的人才库中，选聘了18名特聘委员，为政协委员队伍建设注入了新的生机和活力。三是加强机关自身建设。坚持理论学习中心组制度，建立机关日常学习机制，运用多种形式，进行理论和业务知识学习。切实抓好各项规章制度的完善和落实，根据工作需要调整科室的工作职能，健全政协信息网络系统，进一步规范了机关工作制度和工作程序。做好机关干部的培养、选拔、交流和任用工作，一批中青年干部走上新的工作岗位，进一步调动了机关干部的积极性。选派2名机关干部到基层驻村和开展扶贫工作，既锻炼了干部，又密切了与群众的联系。切实开展节能降耗工作，有效节约机关各项经费，勤俭节约、艰苦奋斗的风气日益浓厚。

【全国政协副主席郑万通来佛山考察】 2009年11月19日，全国政协副主席郑万通一行到佛山市考察。在市政协主席蔡河义、市委副书记吴志强等陪同下，郑万通一行先后考察了广东金融高新技术服务区、南海经济开发区、佛山市城市建设规划展馆、广东美的集团。郑万通对佛山市的城乡规划及产业的转型升级表示充分肯定。

（杨才聪　冼伟明）

附录：2009年市政协主席、副主席名单

主　席： 蔡河义

副主席： 李秀萍（女）　杨军辉　袁毅桦（女）　谭家驹　杨锡基　苏明实　黄　炳　陈道明

现任市政协主席、副主席名单

主　席： 蔡河义

副主席： 吴志强　李秀萍（女）　杨军辉　袁毅桦（女）　谭家驹　杨锡基　黄　炳　陈道明　黄海宁

（2010年8月市政协供稿）

佛山市纪委

【综述】 2009年，面对国际金融危机的严峻考验和反腐倡廉工作的新形势、新要求，在省纪委和市委的坚强领导下，佛山市各级纪检监察机关深入贯彻科学发展观，认真落实中央构建惩防体系《建立健全教育、制度、监督并重的惩治和预防腐败体系实施纲要》和《建立健全教育、制度、监督并重的惩治和预防腐败体系2008～2012工作规划》，以完善惩治和预防腐败体系为重点，以加强作风建设为抓手，紧贴党委、政府中心任务，创新工作方式方法，反腐倡廉建设不断取得新成效，促进了佛山经济社会平稳健康发展。

【市纪委十届四次全会】 2月10日，市纪委召开十届四次全会。会议传达学习了胡锦涛在十七届中央纪委三次全会上的重要讲话和十七届中央纪委三次全会精神，中共中央政治局委员、省委书记汪洋在省纪委十届三次全会上的重要讲话和省纪委十届三次全会精神，听取了市委书记林元和的重要讲话，审议通过了市委常委、市纪委书记杨晓光代表市纪委常委会所作的《贯彻落实科学发展观，以完善惩治和预防腐败体系为重点，深入推进反腐倡廉建设》的工作报告。市几套班子党员领导干部、市纪委委员、各区和市直副局以上单位的党政主要领导等1000多人参加了会议。林元和从实现市委十届六次全会提出奋斗目标的高度，阐述了佛山市加强反腐倡廉建设的工作思路，提出了2009年的工作重点，强调要认真学习领会中央纪委、省纪委全会精神，全面部署反腐倡廉工作；坚持以加强机关作风建设为突破口，为推动全市经济社会平稳较快发展提供有力保障；真抓实干，务求时效，进一步推动全市机关作风建设再上新台阶；加强组织领导和自身建设，为深入推进反腐倡廉工作和机关作风建设提供保证。

【党内监督工作】 认真执行廉政谈话、诫勉谈话、述职述廉等党内监督制度，全市各级纪委负责人同下级党政主要负责人谈话689人（次），开展任前廉政谈话611人（次），诫勉谈话203人（次），述职述廉2910人（次），领导干部个人报告有关事项763人（次）。严格执行党政领导干部问责制，对一些地方和单位违规举办大型晚会、在高档酒店举办春节联欢会、利用虚假定编许可证购置小汽车、以参观学习名义组织公款旅游、违规建设行政服务中心办公大楼等问题进行调查处理，并在全市范围通报了10件典型案件。在三水区继续试点推行区委委员、纪委委员开展党内询问和质询制度。

【党风廉政宣传教育】 2009年，扎实搞好全省纪律教育学习月活动三水区示范点建设和现场会的各项工作。在三水荷花世界规划建设廉洁文化主题公园。认真开展以“加强作风建设，保障科学发展”为主题的纪律教育学习月活动，举办全市副处级以上领导干部纪律教育学习班、镇（街）党政主要领导廉政教育学习班，举办佛山特色的陶塑、剪纸、木版年画廉政文化艺术作品展，创作反腐倡廉舞台剧《清风长卷》，组织22批3487名党员干部到佛山监狱接受警示教育。7月22～27日，市委举办副处级以上领导干部纪律教育学习班，全市1000多名副处级以上领导干部参加了学习。学习班上，市委书记林元和作了动员报告，邀请省纪委常委、省委巡视办主任姜斌作党风廉政建设和反腐败形势报告。市委常委、市纪委书记杨晓光就纪律教育学习月活动和处级干部学习班的具体工作作了部署安排，通报了2009年佛山市在机关作风建设方面发生的3起违纪问题，组织市几套班子领导和全市副处级干部观看了《畸变》、《蚁穴透视》等教育专题片。各级党委、纪委把纪律教育学习月活动列为全年工作重点进行总体部署，层层举办各级领导干部纪律教育学习班，做到时间、内容和人员“三落实”。南海区西樵镇中小学作为市纪委廉政文化进校园示范点，该镇在中小学全面开设廉洁修身课程的基础上，将廉政文化进校园活动延伸到幼儿园。佛科院开展“清风漾校园”廉政文化系列活动，广大师生在演讲比赛、辩论赛、廉政动漫制作展播等活动中备受教益，得到省纪委充分肯定。

【调研工作】 全市各级纪检监察机关共完成调研课题35项，有31项以制度规定、领导讲话等方式进入领导决策，其中市纪委监察局完成课题10项，重点围绕领导干部廉政风险防范、工程招投标管理、纪检监察机关内部监督、健全办案机制、网络反腐、干部身心健康等课题开展专题调研。制定《佛山市领导干部廉情提醒制度（试行）》，针对领导干部廉政方面存在的苗头性问题，及时给予告知提醒、警示提醒。对建设工程招投标等制度“二次创新”，制定《佛山市建设工程招标投标管理办法》，建立决策权、管理权、监督权相互分离、相互制约的运行机制，遏制围标串标、虚假招标等违规违纪行为。会同广州市纪委制定《关于加强广州佛山两市纪检监察机关协作的工作方案》，推进广佛同城化建设，促进落实《珠江三角洲地区改革发展规划纲要》。

（魏晓黎）

附录：2009年及现任市纪委书记、副书记名单

书　记：杨晓光

副书记：刘耀淳　乔　平　曹小华

（2010年8月市纪委供稿）

民主党派 · 工商联

民主党派

【综述】 2009年佛山市各民主党派共有成员2482人，平均年龄52.6岁。分布在教育、科技、医卫、经济、文化艺术、新闻出版、新的社会阶层2241人，大学以上文化1760人，高、中级职称2048人。各民主党派在中共佛山市委的领导下，以深化“坚持走中国特色政治发展道路”为主题的政治交接学习教育活动和贯彻落实科学发展观、学习贯彻中共十七届三中全会和四中全会精神为主线，积极参加“三促进一保持”系列行动，充分调动广大成员积极性，加强自身建设，履行参政党职能，扎实工作，开拓创新，为推动佛山科学发展和《珠江三角洲地区改革发展规划纲要》实施，应对国际金融危机的影响，推进“两转型一再造”，保持经济平稳较快发展和促进富裕和谐社会建设作出了贡献。

【市民革】2009年发展7人，至年底有党员215人，平均年龄53岁，大学以上文化195人，高、中级职称178人。设有4个总支和13个支部。向市政协提交提案40件，获优秀提案4件。省政协委员、副主委唐冬生提交的提案《开展广佛跨行通存通兑业务，有效促进广佛金融同城化发展》引起了媒体的广泛关注并作专题报道。副主委黄耀丽在市政协大会发言《敲响食品安全警钟，打造食品安全城市》获好评。积极撰写信息30条，其中《关于实施广佛跨行通存通兑，促进广佛金融同城化的建议》得到副省长宋海的批示；被全国政协采用1条，省政协采用3条，市委采用8条。市委会、夏丽华分别获得市政协信息工作先进集体一等奖、先进个人一等奖。与民革省委会组成联合专题调研组，就佛山市海峡两岸农业合作试验区建设情况开展调研，针对存在问题提出了相应的对策和建议。利用出席市台商投资企业协会举办的新春酒会、中秋酒会，接待台湾参访团等机会，加强与台商的联系和沟通，推动两岸交流合作，开展促进祖国和平统一工作。

【市民盟】2009年发展10人，至年底有盟员707人，其中分布在教育界423人。平均年龄53岁，大学以上文化548人，高、中级职称634人。设有1个区委会(民盟顺德区委会)、7个总支和43个支部。向市政协提交提案40件，以盟市委名义提交的大会发言《以民生项目为着力点，大力提升广佛同城化水平》被列为市委、市政府督办提案，盟员王勋华提交的《关于进一步加强水上治安管理的建议》被列为主席督办案。积极撰写信息101条，其中左中男的信息《国家应该重视阿斯伯格症孩子的教育》得到副省长雷于蓝的批示。市委会进一步加强自身建设：一是加强基层领导班子建设和后备干部队伍建设；二是开展各种活动，提高盟组织活力和凝聚力；三是发挥各工委会积极作用，推进盟务工作；四是加强机关建设，大力推进机关工作制度化、规范化、程序化进程。2009年度市委会获民盟中央授予“盟务工作先进集体”荣誉称号，被民盟省委评为“抗震救灾先进集体”和“农村教育烛光行动先进集体”。左中男当选为中国康复医学会创伤康复专业委员会副主任委员，黄达鸿当选佛山市口腔医院副院长。

【市民建】 2009年发展17人，至年底有会员322

人，其中有226人分布在经济、新的社会阶层。平均年龄55.1岁，大学以上文化142人，高、中级职称136人。设有4个总支和18个支部。向市政协提交提案12件，获优秀提案1件。集体提案《加大扶持力度，促进中小企业健康稳定发展》被列为2009年市长督办一号提案。撰写信息75条，其中《不宜过度渲染金融危机》被民建中央采用，梁锡钧撰写的信息《关于放宽二手设备进口的建议》获全国政协采用并转送有关部门。罗斌华在参加市委书记与网民见面会上提出建立网络发言人制度等建议得到重视和采纳。全国政协副主席、民建中央第一副主席张榕明到佛山调研，接见了市委委员并座谈，充分肯定市委会的工作成绩并提出要求和希望。全面加强自身建设，推进领导班子、后备干部队伍、基层组织建设和组织发展。采取多种渠道和方式帮助会员企业应对危机，谋求发展，先后组织企业界会员参加民建中央主办的风险投资论坛和全国非公有制发展论坛。市委会被民建省委会评为"社会服务优秀集体"，姚颖、陆水养被评为"社会服务工作先进个人"。三水区副区长张卫红4月加入民建组织成为民建会员。

【市民进】 2009年发展4人，至年底有会员319人，其中分布在教育、文化212人。平均年龄50.6岁，大学以上文化130人，高、中级职称266人。设有1个区委会（民进顺德区委会）、2个总支和29个支部。向市政协提交提案11件，获优秀提案2件。调研工作有新突破，完成调研报告20篇，承接省委会的重点课题《加强志愿者队伍建设，完善志愿者服务体系》被评为省委会2009年度优秀提案三等奖，《关于珠三角村改居的调研和建议》被选为省委会在省政协大会上的书面发言材料。以信息工作为抓手，推进参政议政工作，共撰写信息85条，被省委采用1条，被省政协采用3条，被市委采用3条，其中《建议拆除"南海一号"出水通道回复银滩海岸观景》得到副省长雷于蓝的批示并得到落实；《对改善"一环"噪音对居民小区影响的建议》得到副市长邓伟根批示办理。以开展特色活动为载体，推动自身建设上新台阶，在省委会开展"最具特色的支部活动"评选中，"阳光爱心行动"系列活动和"下农村，进工厂，送医送药暖民心"活动获表彰。

【市农工党】 2009年发展8人，至年底有党员356人，其中分布在医药卫生界240人。平均年龄52.7岁，大学以上文化287人，高、中级职称311人。设有3个总支和19个支部。向市政协提交提案25件，获优秀提案2件。围绕社会热点积极开展调研活动，市委会撰写的专题调研报告《以珠三角一体化为契机，推动医疗卫生事业改革发展》被省委会指定为省委统战部举行的《珠江三角洲地区医疗改革先行先试探讨座谈会》发言材料。撰写信息73条，其中专职副主委梁祥提撰写的《"技工荒"问题亟待解决》和《如何保护劳动者权益》被农工党中央主办的《前进论坛》杂志登载；调研报告《金融危机下佛山中小企业发展对策与思路》、论文《整合广佛教育资源，促进广佛同城化》被《佛山研究》刊载。为佛山经济建设和建设和谐社会作贡献，发动党员招商引资项目2个，招商引资500万美金，为民企融资6000万人民币、排忧解难43件、化解矛盾和冲突5件，"支持农村改革"的惠农项目3个，实施爱心工程3个。梁祥提被农工党中央授予"中国农工民主党优秀组织工作者"荣誉称号。

【市致公党】 2009年发展11人，至年底有党员200人。平均年龄50.6岁，大学以上文化154人，高、中级职称161人。设有3个总支和9个支部。向市政协提交提案31件，获优秀提案2件。省政协委员陈紫芸向省政协会议提交提案《关于加快我省现代服务业发展的建议》被评为省政协优秀提案。积极撰写信息37条，省委采用1条、省政协采用2条、市委采用3条，其中《关于将广东金融高新技术服务区纳入广州开展跨境贸易人民币结算试点的建议》同时被省委、省政府和市委采用。按质按量完成致公党省委会参政议政四个招标课题。接待到访的由美国、巴拿马、萨尔瓦多、危地马拉、尼加拉瓜和哥斯达黎加等6国侨领组成的美洲各地中华会馆中华会所华侨总会联谊会访问团，古巴洪门民治党谢戈德维拉省中国侨团民治党访问团，接待了澳洲洪门致公总堂、菲律宾中国洪门致公党总部、世界越棉寮中国和平统一促进会的侨领，以及美国、马来西亚、巴西等国家的侨团领袖，密切了与海外华侨华人社团的联系。陈紫芸、夏立军被致公党中央评为“致公党参政议政工作先进个人”。黄瑞良任高明区人民医院副院长，陈紫芸担任新组建的佛山市台资企业律师服务团团长。

【市九三学社】 2009年发展17人，至年底有社员363人，其中分布在教育、科技、新的社会阶层186人。平均年龄51.9岁，大学以上文化305人，均为高、中级职称。设有5个基层委员会和18个支社。向市政协提交提案27件，获优秀提案2件。提案受到党委和政府的重视和媒体关注。副主委胡充寒向省政协提交的提案《关于对刑事案件中经济严重困难的农民工受害人实施政府救助的建议》被评为省政协优秀提案，并被新华网广东频道以《一纸提案 让千万“法律白条”得兑现》为题解读；提案《加强地方立法，为落实〈纲要〉提供法律保障》被列为省政协重点提案；在市政协大会上副主委章成国代表市委会作《美国次贷危机对佛山经济的影响及对策建议》的发言和专职副主委李景明就广佛同城化谈了三点建议受到媒体的关注。积极撰写信息57条，其中被全国政协、省政协和市委各采用1条。

【开展政治交接学习系列活动】 各党派市委会根据省委会的有关要求，结合实际，不断推进以“坚持走中国特色社会主义政治发展道路”为主题的政治交接学习教育活动，以报告会、专题辅导讲座、座谈会等多种形式有重点、分层次地组织开展各种学习宣传和教育活动。把学习中共十七届三中、四中全会、全国“两会”、中央经济工作会议精神、胡锦涛总书记视察广东和在纪念新中国成立60周年大会上的重要讲话、《珠江三角洲地区改革发展规划纲要》等内容与开展“三促进一保持”系列行动、深入学习实践科学发展观活动、纪念中国共产党领导的多党合作制度确立60周年活动有机结合起来。

【贯彻落实党派领导随同市委领导调研的制度】 各党派市委会负责人共14次随同市委书记林元和进行考察调研。内容涉及教育、住房、交通、环保、国土、工商、城市规划建设、工业园区建设、“两转型一再造”、文化、传媒等多个方面，大大拓宽党派参政议政的知情渠道和工作视野。

【广佛两地民主党派和工商联交流互访】 7月1日，广州市委常委、市委统战部部长孔少琼率领的广州市民主党派、工商联领导班子考察团一行100多人，首先到佛山市进行了考察交流活动，市领导林元和、吴志强、黄炳、陈道明等会见了考察团一行。9月17日，市政协副主席、市委统战部部长黄炳率领市民主党派、工商联领导班子考察团一行80多人回访广州进行学习交流活动，受到广州市委常委、市委统战部部长孔少琼等的热情接待。互访活动中，两地民主党派、工商联围绕广佛同城化、推动落实《纲要》的情况、应对国际金融危机和参政议政工作等进行了探讨，交流了经验做法，加强了两地的互信与合作，推动了广佛同城化。

【民主党派首届运动会和民主党派庆国庆、迎中秋暨第一届运动会颁奖晚会】 8月15～16日，市委统战部与市各民主党派联合组织举办了佛山市民主党派第一届运动会，市委副书记吴志强出席了开幕式并宣布运动会开幕，市政协副主席、市委统战部部长黄炳致开幕词。运动会为期两天，设拔河、乒乓球、羽毛球、游泳、中国象棋等5个比赛项目，1000多人次参加了比赛和活动。9月22日，举办了佛山市民主党派庆国庆、迎中秋暨第一届运动会颁奖晚会，市领导蔡河义、吴志强、李秀萍、谭家驹、黄炳、陈道明以及市各民主党派和工商联负责人等近300人参加了晚会。黄炳副主席主持晚会，市委副书记吴志强代表市五套班子向市各民主党派、工商联致以节日问候和美好祝福。蔡河义、陈道明等市领导为在佛山市民主党派第一届运动会上取得名次的运动员颁奖。

【社会服务工作】 各民主党派充分发挥自身优势，积极参与社会服务工作。2009年党派的社会服务工作成效显著，据统计，全年各党派捐助社会公益事业共约40.58万元。结合学习贯彻十七届四中全会精神和“情暖佛山”活动，民革、致公党、九三学社、民进先后联合组织医疗队或医疗专家分别到三水乐平镇麦村、大塘镇大塘村、南海区里水镇麻奢村、桂城员工村为当地村民和农民工义诊和免费送药近1万多元。民建市委会积极配合民建省委援建陆河县河口镇西湖小学的帮教扶贫活动，会员姚颖捐资21万元支援该小学建设新校舍；吕仲明创办的民营学校，一年减免贫困生学杂费30多万元。民进市委会举办“华彩盛世，情系民生——佛山民进国庆60周年书画艺术展暨帮扶特困家庭义卖活动”，共筹得善款4万多元。在“六一”国际儿童节前夕，民革市委会与农工党市委会联合开展“儿童节、献爱心”活动，到市社会福利院看望慰问孤残儿童。7月，各党派响应市委、市政府的倡议，参与向台湾灾区同胞捐款活动。各民主党派还发挥自己的优势和特色，开展各种专题讲座、咨询、慰问等活动，为推动社会的进步和发展、建设和谐社会做出了积极贡献。

【立足本职，作出贡献】 民主党派成员在不同岗位上作出积极贡献，其中突出的有：民革副主委唐冬生主持在研的国家自然科学基金项目等国家级项目3项、省级项目2项；获广东省南粤科技创新优秀学术论文奖1项、吴常信院士基金优秀论文奖1项、广东省遗传学会优秀论文一等奖1项。民盟盟员仄伟的论文《装饰画对中国民族民间美术造型与色彩的借鉴》被中国教育工作者协会举办的中国教育教学创新成果奖评为国家级一等奖，他本人被国务院中国亚太经济发展研究中心评为国（宾）礼特供艺术家；唐世勇获CCTV“神州大舞台”2009年第一期魅力家庭秀“魅力爸爸”称号。民建会员吕仲明创办的民营学校积极招收贫困地区农民家庭子女到其职业培训学校学习技术技能，受到省市有关部门的表彰。农工党党员方长庚被评为“全国医药卫生系统先进个人”；专职副主委梁祥提被省物价局授予“广东省优秀物价监督员”；致公党党员李荣兴当选为第八次全国归侨侨眷代表大会代表、广东省第九次归侨侨眷代表大会代表，并被国务院侨办授予“全国归侨侨眷先进个人”荣誉称号；陈杰梅当选广东省妇联第十一次代表大会代表。九三学社社员王蕴波是《中国—莫桑比克农业关键技术推广研究》的中方项目负责人，为我国农业国际科技项目在非洲的合作与推广做了大量卓有成效的工作。

附：现届各民主党派正副主委名单

市民革（第十届）

主　委：杨军辉

副主委：彭　翔　黄耀丽（女）　唐冬生

市民盟（第十二届）

主　委：杨锡基

副主委：史　宽　赵新文　邓矢平　谭光明

市民建（第十一届）

主　委：李应滔

副主委：范宝初　罗钦文

市民进（第六届）

主　委：袁毅桦（女）

副主委：岳红波（女）　王光护　廖之春

市农工党（第九届）

主　委：邓国清

副主委：梁祥提　黄祖星

市致公党（第四届）

主　委：刘海生

副主委：陈紫芸（女）　朱新进

市九三学社（第五届）

主　委：徐海祥

副主委：李景明　张映辉（女）　胡充寒　章成国

（黄慧华）

工商联

【综述】 2009年是佛山市深入开展学习实践科学发展观活动、沉着应对国际金融危机之年。市工商联认真贯彻党的十七届四中全会精神，紧紧围绕市委、市政府的工作中心，根据形势的发展变化，主动积极地履行职能，做好“十个方面”的工作。

【深入开展第二批学习实践科学发展观活动】 3月至9月份，市工商联在党组的领导下，把开展学习实践科学发展观活动作为一项重大政治任务，严格按照市委、市政府的部署，高度重视，扎实推进，极大地提高了机关党员干部特别是领导干部贯彻落实科学发展观的执行力和创造力，推动了工商联工作的创新。

【**加强形势分析，增强应对复杂经济形势的能力**】3月26日，根据市委的部署，组织了80名执委以上企业家参加了由省城市发展研究中心主任宋劲松作题为《“求同存异，趋利避”——区域一体化背景下城市个性化发展》的报告会；4月9日，邀请了省社科院院长梁桂全为民营企业作了一场题为《世界金融危机：挑战、机遇和对策》专题形势分析。

【**开展专题调研，积极建言献策**】从4月至9月，围绕“积极应对金融危机，促进经济发展政策措施的落实情况及有关建议”开展了调查研究活动。共发放调查问卷200多份，走访执委以上企业139家，与8家顾问单位进行联系、咨询，赴广州、深圳、东莞、温州、厦门等地实地考察，并与当地兄弟工商联交流，了解各地应对金融危机的新措施好办法。党组书记宋植友与市领导吴志强等到南海、顺德进行调研，鼓励企业家们稳住阵脚，全力突围。2009年，市工商联向人大、政协提出议案14份、提案23份，向当地党政部门报送调研材料、情况反映、专题信息34份；其中:《关于民营经济发展的几点建议》等信息还得到省委办、市委办采用。

【**做好《珠江三角洲地区改革发展规划纲要（2008～2020）》的宣传贯彻工作**】2009年是佛山市实施《珠江三角洲地区改革发展规划纲要（2008～2020）》开启之年，为做好有关宣传工作，市工商联与珠三角9市工商联共同签订了《珠三角九市民营企业与商会贯彻实施〈纲要〉战略合作框架协议》，促进珠三角地区民营经济大发展大提高。同时，在新中国成立60周年之际，市工商联与《佛山日报》、《新快报》分别出版专刊，报道工商联56年的辉煌历程、基层商会的会务工作情况和五区工商联主席企业的发展足迹，起到了较好的宣传效果。

【**积极推动基层商会建设**】6月25日，市工商联首次召开了全市镇（街）商会工作经验交流会，罗村、石湾、龙江、西南等4个基层商会的代表作了发言，全市33个镇街商会的代表和市、区工商联的有关领导共70多人参加了会议，为提升商会服务水平搭建起沟通学习的平台。全年新增会员3156个，到2009年底，基层商会有132个，其中镇街商会33个，行业商协会、综合商会99个，会员3.4万个。

【**推动高层互访，加强对外联络**】12月，市工商联组织30多名常委以上企业家到香港进行学习交流，与香港工商界代表进行座谈，探讨了“在金融海啸下之金融前瞻”及“珠三角发展规划及中港两地经济合作”的有关议题，实地参观了李锦记家族企业及香港联交所，进一步拓宽了民营企业家的视野，增进了与香港友好社团的沟通与合作。市政协主席蔡河义、市委副书记吴志强，市政协副主席、市委统战部部长黄炳专程赴港参加活动。据统计，全年共组团出访达70多批次，出访人数1746人次，接待国外、境外访问团8个。

【**强化政企互动，营造良好环境**】为加强政企沟通联动，6月，市工商联组织80多名企业家参加扶持中小企业发展的有关政策措施解读会，力助中小企业发展；7月，组织市直行业商会会长与市政府专家顾问进行座谈，就中小企业如何加强自主创新，加快发展进行了交流；8月，组织了7名企业家代表参加省民营企业座谈会，面对面与汪洋书记进行交谈。

【**开展银企合作，解决融资难问题**】为进一步加强与金融部门的合作，2009年，市工商联积极协助政府推动成立小额贷款公司、风险投资公司，多渠道推动解决民营企业融资难问题。同时加强与建设银行佛山分行、广发银行佛山分行等建立合作关系，协助省工商联对担保机构的基本情况进行摸底，了解金融危机下企业的生存状态及企业应对措施，为政府决策提供有效信息。

【**举办专项培训，提升管理水平**】2009年，市工商联以主办、协办等形式，先后组织会员企业中高层管理人员参加“节能减排增盈利、显绩效研讨会”、“企业组织与管理创新论坛”、“对话PE”佛山高峰论坛、《食品安全法》等专题讲座10场，参加人员达2000多人次，为提升企业管理水平和应对市场变化的能力发挥积极作用。全年举办各类培训班61期，参加人数1550人次，举办讲座、研讨会126场，参加人数7839人次。（李文科）

爱国统一战线工作

【综述】 2009年，爱国统一战线工作坚持以科学发展观为统领，以服务市委、市政府“两转型一再造”中心工作为重点，以开展“三促进一保持”系列行动、深入学习实践科学发展观活动和应对金融危机为切入点，广泛凝聚力量、集中智慧，既为佛山经济成功实现率先突围提供力量支持，又推动统一战线的自身发展，开拓了统一战线工作新局面。

【开展“三促进一保持”系列行动，为佛山经济率先突围贡献力量】 开展“三促进一保持”（促进提高自主创新能力、促进传统产业转型升级、促进建设现代化产业体系，保持经济平稳较快发展）系列行动，确定以“‘应对危机、科学发展’为重点的建言献策，以服务民企为重点的排忧解难”等七个方面的行动内容，以走访调研、行业商会（协会）、两岸“大三通”、《规划纲要》实施和公益事业等为抓手，推动统一战线服务科学发展。全市统一战线开展调研活动700多人次，深入走访企业500多家，向党委政府各部门报送提案、议案600多件，信息800多条，积极为应对金融危机、促进科学建言献策。举办各种形式的系列讲座、座谈会、培训班60多场次，市工商联发起成立佛山市中小企业融资服务中心，禅城区建立工商联主席、常委和特邀顾问坐班轮值制度，南海区搭建银企合作平台为民企带来100亿元贷款，顺德区为民营企业办理西欧多国一次性签证，高明区利用政府中小企业信用担保基金帮助民企获得贷款7980万元，积极为民营企业排忧解难，帮助民营企业在逆势中求发展。台资企业稳步发展，佛台农业合作进一步推进。中国美旗集团等7家台资企业落户佛山，协议投资总额达3630万美元，海峡两岸农业合作试验区累计投资额比建园时增加1.5亿美元，企业增加37家。参与发起和建立珠三角九市统一战线贯彻实施《规划纲要》暨民营企业协作机制，组织市各民主党派、工商联与广州市各民主党派、工商联开展互访交流活动，推动《规划纲要实施》和广佛同城化。引导统一战线成员开展各种社会公益活动，港澳海外同胞和荣誉市民捐资达4500多万元，市宗教界捐款184万元。三水区大力推进以奖教奖学等为主要内容的光彩事业，奖学金由1个增加到8个，善款从500万元增加到近2000万元，树立了慈善文化品牌。系列行动的一些做法和经验得到了中央统战部和省委统战部的充分肯定，中央统战部《统战工作》刊物作了报道，省委常委、省委统战部部长周镇宏作了批示，获得了2009年度全省统一战线“三促进一保持”系列行动先进单位称号、“2009年广东省光彩事业组织奖”。

【抓好民主党派工作，推动多党合作事业发展】 认真贯彻落实多党合作基本政治制度。市委书记林元和亲自向党外人士通报佛山市经济社会发展情况，市各民主党派负责人先后14次陪同市委书记林元和外出考察调研，市检察院聘请了第五届特约检察员，推荐安排了一名民主党派成员担任市政协提案委员会副主任，一名无党派人士担任市外事侨务局副局长。积极支持民主党派发挥参政党作用。市各民主党派及其政协委员、人大代表向省、市“两会”提交提案和议案242件，市政协全年立案提案189件，其中民主党派提案121件，占64%，数量和质量进一步提高。支持协助民主党派搞好自身建设。首次举办民主党派运动会，增强民主党派的凝聚力和影响力；在中央社会主义学院举办佛山市民主党派领导干部培训班，组织市各民主党派主要负责人外出学习考察，帮助民主党派加强班子建设；各民主党派新发展成员74人，新增基层组织1个，民主党派组织发展继续保持稳妥良好态势。

【发挥工商联载体作用，促进非公有制经济领域统战工作】 发挥工商联、行业商会等作用，举办一系列以应对金融危机为主题的讲座、座谈会和培训班，开展形势教育和政治引导，引导民营企业参加学习实践活动，推动民营企业科学发展上水平。推荐非公经济代表人士参加全国第三届优秀中国特色社会主义事业建设者表彰大会，鼓励非公经济代表人士做合格的中国特色社会主义事业建设者。着重开展以服务民企为重点的排忧解难行动，积极帮助民企应对金融危机。市工商联开展“十个一”工程，组织民营企业家赴香港考察学习。禅城区与公安部门建立预防经济犯罪预警机制，提高企业防范经济犯罪意识，帮助企业成功化解两起商业诈骗。南海区实施“一企一策”行动，解决了一批民营企业土地历史遗留问题。顺德区举办民营企业产品展会，帮助民营企业开拓国内外市场，同时组织民营企业家到上海等地培训学习，增强应对危机能力。三水区积极推动民营企业节能减排工作，降低企业生产经营成本。各级工商联、行业商会协调政府有关部门帮助民营企业解决困难和问题200多宗，推动了非公经济健康发展和非公经济人士健康成长。

【拓展海外联谊交往，推进港澳台海外统战工作】 在澳门举办佛山海联会年会及其成立21周年暨庆祝新中国成立60周年、澳门回归10周年庆典活动，举办“应对危机”佛港澳青年经济论坛，全年接待港澳来访团组21批670多人次。加强与港澳重点人士的联系，接待香港民建联主席谭耀宗、香港立法会主席曾钰成等率领的香港专业社团和专业人士的来访。大力推进佛台合作交流，发起向台湾南部灾区捐款行动，筹集捐款580多万元支持他们恢复重建，引起了良好反响。据统计，2009年全市赴台交流考察13批156人次，接待来访20批200多人次，交流的数量多、领域广、层次高。大力做好台商和台资企业的稳定工作，台资企业稳步发展，佛台产业合作和农业合作不断推进。认真贯彻落实上级决策部署，出色完成澳门专项工作任务，得到了上级的充分肯定。

【加强民族宗教工作，维护民族宗教领域和谐稳定】 开展城市民族工作调研，探讨了穆斯林殡葬、成立广东省少数民族企业家协会、珠三角城市民族工作联席会议机制等问题，推动民族宗教工作规范化；加强与新疆、甘肃、青海等少数民族务工输出地政府的沟通联系，共同研究如何做好城市少数民族管理工作，进一步完善了城市少数民族外来务工人员管理工作机制；加强对穆斯林群众的教育工作，积极解决穆斯林清真饮食店无证照经营问题，推动了清真饮食店规范化经营、规范化管理；举办了7期学习培训班，对全市各宗教场所负责人和教职人员进行宗教政策和法律法规教育，提高了宗教界依法开展活动的自觉性；组织召开市基督教两会常委学习会，加强形势教育，增强了基督教抵制非法宗教活动和抵御境外渗透的能力。

【加强统战调研和信息反映，发挥基础性工作的作用】 开展对《中共中央关于进一步加强中国共产党领导的多党合作和政治协商制度建设的意见》、《中共中央关于巩固和壮大新世纪新阶段统一战线的意见》和省委《关于贯彻〈中共中央关于巩固和壮大新世纪新阶段统一战线的意见〉的实施意见》等3个文件的贯彻落实情况专题调研，认真总结工作经验，推动统战工作和多党合作工作取得新成效。认真开展《完善党同民主党派合作共事机制》和《加强“两新”组织党的建设》等党建专题调研，提出了针对性、操作性较强的意见和建议。积极推动统一战线加强统战理论研究，形成了一批调研成果，两篇统战理论调研文章获得省委统战部表彰。其中《统战部门参与预防和处置突发社会事件工作机制问题浅探》获全省统战理论研究成果二等奖，《关于民主党派吸纳新的社会阶层人士工作的思考》获三等奖。认真做好以中央统战部应对金融危机信息直报点为重点的信息反映工作，统战信息工作取得新进步。被上级采用的信息57条（次），其中中央统战部采用6条，省委统战部采用34条（次），被评为全省统战信息工作先进单位二等奖。

（廖小强）

港澳台事务

港澳事务

【综述】 2009 年，佛山市港澳工作坚持和贯彻落实中央对港澳的大政方针，积极开展与港澳的来往交流与合作，为推动内地与港澳共同发展服务，为维护港澳繁荣稳定和建设富裕和谐佛山服务。

【佛港澳高层往来】 佛山市加强与港澳官方高层互动，搭建合作平台，有效推进佛港澳宽领域、多层次交流，推动 CEPA 向纵深实施。2009 年初，由佛山市长陈云贤、副市长李子甫率领的市政府代表团赴港与香港商务及经济发展局局长刘吴惠兰和财政事务及库务局局长陈家强会面，探讨佛港双方的合作领域；9 月，市长陈云贤赴港参加商务部、香港特区政府和广东省政府在港联合举办的“落实 CEPA 及服务业先行先试宣讲会”；副市长麦洁华率团赴港考察社会福利事业；市委书记林元和会见香港特区政府政务司司长唐英年率领的工商界代表团；市领导林元和、卢汉超、冼瑞伦等会见香港中联办副主任周俊明率香港民建联主席谭耀宗一行的来访；市委书记林元和会见香港贸发局主席苏泽光先生。

市外事侨务局切实负担起CEPA工作领导小组成员、协调小组副组长的职能。充分利用“落实CEPA示范城市”的机遇，协助市政府相关部门赴港举办“佛山—香港CEPA合作交流会”，有效促进两地政府、工商界对接合作；配合市政府做好商务部、广东省政府联合在佛山市举办“内地与港澳利用CEPA加强商业领域合作论坛”系列活动，达到展示成果、扩大合作和争取政策的预期效果。此外，有针对性的加强与港澳地区相关专业团体和业界的交往，接待了香港公共政策研究机构考察团、香港汇贤智库理事会主席叶刘淑仪一行访问团、香港九龙西区各界协会考察团等多个团体。积极争取省有关部门的支持，主动配合市政府相关部门，促进国际金融后台服务落户佛山，新鸿基金融集团在广东金融高新区投资的天安鸿基国际金融中心项目进展顺利，多个香港银行对“同城异地”设立支行表示了浓厚的兴趣。 （朱慧君）

【佛山加强与香港 CEPA 经贸合作】 佛山市抓住成为全国落实 CEPA 示范城市和广东省落实先行先试政策措施重点市的机遇，积极推动与港澳的交流合作，组织了一系列 CEPA 交流活动，建立 CEPA 合作工作机制，推动金融服务业、工业设计、科技、现代服务等一批合作项目落户，香港汇丰、东亚、恒生和永亨银行在佛山市设立支行。

成功举办佛山—香港 CEPA 合作交流会。佛山市政府率团赴港举办佛山—香港 CEPA 合作交流会，与香港政府部门、机构、企业开展全面对接。400 多名香港工商界高层代表参会，与佛山 39 个职能部门、五区政府深入洽谈交流，共签订合作项目 38 个，全面推进了佛港合作的发展。

配合国家商务部 CEPA 佛山系列活动取得圆满成功。商务部在佛山市举办“内地商务系统 CEPA 培训班”、“全国商务系统落实 CEPA 示范城市佛山现场工作会”，“内地与港澳利用 CEPA 加强商业领域合作论坛”等系列活动。各地商务主管部门、港澳行业主管部门、内地及港澳相关行业协会、工商界及企业代表 600 多人参会，佛山与港澳企业也签署了约 22 个合作项目，合同金额 1.86 亿美元。作为活动承办单位，积极配合商务部做好各项筹备工作，使CEPA系列活动取得圆满成功，达到展示成果、扩大合作和争取政策的预期效果。

（夏海林）

【佛山市在澳门举办佛山海外联谊会五届三次理事大会暨成立21周年会庆】 2009年10月22日晚，在澳门举行佛山海外联谊会五届三次理事大会暨庆祝新中国成立60周年、澳门回归10周年并佛山海外联谊会成立21周年庆典活动。市领导蔡河义、吴志强、冼瑞伦、陈广灵、苏明实、黄炳，省委统战部、澳门中联办有关部门领导参加了庆典。市政协副主席、市委统战部部长、海联会驻会执行会长黄炳作海联会2009年度会务报告，市委副书记吴志强作了讲话。吴志强表示，佛山海外联谊会成立21年来，会务蒸蒸日上，事业不断发展，会员人数不断增加，成为佛山市对港澳交往、联谊的重要社团。出席活动的港澳人士层次高、人数多。佛山乡贤、港澳知名人士黄星华（香港特区政府前房屋局局长），梁华（全国政协委员），澳门立法会议员梁安琪、梁庆庭、麦瑞权等，以及海联会佛港澳理事共270多人参加了庆典活动。活动进一步增强了海联会的凝聚力和号召力。

【推动佛港澳三地青年交流合作】 10月15、16日，佛山海外联谊会组织70多名佛港澳三地的青年齐聚佛山，就当前的国内外经济形势举行了“应对危机”佛港澳青年经济论坛座谈会，邀请港澳资深企业家、海联会执行会长连广成、霍树添为主讲嘉宾，邀请市发改局负责人介绍佛山经济发展情况。演讲嘉宾介绍了企业如何应对金融海啸的体会和经验，让在场青年企业家产生了启迪和共鸣，实现了青年经济论坛交流获益的目标。活动还举行了第一届海联青委杯高尔夫球友谊赛，增强了佛港澳青年的联络与交流。

【推进与港澳重点社团和重点人士的联谊交往】 4月初，部领导会同市委、市政协领导在香港和澳门分别召开港澳社团主要负责人座谈会，向港澳乡亲通报佛山市2008年的工作成绩和2009年的工作部署，并致以新春问候。2009年，应邀参加了香港广东社团总会换届庆典、旅港南海商会周年庆典、香港九龙西区各界协会会董就职典礼等，以及禅城、南海、顺德、三水、高明等16个港澳乡亲社团的春茗、换届就职、周年会庆等庆典活动。拜会了邑贤、香港政府社会事务局局长曾德成，拜访了乡贤郑裕彤、梁安琪，宣传佛山发展的成就，增进了他们对家乡的了解；加强了与重点人士王国强（香港广东社团总会新任主席）、谢鸿兴（高明乡亲、香港医学会会长），冯志强、梁安琪、麦瑞权（3人均为澳门立法会议员）的联系；巩固了与黄星华、潘以和、岑杰英、邓祐才、梁华、霍树添、谢汉叶等乡亲社团负责人的联系，发展了友谊。接待了香港南海同乡总会回乡团、香港佛山工商联会访问团、香港九龙西区各界协会考察访问团等港澳团组共21批670多人次。协助接待了由香港中联办副主任周俊明、民建联主席谭耀宗率领的香港民建联代表团以及由立法会主席曾钰成率领的香港立法会佛山籍议员访问团，促进了佛港两地立法机构的交流。

【引导推动荣誉市民和港澳人士积极参与佛山公益慈善事业建设】 在2009年国庆和澳门回归10周年前后，与《佛山日报》合作，采访了郑裕彤、岑杰英、霍树添、黄星华、关亨时、梁华、冯志强、梁安琪等8位荣誉市民港澳代表人士，作了专题报道，坚定他们在佛山发展的信心，鼓励他们继续关心和支持佛山各项事业的建设。佛山市荣誉市民、港澳乡亲积极参加社会公益事业建设，踊跃捐资助学、扶贫助困和捐助医疗事业。2009年共捐资4500多万元。其中禅城桂秋仪捐资450多万元支持教育医疗事业；顺德李佘少鸿捐赠顺德职业技术学院600万元，李伟强捐赠350万支持教育慈善事业；南海吴立胜捐资500万支持体育事业发展，陈少雄捐赠平洲医院300万元；三水谢汉叶捐赠200万支持教育体育事业。荣誉市民、港澳乡亲热心家乡建设的善举得到当地政府和社会群众的高度赞誉。

（徐彦林）

台湾事务

【佛山市扎实开展对台宣传和涉台教育工作】 召

开了市委对台工作领导小组会议，市委书记林元和要求全市各级要以学习胡锦涛重要讲话精神为契机，不断提高做好对台工作的责任感和使命感，自觉指导对台工作实践。在全市干部培训班中开设了专题宣讲课，党校“在线教育”栏目增加了专题学习课件。加大了对台宣传力度。建立并完善了“佛台网”，及时做好对台政策宣传、涉台信息发布、事务办理指引等工作。佛山电视台《佛山人物》栏目采访播出了周樑成、王屏生等台商的创业历程，正面宣传了佛山市台商典型。邀请台湾TVBS、东森电视台、三立电视台、中视等媒体来佛山拍摄节目，实现入岛宣传。佛山市台办被省台办评为2009年全省对台信息调研先进单位。

【积极帮助台资企业应对危机、平稳发展，佛台经贸合作取得新进展】 2009年，佛山市成功引进中国美旗集团等7家台资企业，协议投资额达3630万美元。全年增加投资的台资企业2家，增资额达318万美元。现有台资企业基本保持稳定，奇美电子、华国光学等企业率先实现突围，锡山家具、国达五金、冠华鞋业等一批企业成功实现转型。

积极协助台资企业应对危机。一是加强政策宣传。编制了2期《政策汇编》发送到台资企业，帮助企业活用政策，巧渡危机。组织召开了法律、经济、管理等一系列讲座，策划建立了“佛山市涉台信息管理系统”，整合五区资源，搭建全新的政策宣传平台。二是帮助台资企业拓展内销市场。在省台办“粤台视窗”网站开辟了介绍佛山台资企业及其产品情况的专栏。协助举办了海峡两岸兰花精品展，组织台商参加了各类产品推介会。三是积极化解企业融资难问题。召开解决中小企业融资难问题座谈会；举办了银企座谈会，搭建银行跟企业的沟通平台；组织中盈盛达等担保企业到台资企业调研，协助解决了林岳橡胶、台荣鞋业、今日生物等一批台资企业的融资问题。

大力推进佛台产业合作。市、南海区领导专程赴台湾考察台湾奇美电子公司，沟通增资扩产事宜。协助做好了华南（国际）物流采购中心项目建设前期准备工作。组织了20家台湾大型企业参加“2009年佛山投资环境推介会”，组织台商参加了2009年佛山（国际）现代服务业暨第六届佛山（国际）物流合作洽谈会。主动邀请国泰人寿、富邦银行、国泰世华银行等台湾金融机构来佛山考察广东省金融高新技术服务区。

进一步深化佛台农业合作。积极协助做好广东佛山海峡两岸农业合作试验区、海峡两岸名优农特产品物流中心、南庄朵丽现代生态农业园等大型佛台农业合作项目的建设工作，逐步形成了“一区、一中心、二园、一城”建设的基本框架。积极邀请台湾农业专家来佛山考察，动员台湾农业企业来佛山投资发展。积极扶持龙头台资企业发展，市政府向今日景生物科技有限公司发放了专项扶持金100万元。

【全面推进佛台交流，两地联系更加紧密】 积极开展组织赴台交流活动。2009年办理赴台商务、培训47批146人次，涉台交流1项。组织赴台考察16批201人次，数量大、领域广、层级宽，为历年之最。市长陈云贤率领的南海区经贸代表团、市委常委叶志容率领的文化交流团、市规划局组织的规划考察团、三水区组织的经贸代表团、市体育局组织的体育代表团、市人大、市统战部分别组织的赴台考察团、市台协顾问考察团等先后赴台开展交流活动。诚挚接待来佛山参访的台湾团体和有关人士。全年共接待来访团里近20批200余人次。中国国民党驻香港南溪行党部、高雄县议会参访团、台湾义守大学学生暑期交流团、台湾台南县保育协会等组织和个人相继来佛山市参观访问。广泛开展文化交流活动。佛山市邀请台湾长荣交响乐团首次担纲佛山新年音乐会。台北狮子会、台湾中华舞龙舞狮队相继来佛山参加“粤桂港澳台”狮王争霸赛。顺德职业技术学院成功举办了第二届两岸高校“通识教育论坛”。顺德医学会与台湾医师公会联合主办了首届“2009年海峡两岸女性健康高峰论坛”。

【坚持以人为本，台商投诉案件调处和排忧解难工作取得新进展】 全年共受理案件43宗，协调解决38宗。为台商解困119件。建立健全了台商权益保障工作联席会议制度，切实形成了台商权益保障协作平台。组织成立了佛山市台资企业律师服务团，免费为台资企业提供法律咨询。

（高　电）

对外交往

【综述】 2009年，佛山市外事侨务工作在市委、市政府的领导下，通过科学发展观学习实践活动，着力转变不适应、不符合科学发展的思想观念，科学分析和系统评价佛山市外事侨务工作过去的成果、当前的发展态势、面临的形势挑战，紧紧围绕市委、市政府的中心工作，进一步解放思想，紧密结合不断变化的经济和社会形势，不断完善工作的发展思路，将外事侨务工作与地方经济发展更加紧密联系起来，强化主动服务意识，推进科学发展的思路更加清晰，外事侨务工作服务佛山经济社会发展和对外开放的成效更加明显。

【战略谋划地方外事工作，配合国家总体外交和服务地方经济建设】 高质量做好外事接待工作，展现佛山经济发展和社会建设风貌。2009年佛山市共接待外宾有70批，1200人次，其中副部级以上外宾12批，206人次。贵宾包括新加坡国务资政吴作栋、越南总理阮晋勇、格林纳达总理蒂尔曼·托马斯、乌干达副总统布凯尼亚、马拉维议会议长、喀麦隆国民议会议长等。在接待外宾的过程中，大力宣传佛山市改革开放取得的成果，提升佛山市的国际知名度。

大力开展友好城市交流合作，推动友城全球布点计划。2009年，友好城市日本伊丹市、毛里求斯路易港市、澳大利亚汤斯维尔市和友好合作城市俄罗斯纳罗福明斯克区分别组派代表团共15人对佛山市进行了友好访问。市委、市人大、市政府的主要领导分别会见了4批代表团，介绍了佛山市社会经济发展情况，表达了共同推进双方在更广泛领域合作的愿望。通过实地考察、座谈交流，代表团对佛山深厚的历史文化底蕴和改革开放所取得的成就给予高度评价，并对开展多方面的交流合作充满了信心。

佛山市与俄罗斯的纳罗福明斯克行政区、波兰斯达洛加勒德市分别签署了友好合作协议书，商定双方开展交流合作的领域。

积极与相关部门联动，协调组织大型涉外活动。市外事侨务部门主动与外经贸、经贸、环保等部门联动，为佛山市在国内外举办的各种形式经贸洽谈和投资环境推介活动做好协助。如促成佛山市加入"中国广东省与新加坡合作理事会"；协助省外办组织外国驻穗领事官员和外资金融机构代表到南海参观考察"广东金融科技高新服务区"并举办"广东金融高新技术服务区推介会"；接待了中国德国商会代表团、新加坡中华总商会商业代表团等经贸团体；参与了佛山—匈牙利投资贸易合作交流会、2009中国香港—佛山（大阪）投资环境说明会、第三届中德环境论坛等活动，对佛山市进一步扩大开放，提升经济开放水平，优化产业结构起到积极的促进作用。

树立世界眼光，积极参与国际会议，提升佛山市国际化水平。2009年，市外事侨务部门参与了一系列在佛山举行的国际会议，如广东东盟非物质遗产保护和传承交流大会、环太平洋城市发展协会佛山圆桌论坛、第三届基因产业大会、中国三水长寿论坛等。精心策划市领导出席会议的内容安排，做好各项准备工作，如在夏季达沃斯论坛上，市长陈云贤精彩的英文发言为佛山打出了一张亮丽的城市名片。

全面铺开APEC商务旅行卡申办工作，为民营企业克服国际金融危机影响，开拓海外市场提供优质高效服务。抓住佛山成为广东省推行APEC

商务旅行卡试点城市的契机，全市外事侨务部门通过《佛山日报》、佛山电视台等主要媒体和深入行业协会，多渠道进行推介，全面铺开 APEC 商务旅行卡办理工作，共为 48 家民营企业办理 APEC 商务旅行卡 203 人次，使佛山市的 APEC 卡办理工作走在全省地级市前列，较好地推动民营经济的发展。民营企业家形容 APCE 卡是“民企通往国际市场的高速公路”。

【发挥侨务资源优势，增强侨务工作成效】 弘扬华侨爱心，“侨心”社会效益放大。佛山各级侨务部门根据省侨办开展建设“侨心居”工作方案要求，先后 4 次组织人员深入汶川灾区水磨镇了解情况，研究实施方案，并积极发动广大海外乡亲参与。华侨华人和港澳同胞出资 78 万元，佛山市政府出资 400 万元配套建设资金，对水磨镇郭家坝村公路沿线的民房、村道、人畜饮水、电线线路、公路绿化等进行改造。“侨心居”工程在 5·12 地震一周年前全部竣工，当地 78 户受灾农户住上新房。全市继续发动海外侨胞和港澳同胞献爱心，佛山侨爱白果坪饮水工程、禅寿老街侨爱老年活动中心、禅寿书院按计划方案动工兴建。

在推进“侨爱工程——万侨助万村”工作中，发动了南海区旅港乡亲邓祐才先生、罗犖铭先生、旅美侨胞关洛章先生等，以其个人名义成立慈善基金，用于扶贫助困、奖教助学、帮助特困单亲母亲家庭等。

解侨之所难，积极推进华侨农场改革。按照中央、省关于推进华侨农场改革发展的有关精神，市委、市政府提出“要用世界的眼光规划迳口，用一流的水平建设迳口”的要求，重新编制了迳口华侨农场改革和发展的总体规划，将迳口和大塘镇六和村委合并设置南山镇，实施镇级政权管理，并从资金、用地、政策等方面保障迳口的改革发展。多次联合“五侨”部门（人大侨委、政协三胞委、侨务、侨联、致公党）组成督办小组到迳口开展归难侨安居工程督办工作，于年内全部完成 345 户第一代归难侨安居工程建设。积极组织外商考察迳口投资环境，促成迳口引进多个文化旅游项目。建设特色城镇，树立农业品牌“迳口十里水果长廊”；树立文化品牌“龙形拳文化”、“知青文化”和“归侨文化”；树立旅游品牌发展迳口旅游业，2009 年游客超 30 万人次。

想侨之所想，以华文教育凝聚侨心。2009 年，佛山市祖庙文物管理所、南风古灶、顺德职业技术学院、顺德梁銶琚职业技术学校等 4 个单位被授予第三批省级“中华文化传承基地”称号。针对新侨情，佛山市举办了 2009 年海外华裔青少年夏（冬）令营，将海外华裔新生代“请进来”，通过游览西樵山、黄飞鸿故居等名胜，用中华传统文化凝聚爱国热情；邀请杰出的海外华人参加“海外华裔新生代企业家中国经济高级研修班”，宣传推介佛山的投资环境和改革开放的建设成就；组成“南粤文化海外行——广东省海外交流协会赴欧洲中华才艺厨艺交流培训团”在德国、荷兰、葡萄牙三国分别进行培训交流，在温哥华、澳大利亚分别举办“顺德美食节”活动，传播优秀文化。选派两名优秀幼儿教师赴菲律宾、印尼两国的学校任教，与祖庙博物馆联系选派武术教练和粤剧名伶赴加拿大蒙特利尔市教学，传播中华文化和传统武术。发挥海外乡亲的桥梁作用，举办了第四届美籍教师培训班，向顺德区中小学教师传授美国先进的教学方法和教育心理学等课程。

急侨之所急，为侨资企业争取良好的外部环境。结合国侨办在 2009 年开展“维护侨商投资权益行动年”的要求，市侨务部门深入侨资企业，开展专项工作调研，通过走访多家企业，召开佛山市属各区侨资企业代表座谈会，组织全市侨资企业参加省侨商会在中东地区的商贸洽谈会，国家商务部、中国贸促会在宁夏联合举办的“2009 中国（宁夏）国际投资贸易洽谈会”，中国（内蒙古）招商洽谈会，协助侨资企业应对金融危机，积极谋求新发展。并推荐佛山市山湖电器有限公司等 7 家企业，荣获广东省的“明星侨资企业”称号，扩大佛山市侨资企业的美誉度和影响力。

帮侨之所需，紧贴“为侨服务”的工作核心。一是完善侨捐项目监管。完成了历年来华侨华人、港澳同胞向佛山市捐赠学校情况清查工作，对撤并、改变原使用功能、空置的侨捐学校做好妥善处理。据不完全统计，2009 年全市共接受华侨、港澳同胞捐赠 6314 万元。二是重视侨务信访，加强依法维护侨胞合法权益。如：对于迳口归侨的上访申诉，市、区两级侨务部门高度重视，与归侨代表进行座谈，协同三水区政府一起调解矛盾，确保了侨区的稳定与和谐发展。三是建立和健全各级侨务基层组织，建立起市、区、镇侨务“三级网络”和“三必访”工作制度（归侨侨眷特困户必访，重病住院必访，身故后对家属必访）。四是继续做好归侨侨眷扶贫助困，各级侨务部门认真落实对生活在贫困线以下归侨实行定量补助政策，积极采取多种形式实施帮扶解困。五是热情接待到访侨团，关注海内外华人华侨发展情况。2009年，市领导和各级外事侨务部门接待了“第三届海外华侨华人专业协会会长联席会”考察团、世界越棉寮华人团体联合总会、泰国广肇会馆等侨务团体，组织侨务友好代表团出访马来西亚、印尼、新加坡开展海外侨务工作。

（朱慧君）

民营企业家形容APCE卡是“民企通往国际市场的高速公路”。图为佛山市外事侨务局在佛山皇冠假日酒店举行APEC商务旅行卡推介暨发卡仪式，企业家们在现场活动中进行咨询。

宣传·组织

宣传工作

【综述】 2009年，佛山市宣传思想文化工作按照中央和省委的部署要求，在市委的正确领导下，围绕全市发展的中心任务，坚持以科学发展观为统领，全面贯彻党的十七大、十七届四中全会精神，以建设“岭南文化名城”为目标，大力推进佛山市文化建设；同时紧扣重大主题，全面推进各项工作的开展与落实，着力提升佛山市宣传思想文化工作的科学化水平，营造出主题鲜明、导向正确、内容丰富、亮点纷显的氛围，取得了扎实的工作成效。

【以学习实践科学发展观为主线，扎实推进理论武装工作】 一是科学发展观理论学习卓有成效。协助组织好第二、第三批实践活动的理论学习。市委中心组全年共举行了11场次专题学习会。各区委中心组共举行了48次专题学习。佛山市宣讲团挂牌成立。充分发挥“南方创新论坛”、“南风讲坛”，以及各区品牌论坛的平台优势，引导理论学习向纵深方向开展。推进学习网络化，在全市各机关单位推广“网络学习天地”，全市有4.5万多用户开通了该学习平台，占全省的1/7，位居第一，市委宣传部被省等评为“优秀组织奖”。

二是边学习、边实践，加快理论研究成果的转化。各区、各单位纷纷开展学习实践调研活动，并将结果汇编成册。林元和书记在《求是》杂志上发表了题为《走和谐惠民的科学发展之路》的文章，陈云贤市长在《人民日报》发表了题为《积极建设现代产业体系》的文章，展示佛山市“先行先试、科学发展”的成功探索。广泛开展“我为科学发展献一计”等建言献策活动，提供决策支持，使学习活动成果及时转化为实际行动。

三是理论研究成果显著。借助社科专家学者“思想库”的力量，有序开展20多场次专题研讨会。佛山首个省级社科研究基地——广东省广府文化研究基地挂牌成立。《佛山市哲学社会科学规划项目管理办法》正式出台。2009年度社科理论课题招标工作顺利进行，并评选表彰了一批精品力作。《南海历史文化丛书》、《岭南文化知识书系·顺德名镇》等丛书结集出版，多层面展示佛山市最新理论研究成果。

【突出宣传热点，精心组织舆论引导工作】 一是大力营造率先突围的舆论氛围。认真做好抗击金融危机实现率先突围、产业结构调整、顺德区开展综合改革试验、汾江河整治、“三旧”改造、援建水磨等重大事件和热点问题的宣传，精心组织庆祝新中国成立60周年、实施珠三角《规划纲要》、广佛同城建设等重大主题宣传，打响100多项宣传战役，营造起积极健康、团结向上的主流舆论氛围。主动约访市外重要主流媒体大力宣传佛山新形象。《经济日报》头版头条刊登了《佛山：传统产业创新升级形成新优势》文章。市长陈云贤在省新闻办举行主题为“把握纲要实施机遇，努力谋求率先突围”的新闻发布会，引起社会强烈关注，被中央外宣办、国务院新闻办列为新闻发布典型案例推广。2009年度全市共组织40余场媒体专访，充分展示了佛山市率先突围的良好发展态势，在海内外树立起科学发展、和谐发展的佛山新形象。

二是重大突发事件应对有力。进一步建立健全宣传报道应急机制，及时有效地做好顺德伦教医院医疗保险问题、佛山照明员工尿汞超标等重大突发事件的舆论引导，有效地配合了各方面工作。各区、各部门在新闻应急处理规范化建设方面进行了积极探索。顺德区和南海区总结提炼了应对工作经验，为今后工作提供了指引。一些区和部分市直单位建立了新闻发言人和网络发言人制度，构建起多层次的新闻发布体系。

三是健全新闻宣传服务和管理制度。进一步完善全市新闻宣传指挥协调机制、联席会议机制、维稳综治宣传机制。发布《关于明确市外媒体参与佛山市重大活动新闻报道有关事项的通知》，引起了《人民日报》、《光明日报》、《南方日报》和《南方周末》等媒体的关注和报道评论，对佛山新闻工作创新给予充分肯定，被誉为“中国新闻史上的一个里程碑”。

【壮大网上思想文化阵地，网络宣传管理进一步规范完善】 一是建立“网络问政”机制，加强网络民主政治平台建设。书记、市长带头，推行“网络问政”，全年有序组织的市党政领导、法院院长、检察长等的“网络问政”10多场，促进网民互动，较好地调动了佛山500万网民参政、议政的积极性，提升了党委政府的公信力和亲民形象，引起上级部门，以及中新社、新华网、人民网、《南方日报》等知名媒体、网站的高度关注。“网络问政形成常态机制”被评为2009年佛山十大新闻。市委十届八次全会给予充分肯定，指出网络问政维护了社会和谐稳定。富有佛山特色的“十步工作法”得到省的肯定和推广。

二是健全网络发言人制度。制定《建立和完善网络发言人制度的意见》，指导成立网络发言人工作团队。配套完善网络新闻发言人、网民意见建议督办等制度。成功举办“佛山市2009年新闻发言人培训班”和“网络舆情引导评论培训班”。各区结合各自实际，纷纷加强网络发言人队伍培训工作。

三是切实加强网上舆论管理。严格规范网上新闻传播秩序，及时删除网上有害信息，严厉查处违法违规网站。净化社会文化环境形成了五大特色，被省督查组称为“佛山模式”宣传推广。加强舆情信息研判，编写《舆情信息动态》，及时掌握网络舆情苗头、态势。

【传承创新岭南文化，推进文化事业和文化产业实现新发展】 一是着力推进两个文件实施初显成效。深入实施《推进岭南文化名城建设的若干意见》和《佛山市文化产业发展规划（2008～2020年）》两个文件精神。制定《艺术精品展演补贴试行办法》，全年共引进高雅艺术展演活动17场。现代陶艺作品展赴广州、北京、上海、台北、台中等地展出，进一步擦亮佛山陶瓷文化品牌。佛山创意产业园、广东香云纱产业园区等示范性园区被省列为重点扶持项目。南海动漫主题创意产业园、国家工业设计与创意（顺德）基地建设顺利推进。参与拍摄的电视剧《孔子》、电影《小周后》、《叶问2》有望成为具全国影响力的影视精品。成功举办佛山秋色大巡游活动，吸引110万余群众观看，节庆文化活动进一步扩大影响力。顺德颁发了《文化产业发展规划》。广佛肇三地签署了《文化共建框架协议》，进一步加强文化合作交流。

二是着力促进佛山传媒集团改革创新实现新进展。坚持对佛山传媒集团实行年度目标责任制考核，持续多年实现两个效益双丰收。推动报纸、电视、电台等改版创新，活力不断提升，事业不断发展，在2009年传媒业界收入普遍降低的情形下，佛山传媒集团仍增长8%，佛山日报社入选“中国地市报经营管理十强”，佛山电台参评的四套频率全部入选全国城市电台综合实力第一阵营，佛山电视台入选中国城市电视台十强。集团的改革得到中央文化体制改革领导小组的高度肯定，是全国地市唯一荣获“全国文化体制改革先进企业”称号的单位。

三是文艺精品创作局面喜人。2009年度佛山市共有78人次在国家、省级重要文艺赛事中获奖。纪实文学《国运——南方纪事》、粤剧《蝴蝶公主》、歌曲《自由飞翔》获省“五个一工程”优秀作品奖，广播剧《丝都寻梦》获入选作品奖，其中《国运——南方纪事》同时获得中宣部“五个一工程”优秀作品奖和第八届广东省鲁迅文学艺术奖。报告文学《狮山神采》、小儿舞蹈《蚂蚁过河》和《布偶小狮》获全国金奖。5件群众作品入选省第六届戏剧曲艺花会，并荣获3金2银的好成绩。

四是持续优化公共文化服务运行机制。加强重点公共文化服务工程建设。完成全市20户以下自然村的广播电视“村村通”工程。农村（社区）公益电影放映工程完成1.1万场的预定放映目标，观众近200万人次。全年建成农家（社区）书屋155家。顺德区获得“全国文化系统先进集体”称号。加强文化基础设施建设。东平新城公共文化综合体将打造成为珠三角文化新地标。祖庙百年修缮工程顺利完工。加强文化遗产保护工作。成功举办“广东省与东盟非物质文化遗产保护传承交流会”。佛山市非遗保护中心获得文化部“非物质文化遗产保护工作先进集体”殊荣。高明区被国家文化部授予“全国文物工作先进县”。

【文明创建有新进展，社会和谐有新提升】 一是深入开展“情暖佛山”活动。活动在市委的部署号召下，得到全市机关、社区、农村、学校、企业及社会各界的积极响应，形成热烈浓厚的社会舆论氛围。“情暖佛山·和谐禅城”、“情暖佛山·南海有爱”、“情暖佛山·阳光顺德”、“情暖佛山·情暖高明”、“情暖佛山·幸福三水”等区、镇（街）主打活动迅速铺开，上下联动，加速延伸，一时成为市内外媒体的新闻热点。《南方日报》在头版推出专访林元和书记长篇报道，引起广泛关注。以此为抓手，文明创建工作持续开展“邻里日”、“‘擦亮窗口’迎国庆”、“礼仪佛山阳光行”等活动，有力地推动文明创建进程。

二是扎实推进“创文”工作。召开全市创建全国文明城市工作会议。以“创文”为龙头，带动“十好”和谐文明村居创建、未成年人思想道德教育、“佛山十佳美德之星”评选等深入开展。佛山市有27个单位、2名个人获得省精神文明建设先进单位和先进个人称号。“顺德好人”活动形成长效机制，挖掘出冯石晖等新典型。“有为南海、纷呈精彩”南海体验之旅活动，构建起青少年区情教育新平台。（黎才远）

组织工作

【综述】 2009年，佛山市各级组织部门深入学习实践科学发展观，围绕贯彻落实党的十七大、十七届四中全会精神，认真做好选干部、配班子，建队伍、聚人才，抓基层、打基础工作，为佛山市应对国际金融危机，保增长、保民生、保稳定，实现经济社会又好又快发展，提供坚强的组织保证和人才支持。

【深入学习贯彻党的十七届四中全会精神，进一步明确加强和改进新形势下党的建设的新目标新任务】 通过党委党组中心组学习、举办报告会、专题辅导班等多种形式开展，推动全市党员干部全面学习贯彻党的十七届四中全会精神。组织安排全市副处级以上领导干部，同步收听收看全省县处级以上领导干部学习贯彻四中全会精神专题报告会的实况转播，参加人数共计3785人次。由市委常委牵头，组织开展14个党建专题调研，提出贯彻落实四中全会精神的思路举措。

【深入开展学习实践科学发展观活动，推动科学发展上新水平】 按照中央和省委部署，佛山市从2009年3月开始，先后开展了第二批和第三批深入学习实践科学发展观活动，全市共1.06万个党组织、23万多名党员参加学习实践活动。全市各级党组织紧紧围绕“党员干部受教育、科学发展上水平、人民群众得实惠”的总要求，紧扣争当实践科学发展观排头兵这个主题和“产业转型、城市转型、环境再造”这个重点，不断创新学习形式和载体，扎实推动学习实践活动各项工作，得到了中央巡回检查组、省委指导检查组、省委学习实践办和市委的充分肯定。通过深入开展学习实践活动，全市党员干部进一步增强了贯彻落实科学发展观的自觉性和坚定性，“两转型一再造”取得新成效，成功实现了在国际金融危机中率先突围，提高了各级党组织和党员干部为群众办实事好事的能力。全市参学单位共为群众办好事实事2.33万件，资助困难家庭学生14.07万人次，金额达7984.27万元。

【优化配备领导班子和加强干部队伍、人才队伍建设，领导科学发展的能力有新提升】 根据佛山市经济社会发展的需要，认真对各级领导班子进行调整和优化配备，重点做好市政府机构改革和配合顺德区大部制改革涉及干部的调整配备工作，促进

机构改革的顺利进行。围绕市委提出的应对国际金融危机佛山要率先突围的部署，将贯彻落实《珠江三角洲地区改革发展规划纲要（2008 ~ 2020 年）》，推进产业转型、城市转型和环境再造作为干部教育培训的中心内容，全年共举办各类主体班次 122 期，培训各类干部 4.9 万人次。提出《关于市直新提拔市管干部及后备干部到信访局工作的意见》，推动干部在信访岗位锻炼成长。加强正科级干部的跟踪管理。积极参与珠三角人才工作联盟筹建工作，向省委组织部报送 3 名国家“千人计划”人员候选人，推荐申报 4 家创新科研团队和 3 位科技领军人才，完成佛山市非公有制企业（单位）人才资源状况抽样调查工作。

【深化改革和加强管理，提高选人用人公信度和组织工作满意度有新举措】 积极探索完善干部选拔任用工作机制，修改完善干部选拔任用的推荐考察工作内容、考察预告公示制度，制订并印发了佛山市直机关（单位）推荐考察科级干部和科级领导干部竞争上岗、公开选拔工作意见。组织了市妇联副主席、市总工会副主席、市人大财经工委副主任、市人大法制工委副主任等 4 名副处级领导干部人选的公推选拔工作，公开、民主选拔领导干部逐渐走向常态化、制度化和规范化，全面启动市直单位优秀年轻干部推荐工作。做好“一报告两评议”工作，开展市直单位组织人事工作满意度调查。组织开展对 2007 年以来接到的反映违规、用人问题举报的受理和办理情况集中清理查核工作，建立整治用人上不正之风工作重要信息即时报告制度，制定下发《市管干部考察对象报告个人有关事项试行办法》，加大信访查处的力度，做好干部档案管理升级工作。

【加强基层党组织和党员队伍建设，统筹城乡基层党建格局有新发展】 出台了《进一步加强和改进村党组织建设意见》，提出了当前和今后一个时期佛山市农村党建总体思路和有关要求。组织开展村“两委”关系摸查，调整难以发挥领导核心作用的“两委”班子与不和谐的村党组织，为村“两委”换届打好基础。开展对全市村“两委”成员和到村任职大学生的集中培训，开展“科学发展在基层”村书记讲坛和基层党组织书记系列访谈活动。制定并下发《佛山市 2009 年选聘高校毕业生到农村任职工作实施方案》。认真做好选拔 6 名优秀村党组织书记担任乡镇领导干部和从优秀大学生村官中招录 6 名乡镇公务员的工作。扎实做好干部下基层驻农村暨城乡基层党组织互帮互助工作，全市共安排 73 个市直机关单位、234 个区直机关单位挂钩联系村，选派驻村干部 485 名。积极做好“规划到户，责任到人”扶贫对接工作。探索推进社区党员志愿者服务队建设和党代表接待日活动。结合落实市委“应对危机、率先突围”的部署，在全市党员中开展形式多样的主题实践活动，组织企业党组织和共产党员充分发挥作用，帮助企业渡难关。抓好农村党员干部现代远程教育工作，全市所有街道、社区共 282 个终端接收站点全部完成建设任务，实现了全市镇（街）、村（社区）共 787 个站点全覆盖；重点抓好教学资源的开发制作，打造精品教学资源。积极探索加强党员管理服务的有效途径，建立健全党内激励、关怀、帮扶机制，开通全国统一的“12371”党员咨询服务电话。

【高标准推进组织部门自身建设，树立组工干部良好形象】 以开展学习实践科学发展观活动、“讲党性、重品行、作表率”活动和“组织部长下基层”活动为契机，内强素质外树形象，高标准推进自身建设。部领导采取上门访谈、主动约谈、集体座谈等多种形式，与所联系的各级领导干部开展普遍的谈心谈话。部务会成员轮值到市信访局接访，认真倾听党员和干部群众的心声。积极推进干部内部交流轮岗，提高干部的综合素质；强化内部制度建设，制定《中共佛山市委组织部车辆使用管理制度》和《中共佛山市委组织部财务审批和管理制度》。坚持以调研为先导，围绕组织工作的重点、热点和难点问题开展调研，加大对调研成果的转化力度，推动全市组织工作上新水平。（游伟珊）

佛山市机构编制工作

【综述】 2009年，全市机构编制工作以科学发展观为统领，全面贯彻落实党的十七届四中全会、全省人事编制工作会议和市委十届六次全会精神，围绕市委、市政府中心工作，大力推进各项改革创新，为加快转变经济发展方式、迈入科学发展轨道提供体制机制保障。

【市级政府机构改革，原33个工作部门调整为31个】 佛山市扎实推进政府机构改革，顺利完成市级政府机构改革任务。市政府原33个工作部门调整为31个，不再保留市人事局、市劳动和社会保障局、市建设局、市交通局、市公用事业管理局，组建市人力资源和社会保障局、市城乡建设局、市交通运输局、市城市综合管理局、市水务局。市物价局并入市发展和改革局，市公路局并入市交通运输局，市民族宗教事务局与市委统一战线工作部合署办公。通过改革，进一步转变政府职能、理顺职责关系、提高政府工作整体效能。推进市辖区政府机构改革。顺德区作为省大部制改革的试点，采取党政群联动方式，对职能相同、相近和相关的部门的职能进行有机整合，优化权责和资源配置，将41个党政群部门精简为16个，大部门首长由区委常委、副区长、副处级干部兼任。通过改革，解决过去部门职能交叉、多头管理的问题，增强部门间的协调性；压缩管理层级，区委区政府决策一步到位由部门落实，实现领导分工专业化、决策执行扁平化，决策权上移、执行权下移、监督权外移，提升政府执行力。

【积极推进简政强镇事权改革】 根据省委、省政府关于在南海狮山镇、顺德容桂街道开展简政强镇事权改革试点的精神，制定了《佛山市简政强镇事权改革试点指导意见》。加大事权下放力度，除需由区统一协调管理的事项外，在经济发展、市场监管、公共服务、社会管理、民生事业等方面，依法赋予试点镇（街）县级经济社会管理权限，优化机构设置和编制配备，并明确要求延伸政府服务职能、完善公共服务体系。

【稳妥推进事业单位分类改革】 佛山作为全省事业单位分类改革试点市，按照省的要求积极推进事业单位分类改革，将现有事业单位分为行政类、公益类（一类、二类、三类）和经营服务类，并给予不同的财政投入。市编办、人事局、财政局、劳动保障局、国资委联合印发了《关于市直事业单位转企及单位撤销有关问题的处理意见》，完善了配套措施。2009年7月和9月，国务委员马凯和中央编办领导分别带领考察调研组到佛山市考察调研，听取了佛山近年推进事业单位改革做法及下一步改革思路的汇报，对佛山稳步推进事业单位分类改革的探索给予了肯定。

【进一步完善机构编制工作】 结合机构改革，加强市、区政府社会管理、公共服务、民生事业等方面的职能，在城市管理、公共卫生等部门充实人员编制。创新管理机制，配合市纪委、市发改局等部门，积极探索建设工程招标投标及政府采购监管体制的改革模式，整合资源建立统一的公共资源交易平台。根据省下达的政法专项编制，重点分配到法院、检察院、监狱、公安等政法部门基层一线，进一步加强基层政法部门的力量，政法系统队伍建设得到加强。

【强化机构编制监督检查】 做好《机构编制违纪行为适用〈中国共产党纪律处分条例〉若干问题的解释》的学习宣传工作，开展了自查自纠。启动全新的数字编制系统建设，建立了市直机关事业单位人员数据库，建立并完善市直机构编制台账，实现人事编制业务网上审批，有效地推行了编制实名制管理，加强对用人单位编制使用的日常监督。建立健全组织、人事、财政互相协调、监督的机制。

【加强事业单位登记管理】 全市已登记事业单位共1583个，应参加年检1545个，年检合格1519个，年检合格率达98.3%。及时办理事业单位法人变更登记，完善事业单位登记文书档案和电子档案信息管理。

【进一步做好维稳工作】 机构编制工作部门认真做好各项改革过程中的群众信访工作，对政府机构改革和事业单位分类改革涉及的各类利益矛盾，本着尊重历史、以人为本的原则，对上访群众耐心做好政策解释工作，并主动协调有关单位解决问题，维护社会和谐稳定。

【加强自身队伍建设】 机构编制部门深入开展科学发展观学习实践活动，顺利完成了学习调研、分析检查和整改落实三个阶段的工作。认真学习《珠江三角洲地区改革发展规划纲要》，用新的工作思维推动机构编制工作的发展。认真学习贯彻三级纪委全会和国务院省政府廉政工作会议精神，坚持在党员干部中开展理想宗旨教育、职业道德教育、法纪政纪教育，党风廉政建设进一步得到加强，树立机构编制部门清正廉洁的形象。

（李光柏）

佛山市积极推进简政强镇事权改革。图为顺德区容桂街道“简政强镇”事权改革试点工作动员大会会场。

地方军事

佛山军分区

【综述】 2009年，佛山军分区在上级军事机关和佛山市委、市政府的正确领导下，坚持高举中国特色社会主义伟大旗帜，全面贯彻落实科学发展观，紧紧围绕抓根本固军魂、抓班子强核心、抓中心谋打赢、抓基层打基础、抓安全保稳定的总要求，狠抓各项工作落实，部队和民兵预备役建设保持了良好发展势头。

【召开全市党管武装工作述职大会】 1月，组织召开了第一次全市党管武装工作述职大会。会上，全市5区区委书记、区人武部党委第一书记就履行党管武装职责情况进行了汇报，分区党委书记刘谦强综合讲评了各区党管武装工作情况，市委书记、军分区党委第一书记林元和就民兵预备役和党管武装工作作了讲话，省军区副司令员倪增出席大会并作了重要指示。这次大会的召开，开创了佛山市党管武装工作的先河，进一步强化了各级党政领导抓武装、建武装的职责意识。

【协助做好维护社会稳定工作】 春节期间，军分区坚决维护社会稳定大局，组织各人武部细致做好军转干部和参加对越自卫还击战人员的思想化解工作，妥善解决了少数退役人员拟挂牌成立“越战老兵联络站”的行动，受到佛山市委、市政府的高度评价。

【开展干部问责制教育】 2月初，根据上级军事机关统一部署，认真开展了干部问责制教育，研究制定了《佛山军分区干部问责制实施细则》，对各级各类干部责任追究进行明确区分，教育做法被广东省军区转发，中央电视台第七频道进行了报道。

【加强共同科目训练】 军分区机关和人武部、干休所坚持开展首长机关共同科目训练，落实了每天一小时体能训练，年底自行组织全分区干部进行了基础体能和技能考核。12月，军分区机关和南海区人武部参加广东省军区组织的年终考核，取得优异成绩。

【开展深入学习实践科学发展观活动】 3月至8月，军分区部队按照上级统一部署，紧紧围绕“党员干部受教育、科学发展上水平、履行使命见成效”的总体要求，扎实开展学习实践活动。认真抓了学习辅导、问题剖析、整改提高等重要环节，在部队掀起了学习实践活动高潮。活动期间，分区邀请市委书记、分区党委第一书记林元和到分区作形势报告，组织全体干部战士到佛山市创意产业园参观学习，进一步坚定了官兵科学发展、创新发展的理念。军分区党委着眼活动的实践性要求，反复征求基层意见，共梳理归纳出3大类48个问题和不足，逐项明确了整改时限、标准要求和责任人。分区党委还向部队公开承诺办好分区营院改造、文化活动场馆建设、经济适用房建设、随军家属和转业干部安置工作等6件实事，群众满意度达到96%。

【开展反腐倡廉警示教育】 5月下旬，集中开展以“锤炼坚强党性、培育优良党风、模范遵守党纪”为主题的反腐倡廉警示教育，通过听取省军区首长辅导讲课、参观佛山市劳教所听取劳教人员现身说法、观看警示录像等形式，进一步增强了全体党员干部讲党性、重品行、作表率的自觉性。

【开展“培育当代革命军人核心价值观”主题教育】 7月中下旬，集中8天时间，扎实开展了“培育当代革命军人核心价值观主题教育暨‘增强党性树形象、改进作风促发展’教育整顿活动”。结合教育，分区部队广泛开展了纪念建国60周年歌咏比赛、文艺汇演和主题演讲比赛，营造了自觉践行当代革命军人核心价值观的浓厚氛围，进一步增强了全区官兵的党员意识、军人意识和职责意识。

【抓好民兵分队军事训练】 军分区及各人武部认真抓好民兵应急分队、轻舟分队、森林防火分队、防空分队等应急和作战队伍建设，民兵队伍遂行多样化军事任务能力不断提升。7月，市民兵轻舟大队参加全省“‘三防’机动抢险队专业技能竞赛和表演”，取得团体第一、两个单项第一的好成绩。9月，佛山市民兵防空分队参加广东省军区组织的年度实弹战术演练，禅城区民兵高炮分队首发命中拖靶，高明区民兵高机分队一举击落3个气球。

【扎实推进民兵营（连）“四个基本”建设】 依据省军区确定的“要素齐全、功能齐备、因地制宜、适当超前”的抓建思想，军分区部队坚持把民兵预备役营（连）“四个基本”建设摆上两级党委重要议事日程，确定了2009年底50%达标、2010年底90%达标、2011年底全市100%达标的抓建计划。7月召开了全市基层武装工作会议，10月在南海区召开了全市民兵营（连）“四个基本”建设现场观摩会。年底，全市657个民兵营已有351个达标，占54%，12支重点抓建的应急专业力量全部达标。

【抓好营院基础设施建设】 为改善机关工作生活环境，军分区加大基础设施建设力度，先后对分区大院2栋宿舍完成了“穿衣戴帽”改造；对招待所部分楼层进行了彻底装修；新建了文化活动中心、网球场和一座单身公寓楼；对营院道路、绿化及宣传栏和灯箱进行全面更新，军分区营院面貌焕然一新。

【加强基层武装部长队伍建设】 根据广东省军区指示要求，10月，军分区政治部会同市委组织部下发了《关于基层武装部部长担任区人武部党委委员实施办法》，进一步理顺了专武干部的任免和管理体制。

【扎实开展征兵工作】 10月至12月，军分区和各区人武部严格执行《兵役法》和上级有关指示，认真开展征兵工作。特别是针对征集对象主要为高学历兵和进藏兵的特点，坚持高标准，严把质量关和廉洁征兵关，广泛接受群众监督，全市适龄青年报名率为98%，圆满完成了1144名新兵的征集任务。10月，市征兵办被国防部评为“全国征兵工作先进单位”。（龚德硕　何　颖）

武警佛山市支队

【综述】 2009年，支队在总队党委和佛山市委、市政府的正确领导下，深入贯彻落实科学发展观，狠抓各项工作落实，圆满完成了以执勤处突反恐为中心的各项任务，高标准实现了“两个确保”，部队建设保持了持续上升发展态势。支队被武警部队评为“管理教育工作先进单位”、“连续14年预防事故案件工作先进单位”，被总队评为“先进支队”。

【思想政治建设扎实有效】 深入开展学习实践科学发展观活动，广大党员受到深刻教育，影响和制约部队建设科学发展的一些突出问题得到有效解决，党组织建设得到明显加强，部队科学发展水平得到有效提高。总队先后3次转发支队的经验做法。扎实开展核心价值观主题教育、形势政策教育、经常性思想教育和庆祝新中国成立60周年系列活动，筑牢广大官兵忠诚使命、献身使命、不辱使命的思想根基。认真开展密切内部关系、婚恋观、一人一事等教育，确保部队思想稳定。广泛开展“三互”、“双四一”、“深知兵、真爱兵”、“五个过一遍”、政治考核等活动，确保了官兵思想纯洁、忠诚可靠。认真抓好隐蔽战线斗争工作、“个别人”排查转化、心理法律服务和任务中政治工作，经常性基础性政治工作效果明显。

【中心任务完成出色】 深入学习贯彻新大纲和《武警法》，狠抓新兵训练、勤训轮换、预提指挥士官集训、反恐骨干集训和军事训练会操、比武，部队基础训练水平进一步提高。严格落实执勤规定，狠抓执勤隐患治理，不断提高执勤正规化水平，支队固定目标执勤连续17年安全无事故，被总队评为正规化执勤一级单位。精心组织临时勤务，全年累计用兵1.5万人次，圆满完成冬休警卫、押解、武装巡逻勤务224批次。大力加强反恐装备建设和反恐应急能力训练，反恐处突能力逐步提升。

【部队管理安全正规】 认真贯彻总队管理教育工作会议精神，对贯彻两个《规定》应把握的31个问题进行具体研究，制定正规化建设三年规划，统一规范部队内务设置和营区标识，加大部队经常性管理工作网上抽查和突击检查力度，部队管理秩序日趋正规。狠抓士官队伍教育管理，制定完善士官管理制度，经验做法在总队"韶关现场会"上介绍推广。狠抓作风纪律教育整顿和违规使用手机问题的治理，坚持"五位一体"车辆管理和执勤用枪"五控"管理，有效防范了重大安全问题发生，支队连续14年被总部表彰为"预防事故案件工作先进单位"，被总队表彰为"安全工作先进单位"。

【基层建设协调发展】 深入贯彻落实《纲要》和总队基层工作会议精神，坚持把工作重心放在基层，狠抓经常性基础性工作落实，促进了基层建设整体科学发展。全年组织11批次工作组下基层蹲点帮建，较好地解决了组织建设、教育管理、营房建设、执勤设施和官兵思想等方面的问题30多个。扎实搞好基层党支部考察帮建，成效明显。大队发挥前沿指挥所作用和南海中队抓"四个基本"的经验做法被总队转发推广。

【综合保障能力不断提高】 扎实抓好资产管理现场会成果转化，持续提升后勤保障能力。注重建章立制和开源节流，突出抓好"四类经费"管理，经费保障效益进一步提高。抓好配套设施建设，调整充实后勤战备物资储备，修订完善各类方案，组织应急保障训练，后勤应急保障能力有新的提升。狠抓队伍建设，突出司务长的培训帮带，组织炊事员培训和技能比赛，培养了一批种养骨干。大力加强农副业生产，一中队被总队评为"农副业生产先进单位"。积极做好卫生防病工作，甲流疫情防控严密，年内无计划外生育。

【党委班子建设进一步加强】 落实中心组带机关理论学习制度，在党委机关扎实开展"加强党性修养，振奋革命精神"专题教育，党委班子贯彻落实科学发展观，破解部队发展建设难题的能力进一步增强。扎实推进党风廉政建设，预防职务犯罪试点工作卓有成效，部队风气整体向好。年终总队《纲要》考评中，支队党委班子民主测评10项内容"好票率"9个100%、1个96%，受到总队首长和考核组的好评。支队党委被总队评为"先进党委"。

（陈伟锋）

人民团体

市总工会

【综述】 2009年，佛山市总工会在市委和省总的正确领导下，积极应对国际金融危机带来的严峻挑战，以发展和谐劳动关系、维护职工合法权益为主线，着力抓好工会重点工作的落实，在保增长保民生保稳定工作中发挥工会组织的重要作用，各项工作取得了新的进展。

【抓住中心工作关键点，带领职工应对危机取得新成绩】 全面实施共同约定行动，着力推动创建劳动关系和谐企业。全市各级工会组织积极走访企业、走访基层工会、走访一线职工，了解企业生产经营状况和职工队伍基本情况，引导职工理解企业的应对调整举措，与企业群策群力，共渡难关。举办了企业、工会、职工共同约定行动启动仪式，三方代表共同宣读倡议书和签订约定行动承诺书，督促和帮助企业在克服困难、开拓市场、提高效益上下工夫，实现以不裁员、不减薪为重点的共同约定。召开了全市创建劳动关系和谐企业工作经验交流会，通报交流全市创建活动开展情况，推动形成企业关爱职工、职工关心企业的劳动关系和谐局面。2009年开展劳动关系和谐企业创建活动的企业1800多家，参与共同约定行动的企业2000多家，覆盖职工78万多人。各级工会共走访企业843家，召开座谈会372场，参与职工6089人次，参与工会干部1837人次。

深入推进职工建功立业工程，不断激发广大职工的主动性、积极性和创造性。以创建“工人先锋号”和“创建学习型组织，争做知识型职工”活动为载体，推动提高职工素质，实现科技创新、争先创优、节能减排。全市共有2.46万家企业开展了“同舟共济保增长，建功立业促发展”劳动竞赛；继续开展全市职工职业技能比赛，有36个行业（工种）的49个竞赛项目，近100万人次职工参加了各种类型的职工技能竞赛活动，创建了一批全国和省“工人先锋号”先进班组。参加“三技一化”活动的职工38.2万人次，提出合理化建议9万多条，已实施合理化建议3.6万条。深入开展“安康杯”竞赛活动，全市参赛企业2553家，参赛班组近1.44万个，参赛职工62万多人次；开展职工安全生产知识培训2400多场次，参与职工43.7万人次。开展“创建学习型组织，争做知识型职工”活动企业2.25万家，参加班组7.3万个。在一线职工和农民工集中的村居、工业园区或企业、项目工地建设“职工书屋”175家，达标“职工书屋”105家，其中全国、省“职工书屋”示范点14家。

大力实施技能培训阳光行动和家政服务工程。兼顾企业和职工的实际需求，强化资金扶持，注重职工培训工作方式、方法和内容的创新，建立了佛山工会就业培训基地14个，制定了《佛山市总工会职业技能培训券发放管理办法》，筹集300万元作为职业技能培训资金，并以职业技能培训券形式下拨使用。各级工会组织在纺织、财会、电工、计算机操作等方面开展职业技能培训145班次，培训有职业证书的员工7910人，岗位技能培训员工10万人次以上，已使用培训资金187.67万元。会同市经贸、财政部门，在全市启动实施家政服务工程，首批推荐认定了三家培训机构，帮助59人实现了培训上岗。

切实加强劳模评选表彰工作，大力弘扬新时期劳模精神。以市委市政府名义隆重召开了市劳动模范和先进集体表彰大会，推荐表彰全国五一劳动奖章获得者4名、全国五一劳动奖状获得者1家、全国“工人先锋号”2家，省劳动模范15名、省先进集体6家、省“工人先锋号”9家，评选表彰市劳动模范30名、市先进劳动者100名和市先进集体100家。加大了劳模服务管理力度，召开了佛山市劳动模范庆祝新中国成立60周年座谈会，组织全国劳模进行了免费体检和“佛山市百名劳模韶山行”休养活动，向全国及省劳模发放了慰问金合计43.94万元。市总工会与佛山电视台联合摄制了15集反映劳模风采的“时代先锋”电视专题片，进一步营造了“尊重劳模、关爱劳模”的良好社会氛围。

【突出维权帮扶着力点，解决职工民生问题取得新进展】 积极落实主动依法科学维权机制。健全完善劳动合同制度、平等协商集体合同制度，积极推进区域性、行业性集体协商工作机制，注重发挥三方协商机制和劳动争议调解机制的作用，最大限度地将劳资矛盾化解在基层、化解在企业、化解在萌芽状态。制定下发了《佛山市工会代言人工作暂行办法》和《佛山市工会应急处置预案》，进一步畅通职工利益诉求表达渠道，增强群体性劳动争议应对能力，为保持职工队伍和社会稳定作出了贡献。全市已建立劳动争议调解委员会的企业2.25万家，占已建工会企业的91%。全年接待来信来访1万多件，调处劳动争议3262件，涉及职工2万人次。各级工会组织进一步加大职工普法宣传教育力度，提高职工依法维护自身权益能力，举办“职工与法同行、万众和谐共享”普法活动1475场次，参与企业2.6万家，参与职工96万多人次，发放普法宣传资料360多万份。

继续深化厂务公开民主管理工作。针对金融危机的新时势，进一步完善以职工代表大会为基本形式的企业民主管理制度，推进厂务公开，引导劳动关系双方在民主法制的基础上实现共同发展。全市国有、集体及其控股企业进一步强化了职代会、厂务公开及职工董事、职工监事制度。在2.85万家已建工会非公企业推行了厂务公开民主管理，公开率达82.2％；在499个村居、工业园区、行业（或镇街）不断完善职工代表联合大会制度，覆盖企业3.05万家，覆盖100多万职工，保障了广大职工的知情权、参与权、表达权和监督权。

突出做好一批职工民生实事。扎实做好送温暖工作，组织了省、市各级党政领导送温暖慰问活动，共慰问各类困难家庭1859户，慰问农民工近2300人，发放慰问金430万元。组织开展了“富裕佛山大家建，发展成果共同享”、“情暖佛山”等帮扶主题活动，扎实开展日常帮扶工作，使用帮扶资金790多万元，帮扶困难职工1万多人次。广泛开展了“唱响南粤——珠江三角洲职工歌唱邀请赛”、“欢乐周末、开心你我”外来务工人员才艺大赛等职工群众性文体活动2410场次，参与职工250多万人次，丰富了广大职工的业余文化生活。充分发挥工会职业介绍平台作用，举办劳资双方见面会、人才招聘会197场，推荐就业5.11万次。继续做好工伤探视工作，慰问工伤职工1.07万人次，使用帮扶资金292万元。进一步打造工会“金秋助学”工作品牌，全年共资助困难职工子女就学420名，发放助学金52.48万元。配合推进“双转移”工作，通过市工会职业技术学校对本省籍245名外来员工子女实施三年免费中等职业教育。不断扩大工会医疗互助保障覆盖面，共发动11.4万名职工购买职工医疗互助保障计划18万份，向214名患重大疾病的职工理赔537.5万元。

【找准科学发展切入点，提升自身建设水平取得新成效】 深入开展学习实践科学发展观活动。根据市委“提高思想认识、解决突出问题、创新体制机制、加强党的建设、促进科学发展”的要求，着力在提高思想认识、加强理论与实践相结合、理清科学发展思路、创新工作机制等方面下工夫，进一步统一了广大工会干部的思想认识，强化了党性观念和服务意识。在学习实践活动期间，共开展专题学习讨论会34场，发放回收征求意见表150份，收集各类意见建议61条，出宣传栏4期、工会简报11期，在媒体发布学习活动信息11篇次，增强了推动发展、促进和谐、服务职工的能力和水平。

进一步加强了工会组织建设工作。2009年12月成功召开佛山市工会第十四次代表大会，选举产生了佛山市总工会第十四届委员会和经费审查委员会，认真总结了过去5年工会工作，进一步明确了

未来5年佛山市工运事业和工会工作的指导思想、奋斗目标和思路对策，为做好工会工作指明了方向。坚持因地制宜、因企制宜，努力创新工会组织形式和组建方式，以中小型非公企业为重点，加大在专业镇（街）、工业园区的区域性、行业性工联会组建力度，有力地推进了工会组建和会员发展工作。2009年，全市新建基层工会4526个，涵盖单位3375个；新发展工会会员11万人，其中新发展农民工会员8万人；新建行业工联会8个，选树行业工会工作示范点4个。全市有2名工会干部被评为全国优秀工会工作者，16个单位荣获省模范职工之家称号，12个工会小组荣获省模范职工小家称号。加大工会干部教育培训力度，创办工会大讲堂，促进工会干部队伍整体素质不断提升。全年共举办工会大讲堂6场次，2000多名工会干部参加了学习培训。全市各级工会举办各类培训班340多期，参加学习培训干部近6万人次，组织参加上级工会培训1200多人次。

工会各方面基础工作取得新进展。不断提高工会财务工作管理水平，加大经费审查监督力度，推动工会财务、经审工作的规范有序运行，加强了工会工作的物质基础，保障了工会经费的合理使用；女职工工作在注重维护女职工特殊权益的同时，通过开展广大女工喜闻乐见的活动，丰富了女工文体生活；工会信息工作紧贴市总工作思路，突出重点亮点，注重民生和谐，挖掘基层典型，工会信息质量和数量均有所提高；教育工会在组织开展教职工活动，发挥基层工会优势特点，协助党政抓好教职工队伍建设等方面发挥了重要作用；广佛肇工会合作呈现新局面，签署实施了三地工会合作框架协议；工会对外交流、退休职工管理、下属事业单位工作等都有了新进展。（佛山市总工会）

【禅城区总工会】 2009年，禅城区总工会形成对困难外来工帮扶的系列品牌。一是推进“阳光培训”，开展对外来工职业介绍活动。2009年共培训外来工1481人，培训资金达21万多元，有效提升了员工的素质与业务水平，增强了企业核心竞争力。各镇（街道）工会联合相关部门举办“真情服务·助你就业”大型公益现场招聘会，组织劳务集市为下岗人员免费提供职业介绍、培训等服务，累计帮扶下岗失业员工再就业共700人次，其中困难对象210人；二是继续开展对困难外来工子女实施“金秋助学”帮扶活动。对100名困难外来工子女实施金秋助学5万元，并为这100名外来工购买了省总工会的医疗互助保险共3000元；三是继续开展对外来工、职工工伤探视帮扶活动。2009年开展工作探视帮扶38人，共1.9万元；四是继续开展法律援助帮扶。委托律师为困难外来工提供法律维权服务机制，推进工会维权规范化、长效化；五是首创对8名因本人或家庭成员患重大疾病导致生活困难的外来工实施了给予每户家庭5000元共4万元的一次性救助帮扶活动，这也是禅城区首次成规模地对困难外来工开展的一次性救助帮扶。

（禅城区总工会）

【南海区总工会】 2009年，南海区各级工会组织紧紧围绕区委工作大局，以构建和谐劳动关系为主线，以应对国际金融危机为重点，着力推进和谐企业建设，着力维护职工队伍和社会稳定，着力解决工会工作在经济转型升级大背景下的重点难点问题，着力提高工会服务职工、服务大局的能力与效果，圆满完成了既定的目标任务。

组织职工建功立业，在保增长促发展推动经济平稳较快发展上彰显新作为。各级工会广泛开展了“企业发展我发展、齐心协力谋发展”、“转型升级立新功”和“节能减排金点子”等劳动竞赛和职工经济技术创新活动，承办了2项市级技能大赛。全区有2000余家企业、12万余名职工参加了各类劳动竞赛，实现直接经济价值约2.27亿元。组织实施“百名工会干部进企业”活动，共有402名工会干部参与，挂钩企业376家，为企业提供和谐创建、转型升级、素质提升等八大服务。开展“阳光行动”职工职业技能培训，筹集资金55万元，培训职工7.29万人次。深入开展就业培训、困难职工家庭大学毕业生就业服务等工会促进就业行动，共举办或参与举办各类招聘会78场，帮助2.41万人实现就业。评选和表彰了20名区级劳动模范、114名先进劳动者、38个先进集体，推荐和评选了全国、省、市五一劳动奖章1名、“工人先锋号”1个、劳动模范11名、先进劳动者27名、先进集体28个。开展了全国、省劳动模范生活状况调研，组织了劳模休养活动，在新闻媒体上推出了“劳模星光耀南海”系列报道。

构建和谐劳动关系，在保稳定促和谐依法维护职工合法权益上取得新进展。2009年，区总工会大力推进企业、职工和工会的“共同约定行动”，有107家企业参与了该项行动，有效保障了职工就业稳定。劳动关系和谐企业创建活动进一步深入，有1600多家企业参与了创建活动。开展劳动合同、集体合同签订履行情况监督检查活动，全年新签、续签集体合同473份，覆盖职工11.01万人，累计签订集体合同（含工资集体协议）2275份，覆盖职工54.8万人。加大劳动关系调处力度，参与协调化解劳动争议案件2042宗，涉及职工1.2万人次，涉及金额8117万元；处置或参与处置95宗群体性突发事件，涉及9299名职工，涉案金额3515万元；受理“三来”案件930宗，办结884宗，结案率达95%。深化“安康杯”竞赛活动，加强工会劳动保护工作，开展职工劳动保护和安全生产知识培训活动，共培训职工15万人次，发动组织669家企业工会、3595个班组、21万余名职工参加“安康杯”竞赛活动，有25家企业受到表彰。扎实推进以职代会为基本形式的企业民主管理工作，有236家非公企业单独建立了职代会制度，提高了企业民主管理工作的水平和效果。11月，时任中华全国总工会副主席孙春兰来南海调研，对南海区区域性职代会工作给予了充分的肯定。

深化职工服务工程，在保民生促就业提高工会服务职工水平上有了新突破。2009年，全区共慰问困难职工、濒临低保职工、孤寡退休职工、劳动模范和遭遇重大疾病或突发性灾难职工3082人次，发放慰问金127.77万元；资助122名困难职工子女读书，发放助学金12.78万元，给予25名困难职工家庭大学毕业生就业补助金2.5万元；对农民工进行工伤探视慰问236人，发放慰问金14.17万元。组织1.55万名职工参加互助保障计划，参保职工累计达12.26万人次，共为407人办理了总额932.2万元的赔付。发动725家基层工会参与“南海慈善一日捐”活动，捐款金额达435.3万元。创新建立了有33名律师参与的全市第一家职工法律援助特约律师库，为符合条件的职工以及规模以上的企业，提供法律援助服务，共为7名农民工提供了法律援助。举办法律教育及法律咨询活动60多场，派发法律宣传资料10万余份。

勇于改革创新实践，在抓建设提素质全面提升工会工作水平上得到进一步加强。2009年，为全面贯彻落实区委关于“探索转型升级大背景下工会工作”的精神，开展了大调研活动，并召开了研讨会。在深入走访、调研和讨论的基础上，形成了《经济转型升级大背景下工会工作的思考》专题报告，明确了工会工作促进经济转型升级的具体措施和目标任务。工会组建集中行动促进了中小非公企业和行业工会组建工作，新组建工会931个，行业（市场）工联会5个，新发展会员3.63万人，累计已建基层工会组织（含覆盖数）1.4万个，会员60.86万人。全省工会基层组织建设暨县级工会工作会议在南海区召开，区总的做法得到充分肯定。加强各级工会干部培训工作，共举办各类培训班56期，培训工会干部9283人次。深入推进“创争”活动，举办第二届职工文化艺术节，开展庆“五一”万人长跑、“企业经济发展与文化建设”工会论坛、“南海红歌颂国庆，职工心系中华情”企业职工大合唱比赛和职工摄影、书画作品展览等多项活动，有1000余家企业、15万余名职工参加了艺术节活动。 （南海区总工会）

【顺德区总工会】 2009年，顺德区总工会针对国际金融危机冲击，全区各级工会想方设法为党政分忧、为职工解难、为社会创和谐、为发展添动力。

服务大局应对危机有措施。全区各级工会通过调研走访，掌握企业、职工队伍情况，通过工会各种渠道、机制和网络优势，积极协调职工权益、企业发展与社会稳定的关系。牵头区劳资关系三方开展“劳资春暖”系列活动，组织动员1800多家企业开展“共同约定行动”，倡议企业不减薪、欠薪，尽量不裁员，倡议广大职工通过理性合法方式表达诉求，营造共克时艰、共创和谐的良好社会氛围；在家用电器、建筑等10个农民工比较集中的行业组织开展了10场劳动技能大赛，近10万职工参赛，助推职工提升技能、促进企业发展；举办了“第二届农民工‘金雁奖’评选”、“蓝领成长论坛”、“外来务工人员摄影书画大赛暨展览”等活动，增强信心、激励士气，鼓励基层职工成长成才。

维护职工权益维护社会稳定有效果。针对劳资纠纷高发态势，全区各级工会和政府有关部门一起，发挥全区1万多名劳动关系信息员队伍作用，加强监控、预防，积极排查，每月排查近200宗劳动纠纷苗头事件，将大量的矛盾解决在基层、化解于萌芽；推动政府出台《租赁厂房企业工资支付管理办法》，从源头上预防减少“欠薪逃匿”；积极参与处理重大劳资纠纷，做到快速、规范，主动配合政府做好停产、倒闭企业的稳定工作，2009年工会系统接处职工信访1243宗，涉及职工9508人，调处结案率达98%，为职工挽回损失8127.2万元，维护了社会稳定，促进了劳动关系和谐。

创新品牌服务职工有特色。全区各级工会积极完善帮扶机制，纷纷成立困难职工帮扶济难专项资金，筹集近1200万元，使全区工会帮扶济难专项资金（基金）接近8000万元。通过多种形式，帮扶慰问困难职工、孤寡职工、外来务工人员达2.56万人次，发放慰问金1135.2万元。通过就业培训、举办招聘会等形式，牵线搭桥，帮助下岗职工再就业，区、镇两级工会单独或联合开设培训班263次，培训职工2.84万人次；镇街、系统工会，同有关部门一起，举办职工招聘会或专场招聘会89场，吸引20万人次入场求职，协助解决了2.25万名职工和毕业生的就业问题。发动4.4万名职工参加职工互助保障计划，历年参保人数达27万人次；为119名职工办理了总额为314万元的赔付，历年共为569人办理了总额1445万元的赔付，缓解了职工因病致贫问题。联合有关部门，发动工会组织和广大职工为“5·12”灾区学生捐献了“爱心包裹”，全区有438个单位和12万名干部职工参与，捐款数额达747万元，捐款人数和金额分别占全国的1/5、1/6。各级工会开展庆祝、表彰、综艺晚会、体育竞技、广场服务、游乐等活动869场，参与职工64.9万人次。

常规业务工作有突破。新组建工会1002家，发展会员3.85万人，工会组织和工会会员都实现增长，全区各类工会组织突破2万家，会员突破66万人，组建了全区首家镇级建筑行业工会，大型超级市场工会由4家增到11家。大力推进工会规范化建设，有102个村（社区）工联会和141基层工会规范化建设通过了验收。在20家企（事）业单位进行了工会主席民主选举试点，新组建了由110多人组成的工会信息通讯员队伍。

（顺德区总工会）

【**高明区总工会**】 上下联动、齐抓共建“职工书屋”建设见实效。2009年，高明区总工会根据佛山市总工会《关于开展全市“职工书屋”建设工作实施意见》的精神，结合高明区第四届读书节的工作要求，在全区基层工会广泛开展“职工书屋”建设活动。4月，高明区总工会和杨和镇总工会在杨和镇泰裕钢业有限公司举行了高明区工会“职工书屋”建设挂牌暨赠书仪式，拉开了高明区强力推进“职工书屋”创建的序幕。高明区总工会通过开展发动职工捐书、捐款等活动，形成了一个上下联动、齐抓共建的工作局面，创建了一条“工会主动、职工参与、上级指导、单位支持”的全区创建“职工书屋”的新路子。更合镇的诚德特钢有限公司办成了全国职工书屋示范点，杨和镇的基业冷轧钢板有限公司“职工书屋”达到了全国“职工书屋”的标准。通过全区各级工会的努力，全区已建“职工书屋”13家，超额完成了佛山市总工会下达的10家“职工书屋”创建任务。

（高明区总工会）

【**三水区总工会**】 2009年，三水区总工会发挥主力军作用，推动全区经济社会又好又快发展。

组织开展各种社会主义劳动竞赛。在职工中掀起“比、学、赶、帮、超”的竞赛热潮。与区供电局共同举办“第三届安康杯配电技能大赛”。组队参加市级13项职业技能大赛，分别在7个项目中取得了优异的成绩，其中有2人获得技术状元称号，11人获得技术能手称号。积极组织发动企、事业单位参加“安康杯”竞赛活动，参赛企业达398家，比上年增长27.56%。开展劳动竞赛的企业有312家，直接参赛职工3.14万人，提出合理化建议571条，取得创新成果366项，实现直接经济价值5500万元。

大力抓好职工职业技能培训。响应省、市关于做好农民工就业服务工作的精神，开展职工职业技能培训阳光行动，不断提高职工队伍的职业技能素质。确定了区劳动培训中心等3家职工教育培训基地。进行调查摸底，掌握企业、职工的需求，制定了包括家政、电工、烹饪等多项内容的培训计划，

深入到工业园区和企业有的放矢地进行培训，共培训员工2000多人。特别是首期月嫂培训班，吸引了80多名待岗妇女报名参加，其中76人取得了上岗证，满足了社会对高素质家政服务员的需求。

深化“创争”活动，丰富职工文体生活。加强以社会主义核心价值体系为主要内容的职工文化建设，进一步深化“创建学习型组织、争做知识型职工”教育活动。以“四关注”为主题，开展服务外来工系列活动：在外来工工作和居住相对集中的地方，抓好“职工书屋”标准化建设。2009年，全区有全国和省级职工书屋各1家，市级职工书屋17家；组织千名外来工“五一”免费游三水，着力引导、培育和构建外来务工人员的文化认同和社会认同。

关心爱护劳模，大力弘扬劳模精神。按照严标准、高质量、重时效的工作要求，做好各级劳动模范推荐评选工作。共评选出1名省级劳模，1个省级先进集体；3名市级劳模，11名市级先进劳动者，11个市级先进集体；10名区级劳模，72名区级先进劳动者，46个区级先进集体，并在区委、区政府召开的表彰大会上予以隆重表彰。充分利用评先选模的契机，借助报纸、电视等媒体的作用，开辟“劳模风采”专栏，对全区各条战线上的10位劳模的事迹进行专题报道，进一步展示劳模风采、弘扬劳模精神。坚持重大节日走访慰问劳模，建国60周年前夕，走访慰问了52名年老退休劳模；组织7名全国劳模参加健康体检；组织8名劳模参加“佛山市百名劳模韶山行”休养活动。持之以恒地做好患病住院劳模的探视慰问以及逝世劳模家属的安抚慰问工作。

引导、教育企业和职工和衷共济、共克时艰，最大限度地化解金融危机的影响。开展以“走访企业、走访基层工会、走访一线职工”为主要内容的“三走访”活动，广泛调查研究，了解和收集相关信息，为化危为机支招。共走访各类型企业、工会63家，工会干部、职工230人。同时，开展工会与企业、职工的“共同约定行动”，发动300多家企业承诺不裁员、不减薪、不降低福利标准，承担起与广大职工共渡难关的社会责任，动员2万多名职工积极发挥主人翁精神，与企业同舟共济，形成了企业关爱职工，职工关心企业，共谋企业发展和维护职工权益的良好局面。（三水区总工会）

共青团市委

【综述】 2009年，团市委在市委、市政府的坚强领导和团省委的正确指导下，自觉践行科学发展观，以建设一个有强大凝聚力的共青团为目标，积极应对金融危机挑战，贯彻实施《珠三角地区改革发展规划纲要》，主动服务大局、服务社会、服务青年，创新工作载体，为全市实现经济率先突围和推动共青团科学发展作出了应有的努力。

【紧密围绕党政中心工作，团结带领广大青年在服务经济社会发展中建功立业】 一是开展第二批学习实践科学发展观活动。认真按照市委对于学习实践活动的要求，按照学习调研、分析检查、整改落实的步骤，通过编印简报、开设网上专栏、组织专题调研、举办学习讨论会、召开民主生活会等形式，确保学习实践活动顺利进行。二是学习贯彻《珠江三角洲地区改革发展规划纲要（2008～2020）》。多次组织机关干部、各基层团干部、商会企业家和青年委员认真学习《纲要》。成立“佛山市青少年发展研究中心”，聘请全国著名青少年研究专家担任特约研究员。举办“珠三角一体化与（佛山）青年发展”高峰论坛、珠三角地区共青团工作创新发展研讨会。与珠三角其他八市共同签订《珠江三角洲地区青联组织合作框架协议》、《广州市佛山市同城化青年工作合作框架协议》、《广佛肇青企组织合作框架协议》等一批区域化合作协议，联合发布《珠江三角洲义工（志愿者）宣言》，举办珠三角地区少儿才艺大赛、珠三角地区青少年拉丁舞和标准舞大赛，推动珠三角共青团工作和青年工作一体化发展。三是应对金融危机影响服务青年就业创业。大力开展“青年就业创业见习基地”建设，全市共建立154家见习基地，提供见习岗位4909个，上岗见习人员2744个。与中国邮政储蓄银行签订小额贷款合作项目，获得授信资金2000万元，发放小额贷款200余万元。打造“红段子”、“网络超市”、“创意市集”、“体彩创业”、“职前学堂”等大学生创业服务平台。与广州团市委联合建立“广佛青年就业创业指导网”，精心编撰并免费印发1万册《佛山青年就业创业指南》，协助劳动部门举办大学生专场招聘会 75 场，达成就业意向 2.94 万人。

【开展各类青少年思想教育活动，推动共青团引导青年工作取得新成效】 一是开展新中国成立 60 周年、五四运动 90 周年和少先队建队 60 周年等主题纪念活动。举办“灿烂青春——佛山青年迎国庆原创歌曲音乐会”、“唱响青春——佛山各界青年纪念五四运动 90 周年歌会”，“爱我中华、社团缤纷秀”、“红诗长卷献国庆——广佛 60 位书法家现场挥毫 60 米红诗长卷”、“国家爱·音乐最红”高校新声赛活动等活动备受广大青少年关注，直接参与青少年达 8 万多人次。“我的五·四”征文比赛收到全市青少年各类文学作品近 1460 件。二是开展青少年发展公益讲坛活动。组织教育专家、党史学者、科学家、“五老”队伍、党政领导等青少年工作者，结合青少年特点，在广大青少年中广泛开展爱国主义教育演讲以及青年学习交友、成长就业等讲座。3 年累计组织公益讲座 187 场，参与听课青少年 16.2 万人次。三是举办优秀青年评选表彰活动。在全市评选优秀青年典型活动，开展 18 岁成人宣誓活动，举办争当“人民满意的公务员”向黄学军同志学习先进事迹报告会，开展“与祖国同在、与希望同行”青联委员牵手希望小学等活动。四是探索开展分类引导青年试点工作。认真落实团中央关于开展分类引导青年试点的工作部署，15 个基层单位被选作团中央、团省委和团市委试点，共下发 1.8 万份问卷，形成问卷分析材料 15 份，形成了一大批研究成果，为进一步增强引导青年工作的针对性和实效性提供了理论参考。

【扎实推进团的基层组织建设和基层工作，推动共青团组织青年工作取得新发展】 一是持续推进团建创新工作。积极谋划全市“团建创新年”活动，涌现优秀团建创新工作项目 21 个，初步探索出包括网络建团、自组织建团、行业协会建团、学校社团建团、区域联合建团等工作模式，填补了团建工作的许多空白领域。其中网络和自组织建团工作荣获广东省团建创新项目十大特别奖。2010 年 1 月 1 日、2 日，新华社以内参形式专题报道佛山网络和自组织建团工作，并分送党中央和国务院有关领导，中央政治局委员王兆国同志亲笔批转团中央。团省委全委会工作报告盛赞“佛山网络建团工作走在全国前列”。团市委被团省委表彰为“团建创新优秀组织奖”。二是扎实开展共青团城乡统筹工作。全面推进区级团组织驻点指导和粤西、北交流挂职工作。先后从团市委机关抽调三批共 5 名干部驻区团委指导工作，从全市选派三批 10 名团干部在清远、湛江地区交流挂职，累计有 7 人次获得省级表彰。三是继续加大团干部培训力度。下发《关于加强团员干部队伍培训工作的通知》，初步建立团干部分级分类培训机制。举办各级团干部赴团中央培训班及全市共青团后备干部培训班，建立全市青年人才库，至年底止，入库各类青年人才达 190 人。四是开展区级团委向团市委常委会述职活动。组织各区团委负责人两轮 10 人次围绕青年分类引导试点工作、青年就业创业工作、基层团建创新等重点工作落实情况，向团市委常委会展开轮流述职。五是推动全市团的各项事业全面发展。成立全市少先队辅导员联谊会。成功召开市学联第三次代表大会，市青年商会“金桥计划”、“青商论坛”等活动蓬勃开展。“科学发展·青年争先”第二届佛山市直机关青年文化之旅系列活动缤纷启动。全市青联组织与港澳台及市外青年组织的交流合作进一步深化，粤港澳青少年交流互访频繁，市际青年交流互访近 20 余批。市青少年宫事业单位改革顺利推进，新宫正式开工建设。

【开展“情暖佛山”系列活动，推动共青团服务青年工作取得新成效】 一是积极开展志愿服务促和谐行动。连续五年开展志愿服务招投标活动，累计投入 70 万元，带动社会资金达 500 万元，资助各类志愿服务项目 120 多个。开展志愿服务爱心小区建设，整合社会资金 90 万元，建成爱心小区 100 个。组建“4 + 3”汾江河保护绿色志愿服务联盟，发动 2000 余人开展万名志愿者清涌大行动，发放 3 万份问卷进行全市汾江河治理民意调研。组建机关公务员志愿服务队，发动 21 个部门 300 多名机关青年公务员争当注册志愿者。组织百灵鸟志愿服务艺术团走进社区。四川地震灾区援建志愿者、西部计划、东南亚援外志愿服务、农村健康直通车等项目顺利推进。全市各级志愿者服务社会达 20 多

万人次，服务时间累计超过10万小时。二是继续开展各类扶贫、助学活动。发动青商会员捐资捐物参与“金桥计划”和“扶苗行动佛山会亲”等活动，累计筹集资金49万元，在本地及甘肃会宁老区、四川水磨灾区等地，广泛资助大中小学生290人，社会影响进一步扩大。实施“规划到户、责任到人”扶贫计划，对口英德市帷东村，组织青联委员、青商会员走进帷东村慰问贫困青少年，选派优秀团干部、青年志愿者驻村开展扶贫活动，在医疗卫生、支教、科普技术推广等方面以多种形式推动贫困农村发展。三是开展青年文明号“情暖佛山、优质服务”活动。发动全市青年文明号单位立足岗位开展“微笑”服务、“贴心”服务等优质服务示范行动。继续开展市级青年文明号评选表彰，全年新增省级青年文明号4家，市级青年文明号31家，累计数量达到357家，位居全省前列。

【拓宽青年利益诉求和表达渠道，推动共青团代表和维护青年权益工作取得新突破】 一是健全完善12355青少年综合服务平台。开通12355网站、Q群、电子邮箱等多元化咨询渠道。广泛招募12355心理咨询、法律援助志愿者，联合法院、检察院开展护航志愿服务、彩虹计划、展翅计划等预防青少年犯罪服务项目。开展12355心理咨询、法律普及进社区、进学校、进企业等巡讲活动，举办情景心理剧、团队心理培训、模拟法庭、成长训练营等活动。全年累计接收青少年心理咨询、法律援助、就业咨询等近2000余人次。二是开展共青团与人大代表、政协委员面对面活动。与青年界别人大代表、政协委员开展座谈，研究制定《共青团与人大代表、政协委员面对面活动制度》，推动“面对面”活动长效化和制度化。三是开办“青年聚议厅”论坛。以“青年发展我有责”、“我为科学发展献一计”、“大学生就业创业创意”等为主题，不定期选择贴近青少年的热点话题，采取沙龙讨论、观点交锋、媒体互动等生动活泼的形式，打造属于青少年自己的、体现当代青少年思想特征、有序引导青少年健康成长的话语表达平台。全年累计举办各类主题活动10余场，参与论坛青少年1500多人次。四是加强共青团信息化建设。开通和完善佛山共青团网、佛山自组织联盟网、佛山青年摄影网、佛山学联网、佛山青商网、佛山青年论坛网等一大批有较大影响力的青少年网站，建立团市委网络发言人制度，借助新媒体拓宽共青团联系青年渠道。建立团务信息管理系统及青年文明号网上申报复核管理系统，大大提高工作效率和信息化管理水平。 （赖明强）

妇联工作

【综述】 2009年，全市各级妇女组织积极引导广大妇女坚定信念、不畏艰难，把思想和行动统一到市委决策部署上来，围绕“三保持一促进”和“两转型一再造”目标，结合市委开展“情暖佛山”活动的要求，一手抓发展、一手抓维权，全力推进全市妇女儿童发展事业创新发展。

【积极谋划妇女工作科学发展】 以全市深入学习实践科学发展观活动为契机，按照“党员干部受教育、科学发展上水平、妇女群众得实惠”的总体要求，以“坚持科学发展，推进‘三保持一促进’”工作为重点，积极开展问计于民谋划妇女发展活动。组织开展“我为佛山妇女事业科学发展献一策”网络征文活动，收集征文125篇，评出优秀征文18篇；召开各界妇女代表、先进妇女代表座谈会，为佛山市妇联工作和妇女工作发展建言献策；转变工作作风，倾听基层意见，积极开展妇女工作调研，逐步建立妇联工作调研、专家咨询和科学决策机制。全市各级妇女组织结合开展的深入学习实践科学发展观活动，把科学发展观落实在各项工作中，充分发挥履行职能、保障权益、维护稳定、促进和谐的积极作用。

【凝聚妇女力量，为经济社会建设作贡献】 各级妇女组织抓住“三八”契机，围绕“三保持一促进”主题，集中展示优秀女性的时代风采，激励广大妇女树立信心、凝聚力量、共克时艰。与旅游公司合作开展“走出家门看发展”活动，推出特惠旅游专线，拉动内需。会同市女企业家协会，组织10家企业参加省妇联在广州大学城联合举办女大学生就业指导咨询暨公益招聘会，为女大学生搭建就业创业服务平台。邀请杰出女性代表和国内外著名专家、学者举办专题讲座，引导妇女树立信心、积极应对金融危机。举办第二届家庭文化节，通过网络投票，吸引61万人次网民参与“十大文明家庭”评选活动，推进家庭和谐建设。“三八”期间表彰了30名市“三八红旗手”、9个市“三八红旗集体”，弘扬先进事迹，凝聚力量为佛山经济社会发展作出贡献。

积极开展关爱助困活动。图为慰问单亲特困母亲家庭。

【提高妇女素质，促进妇女健康发展】 全市各级妇联把促进妇女发展作为主要任务，积极开展素质教育、妇女发展研究和帮扶活动。深入基层广泛开展妇女素质教育。各级妇联充分发挥妇女学校、妇女健身队作用，以培训班、报告会、论坛、文艺表演和广场文化等生动活泼的形式，开展法律政策、卫生保健、心理健康、现代生活教育和文体康乐健身活动，妇女文化活动异彩纷纭，漂亮妈妈大赛、欢乐家庭村居行、村（居）妇女文艺巡演、妇女运动会等活动深受妇女欢迎，成为提高妇女综合素质的有效载体。

积极开展妇女儿童发展问题研究。与佛山科学技术学院等高等院校合作，成立佛山市妇女发展研究中心，针对佛山市实施妇女儿童发展的重点难点热点问题，开展21个课题的研究，有13个课题纳入“2009年市哲学社会科学成果研究课题”。支持开展重症儿童状况、妇女病普查普治情况、外来女工生存和发展状况等社会调查。撰写佛山市中小学生人口与青春期性健康教育调研报告，召开新闻发布会，利用媒体宣传和推动社会关注青春期性健康教育问题。

积极开展关爱助困活动。2009年春节，市委、市政府拨出专项资金慰问佛山市200户单亲特困母亲家庭。市妇联也在“母亲节”期间拨出资金慰问100户单亲特困家庭。同时，还与社会机构合作开展“情暖佛山小卡大爱——为困难母亲献一份爱心”和“美汇善爱，情暖佛山”活动，募集社会资金援助单亲特困家庭。市妇联组织妇女代表考察团赴四川水磨镇考察援建幼儿园的建设情况，支持佛山市心理协会在汶川水磨镇建立的水磨镇“心灵家园”工作站，并组织捐资捐物。承接了联合国“赠与亚洲”基金会与广东省妇联合作的“为流动儿童建立图书室”项目，为项目学校配送图书。

【维护妇女权益，促进社会和谐稳定】 各级妇女组织坚持在维护社会稳定的大局下，积极探索创新妇联工作机制，创新妇女维权载体和方法，发挥妇联在协调关系、化解矛盾中的独特作用。健全和完善群众利益表达和诉求机制。加强信访工作，完善有关信访制度。坚持主席接待日制度、机关干部接访制度、律师接访制度、法律援助志愿者和心理咨询志愿者接访制度，开展主席信箱、维权信箱和实时心理咨询等网上服务，及时解答回复群众的询问。以妇女儿童维权工作站为阵地，切实维护妇女儿童权益。全面推进佛山市作为“广东省妇女信息和咨询服务项目”试点市的工作，为广大妇女提供权益咨询、心理咨询、心理辅导等服务。开通24小时维权热线咨询和五区24小时维权热线“12338”电话服务，开展网络咨询和维权个案跟踪，为求助群众提供个性化服务，切实为群众排忧解难。拓展家庭教育指导服务。承办了广东省家庭道德教育宣传实践月——“做网络时代的好父母”专题巡讲启动仪式，举办“祖国伴我成长 童声歌颂中华”佛山市少儿艺术朗诵大赛和与孩子的心灵对话”亲子论坛等。编写和推广幼儿、小学生家庭教育系列课程，在电视台、电台等媒体大力宣传家庭教育指导服务，邀请中央电视台著名少儿节目主持人郭天祥开展“和谐家庭与亲子教育”讲座。以市家庭教育指导中心为载体，开展家庭教育热线咨询、心理辅导服务和个案指导服务，为广大家长解答孩子成长问题、家庭教育问题，提供心理辅导服务。佛山市开展的“开启儿童心智之窗，促进儿童健康发展”家庭教育项目获得省妇联颁发的“首届广东省妇联工作创新奖”，市家庭教育指导中心被评为全国示范家庭教育指导中心。广泛开展群众普法宣传教育。以“三八维权周”为契机，组织开展了“百万妇女懂法律，乡村平安促和谐”乡村法律宣传活动、“创平安家庭，建无毒家园”知识竞赛宣传活动和“防艾滋珍惜幸福生活，反暴力共创和谐家庭”预防艾滋病知识宣传活动，深入工厂、农村、社区开展外来女工法律知识宣传活动家，为外来女工送课、送温暖活动。

【夯实基础，促进妇联工作创新发展】 按照全国妇联“强基固本”的目标，坚持“党建带妇建”的原则，切实加强自身思想、组织、作风和制度建设，为妇女工作创新发展提供组织保障。加强组织建设。加强镇（街）妇联领导班子和专职工作人员的配备，发挥村（居）妇代会主任的作用，推进基层妇女组织建设。依托妇女学校组建各类妇女文体队，活跃基层妇女文化，增强组织活力和凝聚力。加强机关妇委会建设，举办了羽毛球、文艺表演等多种形式的文体活动，举办了英语、亲子教育、执行力等培训班，促进女干部交流，提高女干部综合素质。建立联系女领导干部、党代会女代表、人大女代表、政协女委员制度，建立妇女代表联系妇女制度，推进妇女参政议政。按照全国妇联关于实施强基固本工程的要求，推进基层妇联组织“示范”创建活动。加强干部队伍建设。完善学习制度，牢固树立服务大局的政治意识、服务妇女的宗旨意识和服务基层的群众意识。建立妇联干部参与信访接待，增强妇联干部服务意识和工作能力。加强对各级妇联干部的培训，提高妇联干部的社会工作能力，举办了“开发你的内在领导力”团队培训班和赴港“社会工作实务培训班”，组织市区妇联干部30多人到清华大学开展“妇联干部领导力”培训班，提高妇联干部综合能力。召开市妇女第十一次代表大会。12月23日至24日召开市妇女第十一次代表大会，340名妇女代表出席大会。大会审议和通过市妇联第十届执行委员会工作报告，选举产生了新一届市妇联领导班子，吴培英当选为市妇联主席，马湘雨、源文芬当选为副主席。

（陈继莲）

2010 特辑

FOSHAN NIANJIAN

加快转变经济发展方式　“四化融合”构建“智慧佛山”

落实精品发展 构建和谐禅城

中共佛山市禅城区委、佛山市禅城区人民政府

2009年，禅城区围绕“保增长、扩内需、调结构、惠民生”的目标，积极应对国际金融危机，积极贯彻落实国家、省、市应对国际金融危机的各项措施，抢抓贯彻实施《珠江三角洲地区改革发展规划纲要（2008-2020年）》带来的重大机遇，经济社会保持稳定健康发展，文明富裕和谐禅城建设取得新进展。

主要取得五方面成绩：

一是加强企业扶持，实施项目带动，积极应对金融危机，经济在逆境中实现新增长。设立广东省农信系统首家小企业专营中心、禅城区中小企业融资扶持基金等，取得良好成效。企业经营总体情况趋好，部分企业率先突围。

二是加快经济结构调整和自主创新能力建设，产业转型升级取得新进展。全面完成陶瓷产业整治工作，腾出约5000亩土地成为发展都市型产业的重要载体；有13个高新技术产业项目落户禅城区；LED、医疗器械、研发总部、动漫创意等都市型产业聚集发展；率先通过“省部产学研结合示范区”验收，获得中国产学研促进奖。

三是实施“三旧改造”和城乡统筹等，加快基础设施建设，城市化建设取得新成效。岭南天地、南庄生态休闲区、澜石片区改造进展顺利；农村股分制改革不断深化，“两分两换”试点工作成功推进，农村集体经济继续壮大，城乡一体化进程不断加快；交通路网工程加快实施。禅西大道（一期）工程（禅城段）、同济东路工程建设进展顺利，文华北路建成通车，市区主要道路沥青化改造成效显著。汾江河综合整治和内河涌治理加快推进，城乡水利防灾减灾工程全面完成；公交TC管理体制巩固优化，路边停车场经营管理进一步规范；推动城管数字化建设，城市管理更加人性化，精细化。

四是保障和改善民生，社会事业与和谐禅城取得新进步。实施门诊医保“一卡通”制度，大中专学生纳入居民医保，社会保险扩面征缴工作取得实效；社会救助机制不断完善，低保和临界低保标准进一步提高，成为全国基层低保规范建设典型单位；继续保持“全国计划生育优质服务先进区”称号；顺利通过“广东省推进教育现代化先进区”评估验收。

五是创新体制机制，发展动力和活力有新增强。全面推进政府机构改革，区政府工作部门整合为23个；全面推进“两纵两横”行政审批流程改革，取消、调整111项行政审批管理事项；区政府通济大院和魁奇路综合服务大厅相继投入使用，行政审批电子网络一体化项目（一期）建设顺利完成。

2010年是实施“十一五”规划的最后一年。禅城区将贯彻落实科学发展观，以追求博大精深，创建近悦远来、智慧禅城为目标，致力创建“四化融合、智慧佛山”示范区。以转变经济发展方式为核心，大力实施“三着力一推进”战略部署，以构建现代产业体系为契机，以岭南福地、千年陶都、智慧新城、战略性新兴产业基地等十大工程为抓手，大力推进结构调整、自主创新、扩大内需、改革开放和惠及民生各项工作，全力提升中心城区城市现代化水平，推动禅城经济社会又好又快发展。

国务院总理温家宝视察水磨镇重建时与市长助理、禅城区委书记刘宏葆亲切握手

中共中央政治局委员、广东省委书记汪洋在区委书记刘宏葆陪同下视察重建后的水磨镇

中共中央政治局委员、广东省委书记汪洋在区长黄喜忠的陪同下参观华南精密制造技术研究开发院

广东省委副书记、省长黄华华到1506创意产业园视察

世纪互联云计算南中国总部基地落户禅城

禅城区
Chancheng District

传奇古镇，创意禅城
Innovation in the Legendary Old Town

阔别25年后，龙舟赛又在清澈的汾江河上竞渡，标志着汾江河经过3年的整治取得了初步成效

2009年首届中国（佛山）陶瓷节举行开幕仪式

南庄新貌

亚洲艺术公园

产业转型　再造优势

中共佛山市南海区委、佛山市南海区人民政府

中共中央政治局常委、中央政法委书记周永康高度赞扬南海综治信访维稳工作

2009年，南海以先行者的气魄，不仅在广佛同城的大潮中担当起排头兵的角色，在路网建设、公交互通等方面也加快与广州的对接；在一路发展前行的征途中，南海也充当起了探索者的角色，全面推进产业的转型与升级、环境的治理与再造、区域的提升与增值，从而实现产业、环境与城市的共进共赢，促使经济与社会发展又跃上一个新的台阶。

南海，这座承载激情与梦想的城市，牢牢把握机遇，乘势而上，再次成为了众人瞩目的焦点。2009年，南海产业转型朝阳初现，其中传统产业在整治中提升，全年关闭纺织、有色金属、陶瓷等重污染企业50家；新兴产业在发展中壮大，汽配、电子信息两行业产值均超百亿元；都市型产业迅速成长，广东都市型产业基地吸引30亿元优质资本，200家科技企业进驻；传统民企在扶持中得到发展，财政提供8000万元信用担保基金，为企业撬动10倍融资，缓解民企资金压力。在大力推动产业转型的同时，南海始终坚持经济发展与环境再造并重，深入推进行业治污、区域治污，出色完成节能减排治污任务，关停企业91家、治理提升251家，全面推进"绿色美丽家园"建设，区域价值得到明显提升。

发展，立足当前，更应放眼未来。南海深谙其中道理，早已从容绘就未来的美好蓝图：发展都市型产业，培育壮大新兴产业，扶持提升传统产业；将环境治理进行到底，把环境再造推上台阶；推进基础设施建设，加快城市化步伐，提升城市管理水平，支持农村发展，完善农村管理；全力推进民生事业的发展，千方百计抓好社会治安，持之以恒发展教育卫生事业，努力提高社会保障水平；全力以赴培育政府的竞争力，坚持不懈提升政府的施政能力。

日本富士通进驻南海

广东新光源产业基地落户罗村

南海区 Nanhai District

广佛同城，南海先行

The Guangzhou-Foshan Metropolitan Program Starts in Nanhai

保利水城购物广场

足不出社区，即可享受高效行政服务

广佛人共度休闲欢乐节

"雄鹰计划"助推民企展翅高飞，志高空调于2009年成功上市

美丽南海夜景

勇担综合改革试验重任、共建阳光城市幸福家园

中共佛山市顺德区委、佛山市顺德区人民政府

中共中央政治局委员、广东省委书记汪洋到顺德区进行专题调研并座谈。

佛山市顺德区开展综合改革试验工作动员大会召开

2009 年对于顺德区而言别具重大历史意义。

这一年，顺德区把握机遇，先行先试，认真贯彻省委、省政府赋予经济、社会、文化等方面事务地级市管理权限的精神，大刀阔斧推进"大部制"改革和"简政强镇"事权改革试点，打造行政管理体制新优势，为综合改革试验取得良好开端。

这一年，顺德区深谋远虑，科学规划，统筹编制城乡发展、土地利用、产业和社会发展规划，全面推进交通、电力等基础设施建设，发展目标更加清晰，区位优势进一步凸显，为顺德未来发展开创全新格局。

这一年，顺德区未雨绸缪，化危为机，及时出台应对国际金融危机的系列政策措施，与企业市民共克时艰，重点帮助企业融资、开拓市场和技术改造，促进新兴产业与传统产业融合对接，在抵御金融危机冲击上打了漂亮的一仗，GDP 实现 14.1% 的高速增长。

这一年，顺德区以民为本，务实创新，改善城乡教学条件，成功通过广东省教育现代化先进区验收；完善被征地农民养老保障，试点推行普惠性养老保险；优化医疗服务和医保制度，市民看病更方便更优惠；公交出行、社区建设、文化服务等日益完善，社会民生事业取得长足进步，城乡居民储蓄余额 1340.39 亿元，增长 14.8%。

2010 年，顺德迎来厚积薄发、转型发展的关键时期。在进一步深化改革的基础上，顺德将致力将改革的优势化为发展的优势，以建设"阳光城市幸福家园"为总体目标，以转变发展方式为主线，积极构建现代产业体系，发展低碳经济，以太阳能、OLED 等新兴产业带动传统产业升级发展；落实总体发展规划，推进顺德新城德胜商务区、西部生态产业区等重点区域的建设，加快建成内通外畅的交通路网；全面落实 12 项民生工程，构建均衡完善的城乡基本公共服务体系；深入推进综合改革试验，全面激发新体制、新格局之大能量，打开顺德发展历史的新篇章。

顺德区召开党政机构改革动员大会

中共佛山市顺德区委十一届八次会议暨政府全体会议召开。

顺德区召开容桂街道"简政强镇"事权改革试点工作动员大会。

顺德区

Shunde District

德胜商务区（滨河立面）

黄龙特大桥

滨水新城

蓬勃发展的家电产业

顺峰山公园

加快建设"绿色崛起示范区"构建宜游、宜商、宜居发展新格局

中共佛山市高明区委、佛山市高明区人民政府

2009年，面对国际金融危机的冲击，高明区以贯彻落实《珠江三角洲地区改革发展规划纲要》为契机，围绕"抓项目、保增长"工作方针，抢抓机遇、迎难而上，全区经济社会实现平稳较快发展。全年实现生产总值352.07亿元，增长18.5%；招商引资卓有成效，全年引进项目86个，合同投资金额92.78亿元；城市建设焕发活力，西江新城建设全面动工，"三旧"改造加快推进；实施"东靠西连"取得新突破，首条高速公路广明高速高明段正式通车；区域合作首开先河，"要明鹤兴"县域经济一体化发展加快推进；社会各项事业全面发展，顺利完成"八大惠民工程"。

围绕深入贯彻落实"三着力一推进"和"四化融合，智慧佛山"，高明区委十届八次全会提出，要以生态优先为基础、以经济崛起为核心、以全面统筹为手段、以改善民生为目的，加快把高明建设成为"绿色崛起示范区"。其主要任务和基本路径就是要实现"一个目标、两个引领、八大提升"。

"一个目标"，就是按照"三年见成效、五年新崛起"的行动步骤，推动高明以崭新面貌迅速崛起于广佛西翼，全面构建珠三角腹地宜游、宜商、宜居城市发展新格局。

"两个引领"，就是通过着力发展新兴产业引领产业做大做强，打造"新兴产业之城"；通过着力发展大旅游大文化引领城市转型、环境升级，打造"岭南山林水都"。

"八大提升"，就是通过实施产业、城市、交通、环境、农业、旅游文化、民生和老区八大提升工程，推动全区经济社会发展实现全面提升。产业提升工程，就是通过"淘汰一批、提升一批、引进一批"，加快发展战略性新兴产业，强化"新兴产业之城"基础；城市提升工程，就是通过加快全区城镇化发展步伐，突出西江新城和"三旧"改造等核心工程，推进"岭南山林水都"城市定位加快成形；交通提升工程，就是全力实施"三三二一"工程，加快构建"40·30·15"交通圈，实现与广佛都市圈无缝连接；环境提升工程，就要通过全面实施"城乡环境升级计划"，建成珠三角生态环境高地；农业提升工程，就是通过实施农民收入倍增计划，实现城乡一体化发展；旅游文化提升工程，就是整合利用高明特色旅游文化资源，打造珠三角国民旅游休闲基地，努力建设旅游强区；民生提升工程，就是通过每年落实一批重点民生工程，着力改善市民生活水平；老区提升工程，就是加大对革命老区发展的扶持，实现老区产业发展、城镇建设和群众生活水平的全面提升。

荷城广场

佛山市最大的水库——深步水水库

高明碧桂园凤凰酒店夜景

广明高速大桥

今日荷城

加快建立现代产业体系 努力打造现代产业之区

中共佛山市三水区委、佛山市三水区人民政府

三水区因西江、北江、绥江三江汇流境内而得名，总面积874.22平方公里，常住人口约53万人，其中户籍人口约39万人，有旅居海外华侨和港澳台同胞20多万人，是著名的侨乡。在2005年全国百强县（市）评比中位列第21位。近年来，三水区按照"发展为先、民生为重、生态为大"的总体要求，坚持"园区兴业、工业强区"发展战略，做好"新产业、新面貌"两篇文章，打好"生态三水、时尚三水，饮料之乡、长寿之乡"四张牌，努力建设"现代产业之区、生态时尚之城、幸福长寿之乡"。

加快建立现代产业体系，努力打造现代产业之区

坚持发展为先，大力提升传统产业，积极培育新兴产业，经济实力不断增强。2002年至今，全区共引进项目约1500个，投资总额1000多亿元，其中世界500强13个、中国500强16个。目前，全区共拥有工业企业3200多家，其中规模以上企业近800家，初步形成了新能源、机械装备、电子信息、食品饮料、健康产业和现代服务业六大产业集群式发展态势。2009年全区实现地区生产总值434亿元，增长17.5%；工业总产值1398亿元，增长18.1%；完成全社会固定资产投资233亿元，增长25.9%；地方财政一般预算收入16.5亿元，增长13.5%；城镇居民人均可支配收入18994元，农村居民年人均纯收入9613元，分别增长14%和12.2%。

加快基础和配套设施建设，努力打造生态时尚之城

坚持生态为大，乘珠三角一体化、广佛同城化和广佛肇经济圈建设的东风，加大城市建设力度，展现城市建设新面貌，努力使三水成为生态、时尚的代名词。在大力发展经济的同时，注重抓好生态文明建设，坚持高起点规划、高水平建设，实现了区域规划全覆盖。"三旧"改造全面推进，云东海湖建设顺利推进，城市配套设施日臻完善。加快交通基础设施建设，在不断完善区内骨干路网的同时，加快与广佛肇中心区域交通主动脉的衔接，交通网络四通八达。大力实施全区域花园式建设战略，积极推进"三年促变、绿地三水"，基本形成城乡无缝对接的绿色网带。坚持统筹城乡，基本实现城乡规划、户籍管理、低保标准、居民基本医保、劳动力管理"五个统一"，基本实现水泥路、公交车、光纤、有线电视、自来水"五个村村通"。

积极发展民生事业，努力打造幸福长寿之乡

坚持民生为重，社会各项事业加快发展。连续四年推出扎扎实实为民办好"民生十件实事"。建立全征土地农村居民养老保险制度，在全市率先推行居民基本医疗保险，城乡低保标准不断提高，"安居工程"建设成效显著。科技、教育、文化、体育、卫生等各项社会事业协调发展，建成广东省教育强区、广东省首个协同教育示范区，被评为全国首个富裕型"中国长寿之乡"、首批国家级食品安全示范区和全国计划生育优质服务先进单位。建立健全维护稳定长效机制，社会大局和谐稳定，群众幸福指数不断提升。

恒益火力发电厂

651户水上人家上岸居住

可口可乐装瓶商生产（佛山）有限公司生产基地
在三水区西南街道金本水乡工业园破土动工

佛山海峡两岸创意农业城动工暨首批进驻企业签约仪式

三水区
Sanshui District

现代工业之区、生态时尚之城、幸福长寿之乡

Home to Modern Industries and Ecological Fashion, Town of Happiness and Longevity

精心打造佛山未来城市新中心

——东平新城进入第二轮建设热潮

2009年，东平新城全体干部职工团结协作、奋力拼搏，以"把握良机，全力提速"为主线，积极推进规划设计、项目建设、招商引资、绿化改造提升、物业管理、宣传推介等各项工作，特别在推进项目建设方面取得了较为显著的成效，拉开了东平新城第二轮建设发展热潮的序幕。

规划先行，引领发展。2009年，完成了东平新城南片区交通规划编制，并将成果融入了东平新城控制性详细规划修编中；与市规划部门联合完成了东平新城南片区控制性详细规划修编工作，为南片区开发建设提供控制性指引；完成了东平新城空间拓展、村落发展、产业发展等专题规划，指明东平新城发展方向；组织并完成了东平新城南片区水系、绿化专题规划；明确中央商务区功能定位及具体推进计划，并与市规划部门联合组织了东平新城中央商务区发展策划与城市规划设计国际竞赛。

2010年4月20日，广东省副省长林木声（左一）在佛山市副市长邓伟根的陪同下调研东平新城绿道

抓住良机，加快建设。2009年，完成了大墩水（船）闸工程施工及验收工作。公共文化综合体（"坊城"）、东平学校、大墩村试验段河涌整治项目已动工建设。交通枢纽中心、商务中心地块顺利拍出。交通枢纽中心概念设计方案已完成。商务中心项目推进了前期工作，并进行设计方案竞赛。配合推进了广佛线南延线、汾江路南延线、广佛环线东平新城至广州新客站段轻轨项目前期工作。组织了裕和路东延、岭南大道南延、华阳路南延、汾江路南延等四条主干道路及信息大楼等项目的前期工作。推进了绿化、区内路网建设和其他配套项目。

招商推介，成效显著。2009年，交通枢纽中心地块成功拍出，原部分富力地块分割出来的其中两个地块（总用地面积共约47万平方米）亦高价拍出，为东平新城的未来发展创造更好商机。除此，一方面通过组织奠基仪式及宣传推介活动，提高社会各界对东平新城的关注度；另一方面，积极与内地客商以及国外、港澳台客商接触，寻求合作可能。

内部管理，持续发展。以科学发展观学习实践活动为契机，开展管理体制改革。做好建章立制，加强党风廉政建设，健全工青妇组织。在此基础上，加强在行政、党务、后勤、接待、合约、资金等管理工作，整个管理体系更加健全、科学、高效。2009年，东平新城还引进了一批涉及经济管理、城市规划、园林绿化、市政建设、对外交流等专业优秀人才，为新城建设提供必要的人力资源保障。

2009年2月23日，佛山市委副书记、市长陈云贤在副市长邓伟根的陪同下调研东平新城

2010年3月26日，佛山市委书记林元和到东平新城施工现场视察

2009年8月17日，佛山市公共文化综合体——"坊城"正式动工建设，开始首期工程基坑开挖。

2010年1月23日，佛山市委常委、常务副市长周天明等领导嘉宾出席东平广场暨东平新城交通枢纽中心奠基典礼

2010年5月27日，汾江路南延线、岭南大道南延线、华阳路南延线和裕和路东延线等四条主干道，包括佛山第一条过江隧道东平隧道和跨江大桥华阳桥，在东平新城动工建设。

东平广场（交通枢纽中心）效果图

物业管理，稳步推进。环卫、园林、市政设备维护、水电、综合管沟管理全面推进；开展了东平新城数字化城市管理项目前期工作；完成东平新城西北侧、东平学校南侧、奥运林东侧、裕和路钢铁市场东侧代建地招商工作，力争盘活存量土地，促进区内可经营项目保值增值。

社会事务，妥善协调。2009年，各级党委政府的大力支持及相关部门的积极配合下，妥善解决了多年来困扰东平新城开发建设的小涌问题，有利于东平学校及其他一些项目重新启动建设。除此，与有关部门紧密沟通，抓好维稳、安全生产等工作。

2010年元旦假期后首日和2月22日，市长陈云贤两度带队调研东平新城，要求新城建设务必要加快，要大提速、大动工、大招商、大发展，实现"今年初见成效，明年初显规模"的目标。

东平新城全体干部职工明确目标，统一思想，狠下决心，鼓足干劲，以"乘势而上，全速推进"为主线，狠抓项目开工、工程进度、高标准规划与设计、招商推介、环境美化、征地拆迁、优化管理、队伍建设、工程结算等各方面工作。

截止至2010年6月，东平新城交通枢纽中心、绿道、汾江路南延线、岭南大道南延线、华阳路南延线、裕和路东延线等四条主干道（包括佛山第一条过江隧道东平隧道和跨江大桥华阳桥）等项目陆续上马建设；公共文化综合体项目设计、各场馆建设工作顺利开展；中央商务区（CBD）发展策划与城市规划设计国际竞赛评出2个优胜方案，CBD蓝图逐步显现；商务中心选定了实施方案；致力打造智慧佛山中枢的智慧信息大厦开展策划设计工作；其他各重点项目基本按照2010年初拟订计划稳步推进。同时，招商推介项目成绩可喜，公共文化综合体酒店地块成功挂牌出让，创佛山纯酒店项目楼面地价新高；首家银行总部——深圳发展银行佛山分行进驻东平新城。

在市委市政府的决策引领下，东平新城第二轮建设热潮大幕已开启。这座承载着荣耀使命与梦想的未来城市新中心正逐步崛起。

汾江路南延线工程沉管段横断面效果图

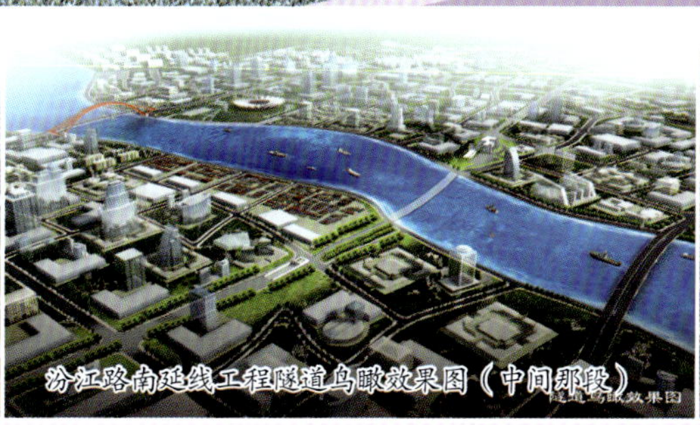

汾江路南延线工程隧道鸟瞰效果图（中间那段）

公共文化综合体效果图

“共治汾江水 呵护母亲河”

——佛山汾江河综合整治回顾纪实专题

2008年汾江河（佛山水道）综合整治指挥部办公室揭牌仪式。

2010年汾江河龙舟赛。

汾江河西起禅城区沙口，东至南海区沙尾桥与平洲水道汇合后流入珠江，全长25.5公里，流经禅城、南海两区，连接上百条内河涌，流域范围涵盖佛山市禅桂中心组团，流域面积约260平方公里，居住人口约250万人，GDP产出超千亿。改革开放30多年来，随着工业密集化，人口集中化的快速发展迅速突破原有的环境容量，汾江河污染、淤塞等问题日益突出，汾江河自净能力越来越差，变得又黑又臭。

2008年，佛山在经历了四次汾江河污染治理的拉锯战后，再次吹响了汾江河综合整治的冲锋号。2008年2月22日，汾江河（佛山水道）综合整治指挥部及其办公室正式揭牌成立，佛山市委书记陈云贤(时任佛山市市长)亲自担任总指挥，为期3年的新一轮汾江河整治正式拉开帷幕。为此，陈书记欣然写下“怀有凌云壮志，何惧汾江淤泥”的豪言壮语以鼓励广大汾江人。带着陈书记的嘱托，汾江人奋力治污，苦干实干，不辱使命，感动自己。

一、项目带动，以大规模工程建设推动大整治

汾江河综合整治以项目建设作为切入点，紧紧围绕截污、治污做文章，其中投资超千万元的项目有45项，投资超亿元的项目有16项。截至2010年10月，已完成新增污水处理能力46.5万吨/日，新建污水管网596.8公里，引入优质河水共计约15亿吨，清疏底泥30万立方米。

二、整治与城市转型有机结合，优化城市功能布局

出台了《汾江河沿线用地控制性详细规划及重点地段城市设计》，通过重新高标准规划和深度开发，带动汾江河周边地价升值，推动“城市转型”。据初步统计，汾江河沿岸约3000亩土地已纳入“三旧”改造范围，将建设新的城乡宜居空间和产业形态。

三、整治与产业转型有机结合，优化流域内产业布局

汾江河整治对沿岸高污染、高排放企业实施搬迁关闭、改造提升的铁腕措施，从源头上减少工业污水排放。编制了《佛山市汾江河流域产业转型升级研究报告》，引导在沿岸引入如光电产品销售、金融服务等高附加值的行业，将其逐步打造成为体现岭南水乡特色的流域产业带。

汾江河整治之摄影、征文颁奖典礼暨汾江主题曲发布仪式。

2010年汾江河休渔放生节。

广佛青少年植树。

走进汾江文艺家慰问演出。

为参与汾江河整治的优秀评论员、观察员颁奖。

“我和汾江河”主题南风论坛。

2009年环太平洋城市发展佛山圆桌论坛。

四、整治与传统文化的传承与弘扬有机结合，重塑佛山崇文务实，敢为人先的城市精神

汾江河寄托着佛山人厚重的人文情怀，流淌着千年传承的南粤历史文化，整治对重要节点进行了规划开发，汾江河景观价值和文化底蕴得到了进一步的挖掘。2009年和2010年，阔别26年的龙舟赛再现汾江河，盛况空前，宣告着美丽汾江河的回归，展现了佛山人民对美好生活的向往和追求。

五、整治实现了政府的主导与全社会共同参与有机结合，形成了全民参与、保护母亲河，支持整治的良好社会氛围

为打造全民参与的社会氛围，汾江人通过各种形式进行舆论宣传，在中山公园等汾江河沿线设置“汾江之窗”整治宣传栏，在政府网设立汾江整治网站、在本地知名网站开设“情系汾江”网络论坛，聘请100名整治观察员和评论员监督献言，组织市民乘船看汾江、汾江两岸植树绿化，万名志愿者清涌行动，制作“涌长访谈”，开展“汾江河龙舟欢乐节”，“佛山艺术家走近汾江河”、粤韵之星耀汾江粤曲大赛、“梦想汾江”汾江主题曲发布、“春潮”和“流韵”汾江摄影、征文征集活动、小学生“汾江焕新颜”征文大赛、宗教界汾江河放生活动及休渔放生等活动，建设汾江河中山公园和千灯湖活水公园，打造水环境资源科普教育基地等活动，3年来举办各类活动超100项，参与市民近43万人次。

六、创新融资，千方百计解决治污资金来源问题

一是将污水处理厂和截污管网捆绑，以BOT、BT等方式建设，吸引社会投资；二是加强与世界银行、德国复兴银行等国际金融组织的合作，争取了污泥疏浚和处置工程等一批国际性贷款项目；三是以区一级政府为担保，将镇（街）整治工程打包，统一向国内商业银行贷款，实行统贷统还。

（转下版）

汾江河禅城段地块三

南北大涌整治前后

石角涌整治前后

罗村涌整治前后

罗村岸线整治前后

污水处理。

河道清淤。

汾江河底泥填埋场。

联合执法。

“共治汾江水 呵护母亲河”

——佛山汾江河综合整治回顾纪实专题

（接上版）

七、整治与城市环境再造有机结合，再现岭南水乡特色

汾江人坚持科学治汾的原则，通过建设1.6万平方米的生态浮岛和实施人工增氧工程，在削减污染物，增强水体自净能力的同时，美化提升景观。同时，大力推进沿线绿化改造工程，三年来汾江河沿线种植乔木近2万株，灌木近3万株，完成绿化面积近20万平方米。

通过三年艰辛的整治，汾江河水质明显改善，河岸景观焕然一新，市民评价显著提高，“不黑不臭”、“江水变清”的整治目标基本实现。

八、夯实整治成效，以持续改善为重心开展下步工作

在2010年7月15日汾江河综合整治工作汇报会上，市委书记陈云贤指出“要进一步巩固汾江河整治成效，保障亚运期间污染不反弹，确保水质持续稳定和持续改善”，下一步的整治工作将围绕三个方面开展：

一是继续紧抓2008～2010年三年整治工程及管理项目实施，做好工程统计、绩效评估和工作验收等工作，确保整治任务不漏不拖、不打折扣；二是通过深入调查研究，摸清了汾江河水质污染反弹影响因素，开始着手编制《汾江河深化治理和持续改善工作方案》，为确定下阶段综合整治工作重点和具体任务提供科学详实依据；三是全力以赴做好亚运会水质保障工作，编制了《佛山市汾江河亚运期间水质保障工作方案和应急方案》，着手搭建佛山市汾江河亚运水质保障工作组织架构，开展相关筹备工作。

2010漫步汾江河步行活动。

百名儿童共绘33.3米“母亲河漫画长卷”。

百名市民游汾江。

佛山市汾江河活水公园（禅城）。

亮丽汾江。

努力迈进国内领先水平供电局行列

佛山供电局

2009 年是佛山供电局迈上创建"国内领先、国际先进"水平供电局之路的一年。在创先的征程上，佛山供电局解放思想、开拓进取，积极应对国际金融危机，超额完成了增供扩销和电网建设两大任务，实现年供电量 412 亿千瓦时，首次突破 400 亿元大关；全年完成电网建设投资 42.1 亿元，新增 110 千伏及以上主变容量 578 万千伏安、输电线路 536 千米，均创造了佛山电网建设史上的新记录。

在佛山电网建设史上具有里程碑意义的 500 千伏顺德变电站配套 5 回 220 千伏线路投产仪式在顺德举行。佛山市委书记林元和，市委常委、顺德区委书记刘海，副市长李子甫，广东电网公司总经理赖佳栋、副总经理于俊岭等领导专程出席了仪式。

佛山供电局局长刘启宏接受了佛山市长陈云贤亲自颁发的"佛山市民最喜爱的品牌企业"奖牌。

佛山供电局举办"广东电网，情系南粤"2009 年答谢 VIP 金牌客户及社会各界晚会。

在佛山体育馆隆重举行庆国庆 60 周年大型晚会。

特别是 500 千伏顺德变电站 220 千伏配套线路的全面投产迎来了迟到三年的胜利，此外 500 千伏沧江站、220 千伏陶博等重要输变电工程顺利投产，高质量完成了佛山史上风险最大、技术最复杂、施工难度最大、历时最长的西点东送枢纽变电站——500 千伏罗洞站设备改造工程。供电可靠性大幅提高，全年城市用户平均停电时间 5.96 小时，同比减少 7.58 小时，减幅 56.40%；农村用户平均停电时间 19.46 小时，同比减少 1 统揽 7.17 小时，减幅为 46.87%；城市用户平均停电时间提前一年达到国内领先标准。在前所未有的困难和挑战面前，佛山供电局打赢了一个又一个的硬仗，取得了令人振奋的优异成绩，队伍凝聚力和战斗力也显著提升。

作为公共服务行业，用户满意度是市场最直观的感受和评价，殊荣背后是佛山供电人从"为用户供电"到"以客户为中心"核心服务价值观的进一步转变和实践。2009 年，佛山供电局成为唯一当选"佛山市民最喜爱的品牌企业"的公共服务企业，在省社情民意调查中心组织的第三方客户服务满意度调查中，佛山市总分排名抽查城市第一。

一年来，佛山供电局被评为"广东省先进集体"、"广东省文明单位"；被广东电网公司评为加快城网改造与农网完善工作先进单位；被南方电网公司评为迎峰度夏暨国庆 60 周年保供电先进单位；信息化达到广东电网 A 级水平，被网公司评为信息化先进单位，并蝉联中电联"电力企业信息化标杆企业"；佛山供电局是省公司系统唯一获得"全国质量管理小组活动优秀企业"称号的单位；4 项和 10 项科技成果分获网、省公司科技进步奖，全局获得省级以上集体荣誉 36 项、个人荣誉 41 项。

2010 年佛山供电局将继续坚定不移地以科学发展观统揽工作全局，以创建国内领先、国际先进水平供电局为目标，认真贯彻落实市委十届八次全会精神，全面提升安全生产管理水平，全面提升供电服务质量，全面提升电网发展速度，进一步提高内部管理水平，进一步加大科技兴网力度，进一步推进队伍建设，进一步提高供电可靠性，让佛山市民享受到国内领先的供电服务，为佛山社会经济的平稳发展作出新的、更大的贡献。

落实《规划纲要》 推进三项重点工作 开创检察工作新局面

佛山市人民检察院检察长 廖东明

2010年，是我市深入贯彻落实《规划纲要》并力争取得重要成效的一年，也是我市检察机关在复杂多变的形势下为巩固和发展突围成果提供司法保障的关键一年。全市检察机关要全面贯彻落实党的十七届四中全会、全国全省政法工作会议精神和市委的部署，扎实推进社会矛盾化解、社会管理创新、公正廉洁执法三项重要工作，强化法律监督，强化自身监督，强化队伍建设，不断提高检察工作水平，为我市实现"四化融合，智慧佛山"宏伟目标提供更加有力的司法保障。

围绕发展大局，切实服务和保障我市经济社会发展

坚持服务大局，为我市经济社会发展营造良好的社会环境。将驻镇街检察工作联系办公室（检察室）纳入党委统一部署的大综治工作格局，妥善处置涉法涉检信访、法律监督、举报等事项，维护社会稳定。实行"阳光检务"，把检察院大门向社会、向公众开放，听取民意、了解民心、化解民怨，确保检察权依法、公开、透明运作，确保公正执法，维护公平正义。

依法履行法律监督职能，有效维护我市社会和谐稳定

重点打击黑恶势力犯罪、严重暴力犯罪、多发性侵财犯罪以及严重危害公共安全犯罪，严肃查办商业贿赂犯罪案件、严重侵害群众利益案件以及群体性事件和重大责任事故背后的职务犯罪案件，加强对立案、侦查、刑事审判和执行、民事行政审判等诉讼环节以及超期羁押、刑讯逼供、体罚虐待被监管人等严重侵犯人权违法行为的法律监督，进一步完善涉检信访案件首办责任制和领导接访、下访制度，维护我市社会和谐稳定。

深化机制改革，不断提高检察机关执法公信力

进一步落实刑事诉讼证据制度，确保严格依法办案。继续推行阳光检务工作、案件管理工作、未成年人案件检察工作机制，研究和完善对监狱和看守所等监管执行场所监督机制。重视网络舆情应对，加强检察舆情工作。继续健全执法规范、绩效考核、监督管理等长效机制，促进检察机关执法规范化、队伍专业化、管理科学化和保障现代化建设。

加强队伍建设，提高检察队伍整体素质

加强领导班子建设，提高领导干部推动科学发展、促进社会和谐的能力；落实各区院领导班子成员和业务部门负责人轮训以及检察干警重点集训等培训制度；加大力度推进基层基础建设；加强检务督察，建立发现苗头和把问题解决在萌芽状态的有效机制；开展"恪守检察职业道德、争当人民满意检察官"主题实践活动，努力建设一支忠诚、公正、清廉、文明的高素质检察队伍。

市检察院检察长廖东明做客佛山新闻中心，以与网民互动交流的方式，听民声、问民计、释民疑，广泛征求社会各界的意见和建议。

佛山市检察机关驻乐从镇检察工作联系办公室到乐从家私城开展法制宣传活动。

市检察院与市供电局联合召开2009年工程建设领域共同预防职务犯罪工作现场会。

市检察院召开全市检察机关"检察工作机制创新"理论与实务研讨会。

市检察院干警罗曦表演独舞《木兰归》，在全国检察机关庆祝新中国成立60周年暨人民检察院成立60周年"祖国颂 检察情"文艺演出中获得好评，并得到最高人民检察院检察长曹建明亲切接见。

最高人民法院副院长苏泽林视察佛山中院

佛山市中级人民法院

2009 年，佛山中院坚持“为民司法、服务大局、科学发展，全面实现和确保司法公正”的工作思路，充分发挥司法职能，各项工作迈上了新的台阶。全市法院共受理各类案件 9.85 万件，办结 8.69 万件。其中，市中院受理各类案件 1.79 万件，办结 1.67 万件，同比分别上升 2.5% 和 1.7%。

一、全力服务大局，保障率先突围

一是有效开展刑事审判，维护社会和谐稳定；二是妥善调处民商事纠纷，促进经济协调发展；三是充分发挥行政审判职能，服务“两转型一再造”；四是全力提高执行实效，回应群众诉求。

二、坚持为民司法，促进改善民生

一是着力延伸司法便民职能；二是着力化解涉诉民生纠纷；三是着力加强司法惠民工作；四是着力解决涉诉信访、申请再审难题。

三、立足科学发展，破解自身难题

一是切实加强基层基础建设，促进两级法院的协调发展；二是切实健全审判管理机制，促进审判质效的同步提升；三是切实整治执行工作，促进“执行难”问题的有效缓解；四是切实抓好司法能力建设，促进司法水平的不断提高。

四、狠抓职业操守，确保司法廉洁

一是进一步树立选人用人的正确导向；二是进一步完善廉政制度建设。进一步加大对违纪违法行为的查处力度；三是进一步加强依法接受监督工作。

保加利亚最高上诉法院院长到我院参观访问

广佛同城化司法协助协议签定仪式

陈院长走访人大代表、政协委员

陈院长在广佛都市网与网民对话

文化引领 全面推进
为佛山经济社会稳定发展提供坚强财力保障

佛山市地方税务局党组书记、局长 陆耀炳

2009年，面对国际金融危机的严重冲击和新世纪以来经济社会发展遭遇的最大困难，全市各级地税部门在市委市政府、省地税局的正确领导下，牢牢抓住组织收入主动权，积极构建专业化税源管理新体系，努力打造全省地税系统纳税服务示范市，稳步推进社保费地税全责征收上线，成功实现了佛山地税“率先突围”：税收收入规模继续稳居全省地级市首位，征管改革创出佛山特色，纳税服务品牌享誉全国税务系统。2009年12月底，陈云贤市长年终慰问时高度赞扬了全市地税系统干部职工一年来为佛山经济社会可持续发展作出的重要、突出且卓有成效的贡献，对地税部门在极其严峻的形势下仍努力实现了税费收入较大幅度的增长表示十分满意。

国家税务总局副局长宋兰参观顺德地税陈村办税服务厅

佛山市委书记陈云贤（右）到市地税局慰问

佛山地税部署创建佛山特色专业化税源管理新体系

2010年，佛山地税将以科学发展观为统领，以组织税费收入为中心，从巩固、完善、提升各项基础工作入手，以规范执法提高法治水平，以精细管理提升征管质效，以优质服务构建和谐税收环境，以文化建设激发队伍潜能，确保圆满实现“三年全面推进”的规划目标，为佛山社会和谐稳定、经济健康发展作出新的贡献。

一是坚持依法治税，应收尽收，切实发挥服务经济社会发展职能。抓住佛山后危机时代产业结构调整优化升级、广佛同城化加快发展、重点工程项目加紧建设的有利时机，加强税源监控，加大组织收入力度，不折不扣落实好各项税收优惠政策，严厉打击涉税违法行为。二是坚持改革创新，稳步推进专业化税源管理新体系建设，不断提高征管质效。以征管改革推进地税事业科学发展，全力推动综合治税网络平台构建，建立健全各级协税护税机构；加紧开发税源综合信息管理平台，推广发票在线应用系统，构建“数据管税”长效机制。三是坚持优质服务，深化纳税服务内涵，构建“高效、规范、专业、和谐”的纳税服务新格局。关注社会民生，力促企业发展，加大税法宣传辅导力度，全面推广24小时自助办税服务，进一步简化办税程序，切实减轻基层和纳税人负担。四是坚持以人为本，大力倡导核心价值观，以文化建设旗帜引领队伍健康和谐发展。以“求实、创新、崇德、和谐”的核心价值观为精神内核和行为准则，以“地利税通、乐业有为”为精神追求和奋斗目标，深入开展地税文化建设和党风廉政建设，着力建设一支团结、务实、廉洁、高效的佛山地税队伍，维护地税良好形象。

全省最大的综合办税服务厅——佛山魁奇路综合办税服务大厅

佛山地税开展规模空前的税源大调研

继往开来 创新发展

佛山市人力资源和社会保障局

我市门诊医保制度实施得到社会好评，副市长周天明视察南海罗村医院。

根据大部制改革方案，市人力资源和社会保障局在原市劳动保障局办公楼前举行了挂牌仪式。

2009年，在市委、市政府的正确领导下，我市人事、劳动和社会保障部门，结合佛山实际，深入贯彻落实科学发展观，各项工作取得了较为显著的成绩，得到了市委、市政府的充分肯定和广大群众的称赞。

2009年，我市积极贯彻落实《珠江三角洲地区改革发展规划纲要》，推进人事和劳动保障广佛肇同城化。就业信息对接、异地招聘求职、医保协作等工作取得实质性进展。广佛人力资源市场信息对接网络开通，两地信息网实时对接后，两地求职者每日可以在信息网上查询到近万个空岗岗位，并可以实现异地招聘求职。我市已确定广州30家、肇庆8家医院为我市医保定点医院，我市参保人在广州、肇庆就医更加方便。同时，广州也将在我市认定8家定点医疗机构，确定为我市定点医院。

人才队伍建设在更高起点上推进。全市共引进外国专家及留学人才450名；共有27名博士与各企业博士后工作站达成了进站协议；完成高技能培训1.28万人；安置军转干部183人（不含师级），比2008年增加近30%。

人事制度改革积极稳妥推进。事业单位聘用制已全面建立，并取得阶段性成果；全市540多名公务员的统一考录工作顺利完成；义务教育学校绩效工资制度和教师平均工资收入水平不低于当地公务员平均工资收入水平的实施工作稳步推进。

就业局势稳定。至年底，全年城镇新增就业人数11.78万人，超额完成省政府下达任务；城镇登记失业率为1.84%，低于全省2.6%和全国4.3%的平均水平，为全省各地级以上市第二低。

社保制度改善民生作用发挥充分。降低失业、工伤保险费率，帮扶企业发展；全年两次提高企业退休人员基本养老金，由年初的人均每月1070元增加到人均每月1277元；将2.85万名早期下海人员纳入社保体系；提高医疗保险待遇，减轻群众负担，并将大、中专学生纳入居民医保；积极主动推行新农保制度，城乡居民“老有所养”的夙愿成为现实，被国家人社部有关领导誉为“为全国开展新农保工作创造了典范”。

全市劳动关系总体和谐。全市在岗职工劳动合同签订率为97.7%，比2008年同期稳步增长了1个百分点；工资集体协商建制率81.6%，位居全省前列；劳动争议案件当期结案1.02万宗，当期结案率91.6%。

按照部署，我市已在2009年年底组建人力资源和社会保障局。这标志着我市人力资源和社会保障工作有了新的发展平台，也标志着我市人力资源和社会保障事业拥有了新的发展机遇，步入了新的发展阶段。

广东省“南粤春暖行动”第1万场免费农民工招聘会在我市南海区举办。

省级媒体组团采访报道佛山全民医保

市政府在南海召开全市新农保工作座谈会。

广佛同城医院签约仪式

佛山市工伤康复中心

市领导考察就诊情况，并向参保群众征求意见和建议

广东省医疗保险异地就医联网结算启动，佛山市社保局和珠江医院为该系统先行试点机构

2010年1月9日，我市举行新农保待遇首发仪式

工伤保险：

2009年全市参加工伤保险187.04万人，其中农民工94.48万人，共614名工伤职工在我市的工伤康复协议机构接受康复治疗，享受康复待遇。费率方面，一类行业为0.45%；二类A行业0.75%；二类B行业为1.125%；三类行业为1.5%。

养老保险：

2009年全市参加基本养老保险的人数为232.73万人，其中企业223.22万人，机关5.96万人，事业3.54万人。

失业保险：

全市参加失业保险的人数为140.9万人，失业保险单位及个人缴费费率各为0.5%。

医疗保险：

2009年，城镇职工基本医疗参保人176万，居民基本医疗参保人218万。参加门诊基本医疗保险387万人，其中居民普通门诊医疗保险参保人213万，职工普通门诊医疗保险参保人174万。在职参保职工，单位每月缴纳数为缴费基数 * ×6.5%，个人每月缴纳数为缴费基数 * ×2%；在领失业保险待遇的失业人员，单位每月缴纳数为缴费基数 ×6.5%，由失业保险基金划拨，个人每月缴纳数为缴费基数 ×2%，从个人失业保险金扣缴。

佛山市科学技术局

2009年，在佛山市委、市政府的领导下，佛山市各级科技部门坚持科学发展观，深入贯彻落实《珠江三角洲地区改革发展规划纲要》，加快自主创新，积极推动创新成果转化。全市科技工作取得了新进展、新成效，创新环境得到进一步优化。佛山市获得了2007-2008年度全国科技进步先进市；禅城区、南海区获得了2007-2008年度全国科技进步先进县（区）。

7月，佛山市政府与中国科学院签署了全面合作协议，共同建设中科院佛山产业技术创新与育成中心和四个专业中心。组织中科院相关研究所与企业联合开展技术研发、成果转化及项目合作项目近100项，涉及我市重点发展的软件、数控装备、节能减排等产业。

12月，国家知识产权局考评工作组对我市创建国家知识产权示范城市进行考核评定。充分肯定了佛山的创建工作，认为佛山把国家知识产权示范城市创建与建设创新型城市相结合，取得了事半功倍成效。在知识产权创造、应用、保护、教育等方面，佛山提供了很多值得在全国推广的经验。

今后的一年，科技部门将继续推进院市合作，深化产学研合作；为引进中科院各类高层次人才、海内外创新团队提供支持；加快广佛科技创新合作；深化开展产业技术路线图的制定工作，提升改造传统产业，推动全市高新技术产业尤其新兴产业的发展。

佛山市政府与中国科学院签署全面合作协议

国家知识产权局考评工作组对我市创建国家知识产权示范城市进行考核评定

佛山市推进自主创新暨加快高新区建设工作会议

第三届中国专利周（广东）应对金融危机中小企业与知识产权展览交易会佛山会场

强化服务 攻坚克难 努力促进环境再造

——佛山市环境保护局局长 霍锡淮

市领导视察河涌整治，现场取水看水质、闻气味

2009年，我市环保工作主动适应宏观经济形势变化，正确分析环境保护面临的新形势、新问题，一手抓环境监管，一手抓服务发展，坚持把环境保护与推动发展方式转变结合起来，坚持把污染减排与促进经济结构调整结合起来，坚持把环保执法与保障改善民生结合起来，着力加强环保审批服务，深入开展环境综合整治，积极推进污染减排，不断强化环境监管，科学筹划、强化措施，全市环境质量有所好转。

2010年，我们要以科学发展观统领环保工作，按照市委、市政府对环保工作的各项要求，把加强环境保护与提高发展质量、促进社会和谐有机结合起来，以实施污染物总量减排为核心，确保完成“十一五”总量减排目标任务；以亚运会环境质量保障为重点，努力改善环境质量；以维护环境安全和人民群众环境利益为根本出发点，坚持优化服务和强化监管相结合，切实维护环境安全；以创新的观念谋划工作思路、破解环保难题，加强队伍建设，推动环保工作上新水平。

广佛环保合作应急监测演练

时任佛山市副市长邓伟根到南海区督导打击非法排污

6月18日，第三届中德环境论坛在佛山隆重开幕

我市中小学教师环保培训

积极实施水务一体化管理 加强水资源保护

局长韦奕铨陪同市长陈云贤视察新城大墩水闸建设现场

副秘书长刘珊，市政协常委陈奋勇，市水务局党组副书记、局长韦奕铨，市水务局党组书记、副局长杜达权为水务局揭牌

佛山市水务局局长 韦奕铨

我市境内河流众多，"水"是我市经济发展的起源和支撑。但历史上洪、涝、台风灾害频繁，"水多、水少、水脏"的问题一直困扰我市。新中国成立以来，特别是近30年来，我市水利工程建设成就卓著，为经济社会发展起到了保驾护航作用。当前，我市正处于全面建设产业强市、文化名城、现代化大城市与富裕和谐佛山的重要时期，水资源是基础性的自然资源和战略性的经济资源，是生态和环境的控制性要素。在全面建设小康社会的进程中，合理配置水资源、加强水资源管理与保护，提高水资源利用效率，尤为重要。特别是在全球气候变化和大规模经济开发双重因素的交织作用下，水资源对经济社会发展的制约作用越来越突出。水资源管理和保护工作面临的压力越来越大。落实科学发展观和建设资源节约型、环境友好型社会，要求我们不能再用传统的依靠牺牲资源、破坏生态环境来换取经济增长的老路，这对新时期水资源工作提出了新的更高的要求。加强水资源保护，改善饮用水质量和城市水环境，已成为一件刻不容缓、迫在眉睫的大事。

实现水务一体化，加强水资源统一管理

长期以来，我国实行水资源分部门管理的体制，水量与水质、地表水与地下水等分割管理，传统的水资源分割管理模式越来越成为制约水资源可持续利用的障碍。因此，推动水资源统一管理成为改进和加强水资源管理工作的突破口。在此背景下，市政府大刀阔斧地施行机构改革，组建了全市水务一体化管理部门——市水务局。我市水务一体化改革的目标是围绕水利、供水、排水三大行业和城乡防汛、供水、排水和污水处理、地下水管理、计划用水和节约用水等职能，按照城乡统筹原则，对水资源治理、开发、利用、配置、节约、保护实现全方位管理，对水资源供给、使用、排放实现全过程管理。

佛山市北江水厂

构筑防洪排涝工程体系，为经济社会发展保驾护航

为抵御频繁的洪、涝、台风灾害，通过多年建设，我市的水利防灾减灾体系基本实现"遇洪顶得住，遇涝排得出，遇旱引得进"，发挥了防洪、排涝、灌溉、供水、航运、渔业及改善生态环境的综合效应。目前，全市防洪堤围141条，总长1248公里，堤上涵闸574座；山塘水库909宗，总库容16962万立方米；建成固定电动排涝站1292宗，总装机容量23.07万千瓦，全市排涝能力基本达到十年一遇24小时暴雨2~4天排干的标准。另有市政排水（污水）泵站52座，逐步形成"管随路设"的市政排水管网。2009年全市建设堤围达标加固、内河涌整治、电排站等项目89宗，使我市的综合防洪排涝能力上了一个新台阶。

整治河道水环境，为城市市容锦上添花

根据珠三角规划纲要要求，到2020年，广州、深圳以外的其他地级市市区防洪防潮能力要达到100年一遇，大中城市供水水源保证率达到97%以上，水源水质均达到水功能区水质目标。为此，结合我市的实际需要，今年全市整治主干内河涌267.78公里，新建、扩建、重建电排站22座。全市投入运营的污水处理厂共有43间，污水处理规模达160.16万吨/日，使城镇污水处理率达到68.83%，实现"十一五"规划的目标要求。借助水务管理职能一体化的东风，在强化内河涌防洪排涝功能的基础上，统筹加快污水处理管网建设，把堤岸整治、河道清淤、污水处理等整治手段有机结合，努力为市民营造优美的城市水生态环境。

沙岗污水处理厂全景

加快供水体系建设，保障市民饮用水安全

2009年建成北江水厂与西江水厂两项重要工程，全市建成大小水厂57间，设计供水能力约565万吨/日，供水管网约4246公里（管径75厘米以上），实际最大日用水量约400万吨，通过采用常规净水工艺，出水水质基本达到《城市供水水质标准》要求。市水务局将按照《城市供水水质标准》加强对水质的监控，为广大居民的饮水安全提供新的保障。

佛山大堤路堤结合达标加固工程

佛山涌综合整治现美景

佛山市东平新城优美的生态河道

佛山祖庙

佛山市旅游局

西樵山观音文化苑观音菩萨铜像

佛山旅游文化节传统秋色大巡游活动

三水森林公园

近年来，佛山旅游业在市委、市政府的正确领导下，坚持科学发展、以人为本、改革创新、协调发展的工作方针，以城市旅游为主体，大力推进旅游项目建设，加强旅游宣传推介和招商引资，着力打造旅游精品线路，不断完善旅游大环境，努力提升旅游业服务水平，产业规模进一步扩大，旅游综合效应进一步凸现，为佛山经济、社会发展起到了积极的推动作用。全市已基本形成一个具有地方特色、自然特色、文化特色的旅游景点体系，拥有各类旅游景区 40 多个。投资过 100 亿元的岭南天地、奥特莱斯世界名牌折扣店，投资过 10 亿元的芦苞温泉、西岸旅游度假区、金谷朗旅游度假区、十余家五星级旅游饭店等正在建设中，将为佛山旅游的可持续发展增添强劲动力。目前，全市拥有星级酒店 98 家，其中五星级 5 家，四星级 18 家；拥有旅行社 71 家，全国百强旅行社 5 家，出境游组团社 14 家，269 个营业部遍布全市各个角落，市民报名参加旅游十分方便。2009 年全年实现旅游总收入 204.86 亿元（其中旅游外汇收入 6.52 亿美元，国内旅游收入 160.15 亿元人民币），全市主要旅游景区（点）共接待游客 2180 万人次，主要旅游酒店接待过夜游客 836 万人次（其中接待国际游客 98.35 万人次）。旅游业已成为佛山新的经济增长点，对经济的带动作用和在城市第三产业中的地位越来越显著。

佛山旅游文化节——美食欢乐节现场

中共佛山市委党校

中共佛山市委党校（市行政学院、市社会主义学院和市经济管理干部学院）位于佛山市顺德区大良银峰路，紧邻顺峰山风景区。校园总面积 5.4 万平方米，建筑面积 6.2 万平方米。拥有良好的办学条件，教学、生活、文体设施等硬件一应俱全，31 间课室全部实现多媒体化，可以同时容纳 3000 多人上课和 900 多人食宿。情景模拟教室设备先进，能实现授课、视频录制和模拟新闻发布等功能。

佛山市委党校全面承担全市干部教育培训职责，重点做好县处级党政领导干部、中青年后备干部、镇（街）、工业园区领导干部和村（居）委会干部的培训轮训工作；承担市、区公务员培训任务，配合政府各部门开展干部在岗素质培训；承担专业技术人员继续教育任务。在禅城、三水和高明区设有工作站，教学网点覆盖全市。教学科研实力较强，服务管理水平较高，与本市各级党委、政府及有关单位建立了高效的互动机制，是我市干部教育培训的主阵地。

佛山市委党校与中央党校、清华大学、北京大学、中国科学院、中国人民大学、浙江大学、吉林大学等院校建立了良好的合作关系，并配合清华大学建立了“清华大学继续教育学院华南干部培训中心”，充分利用著名高等学府和干部培训机构的优质教育资源为地方培养干部。

校园新貌之行政楼

2009 年 9 月 15 日，中组部干部教育局巡视员、副局长曹毅一行 5 人到我校调研。前排左起：冯德良、廉奕、曹毅、丘劲生、潘洪杰、强明侠、王命财。

创新党性教育模式——谭艳文老师在红军四渡赤水茅台渡口现场向市科级任职班学员讲解当年红军四渡赤水的情况。

2010 年 1 月 5 日，第一期汶川县水磨镇现代城市文明与城镇管理专题培训班学员合影。前排左第七个起：易祥斌、丘劲生、冼瑞伦、周霞、郝碧芳、朱华仙。

Foshan Bureau Of Land and Resources
www.fsgt.gov.cn

www.fsgt.gov.cn

佛山市国土资源局

Foshan Bureau Of Land and Resources

佛山地质局局长 黄增新

广东省佛山地质局（广东省区域地质调查大队）前身是成立于1956年的中苏合作的南岭地质队。主要从事区域地质调查、矿产地质调查与勘查、水文地质调查、工程地质调查、环境地质调查，地球物理勘察、岩土工程勘察、地质测绘、地质勘探工程、岩石、矿物、土壤及水质分析、化验、鉴定与测试、地质灾害危险性评估、治理勘查及施工、电脑成图、地理地质信息系统建设以及数据处理等业务。

局技术力量雄厚，现有高、中级职称的专业人员110多人，拥有全省最完整齐全的基础性、公益性、战略性地质资料和先进的仪器设备，持有区域地质调查、水工环地质调查、地球化学勘查甲级资质证书、工程勘察专业类岩土工程和水文地质甲级资质证书；甲级地质灾害危险性评估、甲级地质灾害防治工程施工和甲级地质灾害防治工程勘察—施工单位证书；乙级固体矿产勘查、液体矿产勘查、岩矿鉴定和岩矿测试及测绘资格证书等。

2009年，在省地质局党委和局党委的正确领导下，我局紧紧围绕省局党委提出的“服务立局、发展强局、改革塑局、和谐兴局”的发展战略目标，贯彻“公益性地质工作和发展地勘经济两方面用力”的工作方针，落实“保增长，调结构，促民生”的各项任务，开展深入学习实践科学发展观活动和地质找矿改革发展大讨论活动，全局经济稳中有进，职工收入得到提高，队伍稳定。

积极主动为地方经济发展提供技术服务，在地质灾害防治方面做了大量工作，得到了佛山市政府部门的重视、认可、信赖和支持，正式成为佛山市国土资源局地质灾害应急响应的技术支撑单位。2009年共承担佛山市地质灾害监测系统、佛山市地质灾害气象预报预警系统建设等地方财政项目12项，取得了良好的社会经济效益。

我局2010年总体工作思路是：贯彻落实科学发展观，结合地质找矿改革发展大讨论成果和国务院副总理李克强重要讲话对地质工作的要求，继续坚持保增长、调结构、促民生，立足当前，谋划长远，选准突破口，提高执行力，推动地质工作更好地服务经济社会发展。

局长黄增新在职工代表大会上作报告

广东首个内陆核电站选址地质调查成果评审会

佛山市南海区地质灾害防治规划成果验收会现场

佛山市国资委

2009 年，佛山市国资委以扩内需、保增长、调结构为主线，以应对金融危机为突破口，危中觅机，抓住机遇，破解改革发展难题，促进企业转型发展，国企发展水平有新的提高，国资监管力度进一步加强，企业部分历史遗留问题有效化解，和谐国资建设稳步推进，国资工作的发展迈上了一个新台阶，为全市经济“率先突围”作出了积极的贡献。截止 2009 年底，市属国有企业资产总额 990.74 亿元，同比增长 27.6%，净资产 282.71 亿元，同比增长 73.30%，固定资产投资 7.74 亿元，同比增长 25.3%。

第二水源通水仪式

三家新公司成立

创新发展方式 应对金融危机

“逆市”而上，积极化解金融危机对市属国有经济造成的影响，搭建全新的投融资平台，积极扶持创投产业的发展，参股的佛山创业投资有限公司正式挂牌成立，撬动本地资本；大力推进金融产品的创新，发行 12 亿元企业短期融资券，以“理财 + 信托”方式融资 50 亿元；把握扩大内需的机遇加大融资力度，获得银行授信 470 多亿元，彻底解决了我市交通基础设施建设资金“瓶颈”；加强企业资金管理，发挥集团式授信的优势，缩小了贷款的总体规模，降低了财务费用，提高资金的利用效率。

深化改革 不断增强企业的活力与竞争力

成功为佛塑股份引入战略投资者，通过向省属企业广新集团转让佛塑股份 20.78%的国有股权，解开佛塑集团产、供、销、资金等环节，为佛塑进一步发展奠定了基础；加大劣企退市的扫尾工作，2009 年实现劣势企业退出 27 家，累计退出 839 家，劣企退出工作基本完成。

抓重点 调结构 不断促进国资优化发展

结合《珠江三角洲地区改革发展规划纲要》，出台了《佛山市国有企业发展战略与规划（2009–2013）》，为新一轮的国企发展定好位，布好局，以规划引领企业的科学发展。抓紧市政府重点工程项目建设，广佛地铁一号线、三水恒益电厂 2×60 万千瓦燃煤机组扩建工程、天然气利用工程二期项目有序推进，第二水源工程正式建成并试通水。紧密结合市政府中心工作，调整企业产业结构，大力推进节能减排工作，推广应用 LNG 的应用，参与禅城“三旧改造”，推进汾江河治理，加大研发力度，促进国资的产业升级。

“走出去”发展战略迈出可喜步伐

市燃气集团成功中标高要市 30 年管道燃气特许经营权；市中策高速公路公司成功中标佛清从高速佛山段工程项目。同时，佛山五区资源整合也不断提速，市水业集团整体收购南海金沙自来水公司，市气业集团加快与顺德港华燃气的整合谈判，收购工作有序推进。

佛塑股权交接仪式

高明 LNG 落成投产仪式

创新监管方式方法 加大企业监管力度

一是加强企业监管，加大完善法人治理结构的步伐，创新人才选拔机制，全球招聘公控公司总经理，同时招聘了公盈公司总经理和铁投公司一名副总经理，不断优化企业法人治理结构；出台了《进一步加强和完善国有企业管理方案的通知》；二是积极推行外派董事试点工作，今年向二家企业派驻了 5 名外部董事。三是加大财务总监派驻力度，2009 年完成了向所有直管企业派驻财务总监的工作。四是创新监管方式推进巡视制度。每年对监管企业进行一次巡视，加大监管力度，确保企业健康发展。五是创新考核模式出台业绩考核新指标。2008 年，市国资委推出了"3+2"的经营业绩考核方式。2009 年根据企业的不同情况，新增对资金融通、内部管理、社会维稳等一系列指标，考核指标数量由原来的 5 项增加到 10 项至 20 项不等，考核工作更细化、更全面。六是加强资金的监管，在拓宽投融资力度的同时，重点加强 470 多亿元融资的监管，确保专款专用，扩内需保增长。

一批多年悬而未结的历史遗留问题得到有效化解

大力推进信访积案化解工作，受理群众来信来访共 220 多件（次），其中重复件 12 件（次），现已办结 140 件（次），12 件（次）正在办理中对反映的问题及时有效进行了处理，切实维护企业安全稳定。以人为本，稳妥解决了历时五年的 1.2 万名企业退休人员计生奖一次性发放的问题，解决了困扰多年的 2 万多名困难企业退休人员移交社区管理工作，建立一个正常的提高企业退休军转干的临时生活困难补贴资金拨付机制，妥善处理行政性公司退休人员生活待遇诉求问题。

抓基层 打基础 促发展 党建工作取得新的成效

积极抓好企业党组织建设，以"四好党组织"为着力点和出发点，抓好党建"示范点"工作，达到以点带面的效果。着力加强企业领导班子的配备和完善，不断健全企业党组织架构；着力加强党员队伍和后备干部队伍建设，为企业的可持续发展储备人才。以"廉政文化进企业"活动为切入点，推进企业党风廉政的深入开展，认真落实《廉政准则》有关要求和规定，切实提高落实反腐倡廉制度的执行力。

公开招聘总经理

与佛科院联合研究制定企业发展战略规划

佛山市公用事业控股有限公司

佛山市公用事业控股有限公司领导班子

佛山市委书记陈云贤在董事长叶剑明等陪同下参加佛山市三水恒益火力发电厂"上大压小"2×600MW超临界燃煤发电机组工程奠基仪式

董事长叶剑明（右二）、总经理肖峰雷（右五）等领导同志慰问公司老党员

国资委系统运动会

佛山市公用事业控股有限公司（简称公控公司）于2006年8月18日正式挂牌成立，是经佛山市人民政府批准设立的、由佛山市国资委监管的国有独资公司。公司注册资本6亿元，拥有雄厚的资金、人才、技术等行业优势，主要从事公用事业的投资、建设和运营以及高新技术、基础设施等其他项目的投资和管理。

公司下辖佛山市水业集团有限公司、佛山电建集团公司、佛山市气业集团公司、佛山市物业资产经营有限公司、佛山市海外投资发展有限公司等五个子公司。公司资产总额达110亿元，属下一、二、三级企业总数为74家，企业职工总数近4600多人。

佛山市水业集团公司

主营城市供水、污水处理及相关业务，供水市场覆盖佛山市禅城、三水两区，中心组团新城区以及南海部分片区，现有11间自来水厂，总供水规模185万m^3/日；9间已建成运营的污水处理厂分布禅城、三水、南海、高明四个区，总处理规模80.5万m^3/日。

佛山电建集团公司

主营电力生产和经营，目前全力推进佛山市三水恒益火力发电厂"上大压小"2×600MW超临界燃煤机组工程项目，该工程项目总投资55.2亿元人民币，投产后预计年发电量可达60亿千瓦时，年产值可达24.76亿元。

佛山市气业集团公司

主营城市燃气供应及相关业务，其控股的佛山市燃气集团股份有限公司年销售气（含LNG和LPG）20余万吨，销售收入13亿元，拥有覆盖佛山五区的天然气高压管网以及500余公里的城市燃气中、低压管网，拥有居民管道气客户17万户，工商业管道气客户800余户和瓶装气客户30万户。

佛山市物业资产经营公司

主要从事授权范围内的国有物业资产的投资、经营和管理业务，公司资产6.94亿元，经营的物业面积共15.6万平方米，初步形成了以物业资产经营、烟酒经营、进出口贸易口岸服务等三大核心业务为支撑的经营格局。

佛山市海外投资发展有限公司

目前主要负责境外资产的投资、管理和营运，包括一家在香港的上市公司和四家较具规模的医药制造企业。

2009 年，面对国际金融危机等不利的经营环境，公控公司深入贯彻落实科学发展观，同心同德，不畏艰难，顽强拼搏，生产经营保持稳步较快发展，恒益电厂、第二水源和天然气利用等工程项目顺利推进。公司注重强化产权意识、发展意识和自主创新意识，在稳定发展的前提下，坚持以体制和机制创新为动力，以"持续改进"的管理理念，进一步完善战略规划和机制创新等改进措施，巩固管理基础，提升管理水平。不断创新经营管理的手段和方式，积极培育新的经济增长点，企业竞争力得到增强。紧抓安全生产，加强党风廉政建设，建立和谐企业文化，为企业发展保驾护航。在追求经济效益的同时，积极履行社会责任，取得良好的社会效益。

- 佛山市水业集团有限公司
- 佛山电建集团公司
- 佛山市气业集团有限公司
- 佛山市物业资产经营有限公司
- 佛山市海外投资发展有限公司

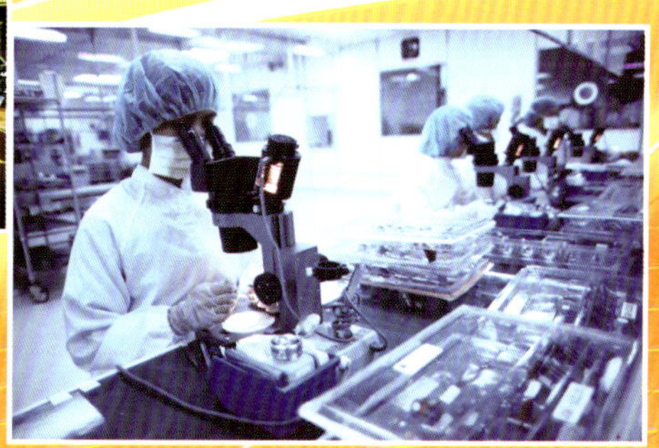

FOSHAN PUBLIC UTILITIES HOLDING CO.,LTD
佛山市公用事业控股有限公司

广佛地铁线路示意图

FMETRO

广佛地铁建设大事记

2002年10月16日，广东省政府批复珠江三角洲城际快速轨道交通广州至佛山段项目（以下简称“广佛地铁”）的投资规模和出资安排（粤府[2002]380号）

2002年11月10日，广佛地铁试验段工程开工

2005年3月18日，国务院常务会议审议通过了《珠江三角洲地区城际轨道交通网规划（2005—2020）》

2005年5月27日，广东省发展改革委批准广佛地铁立项（粤发改交函[2005]802号）

2007年4月11日，广东省政府十届114次常务会议决定广佛地铁由广州、佛山两市负责投资建设、经营和管理，两市股比为51:49；省政府对该项目一次性补贴建设资金14.7亿元

2007年6月25日，广东省发展改革委批复广佛地铁工程可行性研究报告（粤发改交[2007]527号）

2007年6月28日，广佛地铁全面开工

2007年11月7日，广东省建设厅批复广佛地铁初步设计（粤建设函[2007]416号）

2007年12月6日，广佛地铁首台盾构在魁奇路站始发

2010年4月8日，广佛地铁首通段隧道全线贯通

2010年4月14日，广佛地铁首通段全线14个车站主体结构施工全部完成

2010年5月18日，广佛地铁首列车在中国北车长春轨道客车股份有限公司下线，首批2列车6月25日运抵佛山市

2010年7月8日，广佛地铁夏南车辆段“三权”（管理、使用、指挥权）正式移交给营运服务商

2010年8—9月，广佛地铁首通段将陆续实现轨通、电通、热滑、综合联调

2010年11月3日，广佛地铁首通段开通试运营

推进改革发展稳定，共创国企改革的新局面

佛山市公盈投资控股有限公司董事长 韦顺海

2009 年，是佛山市公盈投资控股有限公司进一步深化改革，解决企业历史问题，维护了大局稳定的一年；是努力整合资源，启动转型、加快发展的一年；也是推进企业党的建设和企业文化建设，强化管理，促进了企业健康和谐发展的一年。公盈公司和各企业在市国资委的领导下，学习实践科学发展观，战胜金融危机等困难，促进改革发展稳定，作出了新贡献。

2010 年，公盈公司要按照市委、市政府关于转变发展方式的部署，努力学习贯彻《企业国有资产法》，进一步增强使命感和责任意识，进一步努力进行国有资产的整合，“进而有为，退而有序”，促进产业转型和环境再造；支持和促进佛山市投资控股有限公司的发展，促进产业创新；进一步解决好企业的历史问题，维护稳定，促进民生，共建和谐发展的新局面。

副市长李子甫（左 3）、市国资委主任卢建华（左 2）到公盈公司调研。

市人大常委黄华汉（前左 1）到西樵工业园区调研纺织企业改革搬迁情况。

市人大常委罗悦棠（右 2）带领执法检查组到公盈公司检查工作，并到公司群众来访接待中心调研。

转型发展——佛山市投资控股有限公司成立，市政府副秘书长周文（右9）、市国资委主任卢建华（右8）等领导出席揭牌仪式。

公盈公司工作会议

公盈公司到三水社区进行送学活动

佛山市档案管理中心有限公司成立

"五·一"长跑队伍

企业工会职工的美术作品多姿多彩

佛山市节能减排服务管理中心有限公司

Foshan Energy Conservation & Emission Reduction Service Management Center Co., Ltd

佛山市节能减排服务管理中心有限公司于2009年3月11日注册成立，是经佛山市政府批准，由佛山市国有资产监督管理委员会出资的国有独资公司，是政府落实科学发展观，促进经济社会协调可持续发展的重要战略举措。公司的成立是佛山市节能减排、环境保护、节能监察服务体系的组成部分，将促进佛山市节能减排、生态环境保护，增强可持续发展能力和推动经济发展。

我公司是广东省节能技术服务单位和佛山市节能协会副会长单位，其经营范围为：节能减排项目的论证、咨询、投资、技术改造以及人员培训；能源规划、节能量审核和固定资产投资项目节能评估；节能项目的设计、评价、审计；企业清洁生产审核、咨询及培训；节能减排技术交流与推广；节能项目、产品的检测；节能产品的推介；制定高能耗中小企业用能标准及管理；节能设备、仪器仪表的经营和维修等。

公司已为多家企业开展能源审计和清洁生产审核咨询，并有多人入选省经济和信息化委员会、省科技厅和省环境保护厅组建的省清洁生产行业专家库，以及佛山市经贸局委托佛山市节能协会组建的佛山市节能降耗专家库，参与多家省、市监管重点耗能企业节能考核。在促进企业节能减排工作的同时，公司也积极开展节能减排技术交流与推广，与联合国工业发展组织开展了“清洁发展机制（CDM）为佛山企业带来的机遇”研讨与交流，并围绕CDM项目与多家新能源公司开展节能改造技术合作。为提高节能减排水平，公司目前也大力推进合同能源管理（EPC）项目。

公司致力于打造佛山市节能减排一站式服务平台，加强外引内联，扩大与科研、金融等组织的合作，拓展业务领域，形成规模，增强创新发展能力。同时要在节能减排领域努力实现与市场的对接，为市场节能减排需求寻找合适的产品，为政府和企业提供高水平的服务，促进节能减排事业的发展，为建设资源节约型、环境友好型社会作出贡献！

与联合国工业发展组织开展CDM研讨

市节能协会为我公司高工颁发“佛山市节能降耗专家”聘书

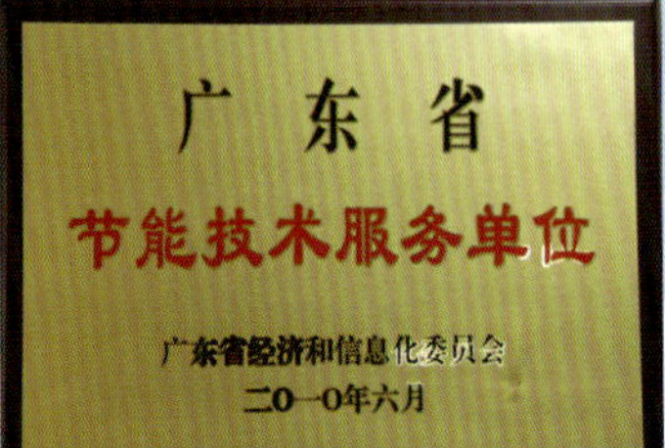

与新能源公司开展节能技术改造交流

公司技术人员在企业现场服务

地址：禅城区汾江西路1号外贸大厦4楼C座 电话：（0757）82368239 82368237 传真：（0757）82026060 http://www.fsjnjp.com

转型发展——佛山市投资控股有限公司成立，市政府副秘书长周文（右9）、市国资委主任卢建华（右8）等领导出席揭牌仪式。

公盈公司工作会议

公盈公司到三水社区进行送学活动

佛山市档案管理中心有限公司成立

“五·一”长跑队伍

企业工会职工的美术作品多姿多彩

佛山市节能减排服务管理中心有限公司

Foshan Energy Conservation & Emission Reduction Service Management Center Co., Ltd

佛山市节能减排服务管理中心有限公司于2009年3月11日注册成立，是经佛山市政府批准，由佛山市国有资产监督管理委员会出资的国有独资公司，是政府落实科学发展观，促进经济社会协调可持续发展的重要战略举措。公司的成立是佛山市节能减排、环境保护、节能监察服务体系的组成部分，将促进佛山市节能减排、生态环境保护，增强可持续发展能力和推动经济发展。

我公司是广东省节能技术服务单位和佛山市节能协会副会长单位，其经营范围为：节能减排项目的论证、咨询、投资、技术改造以及人员培训；能源规划、节能量审核和固定资产投资项目节能评估；节能项目的设计、评价、审计；企业清洁生产审核、咨询及培训；节能减排技术交流与推广；节能项目、产品的检测；节能产品的推介；制定高能耗中小企业用能标准及管理；节能设备、仪器仪表的经营和维修等。

公司已为多家企业开展能源审计和清洁生产审核咨询，并有多人入选省经济和信息化委员会、省科技厅和省环境保护厅组建的省清洁生产行业专家库，以及佛山市经贸局委托佛山市节能协会组建的佛山市节能降耗专家库，参与多家省、市监管重点耗能企业节能考核。在促进企业节能减排工作的同时，公司也积极开展节能减排技术交流与推广，与联合国工业发展组织开展了“清洁发展机制（CDM）为佛山企业带来的机遇”研讨与交流，并围绕CDM项目与多家新能源公司开展节能改造技术合作。为提高节能减排水平，公司目前也大力推进合同能源管理（EPC）项目。

公司致力于打造佛山市节能减排一站式服务平台，加强外引内联，扩大与科研、金融等组织的合作，拓展业务领域，形成规模，增强创新发展能力。同时要在节能减排领域努力实现与市场的对接，为市场节能减排需求寻找合适的产品，为政府和企业提供高水平的服务，促进节能减排事业的发展，为建设资源节约型、环境友好型社会作出贡献！

与联合国工业发展组织开展CDM研讨

市节能协会为我公司高工颁发“佛山市节能降耗专家”聘书

与新能源公司开展节能技术改造交流

公司技术人员在企业现场服务

地址：禅城区汾江西路1号外贸大厦4楼C座 电话：（0757）82368239 82368237 传真：（0757）82026060 http://www.fsjnjp.com

佛山电建集团公司

高效环保的福能电厂

佛山电建集团公司是佛山市公用事业控股有限公司的全资子公司，成立于1994年。集团目前持有佛山电力股份有限公司、佛山市福能发电有限公司、佛山市区电力燃料公司、佛山市发建工程有限公司等企业的国有资产权益，并代管佛山市三水恒益火力发电厂有限公司，现装机容量480MW。（恒益扩建项目预计于2011年投产，届时装机容量可达1560MW）

多年来，电建集团一直以促进地方经济繁荣为己任，率先打破独家办电的框框，开拓出地方办电的新路，先后投资建设了国内装机容量最大的柴油机电厂（佛山发电厂）、燃气轮机联合循环发电厂（沙口电厂）和天然气——燃油双燃料发电厂（福能电厂），以自发电弥补省网供电的不足，满足地方经济发展用电需要，创造了良好的经济效益和社会效益，累计发电量超过300亿千瓦时。为此，企业曾多次受到省、市的表彰，获得了"广东省先进集体"、"佛山市先进集体"、"佛山市纳税大户"等荣誉称号。

2009年，面对国际金融危机的强烈冲击，电建集团深入学习实践科学发展观，卧薪尝胆，奋勇突围，稳步开展各项工作，在保持企业生产经营稳定的同时，取得了新项目的重大突破。三水恒益2X600MW扩建项目获得了国家发改委的最后核准，正式开工建设。此举为优化我市的电源结构，促进节能减排，提高电网的安全稳定，实现企业的可持续发展奠定了坚实的基础。

今后，电建集团将进一步优化整合发电资源，继续发挥电力先行的作用，以"立足佛山，为用户提供清洁、高效、安全、低成本的电力能源；多元发展，构建佛山稳定、经济和可持续的综合能源供应体系"为企业使命，立志成为地方综合能源供应的主导者和国内整体能源解决方案的领导者，为把佛山建设成为"现代制造基地、产业服务中心、岭南文化名城、美丽富裕家园"，实现市委市政府"两转型一再造"的目标做出自己积极的贡献，努力争当实践科学发展的派头兵。

佛威公司生产车间

市委书记林元和、市长陈云贤和广州市副市长甘新共同按下恒益项目的开工按钮

绿之缘公司厂房外景

如火如荼的恒益建设工地

佛山市交通发展总公司 2009 年总结会

佛山市交通发展总公司

佛山市交通发展总公司成立于 1988 年，主要经营范围是组织、协调交通投资建设项目。目前，公司的主营业务是高速公路建设和物流产业经营，总资产近 50 亿元。

我公司在市委、市政府的大力支持下，解放思想，深入贯彻落实科学发展观，加强管理，聚合公司优势资源，打造新的核心竞争力，积极投身市经营性交通项目的建设和物流产业发展，着力提升公司的可持续发展能力，各项工作取得了较好的发展。

一是新的战略发展目标的确立为公司的持续发展注入了强大活力。根据资源分布及优劣势分析，公司确立了以经营性路桥投资管理和物流产业经营"双轮驱动"的经营战略，有计划、有目的、有步骤重整经营性路桥资源和物流资源，构建新的投融资平台，并取得了显著的成效，优化了资产结构，提高了资产盈利水平，进一步巩固了公司核心竞争力。

二是高速公路建设取得新进展。2008 年 4 月 28 日公司成功中标广明高速公路陈村至西樵段，使公司开创性地以投标形式取得建设项目，并第一次取得建设高速公路的业主资格；2009 年 12 月 11 日，公司再次中标，成为佛（山）清（远）从（化）高速公路的建设业主。

三是物流产业取得新突破。公司积极响应市委、市政府提出的"四化融合，智慧佛山"的发展目标，依托佛山城北商贸物流园，发挥土地储备、东货场铁路运营优势，推进交通物流信息平台建设，使公司的物流业向现代化、信息化、规范化、品牌化方向发展。

四是认真加强党、工、团、妇的组织工作。培育公司团结向上、奋发有为、干净干事的文化氛围，以发展促和谐，以和谐聚人心，为企业的科学发展、和谐发展、协调发展奠定良好的基础。积极开展党建工作，与茂名化州市良光镇开展基层党组织互帮互助活动，为其捐衣捐物，修缮村路。为四川汶川、青海玉树等地震重灾区积极捐款和缴纳特殊党费，体现了公司高度的社会责任感。

随着佛山经济的快速发展，公司迎来了新的发展机遇。公司将以贯彻落实《珠江三角洲地区改革发展规划纲要》要求的区域交通设施一体化为契机，以科学发展观统领全局，进一步解放思想，更新观念，积极创新，齐心协力，克难攻坚，乘势而上，推动各项工作创优势、上水平、上台阶，确保高速公路建设、物流产业又好又快发展。

佛清从南段建设经营协议签署

广明高速公路陈村至西樵段工程施工第二合同段开工仪式

谢边枢纽立交桥鸟瞰图

广明高速佛山段杏头立交未来展望图

佛山市路桥建设有限公司

佛山市路桥建设有限公司成立于 2003 年 3 月 3 日，是佛山市政府批准成立的国有独资企业，归口佛山市国资委管理。截止 2009 年底，公司总资产 350.55 亿元，企业资信等级 AA 级。

2009 年，公司按照市委市政府的工作部署，在市国资委的直接领导和市交通运输局的业务指导下，全力推进工程项目建设，努力做好年次票收费管理工作，不断提升"一环"管养水平，积极探索可持续发展的途径，取得了良好的成绩。

广佛党政领导考察佛山一环

工程建设有序推进

2009 年全市 44 项重点公路工程中由我司自建的项目有 8 个，总投资约为 57.6 亿元。除龙湾大桥及引道工程，其他 7 个工程建设项目已开工建设，2009 年完成工程投资 8.7 亿元。工程项目建设实现了按期开工、按计划推进、保质保量、安全廉政的管理目标。

年次票收入实现预期目标

2008 年 10 月 1 日省政府实施广佛年票互认、次票互免政策后，我市次票收入大幅减少。经市政府同意，及时安装并启用了车辆年票识别系统，做到"应收不漏，应免不收"，避免次票流失。截止 2009 年底，全年年次票征收实现预期目标。

2009 年 7 月 8 日，市长陈云贤视察禅西大道

"一环"管养保持良好水平

按照"建养并重，保障畅通"的工作方针，参照高速公路的养护标准，开展全面养护、预防性养护、应急处理及路政管理工作，实现了"一环"安全畅通。

佛山市建盈发展有限公司成立仪式

龙山跨线桥开工典礼

公司党员入党宣誓暨援川报告会

佛山科学技术学院

佛山科学技术学院是一所省市共管、以市为主的地方综合性本科大学。2009年，学校在学科和学位点建设上取得重大突破，历经广东省教育厅的三轮考察评审，在广东省9所申报院校中脱颖而出，成为广东省惟一上报国务院学位办新增硕士学位授权立项建设单位。2010年初，国务院学位委员会、广东省学位委员会已正式发文，批准我校为国家新增硕士授予立项建设单位，机械工程学、兽医学、土木工程学三个一级学科为立项建设的硕士授权学科，控制科学与工程学、畜牧学为支撑学科。

学校分为校本部、北院、河滨路、同济西路四个校区，占地面积147.42万平方米，建筑面积34.81万平方米。学校设有文学与艺术、政法、理学、机电与信息工程、环境与土木建筑、生命科学、经济管理、医学、教育科学和体育学院等10个二级学院；本科专业5个、专科专业7个。学校现有普通全日制在校生1.45万人；有教职工1461人，其中，专任教师795人；具有正高职称133人，副高职称411人；具有博士学位172人，硕士学位520人。近年来，佛山科学技术学院实施了工科专业优先发展、人才培养模式创新、学科人才项目互动、学校政府企业联动等“四大战略”，启动了新校区建设、“迎评促建”、申硕建设、人才培养创新、名师培育、学科平台建设、“校”“区”项目联动与和谐校园建设等“八大工程”，学校发展步伐不断加快，办学实力不断增强，办学规模不断扩大，办学条件不断改善，办学水平不断提高，各项事业蓬勃发展，为建设高水平大学打下了坚实基础。

2009年，是佛山科学技术学院全面贯彻落实科学发展观、加快发展的关键一年。围绕贯彻落实《珠江三角洲地区改革发展规划纲要》，学校在人才培养、教学、科研、社会服务等方面取得了显著的成绩。学校努力探索应用型本科人才培养模式改革与创新，2009年在国际经济与贸易、电气工程与自动化两个专业开设了“创业创新班”，这是我校深化教育教学改革的、探索应用型人才的培养模式一种重要手段，是学校人才培养的特区和高地。科研成果硕果累累，纵横向科研到账经费达2151万元，总经费4766.3万元，比2008年增加了24%。共获得国家自然科学基金2项，省部级项目32项，市厅级项目44项，横向课题150项，获得广东省科学技术进步奖2项，广东省农业推广奖4项。学校第一个省级人文社科研究基地“广东省广府文化研究基地”获准成立；“现代制造装备工程技术开发中心”被批准为广东省普通高校工程技术开发中心。师资队伍结构进一步优化，获得全国优秀教师称号1人、全国三八红旗手1人，南粤优秀教师称号2人、南粤优秀教育工作者称号1人。招生规模进一步扩大，生源质量进一步提高。2009年全校录取新生4368人，比2008年增加了21%。

按照广东省委省政府、佛山市委市政府《关于扶贫开发“规划到户、责任到人”工作的实施意见》的要求，学校积极开展扶贫工作，选派优秀教师及干部代表赴清远、肇庆等指定扶贫点开展帮扶工作，充分发挥高校扶贫的优势，重点在人才、技术、服务等方面给予扶持，并向扶贫村小学赠送电脑等设备，充分体现了学校的社会责任。管理水平显著提升，党的建设和思想政治教育进一步加强，为学校的发展提供了坚强的政治和组织保障。

学校重视对外交流与合作，先后与英国、美国、德国、新西兰、澳大利亚、莫桑比克以及香港等10余所国（境）外高校建立了友好校际关系，进行长期的学术交流、科研合作和联合培养研究生，促进了学校人才培养和整体学术水平的提高，已有数百名毕业生到国外攻读学位，百余名教师出国做访问学者或攻读学位。

面向未来，佛山科学技术学院制定了分“三步走”的战略构想：2010年，已经实现了第一步，我校初步建设成为一所省内外有较高知名度、服务地方有明显成效，具有硕士学位授予权的高质量的教学型地方大学。第二步，到2020年，将学校建设成为工科特色明显，学校综合实力居省内前列，并进入全国同类院校先进行列的，高水平的教学型地方大学；第三步，到2040年，将学校建设成为省内一流、国内外有较大影响，综合实力进入全国百强行列的，教学研究型的地方大学。

明德博学，自强有为。佛山科学技术学院正以朝气蓬勃的活力、兼容并蓄的开放姿态和锐意创新的改革精神，按“理工为主，综合发展”的构想，积极组建学科平台，创新人才培养模式，逐步实施“四大战略”、“八大工程”与新校园规划建设，立足地方，面向基层，朝着建设有特色高质量的地方综合性大学的目标迈进。

坚定发展方向 巩固发展根基
全力推进佛山消防工作新一轮科学发展

佛山市公安消防局

2009年，全市消防部队在省消防总队、市委市政府和市公安局的正确领导下，高质量抓好了国庆消防安保、打造公安消防铁军等重点任务，创造性开展了灭火救援专业队、财务规范化建设等试点工作，圆满完成了各项工作任务。我局被公安部消防局评为"勤政廉政先进单位"、"国庆消防安全保卫先进集体"，被省消防总队评为"三争优"、执法质量考核、执勤岗位练兵、思想政治工作、"安全双百日竞赛"活动、"三无"工作先进单位。2个单位荣立集体二等功，1人荣立二等功，54人次荣立三等功，245人次受到嘉奖。1人被公安部消防局评为"灭火救援尖兵"，2人分别被省公安厅、市公安局评为"优秀人民警察"，2人分别获得情暖佛山"最受市民喜爱的人民公仆"奖和提名奖。全市连续十四年未发生群死群伤恶性火灾事故。

2010年是全面完成"十一五"规划任务的关键之年，全市消防部队将坚持以科学发展观为指导，紧紧围绕"平安亚运"和"两个稳定"的总目标，继续深化各级政府消防责任制的落实，推动各职能部门完善监管体系，强化社会单位自我管理责任，完善农村消防管理网络；开展消防安全专项治理，规范执法，着力提升监督执法能力和服务水平；抓好"大宣传、大教育、大培训"工程，着力提高全民消防安全素质；深化政治建警战略，紧密警政警民关系；打造佛山消防铁军，着力提升部队灭火和抢险救援综合能力，圆满完成以防火、灭火救援为中心的各项工作任务，为佛山社会经济发展和人民群众安居乐业提供良好的消防安全环境。

佛山市公安消防指挥中心

佛山市城市综合管理局

2009 年，全市城市管理行政执法系统在市委、市政府的正确领导下，深入学习贯彻党的十七大精神，贯彻落实科学发展观，坚持依法行政，文明执法，继续解放思想，创新思维，夯实基础，以开展"城市管理创新年"、"城管执法规范化建设年"、"城管执法文化实践年"活动为抓手，狠抓队伍素质和规范化建设，力促数字城管系统工程构建，推进"大城管"、"大综管"战略，促进城管执法事业科学发展、创新发展，努力为佛山经济社会发展服务。

成立佛山市城市综合管理局

与全国城管同行开展交流

第二届和谐城管论坛暨第三届全国城管（执法）局长联席会议、第四届城市管理行政执法经验交流研讨会在广东省中山市举行。佛山市城市管理行政执法局局长钟美恃在会上介绍了佛山城管执法工作的经验和做法。

积极开展城市"八乱"整治行动。

2009 年全市城市管理行政执法系统积极开展城市"八乱"整治工作。

加强广佛两市在城市管理领域的合作

2009 年 8 月 12 日，《广佛同城化城市管理领域合作协议》签订仪式在佛山市城市管理行政执法局举行。广州市城市管理综合执法局局长李廷贵、佛山市城市管理行政执法局局长钟美恃在签约仪式上签署了《广佛同城化城市管理领域合作协议》，明确了《关于广佛同城化城市管理领域合作的实施意见》，形成两市城市管理互动发展的良好格局。

探索城市管理新模式，构建数字城管系统工程。

2009 年 3 月 4 日，佛山市副市长邓伟根（左二）、市城市管理行政执法局局长钟美恃（右二）率市区有关领导到武汉大学调研考察数字城管，探索城市管理新模式。

召开佛山市城管专家顾问组 2009 年会

2009 年 11 月 30 日，佛山市城管专家顾问组 2009 年会在佛山举行。佛山市副市长邓伟根，市城管委部分成员单位领导、市城管办全体人员、各区城管办及城管执法局负责人等参加。会议通报了 2009 年的市城管专家顾问组调研成果，并部署了 2010 年城管研究课题。

佛山市体育场馆管理中心

佛山市体育场馆管理中心是佛山市体育局直属单位，负责佛山体育馆和世纪莲体育中心的运营管理工作。除游泳、足球、羽毛球、乒乓球、桌球、溜冰和住宿等日常开放项目外，经营范围还包括体育比赛和培训，文艺演出、体育用品、各种体育球类运动场地租赁等。

佛山体育馆位于禅城区卫国路，目前有主、副二个馆及招待所，建筑面积 1. 3 万平方米。主馆设 4000 个观众席，可承接国际及国内高水平的体育竞赛，可供各种文艺团体表演及大型会议使用。除大型体育比赛、文艺表演外，一年 365 日全天对外开放。

佛山世纪莲体育中心坐落在东平河畔新城区中心组团佛山公园内，总面积 42 公顷，经国际设计竞赛，由德国 GMP 公司设计，总投资约 9.39 亿元人民币，由体育场、游泳跳水馆、训练场和能源中心组成。

体育场 建筑面积约 12.3 万平方米，观众座位 3.67 万个，比赛场由天然草坪标准足球场、400 米跑道、运动员训练场以及其他各项田赛场地组成，可承办国家级的大中型田径及足球比赛。

游泳跳水馆 建筑面积 3.11 万平方米，观众席 2767，内设三个国际标准水池：跳水池、比赛池及训练池。可承办各类游泳比赛项目，是市民健身游泳的好场所。

2009 年举办的赛事有：2009 小沈阳全国巡回佛山演笑会、刘德华中国巡回演唱会、2009 陈奕迅世界巡回佛山演唱会、2009 周杰伦佛山演唱会，佛山市第七届运动会、纵贯线 2009 佛山演唱会、2009 左麟右李佛山演唱会、水上芭蕾音乐会等。

网址：www.fsgym.com

佛山市人民防空办公室

振奋精神　再接再厉　推动人防事业科学发展

佛山市委常委、常务副市长、演习指挥长冼瑞伦

2009年，全市人防工作在市委、市政府、佛山军分区的正确领导和上级人防部门的具体指导下，全市人防事业呈现“好中求进”的发展格局。在全省人防建设目标管理2009年度考核中，被评为“先进达标单位。”

着眼长远，组织指挥体系建设有新的突破　一是人防机动指挥所建设全面推进。2009年4月，市人防办顺利完成了佛山人防机动指挥信息系统建设。该系统含卫星地面站、通信车、指挥车和信息采集车，为平时参与处置重大灾害救援、战时防空袭斗争提供应急机动指挥保障。二是“广佛同城”人民防空袭研究性演习创新特色。2009年9月19日组织了“广佛同城－2009”城市人民防空袭研究性演习。演习采取区域联动、联合推演、互导互演的方式，演练了指挥所开设、人防专业队伍扩编、宣传教育与信息防护、发放防空警报与消除空袭后果等7个课题。是国内首次两个城市联合组织防空袭演习，被广州军区推广经验和做法。三是疏散基地建设和重要经济目标防护工作进展顺利。市、区人防办细化了全市人口疏散计划；完成全市重要经济目标普查；组织、指导重要经济目标单位修订完善防护方案计划、建立防护指挥机构和防护组织；指导生产、储存易燃易爆、有毒有害物品的重要目标单位制定了周边人员应急疏散计划。四是人防信息保障系统建设安全畅通。按照应急准备的要求，制定了市人防指挥信息系统应急转换实施方案，制作了各种人防应急保障图；进一步完善人防指挥自动化网、人防综合业务网、警报控制网、办公自动化网和人防应急指挥室的配套建设，全面实现了指挥信息的畅通。

强化管理，人防工程建设迈向快速发展轨道　坚持“应建尽建，应收尽收”原则，全市应建人防地下室面积同比增长73.7%，收取易地建设费同比增长74.3%。严把“结建”各个关，坚持工程现场和档案资料核查都合格的项目才给予竣工验收备案，确保了人防工程的质量。全市新竣工的人防工程项目都按要求安装了平战转换设施设备，新建人防工程防护设备安装到位率100%。

立足常态，人防宣传教育和法制教育取得新的实效　全年累计发表有关报道116篇，出版2期《佛山人防》；派发宣传资料3万多份；全市人防系统67人参加了省法制月视频学习和考试；收到学生征文357篇，书画比赛作品18幅；参与网上知识竞赛达8000多人次；播放宣传短片1300次，电视台播放宣传口号1089次；全市共有109所学校1659个班8.8万名中学生参加了“三防知识”教育，普及率100%。

稳中求进，机关效能和作风建设得到进一步加强　紧紧扭住人防机关“准军事化”建设的中心内容，突出抓规范，树形象，炼队伍，强素质，全年新增人员9名，培训人次达130人；强化保密安全工作受到好评；人防目标管理考核中被省评为“达标先进单位”；各区机关作风建设进一步改进，得到社会好评。

广佛人防西樵山联谊活动

电子屏幕显示广州、佛山及五区人防指挥部

省人防办主任江泓视察佛山人防机动指挥所

省人防办巡视员唐甸华在人防机动指挥所交接仪式上讲话

佛山仲裁委员会

佛山仲裁委员会的职能是：以仲裁的方式公正、及时地解决平等主体的公民、法人和其他组织之间发生的合同纠纷及其他财产权益纠纷。

（第四届）佛山仲裁委员会主任为蒋万伦，副主任为杨广南、曾建新。另有8位委员分别来自于工商、国土、建设、科技、工商联等8个政府部门。下设办公室（暨秘书处）作为日常办事机构，办公室主任为胡宗仁。仲裁委办公室共有8名工作人员，其中法学博士1名，专职秘书人员均具有法学本科以上学历。

佛山仲裁委员会（第四届）根据《中华人民共和国仲裁法》的规定聘任了135名仲裁员，他们当中有著名的法学教授，经济贸易、房地产、银行、保险、证券期货、建筑设计、计算机和工程技术方面的专家，曾任或退休法官，广东及港澳地区的执业律师等。佛山仲裁委员会依法组成仲裁庭，独立、公正、高效地解决纠纷，维护当事人的合法权益。仲裁庭作出的裁决具有法律约束力。

2005～2009年，佛山仲裁委员会年平均受理案件200多件，每年案件标的额均在10亿元以上，其中2008年案件标的额21.8亿元。多年来，本会案件标的额在全国200多家仲裁机构中均位居前列。

佛山市政府副市长王玲（中）在本会调研

佛山仲裁委员会召开第四届第四次全体委员会议

佛山仲裁委员会举行仲裁员聘任仪式

仲裁的特点和优势：

一、便捷高效。仲裁具有一裁终局的特点，裁决一旦作出，即发生法律效力。仲裁程序简便灵活，允许双方当事人约定仲裁程序，快速解决纠纷。

二、专家审案。仲裁员多是各行各业的专家，他们拥有丰富的行业知识，熟悉相关行业的法律法规、商业惯例，具备多年的实践经验和仲裁经验，仲裁案件时能听得懂、看得清、裁得准，一些专业性比较强的纠纷能够公平及时得到解决。

三、充分尊重当事人的意思自愿。双方当事人可以自行选择仲裁员，仲裁庭允许双方当事人充分发表意见。庭审气氛相对宽松友好。仲裁注重调解，尽量促使双方当事人以协商的方式解决纠纷，从而达到"双赢"的效果。当事人可以自行和解或调解，还可以要求仲裁庭根据和解或调解协议制作裁决书。

四、利于保守商业秘密。除当事人约定外，仲裁案件一般不公开进行，有利于当事人双方保守商业秘密。

五、成本低。相对于诉讼而言，仲裁费用较低，而且实行一裁终局，可以减少当事人解决纠纷的费用和时间成本。

仲裁受理案件的范围：

凡是发生在国际、国内平等主体之间的合同纠纷和其他财产权益纠纷都可以约定由佛山仲裁委员会仲裁。

两类纠纷不能仲裁：第一，婚姻、收养、监护、抚养、继承纠纷；第二，依法应当由行政机关处理的行政争议。另外，有关劳动争议和农业集体经济组织内部的农业承包合同纠纷也不属于仲裁受理的范围。

提请仲裁必须具备仲裁协议：

当事人提请仲裁必须具备仲裁协议。仲裁协议是双方当事人以书面形式请求仲裁机构仲裁合同纠纷和其他财产权益纠纷的意思表示。仲裁协议有两种形式：一是在合同中约定仲裁条款；二是在纠纷发生前或发生后达成的仲裁协议。

仲裁协议（仲裁条款）的示范格式：

1、单独签订仲裁协议的示范格式：

双方当事人经平等、自愿协商，同意将　　合同争议或　　争议提交佛山仲裁委员会仲裁。

甲方（签章）：　　　　乙方（签章）：

2、合同中约定仲裁条款的示范格式：

因本合同所发生的争议，双方同意提交佛山仲裁委员会仲裁。

佛山仲裁委员会仲裁员名单（按笔划顺序）：

万进军	万炯熙	于志宏	马作武	卞祥平	尹祖宁	文 强
方小兵	王全弟	王学沛	王学琛	王树林	王源扩	邓伟平
邓葆华	韦忠儒	冯 果	冯健埠	史际春	叶小玲	叶 仲
宁立志	申 华	龙著华	刘飞虎	刘兴桂	刘连生	刘 杰
刘 恒	刘 颖	孙圣爱	孙 颖	朱克鹏	朱 贤	朱 姝
何万龙	吴少鹏	吴国平	吴 青	吴瑞尧	吴 毅	宋为民
宋长黎	张 力	张开泽	张白沙	张竹英	张志恩	张恒山
张 秋	张晋红	张 翊	张锦坤	李开国	李正华	李伯侨
李昌麒	李明发	李晓春	李 敏	李 联	李新天	杨小菁
杨健翎	杨望成	杨德敏	肖永平	肖来久	肖 锋	陆志安
陈丽蘋	陈均洪	陈治东	陈春生	陈胜辉	陈祥德	麦晓红
单苏建	周贤日	周荣炽	周联合	欧阳可光		欧阳永波
罗伯森	罗余才	罗剑雯	罗筱琦	柯焕锐	胡宗仁	赵学清
赵 钢	郝恒乐	钟立国	钟 坚	唐汇栋	徐亚文	徐玛丽
徐国栋	徐继超	徐静村	袁古洁	袁达松	袁 峰	郭玉军
陶 阳	常廷彬	常 健	曹文刚	梁恩球	梅尽章	隋彭生
黄志勇	储育明	彭 虹	曾建新	曾 怡	曾祥生	温世扬
程信和	童汉明	葛承书	董晓娟	蒋万伦	谢石松	谢晓尧
蓝 松	赖紫宁	赖楚舒	廖焕国	廖肇辉	谭伟平	谭宗泽
潘晓明	黎学玲	魏敬淼				

佛山仲裁委员会地址：禅城区华远东路发展大厦27层A座
立案及咨询电话：0757－83207990
传真：0757－83126110　邮编：528000
网址：http://www.fszc.gov.cn

全力以赴加强城市环境建设管理
以实际行动和成效提升城市形象
认真落实区委、区政府工作部署“开好局、起好步、呈好景”

禅城区环境运输和城市管理局

在2010年中，禅城区环境运输和城市管理局在禅城区实施大部制改革后，由原禅城区公用事业局、城市管理行政执法局、环境保护局、交通运输局等部门先后整合而成，目前全局内设科室21个，派驻管理分局5个，下辖事业单位13个，主要担负禅城区环境保护、交通运输和城市管理方面的管理、养护和执法等职能。在区委区政府的正确领导下，已较快地完成了机关的整合，使各项工作得到稳步开展。回顾今年以来所做的工作，主要完成了如下的一些重点、亮点工作：

启动“城市清洁工程”。我局制订了《禅城区实施“城市清洁工程”工作方案》，组织召开了全区的动员大会，修订和完善《门前市容卫生责任书》，积极推进门前责任制的落实，让城市清洁意识深入人心，切实提升城市面貌和环境卫生水平，打造出干净、整洁、有序、靓丽的城市环境。

实施精细化管理工作。开展城区环境卫生精细化管理，实行商铺门前卫生评比机制，推进“垃圾不落地”工程。开展撒漏扬尘综合整治，建立一套“组合拳”，有效遏制区内车辆扬尘撒漏现象的蔓延。开展绿化景观提升工程，研究推进欣赏型绿化、艺术型绿化的建设。

扎实推进绿道网建设。我局对南庄区域绿道路线走向进行了重新优化和调整，提出了全新实施复线建设的理念，并得到了省、市有关领导的认同。

积极配合限摩工作。配合限摩是我们关心民心工程的一项重点工作。结合禅城区实际情况，认真做好公共交通服务保障工作，调整和优化了区内公交线路，使调整后的公交覆盖率将达到98%；通过增加运力、更新车辆，进一步解决了市民候车时间长的问题；此外，积极加快公交智能电子站牌、智能公交调度系统、公交专用车道、自行车道、公共自行车站点等建设，切实为“限摩”后市民的出行提供便利。

认真做好亚运保障。我局作为落实“三着力一推进”亚运环境质量升级和公交升级组的牵头单位，专门成立了“亚保办”，抽调了相关部门的人员负责此项工作。重点抓好了“两个升级”，即好环境质量升级和公共交通升级，并建立工作“倒逼机制”，为亚运会的召开创造了更优质的环境、更顺畅的交通和更美丽的城市形象。

实现资源高效整合。结合大部制改革，我局整合了交通、环保和城市执法资源，建立起联动联管机制，推行中队包片、个人包块的包干制度，落实层级管理责任，实行“人人身上有责任，个个头上有指标”的网格化管理；同时，实现管养、管理和执法的有机结合，在大部制改革后工作关系更密切、协调配合更有效、工作效果更明显，逐步实现“大城管”、“大综治”格局。

努力推行下一步体制改革。我局将结合工作实际，认真制定职能下沉的工作方案，将城市管理职能下沉到街道，并理顺好机制体制的问题，提高城市管理效率，集中精力抓好城市形象的提升工作。

新组建的禅城区环境运输和城市管理局将在局班子带领下，紧紧围绕区委、区政府的工作重心，全力以赴加强城市环境建设管理，以实际行动和成效提升城市形象，争创“博大精深、近悦远来”的智慧禅城！

佛山市委常委、副市长叶明权到南庄检查绿道网建设情况

原佛山市副市长邓伟根、市环保局局长霍锡准、禅城区区长黄喜忠、副区长乔羽参加“迎亚运环境升级计划”启动仪式并拉下启动仪式手杆

社区居民向城管部门咨询相关法律问题

投入使用的禅城公共自行车系统，车辆整齐划一

禅城区水务局

禅城区水务局基本情况

禅城区水务局是区政府水行政的主管部门。2003 年 1 月区政府设置禅城区农业水利局，至同年 8 月分设禅城区水利局和禅城区农业局。2010 年 2 月，根据区政府机构改革方案，组建区水务局，将原区公用事业局的供水、排水、污水管理等职能及原区水利局的职能划入区水务局，局机关现有干部职工 29 人。

2009 年业绩

（一）完善水利基础设施建设。

1、全面完成了禅城区城乡水利防灾减灾工程，并已全部办理销号。

2、积极实施 2009 年水利建设计划项目。至 2009 年底，有 9 项工程已完工或基本完工，6 项工程正处于设计或预算送审阶段，1 项工程于 8 月动工。

3、全力推进罗南泵站、平流泵站等民生重点工程的实施。目前，罗南泵站已完成并交付使用，平流泵站也预计在 2010 年投入试运行。

（二）全力推进水环境整治工程建设。

1、大力推进汾江河综合整治水利项目。2008 ~ 2009 年列入水利岸线组工作任务内的工程共 15 项（其中 1 项暂缓实施），工程总计划投资约 7.52 亿元。至 2009 年底，6 项工程已完成，其他正在有条不紊地推进。

2、积极推进内河涌整治。2009 年度我区计划河涌清淤总长度 8473 米，清淤总方量 7.16 万立方米，总投资 420.8 万元。

（三）依法行政，加大执法，规范水事活动秩序。

全年共查处各类水事违法事件 43 宗，督促涉水工程相关单位履行审批手续 25 宗，配合汾江河综合整治查处在河道堤防管理范围内的违章建筑物 23 宗，清理河滩地垦植面积约 2800 平方米，协调相关单位清理河堤卫生 128 起，清理垃圾共约 2670 吨。

（四）加强水利建设过程中的管理，确保"工程优质、干部优秀"。

（五）认真贯彻落实《珠江三角洲地区改革发展规划纲要（2008—2020 年）》，积极修编《禅城区水利现代化建设规划纲要》、《禅城区主干内河涌综合整治规划》、《禅城区水资源综合规划》等水利发展相关规划。

2010 年的展望

2010 年既是禅城区的"精细化管理年"，也是水务局的开局之年，我们将坚持"三心"，即必胜的信心、工作的无私心和创业的事业心，确保三条主线的安全，即确保防洪排涝安全、确保水资源安全、确保工程建设安全，积极配合区政府做好机构改革工作，全面开展水利工程建设，继续重视水环境的整治，大力推进汾江河综合整治水利与截污项目，加大水事违法的查处力度，在全局内部实施精细化管理，进一步提高水务管理水平，打好开局的第一仗。

南北大涌岸线整治工程

陈云贤市长、梁毅民书记等市区领导检查我区三防水利工作

陈云贤市长检查禅城区平流泵站

罗南泵站

石角涌整治工程景观亭现场

南海区住房和城乡建设局

2009年12月15日，中共中央政治局常委、国务院副总理李克强视察夏西村通过"三旧"改造落实城镇化工作

2009年11月26日，区住建局局长蔡汉全向省长黄华华等领导介绍南海"三旧"改造项目情况

2009年，区住房和城乡建设局认真贯彻落实区委、区政府的决策和部署，围绕"内强素质，外树形象，勇敢创新"的工作主题，创新机制强基础，狠抓质量保安全，提高效率促服务，规范管理求发展，活化队伍促提升，建设房产事业取得了健康稳定发展。2009年，全区房屋建筑和市政基础设施工程施工报建1087项，同比增加3.5%；建筑面积663.36万平方米，同比增加16.36%；工程造价92.7亿元，同比增加50.63%。2009年全区商品房销售面积和金额均创历史新高，全年全区共销售商品房4.77万套，同比增长了50.46%；销售面积达436.1万平方米，同比增长78.2%；销售金额超过276.67亿元，同比增长95.04%。

自2007年开展"三旧"改造工作以来，成效明显，改造规模领跑五区。截止2009年，全区纳入《佛山市"三旧"改造专项规划（2009–2020）》的改造用地达8.52万亩，约占全市总改造土地面积的三分之一，认定"三旧"改造项目1288项。2009年启动 "三旧"改造项目166个，已完成项目76个，共投入资金167亿元，已完成改造土地2800多亩，圆满完成了全区2009年制定的"双五十计划"任务。通过改造，提升了土地利用价值，实现了产业结构的优化升级、南海的城市形象和内涵也得到有效提升，受到了上级部门的充分肯定。

2009年11月26日，省长黄华华视察南海"三旧"改造项目瀚天科技城

万科金御华府

南海区城市综合管理局

"数字城管"初步构建

2009年2月，南海区数字城管系统建设启动，随后有关单位赴北京市朝阳区、深圳市福田区参观考察其数字化城市管理新模式的建设和运行情况。区数字城管系统依托市的统一平台，在区设置监督指挥中心，在镇街分别成立指挥中心。项目建设分两期进行，一期覆盖桂城街道，二期向其他镇街拓展。2010年6月30日，一期工程完工，南海区城市管理中心正式启用，数字城管系统投入试运行。

城管工作站显成效

全区8个镇（街道）已挂牌成立城管工作站67个。城管工作站通过设立投诉电话，开展宣传活动等方式，力求将问题解决在一线。2009年，由于工作站建设力度的加大，各执法分局接到的信访投诉共5821宗，与去年同期相比下降了19.3%。城管工作站充分利用村（居）、社区的城市管理力量，实现了城市管理工作重心下移的目的。

广佛城管共建共赢

率先合作建设"城管执法共建路"，为探索城管执法领域的广佛同城化道路首开先河。与广州城管部门进行合作细则的磋商，在流动摊贩、水上排污、泥头车撒漏等方面进行密切合作。2009年11月，两地城管部门联合交警、路政等单位，联手开展泥头车专项整治行动，查处了46台散装物料运输车，严厉打击了车辆撒漏的违法行为。

"艳阳行动"全员参与

2009年7月22日，在全区开展以"服务群众、服务基层"为宗旨的"艳阳行动"，采取"步巡为主、车巡为辅；教育为主、处罚为辅"的方式，对违反城市管理法规的行为进行纠正、教育和劝导，并在各镇（街道）设立宣传点，派发城管宣传资料，现场接受群众咨询，增强了市民对城管工作的认识与理解。

城管工作站。

艳阳行动。

市区领导视察数字城管。

数字城管系统试运行。

南海区信访局
南海区综治信访维稳中心

中心大楼外观。

中心受理总台。

"一站式"方便来访群众

2010年7月27日，位于南海区政府大院东南侧的南海区综治信访维稳中心（下称区中心）挂牌成立。中心办公面积2000多平方米，设置接待受理厅、人民群众来访接待室、矛盾纠纷联合调解室、法律咨询室、法官工作室、驻警室、联席会议室等功能区，充分整合综治、维稳、信访、司法、公安、法院、检察、人力资源和社会保障局等部门以及各有关行政机关和群团组织的力量，统筹人民调解、行政调解、司法调解三大调解资源，搭建群众上访"一站式"服务平台。

集中力量解决重大纠纷

区中心通过建立一个窗口服务群众、一个平台受理反馈、一个流程调解到底、一个机制考核落实的"四个一"运作方式，着力调处重大矛盾纠纷，组织协调各级各有关部门开展社会治安联合防控；矛盾纠纷联合调解；重点工作联勤联动；突出问题联合治理；基层平安联合创建、流动人口联合管理服务的"六联"工作。

"三级中心"互联互通

全面推进南海区、镇街、村居"三级中心"一体化建设，构建架构、工作、台账、考核、信息、网络、培训、宣传联动的大综治工作网络，真正形成各级综治信访维稳工作的统一指挥调度和监督管理体系。

三水区地方税务局

2009年，是三水区地方税务局锐意进取，化危为机，各项工作硕果累累的一年。这一年，三水区地方税务局组织收入实现了逆境突围，重点税源集中控管走出了新路子，效能考核创出了新经验，星级办税服务迈上了新台阶，文化建设精彩纷呈，圆满完成了各项税收工作任务。同时，2009年，三水区地方税务局还获得了"三水区2009年度机关作风和效能建设工作十佳单位"称号；四个办税服务厅先后获得省、区级巾帼文明岗，区级青年文明号以及行政服务"先进窗口"单位等荣誉称号。

组织税费收入取得新突破 全年共组织税费收入23.3亿元，同比增长11%。其中，税收收入14.7亿元，同比增长12%。社保费收入7.55亿元，同比增长16%，为地方经济社会发展做出了积极贡献。

税收管理精细化水平显著提升 成立重点税源管理组，对占总体税源70%的重点税源进行集中控管，专业化税源管理走出新路子；并多方协作，建立起对一次性税源的部门协管机制；此外，征管档案管理规范化建设，税收信息化建设，协税护税网络建设等工作也取得显著成绩。

纳税服务工作迈上新台阶 全面完成了4个新型办税服务厅的建设工作，实现了纳税服务设施现代化和服务标准化；并通过全面推行"一窗式"服务，定期举办税法公告例会和新开业户税前辅导会，积极下企业进行纳税辅导等措施不断提升纳税服务水平，广获纳税人好评。四、队伍素质和活力有效提升。以创新机制为突破口，融入现代企业管理理念，结合三水地税实际,出台实施了新的效能考核办法，构建起权、责、利相统一的效能考核评价机制，在全系统营造了良性竞争的氛围，推动了全局整体工作水平的提升。

文化"软实力"大大提升 大力弘扬激励、推广、关怀文化，增强队伍凝聚力。不断提升《三水地税》内刊办刊水平，对内营造和谐进取的文化氛围，对外构建税、政、企和谐互动的桥梁；成立文艺队伍，自编、自导、自演文艺节目，丰富文化生活；成立"三水地税志愿服务总队"，积极参加义工团等活动服务社会。

2010年，是实现我区地税事业科学发展承上启下的关键一年，也是我局的"基础建设年"和"文化建设年"，我局将一如既往革故鼎新、与时俱进、先行先试、不断进取，切实履行好"聚财为国、执法为民"的神圣使命，加强基础建设，深化机制创新，严格依法治税，拓展服务内涵，彰显文化特色，强化队伍建设，为地方经济社会健康快速发展多做贡献。

开放日

三水区局开通自助办税系统

税务宣传活动

重税组税法例会

佛山市公安局高明分局

2009年，佛山市公安局高明分局在上级机关和区委、区政府的坚强领导下，深入推进"三项建设"（公安信息化建设、执法规范化建设、和谐警民关系建设），牢牢把握"保增长、保民生、保稳定"这条主线，充分发挥职能作用，为促进经济平稳较快发展、保障人民安居乐业作出了积极贡献。

成功应对了国际金融危机给社会稳定带来的冲击，兑现了"迎国庆、保平安"的庄严承诺，大型安保活动均实现"零差错"，捍卫了全区和谐稳定的发展环境。重点推进社会治安视频监控系统建设等关键工程建设，历史性解决了3000万元的视频监控系统建设经费。连续二年获得全省执法优秀单位，出台了《高明分局密切联系群众工作的指导意见》，建立了密切联系群众常态化机制。打击犯罪力度进一步加大，治安防控体系进一步完善，社会打防效果进一步凸显，各类违法犯罪警情下降了两成多，侦破"8·28"文明路抢劫金银加工店案等一些社会影响恶劣的案件，命案破案率100%，经第三方调查显示，群众安全感和满意度得到全面提升。继续深化行政审批改革，积极推进"服务措施一网办"，出入境、人口、车管等多项行政管理措施实现网上公开、网上办理，成效显著。交通、消防管理成效明显，全区交通事故"四项指数"（事故数、死亡数、受伤数、财产损失）全面下降，火灾事故实现"零伤亡"。不断创新队伍管理和教育培训的方式，激发队伍战斗力提升和精神面貌的改观，队伍中涌现出了一大批先进人物。

高明区迎国庆万人上路保平安誓师大会，区委书记马亮照出席并讲话。

高明区一年一度的元宵烟花晚会，区委常委、政法委书记、公安分局局长梁恩球亲临现场指挥。

高明区社会治安视频监控系统建设启动仪式在富湾湖酒店举行。

加强治安防范，确保社会安全稳定。

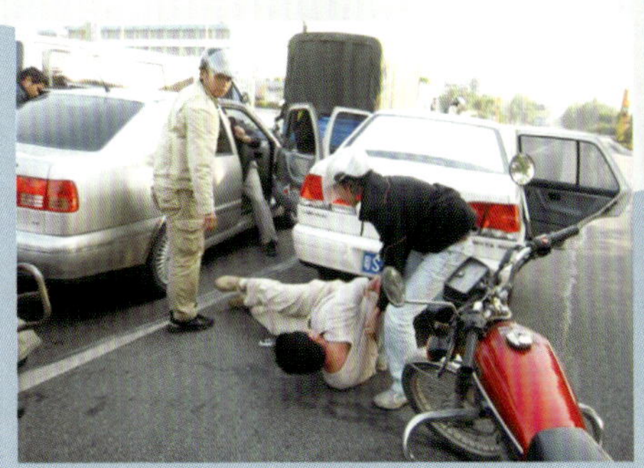

四支便衣专业队不断擦亮英雄品牌。

在荷城广场召开打击处理大会。

佛山市公安局三水分局

2009年，是全区公安机关创新思路、夯实基础、提升效能的一年。是年，全区公安机关紧紧围绕省公安厅提出的"建为民公安，保南粤平安"总目标，以"内强素质、外推综治"为工作思路，全力推进公安"三项建设"，不断深化"三基"工程建设，加强社会管理工作，以开展大维稳大综治工作为契机，主动参与社会维稳工作；以实施情报信息主导警务工作为依托，认真开展"粤安09"行动、打击假币犯罪"09行动"、"打黑扫赌收黑枪"百日行动、"创平安、迎国庆"重点打击行动，严密防范和严厉打击各类违法犯罪活动；以推进"五个一网"建设为抓手，巩固基层工作，盘活警力资源，不断激发队伍活力，提高民警的整体素质，确保实现社会大局动态稳定，110违法犯罪警情呈双位数下降，公安打击效能创近年来之最，人民群众安全感和满意度稳步上升。全年110违法犯罪警情下降10.1%；刑事立案下降5.3%，降幅为全市最大；破刑事案件上升2.9%；刑事拘留人数上升22.6%，执行逮捕犯罪嫌疑人数上升10.1%，打掉各类犯罪团伙248个；百名民警执行逮捕犯罪嫌疑人数居全市首位；送强制隔离戒毒人数上升1.67倍，升幅为全市最大。开展"创平安、迎国庆"重点打击行动综合人均成绩在全市五区中名列前茅。

三水分局局长卢志雄与广州市公安局花都区分局局长黎宇轩签订警务协作协议。

三水区人民法院与三水分局联合举行公开宣判处理大会。

社区民警向市民派发安全防范宣传单。

三水区交通局 抢抓机遇促发展 做好服务创佳绩

2009年是"广佛同城"、"广佛肇经济圈"建设的开局之年，一年来，三水区交通局紧紧围绕区委、区政府提出的中心工作，深入贯彻落实科学发展观，抢抓交通发展的难得机遇，想方设法抓工程融资；进一步完善公路网规划修编，提出了"五纵九横环一"干线公路网方案；继续加大工程管理力度，扎实推进交通基础设施建设，全区在建交通工程9项，总投资约22.3亿元，年内完成交通建设投资约5.46亿元，工程项目数及总投资额均创历史新高，标志着我区交通建设进入了新的高速发展期。

与此同时，扎实推进机关作风和效能建设，促使服务质量上水平，行业管理工作有成效：积极探索发展区间客运，年内调整区内公交线路5条，开通区内公交快线1条、佛肇城巴线路1条、镇内公交线路12条；积极开展"村村通水泥路扫尾工程"，全区完成农村公路硬底化里程约724公里，为全区农村公路总里程95%；加大运输市场秩序整治力度，大力开展超限超载、道路撇漏、出租车拒载等治理工作；进一步规范水路运输、港口码头、道路路政和养护、安全生产管理，实现行业管理服务水平不断提升。2009年，我局被省交通运输厅评为广东省全国公路水路运输量专项调查先进集体。

区领导视察塘西大道一期工程建设情况

云东海大道北段工程施工现场

佛山市三水区国家税务局党组书记、局长 许洪

区局局长许洪与部门负责人签署《廉政责任书》

区局副局长黄学斌（左二）到办税服务厅前台窗口检查指导工作

区局副局长梁慧青（右一）出席结对帮扶华布村捐赠仪式

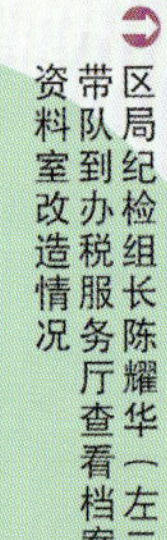
区局纪检组长陈耀华（左二）带队到办税服务厅查看档案资料室改造情况

区局办税服务厅办税服务组被广东省妇联授予"广东省巾帼文明岗"光荣称号

三水区国家税务局

佛山市三水区国家税务局是主管佛山市三水区国家税收工作的职能局，在编干部职工185人。内设行政机构：办公室、人事教育科（机关党委办公室）、监察室、收入核算科、征收管理科、纳税服务科、政策法规科、税源管理二科、办税服务厅（税源管理一科）。直属机构：稽查局。事业单位：信息中心。派出机构：白坭税务分局、乐平税务分局、芦苞税务分局。

2009年，佛山市三水区国家税务局面对国际金融危机的冲击和困难复杂的经济税收形势，紧紧围绕"创新发展"的工作主题，坚持"依法行政、科学管理、公正执法、高效服务"的工作理念，对内切实加强基础性建设和规范化管理，对外着力强化税源监控管理和纳税优质服务，促使各项工作取得了新发展、新成绩。2009年，佛山市三水区国家税务局共组织税收收入（含免抵调库收入和海关代征收入）37.64亿元，同比增长3.97%。其中，国内税收收入19.31亿元，同比增长1.44%；区级收入4.23亿元,同比增长0.8%，实现了税收收入总量、国内税收收入和区级收入三个"正"增长，出色地打赢了组织收入的攻坚战。

【税源管理】坚持科学化、精细化、专业化管理，夯实税收征管基础，健全税源管理机制。全面推广应用税务管理流程，夯实了国税工作规范化、标准化的管理基础。探索建立区局、分局、税收管理员三级互动的税收分析体系，为建立风险导向的税源管理机制打下基础。创新税收管理员制度，实行税收管理员分类管理，建立了按照风险级别和管理重点实施有针对性的税源管理模式，推动税源管理水平不断提高。

【纳税服务】坚持"高效、优质"的服务理念，整合服务资源，创新服务形式。以解难题、办实事、促发展为核心，全面推行网上办税、实行POS机扣缴税款，提供高效便捷服务；以纳税人需求为导向，主动提供个性化辅导，适时举办信息通报会、政策辅导会等等，提供贴心优质服务。全面落实税收优惠政策，2009年落实增值税转型共为纳税人减负1.2亿元，办理出口退税2.3亿元，办理其他减税、免税1.09亿元。

【规范执法】坚持"内外并举、重在治内、以内促外"的依法治税指导方针，对内采取人机结合的方式，推进内部执法检查日常化、机制化，强化日常执法监督和实时监控，不断提高税务干部规范执法的能力和水平。对外充分发挥税务稽查的作用，通过专项检查、重点整治，有计划、有步骤地开展了多项税收秩序整治工作，共检查评估1531户企业，查补税款7000多万元。

【内部管理】坚持现代行政管理理念，促进管理创新，提升行政效能。推行目标管理，完善考核体系，有效评价工作绩效；加强内部网站建设，创建多种信息刊物，拓宽内部信息流通渠道，实现资源共享；利用每月例会搭建集中反映问题、解决问题的工作平台，创新"问题管理"工作机制，及时发现并解决工作问题；完善工作计划、例会等一系列管理工作，建立起涵盖行政、征管、管理等各方面的通报制度，有效推进全局重点工作的贯彻落实，大力提升了组织整体行政效能。

【队伍建设】坚持以人为本，努力打造专业化、职业化的国税干部队伍。以全面提高干部职工的岗位技能、职业素养和综合素质为目标，建立分类培训管理机制，定期开展各种专题培训；积极探索人力资源激励机制，不断完善税管员、信息员等7员为主的专业化人才队伍建设；充分发挥党、工、青、妇组织的作用，组织开展丰富多彩的文化活动，大力推进税务文化建设，营造先进文化团队氛围，构建和谐团队。

禅城区祖庙街道

祖庙街道位于禅城区东北部，东至桂澜路，南沿季华路，西以佛山大道为界，北抵汾江北岸。辖区面积31.6平方公里，下辖9个村和56个社区居委会，户籍人口30.45万人，流动人口11.81万人。2009年实现地区生产总值327.8亿元（按在地统计口径，下同），同比增长14.5%；实际利用外资1.9亿美元，增长40%；固定资产投资额65亿元；国、地两税收入48亿元；农村居民人均纯收入12656元，增长12%。

全力推进旧城区、旧物业、城中村“三旧”改造工作

祖庙一东华里片区改造动迁工作已完成任务的99.8%。季华中心商务区的首期重点项目稳步推进，其中九鼎国际城已经封顶并发售，其南部的商业部分正在建设，预计2011年开始试营业；恒福国际商业中心项目现正在施工；永新南村旧村改造项目的集体土地转国有手续已通过审批，规划调整工作已完成；季华七路镇安村地块的7个土地权属人已达成了统一规划、连片改造的意向，正在办理集体土地转国有审批手续，拟改造成金融商务片区。同时，祖庙街道还承担了同济东路、广佛地铁4个站口和汾江河综合整治工程征地拆迁等十几项征拆工作。2009年“三旧”改造动工面积72万平方米。

省社会福利和慈善事业处处长周惠明、市民政局副局长李冠明等领导出席仁安长者托养中心启动暨居家养老“四网”联动服务开通仪式

南浦社区被评为“全国综合减灾示范社区”揭牌仪式。

祖庙街道顺利通过“中国曲艺之乡”的复评。

戏曲表演。

第三产业快速发展

依托祖庙商圈、东方广场商圈、季华商圈几大商圈和城北片区的物流市场，2009年全街道实现第三产业增加值220亿元，增长19.5%；社会消费品零售总额165亿元，同比增长21.3%。兴华商场、佛山宾馆、吉之岛等服务性三产企业纳税都超1000万元以上。

支柱行业在稳步发展

海天、欧司朗、照明、佛塑、水泵厂等骨干企业积极面对金融危机，实现了率先突围，成为拉动街道经济平稳增长的主要力量。全街道实现工业总产值360.4亿元，增长10.5%。骨干企业中税收超5000万元企业有10户，纳税总额13.9亿元；纳税1000万元以上的企业有54家；纳税500万元以上的有84家。

社会各项事业蓬勃发展

发挥街道综治信访维稳中心的作用，大力推进社会治安“大综治”格局，社会大局稳定；大力推进就业与再就业工作，做好社会帮扶救济工作，大力开展“六好”平安和谐社区创建工作，永安、朝安东等15个社区居委会被评为广东省“六好”平安和谐社区，南浦社区被评为全国综合减灾示范社区、广东省文明社区，花园、南浦、铁军、唐园、永安等5个社区被命名为佛山市绿色社区；开通“安颐通”平安钟呼援服务系统，打造居家养老精品服务，受到省民政厅的好评；同济小学被评为省红领巾示范学校、全国首批语言文字规范化示范校及省首批语言文字规范示范学校。街道档案管理通过省特级复检，镇安村被评为省特级档案目标管理单位。街道被评为佛山市计划生育工作先进集体和禅城区计生工作先进单位。街道还被评为“中国曲艺之乡”。

永新南村旧改项目效果图。

禅城区张槎街道

张槎街道位于佛山市禅城区西部，广佛经济商圈的重要组成部分，总面积 26.5 平方公里，下辖 15 个村委会和 6 个居委会；常住人口 8 万多人，外来人口 20 多万人。2009 年，全街道实现地方生产总值 213.67 亿元，同比增长 14.5%；完成工业总产值 709.42 亿元，同比增长 11.8%；完成固定资产投资 55.1 亿元，同比增长 22.4%；完成社会消费品零售总额 26.45 亿元，同比增长 22.1%；完成实际利用外资 6155 万美元，超额完成任务，完成合同利用外资 1195 万美元。

张槎街道文化中心正式成立，整合了六个部门和各类群众文体组织

轻工路正式动工，一期工程于 2010 年 8 月正式竣工通车

广东省民营科技园张槎园开园

佛山市禅城区《丝光棉针织 T 恤衫联盟标准》正式发布

张槎街道首个村级行政服务中心落成

张槎交通便利，广珠、广湛、佛开高速公路、一环贯穿境内。张槎有着较为典型的岭南水乡气息，拥有东平河、汾江河、王借岗自然风景区等，为张槎营造了得天独厚的经商环境和人居环境。2009 年，张槎街道沿着"禅西新城、商聚张槎"的发展方向，加快产业结构调整，以张槎民营科技工业园为载体培养高新技术产业集群；全面启动"槎针片区"、"玉带片区"、"民科园二期土地开发项目"等重点项目以及村、组两级留用地开发，全面完成"三大改造"任务；努力推进轻工路、张槎西路、季华路北延线、朗宝西路、朗宝东路等多条道路的改造建设，提升现代化城市形态；全面启动农村行政服务中心建设，大力发展社会文化体育事业，切实维护社会大局稳定，促进张槎经济社会持续、快速、和谐发展。

2010 年张槎将全面贯彻落实禅城区的总体发展思路和工作部署，着力抓好以下几方面工作：一是以落实《规划纲要》为契机，推进禅城东西部协调发展；二是以产业结构调整为抓手，大力发展都市型产业；三是以重点项目建设为引领，推进城乡统筹发展；四是以基础设施建设为突破，提升现代化城市形态；五是以增强政府执行力为重点，强化农村机制建设；六是以民生维稳为根本，构建和谐、健康、文明的社会公共服务体系，全力推动精神文明建设和社会各项事业发展，坚持依法行政，维护社会稳定，改善民生，致力把张槎建设成为一个全新的"宜工、宜商、宜居"的都市型禅西新城，引爆禅城西部新一轮大发展。

2009 年 11 月 26 日，广东省省长黄华华（左三），佛山市禅城区委书记梁毅民（左二），禅城区区委常委、石湾镇街道党工委书记谭伟平（右一）等出席在石湾镇街道石头村滨海御庭举行的广东省"三旧"改造现场工作会。

2009 年 11 月 24 日，佛山市市委书记、市长陈云贤一行到石湾镇街道调研"三旧"改造等方面工作。（图左起：石湾镇街道党工委副书记、办事处主任黄建文，佛山市副市长冼瑞伦，佛山市市委书记、市长陈云贤）

2009 年 3 月 31 日，佛山（国际）家居博览城项目建筑工程发包签约仪式

"改造水浸区，建美好家园"，2009 年 8 月 11 日街道领导为石湾劳动小区美陶花园动工仪式剪彩。

2009 年 2 月 25 日，日本东京不锈钢流通协会访问团考察石湾镇街道不锈钢企业

禅城区石湾镇街道

2009 年石湾镇街道在区委、区政府的正确领导下，以科学发展观统领发展全局，以产业结构调整和产业升级为主线，以"三旧改造"为突破口，切实转变发展方式，保持经济平稳较快发展，全面完成年初既定的各项工作目标。

大力推进"精品经济"建设，整体经济科学发展

经济保持平稳较快发展。全年完成国内生产总值（GDP）280 亿元，增长 14.5%；社会工业总产值 669 亿元，增长 11.5%；固定资产投资 103 亿元；实际利用外资 15673 万美元，增长 72.6%。

产业结构调整成效显现。加快实施"优二进三"发展战略，推动现代服务业的快速发展。2009 年实施的 51 个重点项目中房地产、商贸、酒店等现代服务业项目所占的比重达 90% 以上。第三产业在我街道经济中的比重从 2008 年的 38.3% 增加到 40.7%，产业结构得到了明显的优化。

传统特色产业进一步提升。第一，积极推动不锈钢产业向高端发展。一是筹建不锈钢高新产业园区。二是加快公共创新服务平台的建设。由华南不锈钢技术创新中心牵头策划的广东省不锈钢产业技术路线图于 2009 年 10 月份正式立项。依托华南不锈钢技术创新中心、三大国家级重点实验室等公共创新平台，大力开展自主创新，催生了一批科研技术成果。第二，加快提升陶瓷产业的发展水平，重点改造提升现存陶瓷企业的发展水平。鹰牌、东鹏、红狮等陶瓷企业获得省清洁生产认证企业称号。

大力推进"精品城市"建设，城市化明显加快

澜石片区改造项目。项目总面积 2176 亩，实际改造面积 1800 亩，涉及拆迁建筑物面积约 100 万平方米。

佛山（国际）家居博览城项目。项目首期 281 亩，建筑面积约 81 万平方米，投资 30 亿，将建成全球最大、最具现代化规模家居博览"航母"。

此外，滨海御庭、慧港国际、翠堤明珠等一大批旧改项目稳步推进。

大力推进"精品文化"建设，提升城市软实力

文化创意产业蓬勃发展。1506 创意城目前已完成了 10 万平方米的改造，引进了 70 多家创意企业及 20 多位艺术家入驻，并与国内外 60 多所设计、艺术院校共建实训基地；南风古灶举行的中国（佛山）首届陶瓷节，吸引近 40 万市民和游客及国内外 60 多家媒体参与，提升了石湾陶瓷文化在国内外的影响力。

石湾陶艺知名度不断提高。2009 年组织了部分国家级及省级陶艺大师到宜兴、景德镇、德化等地考察学习，拓宽陶艺发展视野；组织陶艺品到国内外著名陶瓷产地进行陶艺展销，提高石湾陶艺知名度和影响力。

大力推进"精品服务"建设，社会各项事业持续发展

石湾镇街道社会治安综合治理效果显著，荣获"全省平安建设先进镇（街道）"称号。启动了全民健身活动，承办了"中国 · 石湾鹰牌陶瓷杯"第七届粤桂港澳台狮王争霸赛暨全国夜光龙邀请赛。积极开展创建和谐社区建设活动，共有七个社区被评为省"六好"平安和谐社区。

大产业 大商住 推动大发展

禅城区南庄镇

2009年10月，“港宏世家”房地产项目奠基

2009年10月，第十四届中国（佛山）国际陶瓷及卫浴博览会开幕式

2010年1月，南庄镇慈善会成立，筹款近3000万元

近年来，南庄镇以先进制造业基地和现代服务业重镇为建设重点，以产业优化升级、“三旧”改造及民生建设为抓手，加快推进大产业大商住发展，全力打造中心城区西部核心平台。

奠定大陶瓷产业格局。坚决淘汰低端陶瓷生产环节，通过三年时间完成陶瓷产业调整，现有陶瓷企业全部通过广东省清洁生产验收；新中源、新明珠等骨干陶瓷企业将地区总部、销售中心和研发平台保留在南庄；华夏陶瓷城、总部基地、瓷海国际等陶瓷产业巨擘吸引国内外上千家陶瓷品牌企业进驻，至2009年底，南庄境内有各类陶瓷展厅1027家、总部124家，初步形成国内高端的陶瓷研发、设计、信息、展贸平台和后勤服务基地。

迈进大商住宜居新时代。根据上级党委政府的部署，南庄镇在果断推进产业调整的同时加快推进城市化建设。依托水乡生态优势，南庄正加快建设占地10平方公里、具有浓郁岭南水乡特色的生态休闲区，重点发展旅游度假、体育休闲、文化娱乐等新兴产业，片区中心已开挖面积1000亩的中心湖。同时，港宏世家、上元国际等房地产项目先后奠基建设，海盛东方环保城、国际水暖卫浴城、纵横国际大饭店等项目加快推进。重点项目引领南庄经济加快发展，2009年全镇实现地区生产总值102.49亿元，同比增长14.5%；工业总产值286.9亿元，同比增长11.2%。

营造经济社会发展的和谐氛围。实行重心下移，强化基层组织建设，镇领导干部驻村挂职协助村委会规范村政村务管理；村集体经济加快发展，村民人均股份分红达4480元，比2008年增长20%；发挥镇综治信访维稳中心和村（社区）综合管理工作站作用，积极开展下访和调处化解矛盾问题；完成学校布局调整，改善办学条件；设立村级医疗服务站，方便村民就近就医；建立基层视频监控系统，构建治安管理联防网；设立村级行政服务中心，将行政服务延伸到村组一级。

南海区桂城街道

景色秀美的千灯湖

桂城街道地处南海区东部板块，是全国珠宝玉石首饰特色产业基地、广东机械装备专业镇、广东省村务公开民主管理示范街道、广东省教育强镇和体育强镇。辖区面积 84.16 平方公里，常住人口近 55 万人，辖 22 个行政村和 19 个社区。2009 年，桂城实现地区生产总值 252 亿元，产业结构以第三产业和都市型工业为主导，形成了金融服务、商业房地产、专业批发市场、餐饮娱乐、都市型科技电子等新兴支柱产业。

桂城街道立足广佛同城，将城市发展目标定位为“广佛休闲商务区（RBD）”。随着城市形态和内涵的不断丰富，桂城形成了一套“小政府，大城市”的施政理念，政府通过搭建“四大平台、一个重点”，使政府、市场、社会有机互补，产业、环境、人文有机互动。桂城正在发展成为一座经济繁荣、环境宜人、人文昌盛的现代新城。

培育产业社区 桂城提出产业社区的理念为都市型产业搭建聚集发展的平台，实现产业发展与社区建设的有机结合。广东都市型产业基地和广东金融高新技术服务区现已成为区域现代服务业、都市型制造业的孵化平台。昭信金谷·光电产业社区、国家 4A 级的平东玉器旅游文化特色产业社区、富丰新城、广佛全民健身中心（体育城）、石啃南都商业片区、华南汽车城等多个新型产业项目，与城市社区的人文生活相融合，逐步实现发展立足社区，发展惠及社区，成为融于城市经济生活的产业社区。

十年规划水网马赛克 桂城以省会城市标准建设城市中的岭南水乡，实施水网“十年规划”，打造“十湖景观”的水网马赛克，形成马赛克状城市生态水系。现已形成怡海、东涌、佛平涌、𧒽岗公园至千灯湖的 10 公里水网中轴线。未来十年，桂城将不断推动水网岸线接驳市政公园、步行系统等城市公共活动设施，逐步连接形成二十公里水绿长廊，成为城市、人文、环境、产业等元素聚合一体的高品位城市滨水文化综合体。

爱家，爱桂城 2009 年，桂城街道建设社会关爱平台，以“爱家，爱桂城”为口号，整合提升政府自身资源，共同搭建“关爱桂城”体系，向社会普及“爱己及人，助人乐己”的主流价值观，使关爱成为凝聚每一个在桂城工作和生活的人的共同事业。并设立“关爱基金”，通过政府购买服务、战略合作等方式，鼓励社会慈善力量、志愿服务和 NGO 组织积极参与，使社会服务更加多元化和专业化。

岭南花港，生态水城 三山新城定位为“岭南花港，生态水城”，以休闲、低碳、环境卓越的理念，开展生态城市建设，打造集港口物流、高新创意产业、文化商业、旅游度假、会议疗养、商务办公、体育休闲、生态居住为一体的国际化、现代化生态休闲居住新城。

广东都市型产业基地——佛山一环都市型产业策源地

省、市、区领导视察广东都市型产业基地

桂城街道创新城市发展模式，走社会管理软改革之路，建设“关爱”桂城，搭建 NGO 组织参与社会服务的平台。

桂城街道群众性文化活动深入开展，图为元宵烟花汇演盛况。

华南汽车城产业社区

南海区西樵镇

西樵镇位于南海区西南部，是中国面料名镇、中国龙狮名镇、国家卫生镇、广东省教育强镇、广东省文明镇。辖区面积176.63平方公里，辖5个社区、27个行政村，常住人口14.7万人，外来人口7万多人。2009年实现地区生产总值144.42亿元，增长12.9%；全社会固定资产投资50.98亿元，增长30%；城乡居民储蓄存款余额115.8亿元，农村居民人均纯收入12054元，增长10.8%。

调整优化产业结构

实施纺织产业三年振兴规划，承办中国纺织科技成果展示交易会，纺织企业全年投入6亿元引入先进设备1200台套。接待游客230万人次，实现旅游收入4.32亿元。投资10亿元的致兴纺织引领一批龙头项目先后投产，省中旅集团携资10亿元进驻西岸开发大型旅游项目。批发零售和住宿餐饮营业额同比增长34%，增速居全区之首。全年引入项目47个，计划投资30.93亿元；合同利用外资451万美元，实际利用外资3000万美元。

整治提升区域环境

铁腕关停4家陶瓷厂，督促7家保留陶瓷厂完成清洁生产验收，完成165家牛仔布织造厂和55家家具厂喷漆废气、粉尘治理，开展对43家企业的1113台喷水织机的综合整治。全年二氧化硫、化学需氧量分别削减4715吨和1459吨。汇之源二期、樵泰污水厂及其管网建设如期推进，全年完成内河涌整治95公里。

加快推进城市建设

新城区概念规划通过专家初步评审，完成《西樵镇土地利用规划修编》，开展《西岸城区及旅游区分区规划》等修编工作。崇民西路、南九复线动工，官山大桥重建、西西线锦湖段改造竣工，下安桥头平交工程、西西线岭西段、白云路、樵北公路建设进展良好。金花街改造项目进入实质操作阶段，全年新认定三旧项目101个。官山城区“穿衣戴帽”、主干道路绿化提升工程如期推进。

稳步改善社会民生

投入4000多万元继续改善学校办学条件，通过省教育强镇复评和区教育现代化水平评估验收。完成西樵医院政府全资收购、12个社区卫生服务站建设以及乡医卫生站撤并工作。全面启动“新农保”，大力推进“大社保”。建成17个佛山市“星光老年人之家”，落实安居廉租户40户，开通西樵镇巴，完成社区“政社分离”改革。成功举办国庆龙舟赛、体艺节等活动，松塘村获评广东省历史文化名村。

乡村篮球赛

嘉宾代表在2009中国（西樵）纺织科技成果展示交易会开幕仪式上启动按钮

迎国庆西樵五人龙舟赛百舸争流

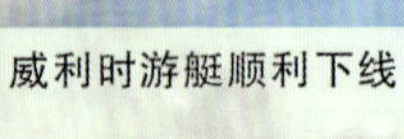

威利时游艇顺利下线

潘伟杰现代化农业在西樵

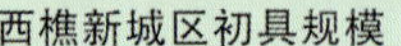

西樵新城区初具规模

南海区丹灶镇

2009年，丹灶镇紧紧围绕保增长、调结构、治环境、惠民生的工作主线，合力聚智，坚定前行，成功突围金融危机，经济社会恢复快速协调发展。全年实现地区生产总值96.8亿元，同比增长14.5%；工业总产值195.23亿元，增长3.85%；固定资产投资32.49亿元，增长23.44%；招商引资26.24亿元，增长4.13%；批发零售住宿餐饮业营业总额44.44亿元，增长21.95%。引入包括第6家世界500强关联企业在内的优质项目17个，南海工业园区招商逆势扩张。推进"雄鹰计划"、"精益制造"，实施"两无"整治，创建"南海金沙五金"区内首件集体商标，传统五金提升步伐加快。新增农业投入300万元，招商引资、基地建设、农田鱼塘改造、优质农产品包装推销并进，现代农业取得实质突破。在南海率先完成陶瓷等重污染企业整治，横江、丹灶城区两间污水厂进水运营，内河涌整治成效显著，全国环境优美乡镇、广东省生态示范镇等生态品牌愈加明亮。桂丹路（二期）改造全线铺开，建设泵站竣工投产，基础设施大规模推进。"白云新城"项目抓紧拆迁、招商，全镇"三旧"改造有序推进。确立"有为生态之乡、广佛西部明珠"的战略定位，明确"工业强镇、物流重镇、生态名镇"的产业导向，提出建设"两河三岸"滨水新区的远景构想。制定"两河三岸"城市设计、核心区控制性详细规划，成功挂牌出让核心区沙滘地块。积极实施"大社保"、新农保，"大社保"参保率达到41.8%，社会保障体系不断完善。建立综治信访维稳中心，启动平安村居创建，设立治（保）安培训中心，建立应急工作体系，成立防火安全委员会。全面完成12个社区卫生服务站建设，基层卫生设施和服务全面优化。计生实现创"两无"镇目标，并代表区接受省年终抽查考核获高度评价。率先实行"联合创建"方法，国家卫生镇与省卫生村复评成功过关，健康村、民主法治村、"十好"和谐文明村组、体育强村创建和农村社区建设实验工作取得新进展。举办第六届康有为文化节，各项文化活动精彩纷呈，书法艺术声誉日隆，群众文明水平和市民意识进一步提高。

投资项目签约暨招商引资推介会

节能减排动员大会

第六届康有为文化节开幕式

优质农产品基地

铺设污水厂截污管网

北 江 南 沙 涌

丹灶镇"两河三岸"城市设计图

南海区狮山镇

狮山镇位于佛山市南海区西部，是广东省文明镇、广东省家电技术创新专业镇、广东省家电产业集群升级示范区、中国（广东）平板（液晶）显示产业基地、中国塑料中空包装产业基地。辖区面积256.09平方公里，下辖官窑、松岗、小塘3个办事处和8个社区、49个行政村。常住人口39.2万人，其中流动人口22.6万人。

2009年，狮山镇作为全省镇街行政体制改革的先行兵之一，率先启动简政强镇事权改革，行政管理效能得到明显提升。全年实现地区生产总值450亿元，增长15.5%，单位GDP能耗下降7.5%；工业总产值1336.6亿元，增长8.53%；税收34.6亿元，增长19.6%；全社会固定资产投资总额110.27亿元，招商引资95.5亿元，增长5.6%。通过明确的产业导向，加大扶持力度，促进光电显示、汽车配件、智能家电等产业加速集聚。平板显示产业链不断完善，奇美电子2009年产值达到145.9亿元。汽车配件产业明显回暖，产值同比增长64%，其中本田汽车零部件有限公司2009年的产值达到32.8亿元；爱信精机产值7亿元；旭硝子增资8920万美元；东普雷汽配成功入驻，总投资约6300万美元。智能家电不断创新，产值同比增长23%。东芝家电合乎新能源标准的新产品2009年6月在狮山工厂顺利量产。狮山镇积极鼓励民企加强自主创新、扎实推进本地区传统制造业自主创新和产业结构调整。2009年，全镇新增广东省工程技术研究中心和广东省企业技术中心各1家，新增高新技术企业10家，新增广东省著名商标3件。41个项目成功申报省滚动计划技术改造、技术创新项目，投入资金超10亿元。民营企业南方风机于2009年10月顺利通过创业板发审会，在佛山企业冲击创业板道路上打响了头炮，也是2009年广东第一家通过创业板IPO申请的企业。

2009年，狮山镇铁腕整治提升污染企业，关停建筑陶瓷企业10家，协助18家已关停陶瓷企业和漂染企业转型转产。基础设施日新月异，投资近1亿元，建设狮山中心城区体育馆、官窑体育馆和软件园滨水文化长廊等公共设施。深化"以园带村"模式，成功引入25个村组项目，顺利促成罗洞村350亩土地流转，农民年人均纯收入11945元，同比增长11%。

2010年，狮山镇将围绕建设富裕、和谐、平安、文明的新狮山的总目标，深化简政强镇事权改革，提升行政管理和服务水平，促进产业转型和城市升级，力争将狮山打造成"广佛都市圈西翼新型的绿色经济区"，使人民生活更幸福。

简政强镇事权改革12个内设机构揭牌。

以"三旧"改造推动农民公寓建设。

东普雷汽车部件有限公司项目落户狮山。

打造南海副中心，区郊野运动公园动工。

松岗首个保障性住房项目奠基。

美国光电巨头旭瑞光电LED外延芯片项目在狮山奠基。

首届"醒狮杯"国际家电及消费电子产品创新设计大赛。

滨水文化艺术长廊一号馆——吴信坤艺术馆揭幕。

公交系统延伸到村组，群众出行更方便。

龙舟竞艳

烟南村“一树成林”

九江双蒸博物馆开馆

镇巴启动仪式

南海区九江镇

九江镇位于南海区西南部，西、北两江成环抱状流经镇域南北，江岸线长40多公里，是佛山市重点建设的“八大港区”之一。辖区面积94.75平方公里，户籍人口10万人，外来常住人口6万人，下设5个社区和23个行政村。2009年，全镇实现地区生产总值108.73亿元，同比增长14.3%；固定资产投资33.43亿元，增长19.3%；地方财政一般预算收入2.58亿元，增长8.4%。

把握机遇，推动经济发展。一是把握《珠江三角洲地区改革发展规划纲要》的机遇，结合“物流带动，工贸并进”的经济发展思路，制定了《九江镇贯彻落实〈珠江三角洲地区改革发展规划纲要〉实施方案》，围绕“儒林水乡，江滨新城”的发展定位，明确了打造“物流重镇、水产大镇、文化名镇”的五年奋斗目标。二是把握借“外脑”创新的机遇，与中山大学管理学院产业发展与企业可持续成长研究中心（以下简称“中心”）签订框架合作协议，共建“‘中心’九江产业发展研究工作基地”；聘请省社科院、中大管理学院专家及镇内知名企业家15人组成“九江镇经济社会发展政府顾问团”，为九江发展提供“外脑”支持。三是把握被广东省经贸委授予“省市共建现代物流重点镇”称号和获批“广东省物流信息化试点镇”的机遇，积极发展物流业，顺利完成中外运码头5000吨级泊位的建设和南鲲码头的验收，实现九江港区全年集装箱吞吐量16.1万标箱，增长8.6%，货物吞吐量214.3万吨，增长29.5%；成功引入首钢中金、闽商抱团投资的“九江钢材城”、中铁物资集团投资的“九江钢材加工配送销售中心”以及100多个广佛本地客商投资项目落户九江金属材料市场，完成大转湾鱼珠（国际）木材夹板市场的全部基建；聘请中山大学智囊团队支持佛山珠银（钢铁）电子交易中心试运营。四是把握产业转型升级的机遇，引导镇内传统行业通过推动技改、增资扩容、研发新产品等措施，积极转型升级，努力应对金融危机。如稳德福无纺布公司购进全球最先进的SMMMS医用无纺布生产线，整体产能提高一倍；九江酒厂推出高度白酒“粤宴”进军国内高档白酒市场等等。五是把握“三旧”改造的机遇，盘活土地资源，已获审批的“三旧”改造项目共159个，合计318.84万平方米，已动工的新经济项目共17个。六是把握镇域经济发展的机遇，全力推进房地产发展，全年投资4.36亿元，同比增长30.1%；销售面积11.97万平方米，增长413.3%。

省委常委、政法委书记、省公安厅厅长梁伟发视察我镇综治工作中心

九江污水处理厂二期工程顺利通水调试

全力以赴，美化镇域环境。一是优化人居环境，加大节能减排治污的力度，全年投入资金7500万元整治河涌147.7公里，完成率50.25%，首期2万吨/日的污水处理工程建成投产；投入200万元完善环境监察和监测体系，加强污染源在线监控，圆满完成上级减排任务；全力整治头盔、光管支架及小熔铸企业，整治率达100%；积极开展“广东省生态示范镇”和“全国环境优美乡镇”申报，省生态示范镇已通过专家评审，沙咀、镇南、朗星三村通过市级“生态示范村”审核验收。二是优化人文环境，实现全区中考上线率“五连冠”，镇初级中学被评为“全国教育系统先进集体”和“中小学校长培训项目实践基地”。九江双蒸博物馆正式开馆，双蒸酒酿制工艺入选第三批“省级非物质文化遗产”名录。九江“名门世家”男女子龙舟队代表国家在世界龙舟锦标赛中勇夺5项冠军。全年组织各类文体活动50多场，成功打造敦根、西桥等7个“五星体育强村”。三是优化治安环境。集中力量抓综治信访维稳中心建设，建立“综治工作一条街”，促成镇综治办与司法所、信访办集中办公，实现一条龙服务，省委常委、政法委书记、公安厅长梁伟发两次到我镇视察，均给予高度评价；全年受理群众信访总数357宗，同比下降6%，办结率98%；积极开展平安村居创建活动，投入资金1299万元，增加视频监控点200个，完成28个村居综治工作中心建设工作。

以人为本，完善惠民措施。建成九江汽车客运站，成功引入佛广汽车公司经营镇巴，方便群众出行；撤销九江、沙头慈善会，成立九江镇慈善会，慈善事业迈进新里程；积极实施“新农保”，推进“大社保”及新型养老保险，进一步扩大社会保障覆盖面；开展九江医院新门诊大楼建设，不断完善社区卫生建设，有效改善群众就医条件；关注特殊群体，援助单亲特困母亲，优化家庭教育；完成区“健康村”创建任务，国家“卫生镇”及省级“卫生村”通过复评，喜获“广东省全国亿万农民健康促进行动示范镇”称号；落实保障性住房政策，年内建成保障性住房80套，超额完成10套，中低收入住房困难家庭居住条件得到有力改善。

九江镇经济社会发展政府顾问团

中山大学管理学院产业发展与企业可持续成长研究中心九江产业发展研究工作基地签约仪式

广东省木材行业协会年会

中外运码头

九江金属材料市场

珠银（钢铁）电子交易中心

南海区罗村街道

罗村街道位于南海区中部，属佛山中心组团，距广州、禅城仅10分钟车程，区位优势突出。广茂铁路、桂丹公路、佛开高速、佛山“一环”、佛山水道贯通境内，佛山机场民用航线成功复航，兴朗大桥顺利开通，交通便捷顺畅。辖区总面积44.64平方公里，辖10个行政村和4个社区，户籍人口6.69万人，流动人口7万多人。2009年，街道实现国内生产总值77.5亿元；规模以上工业产值131.8亿元，增长9.3%；社会固定资产投资30.2亿元，增长28%。

2009年，罗村街道顶住金融危机和产业调整的内外压力，上下一心，合力突围，经济社会各项事业实现稳步健康发展。新光源引领产业结构调整优化，“千亩专业市场、万亩生产基地”蓝图雏形初现，广东省新光源产业化基地成功落户；华南（国际）电光源灯饰城一期商铺项目基本竣工，1800个商铺认租率超过90%；占地1500亩的核心园区正式签约并完成总体规划编制；全年在建房地产、酒店、商贸物流项目16个，总投资额51亿元，总建筑面积近200万平方米。申报技改创新项目24个，总投资3.5亿元。环境质量大幅提升，汾江河罗村段和主支干内河涌综合整治深入推进，污水处理设施及其配套管网加速建设，陶瓷、熔铸两大行业宣告退出罗村产业历史舞台。“三旧”改造项目总数达115个，占地面积8700多亩。社会事业蓬勃发展，成立南海区法院首个派驻镇街的“法官工作室”，全面推进“大社保”工作，社区卫生服务站和农村社区服务中心率先实现全覆盖，成功创建“全国和谐社区建设示范街道”，连续举办三届“孝德文化节”，群众幸福指数显著提高。

娱乐升平新罗村

新光源产业基地核心园区效果图

华南国际电光源灯饰城夜景效果图

罗村中心广场一瞥

南海区里水镇

里水镇位于佛山市南海区东北部，总区域面积148.28平方公里，现有户籍人口12.12万人，常住人口24.5万人，辖34个村委会，2个居委会。2009年里水镇实现地区生产总值185亿元，可支配财力收入18.6亿元，税收22.3亿元，农民人均纯收入11942元。

2009年，里水镇围绕“保重点促亮点、保稳定促发展、保发展促增长、保民生促和谐”的工作思路，各项事业有序发展，城市竞争力逐步提高。都市农业突破发展，成功引入“万顷洋园艺世界”项目，重点扶持百合花项目，新建百合花温室大棚约600亩。传统产业稳步向前，全镇工业总产值514.2亿元，志高空调成功上市并获“出口免验”资格，全年新增中国驰名商标1个，广东省著名商标3个，广东省企业技术中心2个，广东省装备制造业50强企业2个，申报专利426件。第三产业异军突起，凭借广佛核心区位优势，全镇房地产销售总面积超过55万平方米，八达通国际商品贸易港、佛山模具城等专业市场日益兴旺，恒大酒店、珠江帝景五星级酒店、中信五星级酒店等星级酒店汇聚里水。城镇面貌明显改观，启动“绿色美丽家园”建设计划，佛山一环北延线、中信大道、河村中心涌路二期正式开通，盐南线一期拓宽工程完成改造；顺利推进“北水南调”工程，建设南围、鹤峰、和顺等大型电排站，整治主干、支干河涌13条，总长31.3公里；治理支、毛涌133条，总长145公里。社会各项服务更加完善，大力推进综治信访维稳中心建设，成立村居综治工作中心，启动“平安村居”创建工作，视频监控全镇累计安装率达91.7%；创建健康村15个，15家社区卫生服务站投入使用，创建9个区级“和谐文明村”和72个镇级“和谐文明村小组”，建成12个农村文体社区示范点。

2010年，里水镇将努力保持良好的发展势头，百尺竿头更进一步，努力把里水打造成为一个充满活力、更加开放的“广佛生态新城”。

金草洲片区商贸气息渐浓

里水镇着力构筑畅通无阻的广佛交通网络

日益丰富的群众文体生活

里水镇着力打造“百合花”之乡

南海区大沥镇

太平村广场

大沥镇位于佛山市南海区东部，总区域面积125.77平方公里，现有户籍人口约26.2万人，常住人口51.2万人，下设3个办事处、32个行政村和15个社区。2009年全镇实现地区生产总值329.39亿元，社会固定资产投资90.3亿元，税收29.77亿元，财政收入18.4亿元。

2009年，大沥镇以科学发展观为统领，全力推进经济社会各项事业蓬勃发展。产业结构不断优化。中医药生物技术产业中心挂牌成立，中铝南海合金进入试产阶段，广东有色交易中心等3个项目纳入省有色金属产业振兴规划，专业市场升级发展步伐加快，广佛国际商贸城中心区开发成效渐显，都市型产业实现良好的开端。城市功能全面提升。联河大桥建成通车，广佛新干线二期、金虹大道等工程顺利推进，伯奇路、平横路等市政道路如期竣工，镇内公交一期11条线路全面投入运营，水利和供电设施进一步完善。环境质量明显改善。积极实施"绿色美丽家园"计划，大力开展环境综合治理，加快推进城市污水处理系统建设和内河涌整治工作，城市绿化和水系景观建设效果显著，中盈广场、风度国际等一批大型旧改项目加紧建设，城市品位进一步提升。和谐社会加快构建。科教文卫工作成效卓越，"平安大沥"建设进一步深化，社会和谐程度显著提升，成功创建省"六好"平安和谐社区4个、区"十好"和谐文明村10个、区"星级健康村"7个、区"民主法治村"28个，社会和谐程度显著提升。

2010年，大沥镇将继续深入推进"东改西拓、强三优二"发展战略，切实做好"保增长、造环境、促稳定、惠民生"的各项工作，全力推动大沥经济社会发展再上新台阶。

盐步污水处理厂

瓜步汛水利工程

中国科学院南海生物医药科技产业中心

中盈艺术馆

伟业铝材厂环保设备

巴黎春天艺术节

新怡内衣公司展览厅

河东村虎榜文体中心

顺德区龙江镇

亚洲国际家具材料交易中心

产业强镇 龙江有"中国家具制造重镇"、"中国家具材料之都"、"中国塑料建材产业之都"三大区域品牌，中国驰名商标2个，中国名牌产品2个，国家免检产品5个，省级（著）名商标、名牌产品、免检产品称号26个。2009年工农业总产值约300亿元。

商贸之都 龙江是珠二环、佛开高速、顺番路、龙高路、325国道、佛山一环南延线交汇之地，依托产业优势和交通优势，商贸物流业发展得天独厚，龙江商圈辐射力巨大，其中家具材料购销遍及亚洲，延伸至世界各地。

文化名镇 龙江历史悠久，"两龙文化"内涵丰富，底蕴深厚，文物古迹遍布镇内，其中麻祖岗遗址将顺德历史追溯至3000年前。龙江是广东首个"省历史文化名镇"，现正申报国家历史文化名镇。

山水龙江 龙江境内有三山（锦屏山、龙峰山、大金山）两江（西江、北江），依托独有的自然资源，城市化建设致力打造显山露水、宜商宜居、环境优雅、活力动感的山水龙江。

前进会展

文化广场

顺德区容桂街道

容桂街道地处珠三角腹地，位于佛山市顺德区南部，是顺德中心城区的重要组成部分，面积 80 平方公里，总人口近 50 万人，其中户籍人口 19.89 万人，下辖 23 个居委会、3 个村委会。2009 年，实现地区生产总值 331.2 亿元，规模以上工业产值 1126 亿元，工商税收 37.6 亿元。金融机构年末人民币存款余额 320.5 亿元，城乡居民储蓄余额 214.8 亿元。主要体现在以下几点措施和成效：

加快产业转型，促进经济健康稳步发展

近年来，容桂街道坚持实施"优二进三"产业发展战略，产业结构日趋完善。企业自主创新能力不断加强，中国科学院广州技术转移中心顺德工作站等技术中心相继成立。至目前为止，容桂有各类工商企业 5000 多家，超亿元企业 80 多家，上市公司 2 家，拥有中国驰名商标 5 个，中国名牌产品 11 个，广东省著名商标 27 个，广东省名牌产品 25 个，是广东省内著名品牌最为集中的地区之一。2008 年，容桂街道被中国品牌监测中心、新华社《中国名牌》杂志授予国内目前惟一的"中国品牌名镇"称号。

加速城市转型，建设具区域性枢纽城市

坚持规划引领，确立"一城两核"的发展思路，以东部中心城区和德胜河南岸为城市发展重点，加大"三旧"改造力度，不断优化城市空间布局。同时，随着广珠城轨、太澳高速等区域性交通设施的建成，以及桂洲大道、容奇大道、容桂大道等主干道路的全面改造，进一步优化城市交通网络。

加强社会管理，推进各项事业蓬勃发展

每年投入 5000 多万元，用于强化社区（村）的基础设施建设和公共服务；全面完成社会治安视频监控系统建设，促进平安容桂建设上水平；大力发展社区慈善事业，成立社区（村）慈善会并募集善款，目前两级慈善基金总额已超过 1 亿元；建立大学生就业培训实践基地，形成覆盖全社会的公共就业服务平台；加大文化设施建设，南方医科大学顺德校区、广东省实验中学顺德学校相继落户，不断提升城市文化教育品位。

容桂街道多年保持"广东省教育强镇"称号，先后被授予"中国龙舟训练基地"、首个"中国盆景名镇"、"中国书画艺术之乡"、"广东省体育先进镇"等荣誉称号。2009 年，被定为全省"简政强镇"事权改革试点之一。通过机构改革，把原来的 28 个部门整合为 11 个办、局和 2 个双重管理的分局，实现资源整合、高效行政；通过顺利承接区下放的权限，充分行使县级管理权限；深化农村管理体制改革，实行政社分离，成立市民服务中心，积极推行现代化社工制度；积极推进政府购买服务，实行大部门财政预算体制，有效提高政府财政的使用效率。

展望未来，容桂街道将坚持"创新发展、精品容桂"的总体理念，紧紧围绕"引人、聚人"做文章，以自主创新为核心推动力，以转变发展方式为主线，以产业结构调整和城市转型升级为中心任务，努力成为珠三角区域性现代化枢纽城市。

"简政强镇"动员大会

中国品牌名镇

货柜码头

高新产业基地

文塔公园

龙舟训练基地

乐购购物城

顺德区伦教街道

伦教地处珠江三角洲腹地，位于顺德东部，交通网络完善，是顺德百万人口中心城区的重要组成部分。伦教总面积 59.2 平方公里，户籍人口约 8.2 万人，辖下有 8 个村和 2 个社区。伦教历史悠久，距今 1200 年前已有居民点，是顺德蚕桑、丝织业中心和广东土丝手工业重镇。有不少蕴含浓厚乡情且享誉四方的特色产品，如伦教糕、羊额烧鹅、香云纱、黑胶绸等。

2009 年，伦教实现工农业总产值 353.93 亿元，其中工业总产值 348.13 亿元，农业收入 5.8 亿元；全社会固定资产投资 18.99 亿元；税收收入 7.89 亿元；城乡居民储蓄余额 72.4 亿元。

经济实力不断提高

伦教在“一个基地（特色产业与先进制造业基地），两个中心（高品质生活居住中心和现代服务业中心）”发展定位的指导下，进一步做专做优特色产业，着力加快产业升级。积极引进新能源等新兴产业，加快推进珠宝首饰产业园的建设，建设先进制造业基地。大力推进香云纱文化产业发展，继“香云纱染整技艺”成功申报国家级非物质文化遗产，“广东香云纱文化产业园区”和“香云纱文化遗产保护基地”成立后，香云纱文化遗产保护示范区进入了规划建设阶段。第三产业成长迅速，以国家 4A 级旅游景区长鹿农庄为龙头，突出其在伦教东部片区水乡生态休闲的核心地位，发展具有岭南水乡特色的休闲旅游业；规划建设一批环境优美的高星级酒店、商务花园小区，推动休闲度假产业、商务会议产业和总部社区产业等现代服务业的发展。

打造岭南水乡特色的生态新城

伦教着力打造产业发达的“生态新城”。从水系景观切入，大力优化水环境，推进 10 条内河涌整治，使诗歌涌等河涌恢复昔日良好的自然生态；改造、兴建大洲电排站等一批水利工程，使内河涌常年保持较好水质和较高水位，打造小桥流水、绿树成荫的岭南水乡风情；以亲水为主线，规划建成一条连接伦教多个特色产业、旅游景点的绿道。同时，全力推进主要道路出入口、公园的绿化改选工程，试行“一街一景”绿化模式，建成“层次丰富，错落有致，三季有花，四季常绿”的优美环境。

社会各项事业同步迈进

伦教不断加大民生福利建设的投入，让改革开放的成果惠及市民。投资 1.3 亿元兴建的新翁祐中学即将建成招生；继续投入 1500 万元扶持村居民生福利工程，涉及市政配套、文化体育等方面共 79 个项目，完善了村居基础设施，改善了村居环境，提升了基本公共服务均等化水平。“绿色田园”、“日班生产线”等灵活就业形式不断推广，就业工作取得新成绩。伦教小商品市场建成并投入使用，既解决了城市占道经营的问题，改善了城市环境；又开辟了新的就业基地，解决了部分困难家庭的就业问题。农村新型养老保险、新型农村合作医疗保险等进一步普及。

2009 年 9 月 23 日，佛山市委书记林元和到伦教调研，视察众达电器。

2009 年 12 月 18 日，第十届中国（伦教）木工机械新产品博览会在顺德区伦教街道隆重开幕。

2009 年 9 月 1 日，国家级非物质文化遗产“香云纱染整技艺”揭牌暨“广东香云纱文化产业园区”和“香云纱文化遗产保护基地”挂牌成立仪式在伦教街道隆重举行。

顺德区勒流街道

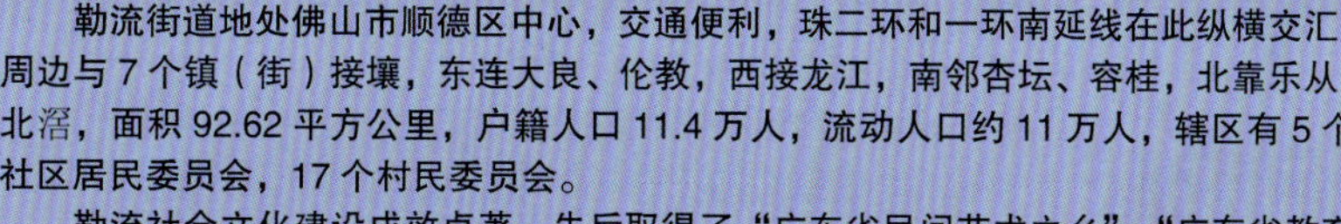

勒流街道地处佛山市顺德区中心，交通便利，珠二环和一环南延线在此纵横交汇，周边与 7 个镇（街）接壤，东连大良、伦教，西接龙江，南邻杏坛、容桂，北靠乐从、北滘，面积 92.62 平方公里，户籍人口 11.4 万人，流动人口约 11 万人，辖有 5 个社区居民委员会，17 个村民委员会。

勒流社会文化建设成效卓著，先后取得了“广东省民间艺术之乡”、“广东省教育强镇”、“广东省文明镇”、“广东省科技创新专业镇”、“国际标准化名镇”、“国家卫生镇”，以及连续获评“国家综合实力千强镇”等荣誉称号，2008 年被中国烹饪协会评为“中华美食名镇”。此外，“勒流翰墨”、“勒流龙舟”的美誉更是名闻遐迩。

勒流以工业立镇，制造业发达，工业规模位居全区前列，是顺德著名的制造业生产基地，形成了交通机械汽配、五金制品、灯具照明、小家电等为支柱的多元化产业格局。勒流拥有富安、勒流港两大工业基地，各类工业企业 2000 多家，拥有一大批国家高新技术企业和省民营科技企业，涌现出新宝（东菱）、富华、东泰等一大批在国内外拥有影响力的知名企业，拥有一个国家名牌产品（新宝）和一个中国驰名商标（东泰）。近年来，勒流经济产业发展突飞猛进，2009 年实现工农业总产值 450.4 亿元，其中工业总产值 441.97 亿元；利用民营资本 13.23 亿元；全社会固定资产投资 17.56 亿元；限额以上批发零售餐饮业零售额 2.46 亿元；税收收入 13.76 亿元（含调库数）；财政收入 5.65 亿元。

整装待发的龙舟队

广东富华集团车轴生产车间

宽敞明亮的行政服务中心大厅

三水区西南街道

西南街道位于西、北、绥三江汇流处，是三水区委、区政府驻地，辖区面积178平方公里，常住人口约23.9万，流动人口超10万。2009年，西南街道紧扣"生态经济、绿色竞争、幸福长寿"三条主线，扎实推进各项工作，实现地区生产总值223亿元，同比增长12%；工业总产值492亿元，同比增长10.82%；农业总产值8.7亿元，同比增长5.6%；固定资产投资总额51亿元，同比增长26%；税收入库24.67亿元，同比增长11.13%。

省委常委、组织部长胡泽君到西南街道调研指导党建工作

市委书记、市长陈云贤到西南街道调研金本水乡工业园建设情况

经济发展取得突破

狠抓招商选资，引入可口可乐、新加坡谢钦利集团等39个项目，合同投资总额36.5亿元。狠抓水乡工业园建设，投入2亿多元，完成进港大道等4项绿化提升工程及路灯改造工程；有序推进预算投资3亿元的金乐路建设等配套工程；抓好金本、江南新区两个污水处理厂的招标工作以及水蒸汽、天燃气集中供给项目的建设。推进企业自主创新，新增中国驰名商标两件、省名牌产品1件、省著名商标1件，成功创建省级工程技术研究开发中心、省级企业技术中心各1个，全年各企业共获授权专利160件；支持百威啤酒等一批优质项目增资扩产。承办第二届中国三水饮品文化节，吸引325家企业参展，53万人次参加盛会，带动物流、住宿、餐饮、交通、旅游等消费2亿多元。

市领导陈云贤（时任佛山市市长）到西南调研农村信息化工作

城乡一体进程加快

狠抓交通基础设施和市政建设，投入3600万元，完成文塔公园首期建设；投入1.2亿元，完成金港大道等5项道路改造工程，改造道路24公里；投入3.3亿元，推进金乐大道等3项道路建设工程，新建道路近5公里；启动西南大道建设，抓紧沿线征地拆迁，着手前期工程招投标。狠抓城乡绿化建设，投入8575万元，完成金港大道等6项绿化改造工程，建成22公里绿色长廊；年内新增绿化面积80万平方米。狠抓新农村建设，街道、村委会、自然村三级每年投入623万元，实现农村统一保洁和垃圾集中转运；三级投入约7000万元，基本完成"用两年左右的时间把164条自然村全面整治一次"的目标任务，改善了农村人居环境。

派出所干警开着新交付使用的警用车辆上街巡逻

第二批农村消防车交付使用

波兰“肯－派克”制罐项目签约落户西南

西南文化活动中心落成

百威啤酒（佛山）有限公司隆重开业

广东红牛维他命饮料有限公司奠基

社会事业结出硕果

以街道综治信访维稳中心和村居综治工作中心为依托，推进基层大接访，群众来信来访来电上访同比降41%，成功调解率同比增40%。添置警用摩托100辆、单车130辆，提高敏感场所见警率，全年立刑事案件同比降3.6%。狠抓教育现代化建设，教师人均月增资900元，住房公积金缴存比例调至12%，调动教师积极性；完善学校功能场室建设，投资近500万元的二中体育馆如期投入使用；今年中考上线人数、上线率均比去年稳中有升。狠抓基层组织建设，认真开展学习实践科学发展观活动，获省委巡视组的积极肯定。狠抓党风廉政建设，扎实开展省纪律教育学习月活动示范点创建工作；加强农村财务管理，消灭“白头单”的经验获中央、省、市、区积极肯定；顺利通过“全省村务公开民主管理示范镇”考核验收；深化党务政务信息公开，打造阳光政务。狠抓民生事业建设，稳步推进村村通自来水、通水泥路、通公交车等民心工程；总投资1500万元的西南文化活动中心、老干部活动中心顺利投入使用；街道全年投入低保、优抚及各类救助资金1500多万元；认真组织全征地农村居民购买基本养老保险，圆满完成组织购买居民住院和门诊基本医疗保险工作。在各村成立消防站，各村委会均配备了小型消防车。

举行2009年第二批重点项目动工仪式

2009第二届中国三水饮品文化节隆重举行

三水区云东海街道

云东海街道位于三水中心城区北面，辖区面积56平方公里，常住人口4.3万人，下辖1个社区居委会和4个村民委员会，是佛山“2+5”西南组团的重要组成部分。

2009年，云东海街道深入贯彻落实科学发展观，以建设“极品云东海”为目标，经济和社会各项事业全面发展。

云东海建设全面推进 云东海北湖一标段工程于2009年元宵节举行蓄水仪式，云东海建设取得了突破性进展；《云东海景观规划》顺利通过专家评审，云东海发展定位为“国际健康商旅度假胜地”。

《云东海景观规划》通过专家评审

城市面貌优化提升 中心服务组团路网建设全面铺开，同心路、学海三路、鹅影路等6条路施工进展顺利；绿化面积约17万平方米的云东海大道辅道及景观建设工程竣工；森林公园基础设施和绿化建设不断提升。

优质现代服务业发展初具规模 云东海湖生态恢复建设、云东海文化创意产业示范基地基础设施建设两项目被批准纳入“广东省2009年重点建设项目”前期预备项目；高新技术产业项目诺贝尔生命科学研究中心挂牌成立；云东海岭南珍贵树种生态园项目签订合作意向；云东海生态体育公园首期项目顺利开业；极乐寺项目举行奠基仪式。

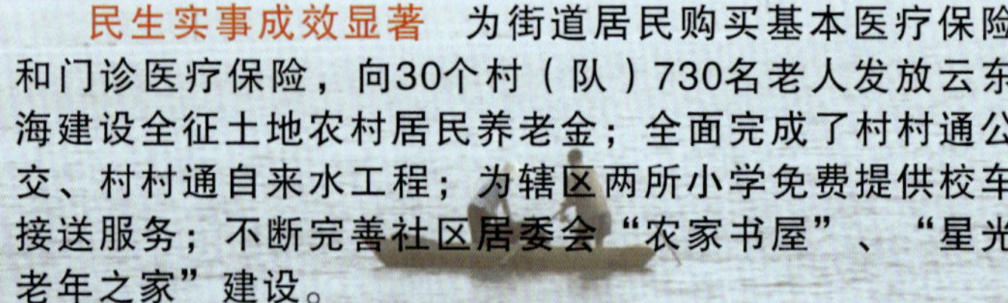

民生实事成效显著 为街道居民购买基本医疗保险和门诊医疗保险，向30个村（队）730名老人发放云东海建设全征土地农村居民养老金；全面完成了村村通公交、村村通自来水工程；为辖区两所小学免费提供校车接送服务；不断完善社区居委会“农家书屋”、“星光老年之家”建设。

2010年，云东海将继续按照“发展新产业，展现新面貌”的要求，树立“极品意识”，以云东海建设为中心，以景观节点建设为重点，全面推动“生态时尚之城”、“国际健康商旅度假胜地”建设再上新水平。

参加2009年第三届中国三水基因产业大会的外宾参观云东海初具规模的云东海湖

举行云东海岭南珍贵树种生态园意向书签订仪式

林元和书记到云东海砂岗公园调研

市委书记林元和深入大塘镇进行慰问活动

三水区大塘镇

大塘镇位于佛山市三水区北部，分别与广州市花都区和清远市接壤，北江流经境内，省广四线、清龙线以及即将动工建设的珠外环高速公路贯境而过，是广东省可持续发展实验区、广东省城镇化技术集成应用试点单位和广东省蔬菜专业镇。全镇总面积 98.23 平方公里，下辖 7 个村委会和 1 个社区居委会，户籍人口 3.9 万人，外来人口 3 万人。2009 年，全镇实现地区生产总值 44.3 亿元；工业总产值 128.3 亿元；农业总产值 6.8 亿元；农村居民年人均纯收入 7807 元；全社会固定资产投资 33 亿元；财政一般预算收入 8171 万元；税收总额 1.77 亿元。

大塘工业园区规划建设面积 12 平方公里，市政基础设施完善，建有污水处理厂、中水回用系统、人工湿地项目、热电厂、员工村、综合商业市场等一系列生产和生活配套设施。累计签订项目 210 个，合同引资额 140 多亿元，其中试、投产项目达 145 个，在建项目 30 个，除了形成了轻纺、精细化工、家具木业三大特色产业，还培育发展了新材料、环保节能、机械设备、汽配等新兴产业。世界 500 强日本住友商事、佳利达纺织染、德国司马化工、联群科技、得宝集团、粤钻新材料等一批规模项目已先后落户园区。

市委常委、常务副市长冼瑞伦视察大塘农家乐

大塘现代农业园区总规划面积 4.5 万亩，划分为中心园区 1.6 万亩、东园 2.5 万亩以及西园 4000 亩三大片区。累计投入 4800 万元，完成了中心园区 1.6 万亩以及东西园首期 3000 亩工程。引入了中南农业科技有限公司、三水联科畜禽良种繁育场等农业龙头企业以及澳农、利达隆、利获利等大型蔬菜企业，建立新品种、新技术试验示范基地 600 多亩，引种新品种 80 个，推广新技术 12 项，拥有"大塘蔬菜"、"绿玉节瓜"等注册商标，形成了黑皮冬瓜、翡翠碧绿节瓜、胡萝卜、菜心、三水白鸭等一批特色名优农产品。

大塘镇全面启动了大坊沙新城区 4.5 平方公里开发建设，重点推进商业大道、文化中心、生活污水处理厂、永平小学、派出所新办公楼、卫生院等公共设施建设或改造工程。完成 300 套渔民公寓建设工程，解决了渔民住房困难；创建 44 条新农村，完成 67 条自然村通自来水工程，开通 6 条镇村公交车线路，优化了农村人居环境。

卢立湃区长到大塘实验幼儿园调研

北江实业有限公司新型干法水泥生产线竣工投产

大塘镇文化广场

三水区芦苞镇

广东省副省长万庆良、时任佛山市委书记林元和等领导为OUTLET项目培土奠基。

北江水厂与芦苞供水管网实现无缝对接

启动上塘村万亩现代农业园区建设工程

芦苞镇位于佛山市三水区中北部，辖区面积105平方公里，下辖1个社区居民委员会，6个村民委员会，人口近5万人，是省旅游特色镇、省教育强镇、省技术创新专业镇、省卫生镇。

2009年，面对国际金融危机的蔓延，芦苞镇以科学发展观为统领，坚定不移地实施"三、二、一"产业发展战略，经济社会各项事业在逆境中保持平稳发展。世界名牌折扣店华南旗舰中心现代服务产业区项目动工建设；长寿温泉项目全面复工；镇内首个大型商业楼盘捷荣房地产"锦江豪庭"一期正式对外发售；完成上塘片农业园区首期3000亩工程；建成24条社会主义新农村和27条"广东省卫生村"；通过"国家卫生镇"技术评估和省教育强镇复评；开通6条镇内公交线路；促成芦苞水厂与北江水厂并网整合；加快落实出嫁女及其子女的合法权益；全面实施新型农村社会养老保险制度。

2009年，全镇实现地区生产总值40亿元，同比增长22%；工业总产值115.1亿元，增长25.7%；农业总产值4.85亿元，增长5.1%；合同引资额30.6亿元，增长0.6%；全社会固定资产投资36亿元，增长23.7%；税收入库1.62亿元，增长8.6%。

2010年，芦苞镇将以抓项目落实为重点，以提高执行力为手段，坚定信心，乘势而上，致力构筑以奥特莱斯世界名牌折扣店、长寿温泉、高尔夫球场、芦苞祖庙及北江河鲜为核心的休闲旅游产业链，全力打造"生态长寿古镇，创业宜居新城"。

开通6条镇内公交线路

芦苞镇2009年龙舟赛颁奖仪式

举行渔民公寓（一期）分配仪式

三水区南山镇

南山镇位于三水区最北端，由迳口华侨经济区和大塘镇六和村委会合并而成，于2009年5月18日挂牌成立。总面积为115.62平方公里，下设4个社区居委会和1个村民委员会，总常住人口2.7万人，户籍人口2.3万人（含归侨侨眷2614人）。

2009年，南山镇全年实现GDP10.52亿元；工农业总产值36.65亿元；第三产业总产值1.1亿元；实现各项税收4826.65万元；引进项目5个，合同投资总额3.3亿元；完成固定资产投资7亿元。

（一）推进规划，加快第三产业发展。根据规划，全力加快第三产业的发展，把南山镇打造成为休闲养生胜地。一是及时解决旅游项目发展所遇到的各种问题，完善相应的配套服务工作。二是积极洽谈第三产业项目。三是积极做好旅游企业的对外推介，全年接待游客约40万人次。

（二）科学谋划，"三农"工作实现新突破。一是新技术、新品种示范推广和农业招商取得突破。二是落实农村出嫁女及其子女合法权益工作100%完成任务。三是稳步推进社会主义新农村建设和农业园区建设。四是积极落实森林防火、动物防疫、农产品安全检测等各项防控措施，确保无重大事故和疫情发生。

（三）加快建设，城镇面貌日新月异。一是抓好南山镇总体规划修编工作。二是抓好绿道的首期建设。三是提升改造样板路。对"六山线"塘排至鸡山路段原有路面进行维修和绿化。四是加快村镇基础设施建设。完成了六山线扩宽工程，光彩桥建设。加快推进第一代归难侨住房解困工程。全面铺开"村村通水泥路"建设。

（四）统筹安排，推动社会各项事业进步。教育事业取得新发展，文化建设加快，公共卫生建设取得成效，计生工作进一步加强，积极推进全民健身计划，就业和社会保障水平稳步提高，"新农保"工作稳步推进，低保、五保等做到应保尽保。社会各项事业得到了进一步发展。

2009年5月18日，南山镇挂牌成立

安居工程华侨新村

食品饮料品牌 · 伊利入驻

惊险刺激的九道谷漂流

三水区粮食管理储备中心

三水区粮食管理储备中心是一个专门从事粮油管理的事业单位，现有粮仓 87 座，总仓容 10 万吨。属下有四个国有粮油企业，专门从事粮油收购经营、加工储存等工作。其属下范湖粮食管理所是佛山市首家获得 QS 安全生产许可证的企业之一，也是市食品卫生 A 级单位，荣获省粮食行业协会评选的"放心米"称号和区级农业龙头企业称号，除拥有三水西南大型粮油超市外，还在区内各镇街开设了 5 家分店，销售网点从三水延伸到佛山、南海、清远、斗门。西南油厂前身为"瑞丰祥"油厂，创建于 1933 年，是当时三水最早创办的企业之一，以土榨花生油为主，已有七十多年的产油历史，产品的工艺和质量在同行业中一直处于领先地位。其生产的"穗生牌"花生油于 2008 年荣获省粮食专业协会"放心油"称号。

三水区乐平镇

乐平镇位于三水区中部，距广州新机场、佛山中心城区仅 20 分钟车程，处于广佛经济圈腹地。全镇总面积 192.5 平方公里，辖 14 个村委会和 3 个居委会，户籍人口约 7.3 万人，是省教育强镇、省卫生镇和省重点发展的中心城镇。全年实现工农业总产值 391.58 亿元，同比增长 23.65%，其中工业总产值 380.56 亿元，同比增长 24.36%；实现地区生产总值 114 亿元，同比增长 26.78%；完成全社会固定资产投资 55.3 亿元，同比增长 24.63%；各项主要经济指标保持平稳、较快增长。

在过去的一年里，乐平镇按照区委、区政府"园区兴业、工业强区"的战略部署，以建设"工业新城"为目标，以园、镇整合为动力，按照广佛同城、广佛肇一体化的新要求，确立了打造"三园一区"，即工业园、农业园、大旗头古村旅游文化创意产业园和校区的发展定位。由中国 500 强企业中建材集团投资 55 亿元的广东薄膜太阳能基地项目和总投资 18 亿元的爱康太阳能电池项目先后落户。首期 8 兆瓦太阳能示范电站申报国家金太阳示范工程，光伏产业基地被列为省重点项目，全省首个光伏产业专业镇通过佛山市评审；农业城首期 8000 亩核心区已引入 16 家知名企业，投资额 9 亿多元；完成《大旗头古村旅游发展规划概念》，结合"两分两换"工作，实施乐平农民公寓建设工程。拆除古屋群前东队集体建筑物，大旗头古村保护开发稳步推进；佛山职业技术学院、三江职业技术学院、区新理工学校校区顺利动工。

城镇化建设取得长足发展，一批生活、文化、娱乐设施建成或投入使用；完成乐平水厂资源整合工作；绿色乐平建设卓有成效。

城乡一体化建设呈现新面貌，第二批 31 条省卫生村通过验收，"创国卫"工程通过省专家组评估，13 条自然村完成"村村通"自来水工程，在全区率先开通首条镇内公交专线，推进大旗头古村等 4 个"农家乐"试点建设，"乐平大包"申请饮食行业集体商标注册。

社会各项事业取得新进步。平安乐平建设成效明显，10 项重点民生工程加快落实，社会保障体系不断完善，教育、卫生、文化、宣传等事业协调发展，计划生育率列全区第一。民兵预备役胜利完成抢险救灾、民兵参建等突击任务，高质量完成征兵工作。

中建材太阳能广东基地奠基仪式

爱康太阳能项目签约仪式

佛山水业三水供水有限公司整合乐平镇供水资源签约仪式

乐平镇公共卫生服务中心门诊部经营管理权委托代管签约仪式

三水区白坭镇

白坭镇位于佛山市三水区最南端，全镇面积 66.46 平方公里，户籍人口 2.49 万人，外来人口超 6 万人。先后荣获国家卫生镇、"全国亿万农民健康促进行动"国家示范区、广东省"五个好"乡镇党委、广东省经济强镇、广东省教育强镇等光荣称号。

2009 年白坭镇实现工业总产值 232.37 亿元，地区生产总值 70 亿元，税收入库 3.24 亿元，其中地税超亿元。全镇确立了"高效白坭、产业强镇"的发展目标；推进了恒益电厂扩建、山水龙盘、白金三期等多个对白坭今后发展具有深远影响的大项目、大工程；旧工商银行大楼等"三旧"改造加紧实施，白坭体育馆、文化活动中心、休闲公园等城镇配套相继建成，特色小城镇魅力初现；建成了 9 条新农村示范村，实现了垃圾"村收镇运"和村村通公交车、通水泥路等工程，举办了村组篮球赛、咏春拳、广场舞、环镇跑等群众文体活动，城乡居民生活幸福指数不断提高；强化政府效能建设，打造了一支"镇、村、组、企业"四级联动、高效有为的基层队伍。

2010 年，白坭镇将紧紧围绕"产业强镇、活力新城"的发展目标，实施以产业发展、城镇建设为核心的"双引擎驱动"战略，以工业化、城镇化、城乡一体化、队伍活化为工作抓手，实现产业优化、民生改善、环境改善、区域增值。

恒益电厂 2×600MW 超临界燃煤发电机组奠基，佛山市委书记林元和、市长陈云贤、广州市副市长甘新参加启动仪式。

市长陈云贤到白坭镇周村进行科学发展观活动调研

新建的白坭岗头幼儿园

白坭汽车客运站奠基动工

三水区白坭镇科技教育办公室

白坭镇位于佛山市三水区南端，全镇总面积66.46平方公里，常住人口2.4万人，外来人口5.3万人。现有一所中学、两所小学，2009学年在校中小学生3679人，其中非佛山户籍学生1010人，占全镇中小学生数的27.5%。白坭人杰地灵，历史上名人辈出，梁士诒、邓慕韩等都是杰出的代表。

近年来，白坭镇委镇政府把教育现代化建设纳入镇经济社会发展的总体规划，2003年至2007年划拨专门教育用地，超前规划，大规模整合教育资源，5年时间，投入约1.2亿元按省一级标准新建3所全新的中小学校。投资800多万元建设校园网，在全区率先实现"校校通、班班通"工程，2008年10月，三所学校通过广东省现代教育技术实验学校初评。各学校硬件设施全镇一体化配置，人才资源一体化分配、一体化培训管理，2008年12月通过广东省教育强镇复评督导验收，2006年起连续4年中考成绩稳居三水区同级同类学校前列。白坭教育呈现出从教育投入及硬件建设、规模、管理与运作质量的规范化，到教育信息化发展、内涵发展、优质均衡发展、公平和开放发展，实现了乡镇教育基本现代化和城乡教育一体化，形成了具有典型珠三角区域特色的乡镇教育现代化发展模式。

白坭新中心小学落成剪彩仪式

环境优美的白坭城区

信息技术课堂教学

文化长廊

具有现代化气色的白坭中心小学

教育强镇复评总结会现场

三水区大塘镇科技教育办公室

三水区大塘镇科教办公室的职能主要是完成镇委、镇政府和上级主管部门交给的各项工作，协调办学单位与学校关系，加强对学校的领导和管理，搞好教师队伍的组织建设。科教办由主任陈志坚，副主任陈建好及办事员黄华林、叶炎棠、李镜清、肖泽华、林永佳、谢桂平、蔡志华组成，分工清楚，职责明确。

大塘镇现有1所公办初级中学；3所小学；1所按广东省一级标准建设的公办幼儿园，3所民办幼儿园；1所民办学校。在编教师313人，小学生2325人，初中生1550人；民办学校教职工36人，学生632人；学前幼儿1322人入托。

【争取政府加大教育投入，教育设施不断完善】近年来，大塘镇政府不断加大教育投入，成绩显著。2009年12月再投入近150万元，用于完善中小学实验室的仪器装备，购置图书，教育进一步迈向优质、均衡。

【以创建特色学校为载体，追求学校内涵发展】我镇在教育工作方面，提出"抓特色促全面"的办学思路，通过加强育人环境的渲染及每学年的"三节"营造特色教育氛围，为学生的全面发展及终身发展储备能量。

【加强学校安全卫生工作管理，创建平安校园】我们时刻把安全放在第一位，提高防范意识，确保安全。

大塘中心小学校园文化

按省一级标准建成的大塘实验幼儿园落成

注重培养学生全面发展的大塘中学美术室

佛山疾控，为人民的健康保驾护航

佛山市疾病预防控制中心

市政府、市卫生局领导来我中心调研

佛山市疾病预防控制中心是经佛山市政府批准，将原佛山市卫生防疫站和城区、石湾区卫生防疫站疾病预防控制和卫生检验职能归并基础上组建的直属于佛山市卫生局的副处级卫生事业单位，加挂佛山市卫生检验中心牌子，是全市疾病预防控制和卫生监测检验的技术服务中心。

中心下设办公室、疾病预防控制科、计划免疫科、艾滋病防制科、公共卫生科、消毒杀虫科、健康检查科、卫生检验科等八个职能科室。负责全市急性传染病、慢性非传染性疾病的流行病学监测和预防控制及免疫预防接种和预防用生物制品管理；实施艾滋病预防控制计划；承担对本地区寄生虫病、地方病防治，病媒生物的种群分布、生态习性和季节性消长情况，做好预测预报工作，负责消毒杀虫及相关的技术服务；承担佛山市健康相关产品卫生、环境卫生、学校卫生监测、检验和市卫生监督所委托的检验工作；负责食品生产企业和饮食服务从业人员的健康检查。业务范围包括佛山市管辖的禅城区、南海区、顺德区、三水区、高明区。本中心是中山大学医学部、广东药学院等医学院校教学和实习基地。现有在职干部职工 53 人，其中硕士学历 5 人，本科学历 26 人，大专学历 10 人，中专及以下学历 12 人；高级职称 12 人，中级职称 23 人，初级及以下职称 13 人。检验中心设有百级实验室、艾滋病确认实验室，以及理化检验、微生物检验、临床检验等功能实验室。拥有气一质联用仪、定量 PCR 检测仪、原子荧光光度计、离子色谱仪、倒置荧光数码显微镜、全自动生化分析仪、全自动细菌鉴定仪、全自动荧光免疫分析仪、原子吸收分光光度计、气相色谱仪、高效液相色谱仪、紫外分光光度计、全自动加样器、微波消解仪等较为先进的仪器设备。

佛山市疾病预防控制中心坚持以科研为依托、以人才为根本、以疾控为中心，大力开展疾病预防控制与公共卫生技术管理和服务领域的应用性研究，做好公共卫生信息监测与服务，加强紧急疫情应急反应处理与突发公共卫生事件应对工作，强化公共卫生技术管理和服务。秉承"严于律己，服务社会"的宗旨，发扬"团结、奉献、求实、创新"的风尚，以优质的技术和良好的作风服务于社会。

我市五区疾病预防控制机构启动突发公共卫生事件应急处理联动机制

我省首家艾滋病防制社会援助机构——佛山红丝带关爱中心成立

市区疾控中心的健康快车深入社区宣传卫生科普知识

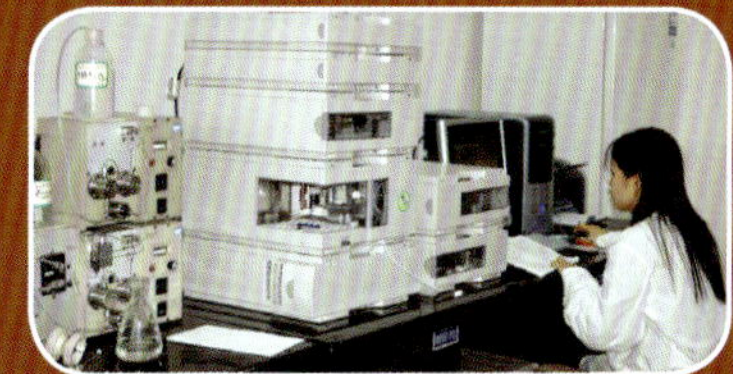
先进的检验检测仪器

广东省三水劳动教养管理所
广东省三水强制隔离戒毒所

2009 年，省三水劳教（强戒）所在各级党委的正确领导下，坚持在困难之中求发展，在困境之中求突破，在压力之中求奋进，取得了极其不易的成绩：沉着应对各种挑战，积极化解各种矛盾和隐患，实现了第十个安全"四无"年；迎难而上，化"危"为"机"，经济生产呈现恢复增长，严控费用开支，行政经费支出实现了"五个零增长"，全年实现收支平衡且略有结余；确保收容，新收劳教（强戒）人员比 2008 年增长 200%，基本完成省局核定的收容任务，有力地配合了公安机关的"大打击、大收戒"行动；狠抓执法管理专项教育整顿活动，队伍依法管理理念及执法能力明显增强，被省局考核组评为专项教育整顿和执法考评"双优秀"单位。

省司法厅、省劳教局领导来所检查执法管理工作

举办唱响祖国六十年歌咏比赛

所领导、教官与危机谈判员培训班学员合影

佛山市第一人民医院

广东省佛山市第一人民医院始建于 1881 年，是在全国排名第七位的百年历史名院。现已发展成为佛山市唯一的综合性三级甲等医院和全市医疗技术指导中心，并成为中山大学附属佛山医院。同时是国际救援网络亚洲国际紧急救援中心合作医院成员，以及多个大学及医学院校的教学医院、研究生教学基地、博士后培养基地，与多个海内外知名医院开展着广泛的业务协作。

医院建筑总面积 22 万多平方米。员工 3300 多人，开放病床 1800 张。设置 40 多个临床医技科室和近 20 个大型特色治疗中心，拥有 2 个广东省特色专科和 10 个佛山医学重点专科及特色专科。医院设备雄厚、先进，拥有多功能分子影像诊断仪 PET/CT、16 排螺旋 CT 、3.0 T 磁共振仪（MRI）、单光子发射计算机断层扫描仪（SPECT）、直线加速器等先进医疗设备 5000 余台，总价值超过 4.6 亿元。

2009 年全院门急诊量达 279.2 万人次，住院 6.1 万人次，住院手术 3.7 万台。目前，日均门急诊量 8000 多人次，最高日门急诊量 1.16 万人次。临床上，广泛开展高精尖技术。妇科及普外腹腔镜技术，烧伤治疗，心、脑血管介入治疗，耳鼻喉头颈外科，危重病人抢救（ICU），人工肝治疗肝衰竭，血液净化戒毒，麻醉等多方面技术达到国内领先，甚至国际领先水平。科研上承担了多项国家 863 课题和 973 课题。

在抗击非典、抗震救灾、抗击手足口病、抗击甲型 H1N1 流感等公共卫生事件中做出了突出贡献并在全国产生广泛影响。先后获得 “全国卫生系统先进集体”、“全国医院文化建设先进集体” 、“广东省抗击非典模范单位” 等多种荣誉。

2010 年，在新一届院领导班子带领下，积极践行科学发展观， 贯彻落实新医改精神，按照王跃建院长提出的“安全、优质、发展”总目标，开展流程改造，进行学科调整，力争实现医院新一轮大发展。

佛山市委书记陈云贤、副市长麦洁华到市一医院视察

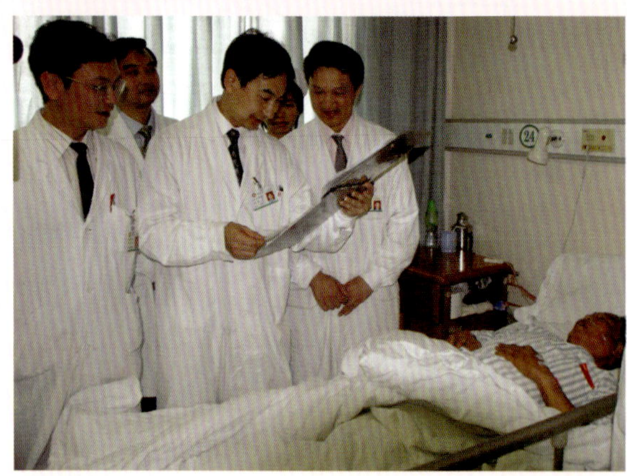
院长查房

后花园

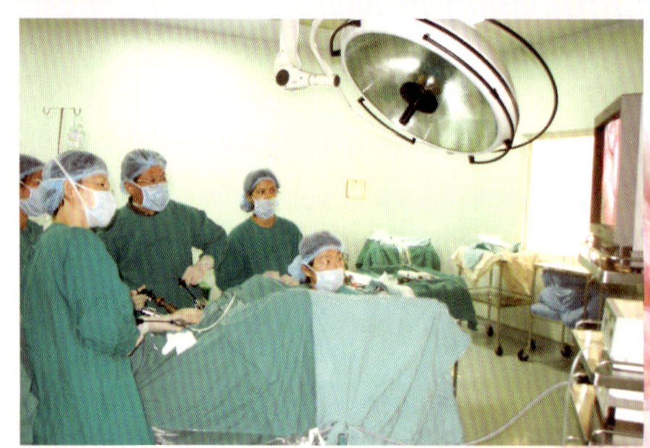
妇科腹腔镜手术

禅城区岭南大道北 81 号 佛山市第一人民医院 电话：0757—83833633（总机） 网站：www.fsyyy.com

廣州醫學院附屬廣佛醫院
佛山市南海第二人民医院

门诊大楼

热情周到的服务

南海区第二人民医院前身为平洲医院，始建于1958年6月，2007年迁址新建后更为现名；2009年通过广东省高等医学院校非直属附属医院评审成为广州医学院附属广佛医院。经过50多年的发展，医院已从一所人民公社卫生院发展到今天设计有800张病床的集医疗、教学、科研、预防、保健及康复于一体的综合性医院。医院医疗技术力量雄厚，医疗设备先进，专业分科齐全，服务质量上乘，环境优雅。现有员工806人，其中高级专业人员106人，博士5人，博士后1人，目前开放病床608张。2009年门诊量达164万人次，年住院量2.2万余人次。

医院总部设有30个临床医技科室，属下设有11个卫生服务站。分别建有臀肌挛缩中心、泌尿外科微创中心、口腔医疗中心、重症监护中心等8个特色中心及心血管内科、神经内科、内分泌专科、妇产科等多个优秀专科。

目前，医院拥有南海首台美国GE16排螺旋CT、美国GE1.5T核磁共振（MR）、美国GE800mA数字X光胃肠机、美国雅培C8000全自动生化分析仪、CR/DR、彩色多普勒B超、内窥镜系列、体外震波碎石机、弹道碎石机、前列腺汽化电切镜、多功能麻醉机、进口呼吸机、血液透析机等先进医疗设备，总值达1.2亿元。为临床诊断和诊疗提供强有力的技术支持。

医院坚持以病人为中心，优质服务为宗旨，不断提高医疗服务质量，树立“团结求实、进取求精、严管求效”的风气。曾先后被南海区、佛山市政府评为“文明单位”、“先进集体”、“科技先进单位”。

地址：南海区桂城街道平洲夏东路 电话：（0757）88386067 传真：（0757）88386066 邮编：528251

腾飞中的乐从医院

乐从医院位于乐从大道旁，是一家按二级甲等医院和广东省基本现代化医院建设标准建设，占地面积61亩，是顺德西北部目前最大的集医疗、科研、教学、预防、康复保健于一体的综合性医院，是广东省医学院校教学医院，于2006年9月通过了国家ISO质量体系认证，2009年被评为“花园式”医院。

乐从医院始建于1958年，现开放病床400张，设总院一间及下伸社区卫生服务站和门诊部19间，总院配备地下停车场及汽车停车位350多个。总院年门诊量180余万人次，年住院病人1.3余万人次，年住院手术3000余例。总院设有28个临床科室及13个医技科室，其中手足显微外科、颅脑外科、骨外科、腹腔镜诊疗专科、肛肠外科、耳鼻喉科、眼科、综合ICU、体检中心、心血管内科、呼吸内科、消化内科、糖尿病等特色学科迅速发展。医院现有日本东芝4排螺旋CT、日本柯尼卡CR、飞利浦数字化影像系统、美国通用大型彩超、大型综合体检车、自动生化分析仪、高级外科显微镜、腹腔镜、电子胃肠镜、电子咽喉镜系统、鼻窦内窥镜系统、前列腺汽化电切镜、气压弹道碎石微创设备等先进医疗设备，同时信息化建设覆盖全院，设置了医生工作站、网络系统和各项硬软件设施，由挂号刷卡到诊病、计价收费、发药、打针等均全程电子化管理，为广大群众提供最优质的服务。

医院拥有专业技术人员533人，其中高级职称60人，中级职称147人，医学博士2人，医学硕士4人。逐步形成了老、中、青相结合的结构合理、朝气蓬勃的科技人才队伍。

目前，全院广大职工正紧紧抓住战略发展机遇期，本着“关爱生命、呵护健康、优质服务、顾客满意”的服务宗旨，依靠科技兴院，强化医疗质量管理，以更加严谨的医疗作风、优质的服务、精湛的医疗技术和严格的科学管理，实现新的腾飞！

我院成为广医附一院医疗技术协作医院

顺利启用顺德区首张集诊疗、参保人身份识别、刷卡消费于一体的金穗门诊医保卡

我院2009年顺利通过专家组评审成为广东省普通高等医学院校教学医院

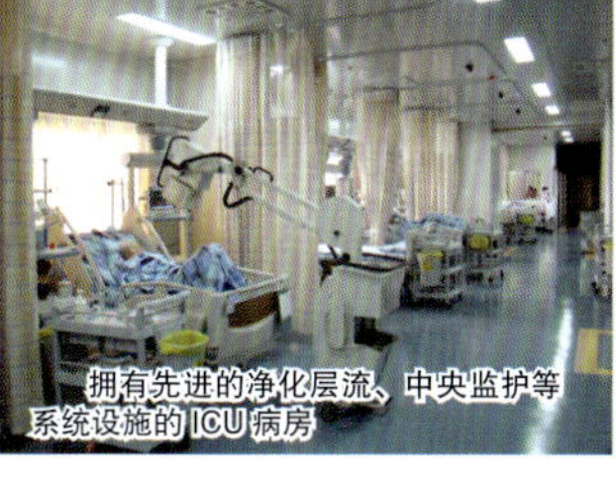
拥有先进的净化层流、中央监护等系统设施的ICU病房

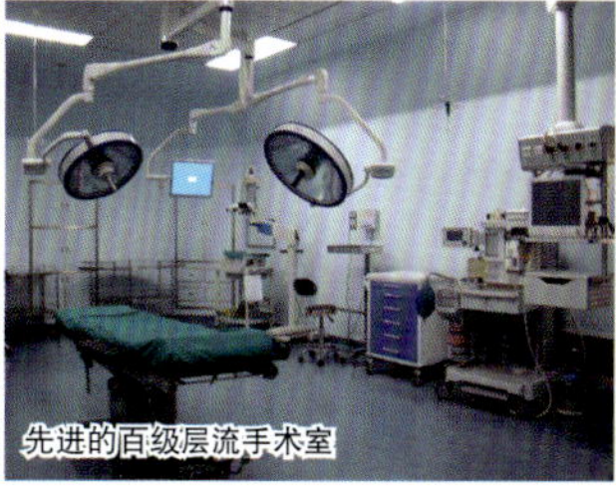
先进的百级层流手术室

提供上门服务的大型体检车

地址：顺德区乐从镇乐从大道中A163号 咨询电话：（0757）28338122 28338128 传真：（0757）28338118

三水区人民医院

（郑利先同志简介：郑利先，男，汉族，1988 年毕业于汕头大学医学系，呼吸内科主任医师，现任三水区人民医院院长。他从事内科及内科呼吸系统疾病临床诊疗、研究工作 20 多年，曾到广州呼吸疾病研究所、香港威尔斯医院学习深造，对呼吸系统疾病中的支气管哮喘、慢性阻塞性肺病、肺心病、呼吸衰竭、胸膜疾病、水电解质酸碱失衡、感染性疾病和肺癌等有较深的研究与独特的见解，擅长呼吸内科介入诊疗技术。主持多项省市级科研课题，发表国家和省市级文章 10 多篇，现兼任广东省老年学会常委、广东省中西医结合学会委员、广东省药物不良反应学会常委、佛山医学会呼吸分会副主任委员和佛山医学会内科分会副主任委员。）

2010 年 3 月 30 日，三水区人民医院召开欢迎郑利先同志到任的大会。郑利先同志作为三水区委、区政府面向全国公开招聘选拔的高级人才，受聘为三水区人民医院院长。郑利先院长表示，他将团结医院班子成员，带领全体员工，在专科建设、科研教育、人才培养、制度落实和服务素质等方面锐意进取，围绕“质量、安全、服务、发展”工作重心，向市内一流、部分技术到达省内先进水平的创新型现代化医院的目标迈进，让三水区人民医院的管理更有条理，技术更加先进，质量更有保障，氛围更具活力，员工更有朝气，全力打造政府放心、公众满意的医院，为三水老百姓提供更优质的医疗服务。区委常委、组织部长陈少浩在会上介绍了郑院长的学习和工作经历等情况，他相信在郑院长的带领下，区人民医院将进入崭新的发展阶段；副区长何国辉在会上作了重要讲话。大会由区委组织部副部长翁良主持，区卫生局领导班子及区人民医院全体中层以上干部参加了大会。

新班子成立后，三水区人民医院十分注重学科建设，目前，该院以独立承办三水区“光明工程”为契机，整合医疗资源，努力打造眼科特色专科品牌，给三水白内障老人送去光明，为三水长寿之乡增添光彩。医院眼科新病区于 2010 年 4 月顺利启用，至今年 5 月底，该院眼科已为近 900 个患者成功施行了眼科手术，比去年同期增长近 4 倍。2010 年 6 月，该院成立肿瘤科，并将与上级医院合作，方便三水肿瘤患者就医，使他们不用离开三水即可享受到佛山、广州等大医院才能享受到的医疗服务。至今年 5 月底，该院业务同比增长达 21%。

地址：三水区西南街道广海大道西 16 号　电话：（0757）87813210　传真：（0757）87813200　邮编：528100

陈村医院在发展和提升

Chencun Hospital Of Shunde Foshan

2008年，陈村医院在上级政府和主管部门的正确领导下，紧紧围绕“和谐、发展、提升”的工作思路，积极推进基本门诊医疗保险民心工程，认真做好手口足病等传染性疾病防治工作，顺利通过普通高等医学院校教学医院的评审，狠抓医疗服务、技术与安全质量的内涵管理，探索公立医院经营、绩效、薪酬一体化管理的创新改革，取得了显著的成效。2008年，全院门诊量77万人次，住院量10769人次，抢救成功率达93.8%。

2009年，陈村医院提出“一个中心、两个基本点、三个确保、四个加强”的工作思路，坚持以公共服务和基本医疗为中心，在服务和技术两基本点上下功夫，确保医院正常运转、确保员工福利待遇不减、确保医院良性发展，加强成本核算、加强制度建设和岗位职责的落实、加强员工薪酬分配的合理性、加强人才的培养力度，为实现医院科学化、规范化、信息化管理及健康、持续、跨越式发展而不懈努力。

组建成立公共服务科

积极推进基本门诊医疗保险民心工程。

探索医院经营、绩效、薪酬管理改革。

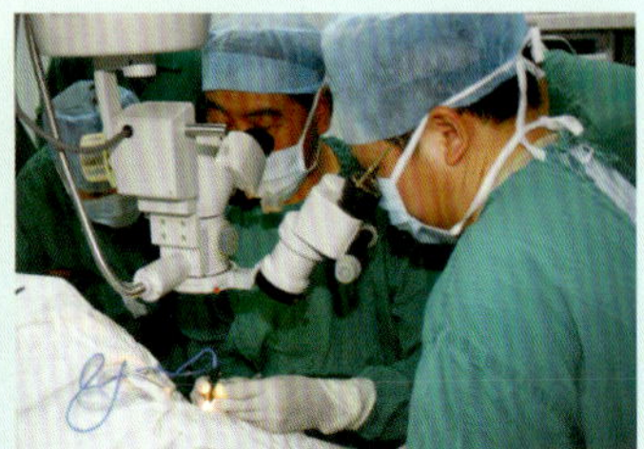

开展争创全国白内障示范区活动。

佛山市顺德区陈村医院　院长：程开明　地址：佛山市顺德区陈村镇安宁路2号　电话：0757-23832501

第五篇

法 制

FOSHAN NIANJIAN

法　　制

佛山市委政法委

【综述】 2009年是国际金融危机加深蔓延，佛山市经济社会发展遭遇最大困难的一年，也是砥砺奋进、经受严峻考验的一年。全市政法机关在市委、市政府和上级有关部门的领导和指导下，深入贯彻落实科学发展观，紧紧围绕“保增长、保民生、保稳定”的总要求，不断严密维稳工作措施，加强社会治安综合治理，加大打击犯罪力度，推进基层基础建设，促进社会公平正义，初步实现了市委、市政府提出“三年内社会治安明显好转”的阶段性目标，较好地维护了佛山市社会政治大局和治安局势基本稳定。

【社会稳定保障有力】 全力做好各政治敏感期的稳控工作，全力加强对敌斗争工作，有力挫败了国际恐怖组织、境外间谍情报机关以及境内外各种敌对势力的干扰破坏。深入排查、化解金融危机引发的大量不安定因素，重大群体性事件预警率达到100%。全市发生群体性事件起数和参与人数同比分别下降32.2%和52.2%；非正常进京上访和到省集体上访均明显下降。以高明区为试点，创建“无邪社区”28个、“无邪校园”32个、“无邪企业”151个。高标准完成了国庆60周年活动安保任务，圆满完成了亚洲游泳锦标赛、中国（佛山）陶瓷节、佛山秋色等大型活动安全保卫任务，保持了全市社会持续稳定。

【打击力度持续加大】 全面贯彻宽严相济刑事政策，坚持专业化打击、合成化打击与信息化作战有机结合，对各类犯罪，特别是涉黑、涉枪、涉抢、涉毒、涉赌、涉电等犯罪保持严打高压态势，重点打击走私、金融诈骗、偷税漏税、侵犯知识产权等犯罪以及制假售假等破坏市场经济秩序的犯罪，对群众反映强烈的公交车、市场扒窃及电话诈骗等犯罪进行了专门打击，促进了社会治安的基本好转。全市110接报治安警情22万件，其中刑事报警9.8万件，立刑事案6.5万件，连续4年实现了刑事报警数和立案数“双下降”。各项打击处理指标创近年新高，全市破获刑事案2.7万余件，查办职务犯罪案90余件，同比分别上升9.8%、9.5%。成功办理了“5·18”全国最大黑客攻击案、饶某生2.9亿元诈骗案、南海农信社3.2亿元违法放贷案等一批大要案件，挖出了在逃11年、杀害11人的A级通缉犯成瑞龙。佛山科技学院组织的调查表明，71%的受访群众认为佛山市社会治安得到好转。

【基层基础不断夯实】 2009年2月起，按照省综治委的统一部署，佛山市把加强镇街综治信访维稳中心建设作为重要抓手，围绕“强综治、创平安、促发展”的主题，全面整合基层综治维稳力量，实现综治办、司法所、信访办“一体化运作”和“一条龙服务”，真正做到了协调联动、紧密配合、优势互补、综合治理。南海区作为先行区，为全省积累了宝贵的经验，取得了显著成效，受到了周永康、汪洋、陈冀平、黄华华、欧广源、梁伟发等领导的充分肯定。全市33个镇街综治信访维稳中心已全面挂牌成立运作，正发挥着基层维稳的堡垒作用。另外，不断加强基层人民法庭、法官工作室、驻镇街检察联系工作办公室、派出所、社区警务室和司法所的建设，进一步夯实基层基础，延伸了政法部门的工作触角，增强了密切群众、打击和预防犯罪、化解矛盾的能力和水平。

【社会管理扎实高效】 行业管理明显加强。公安机关大力开展“压屋、清吧、治废、限摩”行动，对全市娱乐场所和特种行业进行全面清查治理，规范了行业经营秩序。交通、消防安全事故和财产损失也都呈下降趋势。社会公共安全视频系统联网基本完成。全市建成监控摄像头11万个，其中一类点监控摄像头共6071个，初步实现了市、区、镇街及前端一类点、治安卡口“资源共享、互联互控、可视化指挥”，较好地提升了城市综合管理的水平。虚拟社会控管能力进一步加强。公安网监部门大力推进网络安全审计系统安装和网站备案工作，位居全省前列，与多个重要论坛网站建立了联络机制。流动人员和出租屋服务管理信息化与规范化进一步加强。流管服务站总数达到了610个，协管员4245人，市、区两级信息系统实现了互联互通、数据共享，全省领先。通过采取出租屋“三色管理”、“门禁卡+视频监控”、“企业代管”等模式，因地制宜，进一步加强了对重点人员、社会闲散人员的排查掌控。禁毒部门“三管齐下”。一是与省三水戒毒康复所共建“佛山市戒毒康复基地”，大力推进社区戒毒康复工作；二是深查严打涉毒娱乐场所；三是高密度立体式宣传，有效地净化了社会风气。依法治市逐步深入。开展“法律六进”、推进法治城市、法治区和“民主法治村”创建。在全市实施企业普法“十百千万”工程，即“创建十个企业学法示范单位、发动百家律师事务所参与、举办千场法律讲座、建设一万个法制宣传栏、培养十万名企业法律明白人、派发百万册法制宣传资料”。在佛山图书城开设了“佛山法律讲坛”，邀请法学专家学者、法律工作者讲解老百姓身边的法律问题，在社会上培育法治文化。全年全市新增11个省级“民主法治社区”。

【司法改革成效显著】 审判机关深入开展“审判管理年”活动，完善未成年人犯罪案件审理模式，建立健全“三审合一”的知识产权立体保护模式，积极探索社区矫正工作，规范减刑、假释标准，进一步理顺了民商事案件的归口管理，统一了案件裁判和结案标准，避免了“同案不同判”现象。扎实推进诉调对接工作，在基层法院和派出法庭设立人民调解工作室（法律援助接待室），在公安交警部门设立交通事故巡回法庭，设立镇街法官工作室、法官驻村联络点。全市基层法院民商事案件调解撤诉率为47%。努力提高执行到位率，共执结3.2万件，到位金额22.1亿元，执行到位率为38.8%。执行清案任务占全省的1/6，执结率为99.6%，得到中央督查组肯定。全力推动多部门联动机制、基层协助网络、执行救助基金和执行指挥中心建设，探索执行协理员、集中拍卖制度，推进弱势群体案件优先执行模式，当事人自动履行生效裁判文书的比例大幅上升。检察机关严格落实宽严相济刑事政策，积极推进轻微刑事案件快速办理、被告人认罪案件简化审理等工作，继续探索刑事和解、附条件不起诉等办案方式。不断深化阳光检务工作，网上查询系统功能不断拓展，内部执法监督机制进一步完善。完善未成年人案件检察工作，形成了“帮教、预防、维权”三位一体的工作模式。案件管理工作在市、区两级得到全面推广。积极推进刑检机制改革，深入开展刑事审判法律监督专项检查，全面推行不起诉、不抗诉说理工作、案件质量考评活动，2009年10月正式实施职务犯罪案件审查批捕程序改革。司法行政机关正式启动了社区矫正工作，法律援助覆盖面进一步扩展，进一步向基层延伸，向农民工倾斜，做到应援尽援，开通“绿色通道”，实行异地协作，努力打造广佛“一小时服务圈”。全年承办各类法援案件1000多件，援助5000多人。监企分离体制改革方案已获省政府同意，正在有序推进。市劳教所履行强制隔离戒毒新职能，全面加强管理，确保收得下、管得住、治得好。

【队伍建设全面加强】 深入开展学习实践科学发展观活动和纪律教育活动，不断加强党风廉政建设，开展岗位大练兵活动，努力打造一支政治坚定、业务精通、作风过硬的政法队伍。法院系统树立了“德才兼备、以德为先”的选人用人导向，出台了《非案件承办人过问案件登记制度》，全面落实了近亲属从事法律服务职业申报登记制度，启动了不合格

法官退出机制。黄学军被授予“全国优秀公务员”、“全国十佳法官”荣誉称号。检察机关加快人才建设步伐，开展提炼佛山检察精神活动，打造佛山检察文化建设品牌。市院未成年人案件检察办公室被授予“全国巾帼文明岗”称号。公安机关全面推行网上绩效考核，执法水平稳步提升；建立常态化暗访工作机制，扎实推进“大走访”爱民实践活动，违纪人数低于全省平均水平；开展“80后新秀”、“十佳卫士”评选活动，树立了赖元强、林伟光等一批先进典型。司法行政机关举办业务交流会、岗位技能竞赛等活动，强化了执法为民的观念，提高了服务社会的能力。市国家安全局获得省级表彰4个、部级表彰1个。武警佛山支队获得武警部队“学习成才先进单位”、“教育管理先进单位”和武警总队“先进单位”等荣誉。群众对政法工作的满意度有所提升。（王　凯）

审判工作

【综述】 2009年，佛山中院在市委的领导和市人大的监督、支持下，深入学习实践科学发展观，坚持“为民司法、服务大局、科学发展，全面实现和确保司法公正”的工作思路，充分发挥司法职能，各项工作迈上了新的台阶，为佛山市全面协调快速发展提供了有力的司法保障。全市法院共受理各类案件9.85万件，办结8.69万件。其中，市中院受理各类案件1.79万件，办结1.67万件，同比分别上升2.5%和1.7%。全市法院在审判质量、效率、效果上得到了全面提升。

【刑事审判】 贯彻宽严相济刑事政策，全年共审结一、二审刑事案件7282件，判处罪犯9765人。严惩故意杀人等严重暴力犯罪，增强社会安全感。共审结该类案件2024件，其中包括胡亚灵等4人伤害市人大代表致死案等重大影响案件。加大对职务犯罪和商业贿赂犯罪的打击力度，共审结该类案件229件，同比上升25.1%。全市法院判处5年以上有期徒刑直至死刑的罪犯1768人，占总数的18.1%。同时，对具有法定从宽情节的386名被告人判处缓刑、管制和单处附加刑。规范减刑、假释标准，依法对6182名罪犯进行减刑、假释，减少社会对立面。加强未成年人犯罪案件审判工作，增加非监禁刑的适用，对62名未成年被告人宣告缓刑，同比增长3.3%。积极实施判后帮教，与共青团佛山市委、市青年志愿者协会联合组建“佛山护航志愿服务队”，挽救失足未成年人。

【民事审判】 妥善调处民商事纠纷，促进经济协调发展。全年共审结一、二审民商事案件3.77万件，同比上升13.9%，解决诉讼标的金额116.4亿元。审慎适用强制措施，运用“债转股”、“以货抵债”等调解方式，盘活资产，帮助困难企业渡过难关。不断完善“三审合一”的知识产权保护模式，全年共审结知识产权案件610件，同比上升1.5%。开展“百场走访下基层”活动，共走访企业20多家，提出防范风险、强化监督的司法建议30余条。审结借款、保险、证券等案件4883件，维护金融市场秩序。审结不良资产转让、股东诉讼、企业改制等案件289件，促进企业健康发展。审结涉外、涉港澳台案件156件，营造外商投资的良好环境。

【行政审判】 充分发挥行政审判职能，服务“两转型一再造”。全市法院共审结一、二审行政案件1152件，同比上升103.5%。妥善调处禅城东华里等片区“三旧改造”引发的拆迁安置、征地补偿纠纷。协助市委、市政府妥善解决“外嫁女”问题。向行政机关发布行政审判“白皮书”，提出依法行政的司法建议，促进行政机关提高执法水平，维护行政相对人的合法权益，推进法治进程。全市法院审结的一审行政案件中，判决维持具体行政行为案件409件，同比上升227.2%；行政机关主动完善或改变行政行为后，行政相对人自愿撤诉案件126件，同比上升23.5%。

【执行工作】 全力提高执行实效，回应群众诉求。全年共执结执行案件3.2万件，执行到位金额22.1亿元，执行到位率为38.8%。深入开展清理执行积案活动，全市法院共执结有财产可供执行积案8662件，约占全省法院的1/7，执结率为99.6%，执行到位金额26.6亿元。积极探索集中拍卖制度，将执行标的物集中到法院拍卖，杜绝不当干预和操纵拍卖现象，提高拍卖成交率及成交价。市中院共组织9期集中拍卖会，拍卖总成交价比起拍价高出72%。

【司法为民】 着力延伸司法便民职能。扎实推进诉调对接工作，全市5个基层法院和28个人民法庭挂牌设立了“人民调解工作室”或“法律援助接待室”，民商事案件调撤率明显提高，全年一审民商事案件调解撤诉率达47%，部分基层法院超过60%。着力化解涉诉民生纠纷。全年共审结婚姻家庭等民生案件1.39万件，保障群众安居乐业。积极应对劳动争议案件大幅上升的趋势，加大对劳动者合法权益保护力度，全年共审结劳动争议案件6552件，同比上升34.3%。积极落实诉讼费缓、减、免措施，共对3716件案件的困难当事人缓减免交诉讼费，金额达1051.3万元。设立了执行救助专项基金，共对176名特困当事人发放救助基金146.7万元。着力解决涉诉信访、申请再审难题。全年共处理群众来信907件，接待来访2168人次，来访人次减为上年同期的1/3。正确把握申请再审条件，共审结申请再审案件212件，结案率为95.5%，有效保护了当事人的申请再审权。

【自身发展】 切实加强基层基础建设，促进两级法院的协调发展推广实施两级法院干部之间相互交流任职、上下挂职锻炼、逐级遴选法官等做法。市中院共有2名中层正职到基层法院任副院长，3名干部到基层法院挂职锻炼，基层法院共有3名副院长到市中院任中层正职，3名干部被遴选为市中院法官。切实健全审判管理机制，促进审判质效的同步提升。通过“审判管理年”活动，整合管理资源。全市法官人均结案146.1件，约为全省法院平均水平的1.7倍。进一步理顺两级法院民商事案件的归口管理，加强业务指导，统一案件裁判和结案标准，减少“同案不同判”现象，促进了案件质量的提高。全市法院申诉案件304件，同比下降20.8%。切实整治执行工作，促进“执行难”问题的有效缓解。

【队伍建设】 进一步树立选人用人的正确导向。在干部选拔任用、职级晋升中，着重考察道德品质和职业操守，树立“德才兼备、以德为先”的选人用人导向。深入开展“廉政警示教育年”活动，加强廉政文化建设，增强队伍廉洁意识。出台了《非案件承办人过问案件登记制度》等规定，加强合议庭成员之间的监督，杜绝不当干预办案现象。进一步加大对违纪违法行为的查处力度，确保队伍廉洁。完善与人大代表、政协委员联络机制，全市法院开展了“百场见证执行”等活动，共邀请462名代表、委员视察工作、旁听庭审或见证执行。积极应对网络舆情，全市法院建立了网络发言人制度和网络阅评员队伍，市中院院长做客广佛都市网与网民开展在线交流，问计于民，改进工作。

（黄志庆）

检察工作

【综述】 2009年，佛山市检察机关在市委和上级检察机关的正确领导下，在人大及其常委会的监督和政府、政协以及社会各界的支持下，坚持以科学发展观为指导，牢固树立社会主义法治理念，认真实践“强化法律监督，维护公平正义”的检察工作主题，各项检察工作取得新的进展。

【刑事检察工作】 全市检察机关全年共批准逮捕各类刑事犯罪嫌疑人11008人，同比上升4.9%；提起公诉10980人，同比上升4.5%。在法院已审结的全部案件中判决有罪的占99.9%，判决无罪的8人，占0.1%。一是深入开展打黑除恶专项斗争。共批准逮捕杀人、抢劫、绑架等严重暴力犯罪和盗窃、抢夺、诈骗等多发性侵犯财产犯罪嫌疑人7912人，提起公诉7852人，同比分别上升3.9%和7.2%。对严重刑事犯罪和涉及民生影响社会稳定的犯罪，采取提前介入引导侦查取证以及快捕快诉等措施，加大打击力度。市检察院成立了公诉专案组，提前介入侦查工作，依法起诉社会广泛关注的成瑞龙故意杀人、抢劫、强奸案。二是打治结合，维护社会稳定。全年共批捕聚众扰乱社会秩序犯罪嫌疑人15人，起诉17人；批捕妨害公务犯罪嫌疑人103人，起诉116人；批捕涉毒犯罪嫌疑人888人，起诉836人；批捕涉赌犯罪嫌疑人611人，起诉588人。其中，顺德区检察院分别以涉嫌组织、领导、参加黑社会性质组织罪、敲诈勒索罪、开设赌场罪批捕、起诉吴超发等12名犯罪嫌疑人。在打击犯罪的同时，密切关注社会治安动态，结合办案，有针对性地提出消除隐患、强化管理、预防犯罪的检察建议，推动社会治安防控体系建设。三是打击经济犯罪，维护社会主义市场经济秩序。分别批准逮捕、提起公诉走私、金融诈骗、非法集资、偷税漏税、侵犯知识产权以及制假售假等破坏市场经济秩序的犯罪嫌疑人166人、被告人188人。

【查办职务犯罪工作】 全市检察机关全年共立案侦查国家工作人员职务犯罪案件94件108人，同比分别上升11.9%和22.7%。其中贪污、贿赂、挪用公款等职务犯罪案件86件102人，同比分别上升10.3%和24.4%。一是集中力量查办贪污贿赂大案要案和窝案串案。全年共立案侦查贪污贿赂大案要案80件，占立案总数的93%。其中，涉案金额10万以上不满100万元的案件50件，100万元以上案件16件，查处科级干部14人。顺德区检察院立案查办了该区原供水总公司总经理、顺德水务有限公司总经理梁灿明涉嫌受贿600余万元系列案件。二是稳步推进专项查处工作。深入开展查办城镇建设领域商业贿赂犯罪、涉农职务犯罪和严肃查处司法系统腐败案件等专项整治工作，共立案查处商业贿赂案件43件47人，涉案金额3900余万元；涉农贪污贿赂案件48件56人，涉案金额6000余万元；司法系统贪污贿赂案件5件5人。禅城区检察院依法查办了群众反映强烈的南庄镇紫洞村村委会原主任刘子荣涉嫌挪用征地补偿款2370多万元一案，并追回全部赃款。三是深入开展境内外追逃追赃工作。全年共追捕抓获在逃犯罪嫌疑人3人，追回赃款赃物折合人民币5456万元，挽回经济损失4300万元。成功将贪污公款500多万元并携款潜逃11年的原三水市建设局出纳员邓燕球抓获归案。四是严肃查办渎职侵权犯罪案件。受理渎职侵权职务犯罪线索37件，立案查办国家机关工作人员滥用职权、玩忽职守、徇私舞弊等渎职侵权犯罪案件8件6人（含以事立案2件）。

【诉讼监督工作】 全市检察机关坚持诉讼活动监督。一是加强刑事诉讼监督。决定不批准逮捕828人，不起诉166人，同比分别上升40.8%和17.7%；对认为确有错误的刑事判决依法提起抗诉，在已审结的10件案件中法院改判了7件，改判率达70%。二是加强刑罚执行和监管活动监督。建立健全长效工作机制，对减刑、假释、暂予监外执行等刑罚执行活动实行全程监督，落实与在押人员谈话和约见检察官制度，保护在押人员合法权益。高明区检察院依法对高明监狱罪犯刘玉山死亡事件立案侦查，依法查处涉嫌玩忽职守的当班干部李科锋和第十三监区副监区长廖喜填，并就办案中发现的问题向监狱提出检察建议，促其采纳整改。三是加强民事审判和行政诉讼法律监督。全年共受理案件230件，立案221件，办结166件；抗诉、提请抗诉、建议提请抗诉54件。南海区检察院就“4·21”重大环境污染事故案，通过督促、支持起诉的方式推动丹灶镇政府提起民事诉讼。四是加强控告申诉检察工作。认真开展涉检信访问题排查化解工作，全年共办理群众来信264件、来访140次，办理刑事申诉案24件，其中立案复查6件，受理刑事赔偿案件9件。顺德区检察院就一宗赔偿申诉案组织召开听证会，充分听取申诉理由，全面阐述案件认定的事实和法律依据，收到良好的法律效果和社会效果。

【预防职务犯罪工作】 积极开展“职务犯罪预防年”活动，市检察院制定了《关于开展“职务犯罪预防年”活动实施方案》，围绕重大建设项目以及职务犯罪多发行业和领域，采取发出检察建议、开展警示教育、召开廉政座谈会、讲授法制课、参与工程招投标监督等方式，开展同步预防和系统预防，确保政府投资安全。深入乡镇基层推进社会预防，将预防犯罪的工作重点延伸到镇街的公务人员、执法人员，通过制作公益广告、举办预防图片展、发放基层组织建设预防读本等形式，加大基层预防宣传力度。南海区检察院深入镇街开展创建“民主法治村”纪律教育活动，为村委会干部、村民小组长上廉政教育课，帮助农村基层干部提高民主法治水平。

【落实宽严相济刑事政策】 在打击严重刑事犯罪的同时，对轻微犯罪、未成年人犯罪或者初犯、偶犯等可以依法从宽处理的案件，坚持教育、感化和挽救方针，及时化解矛盾，促进和谐稳定。其中，在办理未成年人案件中，形成了融合“帮教、预防、维权”的工作模式，2009年2月，市检察院未成年人案件检察科被授予“全国巾帼文明岗”称号。禅城区检察院与区团委联合启动“彩虹计划”，积极做好失足青少年教育挽救工作，先后吸纳了10名具备帮教条件的未成年犯罪嫌疑人参加青年志愿服务队活动，经教育考察，依法对其中有了明显转变的8名未成年人作出了不起诉决定。

【检察业务改革】 全市检察机关坚持以制度管理为手段，探索改革创新，规范执法行为，积极稳妥地推进检察工作机制改革。一是不断深化阳光检务工作。定期走访人大代表、政协委员，向他们赠阅《佛山检察联络专刊》，征求他们加强和改进检察工作的意见和建议。市、区两级检察院全部设立了案件管理中心，对案件实施统一管理，并将自侦案件、阳光检务数据管理及赃款赃物管理纳入其工作范围，进一步完善检察机关内部执法监督机制。2009年11月，市检察院检察长就检察工作热点、难点问题与网民进行在线互动交流，增进相互理解和支持。市检察院成立舆情工作办公室，组建了网络评论员队伍，建立了网络舆情危机分类处置机制、突发事件新闻发布机制、舆情信息分析机制、网络舆论引导机制、检察工作正面宣传和报道机制等五项机制，创办了《佛山检察舆情专报》，积极听取和反映民情民意。在高明监狱罪犯刘玉山死亡事件发生后，迅速启动网络舆情应对工作，促进相关案件查处工作的开展。二是全面推进驻镇街检察工作。继2008年到13个镇街开展驻镇街检察工作联系办公室试点工作后，2009年在全市33个镇街全面设立驻镇街检察工作联系办公室，市、区两级院领导坚持带领检察干警每周1至2天到驻镇街检察工作联系办公室驻点，接待来访群众，倾听群众诉求，化解基层矛盾纠纷，向群众宣传检察职能，开展预防职务犯罪工作，促进基层社会和谐稳定，受到当地政府和群众的欢迎。三是加强办案监督机制建设。深入开展刑事审判法律监督专项检查和审查起诉案件质量考评活动，落实不起诉、不抗诉说理工作。全面落实人民监督员评议制度，对检察机关立案侦查案件中犯罪嫌疑人不服逮捕决定、检察机关拟不诉、撤案等三类案件经人民监督员评议后，再由检委会讨论同意，最后报上级院审查批准后才作出决定，全年评议案件14件。根据最高人民检察院部署，2009年10月，全市检察机关全面启动立案侦查案件由上一级检察院决定逮捕的改革，加强了上级对下级侦查工作的监督。

【检察队伍建设】 全市检察机关坚持以严格公正文明执法为核心，全面加强检察队伍建设，队伍整体素质不断提高。全年全市检察机关共有7个先进集体、2名先进个人获省级以上的表彰，无一人因违法违纪受处分。一是加强班子建设，提高带队伍的水平和素质。深入开展学习实践科学发展观活动，加强领导班子思想教育和素能培训；加强党风廉政建设，市检察院党组成员、各区院检察长以及市检察院中层干部签订了党风廉政建设责任状；贯彻落实领导班子学习、述廉述职、廉政承诺、要事报告和一岗双责等相关制度，提升班子的决策水平和领导能力。二是加强教育培训，提高队伍执法办案水平。大力开展职务犯罪侦查、公诉、法律政策研究等专项业务培训、岗位练兵和业务竞赛活动，推进队伍专业化建设。加强干部选用、激励、考核、评价和培训机制建设，市检察院正在与西南政法大学联合开展第二期在职法律硕士研究生培养工作。三是加强干警作风建设，提高队伍拒腐防变能力。深入开展“作风建设年”活动，组织全市检察干警观看《广东省机关作风建设暗访专题片》等警示片，增强广大干警的作风纪律观念。深入开展检务督察工作，先后对公诉出庭、警车管理、接待来访、“禁酒令”、会议纪律等进行检查，促进执法规范化。四是加强基层基础建设，提高基层建设水平。市检察院严格按照规范化建设标准，实行领导分片包干工作制度，集中精力抓好基层院的业务建设、队伍建设、检务保障和信息化建设、管理机制和检察形象的建设，推动了基层院各项检察工作发展。2009年11月，最高人民检察院在佛山市组织召开基层院建设专题研讨会，促进了佛山市各基层院建设的深入开展。在市检察院对全市基层院2009年规范化建设工作进行的考核中，5个区检察院成绩全部达到了优秀标准。（王　建）

政府法制工作

【综述】 2009年，市政府依法行政工作围绕中心、紧扣大局，结合深入学习实践科学发展观活动，认真贯彻《国务院关于加强市县政府依法行政的决定》(下简称《决定》)，为佛山市积极应对金融危机，实现“两转型一再造”，实施《珠江三角洲地区改革发展规划纲要(2008～2020)》(下简称《规划纲要》)，推进广佛同城和珠三角一体化，营造良好的法治环境。

省、市领导到佛山基层调研民主法制建设。

【全面开展法治城市、法治区创建活动，法治政府建设步伐加快】 一是召开法治城市、法治区创建活动动员会议。5月，佛山市农村基层民主法治建设经验交流暨全面开展法治城市、法治区创建活动动员会议在南海区大沥镇召开，会上专门对依法行政工作作了安排，全市法治城市、法治区创建工作全面启动。

二是出台法治城市、法治区创建活动方案。市委、市政府制定开展法治城市、法治区创建活动方案，将省的十项创建任务，细化为67项具体任务，责任分解到45个部门具体负责。各区也根据自身实际，制定了法治区创建工作方案，各区、各部门按照活动方案分工，认真抓好各项创建工作任务的落实。

三是公务员学法用法培训效果明显。10月，全市法治培训班在市委党校举办，市委常委、常务副市长、市委依法治市领导小组副组长冼瑞伦作开班动员，全市400多名法治工作者参加。同时，在《2009年公务员培训计划》的各种主体培训班中大量增加学法用法的培训内容，还在全市公务员中开展“三项内容”全员培训。通过培训提升了全市机关公务人员法律意识，培养了法律思维，学习效果明显。

【大力推进依法民主科学决策，政府决策水平和能力不断提高】 面对国际金融危机带来的严峻挑战和国内外宏观形势变化带来的种种压力，市政府坚持解放思想、与时俱进，正确研判形势，不断提高民主决策、科学决策、依法决策的能力和水平，按照“三促进一保持”要求，着力推进“两转型一再造”。2009年，按照重大决策和规范性文件管理的要求，市政府出台规范性文件17份，全部经市政府常务会议审议通过并在《佛山政报》上公布实施。

【正式签订《广佛同城化政府法制合作框架协议》，广佛两地政府法制合作进一步加强】 佛山市全面贯彻落实《规划纲要》，科学发展，先行先试，离不开法制保障，推进珠三角一体化和广佛同城化，重要的是规则一体化。7月29日，广州市法制办和佛山市法制局签署了《广佛同城化政府法制合作框架协议》，标志着广佛同城化政府法制合作正式启动。

【勇于创新，大力推进政府行政管理体制改革】 一是扎实稳妥推进政府机构改革。按照全省部署扎实推进政府机构改革工作，顺利完成市级政府机构改革任务。市政府原33个工作部门调整为31个。通过改革，进一步转变了政府职能、理顺职责关系、提高政府工作整体效能。

二是顺德区开展综合改革试验，率先实施大部门体制改革。省委、省政府同意在维持顺德区建制不变的前提下，除党委、纪检、监察、法院、检察院系统及需要全市统一协调管理的事务外，其他所有经济、社会、文化等方面的事务，赋予顺德区行使地级市管理权限。顺德区积极推进职能有机统一的大部门体制改革，将改革前的41个党政部门、群团组织及垂直管理单位调整为16个，各方面效果显著，备受社会各界关注。为支持顺德区综合改革试验，市政府分两批次向顺德区下放595项行政审批和日常管理权限事项、部分下放19项行政审批和日常管理权限事项。

三是先行先试，积极推进“简政强镇”事权改革试点工作。南海区狮山镇、顺德区容桂街道是省委、省政府开展“简政强镇”事权改革的试点。市委、市政府专门制定《佛山市“简政强镇”事权改革试点指导意见》，提出除需由区统一协调管理的事项外，在经济发展、市场监管、公共服务、社会管理、民生事业等方面，依法赋予试点镇（街）县级经济社会管理权限，优化机构设置和编制配备，并提出了延伸政府服务职能、完善公共服务体系等要求。

【“两横两纵”行政审批流程改革效果显著，提高行政效能和服务水平】 佛山市共有54个部门参加“两横两纵”行政审批流程改革，52个部门已完成任务，通过创新行政审批运行机制，压缩审批“内循环”，创新审批方式，强化服务，提高行政效能。

一是整合审批职能，集中窗口服务。全市26个部门整合了审批职能，19个部门设置了审批服务科，42个部门设置了528个服务窗口或服务大厅，实现 “一个窗口”对外服务。按照审监分离和职能相对集中原则，设置审批服务科室和对外服务窗口，整合内部职能分布结构，归并分散交叉的审批权项，打破部门内部管理格局和利益格局，改变重审批、轻监管、轻服务的局面。

二是实施流程分类，压缩“体内循环”。各部门根据审批事项的性质、特点、繁简和重要程度，按简单、一般和复杂三类程序，逐项分类设定，向下充分授权，最大限度减少内部审批环节。佛山市52个部门共压缩时限4383天，压缩环节720个，其中，执行简单程序和一般程序在10天内办结的占75%，其中5天内办结或当场即办的占48%；执行复杂程序的占25%。

三是实行并联审批，再造审批流程。针对工程报建、工商登记和房地产权登记等社会热点难点，佛山市建立“牵头受理、抄告相关、内部运转、同步审批、限时反馈、统一办结”的协同审批机制，配套信息化手段实现协同互通、环节对接、链条契合，重组再造审批流程，审批效率大幅度提高。改革后，工程报建审批时限从原来的200多个工作日减少到45个工作日；企业登记注册整体审批时间最多可缩短30个工作日；办理房地产权登记，一手房可在15天内完成办证，二手房可在23天内完成交易办证。

四是推进网上审批，创新审批方式。佛山市全面改造升级行政审批事项管理系统，完善行政审批事项基础配置管理功能，实现各部门对审批事项应用参数和办事指南的统一配置、在线审查和动态管理，并与行政审批各业务操作系统、电子监察系统、审批信息网上公示平台、市政府12345服务热线等应用系统同步更新。同时，加强建设“一站式”网上服务中心，实现网上办事指南公示、审批表格下载、申请预受理、办事咨询等在线服务功能。

【以清理规范性文件为突破口，提高政府机关规范性文件的管理水平】 一是规范性文件清理工作顺利完成。佛山市对336件市政府规范性文件和485件部门规范性文件，分别提出了拟废止、拟保留、拟修改的清理意见，形成《佛山市政府规范性文件清理意见》。在广泛征求之后经市政府审议通过公告实施。

二是创建佛山市行政机关规范性文件备案审查管理系统。为了解决规范性文件清理中发现的问题，进一步规范政府机关规范性文件管理，佛山市正式立项“佛山市行政机关规范性文件备案审查管理系统”，从技术和信息方面提供支持，使每一个管理环节纳入电子信息管理平台，实现动态管理。

三是认真抓好规范性文件审查、审核和备案等日常管理工作。佛山市各级政府法制部门坚持严把法律关，认真抓好规范性文件审查、审核和备案等日常管理工作。2009年，市法制局共审核各类文件184件，其中政府规范性文件31件，部门规范性文件24件，省征求意见稿30件，其他各类文件99件，比上年大幅度增加。佛山市还认真开展规范性文件报备审查工作，2009年，市政府向省政府和市人大常委会报送备案审查规范性文件14件；各区政府上报市政府备案规范性文件38件，其中禅城区7件、南海区20件、顺德区5件、高明区5件、三水区1件。

【加强政府信息公开，提高政府工作透明度】 一是市政府建立信息公开工作联席会议制度。2月，佛山市建立了以市委常委、常务副市长为第一召集人，市府办、监察局等单位参加的政府信息公开工作联席会议制度，明确职责分工，协调推进全市政府信息公开日常工作。

二是不断丰富信息公开的形式和手段。市政府网站《政府信息公开》栏目升级改版，网上政府信息公开更加全面、规范、合理。有7名市领导作客政府网站，与网民在线交流互动，在线解答、在线办公，各行政机关也积极与新闻媒体联动，49个职能部门领导参加佛山电台“民生直通车”、“早安佛山”等节目，亲自接听市民电话，解决市民问题。市政府常务会议邀请市内媒体列席报道会议。

三是公开内容丰富，信息量大。2009年，佛山市公开各类规范性文件共105件；公开经济社会发展规划、计划进展和完成情况以及其他各类规划共10个；公开公共卫生方面信息1432条、教育方面信息3790条、社会保障方面信息2120条；公开政府集中采购项目等方面信息252条；公开政府财政预算、决算和实际支出以及审计情况方面信息20条；公开公务员招录以及领导干部公选等信息31条。全年新增主动公开政府信息7.57万条，全文电子化率100%。

【规范程序，完善制度，通过合法渠道切实解决行政纠纷】 一是行政复议和行政诉讼成为加强行政监督、化解行政争议的有效途径。全年全市各级行政复议机关共收到行政复议申请1056件，比上年增长76%；受理1008件，增长79%，受理率为95.5%。在办结的960件复议案件中行政机关胜诉率达97.1%，比上年增加4.7个百分点。全年全市共发生行政应诉案件774件，比上年增长117%，在办结的733件行政诉讼案件中，行政机关胜诉率达92.8%，增加4.9个百分点。

二是进一步提高行政复议办案质量和水平，加大宣传力度。全市统一行政复议法律文书格式，进一步理顺案件报批程序，报批效率大大提高。同时，首次开展行政复议案卷质量评查，对各区政府办理的复议案卷进行了评查，形成了《2009年佛山市行政复议案卷评查情况通报》。结合行政复议法施行十周年的纪念活动，开展征文、制作派发宣传手册、上街举办法律咨询等一系列宣传活动，新闻媒体进行了详细报道。

三是顺利通过国务院对佛山市行政复议工作的专项检查抽查。市县政府行政复议工作检查组由国务院法制办、全国人大常委会法工委、省法制办等单位组成，对佛山市进行了抽查，副市长王玲汇报了行政复议工作情况，检查组现场检查了市政府行政复议办公场所和硬件设备，抽查复议案卷，还到禅城和南海区政府进行现场检查。检查组认为，佛山市行政复议工作基础扎实，科学规范，在全国处于较高水平。

【不断规范行政执法行为，进一步推进行政执法责任制落实】 一是开展规范行政执法自由裁量权工作。市政府出台《佛山市行政处罚电子监察系统建设项目实施方案》和《佛山市规范行政处罚自由裁量权工作实施方案》等文件，各行政执法部门全面梳理带有自由裁量权的行政处罚，市、区两级城市管理行政执法局作为试点先行启动。

二是加强行政执法队伍管理。2009年，佛山市共向省政府申领、换领行政执法证2420个，建立、审核行政执法人员电子档案2853份。在完善行政执法证件管理系统的同时，不断加强对高明、顺德和三水区382名行政执法人员培训工作进行指导和监督。

三是认真做好规范相对集中行政处罚权工作。2009年，省政府批准佛山市将“室内违法建设处罚权”从市建设局移交城市行政执法管理局，并在《南方日报》刊登了公告，确保该项职能顺利移交。

四是继续抓紧治理公路“三乱”工作。市治理公路“三乱”办公室办理了由省办转来的对南海区公安交警部门的投诉案件1件，认真地组织人员调查处理，确保了案件顺利查处。

【发挥法律顾问室职能，确保市政府各类涉法事务得到依法妥善解决】 一是市政府法律顾问室年度工作会议顺利召开。会议部署了2009年市政府法律顾问工作，并围绕珠三角《规划纲要》实施中先行先试背景下的依法行政问题、广佛同城的竞争障碍问题、重大经济事件的提前防范以及政府应对金融危机中的法律问题等进行了探讨。

二是发挥政府法律参谋顾问的职能作用，为政府决策提供各类法律意见。顺利出台了一系列影响大、涉及面广的政策措施，都经过合法性论证和审查。在市政府和有关部门重大决策中，合法性意见和建议得到充分认可和采纳。　（陈光卿）

公安工作

【综述】 2009年，公安工作面临诸多挑战、任务极为艰巨。全市公安机关在党委政府和上级公安机关的领导下，紧紧围绕“保增长、保民生、保稳定”的总要求，立足主动、沉着应对，精心谋划、奋力拼搏，打防并举、综合施策，取得了发案下降、破案上升，治安突出问题得到遏制的优异成绩，有效维护了特殊时期的社会稳定，初步实现了市委、市政府提出“三年内社会治安明显好转”的阶段性目标。

【刑事犯罪侦查工作】 全市公安机关紧紧围绕“保增长、保民生、保稳定”和“创平安、迎国庆”的中心任务，明确以打黑扫赌为龙头全面推进打击破案工作的思路，以遏制严重暴力犯罪和街面多发性犯罪为重点，对各类犯罪活动展开全方位、密集式进攻，带动了社会治安的好转。年内，全市110接报违法犯罪警情22万宗，同比大幅下降35%，其中刑事报警数9.8万宗，同比下降28.8%，立刑事案件6.51万宗，同比下降3.9%，连续第四年实现了刑事报警数和刑事立案数“双下降”。人民群众安全感有所提升，佛山科技学院的调查表明，71%的受访群众认为佛山市社会治安得到好转。各项打击处理指标创近年新高，全市破获刑事案件2.77万宗，逮捕1.09万人，强制戒毒4084人，行政拘留2.88万人，同比分别上升9.8%、3.4%、5.8%、51.6%，破获了顺德1000万元勒索案、“5·18”全国最大黑客攻击案等大要案件，挖出了在逃11年、杀害11人的公安部A级通缉犯成瑞龙。

年内，全市破获命案189宗，破案率达90.9%。佛山市公安机关继续深化专业打击犯罪机制，将专业打击扩展到多发案、易发案领域，进一步提升了打击效能。全市各专业队累计抓获违法犯罪嫌疑人3412人，打掉犯罪团伙313个，协破案件3005宗，刑拘1927人、行拘674人，打击处理率达到82.9%。年初，组织开展“粤安09”专项行动，集中打击严重暴力犯罪和路面多发性犯罪，全市共破获刑事案件6286宗，抓获各类犯罪嫌疑人7657人，同比分别上升18.5%和12.8%。从4月1日起组织开展“打黑扫赌收黑枪”百日行动，共打掉涉黑恶犯罪团伙66个，刑拘涉黑恶嫌疑人282名，打掉地下赌场108个，抓获涉赌犯罪嫌疑人6234名，收缴各类枪支86支，打掉制贩枪支地下工场5个，打掉涉黑恶团伙数、地下赌场数和收缴枪支数同比分别上升32%、64%和1.2倍。从5月26日起组织开展声势浩大的“创平安、迎国庆”重点打击行动，全市破获8类案件（含刑事、治安案件）2.5万宗，抓获犯罪嫌疑人4.72万人，打掉犯罪团伙1640个，刑拘、劳教、批捕、网上追逃等打击指标同比分别上升59%、28.7%、10.4%和10.4%。

【经济犯罪侦查】 全市公安经济犯罪侦查部门审时度势，把涉假造假、经济诈骗、职务侵占等犯罪作为打击重点，建立健全与金融、税务、工商等职能部门的协作联动机制，组织开展了打击假币、假发票等专项行动，缴获假币161万元，破获“6·26”特大假硬币案、“8·10”特大假发票案等大要案件，有效维护了特殊时期的市场经济秩序。全市立经济案件744宗、破案568宗，同比分别下降4.7%、上升16.2%，挽回经济损失2.3亿元。组织开展打击假发票专项行动，共破获假发票案件59宗，刑事拘留犯罪嫌疑人81人，端掉制、贩假发票窝点11个，摧毁团伙5个，缴获假发票214万多份，有效净化了市场环境，维护了国家的税收秩序。积极开展整顿和规范市场经济秩序工作，以打击制、贩“假烟”案件为重点，着重清理和整顿卷烟市场；集中优势警力打击侵犯知识产权违法犯罪活动，整顿和规范知识产权秩序；深入开展治理商业贿赂专项工作。

【治安行政管理工作】 2009年，全市公安机关认真落实执法为民的要求，以构建和谐警民关系为核心，以群众满意为着力点，不断转变工作作风，创新管理服务方式，有效地提高了行政服务效能。各部门、各警种积极创建服务型机关，以"服务措施一网办"为切入点，大力推行网上服务，简化办事程序，提高办事效率，受到了群众的广泛好评。指挥中心拓宽警民交流互动渠道，在全省首创网上"公安主持人"制度，开设了"网上警视厅"，有力推动了全市行政机关网络问政，市委、市政府推广了市公安局的经验做法。交警部门开通了行驶证和驾驶证补证、换证网上受理业务，推出了车牌网上自选，驾驶人考试网上预约、办证、年检"一站式"服务，大大方便了群众办理车管业务。网监部门积极推动网络警务室、网警便民室"两室"建设，建成"两室"14个，通过"两室"收到群众报警信息850条、业务咨询信息2360条。出入境管理部门推出了非工作日办证预约受理、个人游再签证免填表、简化商务备案手续等9项便民利民措施，共审批、签注各类出入国(境)证件145万本。强化落实安全管理措施。交警部门全面整顿道路交通秩序，组织开展了整治酒后驾驶、严重交通违法行为、涉牌涉证违法行为以及预防道路交通事故"五个一"等多个专项行动，纠正交通违章242.8万人次，其中查处机动车交通违章166.1宗，扣留机动车24.7万辆次，有效消除了道路交通安全隐患。消防部门加大对易燃建筑密集区、易燃易爆场所、公众聚集场所和"三合一"场所的火灾隐患排查治理力度，积极组建覆盖城乡的专兼职消防队伍，大大提高了火灾事故防范能力。治安部门加强大型群众性活动安保工作，严格枪支弹药、爆炸、剧毒、放射性危险物品监管，确保了大型群体性活动和安全和危险物品不流失、不炸响、不打响。监管部门深刻吸取"躲猫猫"事件教训，组织开展"春雷"专项行动，投入3400多万元对监所进行技防改造，大大提高了监所安全系数。

【四项治理】 年内，全市公安机关坚持"打防结合、以防为主"方针，在加大打击破案力度的同时，更加重视治安防范工作，紧紧围绕"人、车、屋、场、网"等治安要素，全面落实严防严管措施，从源头上解决治安问题。在深入调研的基础上，市局党委提出了开展"压屋、治废、清吧、限摩"四项治理的工作思路，力求从根本上解决治安问题。在"压屋"方面，组织开展了出租屋管理大调研大讨论大宣传活动，市委常委、政法委书记、公安局长杨建华亲自撰写了《关于佛山市出租屋问题的调查与思考》一文，从宏观、微观方面提出了加强出租屋管理的思路对策，全力推动党委政府重视解决出租屋问题。治安部门贯彻"以屋管人"的思路，积极开展出租屋"视频监控+门禁卡"技防模式试点工作，安装"视频监控+门禁卡"1639套，大大提高了治安防范能力；组织开展了重点出租屋清查打击行动，会同流管部门对全市出租屋进行了地毯式登记检查。在"治废"方面，治安部门针对下半年经济回暖引发无证照废旧收购业反弹的情况，积极协调经贸、工商、消防、水电等部门组织开展清理无证照废旧收购业专项整治，查处无证照废旧经营场所650间，其中自行关停382间，取缔213间，停水停电55间。在"清吧"方面，网监部门与工商、文化、电信部门建立治理"黑网吧"协调联动机制，实行清查、断网、端窝、处罚"一条龙"行政执法模式，大力发动群众举报"黑网吧"，组织开展了多部门打击取缔"黑网吧"专项整治行动，收集"黑网吧"准确信息1800多条，现场查处"黑网吧"500多间，自行关停1300多间，查扣电脑1.14万多台。在"限摩"方面，交警部门制定了限摩总体方案提交市政府，争取尽快实施限制摩托车发展政策；以打击假牌假证、外地籍摩托车等违法行为重点，组织开展了摩托车行驶秩序专项整治行动，查处摩托车交通违法5.25万宗，依法暂扣车辆2.17万辆。

【公安队伍正规化建设】 全市公安机关积极适应新时期队伍管理的新情况新特点，创新队伍管理机制，不断增强队伍的战斗力和凝聚力，着力打造一支政治坚定、业务精通、作风优良、纪律严明、执法公正的公安队伍。扎实开展"公安民警大走访"爱民实践活动。各级公安机关突出走访实效，组织民警深入机关、厂企、院校、社区和农村，听民声、访民意、察民情、解民忧、消民怨、护民权，走访企业6379间、学校医院926所、群众家庭790户、群众1.7万多人，拉近了公安机关与人民群众的距离，促进了警民关系的好转。市局还在全省公安机关深化大走访活动会议上介绍了先进经验。执法质量和服务水平明显提高，全市各分局执法考评成绩连续3年保持90分以上。10个（全市共43个）派出所被评为全国一级所，14个派出所被授予市基层所队执法示范单位，出入境管理处被评为“全国文明窗口”单位。大力推进警营文化建设，组织开展了献歌祖国歌咏会、红色短信征集活动和读书活动等系列警营文化活动；组织开展了“80后新秀”评选活动、“十佳卫士”评选颁奖活动，树立了赖元强、林伟光等一批有血有肉的鲜活典型，进一步强化先进典型的导向作用。树立先进典型，弘扬队伍正气，年内全市公安机关有16个单位或集体荣立集体二等功、120个单位或集体荣立集体三等功，6个单位被评为全省优秀公安基层单位，20个单位被评为全市优秀公安基层单位；30名民警荣立个人二等功，309名民警荣立个人三等功；37名民警被评为全省优秀人民警察，100名民警被评为全市优秀人民警察；南海分局、顺德区公安局出入境管理大队荣获“全国公安机关出入境管理部门文明窗口”称号，还有一大批单位和个人被部、省、市有关部门评为先进集体和先进个人。

（谢腊松）

司法行政工作

【综述】 2009年，全市司法行政机关积极做好“保增长、保民生、保稳定”的法律服务工作，为佛山经济结构调整、城市发展转型和环境再造发挥职能作用，各项工作取得了良好成效。

【加强与珠三角城市及港澳之间合作交流】 一是与广州司法局签署合作框架总协议及公职律师、公证行业、法律援助3个子协议，形成“1 + 3”的合作形式，内容涉及法律服务、法律援助、人民调解、普法、帮教安置及队伍建设等方面。广州荔湾区与南海区司法局签署《法律援助工作合作方案》，提出两地法援工作无缝对接，实现“半小时法律援助服务圈”。两市联合成功处理了禅城区南庄镇村民诉省政府案、广州律师代理三水乐平镇某村起诉镇政府案、广州律师代理高明区更合镇某村农村土地承包合同纠纷案等7起群体性、敏感性事件。

二是积极主动加强与港澳律师之间的交流合作。成立落实CEPA示范城市工作领导小组，加强与港澳律师行业的沟通交流。派出考察组赴香港、澳门，与香港大律师公会、律师会以及澳门律师会就佛港澳律师行业之间的合作，签署了佛港、佛澳律师业合作框架协议。

三是积极主动加强与珠三角城市业务工作交流。协助省厅举办了珠三角地区应对金融危机普法维稳工作座谈会。组织20多批次“走出去、迎进来”珠三角城市业务交流活动。成功举办全省市管监狱第六次联席会议，加强与深圳、江门、茂名市司法局沟通联系，促进市管监狱工作的发展。

【加强人民调解和社区矫正工作，夯实基层基础工作】 一是人民调解与司法调解、行政调解衔接机制初步建立。年初，以市政府名义召开了全市人民调解工作会议，部署构建人民调解与司法调解、行政调解互相衔接的“大调解”工作机制。建立以党委政府统一领导、综治牵头协调、职能部门配合、社会组织协同、公众参与的工作体制，对矛盾纠纷采取“一站式”受理调处。市、区局成立了人民调解办公室，在法院、劳动部门设立了人民调解工作室和法律援助接待室，指派公职、法援律师担任人民调解员进驻工作室开展诉前、委托、协助调解。市局从市法援处、市公职所和市直律师所实习律师中聘请40名律师担任人民调解员分批进驻市中院人民调解工作室和市人力资源和社会保障局窗口开展工作。全市排查调处矛盾纠纷近8000件，调处成功率97%。

二是全面开展试行社区矫正工作。召开全市社区矫正工作联席会议，制定实施《佛山市社区矫正工作实施办法》、《佛山市社区矫正工作方案》。12月25日，以市委、市政府名义召开全市社区矫正工作会议，部署全市全面试行社区矫正工作，提出要形成党委、政府统一领导，司法行政部门牵头组织，相关部门协调配合，司法所具体实施，社会力量广泛参与的社区矫正工作领导体制和工作机制。

三是参与“强综治、创平安、促发展”创建活动。按照省、市统一部署，把加强司法所基础建设列入工作重点，突出工作主业，在办公场所、人员配置等方面及时作了调整，规范和完善了司法所各项工作制度、工作流程和文书档案管理，促进司法所规范化建设，确保镇街综治信访维稳中心建设顺利推进。

【探索创新普法方式，法制宣传教育有新成效】 一是扎实开展“加强企业普法维稳工作，应对国际金融危机”主题宣传活动。在全市实施企业普法“十百千万”工程，即“创建十个企业学法示范单位、发动百家律师事务所参与、举办千场法律讲座、建设一万个法制宣传栏、培养十万名企业法律明白人、派发百万册法制宣传资料”。

二是开展“法律六进”、推进法治城市、法治区和“民主法治村”创建。抓好干部学法考试，采取巡考的方式，在20个市直单位中组织近2000名公务员进行学法考试。举办了“法律六进”论坛、网络知识竞赛和有奖征文。组织做好“12·4”法治宣传周活动，推进依法治市和法治城市、法治区创建工作。市、区普法部门编印“民主法治村”法制宣传手册73万本、宣传挂图3000套、流动宣传栏1000套、宣传单张百万张，确定了普法联络员，覆盖每一条村。2009年全市新增11个省级“民主法治社区”。

三是构建普法工作新阵地。开设“佛山法律讲坛”，邀请法学专家学者、法律工作者就老百姓身边法律问题，采取讲座形式，向人民群众进行法律宣讲。成功举办五期，获市民广泛好评。各地继续在报刊、电台、电视台设置法制宣传栏目，宣传与民生相关法律知识。

【加强法律服务队伍规范管理】 一是加强了对律师考核检查和执业监督工作。在律师队伍中开展“中国特色社会主义法律工作者”主题教育活动，通过学习动员、组织发动、教育部署，开展学习教育，加强律师队伍职业道德和执业纪律。加大对律师违法违纪案件的查处，受理投诉38件，办结29件，处罚3名律师，通报批评2名律师。制定《佛山市律师事务所考核办法》，加强对律师事务所的管理。调整律师事务所审批操作程序，理顺网上审批权限系统，确保各区律师工作平衡发展。召开市律协第二次党代会，选举产生新一届市律协党委，加强对律师行业党的组织建设。顺利进行了律师协会换届工作，选举产生了新一届律师协会领导。

二是全面推进全市律师公益法律服务工作。在健全市、区、镇（街）、（村）居四级公益法律服务体系基础上，推进公益法律服务向深度和广度发展。各地充分发挥公职律师作用，积极为政府及职能部门服务。市局与有关职能部门联合成立台资企业律师服务团，为台商提供更好法律服务。全市有400名律师与村（居）签订法律服务协议，占村（居）总数90%，基本实现“一村一律师，村村有顾问”。

三是积极拓展了公证领域，扩大公证服务的涵盖面。主动为市、区、镇（街）党委政府的重点项目建设、产业结构调整、招标投标、经济合同的签订等涉及保增长的各类经济事项提供全方位的公证法律服务。积极开展公证服务进社区、公证服务进乡村、公证服务在家门等公益性活动，让公证法律服务更贴近民生，真正将“人民群众得实惠”的要求落到实处，维护人民群众的合法权益。

四是全市2199人报名参加司法考试，386名考生通过，通过率达到21%，居全省前列，创历年新高。

【加强“情暖佛山”法律援助工作】 承办各类案件1500多件，受援群众6000多人，为群众提供法律咨询解答4万多人次。一是法律援助进一步向基层延伸。召开全市镇（街）法律援助工作站经验交流会。全市33个镇（街）法律援助工作站承办的法律援助案件300多件，受援2000多人。二是法律援助进一步向农民工倾斜。各级法律援助机构开通“绿色通道”、降低门槛，让农民工申请法律援助简便快捷，对农民工申请法律援助做到应援尽援。三是法律援助覆盖面进一步扩展。大力拓展法援业务工作，积极探索广佛同城化下法援合作机制，打造广佛“一小时法律援助服务圈”，确保广佛两地申请人就近申请法律援助；对两地民政部门发放的享受社会救助的有效证件和各自制定的法律援助经济困难标准予以互认，采取“就高不就低”原则，对需要援助的困难群众实现应援尽援。

【加强监狱、劳教所工作，确保场所安全】 一是监狱体制改革稳步推进。改革方案已获省、市批准实施。局党委提出了实施监狱与企业分离改革的具体操作细则，各项改革的实施工作正在有序地推进。二是贯彻落实“首要标准”有创意。通过开展思想、文化、技术“三课”教育，举行第四届服刑人员文化节开幕式、首届读书节征文活动、清明节思亲活动、端午节旱地龙舟比赛等文化活动，在场所形成积极向上的良好氛围。三是开展各项教育规范活动。“强化身份意识、规范行为养成、确保监管安全”、安全隐患治理工作“回头看”、狱内违法违纪专项整治等一系列专项活动，切实提高监狱的物防、人防、技防水平，确保监狱的安全稳定。监狱全年实现零事故。

市劳教所收治强戒人员1007人，占劳教所收治人员的87.4%。一是邀请法律专家、高校教授来场所授课、咨询、讲座；加强对强戒人员的管理教育、戒毒治疗等问题的调研。加强与公安部门的沟通联系，随送随收。二是做好急性脱毒治疗工作，确保不发生急性脱毒事故；把住违禁物品检查关，严防违禁品流入院区。制定《强戒人员临时管理办法》和《关于进一步规范学员日常考核》规定。三是通过与医院、高校合作，探索脱瘾戒毒新方法、为每名新入所强戒人员免费发放服装、被子等日常生活用品、为每名新入所强戒人员进行体检，实施医生每日“巡诊”和“诊治”制度；提高伙食标准、开展“法律服务进大队”活动。

【加强司法行政系统队伍建设】 一是按照市委统一部署进行学习实践科学发展观活动。充分倾听群众呼声，走访上级机关和相关单位、召开座谈会、访谈服务对象，发放调查问卷，实事求是地查找工作中存在的突出问题，剖析存在问题的原因，明确发展方向。律师事务所全部建立了党的组织或指派了党建工作指导员，实现了党的组织和党的工作对律师行业全覆盖。

二是加强干部队伍班子建设。对监狱、劳教所班子进行调整配备，进一步强化对监狱劳教工作的领导。对律师协会进行换届选举，选举产生新一届律师协会领导。通过座谈、现场考察、听取汇报等形式首次对五区司法行政工作进行考评检查。

三是大力加强队伍党风廉政建设，队伍党风政风警风行风进一步好转。严格贯彻落实省、市有关厉行节约的规定，确保“五个零增长”、“四项支出减半”目标的实现。严格按照省政法委要求抓好“六个严禁”，全系统干部职工没有发生违法违纪情况。

四是全市系统新闻宣传与信息报送工作取得新突破，信息报送名列全省司法行政系统前茅；司法行政系统新闻宣传力度明显增强，发表新闻稿件200多条；局政务网站进行改版、网络机房、视频综合会议室投入使用，局机关信息化建设进一步推进。 （市司法局综合业务科）

佛山监狱服刑人员文化节。

第六篇

经 济

FOSHAN NIANJIAN

工　业

工业发展概况

【综述】 2009年，面对国际金融危机的冲击，全市深入学习实践科学发展观，认真贯彻国家宏观调控政策，全面落实市委十届六次、七次全会工作部署，率先突围保增长，抢抓机遇调结构，优化服务促民生，推动工业商贸经济平稳快速增长。

【经济运行情况】 2009年，全市规模以上工业企业完成工业总产值11779.62亿元，同比增长16.2%，完成工业增加值2865亿元，同比增长14%，工业增速位居全省前列；全社会固定资产投资1470.56亿元，同比增长16.8%，其中工业固定资产完成投资557.22亿元，同比增长11.8%，占全社会固定资产投资的37.89%。

【产业结构调整】 面对金融危机所带来的产业调整机遇，全市着力抓好新兴产业引进、培育，加快构建现代产业体系。成功举办2009佛山投资环境推介暨项目洽谈会，切实推动了一批重大产业项目招商和建设。2009年，全市新引进工业商贸投资项目562个，合同投资金额587.1亿元，其中超亿元项目102个，合同投资额431.52亿元。平板显示产业引进彩虹OLED、中显“低温多晶硅TFT AMOLED”两个龙头项目，并加快集聚一大批上下游龙头企业。新能源产业先后引入中建广东薄膜太阳能基地、国家光伏系统工程中心产业化基地两大光伏基地落户，并带动爱康、凯胜等4个龙头项目进驻。此外，浦项镀锌钢板、中油高富、可口可乐、DS新材料等一批产业优、效益好、带动力强的项目也不断加快建设和增资扩产步伐，推高全市先进制造业比重不断提升，装备制造、医药制造、通信设备、计算机及其他电子设备等行业所占比重从上年的27.56%提高到28.11%。

【技术进步】 突出抓好技改创新工程，引导企业技术升级，有效促进工业投资增长。积极把握国家扩内需促投资抓技改的政策机遇，及早部署和推动企业技改创新工作，通过实施“技术改造技术创新千项百亿工程”、“技改项目滚动计划”，争取国家、省各级技改、创新专项资金1.6亿元，贴身支持一批对经济增长有重大拉动作用的项目建设，推动企业技改投资增长不断加快，全市累计工业企业技术改造、创新项目计划1221项，投资总额达283.5亿元，2009年，全市制造业技改完成投资146.74亿元，同比增长15.8%。制造业技改投资占制造业投资比重，由上年的27.78%提高到33.61%。积极推动产学研合作。佛山把握作为新一轮中科院与广东省全面战略合作重点示范市的契机，积极开展与中科院的战略合作，共建中科院佛山产业技术创新与育成中心，促成各类院企合作项目近100项。截至年底，组建了5个省部产学研创新联盟，全市共有产学研示范基地33个，引进高校驻佛山办事处21所，其中研究院18所，建立院士工作室13个。全市各级政府已与全国50多所高校、科研院所签订了长期合作协议，开展产学研合作项目超过400项，建设广东省白色家电、清洁生产、精密制造、机械装备等4个产学研战略联盟，佛山市被列为“院省合作”重点示范市。推动科技平台建设。全市建设有国家级、省级检测机构14个，企业技术中心88家，各级企业工程技术研发中心493个，科技专业镇公共服务平台19个，科技企业孵化器9个。企业自主创新能力增强，2009年，专利申请量和授权量均居全省前列，全市专利申请量1.53万件，比上年同期增长13.1%；专利授权量1.29万件，比上年同期增长20.5%，其中发明专利646件，比上年同期增长76.5%，并参与制定及发布了一批国家和行业标准。

【节能降耗】 加快淘汰落后产能，通过认真抓好陶瓷、水泥、铝型材熔铸、印染、小火电等重污染行业的搬迁转移和整治关停，积极推进节能降耗的顺利进行。全市小火电厂、立窑水泥厂已全部退出，陶瓷产业调整提升工作任务基本完成，小印染、小熔铸大部分得到清理，一批企业通过"三旧改造"实现产业转型。同时，对重点产业、重点企业和重点工程开展节能降耗，加大制造业技术更新改造力度，降低消耗和成本，提高产品竞争力。在保持经济总量高基数上高增长同时，实现了经济发展与节能降耗双赢。2009年，全市单位GDP能耗由2002年的1.13吨标准煤下降到0.694标准煤；单位GDP电耗由2002年的1598.03千瓦时下降到922.03千瓦时。突出抓好节能目标责任制，全市节能考核取得可喜成绩，节能目标考核综合排名全省第三，其中单位GDP能耗下降率在全省排名第一。组织实施绿色照明工程，全年共推广节能灯260万只，占全省的32.5%。积极推进清洁生产和资源节约利用。与香港共同推动清洁生产伙伴计划，搭建清洁生产的咨询、培训、技术推广服务平台，全市共有20家企业23个项目获得香港批准。全市新增27家省级清洁生产企业，累计共73家，居全省第一。13家企业产品被省认定为资源综合利用产品（工艺），获得所得税、增值税方面的减免。

【工业园区】 佛山以工业园区、专业镇为推进新型工业化的重要载体，努力提高建设的质量和水平，不断推进产业的集聚和优化提升，形成了32个各具特色的产业集群。佛山全市拥有重点工业园区7个，国家级特色产业基地25个，省级产业基地8个，中国产业名都、名镇40个，省级专业镇34个。2009年，工业园区完成工业总产值4699.31亿元、工业增加值1445.01亿元，分别占全市工业的36.88%和49.41%。佛山依托本地特色优势产业，积极申报和规划建设了一批特色产业基地和产业升级示范区。截至年底，佛山有国家电子信息产业基地，国家火炬计划佛山新材料产业基地、自动化机械及设备产业基地、家用电器产业基地，国家（佛山）显示器件产业园等25个国家级特色产业基地和8个省级产业基地；有3个国家级产业集群升级示范区和9个"广东省产业集群升级示范区"。2009年4月制定了《佛山市"3 + 9"特色产业基地实施方案》，规划建设平板显示、陶瓷、家电三大世界级制造业基地，机械装备、金属材料加工与制品、纺织服装、食品饮料、家具、医药、汽车及零部件、新材料、环保、节能九大国家级制造业基地。

【名牌带动战略】 大企业带动和名牌带动战略取得明显成效。2009年，年产值超亿元的企业有2071家，其中超10亿元的117家、超50亿元的511家、超100亿元的5家；纳税超千万元的企业592家，其中超3000万元的97家、超5000万元的55家、超亿元的45家。东鹏、鹰牌、新中源、新明珠、金意陶等陶瓷企业在佛山建立了总部基地，形成了辐射全国的发展态势。全国首个特色产业总部基地——中国陶瓷产业总部基地落户佛山。实施名牌带动战略，量、质取得双突破，新增中国驰名商标9件，创历年之最，累计数量34件，位居全省第二位，"华润"涂料、"美涂士"涂料、"华兴"玻璃、"德众"中成药实现行业中国驰名商标零的突破。截至年底，全市有中国驰名商标41件（位居广东省第二），中国名牌产品65个，广东省著名商标261件，广东省名牌产品218个，地理标志和集体商标6件。

（刘　炯　梁桂明）

2009年佛山市入选“中国企业500强”优秀企业介绍（2家）

【美的集团有限公司】 创业于1968年的美的集团，是一家以家电业为主，涉足物流等领域的大型综合性现代化企业集团，旗下拥有3家上市公司、四大产业集团，是中国最具规模的白色家电生产基地和出口基地之一。美的集团员工15万人，旗下拥有美的、小天鹅、威灵、华凌等十余个品牌。除顺德总部外，美的集团在国内的广州及中山，重庆，安徽合肥及芜湖，湖北武汉及荆州，江苏无锡、淮安及苏州，山西临汾，河北邯郸等地建有生产基地；并在越南、白俄罗斯建有生产基地。在全国各地设有强大的营销网络，并在海外各主要市场设有超过30个分支机构。

主要产品有家用空调、商用空调、大型中央空调、冰箱、洗衣机、饮水机、电饭煲、电磁炉、电压力锅、微波炉、烤箱、风扇、取暖器、空气清新机、洗碗机、消毒柜、抽油烟机、热水器、吸尘器、豆浆机、电水壶等家电产品和空调压缩机、冰箱压缩机、电机、磁控管、变压器等家电配件产品。

美的集团一直保持着健康、稳定、快速的增长。2009年，整体实现销售收入达950亿元，同比增长6%，其中出口额34亿美元。在“2009中国最有价值品牌”的评定中，美的品牌价值达到453.33亿元，名列全国最有价值品牌第六位。2009年8月，在中国企业联合会、中国企业家协会发布的“中国企业500强”中，美的集团列第69位。2010年2月，在国际知名机构、英国品牌价值咨询公司Brand Finance公布的“全球最有价值500品牌排行榜”中，美的集团作为唯一的中国家电企业入选。

在保持高速增长的同时，美的集团也为地方经济发展做出了积极贡献，从2002年至今上缴税收超过150亿元。1998年至今，美的集团已为赈济灾害、社会福利、科教文卫事业等累计捐赠近2.2亿元。

【广东格兰仕集团有限公司】 格兰仕集团是一家世界级综合性白色家电品牌企业。自1978年创立至今已发展成为拥有近5万名员工的跨国白色家电集团，是中国家电业最具影响力的龙头企业之一。

2009年，在全球金融危机的重大挑战和考验下，格兰仕集团及时果断地实施“积极进攻”战略，全年销售收入实现同比增长30%。格兰仕微波炉中国市场销量同比增长突破60%，海外市场出口量整体增长12%，最高日产量突破10万台。格兰仕空调年度产销量同比增长35%，其中内销同比激增254%，成为行业同比增幅最高的品牌。格兰仕生活电器延续2008年的增长势头，电烤箱、电饭煲、电磁炉等多品项领先，电烤箱产销量世界第一，出口整体增长60%。作为格兰仕新的支柱产业，以冰箱、洗衣机为核心产品的日用电器内外销均呈几何级数增长；面对全球市场供不应求的局面，2009年9月份，格兰仕斥巨资扩建包括年产400万台冰箱、350万台洗衣机、100万台洗碗机的白电新基地。

格兰仕在中山、顺德的白色家电制造基地处于国际领先水平，拥有全球规模最大的微波炉研发、制造中心，以及全球最大规模的家用空调制造基地。在美国、韩国等海外市场设立了研发中心，在中国香港、加拿大、墨西哥设立了分公司，在韩国、美国、法国、英国、俄罗斯、西班牙等国家设有商务分支机构，在全球170多个国家和地区拥有上万个分销网点，在世界范围内和200多家跨国公司进行经贸合作。在企业高速发展的同时，格兰仕不断回报社会，积极扩大就业，为各种公益事业捐资捐物累计超过7000万元。

格兰仕先后荣获“世界华人企业500强”、“改革开放30年广东标杆企业”、“中国最佳企业公民”、“福布斯全球最具声望企业前200强”等众多荣誉称号。

（市经贸局）

佛山市被认定为“中国驰名商标”名单（42件）

编号	商标	使用商品或服务项目	类别	商标注册人	认定时间	备注
1	海天	酱油	30	佛山市海天调味食品有限公司	2000年9月	
2	Ronshen容声	电冰箱	11	广东科龙电器股份有限公司	1999年1月	
3	健力寶	饮料	32	广东健力宝集团有限公司	1997年	
4	美的 Midea	风扇、空调器	11	广东美的电器股份有限公司	1999年1月	
5	科龙	空调器	11	广东科龙电器股份有限公司	1999年12月	
6	萬家樂 Macro	燃器具	11	广东万家乐股份有限公司	1999年12月	
7	Galanz 格兰仕	微波炉	11	广东格兰仕集团有限公司	1999年12月	
8	联塑 L & S	非金属管道	19	广东联塑科技实业有限公司	2005年6月	
9	新中源	瓷质墙地砖	19	广东新中源陶瓷有限公司	2005年6月	
10	DONG PENG 东鹏	建筑砖瓦	19	广东东鹏陶瓷股份有限公司	2006年1月	

（续表）

编号	商标	使用商品或服务项目	类别	商标注册人	认定时间	备注
11	Vanward万和	燃气热水器	11	广东万和集团有限公司	2006 年 6 月	
12	COUNTRY GARDEN	不动产出租、不动产管理	36	佛山市顺德区碧桂园物业发展有限公司	2006 年 6 月	
13	SUMMIT 萨米特	瓷砖	19	广东新明珠陶瓷集团有限公司	2006年6月	
14	XING FA 興發牌	铝合金型材料	6	广东兴发集团有限公司	2006年6月	
15	CHIGO 志高	冷冻设备、空气调节装置	11	广东志高空调股份有限公司	2006年10月	
16	M MONALISA	瓷砖	19	广东蒙娜丽莎陶瓷有限公司	2006年10月	
17	FSL	照明灯	11	佛山电器照明股份有限公司	2007年9月	案件
18	坚美	铝型材	6	广东坚美铝型材厂有限公司	2007年9月	案件
19	日丰	铝塑复合管	19	佛山市日丰企业有限公司	2007年9月	
20	ARROW	座便器、洗澡盆	11	佛山市顺德区乐华陶瓷洁具有限公司	2008年3月	案件
21	联邦	家具	20	广东联邦家私集团有限公司	2008年3月	案件
22	康宝	干燥消毒柜	11	广东康宝电器有限公司	2008年3月	案件

（续表）

编号	商标	使用商品或服务项目	类别	商标注册人	认定时间	备注
23		墙地砖	19	广东新明珠陶瓷集团有限公司	2008年3月	商标异议
24	凤铝 FLENLU	铝型材	6	广东凤铝铝业有限公司	2008年3月	商评委
25	红荔 HONGLI	酒	33	广东顺德酒厂有限公司	2008年3月	商评委
26	志高	冷冻设备、空气调节装置	11	广东志高空调股份有限公司	2009年4月	商标异议
27	三源 SANYUAN	电热开水瓶、电饭锅	11	佛山市盛发电器有限公司	2009年4月	商评委
28	GRIFINE	瓷砖	19	广东能强陶瓷有限公司	2009年4月	案件
29	鹰牌	彩釉砖	19	佛山石湾鹰牌陶瓷有限公司	2009年4月	案件
30		日用玻璃器皿、小玻璃瓶（容器）	21	广东华兴玻璃有限公司	2009年4月	案件
31	美涂士	涂料、油漆	2	广东美涂士化工有限公司	2009年4月	案件
32	德众	中药成药	5	佛山德众药业有限公司	2009年4月	案件
33	雄塑	塑料管	17	广东雄塑科技实业有限公司	2009年4月	案件
34	华润漆 Huarun	涂料、油漆	2	广东华润涂料有限公司	2009年4月	案件

（续表）

编号	商标	使用商品或服务项目	类别	商标注册人	认定时间	备注
35	强辉	瓷砖	19	广东强辉陶瓷有限公司	2010年1月	案件
36	OVERLAND	瓷砖	19	广东欧文莱陶瓷有限公司	2010年1月	案件
37	CASKA	显示屏、影碟机	9	广东好帮手电子科技有限公司	2010年1月	案件
38	甘竹牌	听装（罐装）鱼、水产罐头、蔬菜罐头	29	广东甘竹罐头有限公司	2010年1月	案件
39	DTC	家具金属部件、金属铰链、金属滑轮（非机器用）	6	广东东泰金属制品有限公司	2010年1月	案件
40	罗浮宫	家具	20	广东罗浮宫国际家具博览中心有限公司	2010年1月	案件
41	第 1156915 号图形	电热开水瓶、电饭锅	11	佛山市盛发电器有限公司	2010年1月	商评委
42	WEIYE	铝型材	6	广东伟业铝厂有限公司	2010年2月	案件

备注：驰名商标全省 239 件，全市 42 件，占 17.6%。其中禅城 14 件，南海 8 件，顺德 17 件，三水 3 件。（到 2010 年 2 月止）。

（市工商局）

佛山市被认定为“广东省著名商标”名单（85件）

编号	商标	商标注册人	类别	认定商品或服务项目	所属地区
1		广东三水大鸿制釉有限公司	1	陶瓷釉，陶瓷上釉料	三水
2	正大制釉	佛山市正大制釉有限公司	1	陶瓷釉料，工业增亮化学制品（颜料），烧结用陶瓷合成物（颗粒和粉末）	禅城
3	Blue Sea	佛山市万正涂料有限公司	2	木材涂料（油漆）	三水
4	圣通平	广东环球制药有限公司	5	片剂（硝苯地平缓释片）	顺德
5		广东豪美铝业有限公司	6	铝合金型材	南海
6	LIKEAIR 利凯尔	广东利凯尔实业有限公司	6	铝塑板（以铝为主）	顺德
7	中茂 Zhong Mao	佛山市中茂金属建材有限公司	6	金属建筑材料，金属建筑护墙板，墙上金属面料	南海
8		佛山市南海合和兴实业有限公司	6	窗户金属器材，窗用小滑轮，金属铰链	南海
9	LAYA 莱雅	广东莱雅化工有限公司	6	压缩气体和液态空气用金属容器	顺德
10	YIZUMI 伊之密	广东伊之密精密机械有限公司	7	注塑机	顺德
11		广东亿海机械制造有限公司	7	玻璃加工机，玻璃工业用机械设备	顺德

（续表）

编号	商标	商标注册人	类别	认定商品或服务项目	所属地区
12	YaZhouJinDa	叶金汉,佛山市南海金达机械有限公司（独占被许可人）	7	铝型材机械	南海
13	QJE	广东求精电气有限公司	9	漏电开关，断路器	高明
14	DONLIM	广东新宝电器股份有限公司	11	电力煮咖啡机，烤面包器，电炊具	顺德
15	PHEPELI 飞普纳	佛山市天伦电器有限公司	1	电压力锅（高压锅）	禅城
16	九洲普惠 POPULA	佛山市南海九洲普惠风机有限公司	11	风扇（空气调节），风扇鼓风机(空调部件）	南海
17	ACCEL	广东亚新汽车传动有限公司	12	陆地车辆离合器	顺德
18		佛山塑料集团股份有限公司	17	双向拉伸聚酯薄膜	禅城
19	金福	佛山市金福板业有限公司	19	硅酸钙板，纤维板	南海
20	T.W	佛山市天纬陶瓷有限公司	19	瓷砖，建筑用非金属墙砖	南海
21	特地	佛山市特地陶瓷有限公司	19	瓷砖，建筑用非金属墙砖，非金属地板砖	三水
22	OVERLAND	广东欧文莱陶瓷有限公司	19	瓷砖	三水
23	JIN ZUAN 金鑽	佛山市三水新华雄陶瓷有限公司	19	非金属地板砖，瓷砖	三水
24	顺辉 SH	佛山高明顺成陶瓷有限公司	19	砖，瓷砖，建筑用非金属墙砖	高明

（续表）

编号	商标	商标注册人	类别	认定商品或服务项目	所属地区
25	新 粤	广东新中源陶瓷有限公司	19	砖，非金属砖瓦，瓷砖	禅城
26	SHIMANLI 诗曼丽	罗永祖，佛山市诗曼丽陶瓷有限公司（独占被许可人）	19	建筑用瓷砖	禅城
27	美之宝	佛山市美之宝陶瓷有限公司	19	瓷砖，釉面砖	南海
28	惠万家	广东新明珠陶瓷集团有限公司，佛山市三水惠万家陶瓷有限公司（独占被许可人）	19	建筑用非金属墙砖，非金属地板砖	三水
29	WIRE KING	佛山市顺德区伟经日用五金制品有限公司	21	非贵重金属架，家用非贵重金属篮，厨房用刀叉架	顺德
30	Zhida	广东志达纺织装饰有限公司	24	印花棉布，装饰织品	顺德
31	嘉莉诗 Jealousy	广东嘉莉诗（国际）服装有限公司	25	内衣	南海
32		佛山市金城速冻食品有限公司	30	包子，饺子	南海
33		佛山市南海种禽有限公司	31	鸡苗	南海
34	KING PORE 金浦	佛山市金浦饲料实业有限公司	31	饲料	三水
35	SINSLUX	广东新协力集团有限公司	35	推销（替他人）（汽车销售）	顺德
36	禅之旅	佛山市禅之旅国际旅行社有限公司	39	观光旅游，旅行社（不包括预订旅馆），旅行安排	禅城
37	萬昌	广东万昌印刷包装有限公司	40	印刷	顺德

（续表）

编号	商标	商标注册人	类别	认定商品或服务项目	所属地区
38	德众 DEZHONG	佛山市德众药业有限公司	5	人用药、中药成药、片剂	禅城
39	青蛙皇子 FROG PRINCE	佛山市青蛙皇子服装有限公司	25	童装	禅城
40	KBT	佛山市健博通电讯实业有限公司	9	天线	禅城
41	鹰牌	佛山石湾鹰牌陶瓷有限公司	19	瓷砖、瓷片、建筑用非金属砖瓦	禅城
42	强辉	广东强辉陶瓷有限公司	19	瓷砖、非金属地板砖、建筑用非金属墙砖	禅城
43	KITO 金意陶	佛山金意陶陶瓷有限公司	19	瓷砖、非金属地板砖、建筑用非金属墙砖	禅城
44	金科	广东能强陶瓷有限公司	19	瓷砖、瓷片、建筑用陶瓷腰线	禅城
45	TALENT 天丽斯	佛山市天丽建龙装饰材料有限公司	6	金属天花板、金属龙骨、金属建筑材料	禅城
46	San·Debo 圣德保	广东新中源陶瓷有限公司	19	建筑用嵌砖、非金属砖瓦、瓷砖	禅城
47	ZNG 中南玻璃	佛山市中南玻璃有限公司	19	镀膜玻璃、建筑玻璃、安全玻璃	禅城
48	JIA XIONG 家雄	佛山市新家翔陶瓷有限公司	19	建筑陶瓷砖	禅城
49	GIANTION 智星	佛山市南海智星铝合金制品有限公司	6	金属工具箱(空)、金属工具盒(空)	南海
50	JINGANG 劲刚	佛山市南海丹灶劲刚工模具有限公司	7	切削工具(包括机械刀片）、抛光机器和设备（电动的）、模压加工机器	南海

（续表）

编号	商标	商标注册人	类别	认定商品或服务项目	所属地区
51	PH	佛山市南海平航机械有限公司	7	贴标机	南海
52	ACL	佛山市南海力丰机床有限公司（佛山市南海力丰机械有限公司）	7	金属加工机械	南海
53	罗南 Luonan	佛山市罗南铝业有限公司	6	铝合金型材、铜管材	南海
54	Cartellino	佛山市南海雅山皮具有限公司	25	皮衣，衣物，帽	南海
55	DECHANGYU 德昌誉	佛山市南海区德昌誉机械制造有限公司	7	造纸及加工纸制品工业用机械及器具	南海
56	ABC	佛山市南海区丹灶新农中兴皮件厂（佛山市南海区桂城景兴商务拓展有限公司）	5	卫生巾、卫生垫	南海
57	YOHE	佛山市南海永恒头盔制造有限公司	9	安全头盔	南海
58	KORRA	朱云峰（佛山市歌纳洁具制品有限公司）	11	蒸汽浴装置，浴室装置，沐浴用设备	南海
59	Maier	佛山市麦尔电器有限公司	7	蒸汽清洁器械、蒸汽机	南海
60		佛山市南海合和兴实业有限公司	17	塑料胶条、橡胶带、密封用橡皮圈	南海
61	ANSON SOLDER	佛山市南海区大沥安臣锡品制造有限公司	6	锡焊锡	南海
62	TAOCHENG	佛山市和美陶瓷有限公司	19	彩色釉面墙地砖	南海
63	XIELI 协力	广东金协成铝业有限公司	6	金属建筑材料	南海

（续表）

编号	商标	商标注册人	类别	认定商品或服务项目	所属地区
64	雪莱特 Cnlight	广东雪莱特光电科技股份有限公司	11	灯	南海
65	D.L 德力牌	佛山市顺德德力柴油机有限公司	7	柴油机	顺德
66	龍力	佛山市顺德区龙恒织造有限公司	9	防事故用手套	顺德
67		佛山市顺德区瑞德电子实业有限公司	9	家用遥控器、集成电路块、自动定时开关	顺德
68		广东东方管业有限公司	19	建筑用塑料管、建筑用塑铝管（塑料为主）、通风和空调设备用非金属管	顺德
69		黄少明（佛山市顺德区天隆颜料有限公司）	2	颜料、碳黑（颜料）、印刷合成物（油墨）	顺德
70	廣樂	广东广乐包装材料股份有限公司	16	水松纸、铝箔纸	顺德
71		唐祐洪(佛山市顺德区小太阳砂磨材料有限公司)	8	磨具(手工具)、磨轮(手工具)、抛光铁器(抛光工具)	顺德
72	德冠	广东德冠集团有限公司	7	包装用塑料膜、保鲜膜	顺德
73	hualong 华隆	广东华隆涂料实业有限公司	2	油漆、漆	顺德
74	Adams	叶伟忠(佛山市顺德区亚当斯金属制造有限公司)	6	金属铰链、金属轨道、金属家具部件	顺德
75	马氏 MAS	佛山市顺德区新马木工机械设备有限公司	7	机锯(机器)、凿榫机、木工机器	顺德
76	wanxi万喜	佛山市顺德区容桂万喜电器燃气具有限公司	11	燃气炉	顺德

（续表）

编号	商标	商标注册人	类别	认定商品或服务项目	所属地区
77	亿龙eternal	广东亿龙电器股份有限公司	11	电热壶	顺德
78	诚德	佛山市诚德特钢有限公司	6	钢管	高明
79	MEI TAO 美陶	佛山市高明美陶陶瓷有限公司	19	瓷砖	高明
80	FAENZA 法恩莎	佛山市法恩洁具有限公司	11	澡盆、抽水马桶、浴室装置	高明
81	炜林纳 WINNER	广东炜林纳功能材料有限公司	1	阻燃剂、稀土金属盐、合成树脂塑料	高明
82	WEIHAO 威豪	佛山市高明亿龙塑胶工业有限公司（佛山市高明冠龙高分子材料有限公司）	17	塑料管板、杆、条，有机玻璃、丙烯酸树脂（半成品）	高明
83	永利坚	佛山市高明永利坚铝业有限公司	6	铝合金型材、铝合金门、窗	高明
84		佛山市阳光陶瓷有限公司	19	瓷砖	三水
85	善为 PROWESS	广东中宝联合电缆有限公司	9	电源材料（电线、电缆）	三水

（市工商局）

安全生产

【综述】 2009年，佛山市安全生产工作围绕市委、市政府中心任务，以学习实践科学发展观活动为动力，通过扎实开展“安全生产年”活动，突出开展安全生产宣传教育、安全生产执法、安全生产治理“三项行动”，切实加强安全生产法制体制机制、安全生产保障能力、安全生产监管队伍“三项建设”，以控制事故总量、遏制重特大事故为目标，以落实政府和企业“两个主体责任”为重点，创新方法，真抓实干，乘势而上，加快发展，圆满完成事故总量、重特大事故、死亡人数“3个下降3%以上”的目标，各项事故数据呈两位数的百分比大幅下降，为佛山市实施《珠江三角洲地区改革发展规划纲要》及全市经济社会稳定快速发展并在金融危机中“率先突围”提供强有力的安全保障。

【年度安全生产事故统计情况】 2009年，全市共发生安全生产事故4692起、死亡745人、受伤5244人、直接经济损失2596.4万元。与上年同期相比，事故起数、死亡人数、受伤人数和直接经济损失分别下降18.56%、10.02%、19.02%和31.67%。其中，工矿企业职工伤亡事故36起、死亡35人、重伤2人、直接经济损失854.7万元，事故起数、死亡人数、重伤人数和直接经济损失与上年同期相比分别下降12.20%、16.67%、66.67%和56.84%。火灾事故54起、死亡6人、受伤2人、直接经济损失703.9万元，事故起数、死亡人数、受伤人数、直接经济损失与上年同期相比分别下降25%、64.71%、持平和上升40.39%。道路交通事故4600起、死亡704人、受伤5240人，经济损失959.2万元，事故起数、死亡人数、受伤人数和直接经济损失与上年同期相比分别下降18.5%、7.85%、18.99%和17.65%。水上交通事故2起，没有人员伤亡，直接经济损失78.5万元，事故起数、死亡人数、受伤人数和直接经济损失与上年同期相比分别下降50%、100%、持平和下降48.69%。

【分解指标，落实责任制】 年初，市政府与各区政府和18个负有安全监管重要职责的部门签订安全生产责任书，各区、各镇（街）、各村（居）也分别与下级或辖区企业签订责任书（承诺书），把安全事故年度控制指标层层分解，落实到最基层。创新事故通报方法，市安委会每季度向各区党政主要领导通报事故指标控制情况，对事故指标控制进度超警戒线的区，一并发出预警信息，促使区党政领导重视安全生产，发挥领导的示范和表率作用，带动全市各层级安全生产责任制的落实到位。

【创新工作手段，完善防范机制】 完善隐患排查治理机制，层层落实排查治理责任。加大对国家安监总局《生产安全事故隐患排查治理规定》普法宣传力度，要求全市4万余家重点监管单位建立健全企业内部隐患排查治理制度；开发企业隐患排查治理上报信息平台，设计针对不同从业单位实际的《基层安全生产检查记录表》，促进企业隐患排查规范化。全市共发动企业6.17万家（次）开展安全生产隐患排查治理，排查各类隐患16.08万宗；全市各级政府和部门督查各类隐患5.73万家。加大执法办案力度，全市共查处安全生产违法违规行为和处理事故88起，实施经济处罚517万元，有效促进企业改善安全生产状况，从源头上防范事故的发生。

采取有效措施，督促企业进一步落实主体责任。出台《关于促进企业落实安全生产主体责任的暂行规定》，进一步明确企业落实主体责任的目标、内容、任务和要求，督促引导企业创建安全生产规范化、标准化企业。根据佛山中小企业众多的实际，在全省率先提出企业安全生产规范化管理的监管新思路并付诸实施。2009年，全市对3.29万家重点工矿商贸企业进行了规范化（标准化）考评验收。其中，由市安监局直接验收并核准安全生产规范化管理A类企业267家，由各区组织验收并核准安全生产规范化管理B类企业2.98万家，有2579家安全生产条件一般的企业被确定为C类企业，163家安全生产条件较差的企业被确定为D类企业。大力培育和扶持安全生产咨询服务中介机构，年内培育成立6家中介帮扶机构，公布17家符合从业标准的安全中介帮扶机构，并鼓励和引导上述中介机构帮扶企业1600余家，极大地提升了帮扶对象的安全管理水平。保障企业员工生命健康安全，针对佛山市机械制造行业工伤事故频发的实际，安排专项资金对安装冲压设备安全保护装置的企业进行补贴，引导和带动33家企业为近800台冲压机床安装了保护装置，切实改善了企业的安全生产条件，有效降低了机械制造行业工伤事故发生。

完善安全生产准入退出机制，从源头上把好生产安全关。认真做好危险化学品企业换发证工作，严格高危企业的准入和退出，年内共对316家危险化学品生产企业和甲种经营企业进行现场核查，对29家产能低下、不符合安全许可条件的企业实行了关、停；从调整产业结构的角度，将乙种经营单位数量从1380余家压减到当前的1000余家，并采取有效措施督促生产企业有序关、停、搬、转，避免产生社会问题；加强对危险化学品重大危险源的监管工作，开展视频监控试点，确保重大危险源始终置于安全监管视线；组织开展烟花爆竹安全大检查，不断加强检查和打击力度，严肃处理非法运输、储存和销售烟花爆竹的行为，提高本质安全水平。

【加强应急救援，提高保障能力】 以市政府的名义出台《佛山市开展安全生产应急管理综合试点工作实施方案》，强力推进应急管理机构建设。市、区两级除顺德区外，全部设立安全生产应急救援管理机构，并落实了人员编制，应急救援机构框架基本建立。全市组建了15支应急救援专业队伍，收集55个单位180人的应急人员联络信息和1万多家企业的安全生产应急人员的信息。组织编写印发3万本《佛山市小型企业应急预案范本》，发放到有关重点企业，督促企业结合自身实际编制或完善应急预案，并与各级政府、各有关部门的安全生产应急预案相衔接。全市各级安监、公安、消防、海事、交通等部门建立了安全生产应急联动机制，加强了应急预案之间的衔接。全市开展安全生产应急预案演练57次，开展企业应急演练3591次，开展全市性跨行业、跨领域、多部门参与的应急综合救援演练3次，通过开展应急演练，充分发挥预案的整体功能，及时总结、发现预案中的问题，提高了应急队伍应对突发事件的战斗力。

【加强信息化建设，提高监管效能】 推进“信息兴安”工程，以现代技术手段最大限度提升工作效率。建成了融监管业务与应急救援业务于一体的综合信息平台，收集到4.6万多家重点监控企业安全生产基础数据，隐患排查信息22.9条、整改指令书信息3336条；14家高危企业纳入视频监控系统，实现了即时在线监管；全市应急救援专业队伍数据、应急物资数据和应急预案数据基本进入系统，随时可以调用。依托信息监管平台，全市上下初步实现了信息资源的共享和互通。

【强化安全培训和宣传工作，提升全民安全意识】 大力开展教育培训，举办全市安全执法人员培训班3期、基层安全监管领导干部培训班2期、安监人员再教育培训班2期、安委会成员业务培训班1期、信息操作人员培训班1期、镇（街）镇长（主任）培训班1期和高危行业主要负责人培训班2期，累计轮训2000余人；培训企业主要负责人6420人、注册安全主任1732人、特种作业人员2563人，复审特种作业人员1.7万人，更新了监管人员和企业负责人员的安全管理知识，提升了安全监管和防范的技能，有力地保障了全市各行业领域内的安全。

大力加强安全宣传，普及安全知识。“安全生产月”期间，全市共悬挂宣传标语5000多条、张贴各类安全宣传画3万余张，发行宣传教育明信片15万张，开展安全生产政策法规宣讲活动50场次，主流媒体报道安全生产超过500篇次；通过局门户网站，开展网上安全知识有奖竞答活动，提高广大市民参与安全的积极性，开展全市安全生产知识竞赛活动，深入宣传安全生产有关法律、法规和安全生产知识。丰富多彩的宣传活动，大力弘扬了安全文化，普及了安全知识，为全市安全生产形势的持续稳定好转提供了保障。（冼碧玲）

民营经济

【综述】 2009年，在国家、省、市等一系列刺激经济增长政策的带动下，全市通过政策引导、资金扶持、营造环境等一系列重大措施，不断激发民营企业创新创业精神，全市民营经济继续保持稳定增长的良好态势，并成为佛山应对国际金融危机、实现率先突围的主力军。2009年全市民营

经济完成生产总值2907.85亿元，同比增长15%；规模以上民营工业总产值6855.83亿元，同比增长16.7%。

【民营经济发展环境进一步优化】 突出抓好稳商、扶商政策措施，增强企业应对挑战、加快发展的信心。全市制定出台“扩大内需保持经济稳定增长行动计划”，各区因地制宜推行“百企振兴计划”、“雄鹰计划”、“中小企业成长工程”等各种鼓励措施。积极开展金融服务创新，推进银企合作，解决中小企业融资难题。认真落实2800亿元银行授信资金，加快中小企业贷款融资。不断创新金融服务项目，设立股权质押融资中心，为企业并购重组、产股权抵押提供融资；建立中小企业融资服务中心，通过网络信息平台为中小企业构建快速融资通道；顺德区推出“速保通”贷款、小企业贷款、小额贷款、发行中小企业信托计划、开展企业并购贷款、股权质押贷款等六大融资创新举措；南海区在全国率先实践知识产权质押融资，有效弥补小企业融资渠道不畅的不足，进一步扩大担保基金覆盖面。2009年全市担保行业担保总额累计约83亿元，累计担保企业户数约1880家，担保总额、担保户数均创历史最好成绩，有5家担保公司获得国家2850万元补贴。企业上市取得突破，全年新增顺德精艺股份、南海志高空调、星期六鞋业、南方风机等4家上市企业，一大批企业进入股改辅导或递交上市申请。

【企业技改创新能力得到增强】 认真开展了“技术改造技术创新百亿千项工程”，鼓励推动佛山市企业加大对带动产业发展能力强、市场前景好、条件相对成熟的技术改造、技术创新项目的投入。全市组织进入项目库的项目1200个，项目计划投入资金280亿元。鼓励企业制定技术标准。2009年，全市企事业单位参与制定并发布了90项国家标准、3项行业标准，地方标准4项，设立全国专业技术标准委员会1个，发布联盟标准3项，2003年至今有24家企业获得“标准化良好行为企业”称号，技术标准工作走在全省前列。

【名牌带动战略成效明显】 佛山市大力推进名牌带动战略，创建名牌工作成效显著。首次借助短信服务平台，为企业提供快捷的业务信息，大幅提高中小企业申报名牌的工作效率。2009年，佛山市名牌产品总数再创新高，新增广东省名牌产品37个，总数达到197个，位居全省各地之首；中国名牌产品已公示的申报企业有28家，全市中国名牌产品累计65个，位居全国地级市之首；中国驰名商标41件，广东省著名商标217件。

（刘　炯　梁桂明）

农 业

概 况

【综述】 2009年是非同寻常的一年，受国际金融危机的冲击，佛山市“三农”工作面临许多困难和挑战。佛山市各级党委、政府和农业部门迎难而上，认真贯彻落实各级农业农村有关政策和《珠江三角洲地区改革发展规划纲要》精神，全面落实科学发展观，以统筹城乡发展为主线，坚定不移地深化农村改革发展，加快发展现代农业，着力解决农村民生问题，有效促进了农业不断增效、农民持续增收、农村大局稳定，把金融危机对“三农”的影响降到最低，“三农”工作总体形势好于预期。

【农业农村经济发展好于预期】 佛山市各级农业部门以“保增长、扩内需、调结构、促发展”为抓手，努力促进全市农业农村经济运行平稳，为佛山经济实现率先突围做出了重大贡献。2009年，全市第一产业增加值95.55亿元，比上年（下同）增长4.1%；完成农业总产值193.32亿元，增长3.1%；农村经济总收入9566.9亿元，增长15.56%；农村居民人均纯收入10699元，增长10.8%，超过同期城镇居民人均可支配收入的增幅，城乡收入差距有缩窄的趋势。

【农村管理体制改革向纵深推进】 2009年，佛山市以农村集体经济管理体制改革为重点，先行先试，大胆创新，不断深化农村改革发展。至年底，全市选定的28个村（居）开展“培育、整合、改造、规范”农村集体经济组织改革试点，已有13个村居完成了试点工作。改革的基础工作“两确权”全面铺开，全市2467个村组已完成清产核资和成员界定工作，占总数的59.4%。南海区基本解决“出嫁女”问题。顺德区以乐从镇葛岸村为试点，把村级资产办与股份社合并，实现由两级核算向一级核算过渡。禅城区南庄镇、南海区罗村街道的联星、务庄村开展“股权到人改为股权到户”的试点工作，进一步完善农村股份制。农村集体土地和财务管理进一步规范，三水区率先建立农村土地经营权流转中心和开展消灭农村财务“白头单”结算的试点探索。农村金融服务“三农”有新突破。高明、三水区启动了村镇银行试点工作，南海、三水两区分别由财政拨付首期1000万元，率先建立农业贷款信用担保基金。三水区建立的“政银保”合作农业贷款模式是国内首例通过保监会批准推出的合作农业贷款模式。

【宅基地换房试点工作全面启动】 佛山市积极借鉴江浙地区“两分两换”的经验做法，每区选择一个村（居）作为试点，启动农村宅基地换房工作。据测算，5个试点村（居）计划投入资金38.2亿元，拆旧宅建筑面积35万多平方米，新建面积133万平方米，用于置换的建筑面积29万多平方米，预计可腾出旧宅基地面积427亩。至2009年底，禅城区石头村一期工程顺利完成，顺德区五沙新城进入施工阶段，三水区大旗头村、高明区西江新城已动工，南海区夏南二村已经完成前期各项准备工作。

【农村民生实事有效落实】 佛山市政府2009年重点解决的十件民生实事中，涉及“三农”的有6项。各级农业部门认真按照市政府的部署，切实解决农村民生问题，逐步缩小城乡差距。第一，全市政策性农业保险水稻险种实现全投保，投缴保险费金额446.34万元，其中财政负担保险费金额444.42万元，参保农户共6.04万户次，覆盖率100%。第二，全市人均居住面积低于12平方米的渔民住房困难户175户的住房问题已经全面解决。第三，革命老区建设进展顺利，已实施132个老区村的饮水改造工程，全面完成了2009年计划。第四，加强农产品质量安全监管，健全农产品质量监督检测体系，严把市民"进口"关。2009年，全市生产、销售的蔬菜抽检合格率达99%以上，生猪瘦肉精、生鲜乳三聚氰胺抽检合格率均达100%。第五，"双百"工程基本完成，全市行政村公交通达率、行政村间道路硬底化率均达100%。第六，农村社会保障体系不断完善，至年底全市新农保和农村居民参加"大社保"的实施意见（试行）正式颁布实施，实现了全市农村社会保障制度的全覆盖；南海区试点将符合条件的城乡居民、顺德区将被征地农村居民全部纳入城镇职工社会保障体系。

【现代精细农业发展加快推进】 全市各地以都市农业、生态农业、观光农业、外汇农业、品牌农业为方向，提升农业产业化、组织化水平，推动现代农业精细发展。一是推进海峡两岸农业合作试验区建设。至2009年，全市各级财政加大资金投入，带动社会投资25.4亿元，推进国通物流城、兰花科技园等23个重点项目建设，对台农业合作不断加强。至年底，全市共有台资农业企业125家，累计投资2.5亿美元，年产值达36亿元。二是加快现代农业园区建设。全市规划和铺开建设农业园区26个，面积13.8万亩，其中省级现代农业园区2个。5个市级农业园区新增建设面积1.8万亩，达11万亩。全市已设有顺德北滘农民创业园、南海农民创业园2个创业园，其中南海创业园吸纳了21家单位进园发展。三是大力发展观光农业。全市新规划建设较大规模的观光旅游农业项目4个。禅城区南庄生态休闲区项目总规划面积约10平方公里，项目基础设施投资17亿元，于2009年6月破土动工。高明区将荷城街道塘伙村新农村建设与发展"农家乐"有机结合，大力开展"农家乐"项目建设，项目总占地面积约600亩，总投入资金1500多万元，已经投入800多万元进行一期工程建设。四是提升农业产业化、组织化水平。至2009年底，全市市级以上农业龙头企业已发展到28家（2009年新增市级5家），其中国家级2家、省级11家，各级农业龙头企业带动农户超过8.98万户，直接带动农民增收3.86亿元。农民专业合作社12个，2009年新增8个。五是加快农业品牌化发展。全市现有无公害农产品生产基地116个，绿色食品8个，农业标准化示范区9个。高明区无公害农产品基地面积已占该区种养面积的51%。顺德区成功申报"中国鳗鱼之乡"称号。三水乐平雪梨瓜成功申报国家地理保护标志。

【城乡生态环境有效改善】 2009年，佛山市共组织161.9万人参加植树活动，种植各类树木323.2万株，营造主题林130个；完成造林面积2.83万亩，中幼龄林抚育4.49万亩，全面完成2009年的造林任务。全市建设了一大批绿化精品工程，城市水系绿网和道路绿网的骨架已经初步形成，建成了一批大面积绿化公园并免费向市民开放，中小公园、街头绿地遍布城乡，整个城市展现出绿色生态的新形象。三水区申报创建省林业生态区已获省林业局验收通过。集体林权制度改革正式启动。全市各地坚持不懈抓好森林防火工作，全年无大的山火发生。

【确定统筹城乡发展58个重点项目】 2009年，佛山市制定实施了《关于深化农村改革发展加快城乡一体化进程的意见》等一系列政策措施，构筑了统筹城乡发展新的政策体系。梳理出统筹城乡发展58个重点项目，按照"四定"（即定项目、定试点、定进度、定责任人）办法，明确目标任务，落实部门责任，成立了5个市督导小组，建立信息反馈制度，并举办了全市统筹城乡发展首批28个重点项目启动仪式，掀起以项目建设为核心、以深化农村改革为抓手、推动统筹城乡向纵深发展的新高潮。据测算，全市确定的58个统筹城乡发展重点项目，总投入166.63亿元，规划建设面积17.04万亩。

【反哺支农力度加大】 南海区在全省率先出台了《佛山市南海区实施基本农田保护区财政补贴试行办法》，每年计划补贴1亿元，对划入基本农田保护区范围的集体经济组织或基本农田土地所有权单位每年每亩给予500元的财政补贴。三水区从2009年起由区财政每年拨出2400万元作为贴息向银行贷款4.6亿元，用3年时间把全区20万亩农用地改造建设成“七园一带”的现代农业园区。2009年全区可动工建设的农业园区约4.8万亩，投入建设资金约1.7亿元。（高华生）

种植业

【综述】 2009年，佛山市认真贯彻落实中央、省各级农业农村工作会议精神，以加快发展现代农业为重点，采取有力措施，扎实抓好种植业各项工作，有效地稳定了种植业生产，促进了农业增效，农民增收。据统计，全市农作物播种总面积162.95万亩，同比（下同）增长2.38%。其中：粮食作物播种面积31.3万亩、总产量9.75万吨，同比均基本持平；其中水稻播种面积20.93万亩、总产量6.93万吨，分别增加2900亩、2800吨。蔬菜种植面积92.37万亩、总产量141.13万吨，分别增加6.23%、6.26%。花卉种植面积17.37万亩，同比略减。农业总产值195.03亿元（按现行价计算，下同），增长3.2%（按可比价计算，下同），其中种植总产值50.4亿元，增长6.3%；农民人均纯收入10699元，增长11.86%。

【抓好粮食工作】 2009年，佛山市各级继续认真抓好粮食工作。一是落实粮食播种面积。各级党委和政府认真按照中央和省关于粮食工作的战略部署，始终把粮食安全作为头等大事来抓紧抓好，采取措施，稳定粮食生产。据统计，全市落实粮食作物种植面积31.3万亩，比上年略有增加，较好地完成省政府下达的任务。二是开展粮食创高产示范活动。2009年，佛山市加大财政投入，扩大粮食高产示范片面积，并对示范片实行“四统一”管理，有效地控制了水稻重大病虫的发生，实现水稻高产稳产。经测产，示范区早晚造亩均产量同比分别高出16%和27%，示范带动作用明显。

【抓好惠农政策的落实】 种粮补贴、农机购置补贴是近年来中央和省政府扶持促进农业发展的重要举措，佛山市各级政府及农业部门高度重视，采取切实有效的措施，不折不扣地将政策贯彻落实到位。一是认真兑现种粮补贴政策。2009年，中央和省继续对种粮农民实施种粮直补、农资综合直补和良种补贴等政策，这对稳定全市粮食生产面积、保障粮食安全起到了积极作用。为落实好种粮补贴工作，各级农业、财政部门积极通力协作，认真做好水稻、玉米的面积统计、核查等工作，以确保补贴资金及时、足额发放到农户，粮农真正受惠。预计全市3项种粮补贴资金1590万元，惠及农户7.09万户次。二是抓好农机购置补贴工作。根据中央和省农业机械购置补贴的有关规定和要求，佛山切实加强对农机购置补贴工作的组织领导，积极宣传，规范管理，严格按规定程序开展相关工作，并自觉接受群众监督，保证补贴工作顺利进行。2009年，全市累计购买农机具7964台，配套秧盘1.73万个，享受中央财政补贴资金282.22万元，省财政补贴资金27.11万元，补贴总额309.32万元，惠及3199个农机户。

【抓好农业园区建设】 佛山以贯彻实施《珠江三角洲地区改革发展规划纲要》为契机，加大财政投入力度，按照“高起点规划，高标准建设，设施配套完善，分期稳步推进”的要求，大力推进农业园区和各项农业基础设施建设，进一步改善农业生产条件和环境，增强农业综合生产能力。2009年，全市累计完成投资3450万元，高标准建设现代农业园区1.95万亩。全市规划和铺开建设农业园区有26个，面积13.8万亩，其中省级现代农业园区2个。

【抓好农业龙头企业培育发展】 佛山市切实抓好农业龙头企业各项扶持政策的落实，重点扶持发展农产品加工和流通领域农业龙头企业，大力发展精深加工，提高农产品附加值。2009年，市级以上农业龙头企业发展到28家，其中国家级2家、省级10家，新增市级农业龙头企业5家；市、区财政奖励农业龙头企业资金达到970万元。市级以上农业龙头企业直接带动的农户超过8.98万户，发展种养业面积28.58万亩，直接带动增加收入3.86亿元。

【抓好海峡两岸农业合作试验区建设】 推进海峡两岸农业合作试验区建设是《珠江三角洲地区改革发展规划纲要》的一项重要内容。佛山按照规划纲要的要求，科学规划，先行先试，突出特色，加快推进试验区建设。重点推进花卉良种研发推广中心、检验检疫定点冷库等10大项目建设。2009年累计完成投资9600万元，占项目计划总投资的42%，编制规划佛山乐平创意农业城、南海区台湾花卉产业园、禅城区朵丽罗南农业园等新增建设项目，重点规划推进两岸农民创业园、观光休闲农业园、南海鲜切百合花基地等台商投资项目建设。2009年度海峡两岸试验区建设项目已全部编制完成，省、市级项目共16个，计划总投资约10亿元。至2009年底，全市共有台资农业企业125家，累计投资2.5亿美元。

【抓好水稻政策性保险工作】 2009年，佛山把水稻政策性保险作为一项民生工程来抓，制定《佛山市开展政策性农业保险试点工作的意见》，采取"政府引导、政策支持、市场运作、参保自愿"的模式运作，稳步推进政策性水稻保险工作。有关区根据市政府部署的工作要求，专门制定政策性水稻保险工作实施方案，开展保险政策宣传，组织动员农户参保投保。据统计，全市全年水稻参保率达到100%，投缴保险费金额446.34万元，其中财政负担保险费金额444.42万元。5～6月份，受台风、暴雨等不良天气影响，高明、三水区早造部分地方水稻损失较为严重。经查勘定损工作专责小组现场勘查和保险公司的审核，高明区水稻受灾面积1100亩，涉及农户100多户，保险赔付金额11.5万元；三水区水稻受灾面积18.16亩，保险赔付金额7409.28元，较好地保障水稻种植农户利益，促进了粮食生产稳定发展。此外，南海、三水两区分别由财政拨付首期1000万元，率先建立农业贷款信用担保基金。三水区建立的"政银保"合作农业贷款模式是国内首例通过保监会批准推出的合作农业贷款模式。2009年三水区"政银保"共发放农业贷款1003万元。

【抓好农业执法】 为整顿和规范农资市场秩序，保护农民合法权益，保证农产品质量安全，佛山市组织开展了多次农业执法专项行动。一是春季农资打假专项治理行动。行动以农资市场和经营店为重点检查对象，着重打击制售假冒伪劣种子、肥料、农药和农机具的违法行为，重点抓好甲胺磷等违禁药品和化学品的治理。二是市农业局会同市农管办组织了各区农业局和农技中心的有关执法人员，对南海、高明和三水区的种子经营店铺开展全市秋季种子联合执法大检查专项行动，引导经营户规范种子经营管理。三是加强农药市场管理。根据省农业厅关于农药市场监管年活动实施方案的要求，佛山市要求各农药经营批发店签订了质量服务承诺书同时，还在各区抽检了部分农药的标识，送省农药检定所进行鉴定，为了解市场现状和规范农药批发市场管理提供依据。 （杨斯宁）

林　业

【综述】 2009年，佛山市林业工作在各级党委和政府的高度重视和正确领导下，以"三年促变，绿地佛山"为推动力，广泛深入开展全民义务植树活动，积极掀起造林绿化热潮，加强生态公益林建设管理，狠抓森林防火工作，稳步开展集体林权制度改革工作，强化森林资源保护和管理，全市林业工作取得了明显的成效，森林资源得到了健康持续发展，全市共完成造林面积2.83万亩，中幼龄林抚育4.49万亩；组织161.9万人参加植树活动，种植各类树木323.2万株，营造各类主题林130个。

【广泛深入开展义务植树活动】 2009年是实施"三年促变，绿地佛山"的攻坚年。市委、市政府高度重视植树绿化工作，先后发出《关于佛山市2009年绿化工作的意见》、《关于佛山市2009年2月1日义务植树活动的通知》和《关于佛山市2009年3月12日义务植树活动的通知》，对绿化工作进行部署，将植树绿化任务分解落实到各单位各行业，要求各级各部门积极组织本系统及相关行业的适龄公民以捐资出力等形式大力开展营造主题林活动，掀起植树绿化的热潮。市绿委先后组织了市直机关干部和部队官兵在同济东路与文华路交界绿地和汾江河岸分别开展了2次大型义务植树活动，市领导林元和、陈云贤、蔡河义等参加了植树活动。在市领导的带动下，市直属机关工委、市农林系统、团市委、佛山移动、佛山电信等单位相继开展了“市直机关发展林”、“佛山农业生态林”、“广佛青少年林”、“天翼林”等主题林。各区、镇（街）也纷纷行动起来，积极组织机关干部、企事业单位员工、群众大力开展形式多样的植树活动，有效地推动全民义务植树活动的深入开展。

【稳步推进林业生态建设】 一是扎实推进山上造林绿化。各级坚持以生态公益林改造建设为中心，积极推进低效疏残林、纯针叶林等林分改造，提高森林生态功能等级。二是抓好市级生态公益林规划工作。根据“三年促变绿地佛山”任务要求，为进一步提高生态公益林的比例，全市新规划市级生态公益林30万亩。三是积极开展建设林业生态文明“万村绿”大行动。各区将“万村绿”大行动与 “三旧”改造结合起来，扎实推进城中村绿化美化工作，积极开展送苗下乡活动，组织农村居民投劳种植，完成建设示范村100个，其中申报省级示范点15个。四是积极开展创建广东省林业生态县活动。市和各区高度重视林业生态县创建工作，将创建活动摆上重要工作议事日程，切实加强领导，落实部门责任，扎实推进林业生态县创建工作。2009年底，三水区已获批为佛山市首个“广东省林业生态县”。

【部署开展集体林权制度改革】 根据省委、省政府《关于推进集体林权制度改革的意见》和全省林业工作会议精神，市委、市政府高度重视，及早部署，认真组织开展集体林权制度改革各项工作。市政府成立了以市长陈云贤为组长的市集体林权制度改革领导小组。10月23日，市委、市政府召开全市集体林权制度改革工作会议，传达贯彻落实全省林业工作会议精神，并对全市集体林权制度改革工作作了全面部署，全面铺开集体林权制度改革工作。市委、市府印发了《关于推进集体林权制度改革的实施意见》，明确了全市林改工作的总体目标、基本原则、主要内容、工作步骤和保障措施等。市林业局于12月初举办全市集体林权制度改革工作操作培训班，各区、镇共100多名林改工作人员参加了培训。

【积极推动广佛林业建设同城化进程】 为深入贯彻落实《珠江三角洲地区改革发展规划纲要》和《广州市佛山市同城化建设合作框架协议》，加强广佛两市在林业领域的进一步合作，7月16日，广州、佛山两市林业局在广州市正式签署《广州市佛山市城市林业同城化建设与发展合作协议》。广佛两地林业绿化的发展将遵循“科学发展、先行先试，优势互补、合作共赢，整体规划、循序渐进，政府推动、市场主导”的原则，创新两地绿化发展合作机制，重点在构建一体的林业绿化生态体系、联动的林业生态产业体系、互助的森林保护防控体系和共享的林业科技支撑体系等四大领域加强合作。

【狠抓森林防火工作】 佛山市各级党委政府认真贯彻中央和全省林业工作会议精神，各级森林防火部门严格按照国家和省森林防火指挥部的具体部署，积极采取强有力措施，从严从紧抓好森林防火工作，严防山火发生。全市发生一般森林火灾2宗，取得了干旱之年无大火的较好成绩。主要在于抓好几项防范措施：一是及早部署。市政府分别于春防和秋冬防前夕召开全市造林绿化、森林防火工作电视电话会议和全市防旱抗旱暨森林防火电视电话会议，对防火期期间的森林防火工作进行全面部署。二是加强检查督促。针对清明、国庆、重阳等重要节假日野外用火频繁的情况，市森林防火指挥部多次组织开展全市森林火险隐患大排查和专项整治活动，深入基层检查指导，督促各级防火部门抓好措施落实，做到组织领导、队伍人员、器材装备、宣传培训、值班调度五到位。三是强化森林消防队伍建设。市政府安排25万元专项资金用于市森林消防大队建设，并投入32万元购置风力灭火机、油锯和消防泵等扑火器材。四是加强值班调度。各级森林防火部门严格实行24小时值守制度，确保林火信息畅顺。

【强化森林资源保护】 一是加大执法力度，保护野生动物资源。根据国家统一部署，市林业局于6月～8月和10月组织开展了“绿盾三号行动”、“保护野生鸟类专项行动”等系列集中整治，严厉打击非法收购、运输、出售国家保护野生动物的违法犯罪行为，查获夜鹭、苍鹭、牛背鹭等省重点和麻雀、蛇等三有保护动物一批。二是加强林地保护，严格勘查审核制度。认真执行法律法规规定，对必需征占用林地的，采取实地踏查和图纸资料相结合的形式，严防报少征多、资料与实际不相符等情况。全市共上报林地征占用申请32宗，涉及林地318.5公顷，区级林业部门审批临时占用林地2宗，涉及林地2.68公顷。三是抓好林业有害生物防治工作。严格按照省政府与市政府签订的《2009～2010年松材线虫病防治目标责任书》各项要求，切实做好薇甘菊和松材线虫等外来有害生物的防控工作，维护本土生态安全。市政府也分别与各区签订了《2009-2010年松材线虫病防治目标责任书》。

（刘建立）

畜牧兽医

【综述】 2009年，各级农牧部门认真贯彻中央、省和各级农业农村工作会议精神，全面落实各项支农惠农政策，加快发展规模化标准化养殖，切实加强动物疫病防控和饲料及畜产品质量等安全监管工作，确保全市畜牧业生产平稳发展，动物疫情稳定和畜产品质量安全。据统计，全市生猪饲养量311.3万头、出栏量198.1万头、存栏量113.2万头，比上年分别增长2.6%、3.9%、0.5%；家禽饲养量1.18亿只、出栏量9453.4万只，分别增长1.2%、3.5%，存栏量2379.5万只，减少7.2%；饲料产量464.1万吨，增长11.3%；全年未发生重大动物疫情和畜产品质量安全事故。

【生猪价格波动大，效益有所下降】 2009年上半年，佛山市生猪销售价格逐月下滑，月均跌幅约7%，其中4月份的跌幅最大，环比下跌16%。7月份起，受国家增加冻肉储备以及饲料价格上升等因素影响，肉猪价格连续3个月反弹，之后有所回落。全年普通肉猪的交易均价约10.1元／公斤，优质瘦肉型肉猪约11.8元／公斤，15公斤／头的优质瘦肉型猪苗出场均价约410元／头，比上年同期分别下降约26.5%、25.1%和42.2%。扣除饲料价格上升等因素影响，自繁自养的养户每出栏一头生猪能赚近100元左右，非自繁自养的养户基本能够保本。

【家禽价格低迷，养户保本经营】 2009年，佛山市家禽产品价格除1月份肉禽价格出现短暂回升外，其余月份肉禽价格基本在生产成本价附近徘徊。进入第三季度，家禽价格有所回升，但由于饲料价格亦同步上升，养殖效益未见好转。全年除肉鹅外，三鸟饲养基本处于保本或略亏状况，禽苗生产企业严重亏损。全年石岐杂黄羽肉鸡平均出场价约8.6元／公斤、白鸭约6.6元／公斤、肉鹅约12.4元／公斤，同比分别下跌6.9%、8.3%和7.6%；黄羽鸡苗均价约0.9元／羽，白鸭苗约1.5元／羽，鹅苗约10.7元／羽，同比分别下跌38.4%、20.0%和12.9%。

【加强指导，推动牧业持续健康发展】 一是科学规划牧业发展。市农业局先后出台了《佛山市生猪生产发展规划和区域布局（2009～2020年）》、《佛山市农村沼气工程建设规划（2010～2015年）》，引导、推动生猪产业和农村沼气项目健康发展。同时，顺德、高明区分别出台了《畜禽养殖管理暂行办法》；南海、高明区分别出台了《畜禽养殖污染防治管理暂行办法》，进一步加强畜禽养殖指引和污染防治管理，以促进畜禽养殖业的持续健康发展。二是积极推广健康养殖。市农业局于4月23日召开了现场观摩会，重点推广使用中草药添加剂、发酵床自然养猪等环保健康、低污染和高效益的养殖模式，减少化学合成品的使用量，改善生猪的养殖环境，提升生猪质量安全水平。三是切实抓好重点项目建设。市农业局会同市发改部门，组织5家养猪企业申报了国家大中型沼气工程建设项目，投资总额达到878.6万元；全市5家生猪养殖场被省农业厅列入第一批广东省重点生猪养殖场；推荐了佛山市三水源昌养殖有限公司向省农业厅申报蛋鸡标准化养殖场改造以奖代补项目；推荐了顺德区杏坛镇太宁联丰农场等4家猪场申报2009年标准化规模养殖场改扩建储备项目。

【突出重点，加强重大动物疫病防控工作】 2009年，市各级农业部门按照上级动物防疫工作的总体部署，采取多项措施，内防外堵，狠抓春、秋两季重大动物疫病防控工作，确保了全市动物疫情稳定。一是切实强化工作责任。为进一步明确部门职责和工作分工，2009年佛山市各级政府和相关单位分别层级签订了《防控重大动物疫病工作责任书》、《兽医实验室生物安全责任书》，将工作责任落实到具体部门和相关责任人身上。二是组织开展专项检查行动。4月，市农业局组成联合检查组，对各地畜禽养殖场进行动物疫病防控工作突击联合检查，并现场抽取血样进行疫病抗体检测；8月，对和顺生猪批发市场、大沥桂江三鸟批发市场以及部分畜禽养殖场防控措施落实情况进行飞行检查；9月份和年底，又分别组织开展了“打击伪造检疫证明专项检查行动”，严厉打击假冒检疫证明的违法行为。三是积极探索、推进周边地区防疫合作。9月18日，广州、佛山两市动物防疫监督机构签订了《广州市佛山市动物卫生（防疫）与畜产品质量安全管理合作协议》，达成了推进工作信息互通等五方面合作内容。另外，市农业局还与肇庆市畜牧兽医局就加强佛—肇两地生猪购销涵接、动物防疫监督和畜产品质量安全管理工作等问题进行了座谈和交流。四是加快推进基层动物防疫体系建设。佛山市积极争取，落实了4个县级动物防疫监督所（疫控中心）和23个乡（镇）兽医站列入国家动物防疫体系建设项目，共计投入建设资金447万元，进一步改善基层防疫工作环境，提升重大动物疫病防控水平。据统计，全年全市共组织使用牲畜口蹄疫疫苗656.8万毫升、禽流感疫苗11985.0万毫升、猪瘟疫苗497.0万头份、猪蓝耳病疫苗482.6万毫升；检疫生猪550.2万头、牛羊9.8万只、家禽1.5亿只、动物产品3089.0吨；组织发放特效消毒药物近500吨。

【加强监管，规范行业管理工作】 2009年，市各级农牧部门采取切实措施，进一步加大对畜牧业相关行业的管理力度。一是举办执法培训班。8月13日，市农业局举办饲料兽药监督执法培训班，对市、区两级农业局、动物防疫监督所共30多名畜牧兽医行政执法人员进行培训，进一步提高畜牧业管理人员素质和监督执法水平。二是加强饲料行业监管。按计划组织开展饲料、饲料添加剂生产和质量保证体系的从业“准入”验收，共对95家饲料和饲料添加剂生产企业进行了现场评审或年审。10月，顺利通过欧盟FVO考察团对佛山市饲料兽药残留监控工作的考察评估。三是整顿兽药经营市场。严格执行新的审批发证制度，全面开展《兽药经营许可证》（兽用生物制品类）清理和审核工作，并对11家申请经营兽用生物制品的企业进行了材料初审和现场验收。同时，分别在6月、10月两次组织联合检查组突击抽查各地兽药经营店铺，督促企业使用统一的经营档案，进一步规范兽药市场秩序。四是规范养殖行为。8月，市农业局发文进一步规范《种畜禽生产经营许可证》发放工作，并组织开展种畜禽生产经营市场专项检查，对不达标的种畜禽场进行全面清理；同时，对辖区内所有规模养殖场（小区）的养殖条件进行考核，对符合条件的养殖场重新登记备案，对不达标的发出通知书督促整改。五是加强生鲜乳生产收购监管。严格执行生鲜乳收购、运输许可制度，2009年，全市共审查发证生鲜乳收购站2家、准运车辆4辆，生鲜乳“三聚氰胺”市级自检87份、送省检25份，未发现不合格产品。六是加大产品质量抽检密度。为严厉打击添加“瘦肉精”、三聚氰胺等有毒有害物质，生产和销售假冒伪劣饲料、兽药的违法行为，第三季度全市开展了饲料及生鲜乳质量安全监测工作，对辖区内所有饲料生产企业、奶牛养殖场和生鲜乳收购站进行抽样分批送检。全年全市共抽取饲料样品1482份（省41份，佛山市1441份）进行违禁有害物质检测，合格率99.8%；全市监测兽药样品15份，合格率100%。

【周密部署，开展专项整治活动】 一是生猪质量安全专项整治。2月份广州发生“瘦肉精”中毒事件后，市农业局迅速反应，开展了养殖环节的生猪质量安全专项治理行动。据统计，全年市农产品质量安全监督检测中心共检测各区送检的“瘦肉精”尿液样品1842份，合格率100%，各区自检生猪猪尿样品18万份，合格率99.6%。此外，3月、4月和8月，全市开展了3次生猪质量专项监测，共监测猪尿样品1156份，合格率99.6%；销毁问题生猪及肉品的案件有6批，截获、销毁屠宰场“瘦肉精”生猪共122头，取缔三水区病死猪私宰点1起，无害化处理猪肉约 3 吨。另外，还会同市经贸局、食品药品监督管理局联合起草了《佛山市关于推进生猪“定点供应、厂场挂钩”保障生猪及其肉品质量安全的意见》及其相关配套文件，有效推动了生猪“定点供应、厂场挂钩”工作。二是饲料质量安全专项整治。市农业局制定了《2009 年佛山市饲料专项整治行动实施方案》，对饲料整治目标、整治重点、整治任务及工作安排进行了详细部署。同时，市农业局在全市范围内组织开展以“保障饲料安全，推进健康养殖”为主题的饲料执法年行动。全市共出动执法检查人员 1300 多人次，检查饲料生产企业 201 家次，畜禽养殖场 1050 家，查处案件 3 宗。三是生鲜乳质量安全专项整治。针对佛山市奶牛养殖和分布特点，市农业局制定了《2009 年佛山市生鲜乳专项整治行动实施方案》，以南海、顺德、三水区等 3 个生鲜乳主产地区为重点，重点开展生鲜乳收购站专项整治行动。同时，按照农业部要求和省的统一部署，分别于 5 月和 11 月对全市奶牛养殖场及生鲜乳收购站进行了全面检查，共出动检查人员 420 人次、车辆 70 台次，突击检查了南海、顺德、三水 3 个区 8 个镇（街）172 家奶牛养殖场、2 家生鲜乳收购站，有效保障了奶源质量安全。（何建强）

水　产

【综述】 2009 年，佛山市水产生产继续保持增长。全市水产品总产量 54.9 万吨，比上年同期增长 2.1%，其中塘鱼 53.6 万吨，增长 2.3%；水产品总产值 77 亿元，比上年同期减少 6.1%；优质鱼养殖面积 24.5 万亩，比上年减少 1.3 万亩，其中：鳗鱼 3.3 万亩、桂花鱼 5.1 万亩、加州鲈 5.1 万亩、甲鱼 1.8 万亩、罗非鱼 3.4 万亩、生鱼 2.2 万亩。

【水产品市场运行基本平稳，价格继续回落】 据南海盐步环球水产交易市场统计，2009 年，该市场的塘鱼交易量为 9.6 万吨，比上年同期增长 9.2%，交易额 7.6 亿元，减 5.7%，塘鱼的市场平均交易价为 7.95 元 / 公斤，比上年同期下跌了 13.6%。据顺德、南海和高明三区收集的信息显示，四大家鱼塘头交易价格下跌幅度都较大。草鱼、鳙鱼、鲮鱼和鲢鱼的价格分别为 9.38 元 / 公斤、8.18 元 / 公斤、6.52 元 / 公斤和 5.28 元 / 公斤，分别比上年同期下跌 21.9%、16.2%、34.7%和 19%；菜鳗（2P 规格）4.22 万元 / 吨、规格鳗（5P 规格）7.42 万元 / 吨，下跌 13.2%和 17.9%；加州鲈 19.42 元 / 公斤、甲鱼 39.36 元 / 公斤、罗非鱼 8.34/ 公斤，分别下跌 14%、3%和 16.9%。桂花鱼一枝独秀，为 53.58 元 / 公斤，比上年同期增 14%。

【鱼塘高标准整治继续开展】 2009 年，佛山市各区投入 7562 万元，高标准整治鱼塘 1.75 万亩。其中南海区整治力度比较大，从 2009 年开始，区财政补贴由 750 元 / 亩提高到 1000 元 / 亩，计划用 3 年时间，整治鱼塘 1.5 万亩。三水区对 2008 年高标准冬整治的鱼塘提高了补贴标准，100 ~ 300 亩，区补贴 400 元 / 亩；300 ~ 500 亩，区补贴 600 元 / 亩；500 亩以上的，区补贴 800 元 / 亩。

【抓水产良种繁育体系建设，确保水产苗种质量】 南海区 2009 年重点抓好水产良种繁育体系建设，出台了《南海区区级水产良种场资格认定标准》，在九江、西樵等水产苗种主产区，培育一批有实力、技术力量强的水产苗种繁育场成为区级良种基地，为广大养殖户提供优质水产苗种。2009 年该区有 10 家水产苗种繁育场被评为该区区级良种场。该区还积极开展亲鱼提纯复壮工作，九江镇农业技术服务中心与珠江水产研究所合作，开展亲鱼的提纯复壮，已经取得初步成效，生产出的鱼苗生长速度快，抗病力强，很受养殖户的欢迎，供不应求。三水区与珠江水产研究所合作，开展国家大宗淡水鱼类产业技术体系高效养殖技术示范片项目的研究，在大宗淡水鱼类优化选育、优质高产、模式升级等方面进行技术研究和推广。2009 年，佛山市各水产苗种生产场克服了气候异常等因素的影响，落实措施，确保了春孵春放工作顺利开展。据统计，全市生产各类鱼苗 1883 多亿尾，不但满足了佛山市水产生产的需要，还大量销往省内外。

【水产品质量安全的执法监督力度进一步加大】 市农业局积极开展农产品质量安全整治暨农产品品质

量安全执法年活动，在按时保质完成好2009年佛山市水产品质量安全监测任务的基础上，重点抓好水产苗种专项整治和水产品质量安全专项整治工作。一是成立了以副局长陈少金为组长，水产科、渔政支队和相关科室人员为成员的水产品质量安全专项整治行动工作领导小组，并先后制定《2009年佛山市水产苗种专项整治实施方案》和《2009年佛山市水产品质量安全专项整治行动实施方案》，各区也相应成立了专项整治领导小组和制定了专项整治行动实施方案；二是做好水产品质量安全监控工作。全市共抽检水产品126个样本（不含执法抽样，下同），样品合格率达95.2%。同时，佛山市还完成了农业部抽样样本33个，省级抽样样本200个（其中：市场交易产品30个样品，水产苗种50个样品，养殖产品100个样品，饲料和渔药各10个样品）的抽样任务。三是开展鱼苗场普查和专项执法检查。2009年，全市共出动执法人员700人次，其中渔政人员300人次，检查养殖场286家，完成了252家水产苗种繁育场的普查和水产苗种专项整治工作。9月份，市农业局还与市食品药品监督局、市工商局联合下发了《关于加强水产品销售企业质量安全监控工作的通知》，并组成执法检查小组，对水产品销售企业进行了水产品质量安全执法检查。四是开展无公害水产养殖技术培训，提高农户水产健康养殖技术水平。市农业局分别在南海区西樵镇和九江镇举办了2期佛山市水产健康养殖技术培训班。培训班采用“政府搭台、企业唱戏”模式，从亲鱼的选育、苗种的培育、鱼塘水质管理、科学用药等几方面讲授了水产健康养殖技术，向水产养殖户传授了新的水产健康养殖理念，受到养殖户的欢迎。据统计，2009年全市共举办各种类型的培训班或讲座32期，培训农民近2000人次。（李　湘）

农业科技

【综述】 2009年，佛山市以科学发展观为指导，以市场为导向，先进实用技术为支撑，以推广新品种、新技术，提高农业科技成果转化率为核心，以发展佛山市优势特色主导产业为突破口，紧紧围绕确保农业农村经济不断发展、农民持续增收和农村和谐稳定的总体要求，统筹城乡发展，为实现传统农业向现代精细农业转型升级提供科技支撑。

【实施“科技兴农”战略，推动现代农业发展】 制定农业科技创新方案，部署农业科技工作。加强农业科技推广工作是发展现代农业、增强农业竞争力、提高农业综合效益的重要支撑，年初制定了《佛山市2009年农业科技创新活动实施方案》，对2009年全市农业科技工作进行认真部署，印发了2009年主要农技推广品种，重点推广桂农占、丰绿苦瓜、宝丰豆角等79个主导品种和测土配方施肥技术、水肥一体化灌溉技术等18项主推技术，为促进传统农业向现代都市型农业升级提供科技支撑。积极推进七大农业科技示范推广基地建设。2009年，根据市委、市政府的工作部署，佛山市全力推进以优质水产与水产种苗、高档花卉、畜禽种苗、优质蔬菜、水稻和珍贵树种等农业优势产业为重点的七大农业科技示范推广基地建立。全年市政府投入了480万元，重点扶持顺德水产良种繁育和工厂化养殖、南海香水百合花引种与推广、高明优质水稻种植推广、三水大塘蔬菜和环保养猪等10个有较好经济规模和效益前景、通过市场化推广模式可转化的农业科技成果项目。

【送科技下乡，加强农业科技培训】 2009年，根据佛山市农业、农村的实际情况，通过举办多媒体教学培训班、现场讲授咨询、发放农资、印发宣传资料等方式，送科技到田间地头，不断提高广大农户的科学种养水平。7月，在三水区大塘镇举办放心农资下乡进村暨科技集市宣传活动。活动围绕“放心农资下乡，维护农民权益”的主题，以送农业新品种新技术、送农资监管法律法规、送放心农资下乡进村为重点，组织农业专家和技术人员，介绍识别真假农资的常识，讲解科学种养使用农资的知识，现场接受农户咨询，宣传展示名优农资企业和产品。11月，在三水区迳口农科园举办“2009佛山农业良种示范展示会”，来自省、市、区、镇（街）的各级领导、农技人员和农民1万多人次到农科园观摩。本次展示会以“展示良种、推广成果、带动发展”为主题，坚持以展助推，以推促带，共引进示范种植台湾农友种苗公司、安莎种业公司、省农科院、省良种引进服务公司和广州市蔬菜研究所等60多个单位各类型的优质农作物新品种560多个。全年共发放农业科技宣资料18.5万份（册），举办培训班119场（次），现场指导1185场（次），科技集市60场（次），出动科技小分队25个，共派出农科人员3548人次，培训农民5.44万人次。推介新品种144个，新技术48项，投入经费260万元。

【加强管理，推进农业品牌化】 2009年是农产品质量安全整治暨农产品质量安全执法年，年初佛山市制定了《佛山市2009年无公害农产品、绿色食品、有机农产品专项整治行动实施方案》，6月，市农业局和市农产品质量安全监督检测中心组成联合检查组，对佛山市无公害农产品、绿色食品、有机农产品（简称农业“三品”），转基因生物安全和品种权进行了联合检查。9月，市人大组成检查调研组，对佛山市实施《促进科技成果转化法》中农业科技成果应用推广工作情况进行检查调研。10月，为推动《广东省食用农产品标识管理规定》的宣传贯彻实施，加强食用农产品标识管理工作，市农业局联合市工商局、市农林技术管理办公室组成宣传检查组，到南海、高明和三水区开展《广东省食用农产品标识管理规定》宣传检查行动。在加强管理的基础上，积极做好宣传发动和申报认证服务工作，截至12月底，全市无公害农产品生产基地已发展到116个，比上年增加3个，无公害农产品达100个，比上年增加9个，绿色食品8个，新增加有机转换农产品10个，获广东省农业类名牌产品25个，2009年推荐申报广东省农业类名牌产品15个，建有国家、省级农业标准化示范区9个。

（孟建华）

农村经营管理

【综述】 2009年，全市农经系统紧紧围绕统筹城乡发展的中心任务，以抓好农村集体经济管理体制改革、革命老区建设、发展农民专业合作社和完善农村集体财务管理体制为重点，进一步加强农村经营管理工作，促进农业增效、农民增收和农村稳定。

【推进农村集体经济组织管理体制改革试点】 按照《市委农办、市农业局关于深化农村集体经济管理体制改革试点工作意见》的部署，大力推进农村集体资产产权确认、农村集体经济组织成员权界定的“两确权”工作，抓好农村集体经济组织改革试点工作。至年底，全市共有1752个村民小组（经济社）完成了“两确权”，占总数的42.2%。全市选定28个村居按照“培育、整合、改造、规范”等类型推进农村集体经济组织管理体制改革试点，至年底有13个试点村居完成了改革任务。其中，5个培育农民新型合作组织试点村居中，已完成4个；6个整合农村集体经济组织试点村居中，已完成3个；8个改造农村集体经济组织试点村居已有3个通过村民表决或完成前期准备工作；6个规范农村集体经济组织试点村居已完成3个；5个农村集体经济组织和自治分离试点村居已完成3个。

【加强革命老区建设】 市委、市政府制定下发《关于进一步加强革命老区建设工作的意见》，把加快扶持老区发展作为2009年政府解决民生大事之一，切实加强了组织领导。年初，市委、市政府专门召开会议进行了动员和部署，并制定文件明确了各职能部门的分工责任。在市财政的大力支持下，老区主要集中地高明区，投入6000万元全面启动5个镇街公立卫生院（社区卫生服务中心）的改造和建设工作，投入4300万元启动实施农村饮水改造工程，并顺利完成了132个老区村的饮水改造任务，使欠发达老区地区看病难、饮水难问题得到了有效缓解。此外，为扶持贫困老区村加快发展集体经济，市财政对高明区集体经济总收入5万元以下的194个贫困老区村给予了每个村1万元的补助。

【促进农民专业合作社发展】 一是推进“农超对接”试点工作。选定了顺德乐从供销集团顺客隆商场有限公司、高明区杨梅丽堂蔬菜专业合作社等单位作为试点，积极推进农民专业合作社农产品直接供应大型超市的“农超对接”试点探索工作，全市全年通过合作社供应超市农产品销售量达到了85吨。二是开展示范社建设行动。市农业局下发《关于开展农民专业合作社示范建设和申报2009年专业合作社扶持资金项目的通知》，在各区分别选择

1至2个专业合作社，启动实施了示范社建设行动。三是大力培育发展农民专业合作社。在高明区、三水区农业主导产业优势明显的镇街，因地制宜地扶持发展了一批新的合作社。至年底，全市正式成立的农民专业合作社由5个增至12个，涉及种植、畜牧、水产等农业生产领域，在一定程度上提高农民的生产经营组织化程度。

【深化和完善农村财务管理体制改革】 一是做好改革扩面工作。针对全市仍有少部分村（居）组账目未移交中介组织代管的问题，加大工作力度，打好“扫尾之战”。至年底，全市586个村（居），3839个组的5757盘账，已全部移交中介组织管理。二是进一步深化和完善改革机制。市委、市政府制定出台《关于进一步完善引入社会中介组织规范农村财务管理体制改革的若干意见》（以下简称《意见》），从农村财务票据管理、中介组织引入工作、中介组织代理服务内容、监督检查工作及审计工作等方面对进一步完善改革提出了规范指引。10月20日，市委、市政府在三水区西南街道召开全市进一步完善引入社会中介组织规范农村财务管理体制改革工作现场会，对进一步深化和完善改革工作作了动员和部署。三是开展农村集体经济重点审计工作。选择禅城区南庄镇河滘村作为审计对象，由市、区、镇三级农经部门抽调骨干力量组成审计组开展了审计工作。 （彭焱明）

送科技下乡，提高农户科学种养水平。图为在三水迳口农科基地举办的佛山农业良种示范展示会，面对琳琅满目的新鲜果蔬，与会者称赞“靓野”。

交通・邮政

交通概况

【综述】 2009年是佛山市交通运输行业机遇与挑战并存的一年。在市委、市政府的正确领导下，市交通运输局深入学习实践科学发展观，以全面落实《珠江三角洲地区改革发展规划纲要（2008～2020）》为契机，抢抓发展机遇，紧紧围绕“一个核心，五个加快”的工作思路，在强化行业管理的基础上，着力在路网建设、公交发展、广佛同城化进程、自主创新和转变工作作风上下工夫，全面促进交通运输业持续稳定、和谐发展。

【公路基础建设】 佛山市积极推动高速、快速路网建设，逐步形成现代化综合交通体系。至年底止，佛山市公路通车里程达5115.73公里，其中高速公路311.04公里，一级公路1341.69公里，二级公路390.6公里，三级公路897.63公里，四级公路2143.2公里，等外公路31.58公里。全市公路密度达132公里／百平方公里，达到中等发达国家水平。2009年，佛山市完成公路（桥梁）基础设施建设约48.46亿元。

【轨道交通项目建设】 截至2009年12月底，广佛线工程完成年度建设计划投资的124%，首通段（魁奇路至西朗站）土建工程累计完成88%，工程建设重点由土建施工转入机电安装。基本完成广佛线二期工程的立项审批任务。启动轨道交通三号线各项前期准备工作。武广高速铁路建成通车。5月4日贵广铁路有限公司、省铁路投资集团有限公司以及佛山市国土资源局三方签订《贵广（南广）铁路佛山境内征地拆迁实施协议》，标志该项目在佛山市境内的征拆工作全面启动。年底广珠铁路佛山段的征地拆迁工作基本完成。佛山西站和丹灶物流中心项目完成初步规划研究。珠三角城际轨道佛肇城际线10月开工建设。广佛江珠城际轨道项目启动。广佛环线佛山西站至广州新客站段项目建议书获得批准，正在编制工程可行性研究性报告。

【维护运输市场良好秩序】 全方位开展综合行政执法工作，加强运政、路政和水路交通执法巡查的力度和密度，着重打击非法营运和超限超载运输行为，2009年，全市交通系统共查处非法营运摩托车8587辆，蓝牌车757辆，货车1188辆，超限运输车辆2104辆，其他违法行为1.54万宗，共办理行政处罚案件2.8万宗。规范和完善驾培管理工作，加大对站（场）经营、机动车检测和维修市场的监管，创造良好的运输市场秩序。

【佛山机场复航】 佛山机场在市政府及相关部门的大力支持下，认真完成民航中南地区管理局提出的233项整改意见，使停飞7年的佛山机场民航业务于2009年11月18日实现复航，首期开通北京南苑机场至佛山的往返航线。截至年底，佛山机场进出港航班共计70个，运送旅客5722人次，平均客座率52.7%，航班正常率82.9%。

公路运输

【高速公路建设】 根据省委、省政府确定高速公路“两个1000公里”的建设任务以及广佛两市签订的同城化交通基础设施对接协议，2009年佛山市境内拟建和在建高速公路项目共19项，其中由省相关业主单位负责推进的项目12个，由佛山市相关单位负责推进的项目7个。至年底，这批项目中已有广明高速公路西樵至更楼段和广佛高速公路扩建2个项目建成通车；广贺高速公路、广珠西高速二期和东新高速公路3个项目完成进度超过70%；广肇高速公路二期和珠二环南段2个项目完成进度超过50%；江肇高速公路、佛开高速公路扩建工程、广明高速陈村至西樵段、广明高速陈村至番禺段、广三高速公路扩建工程等5个项目在建，工程进展顺利。肇花高速、广明西延线、广三东延线、佛清从高速、平南高速、番顺高速、江珠北延线等7个项目正在抓紧前期工作，争取早日动工建设。

【市重点路桥工程建设】 根据佛山市综合交通决策委的部署，全面加快市内快速路网建设。截至年底，44个项目中已有大金山隧道工程、和顺棠溪至料美公路（一环东路北延线）和G325下穿一环南路立交3个项目建成通车，30个项目在建，白金大道三期、北滘立交二期及三乐路连接线（按2项计）完成投资进度达到80%以上，禅西大道一期、北滘至均安公路北滘至南国路段、碧桂路改造、高富路、迳口公路改造工程、桂丹路改造工程二期等6个项目完成投资进度达到40%以上。其他11个项目也将在2010年春节前动工建设。这些项目的建成，将使佛山市“2＋5”组团之间的联系更加畅顺，进一步推动五区同城化，加速佛山市现代化大城市建设。

【农村公路建设】 根据2009年市政府工作报告十件民生实事中确定的“全市200人以上自然村、革命老区50人以上自然村通硬底化公路”的目标，经与各区政府和交通部门协调，筹集资金，开展实施了12个农村公路建设项目，年底已全部竣工通车，全面提升了农村公路通行能力。

【道路客、货运输】 客运站场基础设施。全市共有客、货运站场157个，其中客运站场131个，包括一级站4个，二级站3个，三级站16个，三级以下站场108个；货运站场26个，包括一级站15个，二级站3个，三级站1个，四级站7个。全年完成站场建设（含公交候车亭）约0.8亿元。

营运车辆保有量。2009年，全市在册营运货车14.39万辆，总计约44.8万吨位。在册营运客车7513辆，20.55万客位，其中，客运班车913辆，3.5万客位；包车客车567辆，2.99万客位；公共汽车3297辆，12.37万客位；租赁客车95辆，2464客位。

经营业户及从业人员。全市在册经营道路客运业户55户，从业人员1.05万人；道路货运业户11.44万户，从业人员14.57万人；道路运输相关业务经营业户7653户，从业人员4.2万人。全市在册的汽车、摩托车维修业户6201户，其中汽车维修业户3511户（一类113户、二类572户、三类2826户），摩托车维修业户2690户。

道路客运。全市客运线路546条，年平均日发班次9505.3班次。其中跨省线路190条，年平均日发班次264.8班次；跨地（市）客运线路219条，年平均日发班次2161.5班次。

客、货运输量。全年道路运输客运量完成2.1亿人次，较上年同期增长13.5%；旅客周转量完成66.6亿人公里，较上年同期增长6.9%；道路货运量完成1.32亿吨，较上年同期下降30.9%；货物周转量完成94.8亿吨公里，较上年同期上升12.4%。

汽车综合性能检测站及检测量。全市共有汽车综合性能检测站A级站9个，年完成检测量共24.8万辆次。其中维修竣工检测19.1万辆次，等级评定检测12.7万辆次。

城市公共交通。2009年，全市公交车辆3361辆（其中公共汽车3116辆，佛山城巴181辆，旅游城巴64辆），线路301条，公交驾驶员5807名。出租车2890辆，驾驶员6568名，客运总量5478万人次。

【城市公共交通管理】 深入落实《加快佛山市公共交通发展的十大措施》，不断加大硬件设施投入，努力营造优先公交发展的舆论氛围，公共交通发展实现新突破。全年共更新和新增公交车辆438台，更新出租车249台，已发行广佛通卡180万张，同比增长50%。全市共有广佛通卡充值点685个，同比增长4.5倍。禅城区公交TC改革取得成功，并推广到顺德中心城区。镇内公交全面推广，到年底，全市已有15个镇（街）开通镇内公交，共开通59条线路，投入444台车辆。全市行政村100%通行公交车，为市民出行提供了便捷、舒适的条件。

广佛客运同城化公交线路开通。

【广佛同城化格局初现】 根据市领导关于“广佛同城、交通先行”的精神，2009年编制完成了《广佛同城化交通基础设施建设三年工作规划》和《广佛道路客运同城化工作推进方案》，力促广佛交通同城化。截至年底，两地衔接路网进展顺利，广佛高速公路扩建、西二环和顺立交收费站及连接线等项目完成通车；已完成首批37条广佛客运同城化线路403台客车的改造和开通。同时，扩大了“广佛公交”的服务范围，在两市联系较紧密的接壤区域，开通相互延伸至对方换乘枢纽站的公交线路11条。在广州设置3个佛山出租车回程点，在佛山设置16个广州出租车回程点。通过加快衔接和客运改造提升，广佛交通同城化格局初现。

水运·港航

【水路基础设施】 2009年全市有生产用码头泊位409个，码头岸线1.71万米，泊位年通过能力6243万吨，最大起吊能力60吨，最大靠泊能力5000吨。其中公用码头泊位186个，码头岸线8133米，泊位年通过能力4785万吨。2009年港口年吞吐量5099万吨，其中集装箱吞吐量达292万标准箱。全年完成港口建设固定资产投资约3.2亿元。

【船舶保有量】 2009年底在册营运船舶696艘、1358客位、载重量43.3万吨位，功率21.2万千瓦。其中：集装箱船54艘、载重量5.9万吨位、4670个国际标准集装箱。

【水路运输】 2009年全市完成货运量4487万吨，同比下降12.5%，货运周转量73.2亿，同比下降10.3%；全市客运量完成69万人次，同比下降22.5%。客运周转量0.8亿人公里，同比下降29.2%。

【港口吞吐量】 2009年全市港口货物吞吐量为5099.38万吨，其中集装箱吞吐量达292.33万TEU、吞吐量为2802.9万吨。主要大宗货类有：液化气、天然气及制品56.6万吨，煤炭及制品36.8万吨，金属矿石4.7万吨，水泥67.6万吨。

【港口航道建设和维护】 为促进水路运输发展，提高佛山港的吞吐能力，交通部门加大对港口建设和航道整治的力度，近年建成了九江南昆、中外运，高明珠江货运等码头。北滘港区扩建、乐从港区、荷城作业区扩建、南海发电A厂码头、三水恒益电厂码头等正在加快建设。在航道整治方面，加快顺德水道和东平水道整治，确保“两横三纵”航道骨架网的畅通。截至12月底，两项目累计完成投资约1.23亿元，占总投资的74.75%。

【加强广佛港口航运一体化发展】 以广州港南沙港区为龙头，实现广佛航运交通新的跨越式和一体化发展。加快两地内河航运通道建设，拓展集装箱江海联运业务，鼓励港航企业联合协作，相互参与港口码头、驳船航线的投资与经营。

（李丹心）

邮 政

【综述】 2009年，佛山邮政继续深化改革，理顺机制，加快发展，企业核心竞争能力进一步增强，企业运行质量和风险防范能力进一步提高，和谐企业建设进一步推进，全市邮政企业收入累计完成5.65亿元，同比增长7.6%；邮储银行完成自营收入7937万元，同比增长47.58%。

【业务发展】 邮务类业务完成收入1.93亿元，同比增长1.55%。邮政金融业务完成2.47亿元，同比增长19.61%。速递物流类业务累计完成1.82亿元，同比增长12.85%。全市银信通业务在网户数达76.6万户。"自邮一族"业务新增会员1万多户，会员规模全省排名第四。

【基础能力建设】 年内，整治网点达25个，更新与新增设备1483台，支撑业务发展。全市已有邮政服务亭（报刊亭）430多个，信报箱群逾32万户，基本覆盖了佛山地区主要城乡繁华地段。全市共有服务网点249个（含邮政银行网点和邮政营业网点），设置投递网点94个，投递道段1297条，服务网络遍布城乡。

【网络运行】 年内，建立了支撑速递业务运行质量的考核体系与指标体系，使网络运行质量显著提高，全程时限核心指标全省领先。全市有52个投递部上线集团公司投递信息系统，实现给据邮件投递跟踪查询信息化管理；信报箱的建设取得突破，被纳入城市建设验收的范围，禅城、三水、顺德、高明区邮政信箱还被纳入楼房竣工验收项目。竞争性报纸在中心镇区内实现了早报早投；特快专递邮件在中心镇区内实行2至3个投递频次并进行面对面投递；全市3个速递处理中心日均处理邮件共约3万件，进出口月处理能力约90万件。

【信息化建设】 完善"自邮一族"和"手机邮局"的系统支撑，增加两项会员新业务。全年通过"自邮一族"及"手机邮局"成功办理交通违法业务量达到9000多笔。携手交警联手打造佛山交管信息服务平台，网上服务平台实现代办交通违法业务和驾驶证补换证等多种代办业务功能。通过网站受理交通违法和驾驶证补换证业务达到7000笔以上。全年完成18个信息系统工程的上线建设任务，使邮政业务全流程的生产实现了互联互通。

【社会服务】 上半年开展了"爱心包裹"项目，发动社会力量向四川地震灾区人民送爱心。项目捐款学校包裹900多个，学生包裹6万多个，总捐款金额达700多万元，营造了仁爱、团结、和谐、进步的社会氛围，受到了中国扶贫基金会的嘉奖。年内，还开展了"爱心粽"活动、"小卡大爱，情暖佛山"爱心活动，把业务发展和社会爱心慈善活动紧密结合起来，为困难家庭送上帮助。年底还开展了"规划到户责任到人"扶贫开发工作，积极承担国企的社会责任。

（陆巧华）

信 息 化

信息化建设

【综述】 2009 年，在国际金融危机不利影响的宏观经济形势下，佛山市信息化工作坚持以科学发展观为指导，大力推进实施《珠江三角洲地区改革发展规划纲要》和《佛山市信息化发展“3 + 1”规划纲要》，信息化各项事业取得长足进步：信息产业快速增长，战略性新兴产业发展迅速；信息化与工业化融合深入推进，传统产业结构优化升级；政务信息资源整合力度加强，网络民生事业发展水平不断提高；U－佛山建设全面铺开、无线电应急管理能力显著增强。在市委、市政府的高度重视和大力支持下，全市信息化事业呈现出生机蓬勃、大步迈进的发展态势，为推动佛山市经济发展，促进社会和谐发展做出应有贡献。2009 年末，本地电话用户 269.46 万户，减少 32.72 万户；移动电话用户 944.31 万户，增加 57.37 万户。互联网宽带用户 111.65 万户，增加 31.25 万户。

【制定纲领性文件，优化信息化政策环境】 通过出台政策、编制规划、制定措施，政府对信息化事业的科学引领和统筹扶持力度进一步加强。修订《佛山市电子信息产业“十一五”规划》，印发《佛山市电子信息产业规划（2009 ～ 2012 年）》，并根据佛山市新兴高端高增长产业迅速发展的态势，编制平板显示产业、数字家庭产业、现代信息服务业等领域专项发展规划，促进产业发展由外延式扩展向内涵式提升转变。印发《佛山市关于大力推进信息化与工业化融合的意见》，制定《佛山市关于推进珠三角国家级信息化和工业化融合（佛山）试验区建设工作方案》，信息化与工业化融合工作以“珠三角国家级信息化和工业化融合试验区”为载体有序开展。印发《佛山市信息公开目录系统建设规范》、《中共佛山市委 佛山市人民政府关于建立和完善网络发言人制度的意见》，进一步规范政务信息公开，畅通政民互动渠道。编制《佛山市移动通信网络基站规划（2008 ～ 2010 年）》，制定《佛山市公用移动通信基站设置管理办法实施细则》、《佛山市通信保障应急预案》和《佛山市航空通信保障应急预案》，建立通信应急工作机制，保障无线移动通信安全顺畅。

【进一步完善电子政务网络基础设施建设】 电子政务外网已基本覆盖市、区、镇（街道）、村（居）各级的党政部门，实现高速的网络互联。改造升级市、区两级核心网络设备，优化网络承载能力和运行稳定性。逐步完善电子政务安全防范体系，在电子政务系统和网络采用多种安全技术，有效保证电子政务网络和信息安全。市、区各部门基本建立本部门的办公局域网，建有独立的部门门户网站，并通过网站发布政务信息，提供便民服务。

【建立和完善一批电子政务重点数据库和应用系统，广泛开展各项应用】 数字城管系统建设完成监理、软件及系统集成、数据普查 3 个标项的招标工作，相关承建商驻场开展项目实施工作；财税库行联网系统完成系统的整体升级改造工作，实现系统在一市五区全面应用；应急指挥平台建设完成立项申报工作，项目的监理服务招标工作已经完成，平台建设方案通过专家评审；数字人事系统实现新系统试运行，并完成系统功能培训，二期项目建设方案编制完成，进入招投标阶段；党政内网建设按照省的统一标准和要求正在有序开展；行政处罚电子监察系统启动建设，项目建设进入招标流程，该系统是继行政审批电子监察系统和行政投诉电子监察系统之后的又一个重要的电子政务项目；现行电子文件内部查询系统正式开通。

【加强政务信息资源管理与应用，推进全市信息资源共建共享】 配合省实施电子政务畅通工程，建设完善佛山市数据共享平台系统。全市共有17家单位，共计75个数据集，846个数据项在网上共享。初步搭建佛山市企业基础信息共享平台，并实现和省平台的无缝对接，实现全市企业信用信息对外公布和各部门信息共享。启动市人口基础信息库的一期建设，搭建佛山市人口基础信息数据库框架，整合涉及人口的20多个部门信息，提高公共服务和管理水平。建设全市统一的空间地理信息资源库，为佛山市城市管理、行政执法提供服务。建设全市统一的电子政务运行管理中心和电子政务灾难备份中心，将管理中心建成全市政务网络交换、数据存储、信息处理、业务运作、服务支撑和运维管理的枢纽。

【大力推进政府网站建设，实施网络民生民情工程】 开通在线访谈系统，实现政、民在线互动常态化、制度化，并实现电子监察系统对各部门答复情况的全程监控，保证市民提出的建议和意见能得到及时、有效的回应。开通网络发言人平台，各级党委、政府和市、区各部门各单位在线受理、答复和处理网民反映事项。截止2009年12月31日，平台已有注册用户5314人，点击数520.45万次，共有网民发表问政主题帖654篇，部门回应593篇，平台成为广纳民智，洞察民意，倾听民声，纾解民困的有效渠道。佛山市政府网建成的《民生民情》专栏，向市民提供民生新闻、在线办事、咨询投诉、消费维权、网上信访、佛山网络发言人平台（政务论坛）等多种服务。“12315消费者网上申诉举报中心”系统完成上线，受理消费者申诉举报，调解消费者接受消费和服务发生的纠纷，并向广大群众提供有关的法律、法规、规章的咨询服务。市政府网网上场景式服务新增加至9个，市民只需点击鼠标，即可清晰了解整个流程。建设打造“一站式公共服务平台”。对全市所有行政审批事项进行了重新梳理，将一市五区总共5184项事项全部实现网上办理。“12345”行政咨询深入人心，2009年共接受市民咨询2.9万件，表扬28件，建议2070件，投诉1928件，成为深入民心、为民办事的品牌栏目。发布“为民邮箱”系统，整合电子政务网络信息资源，分类设置了五大栏目的便民服务信息，及时主动向定制用户推送。2009年使用为民邮箱的市民已经超过20万，为民邮箱的民生信息资源中心作用得到了有效的发挥。建立佛山市驰（著）名企业商标库，并委托第三方机构对商标库内企业的中文域名情况进行全程的监控，防止企业中文域名被恶意抢注。

【建立监督保障长效工作机制，保证网络民生民情服务质量】 网络民生民情工程中的政务咨询、行政投诉、在线访谈、网络发言人平台等互动类栏目的所有内容，均与行政投诉电子监察系统对接，进行全程实时监控，有效保障了答复跟进的及时性；网上服务的所有行政审批事项也通过行政审批电子监察系统进行监控，保证行政办事的质量和效率。通过电子监察系统实现对佛山市政府门户网站内容保障工作的制度化和规范化的管理，有力地保证了佛山市网络民生事业的健康发展，佛山获省批准为“广东省实施网络民生民情工程试点示范市”。

【公共领域信息化】 便民信息卡得到广泛应用，2009年广佛交通卡累计发行总量为175万张；南海已在全区累计发放市民卡118万张。市民健康服务信息系统二期项目启动实施。佛山市社会保险新信息系统业务经办平台在市直及禅城区全面启用；南海区启用新信息系统的各项工作正有序开展。与广州签订广佛教育网互联项目合同，实现广州市教育科研网与佛山市教育城域网的互联。广佛教学资源共同体专题网站已开通。佛山名教师博客管理系统已完成研发。佛山社区大学网站建成并进入运营的状态。全市公共安全视频监控系统市级联网工程进展顺利，整个视频联网所需的设备全部安装完毕。佛山一环快速路智能交通管理系统完成70%以上的工程进度，并逐步投入应用。数字环保项目重点减排企业已安装在线监控系统，地面水监测、大气常规监测、重点污染源监控、环境污染事故应急处置指挥系统已经建成。

【农村信息化】 农村管理信息系统覆盖全市五区所有镇（街）。三水试点区开展农村信息化培训取得了良好效果。在农村管理信息系统的基础上，结合省的技术参数要求，初步建成佛山市农村党风廉政信息公开平台，充分发挥信息化在佛山市新农村建设中的重要作用。

【广佛通信同城化】 贯彻落实《珠三角地区改革发展规划纲要》，加快推进广佛通信同城化进程。省通信管理局印发《关于加快推进珠江三角洲地区通信行业改革发展的指导意见》和《关于成立推进广佛电信同城化工作领导小组的通知》，并主持召开了广佛通信同城化工作领导小组第一次联席会议，明确省市联合的工作方针，共同协调广佛三大运营商分步推出资费优惠套餐及服务，提前实现广佛通信同城化。广州市科信局与佛山市信息产业局签署《广州市佛山市信息化建设合作框架协议》，明确将推动广佛通信同城化列为两市重点合作领域之一，全力推进。

各通信运营企业多种举措加快推进广佛通信同城化。通过完善基础设施建设，优化边界地区通信网络，理顺模糊区域等措施，实现网络边界的无缝对接。根据《关于加快推进珠江三角洲地区通信行业改革发展的指导意见》的有关要求，研究制定广佛通讯同城建设方案，开展固定电话资费同城化试点，推出广佛同城优惠套餐、广佛一卡多号、广佛服务同城化、广佛同城卡等多项服务方案，“取消广佛地区移动电话后付费资费套餐的移动长途和漫游资费，在广佛边界地区推出固定电话资费同城化服务”的工作任务已基本完成。

信息产业

【综述】 2009 年，全市信息产业继续保持平稳较快的增长速度，经济运行质量显著提高，在国民经济中的支柱和先导性地位日益显现。全年信息产业总产值约 2800 亿元，其中电子信息制造业完成工业总产值约 2500 亿元，包含软件业在内的信息服务业的业务总量约 300 亿元。

【发展战略性新兴产业，构建现代产业体系】 佛山把发展战略性新兴产业作为调结构、促转型、保增长，构建现代产业体系的重要战略部署。重点项目招商引资成效显著。多家世界级和国家级龙头企业在南海区联合组建半导体照明股份有限公司，有望打造成为世界 LED 产业三强企业之一。南海区政府与富士通共同投资建立富士通在华首个世界顶级数据中心。顺德区政府与杜邦太阳能有限公司签署合作备忘录，将建设太阳能应用示范和展示平台、太阳能全套系统解决方案研发基地等。中国电信公司在南海里水建设全省的网络操作维护中心（NOC），建立广东省电信网络最重要的神经控制中枢；在顺德德胜建立服务覆盖华南区域的超大规模 IDC 数据中心；在南海丹灶建立中国电信集团应急物资储备中心，提高通信保障能力和服务能力。中国移动集团公司在三水区建设中国移动华南大区物流中心；在顺德区建设省级通信枢纽楼项目；在南海金融高新区建设 TD-SCDMA 数据处理中心及佛山区域呼叫中心。

【重大产业项目建设进展顺利】 南海奇美电子二期项目、广东中显科技有限公司低温多晶硅 TFT AMOLED 显示屏产业化一期项目、彩虹集团 OLED 项目有序建设，佛山市新型平板显示产业链基本形成。中国建筑材料集团公司三水太阳能产业基地动工建设，并吸引薄膜太阳能上下游企业集聚发展。昭信光电科技有限公司向产业上游延伸和芯片环节拓展，并与华中科技大学合作建设 LED 关键设备，在佛山进一步打造完整的 LED 产业链。佛山市以平板显示、太阳能光伏、半导体照明等产业为龙头，新兴高端高增长产业规模化发展的格局逐步形成，产业发展后劲显著增强。

【产业的自主创新能力明显增强】 借助被列为全省与中科院合作重点示范市的机遇，佛山与中科院共建产业技术创新与育成中心，有力地提升产业核心竞争力。在平板显示领域，联合有关高校、企业组建了广东液晶电视研究中心、广东平板显示产业技术研究院等公共创新平台，着力解决制约产业发展的关键共性技术问题。在光照明产业方面，佛山国星光电建立了具有完全自主知识产权的大功率LED封装生产线，生产规模国内最大，产品技术性能居国际先进水平。广东昭信企业集团有限公司与华中科技大学及武汉光电国家实验室合作开发出的MOCVD设备样机，在国内处于绝对领先的水平。在光伏产业方面，佛山定位于发展下一代薄膜太阳能电池，并积累了一定的技术基础。中国建筑材料集团公司在佛山三水园投资建设集光电技术（装备）研发、光电技术装备生产制造和薄膜太阳能膜组生产三位一体的太阳能产业基地，全面开发研究薄膜太阳能电池工艺技术、材料及装备研究与开发，力争三年内成为国家光电技术（装备）中心。

【信息产业体系日趋完善】 佛山市坚持“软硬兼顾，双轮驱动”的发展策略，大力推动现代信息服务业的发展。按照《关于加快佛山市现代信息服务业发展的若干意见》，落实市级专项资金对现代信息服务业9个项目进行重点扶持。禅城区的广东省（佛山）软件产业园建设有较大进展，软件园已经聚集了区内外软件企业80多家，为软件产业集聚发展、规模发展和创新发展奠定了基础；南海区依托广东金融高新技术服务区、广东都市型产业基地、南海软件科技园，建设广东现代信息服务业网络创新创业集聚区；顺德区大力发展电子商务等现代信息服务业，培育新的经济增长点。全区电子商务交易额超过300亿元。2009年，顺德区政府启动专项扶持资金，对欧浦钢网、陈村花卉世界、易发塑料网等一批电子商务平台项目进行重点扶持。

【信息产业发展载体日益丰富】 佛山获国家工业和信息化部批准建设“国家新型工业化产业示范基地”；“国家级工业设计和创意产业基地”、“国家光伏系统工程研究中心产业化基地”落户顺德；三水建设“省太阳能产业基地”，佛山市信息产业发展“部省市区共建，政产学研合作”的工作机制初步形成。

【信息化与工业化融合】 信息化与工业化融合从企业、行业、区域三个层面稳步推进，助推佛山市产业结构优化升级。

总结典型经验，扩大企业信息化应用示范效应。全市共汇聚30家企业应用信息技术改造传统产业案例、13个信息技术服务平台案例以及11个专业镇信息化建设经验材料。维尚家具集团、华南欧浦钢网等12家单位被评选为广东省信息化与工业化融合“4个100”示范工程及信息技术创新服务平台示范项目。广东天波技术信息有限公司等4家单位申报国家信息技术应用“倍增计划”项目，佛山市财运通科技有限公司等4家单位申报广东省中小企业信息化服务示范点。

搭建合作平台，加快信息化和工业化融合支撑服务体系建设。围绕佛山市十大支柱行业的发展需求，整理并筛选出高校院所50余项科技成果、前沿技术项目，提供给企业参考。开展校企信息化合作项目需求征集行动，共征集信息化需求项目21个，企业技术难题15项。与中国科学院、北京大学信息技术学院等高校院所签订合作备忘录，邀请高校院所专家组，深入工业园区和企业，逐家把脉问诊，解决信息技术应用瓶颈，促进信息技术与企业产品、业务、技术等各个层面的融合。依托佛山市现有的高校院所、技术创新中心、生产力促进中心等服务机构，确立一批市级信息化与工业化融合支撑服务机构，为区域内信息化与工业化融合提供信息、技术、经验、模式等支撑和服务。

试点示范带动，区域信息化加速发展。佛山市及顺德区获国家工业和信息化部批准建设“珠三角国家级信息化和工业化融合试验区”；顺德区乐从镇被确定为“国家电子商务试点”；南海区被确定为“广东省网络创新创业示范区”，南海区九江镇被批准为“广东省物流信息化试点镇”，努力打造“南方物流信息交换枢纽”的重要接入点。

开展宣传培训，营造信息化和工业化融合良好氛围。组织开展“两化融合专题培训”、“电子商务专场培训”、“广东省网络创新创业示范区授牌暨现代信息服务业推进大会”、“中小企业信息化服务包应用案例竞赛”、“电子商务与企业创新系列活动启动仪式”等两化融合系列专题推广活动共10场，近3000家次企业信息化代表参加了各类培训活动。市信息产业局联同市委组织部、市委党校组织开展了佛山市2009年信息化与工业化融合培训班，进一步增强各级领导干部信息化意识和能力。

无线电通信

【综述】 编制全市公用移动通信基站规划，完善无线电管理体系。将原各运营单位上报的2008 ~ 2010年期间全市规划建设的3378个站点，优化整合为2554个，共减少建基站数824个，合建率达到32.26%，达到了加强资源共享，减少重复投资，节约国有资产目的。

【“U－佛山”建设全面铺开，城市信息化基础环境日益优化】 市政府与移动、电信、联通三大通信运营企业签署战略合作协议，加快推进无线城市建设。佛山移动“TD+WLAN”网络基本实现佛山五区镇域全覆盖；佛山电信3G无线宽带网实现全市覆盖；佛山联通WCDMA完成对佛山90%以上区域覆盖，为推进“数字佛山”、“无线城市”建设提供了有力的基础支撑。U－佛山试点示范项目深入开展，南海区开展“U－佛山”信息服务示范区、顺德区开展“信息顺德”、三水区开展“无线校园”等无线网络建设和服务应用。举办“U－佛山”无线城市应用成果展示会，进一步扩大U－佛山建设的社会影响力。佛山“无线城市”第一个商贸热区“八达通无线数字港”启动运营，为专业市场、生产和贸易性企业提供银行支付、集成服务、商务智能、信息安全等支撑服务的方式，将为佛山市各大专业市场和专业镇特色产业集群提供示范。

【认真开展行政许可事项审批和日常管理业务，加强无线电监测工作】 全年指配无线电频点11个，核发无线电台执照2116份。妥善处理群众对基站电磁辐射的投诉，完成电磁波辐射站点测试80个（次），出具报告53份。检测各类无线电台站设备406部，查处无线电干扰11起。开展违法使用对讲机清理工作，共对253家单位进行检查，发出责令整改通知书13份，纠正非法使用频点61个，重新规范办理电台执照180份。

【加强无线电应急通信管理，保障各类公共活动及重要时期无线电业务安全】 共参与各类国家和省考试的无线电舞弊预防13次，26天，累计参加考试监测共306人次，出动车辆62台次，使用无线电监测设备350部次，圆满完成了各类“监考”任务，有效保障了考场考试秩序。全力保障佛山市各行各业及重大活动期间无线电通信安全顺畅，确保重大会议和活动期间的无线电通信安全畅通。同时在防汛、防御强台风等时期启动通信保障应急预案，组织各相关单位开展应急通信救援保障工作。加强广佛无线电管理合作。佛山市信息产业局和广州市无线电管理办公室签订《广佛区域无线电管理合作框架协议》。成立广佛区域无线电管理合作领导小组和工作小组，落实建立信息互通机制和两地应急通信联动、无线电监管联动机制。

（梁丽嫦　龚国梁）

基本建设·环境保护

供　水

【综述】 2009年，佛山水业集团围绕“以人为本，坚持创新，供水安全优质，污水达标排放”的企业使命，在工程建设、水价调升、科技进步、企业管理等重点工作方面，突破重重阻力取得可喜成绩。全年实现总供水量3.16亿吨，售水量2.77亿吨，供水水质综合合格率99.79%；产销差率12.46%。实现总污水处理量2.13亿吨，污水计费水量2.21亿吨。

【工程建设】 第二水源首期工程12月29日试产通水。第二水源首期工程总投资约11.3亿元，包括100万吨／日规模的取水泵站、20万吨／日规模的西江水厂和40万吨／日规模的配套输配水管网三部分。第二水源工程近、中期服务区域为禅城区、狮山大沥片区、丹灶片区、三水西南及白坭片区；整个项目完成后，供水范围将涵盖佛山市禅城区、狮山大沥片区、南海区南片区和三水区西南片区等四个片区约1200平方公里，受惠人口达320万人，为搭建“一市三区西江、北江双水源供水、互为备用”的安全保障体系、建立健全城市公共安全保障的长效机制奠定了基础。三水区北江水厂2月24日投产，解决三水区中北部用水难问题，为三水区城乡联网统一供水奠定基础。驿岗污水处理厂扩建及污水收集系统（沙头片区）项目12月29日投产。高明杨和污水处理厂、高明区中心城区第三污水处理厂12月30日投产。城北污水处理厂二期工程、西樵污水处理厂二期工程12月31日投产。

【水价调升】 三水区自来水价格自3月起调升，升幅19.63%（不含水资源费）；9月调升了水资源费。禅城区自来水价格自12月起调升，总升幅为28.54%，不含水资源费升幅为17.85%。

【科技进步】 8月，建成佛山首座污水处理中试基地。该基地设计规模为5吨／小时，能实现对A/A/O、UNITANK和MBR三大工艺系列的模拟。佛山水业集团开展申报认定为国家高新技术企业和广东省企业技术中心的工作。加强对广东省水工程技术研究开发中心的建设，有2个课题通过验收，获得1项专利。申请省、市、区各级科研经费项目，共有7个科研课题获批立项，其中3项获省科技厅立项，这是佛山水业集团的项目首次获省立项。信息化建设为企业发展服务，开发了薪酬系统、双月抄表功能、公控公司OA系统、中山水司营业信息管理系统等。依靠自主力量基本建立起供水管网模型对全集团主力管网的全覆盖。

【企业管理】 建立“三标一体化”管理体系，认证范围覆盖集团12个部门和9个分／子公司，于3月通过现场审核，获得ISO9001、ISO14001、OHSAS18001国际认证并获颁证书。深化激励机制改革，建立分层次绩效管理体系。改革财务管理体系，通过建立新的财务组织架构、制定新的集团财务管理制度、实行财务负责人委派和定期轮换制、实行“集权与适度分权相结合”的管理模式等方式，建立起以价值为核心的财务管理体系。

2009年，佛山水业集团实现安全生产重大事故为零的预期目标，向安监部门申请了企业安全生产规范化管理A类资格的考核验收。

全年完成11项总长约15.4公里的市政及基建工程，旧管网改造总长约38.2公里，管道工程监督监察率达97.47%。加强管线巡检及工地监护，全年实际抢修7954宗，抢修及时率达99.82%。共探漏点680个，同比下降9.5%。共完成7940个供水管道标识的安装，长度200多公里。创新服务形式，推出供水服务进社区活动。

按照佛山市对口援建组的安排，佛山水业集团派员于2009年5月赴汶川县水磨镇开展为期7个月的支援大岩洞新水厂建设的工作。

（蔡洁萍）

供　电

【综述】 2009年，佛山供电局在科学发展观和“南网方略”的指引下，在上级公司和市委、市政府的坚强领导下，积极应对国际金融危机，全面启动创建“国内领先、国际先进” 水平供电局活动，超额完成了增供扩销和电网建设两大任务，各项工作取得了令人振奋的优异成绩，企业步入了科学发展的新阶段。

【电力供应】 2009年，佛山供电局积极应对金融危机的复杂形势，以提高供电可靠率为总抓手，着力提升全市供电可靠性，城市用户平均停电时间5.96小时，同比减少7.58小时；农村用户平均停电时间19.46小时，同比减少17.17小时。积极挖潜增效，实现全年供电量412亿千瓦时，同比增长5.5%；售电量396.35亿千瓦时，同比增长6.41%；全网最高负荷716.5万千瓦，同比增加11.41%，为佛山社会经济的率先突围发挥了积极的支撑作用。

【安全生产】 2009年，佛山供电局全面启动安全生产风险管理体系建设并进入“试运转”阶段。研究发布佛山电网安全运行十大风险并做好预控，化解电网风险191次。佛山供电局安全生产实现3个百日纪录，29项生产技术指标中分别有15项和16项指标在南方电网公司、广东电网公司排名第一，连续七年被评为“南方电网迎峰度夏先进单位”。

【电网建设】 2009年，佛山供电局创新电网建设管理，大力创建“安全、优质、文明”工程，沧江输变电工程被评为全省样板工程。全年完成电网建设投资42.1亿元，新增110千伏及以上主变容量578万千伏安、输电线路536公里，均创佛山电网建设史的新纪录，被广东电网公司评为加快城网改造与农网完善工作先进单位。市政府制订《佛山市加快输电网工程建设激励方案》，并签订电网建设责任书，为电网建设营造了良好外部环境。

【优质服务】 2009年，佛山供电局是全市唯一的公共服务企业当选“佛山市民最喜爱的品牌企业”；在省社情民意调查中心组织的第三方客户服务满意度调查中，佛山市总分排名抽查城市第一。深入开展节能服务“绿色行动”，国家“863”项目分布式供能示范工程成功试运行，在全市建立了首个合同能源管理示范项目和12个节电改造示范点，充分发挥了供电企业在节能减排中的作用。

【精神文明建设】 2009年，佛山供电局被评为“广东省先进集体”、“广东省文明单位”，全局获得省级以上集体荣誉36项、个人荣誉41项。通过劳动技能竞赛、文化艺术节、体育活动等职工喜闻乐见的活动形式，使企业文化建设的内容更加丰富、效果更加显著，形成了企业文化成果“百花齐放”的局面。

（余雪如）

城乡规划管理

【全面推进《珠江三角洲地区改革发展规划纲要（2008～2020）》实施】 2009年3月19日，佛山市与广州市规划局共同签署了《广州市佛山市同城化城市规划合作协议》，明确双方的职责，建立工作制度，制定远期（2012年）的工作目标和任务，并提出2009年的主要工作任务。至年底，完成了《广佛同城化建设城市规划三年工作计划》、《广佛同城化城镇空间发展战略规划》和《广佛同城化区域交通一体化规划》等3个专题研究规划，《新客站周边地区》和《芳村桂城地区》2个同城整合规划，2009年城市规划近期建设项目库指引等。

2007年1月18日，佛山市政府同意实施《广佛两市道路系统衔接规划》；2008年12月，对该规划进行深化；2009年7月将深化后的规划印发给有关部门和单位实施。积极配合推进海怡大桥、珠江放射线二期、金沙洲地区市政道路对接等重点交通工程实施。

全力推进广佛肇经济圈建设。佛山与广州、肇庆共同签署了广佛肇经济圈合作框架协议，就产业转入、交通对接、生态环保等问题达成了共识。确定了佛山境内的广佛肇城际轨道线路和站点，以及珠三角城际轨道、广佛珠城际轨道的规划选址和站点设置、交通对接等。

积极推进广州市西江引水工程。以协调会、实地踏勘等形式，牵头组织协调解决工程推进中的实际问题，与相关单位共同完成了输水线路设计方案初步审查、一环南侧管线综合规划调整方案、规划许可、签约、征（借）地等工作。

协调推进天然气高压管网工程。完成了市天然气高压管网工程明城调压站至西樵调压站规划审批工作，协调解决了西樵调压站至南庄门站线路方案及规划方案审批的相关问题。

【以规划为龙头，着力促进城市转型】 继续深入各项规划研究。《佛山市城市水系规划及重点区域水系详细规划》、《佛山市三水区迳口华侨经济区开发建设规划（2008 ~ 2020）》、《佛山市三水区口华侨经济区服务中心控制性详细规划》、《广佛九大出入迳口广告规划》、《佛山市对外衔接11个出入口整治规划》、《沙堤机场净空评定地理信息系统》等规划经市政府批准并下发有关单位组织实施。充分发挥专家优势，全年组织召开了15次城市规划委员会会议，共审议了21项城乡规划，扩大了控制性详细规划覆盖率，为市领导的科学决策提供了重要参考。11月3日，召开《佛山市无障碍设施改造规划及创建全国无障碍建设城市示范项目建设与改造规划》方案讨论会，积极配合市创建办，认真牵头组织公共建筑无障碍设施配套的改造工作。

【重点推进佛山市综合交通规划】 2009年9月由市政府下发实施《佛山市综合交通规划》。《佛山市城市快速轨道交通建设规划》通过了省发改委审核，待报国家发改委审批。

根据《佛山市综合交通规划》要求，完成了《贵广铁路佛山西站站区规划研究》、《丹灶铁路物流中心总体规划》和《广佛地铁出入口与地面公交站场衔接规划》的编制工作，以及《佛山市交通模型维护及交通年报》和《佛山市交通设施建设年度计划（2010年）》；佛山西站交通枢纽概念规划设计、丹灶铁路物流中心控制性详细规划，以及佛山城市轨道3号线建设的前期准备工作已经启动。启动了《清洁能源及节能汽车新技术》专题研究。

【用规划引领东平新城建设】 完成了《佛山市东平新城南片区控制性详细规划（修编）》工作及4个专题研究报告：《东平新城发展方向和开发策略研究专题》、《东平新城村庄改造与建设实施专题》、《东平新城产业发展研究专题》和《东平新城南片交通规划》。积极推进东平新城建设，积极跟进美旗华南国际采购与区域物流中心的选址和规划，配合完成公共文化综合体、综合交通枢纽大型设施的国际竞赛、方案评审和设计实施，抓好广佛地铁南延线等重点项目的规划和协调工作。

【全面实施“双百”计划】《佛山市“三旧”改造专项规划》于2009年12月27日由市政府印发实施。该规划从改造目标、改造方向、改造强度、改造策略和实施机制等方面进行了分析和论述。全力参与土地利用总体规划的修编和全市土地储备工作的推进，配合市政府落实CEPA试点城市工作。禅城分局积极做好扶持政策的研究与落实，公布实施《禅城区关于“三旧”改造项目涉及市政设施用地的扶持意见》；落实地形图测量费及城市基础设施配套费的扶持，共扶持332.36万元；重点做好祖庙东华里片区、澜石片区、佛山陶瓷文化公园、试点村等重点项目的协调和推进工作，加快办理安置小区的规划许可手续。南海分局完善“三旧”改造项目审批绿色通制度，并在35个示范村规划编制完成的基础上，对剩下188个村委会编制村庄规划，做到规划全覆盖，促进新农村建设。

【指导和配合南海金融高新区建设】 积极配合广东省金融高新技术服务区建设。南海分局编制完成了《广东省金融高新技术服务区C区控制性详细规划》和《广佛地铁（南海段）五站点周边用地开发控制规划指引》，对金融高新区的规划功能与交通组织作了进一步完善。南海分局组织编制了《海八路隧道周边交通分析与组织方案研究》，为海八路隧道工程实施时能够较好地疏导交通、减少工程对周边交通的影响做好充分准备；并组织了“南海金融广场规划设计”国际竞赛工作，力求将海八路隧道上盖广场打造成为继千灯湖公园之后的南海又一地标式景观。

【对重点建设项目做好规划、引导和服务】 加强与有关部门的沟通和协调，及时跟进广佛地铁工程、广佛环线、佛肇城际、贵广和南广铁路等重点工程的建设。南海分局配合桂城街道高标准规划一环（桂城段）两侧的电子、创新产业带，打造成南海“硅谷”。三水分局对奥特莱斯、恒益电厂、中建村广东太阳能薄膜产业基地等重点项目，从规划选址到方案的实施，都有做好了规划引导和服务工作。

组织广佛地铁出入口建筑设计方案竞赛工作。从2009年2月开始，广佛线佛山段地铁车站出入口建筑设计方案经过设计竞赛、两次征求市民意见等程式后，综合市民、专家、相关单位、设计单位的意见，市政府于8月20日召开会议决定采用“剪纸”方案。

加强对地铁上盖物业发展的规划指引和控制。禅城规划分局积极抓好地铁上盖物业的规划建设工作，根据城市布局、地铁出入口周边现状建设情况，规划突出广佛地铁禅城段6个站点的不同发展形态，规划形成“三中心三片区”的地铁上盖物业格局；重点加强地铁站点周围300米、500米、1000米的土地利用及设施配套的研究，强化地铁与城市其他交通之间的衔接，落实静态交通与集散开敞空间用地范围及控制要求。

【指导和配合村庄规划编制工作】 三水区积极推进新农村规划工作，指导达标村、示范村规划建设，共117条村庄规划通过审批，共124条村庄通过了新农村建设考核验收。及时指导并积极配合三水区白坭镇、乐平镇，以及南海区的丹灶镇、狮山镇、九江镇的总体规划及村庄规划的编制工作。

【以规划为统筹，大力改善发展环境】 完善绿线制度建设。编制完成了《佛山“一环”南拓道路沿线两侧绿线管理图则》，制定了《三年促变 绿地佛山》2009年项目计划表，《图则》和《计划表》，以及《佛山“一环”南拓道路沿线两侧绿线管理图则》都经市政府批准实施。

配合做好生态环境改造工程。积极配合以汾江河整治为重点的城市生态工程建设，协助有关部门加强对污水处理厂配套市政管理网及河涌整治配套工程的优化和落实。全力推进南庄生态改造工程。

（许　伟）

国土资源管理

【综述】 2009年，佛山市认真贯彻落实十七届三中全会精神和《珠江三角洲地区发展规划实施纲要》，努力构建保障和促进科学发展的国土资源管理新机制，落实最严格的耕地保护制度和节约集约用地制度，较好完成“保增长、保红线、保民生、保稳定”的工作任务。

【重点项目用地报批】 随着扩内需保增长政策的全面落实，佛山市重点项目用地保障面临前所未有的艰巨任务。佛山市认真落实省政府紧急通知要求，对重点项目采取纳入新一轮规划、创新用地预审方式、优先安排用地指标、争取省立项、挂牌督办和定期通报、提前介入专人专班专责服务、加快报批等有力措施，全力保障了经济发展用地。全省第一批扩大内需项目中属于佛山市共计225个项目（其中：高速公路14个，铁路6个）用地7539.16公顷（其中农用地5652.33公顷）。1～3季度，已批或使用存量土地125个2972.44公顷；已报未批13个1282.7公顷；未报87个3284.02公顷。佛山市上报省审批的正式用地1843.78公顷，佛山市审批农转用269.3公顷，上报先行用地83.8公顷，划拨用地186.92公顷。

【节约集约用地】 一是“三旧”改造全面加快。2009年，佛山市根据省政府78号文件，在全省率先出台实施细则，编制了专项规划，明确改造计划，启动“双百计划”，将改造地块标注上图并实地核查，出台新的财政扶持政策，召开政策宣讲会进行再动员，召开理论研讨会，确保学好用好政策，严格把关，加快推进。11 月 26 日，广东省“三旧”改造现场会在佛山市召开。据统计，从 2007 年到 2009 底，全市共启动“三旧”改造项目 730 个（土地共约 3.2 万亩），建筑面积比改造前增加 1300 多万平方米，平均增加 2.2 倍，其中已完成项目 140 个，完成面积 1800 多万平方米。二是加强农村宅基地管理。佛山市认真落实农村宅基地管理政策，结合旧村居改造，积极推进宅基地换住房工作。全市 7 个村（居）试行宅基地换房，计划投入资金 54 亿元，拆旧宅占地 1300 多亩、旧宅建筑 50 多万平方米，规划新建住宅占地 500 亩、建筑 250 万平方米，用于置换的建筑有 43 万平方米。三是大力盘活闲置土地。认真落实市政府出台的闲置土地处置意见，实施了闲置土地处置月报、季报制度。2009 年，佛山市清理闲置土地共 528 宗 1346.9 公顷，其中已处置共 226 宗 546.55 公顷。四是完成开发区节约集约用地评价工作。佛山市 6 个省级开发区集约用地评价成果经省厅验收通过，这将作为今后佛山市提高工业园区集约用地考核指标的重要依据。

【土地市场】 一是规范市场建设。严格执行经营性用地和工业用地招拍挂出让制度，出台《佛山市国有土地使用权用地预申请办法》，规范协议出让行为，科学统筹安排出让计划和交易进度，2009 年全市经营性用地计划为 650 公顷，工业用地出让计划 1351.3 公顷，安排 2009 ~ 2010 年保障性住房用地供应计划 48.62 公顷。二是土地市场出让交易明显回暖。土地出让 8793.45 公顷，出让金额 129.2 亿元；全市土地使用权公开交易约 9553 亩，成交 167.3 亿元，高出交易底价约 70%。上述交易中，属商住用地约 6169.7 亩，成交 160.43 亿元；属政府一级市场出让的商住用地约 5512 亩，成交约 143.5 亿元，高出交易底价约 78.5%。总的来看，土地市场交投转趋活跃，开始摆脱冷清步入复苏。三是农村集体建设用地流转进一步规范，已纳入土地公开交易市场统一管理，初步建立城乡一体化土地市场交易平台。

【土地储备】 加强沟通协调，认真落实市领导有关土地储备工作的要求，成立机构，制订方案，对市直单位使用土地进行能储尽储，已储备约 1563 亩。探索开展市、区联动储备土地工作，将与高明、三水区联动储备土地约 7813 亩．将拟储备土地纳入“三旧”改造规划。

【土地利用总体规划修编】 2009 年，佛山市市级土地利用总体规划已上报省政府，正按照有关意见进行修改完善；禅城、南海、高明三区规划数据库通过了省验收，顺德和三水两区的数据已上报省验收；2009 年，佛山市已批复 15 个镇（街）级规划，为保增长、保红线提供有力的调控引导作用。

【耕地保护】 一是设立不开发区，探索耕地保护补偿机制。佛山市全面将 486.63 平方公里基本农田保护区划入不开发区，同时制定佛山市基本农田保护补偿办法。南海区已在全省率先实施，每年每亩基本农田给予 500 元补贴。通过探索建立耕地保护补偿机制来提高农民收入，促进耕地保护。二是严格执行年度计划，开展责任制考核。佛山市三级政府签订耕地保护责任书，落实了省下达的耕地保护任务，没有超指标用地，通过省的考核。三是充分挖掘土地整理潜力。三水大塘、芦苞两个国家级土地整理项目共投入 4100 多万元，2009 年底验收后可新增 3500 亩耕地。认真开展低效园地山坡地整理为耕地的工作，计划全市通过利用低效园地山坡地开发新增耕地 1.7 万亩，2009 年底，已有高明区更合镇 3 个项目约 2300 亩通过了市级验收。在江肇高速公路开展被征地耕地耕作层剥离试点，提高补充耕地质量。

【执法监察】 一是完善土地执法机制。市、区政府出台实施土地管理共同责任制有关文件，强化了区、镇为主的综合执法机制。佛山市国土资源局制定了《实施土地执法共同责任制工作制度》，明确了共同责任制实施细则、工作流程和相关表格，加强土地动态巡查和报告工作，开通 12336 违法违规用地举报热线，逐级签订执法责任书，加强土地执法队伍和基层国土所建设，保障执法必备条件，既处理事又处理人。2009 年，全市巡查发现违法用地 22 宗 35 亩，责停通知书发送率 100%，土地违法行为制止率 100%。1 名破坏耕地的人员被法院判决有期徒刑 8 个月，5 名土地违法人员被拘留，其中 4 名被逮捕，顺德区还对工作不力的镇街由监察部门发出监察建议书，南海区政府专门向镇街发出文件，通报 7 起违法用地情况，同时利用被逮捕的 2 个村干部进行现身说法，加强反面典型教育，有力遏制违法用地反弹。二是做好两次卫片（卫星遥感图片，下同）执法检查工作。2009 年，佛山市承担国家第九次、省第四次卫片执法检查的繁重任务，要求更高、压力更大。佛山市全国第九次卫片查出违法用地 7208 亩，其中违法占用耕地 1121 亩；扣除国家、省重点项目后，违法用地 3409 亩（以镇村为主），违法占用耕地面积占新增建设用地占用耕地总面积的比例为 5.2%，立案率为 100%、查处率为 100%、结案率为 98.8%。落实罚款 1931.7 万元，拆除建筑物 4.3 万平方米，复耕土地 442.9 亩。另外，全省第四次卫片查出佛山市违法用地 7705 亩，其中违法占用耕地 1638 亩；扣除国家、省重点项目后，违法用地 2998 亩（以镇村为主），违法占用耕地面积占新增建设用地占用耕地总面积的比例为 5.5%，立案率为 100%、查处率为 99.6%、结案率为 93.3%，落实罚款 1458.4 万元，拆除建筑物 4.4 万平方米，复耕土地 222.2 亩，顺利通过省检查验收。

【依法行政】 一是加强普法宣传。利用土地日、测绘日、地球日、法制宣传日，通过报纸、网站、电台等加强违法违规用地整治、“三旧”改造、“双保”行动的宣传，开展了“珍爱国土·青年担当”广东青年国土资源保护行动。二是做好依法行政各项基础工作。清理规范性文件 29 份，其中废止 10 份，修改 4 份，保留 15 份。与法院共同研究有关行政审判诉讼工作。2009 年，以佛山市国土资源局或佛山市政府为被告的土地行政诉讼 13 宗，3 宗胜诉，其余未审结；复议 10 宗，6 宗胜诉，其余未结案。三是进一步简政放权和行政审批制度改革。2009 年，佛山市向各区新增下放 3 项审批事项，分别为测绘资质审查、采矿权许可审批、授权经营和作价入股企业土地处置方案初审。所有审批事项至少再缩减了 20% 的办事时限，新制定的全市系统统一的行政审批流程和办事指南已通过批准。

【矿产资源管理】 第二轮矿产资源规划已上报省。开展 18 个矿山的年检工作，年检率达 100%。开展矿山储量动态监督管理工作，督促矿山编制矿山储量年报 15 份。开展矿业权实地核查工作。开展了打击无证采矿违法违规行为专项行动，发现并立案查处无证采矿 13 宗，罚没金额共计 8.19 万元，重点查处高明松柏坑石矿场盗采矿石和富湾南蓬山非法盗采锰矿两宗案件典型案件。

【土地信访】 积极开展“信访积案化解年”行动，完善排查分析、台账管理、检查督办等制度，历史遗留问题化解力度加大，顺德三洲征地和南海三山征地等信访遗留问题得到了基本解决，顺德区出台完全被征土地村（社区）农村居民基本养老保障政策，土地信访取得一定成效。2009 年，共处理信访件 744 件，其中处理来信 463 件，接待来访 281 批 998 人次（5 人以上集体访 89 批 578 人次），办理信访复查案件 20 宗。

【地质环境】 一是提升地质灾害防治基础和技术水平。佛山市率先在全省开展地质灾害防治动态监测，地质灾害监测系统和气象预报预警系统的建设运行成和有效衔接发挥了巨大作用，提高地质灾害气象预报预警工作精度和准确度。制定实施《2009 年度地质灾害防治方案》，开展重要地质灾害隐患点核实、调查，确定重要隐患点 12 处，开展年度工作考核，签订责任书，积极推进群测群防“十有县”建设。二是突出以南海大沥黄岐海北片区地质灾害防治为重点，以南海桂城夏北村地面沉降地质灾害成因调查为难点，协助指导地质灾害治理责任认定、治理、赔偿等工作。2009 年全市发生 15 宗地质灾害（其中 7 宗地面塌陷为武广铁路施工诱发）。三是认真抓紧做好市级自然保护区西樵山火山地貌自然保护区的批准建设工作，编制规划加强保护顺德西淋岗地质遗迹保护区。

【地籍管理】 农村土地调查成果的核查、基本农田上图、城镇土地调查等第二次土地调查主要工作基本完成。土地登记工作进一步加强，开展全市政府储备土地抵押登记情况检查，协助有关部门明确民间借贷中所涉及的房地产抵押登记业务办理事项，大力提升土地登记覆盖面，加快农村集体土地发证和华侨农场发证工作，2009 年，佛山市颁发土地证 11.97 万 本，其中国有土地使用证 10.27 万本，集体土地使用证 1.45 万本，集体土地所有证 248 本，他项权利证 2024 本，集体所有权发证累计数为 1480 宗，发证比例提高到 65.6%。完成基准地价数据收集更新工作并实现常态化，适应地价最新变化。着手开展建立城市地价动态监测系统，与基准地价动态更新体系形成互补。依法调处了南海区丹灶仙岗村与三水区白坭余竹村、南海平洲平胜村与顺德陈村庄头村等有关土地权属争议。

【测绘管理】 一是测绘管理继续加强。重点基础测绘项目佛山市大地水准面精化项目和佛山市连续运行卫星定位系统项目基本完成，正开展三水、高明区余下近 1000 平方公里大比例尺地形图测绘工作。数字佛山地理空间框架建设国家级试点项目已正式启动，国家、省、市签订共建共享协议书，设计书已通过评审，完成了调研、分析等前期工作，近期投入试运行地理信息公共平台，为佛山“数字城管”、扩大内需项目建设等提供保障服务。加强测绘市场监管，做好资质年度注册、质量监督检查、资质标准培训与复审换证、加强地图监管等日常工作，开展佛山市统一坐标体系应用检查，完成了新版《佛山市地图》(挂图）的编制。

【国土资源信息化】 全市统一“国土资源电子政务系统”的业务、功能进一步完善，已在一市四区(除顺德外）进行推广使用。加快建设“空间地理数据管理平台”并将推广试用。为第二次土地调查、用地报批、三旧改造等重点工作提供有力的技术支持。

（吴福明）

城乡建设

【综述】 2009 年，佛山市城乡建设以贯彻实施《规划纲要》为主抓手，广佛同城化、区域一体化建设全面推进，城市基础建设、城市功能建设、城乡现代化建设得到进一步加强，城市现代化和城市综合竞争力不断提高。

【广佛同城化建设开局良好】 把广佛同城化作为珠三角一体化突破口积极推进。两市签署了合作框架协议，建立了市长联席会议制度，出台了《广佛同城化发展规划》，以重点项目为抓手，推动规划、交通基础设施、产业的对接，以及水和大气污染的联合治理。2009 年度计划推进的 52 项重点工作有 46 项推进顺利，其中 15 项已经完成。

【珠三角一体化发展加快融入】 配合做好珠三角基础设施、产业发展、环境保护、城市规划和公共服务五个一体化规划。加强与珠三角高速公路、轨道交通的对接，做好配套基础设施的建设，广肇城际轨道佛山至肇庆段、广珠轻轨顺德段动工建设，广佛环线前期工作有序进行，广珠西二期、江肇等高速公路建设顺利。启动广佛肇经济圈建设，三市签署合作框架协议，确定了首批 37 个重点合作项目。

【统筹城乡一体化发展迈出新步伐】 制定并实施关于统筹城乡发展的系列政策文件，启动首批 28 个统筹城乡发展重点项目。5 个宅基地换房试点顺利实施。农村体制改革深入推进，13 个试点村居完成集体经济组织改革试点任务，1752 个村组完成“两确权”工作，南海区基本解决“出嫁女”问题。三水区率先建立集体土地经营权流转中心和消除农村财物“白头单”结算试点。“双百工程”基本完成，全市行政村公交通达率、行政村之间道路硬底化率均达 100%。农村公共服务、教育、文化、卫生、医疗等社会事业得到加强。

【推进“三旧”改造成效显著】 出台《佛山市“三旧”改造专项规划（2009 ~ 2020)》。积极争取国家、省的政策支持，制定具体实施意见，引领“三旧”改造深入开展。实施“三旧”改造“双百计划”，全市启动改造项目 229 个，完成改造项目 115 个，完成改造面积 710 万平方米。佛山祖庙—东华里、禅城石头村、南海瀚天科技城、顺德天富来工业城、三水西南涌等一批改造项目成效显著。成功承办全省“三旧”改造工作现场会。

【重点基础设施建设加快推进】 广佛地铁首通段土建施工累计完成84%，逐步转入机电安装阶段。高速公路建设加快，广明高速西樵至更楼段、广佛高速扩建、西二环和顺立交收费站及连接线建成通车，广贺高速等10个项目抓紧建设。禅西大道一期、佛陈路快速化改造等29个市重点项目动工建设，其中2项建成通车，“一环”南拓一期工程完成60%。佛山机场民航成功复航。公共交通发展加快，客运站场、港口码头、能源水利等基础设施建设稳步推进，佛山市第二饮用水源首期工程试产通水。

【城市建设和管理不断加强】 佛山市东平新城公共文化综合体和区域性交通枢纽站开工建设。顺德区总体规划纲要出台，提出将顺德区建设成为广佛大都市区南翼副中心城区。西江新城广东省纺织学院等27个项目进入动工或前期筹备阶段。西南组团中心区控制性详细规划全面完成。加快推进“数字城管”，市级数字化城市管理信息系统的监理、软件及系统集成等项目开工建设。实施“大城管”、“大综管”战略，基层综合管理工作站创建工作力度加大。加强城市综合执法和综合监管，城市环境和秩序明显改善。

【推进生态环境建设取得新成绩】 2009年，新建、续建、扩建污水处理厂23间，新增污水处理能力62.3万吨/日。汾江河及内河涌综合整治成效显著，时隔26年成功举行端午节汾江河龙舟赛。水源地保护进一步加强，集中式饮用水源地水质达标率100%。大气污染治理深入推进，有效治理机动车尾气和陶瓷行业污染排放。“三年促变，绿地佛山”战略深入实施，新增绿化面积284万平方米，改造绿化面积245万平方米。顺利完成国家园林城市复查迎检工作 。

（佛山住建局办公室）

【中心镇建设】 佛山市10个中心镇镇域面积1648.44平方公里，镇建成区面积85.42平方公里，镇域总人口140.24万人，其中镇域户籍人员84.75万人，暂住人员55.49万人，参加养老、医疗、失业保险人数53.44万人，大专以上户籍人员4.5万人，镇卫生技术人员总数4381人；镇域工业总产值3208.08亿元，可支配财政收入57.03亿元，建成区住宅建筑总面积1336.42万平方米，建成区公共绿地面积502.63万平方米。镇域家庭总户数25.03万户，安装电话的家庭户数30.45万户，安装电脑网络的家庭户数16.38万户。镇域生活污水排放总量1.23亿立方米，处理量5135.73万立方米。

（黎裕成）

【创建全国无障碍建设城市】 佛山市是全省六个创建全国无障碍建设城市之一，从2009年8月份开始全面启动创建全国无障碍建设城市工作。12月份编制完成《佛山市无障碍设施改造规划及创建全国无障碍建设城市示范项目建设与改造规划》，指导全市无障碍设施改造工作开展，同时确定了2010年417项无障碍设施改造项目，并向全社会公布了改造项目的责任单位、改造内容和完成时间，接受社会监督。 （吴燕婷）

【建筑工程质量安全】 2009年，佛山市9项工程被评为广东省安全生产文明施工优良样板工地，21项工程被评为佛山市建筑工程安全生产文明施工优良样板工地。佛山市发生3起建筑施工安全事故，死亡3人。全年市、区两级建设行政主管部门和施工安全监督机构组织了包括建筑施工安全季度巡查、建筑工人“平安卡”和建筑施工起重机械专项检查、节前建筑施工安全检查、防御台风暴雨应急工作预案专项检查、建筑施工冬季消防安全专项检查、防高处坠落隐患专项检查以及广佛地铁施工安全月度检查等多项安全检查，共计出动8492人次，发出整改通知书2104份，消除安全隐患3737项，对违法违规作业的企业和人员实施了动态扣分1632次，共扣1.03万分。6月份是安全生产月，制定了《佛山市建设局2009年“安全生产月”活动方案》，围绕“关爱生命，安全发展”的宣传主题，举办了安全生产宣传日活动，组织了“高大支模”的专家讲座，对安全监督人员及建筑企业安全管理人员进行了“起重机械及高大模板”安全知识培训。

（谭树治）

住房与房地产业

【房地产产权登记】 至2009年底，全市累计已登记房屋总建筑面积3.24亿平方米，其中住宅149.34万套、建筑面积计1.97亿平方米，非住宅建筑面积计1.27亿平方米。

2009年全市国有土地上房屋初始登记共计3.78万件，建筑面积计1000.14万平方米；转移登记共计11.56万件，建筑面积计1399.78万平方米；变更登记共计1.58万件，建筑面积计713.5万平方米；抵押权登记共计7.41万件，建筑面积计4049.87万平方米；注销登记共计5765件，建筑面积计289.64万平方米；全市集体土地上房屋登记共计1.97万件，建筑面积计551.75万平方米。

【保障性安居工程建设】 2009年佛山市继续加强住房保障体系建设，保障性安居工程建设成效显著，当年完成廉租住房和经济适用住房建设2596套，建筑面积约15万平方米，并为2391户低收入住房困难家庭提供了住房保障，超额完成了省政府下达的完成开工建设保障性住房2416套，解决低收入住房困难家庭1601户的目标任务。

通过制订《佛山市2009～2011年住房保障规划》，明确了南海、顺德、高明、三水4个区要在2010年底前完成对2007年调查在册低收入住房困难家庭住房保障任务，建设任务重的禅城区则可以采用先通过发放租赁补贴的方式解决，到2011年提高实物配租比例，最终达到完成2007年调查在册低收入住房困难家庭住房保障任务的近期工作目标。

（陈小勇）

环境保护

【环境质量】 2009年，全市空气质量总体良好，优良（API ≤ 100）天数为355天。酸雨频率为73.1%，较上年下降12.4个百分点。影响空气质量的主要污染物二氧化硫、二氧化氮、可吸入颗粒物浓度年平均浓度分别为0.039毫克／立方米、0.052毫克／立方米、0.066毫克／立方米，均达到国家《环境空气质量标准》（GB3095-1996）二级标准，二氧化硫和可吸入颗粒物年平均浓度较上年均有所下降；二氧化氮年平均浓度较上年有所上升。降尘量达到广东省推荐标准，比上年下降21.6%。环境空气质量呈复合型污染特征。全市饮用水源水质达标率为100%。全市声环境质量较好，城市区域环境噪声、道路交通噪声的平均等效声级均优于国家相应标准。全市电离辐射对周围环境的影响符合《电离辐射防护与辐射源安全基本标准》（GB18871-2002）的要求。

【污染减排】 2009年佛山市化学需氧量（COD）排放量6.68万吨，比上年（7.66万吨）下降12.79%；二氧化硫（SO2）排放量10.41万吨，比上年（12.41万吨）下降16.12%。两项主要污染物减排均完成了省下达的上年度减排目标。

【环境综合整治】 以改善环境质量为重点，加快大气、水污染防治。大力推进机动车尾气污染防治，淘汰高排放的旧公交车，开展在用车环保分类标志管理，启动了加油站、储油库、油罐车的油气回收综合治理工作。以汾江河整治为重点，继续抓好水环境综合整治，及时消除饮用水源环境安全隐患。2009年新建、续建、扩建21间污水厂，6间污水厂完善管网，建成4家工业废水处理中心，完成63个二氧化硫减排工程项目。继续推进陶瓷行业的改造提升和立窑水泥、小火电企业的关停工作。建立污染减排倒逼机制，严格控制新上项目污染物排放，依法加强对重点污染源的日常监管。

【环境监督执法】 通过建立重点污染源长效监管机制，加大执法力度，创新执法机制，查处了一批环境违法企业。2009年全市共出动环境监察人员约4.1万人次，现场检查企业约2.3万厂次，立案查处违法排污案件720宗，罚款金额1840.86万元，限期整改企业178家，限期治理企业8家，关停企业42家；全年共征收排污费9104.54万元；全市环保系统共受理环境信访案件1.04万件，办理市人大、政协议案、建议和提案共8件。

（陈振华）

城市综合管理

【综述】 佛山市从2001年开始相对集中行政处罚权试点工作，顺德区于2001年9月21日、南海区于2003年5月15日先行成立区行政执法局。市及禅城、高明、三水区于2004年3月3日正式组建城市管理行政执法局，分别作为市、区政府行使相对集中行政处罚权的行政机关。2009年10月9日，市委、市政府印发《佛山市人民政府机构改革方案》将市城市管理行政执法局职责以及市公用事业管理局部分职责整合划入市城市综合管理局，不再保留市城市管理行政执法局和市公用事业局。

2009年，佛山市城市管理行政执法坚持依法行政，文明执法，开展“八乱”整治。禅城、南海、高明、三水区执法局共查处市容环卫、市政管理、城市规划、城市绿化、生活环境噪声等污染、无照商贩占道经营、室内违建等方面的行政处罚案件40万宗，其中劝导教育和纠正各类违法行为39万宗，立案处理9788宗。

认真做好“一环”“两违”查控工作，全年共发现新增涉嫌“两违”项目29宗，建筑面积约10.63万平方米。做好佛山水道“两违”查控工作，禅城段共排查出新增涉嫌违法建设项目31宗，建筑面积约5.24平方米（已全部拆除）；南海段查处新增违建2宗，建筑面积3000平方米。此外，还做好春运巡控、花市管制、元宵疏导，清明、“五一”国庆等假日执法工作，做好高考中考、迎接国家园林城市复查、汾江河龙舟邀请赛、第三届中德环境论坛、2009年佛山旅游文化节、PRCUD佛山圆桌论坛等保障工作。

【推进“大城管”、“大综管”战略】 全系统积极探索行政执法业务和管理业务相结合，推进属地化管理，成立城市管理工作站。2009年，禅城区共成立工作站144个（市场、门前三包类5个，村居类139个，村居覆盖率100%）；南海区成立工作站57个（其中包括西樵山5A风景区建立首个景点城管工作站）；顺德区有23个工作站；三水、高明区工作站的创建工作开始起步。11月，市城管委办举办城管专家顾问年会，为佛山城市管理把脉献计。

【推进数字城管建设工作】 1月，佛山市数字化城市管理信息系统建设工作会议召开。3月，副市长邓伟根带领五区政府分管领导，市执法局、信产局、财政局、规划勘测设计研究院、城市地理信息中心以及五区执法局负责人前往武汉市调研考察。5月，经市政府同意，印发《关于落实全市数字化城市管理信息系统建设有关工作的通知》，全市数字城管建设工作正式铺开。2009年，市数字化城市管理信息系统的监理、软件及系统集成、数据普查等标项的招标工作已完成。市级平台的系统硬件、系统软件采购等标项的技术需求已完成，招标工作陆续开展。禅城、南海、高明区数据普查工作有序开展。

【推进广佛同城化城市管理领域合作】 为贯彻落实《珠江三角洲地区改革发展规划纲要》，加强广佛同城化在城市管理领域方面的合作，8月，《广佛同城化城市管理领域合作协议》签订仪式在佛山举行。广州市城市管理综合执法局局长李廷贵、佛山市城市管理行政执法局局长钟美恃在签约仪式上签署了《广佛同城化城市管理领域合作协议》，明确了《关于广佛同城化城市管理领域合作的实施意见》。11月，在广佛接壤地五丫口大桥附近，钟美恃局长带领佛山市执法局及南海区局执法人员与广州城管部门，共同开展“泥头车撒漏”专项整治行动。

【加强城市桥梁管理】 2009年，佛山市公用事业管理局进一步加强城市桥梁管理，3月举办专题培训班，对全市区、镇两级管理人员进行专业培训，正式启用“佛山市城市桥梁信息管理系统”，各区、镇在日常工作中按各自职责运用该系统建立一桥一档的信息；全市建立市、区、镇三级城市桥梁管理模式；9月全市城市桥梁完成安全检查。

【市政环卫】 2009年，佛山市以规划为指引，整合资源，形成两填埋（佛山高明苗村白石坳生活垃圾卫生填埋场、三水区马鞍岗生活垃圾填埋场）、两焚烧（佛山市顺能垃圾发电厂、南海区垃圾焚烧发电厂）的终端垃圾处理设施。全市生活垃圾平均每天6000吨(其中城镇生活垃圾平均每天4500吨，农村生活垃圾平均每天 1500 吨），佛山高明苗村白石坳生活垃圾卫生填埋场接收处理生活垃圾 65.95 万吨。全市城市生活垃圾无害化处理率达 95.47%；全市城镇生活垃圾无害化处理率达 80%，城镇生活垃圾无害化处理率比上年提高 41%。

佛山市公用事业管理局加强对垃圾运输车辆的监管，年内制定《佛山高明苗村白石坳生活垃圾卫生填埋场生活垃圾运输车辆管理措施》，建立了“生活垃圾准运证”制度，垃圾运输车辆防撒漏情况明显改善。

【园林绿化】 2009 年是“三年促变，绿地佛山”建设行动的收官之年。佛山全市继续以区、镇（街）联动方式，加大力度推进道路绿网、水系绿网和立体绿化建设，将绿化示范路和河涌滨水绿地建设继续延伸到镇（街），并进一步抓好城乡休闲公园建设和单位、庭院绿化，全年完成绿化项目 410 项，新增绿地面积 203 万平方米，改造提升绿地面积 567 万平方米，建成西南涌右岸公园和云东海砂岗公园。至 2009 年底，佛山市建成区绿地率达 34.23%，建成区绿化覆盖率达 36.57%，人均公园绿地面积达 9.12 平方米，比上年人均增加 1.02 平方米。全市整体绿量明显增长，绿地布局日趋合理，绿化景观和绿化水平迅速提升，初步形成“组团城市，绿脉相通，绿廊环绕，公园棋布”的绿地系统格局。2009 年 2 月，顺利通过国家住房和城乡建设部开展的国家园林城市复查。（张珍妮）

水务管理

【综述】 2009 年，佛山市水务局抓住贯彻落实《珠江三角洲地区改革发展规划纲要》、扩大内需、促进经济平稳较快发展的良好机遇，在实施水务一体化改革、水利基础设施建设、加强水资源管理和保护、强化水行政许可和执法管理等方面取得了显著成效，为全市经济社会发展提供了可靠的水务支撑。

【水务基础设施建设成效明显】 围绕建设人水和谐的水利工程体系目标，全市形成新一轮的水利建设高潮。

加快完成城乡水利防灾减灾工程建设扫尾工作，累计完成建设任务约 92.4%，扫尾工作可望按期完成。

加快城乡排涝体系设施建设。为切实解决佛山市城乡内涝问题，按照《佛山市排涝规划》、《佛山市主干内河涌综合整治规划》等相关规划要求，加快以内河涌整治和电排站建设为重点的城乡排涝体系设施建设，全市建成固定电排站 1292 宗，总装机容量 23.07 万千瓦，其中 500 ~ 1000 千瓦泵站 64 宗，1000 千瓦及以上泵站 59 宗，另有市政排水（污水）泵站 52 座，并逐步形成“管随路设”的市政排水管网，基本满足汛期排涝排渍需求。

大力推进内河涌综合整治，累计整治主干内河涌 700 公里，水利方面累计投入整治资金 12.5 亿元。

加快城镇污水处理厂建设，完成新建、扩建污水处理厂 24 间（新建 14 间，扩建 10 间），新增污水处理规模 67.3 万吨 / 日。在建污水处理厂 14 间，设计日处理污水规模 41.3 万吨。

加快供水设施建设，建成北江水厂和第二饮用水源工程首期第一阶段工程，佛山市三水区北江水厂于 2 月 24 日正式投产，是三水区村村通自来水工程的重要组成部分，有效解决三水区中北部区域日益突出的供水供、需矛盾。第二饮用水源工程首期第一阶段工程于 12 月顺利试产通水，建成 100 万立方米 / 日规模的取水泵站、20 万立方米 / 日供水规模的西江水厂和 40 万立方米 / 日规模的配套输配水管网。北江水厂与西江水厂两项工程实现并网运行，互为备用。

【加强水资源管理和保护】 全市以汾江河整治“630”行动和广佛同城化发展为契机，加强交界水资源协调治理，加强河道管理和岸线保护，加快修编有关规划，大大加强了水资源管理和保护的力度。根据广佛同城化建设及广佛肇经济圈发展需要，加快推进广佛交界花地河、秀水涌、滘口涌、芦苞涌、白坭河等河涌截污、清淤、岸线整治工程。积极推进佛山市与肇庆市交界的榄岗围（南江工业园）综合整治及瑞岗围、大兴围、大沙围片区综合整治等水利合作项目建设。

【加强河道管理和岸线保护】 近年来城乡建设发

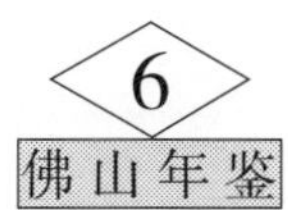

展迅速，人水争地的问题日益突出，为切实加强河道管理和岸线保护，采取了以下措施：一是加强对行洪控制线的规范管理，确保在不影响河道行洪安全的前提下实现区域经济的建设发展；二是加快重要堤围险段监测以及河道建设项目防洪影响综合评价工作；三是加强河道管理范围内沙场设置管理，开展河道管理范围内河砂堆放场专项清理整治行动，对全市242个河砂堆放场和其他临时堆放场进行了执法检查，全面开展佛山市河道管理范围内沙场设置规划工作；四是加强水土保持工作，全市各区统一开展征收水土保持补偿费。

【落实安全供水与污水处理】 2009年全市建成大小水厂57间，设计供水能力约565万吨／日，供水管网约4246公里（管径75厘米以上），实际最大日用水量约400万吨，通过采用常规净水工艺，出水水质基本达到《城市供水水质标准》要求。另外，全市投入运营的污水处理厂共有43间，污水处理规模达160.16万吨／日，配套收集主干管约800公里，全市城镇污水处理率达68.83%。

【强化水行政许可和执法管理】 全市水行政主管部门进一步强化水行政许可和执法管理工作。一是加强建设监管，严格落实项目法人责任制、招标投标制、建设监理制、合同管理制等“四制”，加强监督管理，抓好施工组织，狠抓工程进度、安全和质量监督。成立佛山市城乡水利防灾减灾工程及病险水库除险加固工程建设领导小组，建立起城乡水利防灾减灾工程及病险水库除险加固工作月报、通报制度。二是严抓工程运行管理，全面推行目标管理制度，进一步加强对电排站、堤围、水闸、水库的安全鉴定和岁修、年检管理，完成机电排灌信息系统数据库的建设工作。三是加强水政执法，确保水事安全，制定了《佛山市水利局行政执法案件审理委员会工作规则》，成立行政执法案件审理委员会，对违法采砂船和重大水事案件的处理由审理委员会集体讨论决定；各级水政监察队伍采取驻点值班巡查，组织开展联合执法行动等，出动执法巡查889次，查处水事违法案件297宗，调处回复水事信访案件79宗，拆除违章建筑1.17万多平方米，全市清理违法砂场、码头78个，暂扣无证违法采砂船10艘，处罚6艘。另外配合西、北江省市河道采砂联合执法点查处非法运砂船69艘。

（刘　勇）

气象事业

【综述】 2009年佛山市气象局深入学习实践科学发展观，坚持以公共气象服务为中心，积极配合市政府在应对金融危机、贯彻实施《珠江三角洲地区经济发展规划纲要》、推进“两转型一再造”、改善民生等方面，做好各项服务工作，取得了显著成绩：决策服务及时到位，公众服务覆盖面扩大，专项服务针对性强，预报预测能力进一步增强，综合观测业务稳定发展，台站建设取得新进展，和谐稳定工作扎实有效。气象局先后被中国气象局评为“广东省气象部门局务公开示范单位”、被佛山市政府行政服务中心评为“2009年度先进窗口”，气象局的气象台和信息中心先后被广东省气象局评为2009年前汛期先进集体和2009年后汛期先进集体；气象局的炎利军同志先后被佛山市委市政府评为“2009年度佛山市先进劳动者”、被广东省气象局评为“2008年度重大气象服务先进个人”，还有1人被广东省气象局评为“广东省优秀值班预报员”、1名退休人员被广东省气象局评为“广东省气象部门离退休干部先进个人”等。

【气候特征】 2009年佛山市主要气候特点：全年平均气温偏高1.1℃，年总降水量偏少1成左右；汛期降水偏少，龙舟水属偏多年景，暴雨日数属正常年份，台风影响偏多偏强；2月、8月、9月和10月气温比常年异常偏高，刷新或持平历史纪录。气温明显偏高，夏秋高温突出。各区年平均温度22.5～23.6℃，各月平均温度除了1月和11月份比常年偏低外，其余各月均比常年偏高。其中，2月各地平均气温偏高约7℃、最高温度达30℃以上，8月顺德月平均气温30.3℃、南海30.6℃，以及9月各地高温天气（日最高气温≥35℃的天气）日数等，均刷新历史最高纪录。全市年极端最高气温出现在7月18日，南海最高气温38.9℃，接近历史极值。

开汛早，降雨量偏少。3月5日为全市开汛日，较常年提早近40天；各区全年降雨量1423～1557毫米，总体偏少1成左右；平均降雨日数为132天，属偏少年份；全年暴雨日数6.3天，属正常年份；4月27日到5月17日，南海持续19天、顺德持续20天没有降水，均刷新历史同期纪录。

汛期台风活动频繁，影响偏多偏强。汛期内先后有“莫拉菲”、“天鹅”和“巨爵”等3个热带气旋对佛山市有影响（其中“莫拉菲”登陆后中心还穿越佛山中西部），这3个台风都不同程度给佛山市带来大风和暴雨灾害天气。

另外，汛期雷雨天气频繁，灾害严重。首次强雷雨天出现在3月5日，全年雷暴日数为68天。全年总日照时数1683.6小时，属正常年份。

【主要天气气候事件】 2009年，前汛期强雷雨天气导致佛山市7人死亡。6月3日，受到南支高空槽和切变线影响，全市出现强雷雨。16时10分，顺德区容桂街道某建筑工地的低矮工棚遭雷击，致5人死亡，1人受伤；6月10日，受高空槽和季风云团共同影响，18时至21时三水区出现强雷雨降水过程；18时50分，三水区河口某学院门口附近一行人因雷击身亡；6月14日，受高空槽和切变线影响，18时30分至19时30分顺德区出现强雷雨降水过程；19时15分，一男子下班途径勒流街道某村时被雷电击中，后经医院抢救无效死亡。

“龙舟水”阶段性降雨明显，局部暴雨成灾。龙舟水期间降雨阶段性明显，雨量集中。其中，5月22～25日，受到热带低槽扰动云团北移影响，全市普降暴雨，局部大暴雨。24日高明区水浸情况比较严重，尽管18个电排站均24小时排水，但多个街道仍然被淹，最深积水达到80厘米。25日，高明荷城、佛山一环西线罗村上柏、下柏等数个地方先后发生山体滑坡。佛山一环西线罗村重达几吨的石块堆在路面上，毁坏了靠近山体处的排水渠以及路基，切断了一环西线上柏、下柏出口。全市因强降雨造成经济损失1750万元。

“秋老虎”天气严重，南海高温日数破历史纪录。全市平均高温日数36.3天，较气候平均值偏多22.9天。南海的高温日数达49天，打破历史纪录。严重的高温时段分别为：7月8～18日先后受副热带高压和“莫拉菲”外围气流下沉增温作用，出现连续高温天气，18日最高气温38.9℃，为全年之最；8月上旬、8月19～24日出现大范围持续高温天气；9月“秋老虎”天气是历史以来最严重的，高温天气主要出现在3～7日和17～21日两个时段，持续高温天气使全市用电、用水负荷增大，汽车自燃、爆胎等事故也大增、人群“高温病”频发、叶菜类蔬菜减产，对日常生活以及社会经济造成严重影响。

【业务建设】 全年度继续积极组织实施市气象“十一五”规划工作：从5月4日起，气象局与佛山电台联合举办“跨城天气”节目，每天早晨以电话直播连线方式，为公众提供广佛两地最新鲜的天气资讯；5月完成《佛山市地质灾害气象预报预警系统建设》项目，并投入实际业务使用，气象局与国土局开始联合发布地质灾害气象预警信息；12月“佛山市气象监测预警中心”开始动工兴建；全年，在完成135个中尺度气象自动站的建设及投入业务使用的基础上，全市又增建了15个能见度仪、18个天气实景观测仪、2个水温观测点，3个路面温度观测点项目，完成了400块气象信息大型电子显示屏的安装工作，并投入了实际业务使用，成效显著。

（炎利军　陈千劲）

防汛防旱防风工作

【综述】 2009年，佛山市经历龙舟水、“8·12暴雨”、7月西江洪水的袭击，还受到“莲花”、“浪卡”、“莫拉菲”、“天鹅”、“莫拉克”、“巨爵”和“凯萨娜”等7个热带气旋的影响。期间，市三防指挥部启动防风Ⅳ级应急响应2次，防风Ⅲ级应急响应1次，防汛Ⅳ级应急响应1次；全市共发出暴雨预警信号10次，雷雨大风预警信号5次，台风预警信号4次。汛期期间，佛山市认真贯彻落实以行政首长责任制为核心的各项三防工作责任制，按照以人为本、科学防控的指导思想，把灾害损失减少到最低程度，在防御水雨风旱灾害的各项工作中取得显著成效。

【水雨风情特点】 2009年，佛山市的水雨风情主要有四个特点：一是开汛提早。2009年，佛山市开汛日是3月5日，较常年提前40多天。汛期期间，佛山市总降雨量中部和北部1060～1125毫米之间，南部1265毫米，属于正常，时空分布不均匀。二是龙舟水降水偏多。2009年龙舟水期间，累积降水量为357.7毫米，比常年超出97.3毫米（历史平均值264毫米），偏多3成以上。三是热带气旋频繁，影响范围广，移动路径多变。汛期先后有“莲花”、“浪卡”、“莫拉菲”、“天鹅”、“巨爵”等7个热带气旋进入佛山市Ⅱ防区域，其中“莫拉菲”、“天鹅”、和“巨爵”对佛山市有影响，“莫拉菲”登陆中心还穿越佛山中西部，这3个台风都不同程度给佛山市带来大风和暴雨灾害天气。四是汛期江河水位偏低，“09·7”洪水属常遇小洪水。2009年佛山市为平水偏估年，西、北江来水较上年少，汛期江河水位偏低。5月到7月，受降雨和台风影响，西、北江水位出现几次较明显的涨幅。全年录得最高水位出现在7月。7月上旬，受西南季风和副热带高压边缘不稳定气流的影响，西江流域主要支流柳江和桂江上游普降大到暴雨，局部特大暴雨，造成两条支流水位迅速上涨，致使西江干流水位上涨，形成“09·7”洪水。自7月3日起，西北江水位开始出现连续上涨的趋势。7日17时30分，马口水文站录得洪峰水位5.6米，相应流量31400立方米每秒；三水水文站录得洪峰水位5.28米，相应流量9380立方米每秒。两站水位、流量均未达到五年一遇，属于常遇小洪水。

【全力以赴，抵御洪水台风袭击】 市委、市政府高度重视佛山市防汛防风工作，多次亲临市三防指挥部部署防御工作。7月洪水来袭期间，市委常委、常务副市长、市三防指挥部总指挥冼瑞伦等领导亲自带队，检查西江干流樵桑联围龙湾基险段，督促各部门要认真落实防洪措施，加强值班，做好堤围巡查和值守工作。台风来袭期间，市三防指挥部按照省三防总指挥部和市政府指示精神，组织工作组奔赴各区检查水库、闸站运行状况，督促落实水利工程防汛责任人、技术人员。由于各级三防部门以及相关单位的紧密配合、谨守岗位，经过多次紧急会商部署工作，及时落实防御措施，实现无人员伤亡、无堤围崩溃的目标。

2009年，影响佛山市较大的自然灾害主要为龙舟水袭击和“8·12暴雨”。5月下旬遭受短时间内的连续强降雨，8月11日～12日，佛山市遭遇突发性降雨天气，加上部分市区地下排水管道老化来不及排水，造成部分镇街水浸。据统计，2009年佛山市洪涝灾害造成直接经济损失共1950万元（禅城区180万元，高明区1030万元，南海区740万元），其中农林牧渔业直接经济损失1750万元，农作物受灾面积880公顷，水产养殖损失面积60公顷，受浸房屋400多间。洪涝灾害未对工业交通运输业造成影响，未有铁路、公路中断情况出现。

【以人为本、科学防控，有序开展防洪抢险各项工作】全面落实防汛责任人，做好防汛防风准备工作。汛前，市三防指挥部全面开展汛前防汛安全检查，落实防汛行政责任人和技术负责人，落实水利防洪工程防汛措施。4月15日，在《佛山日报》公布了全市万亩以上堤围、小（一）型以上水库防汛行政责任人及技术负责人名单，接受社会监督。

完善三防预案及信息报送机制。为保障防汛抗洪工作有序高效运转，2009年市三防办制订《佛山市三防值班规定》和《佛山市三防值班方案》，并于4月15日正式实施。另外，市三防指挥部办公室根据近年防台风和防暴雨的经验，把主要三防预案汇编成册，印制《佛山市三防防灾减灾预案选编》，为日后三防领导工作部署提供决策参考。为加强三防信息报送工作，市三防办依据《广东省三防信息报送管理规定》、《水旱灾害统计报表制度》、《佛山市三防值班规定》、《佛山市水利工程出险处理程序》等有关要求，制定了《佛山市三防信息报送管理规定》。

加强防汛抢险队伍建设。全市防汛抢险队伍在册人数27.8万人，专业抢险队主要有防汛民兵轻舟大队、抢险潜水队和市防汛抢险突击队等。市、区两级三防指挥部设立三防专家组，聘用专家23人。为适应2009年三防工作形势，提升省属民兵轻舟机动队伍的抢险救灾能力，5月，省属防汛抢险民兵轻舟机动大队专业技能竞赛在南海区丹灶镇仙湖水库举行，佛山市民兵轻舟大队在这次专业技能演练中取得了较好的成绩，分别获得团体第一名和两项单项第一名。针对佛山市水库安全度汛工作需要，还组织了高明西坑水库下游群众安全转移演练，紧急转移水库下游受威胁的290名群众。此外，为提高轻舟队员对冲锋舟等抢险设备的操作技能，轻舟机动一大队部分队员参加了海事局组织的轻舟驾驶证考试，并取得了驾驶员合格证。

落实防汛抢险物资，加大防汛物资中心仓库建设力度。2009年佛山市防汛抢险物资基本于汛前落实，清点在册。全市重点加强防汛物资中心仓库建设，至年底止，防汛物资中心仓库有18个，其中市1个、南海3个、顺德（含镇）12个、三水1个、高明1个；在建2个（市1个、三水1个），规划1个（禅城）。部分防汛物资仓库建设规格高，具有建设起点高、储备物资品种多的特点，其中南海储备有5000千瓦的大型移动发电机和浮潜排水泵，顺德区建设有40亩地防汛石料储备场，储备混凝土四面体5000块，基本满足抢大险的需要。

加大宣传力度，增强防灾避险意识。2009年，佛山市通过新闻媒体，及时发布各类气象预警、防风防汛应急响应以及抗旱信息，提醒市民做好防御措施，提高城市居民的防灾避险意识。

（董欣欣）

城乡环境卫生

【广泛开展爱国卫生活动】 2009年佛山市各级爱卫组织利用3、4月份的“爱国卫生月”和8、9月迎接新中国成立60周年为契机，广泛开展爱国卫生活动，先后组织了3次共3万多人次参加的以整治城乡结合部、城中村、背街小巷的脏乱环境为重点的环境大清洁活动。9月27日上午，市委书记林元和与市委常委、禅城区委书记梁毅民，副市长邓伟根等市、区领导，亲临禅城区的丰收涌，与禅城区的干部、志愿者共1500多人，一起清理河涌岸边的垃圾杂物，通过清洁活动，城乡卫生面貌得到进一步改善。在开展环境清洁活动的同时，还积极开展健康知识和除害防病宣传工作，据统计，全市共印发了“防手足口病和登革热病”、除“四害”的相关资料达67万多份，制作健康知识宣传栏3035个，开展健康知识、除害防病知识咨询活动540场，10.5万人次参加了宣传咨询活动。

【卫生镇、村创建工作上新台阶】 积极贯彻《珠江三角洲地区改革发展规划纲要》中“普及国家卫生镇”的精神，继续抓好卫生镇、卫生村的创建工作，进一步促进城乡一体化的发展和提高农村环境卫生水平。2009年佛山市新增“广东省卫生村”179个。积极推进三水区的乐平镇、芦苞镇创建国家卫生镇工作。2009年12月下旬，乐平镇、芦苞镇创建国家卫生镇工作，已通过了省爱卫会国家卫生镇技术评估组的技术评估。2009年底，佛山市已被命名的省卫生村749个（其中行政村429个，自然村320个），省卫生先进镇2个，省卫生镇3个，国家卫生镇18个。省卫生村受益户数49.21万户，受益人口154.77万人。

【积极抓好农村的改水改厕工作】 2009年，各级政府把农村改水改厕工作纳入“民心工程”来抓，加强领导，制订方案，加大了投入。全年投入改水资金约2亿元，其中各级政府投资约1.5亿元，各方投资5000万元，受益人口约10万人。在积极推进改水工作的同时，各区也积极开展农村的改厕工作。全市新建无害化户厕18255户，新建无害化公厕57座。

2009年底，佛山市进行了机构改革，爱卫办合并到市卫生局。

（潘思东）

商贸流通业

工商行政管理

【综述】 2009年，是颇具挑战的一年，是求实创新的一年。在省局和市委、市政府的正确领导下，全市工商系统深入学习实践科学发展观，坚持以市场监管为第一责任，以服务发展为第一要务，迎难而上，奋力开拓，监管能力有了新突破，服务大局有了新举措，维权水平有了新提高，自身建设有了新成果，社会形象有了新改善。全系统改革创新氛围日益浓厚，转型升级态势日益巩固，科学发展思路日益清晰。荣获“全国工商系统商标工作先进集体”等省市以上荣誉称号16项。

【企业登记注册】 全力支持顺德区机构改革。顺德区2009年9月启动党政机构改革后，市局党组及时召开会议，理顺企业登记等相关事权，支持顺德区工商局由垂直管理转变为由区政府直接管理。

全面服务产业结构调整。认真落实“两转型一再造”战略，对“双转移”范围内企业，在迁出迁入登记上实现无障碍对接；对金融高新服务区、现代物流工业园等特大项目，实行“人盯人”式贴身服务；对淘汰类的落后行业，一律依法不予登记。

积极落实CEPA框架协议。主动放宽CEPA框架下港澳个体工商户经营行业范围，其经营领域已由单一的零售业扩大到24个行业。大力推动粤台农业合作。登记成立了全省首个台湾农民个体工商户。

积极应对金融危机，帮扶企业做大做强。全面降低企业创业成本。认真落实“九项新政”，最大限度降低市场准入门槛。新登记成立农民专业合作社9户，办理“零首期”企业8户、“零收费”个体户15户、“住改商”1212户。至年底止，全市共有各类市场主体34.45万户、同比增长6.85%，注册资本（金）共3330.6亿元，同比增长8.17%。帮助789户个体工商户升级为企业，引导196户外商投资企业冠以“广东省”行政区域名。

加大简政放权，方便群众办事。继续推进登记注册窗口进驻政府行政服务中心，推动工商许可业务集中办理，鼓励将“一审一核制”升级为“审核合一制”，扩大外资登记“一局多点”模式，将1000万元以下公司登记权下放到区局；主动将企业登记时限由法定15个工作日缩减至5个工作日，登记效率整体提高近70%。

【企业监管】 以网格化为平台，努力促进监管模式从粗放式向精细化转变。完成了辖区监管网格的划分，制定了相关规范、标准和流程等文件，开发启用网格化电子监管平台，进一步摸清了辖区底数，奠定了高效监管的基础。

建立取缔“黑网吧”长效机制。联合市公安局、电信局等13个单位，印发《佛山市查处取缔黑网吧协作机制暂行办法》，建立投诉举报奖励机制，实行综合治理一票否决；组织“飓风行动”和“雷霆行动”，取缔黑网吧1008间，收缴电脑设备1.15万套，获得社会舆论好评。

建立清理无照经营长效机制。全年共立案查处无照经营3600户，批量吊销4100户，成效显著。市委书记林元和专程到市局调研，高度赞扬市局“清无”工作。

【大力推进商标战略】 加快培育驰（著）名商标。

制定驰（著）名商标梯次培育目标，将具有自主知识产权、科技含量高、市场前景广阔的产品列为培育重点，至年底止，全市共有注册商标近6万件，其中中国驰名商标42件、省著名商标261件，均居全省第2位。

严厉打击商标侵权行为。共查处商标违法案件449宗，案值1368万元。

【**广告监管**】 首次建立违法广告公告制度，发布了15例严重违法广告公告。全年共查办医疗、保健食品、房地产等违法广告案件329宗。充分利用公交候车站点的等平台，大力探索公益广告的规范发布，联合主办了“美丽佛山”公益广告创作大赛，选送的12件作品，有5件荣获广东年度优秀公益广告奖项。

【**市场合同管理**】 以信用分类为基础，努力促进约束力量从政府强制向企业自律转变。全面启用商品交易市场信用分类监管软件系统，出台查处市场开办者违法行为的指导意见，推行信用评定结果社会公示，促进了经营者的守法自律。积极拓宽企业融资渠道。召开5场融资推介会，为企业办理动产抵押1281份，主债权金额488亿元；股权质押100户、商标质押3户，走在全省前列。

【**食品市场的安全监管与经济检查**】 大力开展食品安全整治。加大宣传《食品安全法》，核发《食品流通许可证》4498个；积极开展“先行赔付”、自产自销蔬菜“准入证”管理和“食品安全示范点”、“食品安全校园行”等活动；针对媒体负面曝光，积极应对、快速查处，取缔猪肉无照经营408户，没收私宰肉500公斤，并积极向市政府提出集中加工烧腊、豆制品等建议；共查获各类经济违法案件7693宗，案值2.6亿多元，其中食品违法案件998宗，案值1135万元；反法案件、商业贿赂案件和限制竞争案件的查处取得突破。

擦亮12315品牌，加大消费维权力度。固定每月1天为“社会开放日”，受到前来参观的市人大、政协及行评团的高度肯定；与律师协会签订消费维权协作公约，统一12315联络站标识，新增联络站33个，全市共有联络站261个，覆盖了辖区主要大中商场超市；共受理各类申诉、咨询、举报8.46万件，为消费者挽回损失416.9万元；加大诉转案查处力度，对群众反映强烈的辖区机动车检测站和供水企业限制竞争案，依法果断查处。

组织打传百日联合执法，成功摘掉了传销活动二类地区的帽子；认真组织打击走私联合行动，积极开展“反盗版百日行动”，严厉打击“黄、赌、毒”等违法行为，取得了较好效果。 （王宇青）

流通业

【**综述**】 2009年，全市积极应对金融危机，突出抓好国家拉动内需以及家电下乡等“扩内需，促消费”政策，帮扶企业积极开拓内销市场，佛山市商贸流通业保持稳定增长态势。全市社会消费品零售总额实现1429.05亿元，同比增长21.3%。

【**积极实施扩大内需政策**】 全面启动家电下乡工作。2009年，全市“家电下乡”备案销售网点达578个，销售家电下乡产品2.5万台（件）、销售金额5489万元，其中，顺德家电下乡产品销售量占全国10%，微波炉、电磁炉占到全国同类产品的83%和67%。积极开展“广货北上、西拓”系列活动，帮助企业开拓国内市场。全年共组织近500家企业参加约30场国内展销会，推动企业工业品内销比例提高。全年全市完成内销产值9555.26亿元，同比增长20.22%，占全市工业销售产值的84.07%，比重同比上升5.13个百分点。精心举办联展促销活动，营造消费氛围，刺激消费。“广佛春秋购物节”两季销售额均突破亿元。三水饮品文化节、“中国（佛山）陶瓷节”等成功举办，并带动住宿、餐饮较快增长。各大商场、超市、购物中心紧紧抓住节庆商机，针对消费需求的新变化，精心策划多种形式促销活动，促进大宗商品零售快速增长。

【**大力推动流通产业结构调整**】 突出抓好现代物流发展。积极申报“全国物流城市示范市”，成功举办佛山首届现代服务业暨第六届佛山（国际）物流合作洽谈会，稳步推进珠三角国际采购与区域物流中心、中国－新加坡（佛山）现代物流工业园等重点项目建设，成功引入首钢中金、阿联酋洛菲克等龙头基地物流项目，全市物流成本逐年降低，区域竞争优势得到提升。现代流通方式不断发展，电子商务交易快速增长，"顺德家电"网上商城、钢铁电子交易平台、塑料电子交易平台实现产销网上交易配送一体化。加快推进商业网点布局。顺德大润发商场、永旺购物中心、天佑城购物中心和南海城市广场、南海广场、嘉信茂广场、家乐福购物中心等大型商业网点不断完善各种配套设施，提升服务水平。东华里改造工程、佛山(国际)家居博览城、三水广场二期工程扩建、奥特莱斯世界名牌折扣店等一批重点流通项目建设稳步推进。连锁经营业态发展迅速。在沃尔玛、吉之岛、好又多、苏宁、国美、新协力、健民医药等一批国内外著名品牌连锁企业的带动下，城市商圈发展迅速，极大提升了流通现代化的整体水平；"万村千乡"市场工程试点、示范社区商业建设和家电下乡工程工作顺利推进，有效带动了农村和社区消费的增长。顺客隆新增了100多家连锁经营网点，将网点延伸到村一级，使农村居民在家门口就可以办到货真价实的年货，进一步保障和方便了农村市场的供应。

【积极开展整顿和规范市场经济秩序】 2009年，继续深化巩固产品质量和食品安全专项整治成果。推行生猪"定点供应、厂场挂钩"的新模式，有效整合屠宰场所，开展生猪及其肉品质量安全专项治理，取得明显成效，瘦肉精抽检合格率达100%；加强酒类流通生产领域监管，促进米酒行业整合提升，形成《佛山米酒产业的现状及其发展提升的战略对策》，提出了"适度增量、倍级增值、打造品牌、提升效益，建设酒业强市"的发展思路。积极落实汽车以旧换新工作，规范再生资源回收行业备案制度，推动典当行业业务创新，拓宽中小企业融资渠道。 （刘 炯 梁桂明）

粮食流通

【综述】 2009年，全市各级粮食部门以邓小平理论和"三个代表"重要思想为指导，以科学发展观统揽全局，全面贯彻党的十七大和十七届三中全会精神，进一步加强粮食宏观调控及粮食流通监督检查，完善粮食储备体系，健全粮食应急机制，全年粮食工作成效显著。

【粮食清仓查库工作圆满完成】 佛山市扎实做好2009年全国粮食清仓查库的各项工作，圆满完成粮食清仓查库任务。本次粮食清仓查库工作从4月1日开始，至5月底结束。全市各级发改局、财政局、监察局、农业局、审计局、统计局、质监局、农发行以及中央储备粮佛山直属库，省储顺德直属库，市储备粮管理总公司等有关部门参加了普查。检查结果表明，佛山市的粮食库存数量真实，质量良好，账务清晰，库贷挂钩一致，财政补贴及时足额到位，各项管理制度健全，各项基础工作都比较扎实，粮食管理工作都比较规范，没有发现账实不符或违法违规等方面的情况，粮食保管效果良好。通过这次粮食清仓查库，进一步摸清粮食家底，真正做到政府心中有数，使群众感到放心。

【粮食应急机制进一步健全】 各级粮食部门对粮食应急管理工作高度重视，进一步强化组织领导，建立健全应急机制，完善工作预案，大力推进粮食应急网络建设，做到领导到位，监测到位，确保佛山市粮食应急安全。2009年，全市粮食应急保障网络进一步完善，粮食应急机制得到进一步健全。为加强、规范粮食应急保障网点的认定管理工作，全面落实粮食应急加工、运输、供应企业，增强粮食应急保障能力。全市开展了粮食加工、运输、供应企业情况调查，将市场竞争能力强、规模大、信誉好、能承担粮食应急保障任务的企业纳入粮食应急保障网络，并对企业逐一进行认定登记，做到粮食应急供应"有设施、有协议、有牌子"，保证佛山市在特发情况下有粮可用、有粮可调、有粮可供；此外，佛山市还认真做好粮油市场监测网络建设的各项工作，加强粮油价格分析预测，准确把握市场价格走势，更好地为粮食宏观调控提供决策参考。

【地方储备粮、油体系进一步完善】 2009年，佛山市进一步落实粮食工作政府负责制，在落实储备规模，完善管理体系，推行规范化管理等方面取得了较好的成绩。根据省粮食局关于下达全省地方粮食储备规模及第一批地方食用植物油储备规模通知的要求，全市认真抓好地方储备粮、油规模的落实工作，确保全市粮、油储备按时、足额落实到位，切实完成省下达的粮食播种面积、粮食总产量、粮食储备规模、粮食风险基金规模等四项考评指标，圆满完成省下达的各项工作任务。

【粮食安全生产工作卓有成效】 全市各级粮食部门积极履行粮食行政管理职责，认真抓好粮食安全生产各项工作，取得良好效果。2009年，佛山市在全市粮食行业积极组织开展安全生产执法行动、治理行动、宣传行动等“三项行动”活动。对粮食企业各项安全生产薄弱环节进行整治，加强干部职工的安全生产知识教育，提高干部职工的安全意识，规范操作流程，上下齐抓共管，对各类自然灾害预防措施，防火、防粉尘爆炸，储粮化学药剂的管理和熏蒸作业等重要环节进行了安全隐患排查。通过深入开展安全生产“三项行动”活动及时消除了事故隐患，构建了佛山市粮食生产安全无事故的良好局面。（骆家洪）

食品安全

【组织部署，综合协调工作有效落实】 深入研究《食品安全法》对实际工作的新规定和新要求，开展食品安全各项监管工作的调研，及时起草《佛山市食品安全整顿工作实施方案》。认真做好民生实事任务的分解，推进镇（街道）一级基层加强食品安全监管工作。起草《佛山市生猪及其肉品安全专项治理行动工作方案》和《推进生猪“定点供应、厂场挂钩”保障生猪及其肉品质量安全意见》，有针对性地指导开展全市生猪及其肉品安全专项治理工作。组织有关部门考察香港特区的食品安全监管情况，进一步探索提高对生猪及其肉品安全的监管水平。组织开展对烧腊和豆制品加工的调研，加强全市烧腊和豆制品加工安全监管。

【突出重点，专项整治工作成效显著】 开展了为期两个月的生猪专项治理行动，召开全市治理行动动员会以及企业座谈会，部署落实治理工作。多次组织相关部门联合检查和突击检查生猪养殖场使用饲料以及生猪违禁药物残留情况，在屠宰厂截获含“瘦肉精”生猪10批341只，有效将问题生猪拦截在屠宰环节之前。通过专项治理，全市生猪及其肉品的检测合格率已由2008年的平均50%上升到2009年平均95%以上。开展打击违法添加非食用物质和滥用食品添加剂专项整治。组织5个督查组督查五区整治情况，使全市食品和有关产品的合格率有了显著的提高。4月底，佛山市代表广东省接受国家打击违法添加非食用物质和滥用食品添加剂专项整治考评小组的考核评估，得到了国家考评小组的高度评价。拟定《佛山市婴幼儿奶粉事件赔偿工作方案》，从各区、镇（街道）和有关部门抽调人员做好“三鹿奶粉”事件民事赔偿工作。在赔偿过程中，加强正面宣传引导，做好了患儿赔偿问题可能引发群体性事件的预案，确保发放过程的顺利进行，全市未出现群体性事件。

【积极探索，逐步建立监管长效机制】 与经贸、农业部门联合印发《关于印发佛山市生猪定点供应基地认定管理办法及相关配套文件的通知》，为形成监管长效机制提供政策支撑。积极推动全市开展屠宰企业整合、实施屠宰企业自检与部门监测“双检”新模式、初步建立生猪“定点供应、场厂挂钩”和“协议生猪产销联建”等食品安全监管长效机制，从源头上保障食品安全。

【从严查处，有效打击违法犯罪行为】 及时曝光大案、要案的查处情况，在全市范围内广泛宣传政府严厉打击违法犯罪行为的决心。保持严厉打击不法分子的高压态势，9月底，南海区人民法院对“3月3日查获51头瘦肉精生猪案件”的3名被告分别判处1年至7个月不等的有期徒刑，共处罚金12万元，有效震慑了不法分子，引起了广大市民的反响与共鸣。

药品安全

【综述】 2009年，佛山市食品药品监督管理局紧紧围绕“保障全市人民饮食用药安全”这一中心工作，以机构改革工作为契机，坚持依法监管，狠抓专项整治，创新工作思维，真抓实干，全面推进食品药品监管工作深入开展，成效明显。全市全年共处理群众投诉253宗，立案查处违法案件261宗，上缴国库罚没款115.51万元，取缔无证生产、经营“三品一械”窝点23个，吊销经营证照3家，查扣涉嫌违法物品2663件，销毁假劣“三品一械”625件、货值77.2万元；全市完成药品评价性抽验300批，合格率100%；完成药品监督性抽检930批，其中不合格率为12.8%，靶向率（目标抽检产品的合格率）比上年有了明显的提高。

【药品监管工作不断加强】 一是抓好生产环节的监管。继续加强药品生产企业的日常检查和GMP跟踪检查，通过驻厂监督加强对高风险药品生产企业的监管，结合“药品经营许可证”换证工作加强特殊药品的监管，开展了医疗机构制剂配制情况清查工作。全年共检查药品生产企业128家次，特殊药品经营企业46家次，制剂室20家次。二是强化流通环节的监管。实施检查前先做好工作方案，重点加大对抗流感药品、含可待因复方口服溶液、盐酸曲马朵等品种的监控力度。全年共对药品零售企业日常检查2376家，医疗卫生机构376家，GSP跟踪检查74家，对其中14家跟踪检查不合格企业发出限期整改，吊销“药品经营许可证”2家。积极做好药品经营企业的GSP认证工作，共受理药品零售企业GSP认证828家。严格做好药品广告监测工作，在对6家平面媒体共2128份药品广告的监测中发现31份违法药品广告并移交工商部门处理。三是巩固推进农村药品“两网”建设。积极引导和鼓励通过GSP认证的药品批发、零售及零售连锁企业向没有药品供应的行政村发展网点，建立起分布合理、供求平衡、供应顺畅的农村药品供应网络。推进农村药品监督网络建设，不断完善监督网络。

【保健食品、化妆品监管不断规范】 实施保健食品、化妆品生产企业日常检查的过程中采取了企业自查与现场检查相结合的方式。要求各企业对生产的各个环节进行详细自查并提交自查报告，使企业明确生产管理的相关责任，对于部分不重视、不提交自查报告的企业，有针对性地重点跟踪实施现场检查。除个别停产企业外，共对12家保健食品生产企业、60家化妆品生产企业完成至少一次的现场检查，抽取化妆品样品54批次。

【医疗器械监管不断深化】 开展了医疗机构使用医疗器械监督检查、重点监管医疗器械生产企业的自查和复查、注册送检产品样品核查、三类医疗器械产品核查、产品注册满一年体系复查等工作。全年共受理办结产品注册核发、变更、重新注册申请49个，受理办结医疗器械生产、经营企业申报、变更、换证、注销申请182个。

【探索创新科学监管模式】 一是发挥区域联合监管优势，在原有《珠三角六市食品药品监督稽查打假合作框架协议》基础上，加大推进广佛两地“三品一械”监督执法合作力度。于5月份与广州市局合作制定了《防控甲型H1N1流感药械质量安全专项行动工作方案》。10月，与广州、肇庆市食品药品监督管理局共同签订了《广佛肇食品药品安全监管合作框架协议》以及《广佛肇药品稽查联合工作协议》，初步实现三市食品药品安全监管的无缝对接，消除监管盲区，促进三市食品医药产业协调、可持续发展。二是建立健全监管机制，积极部署“三品一械”产品质量安全突发事件应急处置程序，制定了应急处置流程和紧急联络、信息沟通机制，确定了应急处置每一环节和每一岗位的职权与责任。三是利用各种方式大力宣传食品药品安全信息，与《佛山日报》合作开设食品药品安全普及专栏，全年共刊登食品药品安全信息52期。加强政务信息公开力度，全市系统共报送政务信息573条，网站发布信息909条，网上答复市民咨询287条，有效提高了食品药品安全工作的社会关注度。10月份，组织市人大代表、政协委员、食品药品执法监督员、市民代表及新闻媒体等开展“走进药厂”活动，让各界代表对本地药品生产企业进行参观考察，并与企业技术、管理人员进行交流互动，加深广大市民对本地药品生产企业的认知和了解。

（梁家谊）

国有资产经营管理

国有资产监督管理

【综述】 2009年，佛山市国资委以扩内需、保增长、调结构为主线，以应对金融危机为突破口，危中觅机，抓住机遇，破解改革发展难题，促进企业转型发展，国企发展水平有新的提高，国资监管力度进一步加强，企业部分历史遗留问题有效化解，和谐国资建设稳步推进，国资工作的发展迈上了一个新台阶，为全市经济“率先突围”作出了积极的贡献。截至年底，市属国有企业资产总额990.74亿元，同比增长27.6%，净资产282.71亿元，同比增长73.3%，固定资产投资7.74亿元，同比增长25.3%。

【创新发展方式　应对金融危机】“逆市”而上，积极化解金融危机对市属国有经济造成的影响，搭建全新的投融资平台，积极扶持创投产业的发展，参股的佛山创业投资有限公司正式挂牌成立，撬动本地资本；大力推进金融产品的创新，发行12亿元企业短期融资券，以“理财+信托”方式融资50亿元；把握扩大内需的机遇加大融资力度，获得银行授信470多亿元，彻底解决了佛山市交通基础设施建设资金“瓶颈”；加强企业资金管理，发挥集团式授信的优势，缩小了贷款的总体规模，降低了财务费用，提高资金的利用效率。

【深化改革　不断增强企业的活力与竞争力】 成功为佛塑股份引入战略投资者，通过向省属企业广新集团转让佛塑股份20.78%的国有股权，解开佛塑集团产、供、销、资金等环节，为佛塑进一步发展奠定了基础；加大劣企退市的扫尾工作，2009年实现劣势企业退出27家，累计退出839家，劣企退出工作基本完成。

【抓重点调结构，不断促进国资优化发展】 结合《珠江三角洲地区改革发展规划纲要（2008～2020）》，出台了《佛山市国有企业发展战略与规划（2009～2013）》，为新一轮的国企发展定好位，布好局，以规划引领企业的科学发展。抓紧市政府重点工程项目建设，广佛地铁一号线、三水恒益电厂2*60万千瓦燃煤机组扩建工程、天然气利用工程二期项目有序推进，第二水源工程正式建成并试通水。紧密结合市政府中心工作，调整企业产业结构，大力推进节能减排工作，推广应用LNG的应用，参与禅城“三旧改造”，推进汾江河治理，加大研发力度，促进国资的产业升级。

【“走出去”发展战略迈出可喜步伐】 市燃气集团成功中标高要市30年管道燃气特许经营权；市中策高速公路公司成功中标佛清从高速佛山段工程项目。同时，佛山五区资源整合也不断提速，市水业集团整体收购南海金沙自来水公司，市气业集团加快与顺德港华燃气的整合谈判，收购工作有序推进。

【创新监管方式方法　加大企业监管力度】 一是加强企业监管，加大完善法人治理结构的步伐，创新人才选拔机制，全球招聘公控公司总经理，同时招聘了公盈公司总经理和铁投公司一名副总经理，不断优化企业法人治理结构；出台了《进一步加强和完善国有企业管理方案的通知》；二是积极推行外派董事试点工作，向两家企业派驻了5名外部董事。三是加大财务总监派驻力度，2009年完成了向所有直管企业派驻财务总监的工作。四是创新监管方式推进巡视制度。每年对监管企业进行一次巡视，加大监管力度，确保企业健康发展。五是创新考核模式出台业绩考核新指标。2008年，市国资委推出了“3＋2”的经营业绩考核方式。2009年根据企业的不同情况，新增对资金融通、内部管理、社会维稳等一系列指标，考核指标数量由原来的5项增加到10项至20项不等，考核工作更细化、更全面。六是加强资金的监管，在拓宽投融资力度的同量，重点加强470多亿元融资的监管，确保专款专用，扩内需保增长。

【一批多年悬而未结的历史遗留问题得到有效化解】 大力推进信访积案化解工作，受理群众来信来访共220多件（次），其中重复件12件（次），现已办结140件（次），12件（次）正在办理中。对反映的问题及时有效进行了处理，切实维护企业安全稳定。以人为本，稳妥解决了历时5年的1.2万名企业退休人员计生奖一次性发放的问题，解决了困扰多年的2万多名困难企业退休人员移交社区管理工作，建立一个正常的提高企业退休军转干的临时生活困难补贴资金拨付机制，妥善处理行政性公司退休人员生活待遇诉求问题。

【抓基层、打基础、促发展，党建工作取得新成效】 积极抓好企业党组织建设，以“四好党组织”为着力点和出发点，抓好党建“示范点”工作，达到以点带面的效果。着力加强企业领导班子的配备和完善，不断健全企业党组织架构；着力加强党员队伍和后备干部队伍建设，为企业的可持续发展储备人才。以“廉政文化进企业”活动为切入点，推进企业党风廉政的深入开展，认真落实《廉政准则》有关要求和规定，切实提高落实反腐倡廉制度的执行力。（肖先勇）

市属资产经营管理公司和授权经营企业集团介绍

【佛山市公盈投资控股有限公司】 2009年，佛山公盈公司和各企业在市委、市政府和市国资委领导下，团结奋斗，迎战金融危机和各种困难，进一步深化国有企业改革，解决企业历史遗留问题，维护大局稳定；推进转型，促进发展；加强企业党的建设和企业文化建设，促进和谐，取得了新的成绩。

重点的改革重组项目有新的进展。一是新纺织公司的企业搬迁工作完成。经过几年努力，至2009年，南方印染、新光针织、华丰纺织、棉纺厂、广丰染织5企业的搬迁工作全部完成，涉及700余亩新厂房建设，腾出517亩旧城区土地。总体上，经营情况稳定，而且设备更新、业务拓展良好，发展有了新的基础。二是佛塑工贸公司所持佛塑股份公司股权按计划转让。三是佛陶集团改革取得了重要的进展。该集团在成功推进第一阶段改革的基础上，2009年工作统筹兼顾，有新的进展。土地资源处置初见成效，努力解决历史问题，确保了经营和职工思想稳定。四是中力公司等企业为推进城区改造作出了积极贡献。努力配合有关部门，做好了祖庙～东华里、普君南、汾江河等片区的拆迁补偿工作，收效较好。

做好维护稳定工作。2009年，公盈公司以及所属的中力公司、佛陶工贸等企业用于解决国企历史问题的资金共5.9亿元，切实做好信访工作，努力化解矛盾、解决深层次问题，确保了稳定。

推进公司的转型发展。近年来，公盈公司在推进国有劣势企业退出市场的同时，发展了一批国有企业，如禅本德公司、禅聚德公司、佛山节能减排服务管理中心、机动车驾驶员考试培训中心、佛山南方产权交易所、佳华电器、东亚股份、棉纺厂、金湖酒店等一批国有企业，经营发展取得了新成绩，为打造投资发展的平台，打下了一定的基础。2009年，公盈公司启动了转型发展工作，整合、盘活有效资产，加快国有资本的市场化经营步伐，努力提升国有经济的产业层次。

加强企业党建和企业文化建设。公盈系统企业党组织580多个，其中党委50个，国企和改制而成的非公有制企业在岗职工5.3万人，党员7200多人。努力做好国企和非公企业的党建工作、纪检监察工作、企业工会工作，加强企业文化建设，促进了发展，促进了和谐稳定。2009年，面对金融风暴的冲击，房建、航运、市运输、水泵厂、康思达公司等一批企业，兑现了“不裁员、不减薪、不欠薪”的承诺，而且多数收入有增加。各企业总体保持了良好的发展。工业企业，如海天公司主营收入55亿元，同比增长35%，创税利5.3亿元。其他如国星光电、佛山照明、华新公司等企业也取得良好业绩。商贸企业，如皇冠假日酒店、兴华商场、嘉益公司、纺织品进出口公司等；房地产企业，如东建集团、鸿业公司等；交通运输企业，如汽运集团、公交公司、航运、市运、顺安达、鸿安公司等；建筑企业，如广东六建、房建集团、新一建集团等企业，都保持了较好的发展状态，作出了新的贡献。

（杜　强　庞　海）

【佛山市公用事业控股有限公司】 佛山市公用事业控股有限公司（简称公控公司）于2006年8月18日正式挂牌成立，是经佛山市人民政府批准设立的、由佛山市国资委监管的国有独资公司。该公司注册资本6亿元，拥有雄厚的资金、人才、技术等行业优势，主要从事公用事业的投资、建设和运营以及高新技术、基础设施等其他项目的投资和管理。

公控公司下辖佛山市水业集团有限公司、佛山电建集团公司、佛山市气业集团公司、佛山市物业资产经营有限公司、佛山市海外投资发展有限公司等五个子公司。公司资产总额达110亿元，属下一、二、三级企业总数为74家，企业职工总数4600多人。

佛山市水业集团公司主营城市供水、污水处理及相关业务，供水市场覆盖佛山市禅城、三水两区，中心组团新城区以及南海部分片区，现有11间自来水厂，总供水规模185万M^3/日；9间已建成运营的污水处理厂分布禅城、三水、南海、高明4个区，总处理规模80.5万M^3/日。

佛山电建集团公司主营电力生产和经营，全力推进佛山市三水恒益火力发电厂“上大压小” 2×600MW超临界燃煤机组工程项目，该工程项目，总投资55.2亿元人民币，投产后预计年发电量可达60亿千瓦时，年产值可达24.76亿元。

佛山市气业集团公司主营城市燃气供应及相关业务，其控股的佛山市燃气集团股份有限公司年销售气（含LNG和LPG）20余万吨，销售收入13亿元，拥有覆盖佛山五区的天然气高压管网以及500余公里的城市燃气中、低压管网，拥有居民管道气客户17万户，工商业管道气客户800余户和瓶装气客户30万户。

佛山市物业资产经营公司主要从事授权范围内的国有物业资产的投资、经营和管理业务，公司资产6.94亿元，经营的物业面积共15.6万平方米，初步形成了以物业资产经营、烟酒经营、进出口贸易口岸服务等三大核心业务为支撑的经营格局。

佛山市海外投资发展有限公司主要负责境外资产的投资、管理和营运，包括一家在香港的上市公司和四家较具规模的医药制造企业，

2009年，面对国际金融危机等不利的经营环境，公控公司深入贯彻落实科学发展观，同心同德，不畏艰难，顽强拼搏，生产经营保持稳步较快发展，恒益电厂、第二水源和天然气利用等工程项目顺利推进。公司注重强化产权意识、发展意识和自主创新意识，在稳定发展的前提下，坚持以体制和机制创新为动力，以“持续改进”的管理理念，进一步完善战略规划和机制创新等改进措施，巩固管理基础，提升管理水平。不断创新经营管理的手段和方式，积极培育新的经济增长点，企业竞争力得到增强。紧抓安全生产，加强党风廉政建设，建立和谐企业文化，为企业发展保驾护航。在追求经济效益的同时，积极履行社会责任，取得良好的社会效益。

（宋　宏）

【佛山市东平新城开发建设有限公司】 2009年，东平新城全体干部职工团结协作、奋力拼搏，以“把握良机，全力提速”为主线，积极推进规划设计、项目建设、招商引资、绿化改造提升、物业管理、宣传推介等各项工作，特别在推进项目建设方面取得了较为显著的成效，拉开了东平新城第二轮建设发展热潮的序幕。

规划先行，引领发展。2009年，完成了东平新城南片区交通规划编制，并将成果融入了东平新城控制性详细规划修编中；与市规划部门联合完成了东平新城南片区控制性详细规划修编工作，为南片区开发建设提供控制性指引；完成了东平新城空间拓展、村落发展、产业发展等专题规划，指明东平新城发展方向；组织并完成了东平新城南片区水

系、绿化专题规划；明确中央商务区功能定位及具体推进计划，并与市规划部门联合组织了东平新城中央商务区发展策划与城市规划设计国际竞赛。

抓住良机，加快建设。2009年，完成了大墩水（船）闸工程施工及验收工作。公共文化综合体（“坊城”）、东平学校、大墩村试验段河涌整治项目已动工建设。交通枢纽中心、商务中心地块顺利拍出。交通枢纽中心概念设计方案已完成。商务中心项目推进了前期工作，并进行设计方案竞赛。配合推进了广佛线南延线、汾江路南延线、广佛环线东平新城至广州新客站段轻轨项目前期工作。组织了裕和路东延、岭南大道南延、华阳路南延、汾江路南延等四条主干道路及信息大楼等项目的前期工作。推进了绿化、区内路网建设和其他配套项目。

招商推介，成效显著。2009年，高价拍出原部分富力地块分割出来的其中两个地块（总用地面积共约47万平方米），为东平新城的未来发展创造更好商机。除此，一方面通过组织奠基仪式及宣传推介活动，提高社会各界对东平新城的关注度；另一方面，积极与内地客商以及国外、港澳台客商接触，寻求合作可能。

内部管理，持续发展。以科学发展观学习实践活动为契机，开展管理体制改革。做好建章立制，加强党风廉政建设，健全工青妇组织。在此基础上，加强在行政、党务、后勤、接待、合约、资金等管理工作，整个管理体系更加健全、科学、高效。2009年，东平新城还引进了一批涉及经济管理、城市规划、园林绿化、市政建设、对外交流等专业优秀人才，为新城建设提供必要的人力资源保障。

物业管理，稳步推进。环卫、园林、市政设备维护、水电、综合管沟管理全面推进；开展了东平新城数字化城市管理项目前期工作；完成东平新城西北侧、东平学校南侧、奥运林东侧、裕和路钢铁市场东侧代建地招商工作，力争盘活存量土地，促进区内可经营项目保值增值。

社会事务，妥善协调。2009年，各级政府的大力支持及相关部门的积极配合下，妥善解决了多年来困扰东平新城开发建设的小涌问题，有利于东平学校及其他一些项目重新启动建设。除此，与有关部门紧密沟通，抓好维稳、安全生产等工作。

（梁浩民）

【佛山市路桥建设有限公司】 佛山市路桥建设有限公司成立于2003年3月3日，是佛山市政府批准成立的国有独资企业，归口佛山市国资委管理。截止2009年底，公司总资产350.55亿元，企业资信等级AA级。

2009年，该公司按照市委、市政府的工作部署，在市国资委的直接领导和市交通运输局的业务指导下，全力推进工程项目建设，努力做好年次票收费管理工作，不断提升“一环”管养水平，积极探索可持续发展的途径，取得了良好的成绩。

工程建设有序推进。2009年全市44项重点公路工程中由市路桥建设有限公司自建的项目有8个，总投资约为57.6亿元。除龙湾大桥及引道工程，其他7个工程建设项目已开工建设，2009年完成工程投资8.7亿元。工程项目建设实现了按期开工、按计划推进、保质保量、安全廉政的管理目标。

年次票收入实现预期目标。2008年10月1日省政府实施广佛年票互认、次票互免政策后，佛山市次票收入大幅减少。经市政府同意，及时安装并启用了车辆年票识别系统，做到“应收不漏，应免不收”，避免次票流失。截止2009年底，全年年次票征收实现预期目标。

“一环”管养保持良好水平。按照“建养并重，保障畅通”的工作方针，参照高速公路的养护标准，开展全面养护、预防性养护、应急处理及路政管理工作，实现了“一环”安全畅通。

（林少锋）

对外经济贸易

对外贸易

【综述】 2009年是佛山外经贸经受国际金融危机最严峻考验的一年，也是在市委、市政府正确领导下全市坚定信心、积极应对、化危为机、奋勇突围的一年。各级外经贸部门强化服务加强合作，优化结构抢抓订单，外贸进出口降幅持续收窄，降幅低于全省平均水平。全年全市进出口贸易总值383.4亿美元，比上年同期下降9.2%，降幅从年初的下降32%进一步收窄到全年一位数以内，达到年中的预期目标。其中出口245.8亿美元，下降15.1%；进口137.6亿美元，增长3.8%。外经贸发展形势的逐步好转，为全市经济率先突围作出积极的贡献，为外经贸的下一步发展打下坚实的基础。

【外贸结构进一步优化】 2009年全年机电产品出口157.1亿美元，下降16.1%，略大于全市出口降幅，占出口总值63.9%。高新技术产品出口（与机电产品有交叉）36.5亿美元，下降15.3%，占出口总值14.8%。同期，机电产品进口55.8亿美元，下降3.9%，占进口总值40.5%。高新技术产品进口大幅增长，进口值32亿美元，增长29.7%，占进口总值23.3%。全年对主要市场出口虽全部下降，但降幅均有所收窄，新兴市场出口降幅也有所收窄，多数主要市场进口实现增长。对欧盟、美国、东盟和香港出口分别下降17.9%、0.4%、5.5%和24.3%，新兴市场中，对非洲、沙特阿拉伯出口分别增长2.7%和11.4%，对拉丁美洲、中东、印度、巴西和俄罗斯出口分别下降23.6%、8.4%、17.7%、17.4%和47.9%。全年外商投资企业进出口225.8亿美元，下降13.7%，内资企业进出口157.5亿美元，下降1.7%。全年一般贸易出口128.8亿美元，下降16.4%，一般贸易进口69.8亿美元，大幅增长23.2%，加工贸易出口116亿美元，下降13.5%，加工贸易进口61亿美元，下降6.8%。

【加大外贸支持力度帮助企业突围】 积极贯彻上级各项扶持政策。2009年佛山市外经贸企业获得中央、省、市各项外经贸扶持及专项资金共2.3亿元，惠及企业3778家（次）。佛山市加大资金扶持力度，确保全年外贸预期目标的实现。要求各区配套中央、省、市的外经贸扶持资金，加大财政资金对外贸出口的支持。各镇（街）均在市、区政府已有财政扶持基础上，从本级财政中拿出一定的资金进一步加大对企业的扶持力度。

【支持企业参加境内外展会抢抓订单】 支持行业协会、中介机构和企业组团参加了37场国际展览、展销和境外经贸活动。充分发挥广交会对出口的带动效应，2009年的春秋两届广交会上，鼓励参展企业充分利用佛山与广州交通便利的优势，邀请广交会结识的客户到访企业扩大成交效果。联同行业商协会，结合优势产业和成长性好的产业，利用商协会的中介服务功能联合组织了10多场市场拓展活动。先后召开了企业家协会、家具协会、陶瓷协会、电子信息协会、展览协会、进出口商会、工商联等中介组织参加的座谈会，政府和各行业协会共同商讨，充分考虑企业的目标市场，组织会员企业有效拓展国际市场。帮助企业寻找适宜的市场开拓策略，引导企业加强市场开拓。举办德国电子电气工程师协会测试服务推介会、网上拓市百日推介会、匈牙利中国品牌贸易中心推介、开拓非洲市场推介会等专项推广活动，对佛山的家电、陶瓷、家具等企业如何更好地进行市场的开发进行深入分析指导。积极推进联合国采购。通过召开国际机构采购推介会等方式，对已注册或有意成为联合国采购供应商的企业进行分类指导，并对已中标的企业进行扶持。

【积极开拓南美市场，大力促进欧洲投资贸易】 2009年，赴巴西、阿根廷、智利等国家成功开展了系列经贸活动，成功举办了两场贸易投资推介会，参加了巴西国际建材展，拜访当地政府机构，会见重点客户和有关商会。美的、雪莱特、万和、新明珠、嘉益实业等70多家品牌和中小企业参加活动，达成贸易协议10.2亿美元。

赴意大利、俄罗斯、匈牙利等国家，组织了3场大型的经贸交流活动，以及创意产业和陶瓷等2场专场推介会，吸引600多名当地客商代表参会。为企业开展欧洲投资贸易合作搭建平台，共有7大行业46家企业随团出访，达成贸易进出口协议11.2亿美元，吸收外资合同和意向5.3亿美元。

【积极推动企业与东欧的经贸合作】 2009年，赴法国、匈牙利、德国等国家，拜访重点企业，推动在谈项目落实。学习传统产业升级转型的发展经验，参加中国和匈牙利两国政府有关活动和考察中国品牌贸易中心，为佛山市企业走出去进驻匈牙利项目揭幕。

【推进加工贸易转型升级】 引导企业提升技术和品牌应对危机。与香港生产力促进局联合举办引领企业升级突围研讨会，通过香港的"升转一站通"服务，协助港资企业解决转型升级难题。与香港贸发局联合举办创意品牌研讨会，协助企业制定品牌策略，增强产品设计，发展高增值产品，引导港资企业转型升级。安排资金鼓励和支持加工贸易企业拓展国内市场，积极为企业参与国内展销会提供帮助，组织了53家外商投资企业参加广东外商投资企业产品（内销）博览会，使参展企业与1660名采购商经过3天的对接洽谈，达成内销金额8.15亿元。

【积极应对国际贸易壁垒】 做好重要案件的应对。2009年有7个国家和地区发起涉及佛山市的贸易救济调查9宗，涉案企业242家，涉案金额1.41亿美元。在印度瓷砖反倾销案和加拿大弹簧反倾销案中，佛山市新明珠集团、广东新中源集团、佛山京信钢丝弹簧公司等企业终裁都获得全国唯一的零税率。与海关共同编写了9期公平贸易简报，广泛发送到相关行业协会和重点企业。其中针对陶瓷和铝型材产品等多篇进出口产品的风险分析报告预警及时准确，有效地提醒佛山市企业防范贸易风险。顺利完成反补贴梳理试点工作。

（夏军强　刘子亮）

利用外资

【综述】 全市2009年新批外商直接投资项目162个，合同外资金额10.13亿美元，同比减少55.31%；实际使用外资金额18.74亿美元，同比增长3.72%。实际使用外资金额保持了平稳发展，全年实际使用外资金额18.74亿美元，同比增长3.7%，超额完成了全年目标任务。全市致力于推进大项目落实，合同外资从年中降幅接近9成，缩窄为全年5成，其中10、11、12月合同外资分别为1.19亿美元、1.37亿美元、2.56亿美元，环比分别增长23.12%、15%和87.35%，连续6个月实现了合同外资的逐月增长。

【引进大项目有新进展】 2009年世界500强企业在佛山市投资新批和增资项目8个，至年底，全市共有45个世界500强企业投资了85个项目。新引进或增资旭硝子、美旗物流、美的商用空调、美的制冷设备、碧桂园、顺特电气与阿海珐合作、奥特莱斯等多个投资总额超3000万美元的项目。浦项镀锌钢板项目、旭明半导体照明等大项目取得突破性进展。东普雷、富士通、杜邦太阳能等项目签约。红牛、可口可乐、法雷奥、富丰新城等项目动工。

【外资结构进一步优化】 第三产业实际使用外资金额大幅上升。全年第三产业实际使用外资金额8.73亿美元，同比增长46.9%，占全市总量的

45.8%，对全市实际使用外资金额起到一定的支撑作用。特别是批发和零售业发展良好，实际外资金额7532万美元，同比增长4.36倍；房地产业实际外资7.56亿美元，同比增长43.47%。港商投资合同金额5.94亿美元，占全市港、澳商及外商投资总量的58.6%，法国、新加坡、日本、英属维尔京群岛分别为1.15亿美元、7961万美元、7199万美元和6415万美元，位居前五位。实际使用外资金额前五位的国家和地区依次为：中国香港、英属维尔京群岛、日本、新加坡、中国澳门，其中新加坡6756万美元，同比增长98.82%，日本1.1亿美元，同比增长130.27%。

【组织及参加了10多场大规模的经贸活动】 主动出击寻找商机。组织了欧洲、南美、中东等系列经贸活动和日本大阪投资推介会；参加了省在越南、澳大利亚的经贸活动，省在韩国、日本、泰国的系列经贸活动，粤港经济技术交流会等10场大规模的经贸活动。合计签订贸易订单或达成进出口协议超过28亿美元，吸收利用外资合同和意向近14亿美元。

【以大项目为抓手推进产业招商】 建立大项目领导责任制市、区主要领导亲力亲为，参与大项目的具体引进工作。市领导出席红牛项目奠基典礼，鼓舞全市在金融危机情况下进一步做好外资大项目落实工作。会见百威英博全球董事长，促进百威二期投资项目加快落实。参加在大连举办的世界经济论坛2009年夏季达沃斯年会，参与“构建可持续发展的价值链”论坛的讨论，向世界宣传推介佛山的经济发展现状和未来的发展思路，并在会议期间分别会见6位世界知名企业负责人，推动项目投资合作。将招商引资工作重点放在大项目上，加大了对日本、美国、欧洲等一批重点项目的跟进，加强对太阳能、环保装备、节能电光源、物流等新兴产业的项目招商。共组织接待国外机构，跨国公司高层考察团共50多次，接待人次超过300人。

【推动申报中国服务外包示范区工作取得进展】 全面启动申报中国服务外包示范区工作。省政府向商务部推荐广东金融高新技术服务区申报中国服务外包示范区，多次向商务部汇报并请求支持，商务部对将广东金融高新技术服务区确认为服务外包示范园区表示支持，为下一步佛山发展服务外包争取了主动。

（夏军强　刘子亮）

口岸管理

【综述】 2009年，佛山市口岸工作以“把握机遇、突出重点、提升服务、科学发展”为工作目标，着力抓好口岸通关环境建设及口岸协调管理，为招商引资和外贸进出口营造安全畅通、优质高效的通关环境。全年口岸进出口货运量1957.27万吨，同比下降2%；其中出口991.94万吨，下降9%；进口965.33万吨，增长7%。出入境人员85.83万人次，下降12%。

【粤港口岸通关电子信息化合作有新突破】 一是广佛电子口岸的合作。佛山电子口岸与广州电子口岸开展跨地域电子口岸合作，双方就运抵报关的推广已开展合作，并计划开展海关新舱单管理系统及其他物流通关方面的合作努力，实现资源共享。二是国内首个跨境报关服务平台推广试用。佛山电子口岸与中国香港贸易通联合开发首个跨境电子报关服务平台，并于7月份开始试用，通过为企业提供货物进出口香港电子报关一站式服务，使内地企业无需经过代理，在全国范围内都可以直接向香港海关进行电子申报，大大降低了香港报关的费用，企业使用香港电子报关平台，可以节省50%到70%的报关费用。至年底止，已有美的等多家大型企业应用。

【口岸通过能力有新提高】 北滘口岸扩建。为更好地服务佛山外向型经济的发展，2009年对北滘口岸进行扩建，延伸码头岸线320米，新建2个1000吨级多用途泊位、2个1000吨级杂货泊位，扩建的基础设施建设现已基本完成，竣工后北滘港区面积将达25万平方米，码头岸线总长740米，拥有6个1000吨级集装箱泊位、2个1000吨级杂货泊位，年吞吐能力达370万吨，集装箱吞吐量可达80万标准箱，能够满足北滘镇及周边镇（街）未来经济发展的需要。

【口岸服务功能有新提升】 最大限度提供通关便利。为应对金融“寒潮”对外贸进出口企业影响，驻佛山的口岸查验单位深入企业调研，研究制定帮扶企业的工作意见和措施，并组织召开了多场的政策宣讲会。落实预审价、预归类、提前申报、担保验放、联网监管、网上税费支付、电子联网核查、进出口货物检验检疫直通放行制度、时效货物24小时登船服务法等一系列通关便利措施，提高口岸通关效率。

【保税物流发展有新探索】 为提升佛山保税物流的层次，与中国社科院城市发展与环境研究中心就高层次保税物流项目建设合作调研，计划以南海区九江镇作为建设佛山高层次保税物流项目园区的载体，向国家申报综合保税区项目。

（王　政）

海　关

【综述】 2009年，佛山海关在广州海关的正确领导下，认真贯彻落实全国海关关长会议、全国海关综合治税工作会议和广州海关关区关长会议精神，从自身职能定位和工作实际出发，坚持改革创新，以科学发展观统领工作全局，紧贴佛山区域经济发展战略，优化海关监管和服务，切实防范执法风险和廉政风险，全面推进业务和队伍建设，圆满完成各项工作任务。佛山海关全年共征收税款126.52亿元，同比增长18.5%；监管进出口货物1957.3万吨，进出口货值347.24亿美元，同比分别下降2%和10.5%。

【认真履行把关服务职能，各项业务工作稳步推进】 一是“增量”“存量”两手抓，综合治税成效显著。完善第三方网上支付模式，网上支付业务取得重大突破。佛山海关全年网上付税额43.16亿元，同比增长3.1倍，网上支付使用率34.1%。二是优化海关监管和服务，积极构建大监管体系。探索适合关区特点的特殊监管区域、保税监管场所和口岸物流联动通关的有效实现方式，大力推广“属地申报、口岸验放”模式，落实跨关区通关货物“应转尽转”措施，积极推广跨境快速通关系统和拓展卡车航班适用范围，进一步完善“一关通”模式，促进关区间物流无障碍流动；协助佛山市政府落实CEPA示范城市，以佛山电子口岸建设为突破口，大力支持佛港澳物流公共信息平台建设，促进佛港澳合作和发展；始终保持打击走私高压态势，进一步完善关区反走私协调机制，不断提高反走私工作的整体执行力和战斗力，有效遏制关区走私活动，维护公平贸易秩序。三是继续推进保税加工和保税物流监管改革。大力支持广东九江综合保税区等保税物流特殊监管区域项目建设，鼓励一般贸易进口货物进入公共保税仓暂时存储，为佛山各类海关保税监管场所逐步发展成大型物流配送中心提供支持。四是坚持优质高效服务，助推佛山经济协调发展。积极帮扶企业应对金融危机，推出《佛山海关支持企业应对金融危机促进外贸发展八项措施》，得到佛山市委、市政府主要领导高度评价；加强与地方政府联系沟通，通过《佛山海关工作动态》、《佛山公平贸易简报》、《佛山海关对外贸易进出口动态》等形式，围绕佛山市“两转型一再造”发展目标，做好进出口预警工作，为佛山政府领导提供决策参考；加强海关政策法规宣传，以“与网民在线交流”等形式，为佛山企业发展提供政策支持；推进企业信用体系建设，创建佛山文明城市。

【扎实推进学习实践科学发展观整改活动，队伍建设不断加强】 一是深入学习实践科学发展观，强化基层组织建设。以学习实践科学发展观整改落实“回头看”为契机，不断深化学习实践活动成效。加强领导班子和领导干部建设，认真组织学习十七届四中全会精神；以庆祝建国、建关60周年为契机，相继开展“我与祖国共奋进、我为海关作贡献”主题教育活动、电子橱窗设计、诗歌征集、羽毛球比赛、主题摄影展、文艺汇演等系列活动，活跃关员文化生活，形成和谐进取良好氛围。二是抓好干部人事工作，扎实推进内务规范化建设。以人为本，加强基础建设，开展人力资源调研，合理配置人员，推进干部人事工作科学化、民主化、制度化；创新思想政治工作方式方法，不断增强思想政治工作的针对性、实效性和感染力，积极开展“春风送暖——帮扶困境儿童”和为台湾受台风灾害民众捐款活动；加强教育培训管理，进一步规范教育培训程序；扎实推进准军事化纪律部队建设，抓制度规范，加强考勤管理，抓制度落实，坚持定期对内务规范进行检查通报。（陈凯燕）

检验检疫

【综述】 2009年，佛山检验检疫局认真贯彻落实广东检验检疫工作会议精神，以《珠江三角洲地区改革发展规划纲要》为指导，以深入开展学习实践科学发展观活动为主线，围绕局党组年初提出的工作总体目标，组织开展“质量和安全年”活动和“三扶持”活动，积极应对甲型H1N1流感疫情，努力帮扶外贸企业应对金融危机，全力以赴维护地方经济稳定发展，1～10月，共受理出入境货物报检87万批，总值35.57亿美元，同比下降44%和34%。签发各种原产地证书2.24万份，有效地把好了出入境货物检验检疫质量关。

【积极应对甲型H1N1流感疫情，做好口岸卫生防控工作】 一是积极做好防控甲型H1N1流感工作。按照“外堵输入、内防扩散”的工作思路，发布关于应对甲型H1N1流感防控工作紧急通知，全面加强防疫物资储备，建立甲型H1N1流感防控联系机制。二是加强口岸卫生监督，定期对口岸、港区、食堂的环境卫生进行卫生监督，对微小环境进行监测和评价，对口岸饭堂食品、餐具和饮用水进行快速检测。1～10月份，共进行口岸卫生监督108次；进行饭堂食品快速检测84次，微小环境监测和评价36次。三是认真开展口岸媒介生物本底调查工作，做好蜚蠊密度调查和季节消长调查工作，定期对5个监测点的霍乱弧菌疫源地进行抽样检验，检测结果均为阴性。四是做好卫检实验室检测工作，共进行了出入境人员健康检查1367人次，从业人员健康检查44人次，越南籍非法入境人员2人次。共检乙肝表面抗原阳性119例，丙肝阳性11例，性病（梅毒）16例，HIV抗体阳性1例。

【加强动植物及其产品、食品的检验检疫监管工作】
一是正式实施《加快进出口食品检验检疫流程措施》，在风险分析、规范管理的基础上更好地处理检验检疫各环节的工作，与广东局签订了责任书。二是在进境水果的检验检疫工作中，以敏感国家进口水果为重点，提高一线检验检疫疫情意识、技术培训、科室人员赴口岸现场协助查验、加大抽查力度、加强实验室检测等确保了工作质量，1～10月，市检验检疫局共进境冻肉产品2781批、9.5万吨，进境水果5066批，17.98万吨，从进境植物及其产品中截获疫情5946批次，从进境冻肉中检出不合格批次有11批，其中1批作销毁处理，1批作退货处理，进口食品检出不合格13批次，其中9批作销毁处理。三是根据全国统一部署，加强对添加剂使用的清理整顿，市检验检疫局在1～4月份开展了打击违法添加非食用物质和滥用食品添加剂的专项整顿工作，派出43人次对辖区内15家出口食品生产企业使用添加剂的情况进行清理整顿，并要求3家问题企业限期整改，对企业出口产品从原料验收、半成品或成品制作的生产工艺全过程实施质量检验把关和动态监督管理，做到从源头上保障食品质量安全。四是开展对进出口敏感农产品质量安全专项整治工作，派出240人次对辖区内16家进出口农产品企业进行清查整治，与13家出口企业签订了质量安全承诺书，暂停了一家企业供货资格。

【加强认证认可工作】 制定《佛山局2009年度认证行政监管计划》，启用卫生注册信息管理系统对辖区内食品卫生注册登记企业进行信息化管理。发布4号出口食品生产企业卫生注册登记名单公告，受理4家出口食品生产企业卫生注册申请，发布3号佛山局管辖出口质量许可证企业名单通告，受理7家生产企业申报出口质量许可证申请，并按照广东局认证处委派完成对企业的现场评审工作，辖区内2009年获得出口产品质量许可证的有5家企业。

【切实做好出口产品合格评定推广工作】 一是以企业分类结果和风险评估为基础，以《出口日用陶瓷合格评定程序》和《出口卫生陶瓷合格评定程序》为依据，将应用工作扩大到所有出口日用陶瓷和卫生陶瓷生产企业。二是召开了“出口卫生陶瓷关键控制点的确定和验证研讨会”，组织了辖区内卫生陶瓷生产企业代表对产品质量风险、关键控制点的确定和验证项目进行研讨。三是对机电产品从2009年1月开始在出口小家电产品和玩具产品的检验监管工作中试行出口商品合格评定工作。从5月1日起对所有的机械和电器产品都开展“产品备案”和出口商品合格评定相结合的模式。四是借助CQC体系认证的服务优势，全方位推进企业产业结构优化管理升级的进程，为合格评定工作的推进奠定了基础。五是以市检验检疫局合作共建的国家级重点实验室和技术中心作为合格评定应用工作的技术后盾，主要从检测质量、检测范围、检测周期、信息收集和前沿研究等方面着手，加强实验室建设作为合格评定应用工作的技术后盾，为开展合格评定工作提供了强有力的技术支持。

【加强实验室建设，全面提升检测技术实力】 一是拓展实验室检测业务，争取多方合作共谋发展。进一步加强与CCIC、SGS、ITS、BV、德国莱茵集团等国际大型检测认证机构合作，获得更多更快的信息与技术支持；加强与国外政府合作，争取成为国外政府指定实验室，生态纺织实验室已正式成为CQC产品认证中心自愿性产品认证委托检测协议实验室，建筑卫生陶瓷实验室已经成为马来西亚、菲律宾、厄瓜多尔政府指定的陶瓷检测实验室；而沙特SASO认证、厄瓜多尔认证在市检验检疫局陶瓷实验室均可完成，为企业节省大量人力物力，也找到一条突破技术壁垒的通道。二是成立专门市场部，负责委托检测业务的开拓和检测认证全过程的贴心服务，优化目标市场的服务方式，开展对CE、SONCAP、SOSA和CQC生态纺织品等认证工作。三是加强实验室内部管理和技术质量管理，建立专门的标准信息库。已收集到国内外标准法规共5000多份。在对菲律宾的瓷砖认证项目上，从评议该认证TBT通报开始跟踪，经过一年多的努力艰苦交涉，市检验检疫局陶瓷实验室最终成为中国大陆唯一指定的陶瓷检测实验室。

【全力做好法检目录调整和广深珠出境货物直通放行工作，加大对原产地优惠政策宣传力度】 做好新增法检目录产品CIQ更新维护工作，为企业提供报检咨询服务，积极开展广深珠出境货物直通放行；组织辖区有关企业和全部代理报检企业代表参加了国家质检总局检验检疫服务企业政策宣讲视频会，向辖区100多家出口企业宣讲了国际新兴市场优惠关税政策。

【严格执法稽查工作】 2009年5月，市检验检疫局参与禅城区打私办组织的打击冻品走私专项行动，查获非法入境冻品169吨，并完成对查获的非法入境冻品检验鉴定和核查工作，协调查获冻品的处理事宜，与禅城区打私办、工商局、广州海关缉私分局等单位一起清点并现场监督将约144吨非法入境冷冻禽畜冻品进行销毁。

（杨　珊）

财 税

财 政

【综述】 受世界金融危机经济放缓的影响，2009年是近年来佛山市经济财政发展较为困难的一年。面对前所未有的困难和挑战，全市各级财政部门在市委、市政府的正确领导下，以科学发展观为统领，落实积极的财政政策，狠抓增收节支，加快公共财政体系建设，强化财政监督管理，为佛山市成功应对危机、实现率先突围、加快科学发展作出了积极贡献。2009年全市财政实现收支平衡，并有结余。全市一般预算收入完成254.7亿元，比上年增收26.7亿元，增长11.71%；全市一般预算支出完成（含省补助支出）266.99亿元，比上年增长9.19%。

【狠抓收入，促进财政收入平稳增长】 2009年初，在国际金融危机的冲击下，国内经济增长速度放缓，佛山市财政收入连续3个月负增长。面临多年未有的严峻形势，全市各级财政部门站在政治和全局的高度，把抓收入作为全年重中之重的工作任务来狠抓落实。坚持各级财税工作联席会议制度、收入通报制度和党组成员挂钩联系点制度，加强与税务、国土、建设等征收部门的联系沟通，强化税收和非税收入的征管，加大税收和非税收入的清欠力度，努力做到应收尽收。由于出手快、措施得力到位，迅速扭转了不利局面，实现了财政收入平稳较快增长。2009年全市地方财政一般预算收入完成254.7亿元，比上年增长11.71%，增幅高于全国(11.7%)、全省（10.25%）和珠三角7市（11.2%）的平均水平，而且在珠三角7市中的增幅排位从上年的第5位上升到第3位，取得了近年来增幅排位上的最好成绩。

【调整结构，集中财力保障民生支出】 佛山市财政系统按照“保重点、保运转、保民生”原则，大力节约财政开支和压减一般性财政支出，从紧安排预算，并着力调整优化财政支出结构，以改善民生为重点，促进和谐佛山建设。一方面，厉行节约，从紧安排预算，并严把支出关，严格控制一般性支出。全市全年压减车辆购置、车辆运行、出国（境）、会议、公务接待等经费预算7800多万元，腾出更多财力用于民生与重大项目支出。另一方面，调整优化财政支出结构，集中财力保障民生支出。通过加大投入，将免费义务教育范围进一步拓宽至广东户籍及15类非广东户籍常住人口子女政策性借读生，实现完全意义上的免费义务教育；进一步完善居民医保制度，深化医药卫生体制改革，推进社会医疗卫生事业发展；提高全市低保标准、社会福利、就业补助、企业退休人员待遇等，不断提高社会保障水平，促进了就业和社会稳定；加快住房保障体系建设，努力解决中低收入家庭“住房难”问题；支持公共文化发展，有效提高了市民群众文化生活质量；促进政策性农业保险等工作的开展，进一步扩大了公共财政覆盖“三农”的范围，统筹城乡发展；积极落实灾后重建资金，确保了援建工作的顺利开展。

【落实积极的财政政策，促进佛山市经济持续向好发展】 充分发挥财政职能作用，积极应对国际金融危机，促进经济社会各项事业发展持续向好。一是支持全市性公路、轨道、铁路及东平新城等重大项目建设，推动佛山新一轮发展，促进城市发展转型。二是发挥财政资金“四两拨千斤”的作用，提升企业技术改造和自主创新能力，加快佛山市产业结构战略性调整，促进产业转型。三是加大环保投入，全面推进汾江河综合整治及“绿地佛山”、生态林等工程建设，促进环境再造。四是通过落实担保基金、财政贴息、奖励上市融资等措施，着力解决企业融资困难，帮助企业渡过难关；认真落实中央、省、市扶持企业的各项减税让利政策，减轻企业负担；及时拨付中小企业国际市场开拓、外向型民营企业发展等外贸扶持资金，稳定外贸出口，促进外贸发展；加快兑付补贴工作，确保“家电下乡”、“汽车、摩托车下乡”、“家电以旧换新”、“汽车以旧换新”、农机购置补贴等工作的顺利实施，刺激消费，扩大内需。

【深化财政各项改革，加快公共财政管理体制建设】 2009年，佛山市以预算编制、资金使用、资产管理、绩效评价、监管问责为重点开展财政各项改革工作。一是加大绩效管理改革力度，市、区两级全面铺开绩效预算改革，将评价结果作为预算安排的重要依据；市级选择自主创新和节能减排两类项目作为试点，积极探索财政资金的竞争性分配改革。二是在继续深化和完善国库集中支付改革基础上，积极推进公务卡结算制度改革。三是作为省首批电子政府采购试点市，积极稳妥推进电子政府采购工作。四是市、区两级均采用非税系统收费，实现收费电子化管理，逐步推广非税专用POS机刷卡缴费模式，解决群众“缴费难”问题。五是稳步推进资产管理改革，逐步将行政事业单位非自用资产集中管理，为全面推进行政事业单位资产所用权与使用权分离的资产管理体制改革打下了基础。

【加强财政监督管理，确保财政资金安全】 佛山市各级财政部门以确保财政资金的安全、规范和有效为着眼点，采取有力措施，不断加大监督管理力度。一是制定了《关于加强财政资金监督管理的意见》，从预算编制、预算执行、绩效评价等各个环节加强对财政资金的监控。二是联合市纪委、监察、审计和宣传等部门，在全市党政机关和事业单位中深入开展“小金库”专项治理工作。三是制定了《关于做好地方政府性债务统计工作的意见》，落实了政府性债务统计的岗位责任制，建立起政府债务动态监控和分析机制，积极防范财政风险。四是继续对限额以上的财政投资项目派驻财务总监进行专项监控，同时加强财政性投资基建工程造价评审管理。2009年，全市共完成财政性投资基建工程编审额158.92亿元，其中送审额137.38亿元，核减不合理费用9.54亿元，核减率6.9%。

（黄长明）

国税系统

【综述】 2009年，面对金融危机、政策性减税等不利因素影响等困难，佛山国税系统上下一心，迎难而上，围绕“创新与服务”的工作主线，按照年初确定的“突出一个中心、服务一个大局、实施四大推进”的工作部署，同心同德，奋力拼搏，出色地完成了各项工作任务。全系统共组织税收收入419.9亿元，同比增长5.1%，增收20.25亿元，税收收入首次突破400亿元大关，圆满完成了上级下达的税收任务。其中：中央级收入338.53亿元，同比增长6.9%，增收21.79亿元；省级收入12.16亿元，同比下降13%，减收1.81亿元；市级收入69.21亿元，同比增长0.4%，增收2700万元。剔除海关代征税后，全年共组织国内税收收入313.63亿元，同比增长0.6%，增收1.99亿元，完成省局下达年度计划的102.7%，超收8.3亿元。剔除政策性减税、一次性收入等因素减收30多亿元的影响，2009年税收收入实际增长达13%，与全市经济增长基本同步。此外，全市共办理出口产品退税172.05亿元，同比增长3%。其中：出口退税为103.5亿元，免抵调库69亿元，有力地促进了地方经济的发展。

【凝心聚力，迎难而上，税收收入实现新突破】 组织得力、预测准确以及政策到位是2009年全市国税系统组织收入工作的三大特点。在全体人员的共同努力下，全系统税收收入任务缺口不断收窄，从11月开始实现了税收增幅由“负”转“正”，并最终圆满完成了上级下达的全年税收任务。

【以管促收，重点稽查，征管和执法水平有新提升】 深入实施"四联动"工作机制。建立健全税源监控分析机制，开展全方位、多层次的税源监控分析工作，并以数据分析为指导，做好纳税评估和税务稽查，纳税评估补缴税款和稽查查补收入成倍增长。多管齐下夯实征管基础。对各税种实行严征细管，提高纳税人的税法遵从度，夯实佛山市国税的征管基础，促成国税税收增长的新亮点。抓好内部规范执法。把检查和考核相结合，开展全面的税收执法检查，推动执法工作的规范统一。同时组织开展税收管理员制度"回头看"活动，强化一线征管人员的执法科学性和规范度。

【统筹全局，重点攻关，税务管理质效上新台阶】 一是税源分析监控机制项目攻关，建立了"四联动"信息反馈平台，使税收分析、纳税评估、税源监控和税务稽查各环节有机衔接，带动各级做好税收分析，指引税源监控的重点和方向，丰富税源监控的参考依据。二是优化整合辅助软件功能项目攻关，提高系统运行速度，保证税收业务的正常开展，为税源分析监控提供技术支持。三是推广应用税务流程管理项目攻关， 2009年1～3月流程试运行，4月份正式运行，开发流程合理化建议管理系统，组织全系统"学流程、用流程查考活动"，使全体人员更加注重依政策执法，工作统一性和规范度大幅提升。四是工作经验交流项目攻关，自1994年佛山国税系统成立以来，在历次税制、机构、征管模式的重大变革中，坚持走管理创新之路，所创造和积累出的优秀工作经验进行全面的总结和集中荟展，评选出优秀、优良经验交流项目107项，其中23项在2009年内全面推广。五是素质教育培训项目攻关。开发教育培训信息管理软件；从不同角度，不同层级组织开展针对性强、实效性高的培训，切实提高税务干部的专业水平和综合素质。

【开拓思路，求真务实，纳税服务打开新局面】 一是依托信息化创新服务方式。推广应用网上抄报税系统的试点，实现增值税一般纳税人申报征收全过程电子化；梳理网页的办税指引和表证单书并提供免费下载，实现便捷办税；分析排队机数据，合理调配窗口办税工作人员，缩短办税时间；推出免填单服务，提高办税效率。二是多措并举推动税法宣传。发挥"门户网站、办税服务厅、地方主流传媒"三大平台作用，突出"税收新政、纳税服务、税务工作"三方面内容，开展内容丰富、形式多样的税收宣传活动，搭建税企间的良性互动平台，巩固和谐征纳关系。三是实事求是为基层减负提速。各级机关深入调研，服务基层，大力开展为基层减负提速的活动。如整合征管软件的登录出口、提升系统的运行速度、推广应用ETS电子退税业务、全面推广数据通、完善各类税收分析等，得到一线税务人员的认可和欢迎。

【以人为本，固本强基，干部队伍焕发新风采】 扎实开展深入学习实践科学发展观活动，实现党员干部受教育、税收发展上水平、人民群众得实惠的目标。以提高执政能力为目的，加强市区两级领导班子建设。抓好领导干部一岗两责、经济责任审计、收入申报及班子成员个人相关事项报告等各项制度的落实。平稳做好机构改革，理顺内部工作架构体系，做好禅城、南海、顺德3个区局的机构升格；加强岗位轮换；健全干部队伍的任用考核机制；做好人力资源的整合和开发使用。创新推进廉政建设，推动国税廉政文化建设向纵深发展。组织纳税人访谈和纳税服务满意度调查，加强对纳税服务工作的监督，促进行业作风的转变，得到纳税人的充分肯定。 （周桂华）

地方税收

【综述】 2009年，面对建局以来最紧张的收入形势，佛山市各级地税部门以深入学习实践科学发展观为抓手，在争抓组织收入主动权、稳步推进社保费地税全责征收上线、积极探索构建专业化税源管理新体系、全面推广纳税服务示范品牌、强化地税文化建设等方面狠下工夫，税收收入规模继续稳居全省地级市首位，征管改革创出佛山特色，纳税服务品牌享誉全国税务系统。全年共组织税收收入223.1亿元，同比增长4.4%，增收9.3亿元；非税收入125.5亿元，同比增长18.7%，增收19.8亿元，其中：社保费收入111.7亿元，同比增长21.6%，增收19.8亿元，征缴率达99.9%。

【创新科学发展道路新机制】 佛山市地税局先后组织赴东莞、珠海等8个兄弟市局考察，创新探索科学发展道路；在全省率先组建市、区两级税源监控办公室和纳税评估办公室，密切监控税源变动，科学开展纳税评估；组织开展规模空前的全市经济税源大调研，对制造业、房地产业、金融业等13个行业共1.5万家企业开展专题调研，基本摸清经济税源状况及运行趋势；加强与财政、社保等部门的协调合作，建立应急反馈机制，推动社保费全责征收顺利上线；紧紧把握广佛同城化和广佛肇经济圈建设等历史新机遇，加强三地尤其是广佛两市税务协作，联合出台《广州市佛山市同城化建设地税部门协作方案》；积极发挥税收服务经济社会发展的职能作用，撰写《佛山、东莞两市经济税收情况对比分析报告》等调研文章，为促进佛山"两转型一再造"积极建言献策，得到市政府领导的高度肯定。

【全面构建专业化税源管理新体系】 面对税源困境，佛山市地税局以征管改革化解组织收入危机，全面推进税源精细化管理标兵区建设，在总结禅城、三水区局专业化税源管理新模式的基础上，在全省率先提出构建专业化税源管理新体系的重大设想，把综合治税、发票管理、纳税评估等纳入新体系，规划用三年时间在全市构建起"一个核心、两办统筹、三级联动、四大措施"的佛山特色专业化税源管理新体系。2009年6月召开各级党政高度关注的全市征管工作会议，市政府常务副市长周天明和省地税局副局长杨楚潮到会并作重要指示。在市委、市政府和省地税局的大力支持下，新体系构建工作取得初步成效：综合治税工作取得实质性进展，市地税局代拟的《佛山市综合治税工作管理规定》已由市政府正式发文，初步达成与相关部门交换信息的共识；税源管理综合应用平台建设已完成前期调研及业务需求分析；发票在线应用系统全面上线，全年累计网上开票446户，开出发票3.7万份，金额20.5亿元；启动全市集中纳税评估和企业所得税汇算清缴专项纳税评估工作，全年通过纳税评估入库税收收入14.8亿元。

【优化深化纳税服务】 以"七个统一"和"十项特色服务"为标准，全面完成28个办税服务厅的新建和改建工作；创新推行"同城通办、多网点全天候自助办税"，推广"一窗式"服务，实现税收管理与优化服务的"双提速"；建立智能评价体系，从服务质量等方面对服务绩效实行全方位评价和考核；"禅城模式"、"丹灶模式"等纳税服务品牌闻名遐迩，南海区局纳税服务局被评为广东省2009年度政府系统和行业"窗口之星"。同时，以"税收·发展·民生"为主题，组织开展多元化税收宣传活动，邀请企业界人大代表、政协委员参加"税务开放日"活动，积极参与佛山电台"民生直通车"栏目，进一步拉近与社会各界距离；在全省地税系统率先建立网络发言人工作机制，提升应对各类涉税网络舆情的工作能力；开展针对性、实效性强的纳税辅导累计219场次，编印税宣资料152万份，赢得了社会各界和纳税人的广泛赞誉。

【严格规范税收执法】 严格贯彻落实税收政策，进一步简化减免税流程，切实服务经济社会发展，全年落实税收优惠政策减免各项税收6.68亿元，其中，减免中小企业税收3.63亿元。切实保障纳税人权益，在全省地税系统率先成立法律顾问室、出台税务争议预防及调解办法，进一步健全税收执法保障机制，为全省从源头上预防税务争议提供经验借鉴。整顿规范税收秩序，严厉打击涉税违法犯罪行为，全年查补入库税收总额3.6亿元；联合公安、国税部门严厉打击发票违法犯罪活动，共破获制售假发票案10宗，缴获假发票70.4万份。

【激发队伍潜能活力】 佛山市地税局把加强队伍管理和地税文化建设作为重要工作来抓，积极推进党风廉政和地税文化建设。加强干部挂职交流、选拔配备和专业化教育培训工作，组织开展稽查、社保费征收、纳税评估等针对性培训13期，参训1027人次。搭建数字化宣教平台，完成全省地税系统廉政建设工作平台开发和试运行；认真开展以"强化作风建设，有效防范风险"为主题的纪律教育学习月活动；开展佛山地税核心价值观大讨论和"感动南海地税人物和事件"评选活动。

（姚友谊）

金　融

银行业

【综述】 2009年，受国际金融危机扩散蔓延、外部需求大幅萎缩的影响，佛山市经济发展遭受了严峻考验。各金融机构积极贯彻落实党中央、国务院关于应对国际金融危机，扩内需、调结构、保增长、保民生、保稳定的一揽子计划以及适度宽松的货币政策，加大金融支持经济发展的力度，经营效益保持增长，金融创新取得新突破，有效地支持了地方经济发展。

【存、贷款持续快速增长】 2009年末，佛山市金融机构本外币各项存款余额7211.14亿元，比年初增加1497.19亿元，增长26.2%，同比多增669.77亿元，增幅同比提高13.2个百分点，其中：人民币各项存款余额7104.38亿元，比年初增加1498.33亿元，增长26.7%；外汇存款余额15.64亿美元，比年初减少1500万美元，降幅0.96%，降幅同比上升9.95个百分点。金融机构本外币各项贷款余额为4101.97亿元，比年初增加1102.24亿元，增长36.7%，同比多增826.09亿元，增幅同比上升29.52个百分点，其中：人民币各项贷款余额为3931.87亿元，比年初增加990.88亿元，增长33.7%；外币各项贷款余额为24.91亿美元，比年初增加16.32亿美元，增长189.9%。

【现金收支呈现净回笼】 1～12月，佛山市金融机构累计现金支出7450.75亿元，同比增加60.19亿元，增长0.8%；现金收入7464.13亿元，同比减少25.68，降幅0.3%；现金净回笼13.38亿元，同比少回笼85.87亿元。全年现金收支呈现出以下特点：一是储蓄现金流量占主导地位，约占总流量的84.9%，比上年上升11.57个百分点。二是信贷大投放并没有导致现金大投放，信贷投放主要集中在基础建设投资等大型项目上，对现金投放并无直接影响。三是银行非现金交易服务如网银、自助交易设备的发展，导致现金流通量和回笼量逐年递减。2009年，全市银联刷卡累计消费681.49亿元，同比增长41.82%。

【结售汇双顺差格局不变，增幅明显下降】 1～12月，佛山市银行累计结汇收入211.1亿美元，同比下降17%，售汇支出70.49亿美元，同比增长0.8%，结售汇顺差140.61亿美元，同比下降23.8%。其中经常项目顺差134.53亿美元，资本与金融项目顺差6.08亿美元，同比分别下降23.1%和37.2%。外汇收支形势呈现以下特点：一是年度双顺差高增长的态势不再延续。全年累计出口245.78亿美元，下降15.1%，进口137.62亿美元，增长3.8%，导致外汇收支一改往年双顺差高增长的态势，结售汇和国际收支顺差同时出现负增长，其中结售汇顺差下降23.8%，国际收支顺差下降33.1%。二是外商直接投资大幅下降。2009年内，佛山全市外商投资企业办理外汇登记147笔，同比下降302%；外商直接投资出资额（外资外汇登记数据）13.95亿美元，同比下降24.6%；辖区企业直接投资结汇8.92亿美元，同比下降33.8%。三是随着经济转暖信号增强，月度指标有好转趋势。2009年1～10月各月出口额同比均为负增长，但11月开始出现正增长，国际收支、结售汇顺差同比增长率也分别从11月、9月开始由负转正。

【金融改革创新成效明显，金融机构效益保持增长】 随着股份制改革进程的不断深入，2009年佛山市国有商业银行的公司治理和内控进一步加强，财务指标持续改善，抗风险能力显著增强，核心竞争力得到提升；农村信用社改革试点工作迈上新台阶，顺德农信社成功改制成顺德农村商业银行；试点设立村镇银行、小额贷款公司等创新项目顺利推进，高明、三水区获批设立村镇银行；顺德利信、南海友诚等5家小额贷款公司于年内先后开业；引进外资银行取得重大突破，11月，汇丰、东亚、恒生、永亨等4家港资银行在佛山设立异地支行的申请正式获批，成为首批根据“CEPA协议六”设立异地支行的港资银行；辖内各商业银行分支机构业务发展势头良好，经营效益有所提高。1～12月，全市银行类金融机构累计实现本外币利润99亿元，较上年增加3.74亿元，增长3.9%。其中农村信用社实现利润15.47亿元，增长10.3%；四大国有商业银行实现66.51亿元，增长3.5%。12月末，辖内金融机构不良贷款率为3.4%，比年初下降2.18个百分点，其中农村信用社不良贷款率8.6%，比年初下降4.35个百分点。 （杨宽红）

证券业

【企业上市工作稳步推进】 2009年佛山市共有4家企业发行上市：7月13日，志高空调在香港成功挂牌上市；9月3日和29日，星期六鞋业和精艺金属相继在深圳证交所上市；南方风机成为全国第一批、全省第一家通过审核的创业板企业，并于10月30日正式挂牌发行上市。截至年底，佛山市上市公司数量达到22家，其中国内上市14家，香港上市6家，新加坡上市2家，合计融资超过250亿元。

【证券期货市场稳步发展】 证券业方面，2009年，佛山市新增广州证券营业部、招商证券顺德营业部，安信证券2家服务部升级营业部，广发证券1家服务部升级营业部，使得辖区券商营业部达到45家。佛山市2009年证券交易成交总额（含权证）为17449.62亿元，与上年相比增加了7317.34亿元，增幅为72.22%，成交总额占全省16.53%。其中，禅城、南海、顺德、高明、三水证券交易成交金额分别为7063.16亿元、384.6亿元、6130.34亿元、201.87亿元、425.48亿元。佛山市证券业会员手续费收入达25.28亿元，与上年相比增加了10.2亿元，占全省（深圳市除外）15.08%。

期货业方面，2009年佛山市新增银河期货营业部，期货营业部数量达到11家。期货市场整体向好，交易额稳中有升，市场交易规模有所放大。据不完全统计，佛山市原10家期货营业部2009年成交额为6897.94亿元，全年缴税756.54万元。

【全面提升证券期货发展环境】 圆满完成创业板上市的各项工作。一是保障佛山市投资者顺利参与创业板申购和交易。二是通过参与广东省证券期货业协会于2009年7月举办的创业板培训班等活动，做好创业板市场投资者适当性管理及投资者教育工作。

加强投资者教育工作。组织辖区内会员单位学习《关于进一步加强投资者教育、强化市场监管有关工作的通知》、《中国证券业协会会员投资者教育工作指引（试行）》、等相关文件，提醒并督促相关证券期货经营机构担负风险提示的职责，增强其开展投资者教育工作的自觉性和主动性。

强化行业自律管理。引导辖区证券期货经营机构主动承担处理投诉纠纷的职责，自觉维护证券期货市场的正常秩序。认真组织辖区会员单位学习相关文件，自觉承担处理投诉纠纷的职责；做好对投资者、上访人的解释、劝导和安抚工作，将问题解决在当时、解决在当地。

维护资本市场规范运行。参与人行组织的“佛山市反洗钱联席会议办公室联络员工作会议”，并根据会议要求，组织证券期货业协会会员单位成立“反洗钱工作领导小组”，设立反洗钱工作岗位，指定专人负责具体反洗钱工作，并量化工作内容。

（曾昭武）

保险业

【综述】 2009年度佛山保险业在广东保监局、佛山市政府的正确领导和大力扶持下，克服了金融危机的影响，自觉依法合规经营，各项监管规定，制度得到了有效执行，保费收入稳健增长。2009年佛山保险业共计完成保费收入118.1亿元，居全省地级市首位。其中产险保费收入33.72亿元，同比增长13.72%；寿险保费收入84.38亿元，同比增长10.5%；产寿险赔款给付30.83亿元，同比增长16.74%，各项经济考核指标良好度排名在全省地级市前列。

【依法合规经营，市场经营秩序良好】 佛山保险业自觉依法合规经营，市场经营秩序良好，基本形成优势互补，差异化服务的良好市场竞争格局。截止2009年底，全市共有保险主体41家，其中产险公司19家，寿险公司22家；佛山辖区专业中介机构89家。产寿险营业网点共417间，遍布全市五区乡镇。经过保险行业协会一系列的行业自律规范措施，公司高管及广大从业人员自觉依法合规经营的意识得到了很大加强，价格恶性竞争得到遏制，市场经营秩序得到基本规范，保险企业的业务发展综合成本呈现“阶梯式”下降，通过险种结构调整及业务发展方式的改变，基本实现了“粗放式”经营向“精细化”经营转变。市场经营秩序良好，基本形成优势互补，差异化服务的良好市场竞争格局，广大群众从中得到更多便利和实惠，保险的社会管理和保障功能作用得到进一步加强和提高。

【创新服务方式，大力提高服务质量和服务水平】 保险业坚持“以人为本，客户至上”的服务理念，加强科学管理和服务创新，力争以最快捷、最优质的服务来吸引客户，在佛山保险业机构和业务快速发展的同时，保险服务水平也提高到了一个新的高度。一是在全面执行广东省保险行业协会制定的“人身险服务标准”和“机动车辆保险理赔服务标准”的基础上，进一步创新服务方式，加强科学管理，简化理赔流程。二是建立快处快赔机制，通过协会代表保险业联合市公安局、市物价局在全省率先实行机动车轻微道路交通事故自行协商快处快赔制度，提高自行协商处理交通事故案件率，有效缓解了道路交通拥堵现象。这一做法，深受欢迎，广东省公安厅、广东保监局联合发文向全省推荐佛山快处快赔的经验称“佛山模式”。三是建立纠纷协调机制，协会与禅城区法院联合出台《关于实行保险协调员制度的实施办法》，由行业协会及保险公司指定专业人员担任纠纷调解协理员，主动或者根据交警部门、区法院通知参与案件的协调、和解工作，共同协商处理涉及保险公司的交通事故损害赔偿纠纷、保险合同纠纷，有效地保障了被保险人的合法权益。为营造佛山和谐发展、畅顺交通和有效发挥“交强险”的作用、减少纠纷、化解社会矛盾，做出了积极贡献。四是充分利用现代通信网络提升服务效率和服务水平，建立了保单和保险赔款电话和网上查询制度，有效提高保险公司的服务时效。五是加大力度推行和完善理赔单证电子化，定损及审批流转E化的案件流转过程，突破物理案卷流转的“时效瓶颈”，节约客户索赔时间，全行业实行理赔时效承诺，在规定的时效内完成案件审批并付款。从而加快理赔服务速度和效率。六是全面执行保险赔款网上实名、全额支付，为客户提供透明、公正、安全高效的理赔服务。

【加强自身诚信建设，发挥保险功能作用，积极承担社会责任】 佛山保险业加强自身诚信建设和保险从业人员职业道德教育，全行业业务销售人员实行资格证上岗制度，推荐符合客户需求和有支付能力的保险产品，让客户“明明白白买保险，实实在在得保障”。积极支持和配合公安交警部门打击骗保骗赔的违法犯罪行为，净化佛山金融环境。

发挥保险功能作用，服务社会。一是服务了“三农”。大力发展农村住房保险等支农惠农业务，获得了政府和广大农民的认可。在全国首创小额农业贷款保证保险，支持农业发展，已发放贷款1300多万元。二是服务了医改。与社保局等政府部门合作，积极参与医疗保障体系建设，成功运用保险功能推动政府职能转变。三是服务了和谐社会建设。采取“政府引导、市场运作”的方式，分领域、分险种推动责任保险加快发展。如争取公安消防部门支持，推行火灾公众责任险。在全市统保校园方责任险，推动医疗责任保险2010年实现全市统保。四是保障了基础建设。抓住构建广佛都市圈的契机，服务地方基础建设。如为地铁工程等提供工程保险，累计为佛山各类大型市政基础设施提供风险保障117亿元。 （莫有芝）

审计·技术监督

审 计

【审计成果】 2009年，佛山市各级审计机关共审计（调查）166个单位。审计查出主要问题金额41.19亿元，其中违规金额5195万元，损失浪费金额1055万元，管理不规范金额40.56亿元。审计查出问题处理处罚应上缴财政金额4786万元，应减少财政拨款或补贴125万元，应调账处理金额13542万元。通过审计，为国家增收节支2517万元，其中已上缴财政金额2445万元（含补交以前年度数），已归还原渠道资金72万元。全年共出具审计报告和报送专项审计调查报告164篇，提交审计专题、综合性报告和信息简报109篇，其中党政领导和有关部门批示、采用100篇次。向被审计单位提出审计建议581条，被采纳469条。被审计单位根据审计建议制定整改措施29项，建立健全规章制度6份。

【财政审计】 佛山市审计机关紧密结合保增长、扩内需工作大局开展财政审计工作，在规范财政资金管理，提高财政资金效益，服务经济发展方面，取得了明显的成效。全年共审计（调查）60个项目，查出违规金额3482万元，管理不规范金额18.11亿元。财政审计主要突出“促进整改、规范管理”，围绕立足规范和提高效益，促进加强财政资金管理；紧扣热点、关注风险，着力服务经济健康发展；注重整改和有效预防，构建财政资金免疫机制等开展审计。运用“三会三通报”做法，即通过全市财政税收分析会议、2010年部门预算编制会议，以及到部分区召开审计回访座谈会，向分管财税工作的领导、财务负责人和相关区领导通报审计发现问题，促进佛山市出台了《关于加强财政资金管理的意见》，达到了整改与预防的双重效果。

【固定资产投资审计】 佛山市审计机关贯穿“提高效益、健全制度、服务决策”的思路，运用跟踪审计、聘请社会中介、深化成果运用等方法手段开展固定资产投资审计，工作取得了新的成效。全年共审计（调查）15个项目，查出违规金额125万元，管理不规范金额1.46亿元。审计中，对佛山市汾江河整治工程（二期）项目坚持跟踪问效，促进政府出台了《佛山市城镇污水处理特许经营项目管理暂行规定》；注重提前介入，对2009年新增政府贷款用于重点项目建设的财政资金开展审计调查，重点摸清了48项路桥建设项目、12项东平新城项目、5个轨道交通建设项目资金的借入、管理和使用情况，为佛山市委、市政府的下一步决策提供了重要参考依据；还通过对审计结果的“二次开发”，向佛山市政府提交《关于征地拆迁支付补偿款无原始资料等问题的报告》，促进出台了《佛山市城市房屋拆迁补偿档案资料管理规定》，从机制和制度的层面预防征地拆迁腐败问题发生。

【经济责任审计】 佛山市审计机关共对32名领导干部开展了经济责任审计，共查出违规金额1222万元，管理不规范金额3.61亿元。审计中主要突出“深入揭露、提前预防”，结合领导干部所在部门单位的经济性质特点，深入延伸审计调查二、三级单位，揭露擅自决策造成国有资产损失、财务管理不规范、违规使用财政资金等问题，促进建立和健全多项管理制度。还在综合分析经济责任审计和部门预算执行审计结果的基础上，从有效预防问题发生出发，采取座谈会的形式，为17个新上任的市直部门单位领导干部上了一堂“免疫”教育课，通报近年审计发现的普遍性、倾向性问题，提前给领导干部打“预防针”，切实做到早打招呼、早提醒、早预防。

【专项资金审计（调查）】 佛山市紧密围绕“保民生”工作大局，积极组织开展了涉及社会保障、医疗卫生、水环境治理、金融危机对中小企业影响等关系民生的各项审计和调查工作，有力地促进了惠民政策措施的贯彻落实。全年共审计（调查）31个项目，审计专项资金总额达432.71亿元。佛山市审计局先后2次派出审计组远赴汶川水磨镇灾区现场开展跟踪审计，从资金使用计划的制订、造价的动态控制、工程项目的管理、学校消防安全等方面，提出了一系列的建议和改进措施，有力地保障了灾后恢复重建工作有力、有序、有效开展。还针对社保基金审计发现问题，从管理、制度、机制的层面向市政府提出改进建议，引起市领导高度重视，通过审计触动、部门联动、政府推动，有效激活“财政与社保之间既相互监督、各自又强化内部管理，审计发挥外部再监督功能”的齐抓共管机制，全面增强了社保基金的“免疫力”。（王柏添）

质量技术监督

【综述】 2009年，佛山市质监系统以推进“三促进一保持”为主线，围绕落实《珠江三角洲地区改革发展规划纲要》和佛山市建设“现代制造基地、产业服务中心、岭南文化名城、美丽富裕家园”的中心任务，认真贯彻落实“五个转变”要求，扎实开展“质量和安全年”活动，全力帮扶企业应对金融危机，推动经济社会又好又快发展。

【质监工作融入地方经济发展有效性明显增强】 创新管理举措，实现质量工作向宏观转变。推荐88家企业的100个产品参评省名牌产品，37个新产品和31个复评产品获得省名牌产品称号；发动全市企事业单位参与制定并发布了国家标准108项、行业标准8项、地方标准4项，发布了3项联盟标准。组织申报省先进制造业标准化试点企业5家。195个产品通过采标确认，指导帮助6家企业申报“标准化良好行为企业”；组织申报首届省政府质量奖，全省入围的5家企业中，佛山市“美的”、“格兰仕”榜上有名，入围企业数量在全省名列前茅。

创新监管机制，实现监管重心向企业转变。南海区率先在全区8个镇（街）设立质监站，将监督关口前移，全年共巡查企业5879家，同比增加80%；对产品质量不合格企业实施“质量警示、红牌警告和媒体曝光”制度，向社会公布37家企业质量抽查结果，对53家质量较差企业发出红牌警告；利用12365举报投诉平台开拓案源，不断深化“四位一体”执法联动机制，全年共出动执法人员1.51万人次，捣毁窝点83个，涉案货值2657万元。

创新工作思路，实现工作方式向突出重点转变。大力推动科研成果和专利技术向先进标准转化，资助或奖励经费达1330万元；完成全市778家年耗标煤2000吨以上企业的能耗普查和120家年耗标煤万吨以上企业的能源计量器具管理考核，为30多家企业提供平衡测试服务和节能改造方案；实现对镇（街）以上医院100%全覆盖，医用强检器具受检率达90%以上，贸易结算用水表和燃气表首检率达到100%；制定实施《电梯起重机械安装维修保养质量评定管理办法》和《立式锅壳式锅炉安全专项检查方案》，对32家电梯维保单位开展监督抽查并实施分级评定管理。

创新工作方法，实现处理安全隐患向事前预防转变。全市共建立6个集中加工场，引导160多户小作坊入驻，帮扶20家小作坊获领QS证书，全市建档食品生产加工企业854家，巡查到位率100%；选定问题相对突出的装饰用不锈钢焊接管和木器涂料等为切入点，制定产品标准基本技术要求，在全市范围内统一执行；树立安全管理标杆企业，成立事故抢险救援指挥和安全技术专业保障组织以及企业兼职抢险救援队，全年培训人员2.42万人次，在全省率先推行气瓶违法行为举报奖励机制；开展检验数据比对等8项举措有力规范机动车安检工作，全年实现“零投诉”；指导29家家电下乡中标企业加强质量管理，完成51个中标产品普查建档，省抽检合格率100%。

创新发展模式，实现技术机构检测能力向高水平转变。国家汽配中心已完成8600平方米实验室建设，二期工程招投标工作全面启动，国家陶瓷水暖卫浴产品质量监督检验中心顺利通过国家质检总局验收；市质计中心在全省技术机构中率先建立监察室，2009年实现有效投诉零纪录；市质计中心通过CB实验室评审，成为国内地级市中首家获得CBTL资格的实验室，可为11类产品出口50余个国家颁发“绿卡”。

【“质量和安全年”活动扎实开展取得显著成效】 一是质量提升取得新突破。2009年佛山市产品质量总体水平持续稳步提升，国家监督抽查共抽查佛山市499批次产品，抽查合格率为87.4%，比全省平均水平高0.5个百分点；省监督检验共抽查佛山市1017批次产品，抽查合格率为69.4%，比全省平均水平高0.3个百分点；省定检共抽查佛山市698批次产品，抽查合格率为85.2%，比全省平均水平高2.9个百分点；市定检4257家企业生产的7850批次产品，抽查合格率87.6%。

二是质量服务成效突出。出台了21条帮扶企业的具体措施和8项优惠政策，面向企业全面开放质量检测设备，将代码办证等各类培训班开设到企业门口，对组织机构数字证书年审等费用实行减免或优惠，最大限度减轻企业负担，为企业提供更加细致、周到的服务。开展“诚信计量进市场、服务计量进社区、健康计量进医院、光明计量进镜店”主题活动，免费检定2768台集贸市场衡器和80台家用计量器具。

三是质量整治扎实有效。对“防控甲流”卫生清洁用品等15类产品开展专项整治，共检查企业727家，抽查产品791批次；对全市乳制品进行定期抽样检验，抽检32批次，合格率100%。开展添加非食用物质和滥用食品添加剂以及肉制品专项整治，出动2304人次，检查单位1642家次，全市623家使用添加物质的食品生产企业全部备案，34家生猪屠宰厂完成建档；开展气瓶等专项整治；由市打假办牵头，组织市打假成员单位开展了钢材和农资专项打假行动。

四是质量建设迈上新台阶。开通了“佛山市企业产品采用国际标准和国外先进标准目录查询平台”；与广州市质监局签订合作协议，建立信息互通、工作互联、监督互动的质量监管合作机制；制定实施《佛山市特种设备数据“飘红”治理工作办法》，特种设备信息管理系统真实、动态地反映特种设备实际状况；禅城区大富市场和大沥黄岐辖区整改工作扎实有效，大富市场顺利“摘帽”。

五是质量宣传成效显著。免费派发《质量和安全年活动专刊》、《标准信息导报》、《机动车安检机构工作简报》共近8万份，广泛宣传质量常识和质监法律法规；印制《食品安全法》、《节约能源法》和《特种设备安全监察条例》共8000册，免费向企业派发；在主流媒体开设“质量和安全”专栏，累计宣传报道130多篇（次）；成功举办世界计量日、食品安全接待日、质量月等活动和“两法一例”知识竞赛，组织参加全省质监系统“质量和安全年”知识竞赛。

【班子队伍和党风廉政建设同步共进】 深入开展科学发展观学习实践活动，扎实开展学习调研和检查分析阶段的“规定动作”和“创新动作”，按照“四查四明确”要求，提高认识，查找问题，边查边改，制定了《开展深入学习实践科学发展观活动整改方案》，涵盖队伍建设、质监业务、作风建设等18个项目。通过扎实开展学习实践活动，全体干部职工思想认识更加深化，全市质监工作发展思路更加科学，各项规章制度更加完善，服务和监管效能进一步增强。

党风廉政建设扎实推进。制定实施《佛山市质监局党风廉政建设责任奖惩实施办法》等制度，组织市、区局一把手和各部门、直属事业单位负责人签订《党风廉政建设和反腐败工作责任书》，落实党风廉政建设责任制，强化对各区局、各单位责任制落实情况的监督检查。扎实深入开展纪律教育学习月活动，重新聘请36名行风监督员，加强对重点岗位、重点人员的监督，组织干部职工观看反腐倡廉专题教育片，干部职工防腐意识进一步增强。

（杨明涛）

旅　游

旅游发展及建设

【综述】 2009年佛山全市旅游收入204.86亿元，与上年同比增长10.07%；其中国内旅游收入160.15亿元，与上年同比增长15.85%；旅游外汇收入6.52亿美元，与上年同比增长12.06%；全市旅游景区点接待境内外游客2180万人次，与上年同比增长1.40%,全市接待过夜旅游总人数836万人次，与上年同比增长4.18%，其中境外游客98.35万人次，与上年同比增长0.26%，国内游客737.56万人次，与上年同比增长4.72%。主要宾馆酒店客房出租率58.89%，与上年同比下降0.35%；旅行社接待总人数109.5万人次，与上年同比增长1.96%，其中接待国际游客6.5万人次，占接待总人次的6%。

【2009佛山旅游文化节取得圆满成功】 市旅游局会同市文广新局、体育局等部门和各区政府进行多次研究，提出了2009佛山旅游文化节活动方案，经市政府同意下发执行。成功举办2009佛山旅游文化节启动仪式暨佛山美食欢乐节开幕式，8天内共有50多万市民和游客前来品尝美食；“魅力佛山·秋色辉煌——2009佛山秋色大巡游”规模宏大，吸引120多万市民走上街头欣赏；武术文化节体现了作为武术之城博大精深的中国功夫，海内外武林人士云集佛山。各区也成功举办了丰富多彩的活动。主要有：禅城区的陶瓷艺术系列活动、南海区的2009年“黄飞鸿杯” 第五届世界华人狮王争霸赛暨水上飞狮绝技大赛、中华棍王大汇演、顺德区的2009年第四届顺德岭南美食文化节、高明区的第三届“万人濑粉节”土特产风情推介、三水区的第二届瓜果欢乐节等，为纪念建国60周年献出了一份厚礼。

【积极推动大型旅游项目建设，打造名牌旅游景区】 启动了南庄生态休闲度假区建设；西樵山积极构建“一山一区三节点”的大5A格局，总投资超过10亿元；千灯湖保利水城商业购物中心开业；完成了碧江金楼文化旅游区总体规划；高明银海高尔夫球新会所项目已竣工；澳特莱斯世界名牌折扣店项目已经在芦苞奠基。高明、三水区还加紧制订一系列加快旅游业发展的政策措施，扶持优质旅游项目发展壮大,大力推动“农家乐”休闲旅游业发展。

【促进酒店高端化、品牌化经营】 积极引进国际酒店管理品牌，与粤海（国际）酒店管理集团有限公司达成了旅游合作框架协议。在广泛调研的基础上提出了《佛山市五星级旅游饭店规划建设概况》，拟在2020年前规划建设五星级酒店19家。顺德哥顿酒店、南海名都酒店、财神酒店成功上五星。初评四星级饭店2家。评定三星级酒店一家。

【增强旅行社的实力和整体竞争力】 继续扩大旅行社规模，批准成立3家国内旅行社，全市旅行社总数71家，其中具有组织出境游资格的旅行社14家，有6家旅行社被评为全国百强社。

【加大旅游从业人员培训的力度】 成功举办全市导游员大赛。认真组织好2009年两次全国导游人员资格考试。南海区继续举办“优质服务月”活动。南海中旅导游吴雄均在第二届“全国红色旅游导游员电视大赛”中荣获“优秀导游员”奖项。

【举办“2009中国生态旅游年”活动】 精心策划推出了贯穿全年的1至2天行程的3条生态旅游线路，在首批国家生态村禅城区南庄镇罗南村隆重举行了启动仪式，推出“畅游绿色佛山，感受生态文明”专题旅游活动。

【抓住节庆商机，做大旅游市场】 元旦、春节、元宵、五一、端午、十一期间，各种节庆活动层出不穷，营造出“欢乐、和谐、平安、盛世”的良好气氛。成功举办“珠三角2009休闲欢乐节”，活动期间有近百万市民游客参与。

【试行国民旅游休闲计划】 佛山82家单位被省授予首批国民旅游休闲示范单位。在此基础上，着力打造特色旅游休闲精品线路，构建了丰富多彩的旅游休闲产品。

【拓展海内外客源市场】 以“狮舞岭南，传奇佛山”为主要宣传口号，组织旅游企业参加了香港国际旅游展、广州国际旅游展、中国（大连）国内旅游交易会、2009广东国际旅游文化节暨海峡两岸旅游投资推介会和花车花船大巡游等。

【加强区域旅游合作】 落实《珠江三角洲地区改革发展规划纲要》，推进广佛旅游同城化，与广州市旅游局签订旅游合作协议，联合推出“广佛旅游一卡通”，共同举办“广佛同城旅游大放送”活动。开展珠三角九城市旅游互动协作，共同签署了珠三角旅游合作《罗浮山宣言》，在佛山市举行了“珠三角城际旅游大联动万人游佛山启动欢迎仪式”。签署了广、佛、肇旅游合作协议，推出和发放“广佛肇旅游一卡通”。组织召开“两广六市”第三次旅游协作会议，共同打造黄金旅游线路。与中山市、江门市联合组成旅游促销团赴东北三省促销。南番顺旅游联盟在深圳、珠海举行“悠游南番顺，广佛新感觉”业界人士推介活动。

【做好新《旅行社条例》宣传贯彻工作】 与有关媒体合作，开辟专栏宣传解析新《旅行社条例》。邀请省旅游质监所领导，组织各区旅游局干部及旅行社、旅游大专院校负责人学习贯彻《旅行社条例》。

【深入开展安全生产执法、安全生产治理、安全生产宣传教育“三项行动”活动】 共排查和整改安全隐患26项，开展安全学习培训46次，开展应急预案演练24次。

【开展旅游警示宣传工作】 通过媒体发布“旅游消费警示”，帮助旅游者树立理性消费观念，引导游客理性消费和依法维权，培养成熟的游客消费市场。做好国际消费者权益日宣传活动。

【严防甲型H1N1流感】 制订防控甲型H1N1流感工作预案，组织全行业认真落实防控措施，并按国家旅游局要求，及时上报相关信息。积极配合市应急办顺利完成密切接触者的隔离工作。

【妥善处理旅游投诉】 进一步完善现有的投诉程序，全年共收到立案投诉12宗，理赔金额4.2万余元，有效投诉办结率100%。参加市政府、佛山电台联合举办的《民生直通车》节目，接受游客和企业的咨询，现场受理投诉。

【加强调研，认真落实有关政策，促进旅游发展】 草拟《贯彻落实广东省委、省政府关于加快佛山省旅游业改革与发展 建设旅游强省的决定的意见》。提出佛山市国民旅游休闲计划落实贯彻意见，经市政府批准，从2009年8月1日起实施。

【开展旅游系统审批制度改革】 制定落实《佛山市旅游系统深化行政审批制度改革实施方案》以及《佛山市旅游系统行政审批内部工作制度》、《佛山市旅游系统行政审批项目否定报备登记表》等配套制度和措施。理顺了内部层级审批权限关系，进一步规范审批程序，明确审批时限，实现了市辖五区统一办事指南、统一办事程序、统一审批时限、统一服务标准。

【促进旅游部门队伍建设】 在市局机关开展认真做好第二批深入学习实践科学发展观活动以及“深

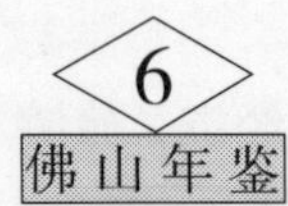

入农村、深入社区、深入企业，听民意、解民困、暖民心”活动，全面加强了机关作风建设，增强了机关干部廉政勤政意识，提高了机关办事效率和服务水平。（汝百乐）

佛山新八景介绍

【祖庙圣域】 禅城区佛山祖庙始建于北宋元丰年间，现为国家重点文物保护单位。在祖庙的中轴线上，为酬神演戏而建的万福台，从顺治十五年至今，见证了广府大戏——粤剧发源地佛山三、四百年孕育无数名家的辉煌历程，保存了活生生的岭南戏曲氛围，焕发着粤剧朝宗和粤剧审戏台的影响力。以陶、砖、木、石、灰雕固化在祖庙内外的戏曲人物故事、角色、服饰、招式、造型，为粤剧寻根留下大量物证。祖庙以其独特的岭南古建风貌和所存的冶铸、漆朴、箔金、雕刻，反映了明清至民国本地高超的工艺技术水平，融古代佛山经济、文化、宗教、民间艺术于一炉，展现着工商、科举、民俗、粤剧、武术五大文化主题，凝结成古代佛山的缩影。新世纪开始，设在祖庙的佛山黄飞鸿纪念馆，引发全世界黄飞鸿门人的寻根拜祖，叶问堂的开幕吸引上千外籍咏春门徒归宗朝圣，万福台的粤剧朝宗演出和佛山粤剧博物馆、国际粤剧珍藏馆吸引着世界各地的粤剧寻根之旅。在林海和夜色之中，交融着珠三角风情的古典婚礼和吉期神诞的北帝崇拜浪潮。祖庙这座号称珠三角诸庙之首的“古祠艺宫”宛如一颗明珠，道出一曲新韵。

【古灶薪传】 禅城区南风古灶建于明代正德年间（1506 ~ 1521 年），500 年来窑火不绝，生产不断，完好保存至今，是我国乃至世界上年代最久远、保存最完好且延续使用至今最古老的龙窑。邻侧的高灶也是与南风古灶同年代建成的同类龙窑，与南风古灶同为全国重点文物保护单位，不久，又被载入世界吉尼斯纪录，被誉为“活的文物”。南风古灶旅游区的面积近 400 亩，除古窑吐艳主景点外，还有广东省重点文物保护单位林家厅及古民居群、生态奇观古灶榕风、用五千年古陶片镶嵌的巨型文物壁画《瑞龙献宝》、保留石湾古老制陶场景的古寮场、荟萃陶艺精品的艺术长廊公仔街、广东石湾陶瓷博物馆；旅游区内的石湾陶塑公园，沐浴在树木茏葱、湖光山色、鸟语花香之中，有世界最大的网式孔雀园、最大型的陶塑人物《陶女》、8 座大型陶柱《中华之光》和展示中外名家户外陶塑作品的陶园等。旅游区还兴办了石湾陶艺研究院、玩陶玩釉欢乐厅、少儿陶艺培训基地和国际艺术家村等项目，是集制陶、赏陶、商贸、休闲于一体的陶文化旅游区。

佛山新八景之一——南风古灶。

【樵山叠翠】 南海区西樵山位于西樵镇境内，由海底火山喷发的岩浆、岩块所形成的古火山，已有七八千万年历史。西樵山状若莲花，七十二峰回溪叠壑、四十八洞幽深神奇、二十八处瀑布飞珠溅玉、二百多泉眼甘甜清洌；山上有湖湖里有山，水在山中山在水里。山中松竹森茂，山茶尤多。因山中多瀑泉，林中云气蒸腾，处处皆泉，有“泉山”之称。西樵文化历史久远，明清两代游西樵并留有诗作者，有陈世和、袁枚、丘逢甲等，今人郭沫若亦有诗咏。西樵山被誉为——珠江三角洲平原上的历史宝卷，南粤山水中的绚丽明珠。西樵山旅游度假区是广东省政府批准设立的首批省级旅游度假区，还是国家重点风景名胜区、国家 AAAA 级旅游区、国家森林公园，素有“绿色翡翠”之称，因为怡人多姿的自然风光，优秀的旅游服务设施而成为人们休闲度假旅游的理想之地。云海莲台(南海观音文化苑)、黄大仙圣境园、黄飞鸿狮艺武术馆、白云洞、天湖公园、碧玉洞、翠岩、石燕岩、九龙岩、四方竹园、茶花园等景点各具特色，交相辉映。

【南国桃园】 南海区狮山镇南国桃园旅游度假区是南海区新兴的一个旅游胜地，由狮山镇的平顶山、尖峰岭组成，占地面积6.8平方公里。南国桃园一带是广东著名的桃花之乡。这里山清水秀，洞幽石奇，山花烂漫，绿草如茵，森林覆盖面积已达90%以上，宛如一片绿色的海洋，融入现代文明的文化绿洲，已成为清静、幽雅，既可陶冶情操，又可享受自然美景的旅游度假胜地，有许多令人心旷神怡，流连忘返的景点：倾城倾国的桃花园，引人入胜的鹭鸟天堂，南海影视文化城，欧陆风格的乡村俱乐部，时尚的高尔夫球场，历史悠久、气宇轩昂的南海观音寺等。现已建设成为一个集旅游、度假、会议、文化、体育、商贸、田园风光于一体的大型现代化旅游胜地。环境幽雅的南国桃园现正以一流的服务，热情迎候着海内外嘉宾、朋友来观光旅游。

【清晖毓秀】 顺德区大良清晖园是中国十大名园、广东四大名园之一，现系省级文物保护单位。清晖园原为明朝万历状元黄士俊的府邸。乾隆年间，为进士龙应时购得，其后，复经龙家一门数代精心营建，格局始臻定型。20世纪90年代以来，地方政府对清晖园投入了大量的人力、物力、财力扩复旧制，丰富园内旅游项目，完善园内布局，使清晖园这个百年名园重现古名园的风采。清晖园的建筑艺术造诣颇高。庭院曲径回廊，景趣盎然，园内幽深清空，布局紧凑，步移景换；建筑物形式轻巧灵活，雅读朴素。园内有大量装饰性和欣赏性的陶瓷、灰塑、木雕、玻璃。园内妙联佳句俯仰可拾，名人雅士音韵尚存，艺术精品比比皆是。园林艺术处理颇具匠心。园内叠石假山，曲水流觞。银杏千秋，龙眼百龄，玉棠春瑞，垂柳轻扬。闲步曲桥，喜看金鲤碧波嬉戏；徐行花径，绿树时花扑面，时而庭园内传出袅袅玄歌，听一粤曲，心清耳悦，如醉如痴。“清晖毓秀”由此而得名。清晖园历史文化内涵深厚，作为明朝时期的状元府邸，清代龙家子孙“一门三进士”，是当时广东有名的书香门第，并传为美谈。清晖园是岭南园林的杰出代表，亭、榭、厅、轩、馆、楼、阁、廊、舫等建筑形式品种齐全，建筑外观独特，具有鲜明的岭南水乡特色，还有多姿多彩的窗，别具一格的雕花地砖，独具特色园林布局和题材丰富的灰塑壁画，工艺精湛的木雕工艺以及珍贵的陶瓷艺术品等等，在中国古典园林建筑中占有重要地位。

【花海奇观】 顺德区陈村花卉世界是集花卉生产、销售、科研、信息、观光旅游于一体的大型花卉交易中心和花卉文化主题公园。它以完善的配套设施和优质的服务吸引了300多家国内外花商进驻经营，其中来自美国、法国、澳大利亚、韩国、日本、泰国、菲律宾、新加坡及香港、澳门、台湾等10多个国家和地区，总占地面积1万亩，总投资达10亿元，花卉品种达2000多个，是国内最大的花卉种植地和花卉交易市场。陈村花卉世界国际兰花博览会、广东省花卉展销会、全国牡丹展、国兰展览会、中国花卉展览会和陈村迎春花市等大型花卉展览活动在这里成功举办。“花·奇·绝·艺术之旅”是陈村花卉世界的重点旅游线路。中国南方最大的草花温室生产基地以自动化播种育苗形成的花海景点是一片亮丽的色彩，由百日草、万寿菊、何氏凤仙、仙客来、四季海棠等五彩的花卉组成大地上一道七色的彩虹。紫竹轩根雕艺术馆内以根艺绝活、古旧杂项和研究及传播竹文化、茶文化、制作园林景观等而吸引着海内外休闲文化的发烧友。奇石馆奇石珍藏量达1.5万多件，部分奇石曾代表广东参加昆明世博会并获多个奖项。大名堂艺术馆则集观赏石文化、名家字画、陶瓷工艺品、明清家私、木雕手工作坊等于一体，是一家著名的私立艺术馆，也是广东省赏石会会员交流中心。还有大型现代化花卉超市凝聚大自然精华的迷你小盆栽、各种奇花异草琳琅满目；奇石广场精美绝伦、妙趣天成的奇石相映成趣，令游客爱不释手。此外，新建设落成的兰花生物科技园是花卉世界又一主景，展现现代文明社会中兰花所赋予人们生活的深刻内涵与时代品味。

【云水荷香】 位于三水区的荷花世界是目前世界

上规模最大，品种资源最丰富的集建筑、雕塑、荷文化于一体的荷花生态园。三水荷花世界首期投资1.8亿元，并聘请中国荷花研究中心王其超、张行言教授为荷花种植生产的高级顾问，开发荷花栽培管理技术。荷花世界占地1300多亩，水面面积超过800亩。荷花世界成功种植各种珍贵荷花480个品种，其中有着花率高、花期长的多个太空莲品种、辽宁出土的千年古莲"古代莲"等珍稀品种。荷花世界主要划分了以下几大区：文化广场区、中心区、籽莲区、品种观赏区、王莲区和睡莲区、饮食娱乐区、云水荷香区、"百荷争妍"科普长廊区、生产科研育种区以及与台湾有关方面合作创建的首个香水莲种植基地等组成。开业以来，荷花世界成功举办了"2000年香港小姐竞选外景特辑拍摄活动"、"中国三水'健力宝杯'体育舞蹈（国标）公开赛"、"第十五届全国荷花展览会"等各项较具规模的大型活动，一度引起了社会各界的广泛关注，珠三角乃至港澳台等国外新闻媒体争相报道。2001年5月荷花世界荣获"佛山市科普教育基地"称号，同年8月荣获"广东省科普教育基地"称号。景区内配套娱乐设施完善，有炮制特色风味荷花宴的荷花美食村、荷花酒楼，以及装修豪华气派的大、中、小型齐全的多功能会议室，以及三星级酒店服务，康乐城娱乐中心等配套项目。

【皂幕凌云】"佛山岂无登高处，一上皂幕气象雄"，在少有伟岸之山的珠三角，位于高明区的皂幕山气势磅礴，浑然天成。这里溪涧潺潺，松涛阵阵，凝碧叠翠，群峰起伏蜿蜒，嶙峋争雄，敦厚雄浑，耸立于天幕，皂幕山即因此而得名。皂幕山东起鹤山四堡林场，西止高明杨梅镇公田村，北起坑尾林场，南达罗汉尖，自北向南绵延11公里，纵深5公里，位于高明境内的主峰海拔805米，雄踞佛山第一峰。立于峰顶，远山近峦浩荡奔来，尽收眼底。极目东望，群峰起浪，浑然无际，西江如练，婉约东去；放眼北方，穿过高矮不一的峰峦、河流、山道、村庄、城镇清晰入画。晴朗日，与鹤山交界处的九江大桥依稀可辨，甚至可以东探广州市的喧嚣。清人赋诗赞曰：上欲参天只咫尺，下临无地可盘桓。幽人若许峰头立，摘得一星堪弄丸。虽有些许夸张，但古人"观山则情满于山"的赏美心理着实羡煞今人。（汝百乐）

佛山新八景之一——佛山祖庙。

企业风采

2010 FOSHAN NIANJIAN

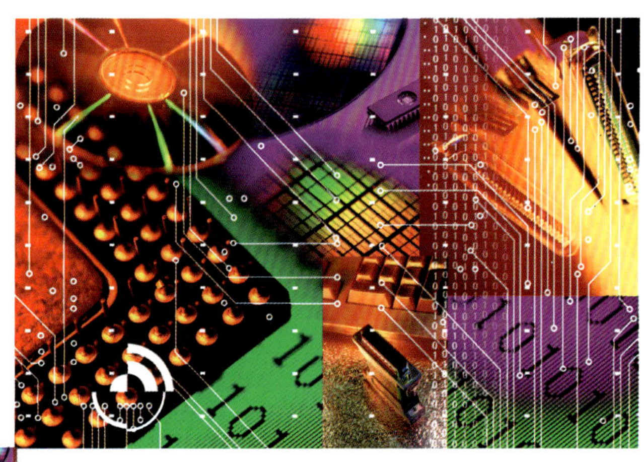

中国银行
BANK OF CHINA

建行电子银行 炫出精彩十年

十年前，电子银行服务首次现身建行，凭借便捷、覆盖面广、7×24小时服务等多项的特性，在业界独树一帜。发展到今天，中国建设银行电子银行已推出网上银行、手机银行、电话银行、短信金融服务四大业务渠道。

这10年的历程，建设银行在银行领域展现强劲实力和发展势头，在满足客户需求的同时，不断改进产品，利用领先的科技，专业的技术人才，改变着人们的生活方式，得到了广大客户的认可，并获得了多项殊荣：中国最佳网上银行、中国最佳电子银行、中国最受欢迎手机银行。

网上银行

自推出网上银行服务至今，建设银行不断自我完善，推出了以“为客户呈现一个更好用、更快捷、更安全的网上银行”为设计理念的网上银行最新版本，对原有网上银行系统进行了整体的流程再造，对功能菜单、页面风格、操作方式、申请流程、日常基本服务等进行了新的业务组合。同时，为进一步丰富网上银行安全手段，改善客户安全体验，建设银行还推出了网银盾、短信验证服务、“E路护航网银安全组件”、企业网银客户端软件等一系列安全、增值服务，获得了客户的好评。十年发展期间，中国建设银行网上银行客户数保持着年均70%以上的增长速度。

手机银行

手机银行业务自2000年开始发展，业务功能不断完善，先后推出了基于CDMA的Brew手机银行、WAP手机银行以及3G版手机银行。除转账、查询等常用功能外，该行手机银行业务几乎囊括了建行营业网点提供的基本金融服务，更有手机股市、基金、黄金、国债等紧跟市场动向的投资理财服务，独有的手机号码任意转账功能更是改变了传统交易模式，极大方便了客户。客户数呈几何级数上升，2009年手机银行的客户数、交易量等多项业务指标一直居于同业首位。

短信通服务
——账户变动通知 查询 缴费
自助理财 自在精彩

电话银行

95533电话银行中心成立于2003年，是建设银行面向客户提供7×24小时多元化服务的窗口。95533提供缴费、转账、挂失、投资理财等全面的非现金交易服务，并通过专业的人工座席解答客户咨询、帮助客户处理疑难及求助、提供各类增值服务。

短信金融服务

2001年，在建设银行网上银行业务不断发展壮大的同时，短信金融服务开始起步，到目前为止，手机短信金融服务已能为客户提供个人账户、余额变动通知、个人存款告知通知、营销宣传通知等13类短信业务。与其他产品不同，该业务从主动服务客户角度出发，满足客户对账户动态的关注，防范资金风险。开通个人短信银行就相当于配备了一个账户小管家，能够为客户报账户平安。

励精图治，改变未来。建设银行将恪守这一承诺，秉承10年创新精神，与您共续辉煌未来。

中国建设银行
China Construction Bank
佛山市分行
客户服务热线：95533
网址：www.ccb.com
手机银行网址：wap.ccb.com

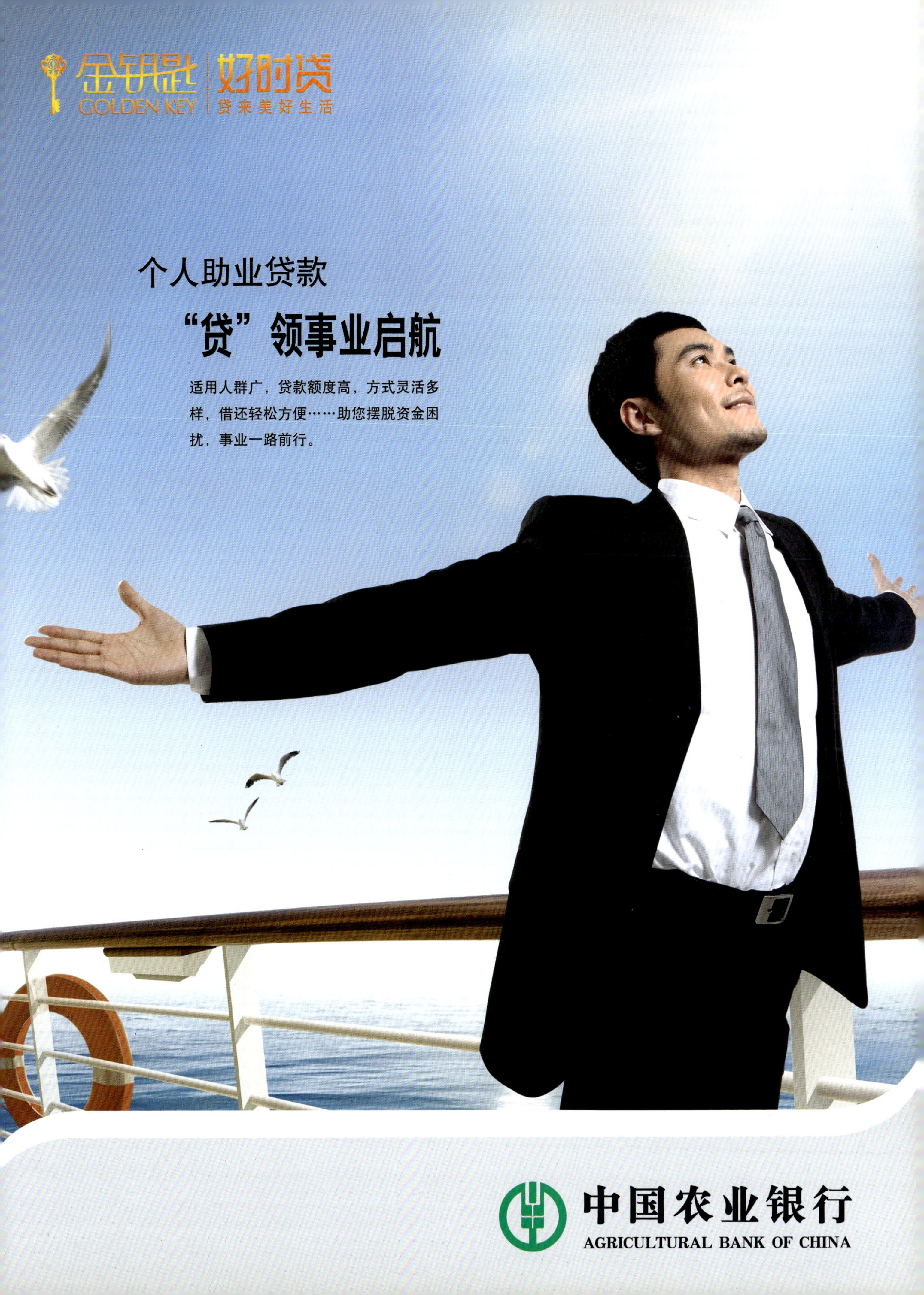

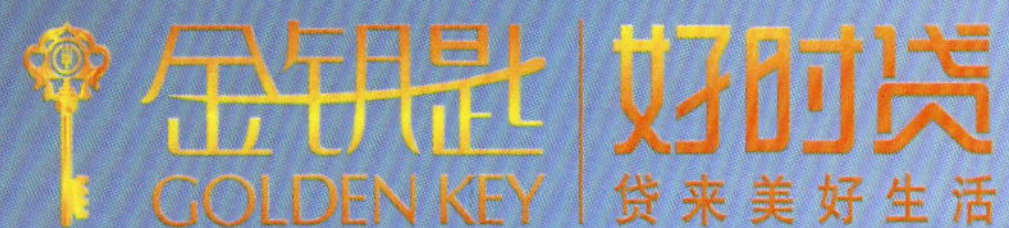

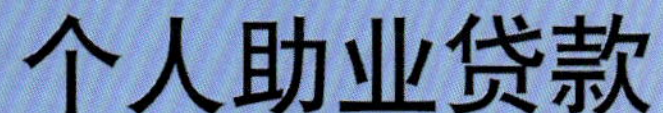

金钥匙
GOLDEN KEY
好时贷
贷来美好生活
个人助业贷款
“贷”领事业启航
适用人群广，贷款额度高，方式灵活多样，借还轻松方便……助您摆脱资金困扰，事业一路前行。
中国农业银行
AGRICULTURAL BANK OF CHINA

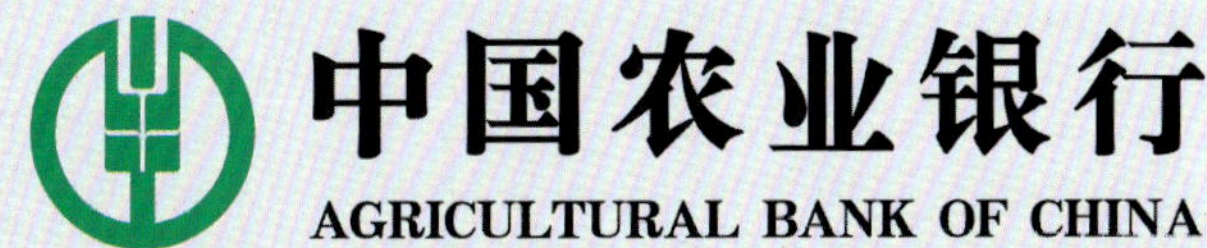

深圳发展银行

SHENZHEN DEVELOPMENT BANK

深圳发展银行股份有限公司（简称：深圳发展银行，股票简称：深发展 A，股票代码：000001）是中国第一家面向社会公众公开发行股票并上市的商业银行。深发展于 1987 年 5 月 10 日以自由认购形式首次向社会公开发售人民币普通股，并于 1987 年 12 月 22 日正式宣告成立。

经过二十多年的快速发展，深圳发展银行综合实力日益增强，自身规模不断扩大，已在北京、上海、广州、深圳、杭州、武汉等 20 个经济发达城市设立了 300 多家分支机构，并在北京、香港设立代表处，与境外众多国家和地区的 600 多家银行建立了代理行关系。

近年来，深圳发展银行业务继续健康增长，业绩表现良好，面对纷繁多变的经营环境，深发展以出色的适应力积极应对，扎实推进各项改革，稳步实施发展战略，在包括供应链金融、零售业务等核心业务领域方面继续加大投入，进一步夯实竞争优势。

佛山深发展 1996 年进驻佛山，通过 14 年的发展，目前深圳发展银行在佛山拥有 10 家网点，分布在禅城、南海、顺德、三水四个区，其中禅城区有祖庙路支行、城南支行和华远支行，南海地区有南海支行和大沥支行，顺德区有分行营业部、顺德支行、乐从支行和容桂支行，三水区有三水支行一个网点。现在每个支行的存款规模都超过 10 个亿，最高的支行达到 22 亿的规模。已经为 970 家企业与近 1 万名个人提供融资、贷款服务，并以供应链金融、个性化的个人贷款产品为佛山的企业与市民提供先进的金融服务，致力打造精品银行。

2010 年 4 月，深圳发展银行佛山分行总部乔迁至东平新城新闻中心，成为佛山市第一家总部进驻东平新城的银行类金融企业，深发行将紧抓这一先机优势，向东平新城及即将进驻的企业提供资金支持并提供完善的金融产品、金融服务，实现共同发展的目标，也为提高东平新城的城市形象作出贡献。

宽敞明亮的营业大厅

天玑财富理财中心

深圳发展银行 SHENZHEN DEVELOPMENT BANK

深圳发展银行佛山分行　地址：禅城区东平新城区裕和路佛山新闻中心五区　电话：（0757）82253828

歷程·里程
•2010年 3月 中信银行佛山分行
乔迁到汾江南路财富大厦
•2010年 2月 佛山乐从支行开业
•2008年 6月 佛山大沥支行开业
•2006年 3月 佛山南海支行开业
•2005年 9月 佛山顺德支行开业
•1999年 1月 中信银行进驻佛山

中国人民财产保险股份有限公司佛山市分公司

1949 年 10 月 20 日，经国家政务院批准，中国人民保险公司成立。2003 年经国务院同意、中国保监会批准，更名为中国人保控股公司（2007 年 6 月 26 日正式复名为“中国人民保险集团公司”），并发起设立中国人民财产保险股份有限公司（PICC P&C，简称“中国人保财险”，下同）。中国人保财险是中国人民保险集团公司（PICC）旗下标志性主业，是目前中国内地最大的非寿险公司。2003 年 11 月 6 日，公司在香港联交所成功挂牌上市，成为中国内地大型国有金融企业海外上市“第一股”。凭借综合实力，公司相继成为北京 2008 年奥运会、2010 年上海世博会保险合作伙伴，母公司中国人民保险集团股份有限公司成为 2010 年广州亚运会合作伙伴，为北京奥运会、上海世博会以及广州亚运会提供全面的保险保障服务。

中国人保财险佛山市公司成立于 1980 年 10 月，是佛山目前业务规模最大、资金实力最雄厚、网点分布最广泛、服务手段最齐全的商业保险公司。佛山市公司始终遵循“以市场为导向，以客户为中心”的经营理念，坚持为最广大人民群众服务这个立足点，不断加快发展，强化公司内控管理，努力为社会各界提供更多、更好、更优质的保险服务。2009 年，公司保费收入 11.6 亿元，承担的风险金额达到 12579 亿元，处理各类赔案 18.67 万件。公司经过多年发展具有以下几方面的经营管理优势。

佛山市分公司党委书记、总经理 蔡强。

1、遍布佛山城乡的经营网点

中国人保财险在佛山设有禅城、顺德、南海、三水、高明 5 个支公司、5 个直属营业部；设置了 52 个营业部和 120 多个营销网点；从业人员共 2000 多人，可以为广大客户提供方便、快捷、贴身的服务。

2、拥有一支高素质、专业化的保险员工队伍

公司拥有一支长期从事商业保险、工作经验丰富、综合素质高、团结拼搏的人才队伍，员工大专及以上学历占 76.89%，拥有专业技术职称占 45.45%。公司建立了较完善的现代企业培训机制，专门制订员工培训计划，为公司引入国内外先进的客户服务意识、技巧及客户回访制度。

签订全国首个区域性“政银保”合作项目。

3、恪守“以市场为导向、以客户为中心”的服务理念

公司设立理赔中心和客户服务部，配备一支纪律严明、业务素质过硬的专业队伍，在全国最早设立了“95518”全国统一的 24 小时理赔定损专线服务电话，全天候为广大客户提供承保、理赔、咨询、报案、抢险及免费救援等一条龙服务。公司拥有本地的保险事故查勘定损队伍和保险事故查勘、定损、理赔权，配备专业化的先进理赔工具：如专用的理赔车辆、笔记本电脑、专门为定损设计的 PEDS 事故车辆定损系统、远程定损系统等，随时可在第一现场为客户提供方便、快捷的保险理赔服务。我们公司还拥有无可比拟的全国及海外服务网络，客户在外地出险，可以由我公司委托出险当地中国人保财险公司查勘、定损，为客户提供及时救援、协助处理事故，避免客户人在异地的种种尴尬和困难。公司股改上市后，致力于打造和保持保险行业第一服务品牌，我们通过持续开展“金牌服务工程”、“理赔无忧一车险快捷”等活动，获得客户的广泛赞扬，连续 6 年被佛山市消委会评为“诚信单位”，连续 3 年被评为“最受佛山市民喜爱金融单位”。

4、金字品牌、优良信誉，是公司综合实力的最客观体现

我公司拥有佛山市内广大的客户群体，2003 － 2005 年度被确定为佛山市政府公务用车承保公司之一。历年来，广东美的集团公司、广东健力宝集团有限公司、佛山市电信公司、广东亚洲铝厂、广东凤铝铝业、东鹏陶瓷、新中源陶瓷、中国储备粮管理总公司、佛山杜邦鸿基薄膜有限公司、佛山市公控集团等大企业单位均在我公司投保企财险，2005 ~ 2008 年，我公司还承保了广佛高速公路扩建工程、佛山市一环城际快速干线工程、佛山地铁等大型工程项目，以及顺德城镇职工、南海城乡居民的住院基本医疗补充保险项目。2009 年，公司还为全市 9.39 万头能繁母猪、18.87 万亩水稻、23 万户农民住房提供近 23 亿元的保险保障。为了解决农民贷款难问题，我公司与三水区政府、三水区农信社合作开发出的全国首个区域性农业小额贷款保证保险产品，建立起了“政银保”合作平台，该项目受到了广东金融办、广东保监局、佛山市政府以及《中国经济日报》、《南方日报》等政府部门和媒体高度关注和充分肯定。多年来，我公司以优良的服务和雄厚的实力赢得了客户、社会各界以及政府的一致好评和信赖。

佛山正处于新的高速发展时期，充满着机遇，充满着希望，催人奋发！中国人保财险佛山市全市系统全体员工决心以振兴佛山经济为己任，以打造广佛都市圈，营造和谐佛山为新目标，弘扬中国人保 61 年的光荣传统，竭诚为社会提供最现代的保险产品、最全面、最优质的保险服务，与地方政府、广大客户和社会各界携手共创美好的明天！

公司与客户举办联谊活动。

公司运动会开幕式。

地址：禅城区季华五路 9 号中国人保大厦　邮编：528000　总机：（0757）83369911　直通车投保专线：40081—95518　客服专线：95518　传真：（0757）83354702

中国人寿保险股份有限公司佛山分公司

总经理：陆建明

中国人寿保险股份有限公司的前身中国人民保险公司成立于1949年10月，1996年分业经营以来，中国人寿发展迅猛，于2003年12月17日、18日及2007年1月9日分别在纽约、香港和上海三地上市。作为中国最大的保险公司，中国人寿连续七年入选《财富》杂志“全球500强”、多次荣获“中国保险业第一品牌”、“世界著名品牌500强”等荣誉。

中国人寿佛山分公司是隶属于中国人寿保险股份有限公司广东省分公司的市级分公司，下设顺德支公司、南海支公司、大沥支公司、西樵支公司、容桂支公司、龙江支公司、三水支公司、高明支公司和禅城营业区、石湾营业区、南海营业区、城区收展营业区、第一营业部、城区团险营业区等14个营业单位，在佛山地区销售与服务网络完整，营销服务网络已经覆盖佛山市所有的区、县和乡镇。目前营销服务部超过50个，销售服务人员超过4500人。公司业务范围包括个人业务、银保业务、团体业务和意外险、健康险、企业年金业务等。多年来无论市场竞争主体及市场竞争形势如何变化，佛山国寿在佛山市场都牢牢保持主导地位。2009年，中国人寿佛山分公司在业务上继续保持较快发展的势头，总保费达到41.62亿元，市场份额为49.3%。

在客户服务方面，中国人寿佛山分公司坚持“用专业和真诚赢得感动”的服务理念，为广大客户提供高质量的服务，为客户排忧解难。截至2009年底，公司为超过33万的有效客户提供个人、团体意外险和长期健康险保单和服务，累计赔款支出10.34亿元，满期、养老等各类给付总额9.01亿元。我司每年将6月16日定为国寿客户服务节，不断强化国寿员工“用心经营、诚信服务”的客户服务理念。自2009年年初以来，我司还隆重推出“国寿鹤卡”服务，为佛山国寿VIP客户提供更多个性化尊贵的服务。目前，佛山分公司已与市内多家商户签约，为众多VIP客户提供多项特惠的贴心服务。

作为国有控股保险公司，我公司在勇担社会责任、发挥行业带头作用、促进提升行业形象方面发挥了积极的作用。从捐赠“爱心鲜血车”到参与主办《见证重生：汶川地震灾后重建周年大型纪实摄影巡展》；从积极承办各类文化群众活动到合作启动送电影下乡活动；从承办首届“百佳”保险从业人员颁奖典礼到与佛山传媒集团合作推进“佛山电视塔”亮灯工程，处处可见佛山国寿的身影。经过多年的努力，佛山国寿的品牌形象深入人心，获得了佛山市民的认同及喜爱，多次荣获“广东省用户满意企业”、“最受佛山市民喜爱的金融单位”等荣誉称号。

2010年，对佛山国寿是开拓创新、科学发展的一年。我们将紧紧围绕市委、市政府中心工作，以科学发展为工作主线，以“服务广东 · 服务佛山”为工作主题，全面增强公司综合实力和竞争力，积极履行国有保险公司的社会责任和企业义务，为打造“活力佛山、和谐佛山”做出更大贡献。

地址：禅城区季华五路51号中国人寿保险大厦 总机：(0757) 8321888
客服专线：95519 http://www.e-chinalife.com

Join-Share中盈盛达

共创 共享 共成长

2009 年 2 月 28 日中盈盛达股份公司创立

“新徽商共同成长计划”启动仪式暨安徽中盈盛达担保投资有限公司创立庆典

中国银监会蔡鄂生副主席（左三）、省政府李捍东副秘书长（右三）、省银监局刘福寿局长（右一）、省金融办叶穗生副主任（右二）、市政府黄海宁秘书长（左一）视察我司

广东省中小企业局张文献局长（左）视察我司

佛山市委常委、常务副市长周天明（左二）、市政府副秘书长倪全宏（左三）视察我司

广东中盈盛达担保投资股份有限公司

广东中盈盛达担保投资股份有限公司创立于 2003 年 5 月，现注册资本 3 亿元，净资产超 4 亿元，业务覆盖珠三角并逐步发展至长三角地区，分支机构和业务主要分布在佛山、广州、东莞、顺德、肇庆等珠三角地区，控股安徽中盈盛达担保投资有限公司，拥有融资咨询、助贷平台、特色典当 3 家产业链子公司，是全省唯一同时具有省、市两级政府国资背景、市场化运作的集团性全国知名大型担保机构，是珠三角地区规模最大、实力最强、信誉最好的专业担保机构之一及佛山地区唯一的“全国十大最具影响力中小企业信用担保机构”、“广东省中小企业信用担保机构示范单位”，是广东省信用担保协会副会长和佛山市信用担保行业协会会长单位。

中盈盛达以“让信用美好明天”为使命，遵循“共创共享共成长”的核心价值观和“厚馈股东、善待员工、回报社会”的宗旨，整合社会各方资源服务中小企业，努力打造“中小企业系统化融资服务供应商”，成立 7 年来累计为 2000 多家中小企业提供了超过 100 亿元的担保融资服务。受保中小企业新增产值达到 400 亿元，新增利税 40 亿元，新增就业岗位 12.5 万个，有力地推动了地方经济发展。

2009 年中盈盛达实现担保融资额 30 多亿元、业务收入 1 亿多元、税前利润 4800 多万元；连续 2 年纳税超过 1000 万元（其中 2009 年纳税近 2000 万元）。

2010 年中盈盛达将借行业监管办法实施之机，进一步规范内部管理、完善风险控制、提高盈利能力，扩大业务规模、提升服务质量、积极筹备上市，争取在更高的平台上探索信用担保行业可持续发展和中小企业社会服务体系建设之路。

我司员工在佛山担保行业红歌比赛中夺冠

地址：广东省佛山市禅城区汾江中路
215 号创业大厦 22 楼
邮编：528000
电话：0757-83303188
传真：0757-83200228
网址：www.join-share.com
邮箱：zysd@join-share.com

佛山市南海景隆投資控股有限公司

地址：南海区西樵镇太平 电话：（0757）86822168 传真：（0757）86822909 邮编:528212

景隆公司大门口

佛山市南海景隆投资控投有限公司地处风景秀丽的西樵山下、西江河畔，占地面积85万平方米，是南海区大型国有独资企业。公司前身国营南海糖厂于1957年建成投产，1989年组建南海糖纸企业集团公司，1993年更名为南海电力实业集团公司，1997年改名为南海龙光集团公司。2006年南海龙光集团公司转制，在其基础上组建成现在的佛山市南海景隆投资控股有限公司。经过50多年的艰苦创业，企业不断发展和壮大。目前，景隆公司注册资本2500万元人民币，属下公司有南海江南发电厂有限公司、南海长海发电有限公司、南海裕泉自来水有限公司、南海洁能燃料有限公司、南海区伊安物业管理有限公司等8个，主要经营发电、供汽、供水和水煤浆制备等四大产业，并承担向省循环经济的试点单位——广东西樵纺织产业基地供汽、供水的重任。公司现有员工1100多人。

江南发电厂门口

江南发电厂全景

洁能公司办公大楼

长海发电厂全景

员工俱乐部内游泳池

裕泉公司制水池和办公楼

中国移动通信集团广东有限公司
佛山分公司

图片说明：

1、2009 年 12 月 10 日，"U- 佛山"无线城市应用成果展示大会

2、2009 年 5 月 15 日，佛山市"U-佛山"信息服务示范区正式启动

3、2009 年 4 月 1 日，佛山分公司举行"全国精神文明建设工作先进单位"挂牌仪式

4、2009 年 5 月 15 日，佛山市政府与中国移动广东公司签署信息产业战略合作协议

中国移动通信集团广东有限公司佛山分公司于 1999 年 1 月 28 日正式挂牌成立，是中国移动通信集团广东有限公司在佛山市设立的分支机构。公司下辖禅城、顺德、南海、三水、高明五个分公司，至 2009 年底，公司服务客户总数近 750 万。公司拥有"全球通"、"神州行"、"动感地带"等品牌，彩铃、彩信、飞信、139 邮箱等信息化服务受到用户欢迎；106 家"沟通 100"服务厅、几千家社会渠道遍布城乡，10086 热线、短信、网站服务厅等电子渠道，为客户提供便捷的业务办理渠道；我国拥有自主知识产权的第三代移动通信技术 TD-SCDMA 网络正在全力建设和优化中，公司的网络总体性能高水平运行。

2009 年，公司全面落实"我爱广东"系列活动：推动市政府率先与省公司签署信息产业战略合作协议；全面推动"U- 佛山"无线城市建设，启用"U- 佛山"应用门户。"红段子"活动不断深化，开展"爱我中华 创业广东"、"青年创业 移动领航"网络创业大赛、"国家 爱"红段子创作传播大赛等。建立 9 个青年就业创业基地，建成"青年职前学堂"，助力青年就业创业。公司先后获得"广东省文明单位"、"全国精神文明建设工作先进单位"、"全国五一劳动奖状"、"中国最佳售后服务奖"及 30 几个国家、省级和市级"青年文明号"等荣誉称号。

2010 年，公司将在市委市政府的领导下，沿着科学发展的道路，从智慧经营上下功夫，在价值创新上做文章，坚定不移促转变，脚踏实地抓发展，认真履行社会责任，为建设"四化融合 智慧佛山"贡献力量！

i-POWER
动力100
信息就是力量

WWW.
10086.CN

客服热线
10086

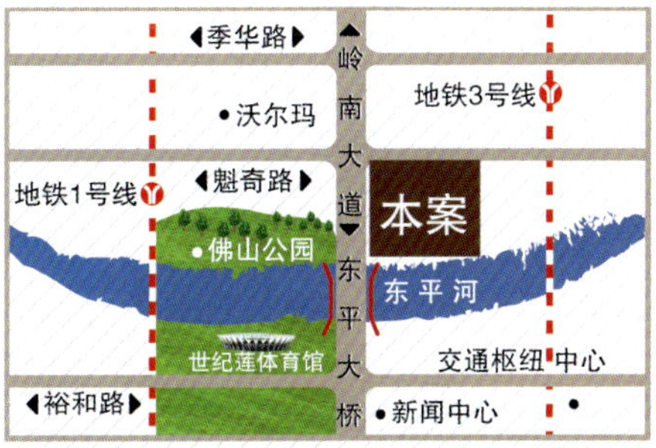

2010年4月12日，德宝地产在新加坡交易所主板成功上市，成为佛山市虎年第一家上市发行的公司、南海区第一家在海外上市的房地产企业。公司上市体现了管理层对二次创业、规范运作、实现企业做大做强目标的不懈追求，将翻开德宝地产新的一页。

德宝地产迄今已完成新荔湾花园、德宝花园、清华园、江南名居1至4期和江南名居锦苑、熙苑5个房地产开发项目，总面积超过80万平方米。目前正在开发的3个项目和用于未来建设的土地面积接近140万平方米。其中预计于2015年年底完工的山水龙盘是德宝地产开发的第一个高档次郊区住宅项目。接下来还有两个综合型商业住宅开发项目，预计分别于2010年年底和2011年动工。

此次德宝地产开发首次公开发售1.38亿股新股，筹集资金4793万新元，约合2.27亿元人民币，将用于集团现有地产项目开发、购入新开发土地和投资地产，以及充作企业的流动资金用途。

南海区副区长万志康在该公司的首日交易仪式上说，德宝公司是目前南海规模较大的房地开发商之一，近年来保持了较快的发展速度，具有良好的发展前景。

热烈祝贺

德宝地产在新加坡主板成功上市

德宝地产地址：佛山市南海区桂城南一路39号江南名居熙苑首层 电话/传真：(0757) 86325863 网址：www.fsnhdebao.com

佛山市鸿业房地产开发有限公司
地址：禅城区城门头西路2号 电话：(0757)83638086 传真：(0757)82222415
佛山市鸿业房地产开发有限公司成立于1984年12月，原名佛山市鸿业综合开发总公司，为房地产综合开发二级企业，也是中国房地产开发集团成员企业。2004年3月经市政府有关部门批准并经市工商行政管理局核准登记，公司完成了国有企业转制工作，变更为全员持股的有限责任公司。
近年来公司加大了项目开发力度，公司转制以后，新的经营班子提出了“倾力打造房产精品，诚信服务社会万家”的经营方针，致力于改善城市居住环境和住宅条件的开发宗旨，在加大了房地产项目开发力度的同时，又在深化和完善企业管理制度方面开展了卓有成效的工作：一是推行ISO 9001：2000质量管理体系，并已取得国际标准认证证书，明确了业务流程和工作职责，提高了业务工作效率；二是引入科学的人力资源管理体系，建立了比较全面和完善的绩效管理和考核制度。
公司是二级开发资质的城市综合开发企业，具备房地产的综合开发能力；经过20余年的发展，具有丰富的住宅小区开发与旧城改造的经验，拥有较雄厚的专业技术力量及人才。公司目前员工72人，拥有本科学历的17人，专科学历24人；具有高级职称的专业人员8人，具有中级专业技术人员21人，初级职称的专业技术人员30人。
鸿业公司秉承“经济、社会、环境”效益相统一的原则，先后完成土地开发量1000余亩，独立开发建成了人民西南小区、金鱼街老干部住宅区和同济第二住宅区、纪岗市场、隔塘大街1号、忠义路1号、六村正街AB座、鸿昌大厦、鸿图阁、东风市场、新发大楼、华景苑7#、16#、17#、祖庙路25号、27号、逸翠明居（鸿翔008组团）、岭南雅居、鸿业豪庭、鸿业新天地、鸿业现代城、鸿业城市花园等项目。为市有关单位提供“三通一平”后的土地400多亩，划拨土地让利1亿多元，投资建设了汾江南路部分路段、同庆路等城市道路20多万平方米，城市下水道1.6万米，投资8000万元胜利完成兆祥路拆迁开通工程，公司先后规划设计并投资5000万元，兴建了鸿业小学和鸿业幼儿园，其中鸿业小学已无偿赠送给佛山市教委。此外，公司还斥资4000多万元全面完成了900多米长的同济东西涌三跨暗渠改造工程，完成了绿化、雕塑小品等园林工程，使昔日的“龙须沟”变成了美丽的“鸿业园”。较好地体现出综合开发的优势，因此，多次获得市政府和省市建委的表彰，树立起良好的社会形象。
今后公司将继续遵循“立足佛山，拓展周边，放眼境内外”的经营方针，以“求实，开拓、进取”的敬业精神，诚邀各界朋友精诚合作，共同创造佛山城市建设的美好明天。
鸿业豪庭

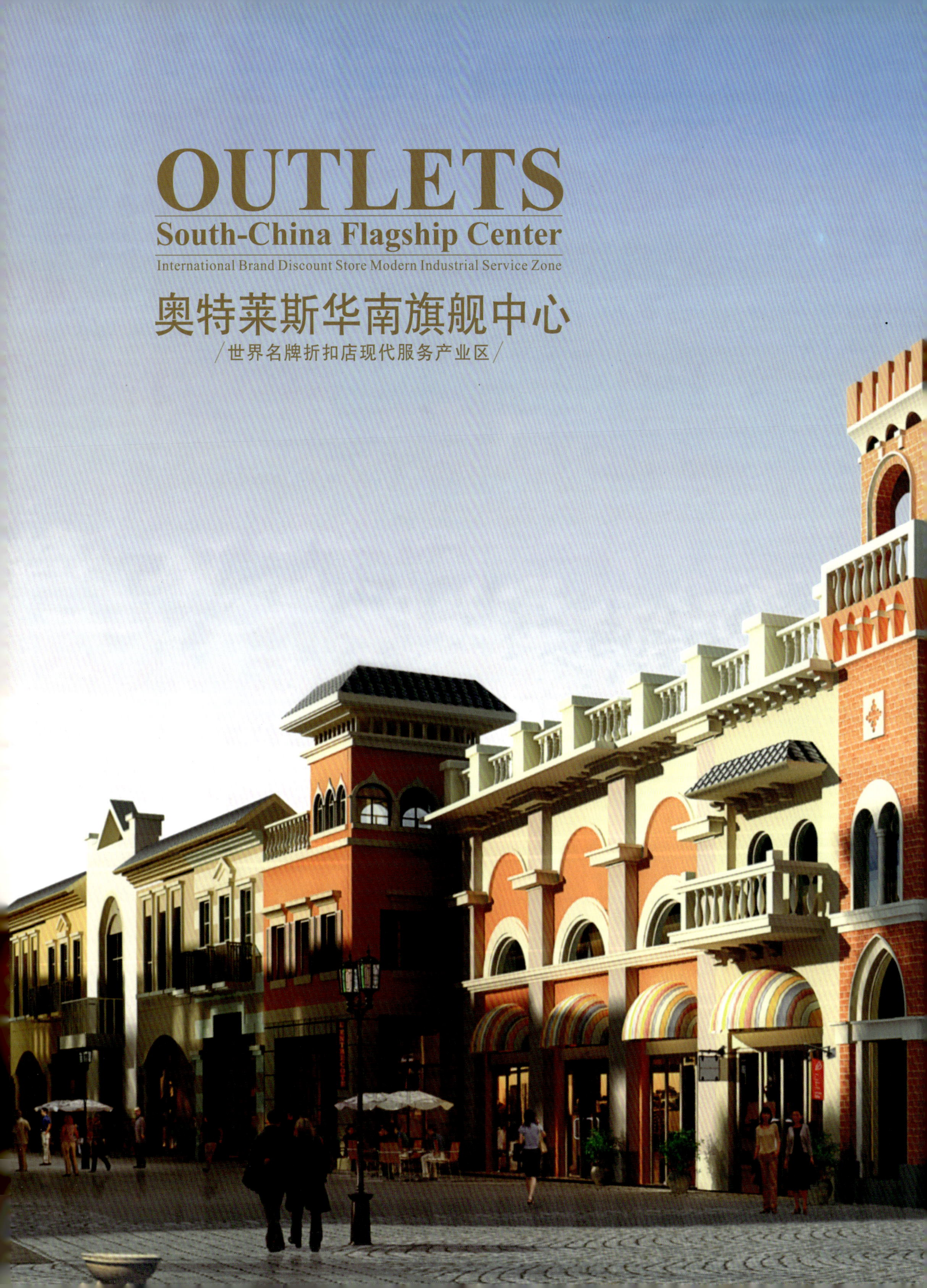

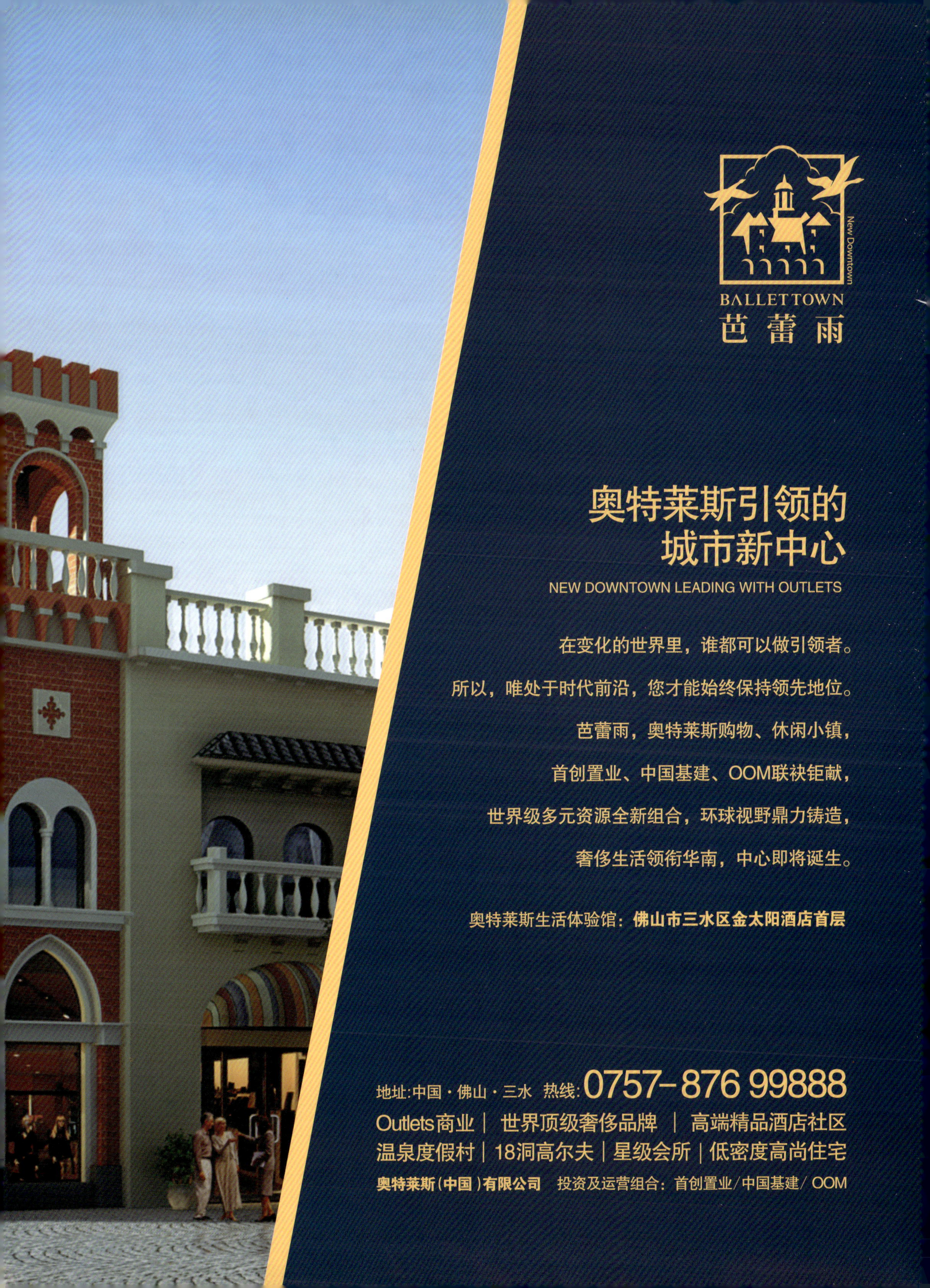

绿湖温泉度假酒店

Greenlake Hotel

佛山市绿湖实业发展有限公司

佛山市绿湖实业发展有限公司位于被评为广东省省级风景名胜区 AAAA 级的三水区森林公园内，群山环绕、青山翠谷、湖光山色、风光明媚。公司成立于 2004 年 6 月，由佛山市三水绿湖度假村有限公司和佛山市三水伟盛房产有限公司合并而成。佛山市三水绿湖度假村有限公司的前身是三水市绿湖野营地有限公司，成立于 1999 年 11 月 30 日；佛山市三水伟盛房产有限公司成立于 1999 年 12 月 6 日。

为了增强企业竞争力，经公司董事会研究决定，于 2004 年 6 月将两家原来独资的企业合并成为现在的佛山市绿湖实业发展有限公司，实现企业强强联合。成立绿湖实业发展有限公司以后，经过资源优化组合，又分别注册了两家分公司：佛山市绿湖实业发展有限公司绿湖房产分公司、绿湖实业发展有限公司绿湖温泉度假酒店。经营房产开发、房产销售、建筑材料、餐饮业、旅业、保健、养殖业、种植业、以及烟酒零售等项目。绿湖实业发展有限公司股东还分别注册了四家具有独立法人资格的有限公司，分别是佛山市绿湖同基房产有限公司（主要经营房地产开发）、佛山市钧行物业管理有限公司（主要经营物业管理服务、自有物业租赁管理、园林绿化工程、花卉树木种植）、佛山市三水伟盛建筑工程有限公司（主要经营房屋建筑工程施工总承包叁级、土石方工程专业承包叁级），经营作为集团式的管理公司，形成了强大的集团式经营的跨行业企业。公司董事长梁六端先生现任佛山市政协常委、佛山市工商联副会长、佛山市个体劳协副会长、佛山市房地产协会副会长、佛山市三水区工商联合会（总商会）会长、佛山市三水区房地产建筑商会会长等职务。

绿湖实业发展有限公司将秉承一贯务实、严谨、高起点、高标准的理念与作风，全力将绿湖爱伦堡建设成为佛山市乃至珠三角地区的标志性生态旅游房地产项目。绿湖人将用自己的聪明才智和恢宏气魄，创造中国民营企业界的神话与传奇！

随着市场销售的逐渐好转，国家经济形势企稳回升，企业投资信心恢复，国内房地产市场快速回暖，我公司的销售总额达到 2 亿多元，比上一年增长 118.3%。

2009 年的“楼脆脆”、“楼垮垮”等事件，使房地产业品牌受到“无品质”的伤害，但绿湖并没有因此受到影响。一路走来，绿湖不断追求细节完美，坚持挑战品质极致，每一块墙面毛石的凹凸处理、每一件铁艺制品的节点处理，都追求尽善尽美。房地产业向精细化作业转变，企业的竞争，不只是某个环节的竞争，而是整个价值链的竞争，而整个价值链的综合竞争力决定企业的竞争力。绿湖将会整合最优质的资源，从项目定位、设计、采购、施工、服务等各个环节与供应商的合作成为战略，提升价值链竞争力，为品质建筑服务。绿湖坚信房地产业随之会迈向“得品质者得市场”的品质时代。

随着社会物质文化生活水平的不断提高，“自然、生态、休闲、养生”已成为社会成员的追求。近年，绿湖实业着力打造以休闲为主的生态森林度假酒店——绿湖温泉度假酒店。

绿湖温泉度假酒店位于三水区森林公园内，立于群山环抱之中，坐拥森林的静谧舒适，在山林间与云东海湖交相辉映，浑然一体。得益于此纯美的天然环境，绿湖温泉度假酒店虽说不上巧夺天工，但却凝聚了绿湖人的智慧与汗水。酒店总用地面积约 8.3 万平方米，设有独立别墅及各类客房；餐饮设施有大堂吧、中西餐厅、多功能国际会议厅、贵宾包房、KTV 包房；拥有温泉 SPA、露天瀑布泳池、各式泡池、桑拿室、沐足室、健身房、桌球、棋牌室、美容室、露天氧吧等配套设施齐全。为长寿之乡的三水提供一个自然养生的好地方。

绿湖努力把发展休闲度假旅游作为转变旅游业发展方式，加快发展度假酒店作为抢占休闲度假旅游市场先机和制高点的重要突破口，着力打造高品质的休闲度假酒店，锐意繁荣当地经济发展。

绿湖温泉度假酒店 地址：三水区森林公园一区 1 号 电话：（0757）87838968 87828636 传真：（0757）87828636 邮编：528100

世博商业中心

世博商业中心是佛山市尚怡房地产开发有限公司和佛山市世博房地产实业发展有限公司继成功开发世博嘉园住宅项目后，于近期在广佛地铁总站上盖区块倾力打造的又一力作。优秀的开发团队、优越的区位优势，全新的策划和经营理念，世博商业中心必将成为佛山全城瞩目地王级商业旗舰项目，也必将成为一个雄踞广佛地铁总站上盖、辐射全城消费人群的集商业、休闲、饮食、娱乐于一体的城市综合体。

广 佛 地 铁 上 盖 物 业 ， 佛 山 地 王 商 业 旗 舰

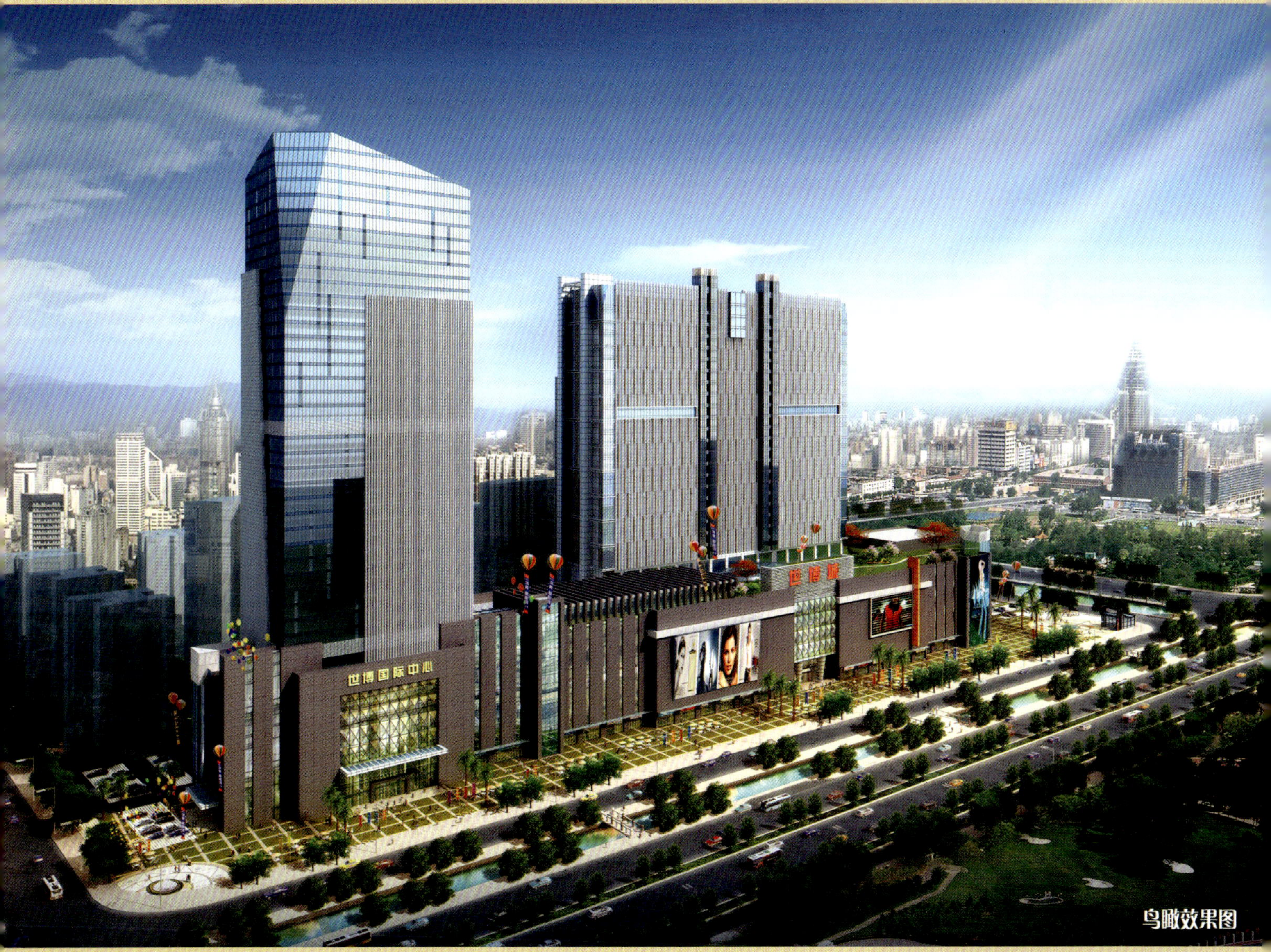

鸟瞰效果图

区位： 尊踞佛山中心组团澜石片区，周围高尚住宅群星罗棋布，坐拥中心组团都市繁华，又享东平河“一河两岸”美景。

交通： 位于汾江路和魁奇路交汇处，雄踞广佛地铁总站上盖，紧邻佛山公交总站，尽享交通便利。

定位： 为集购物、休闲、餐饮、娱乐为一体的中、高端大型商业中心。

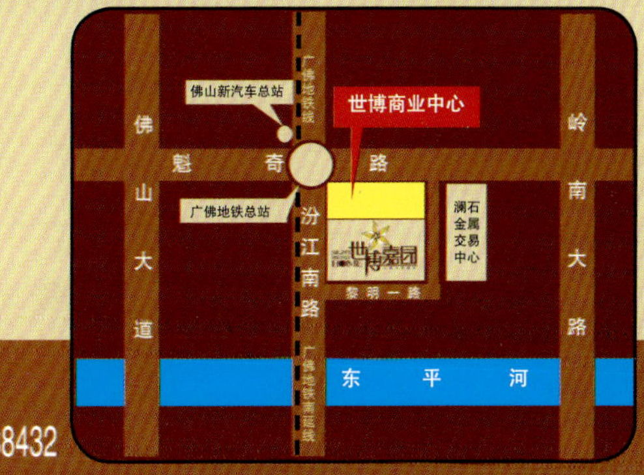

发展商：佛山市尚怡房地产开发有限公司 佛山市世博房地产实业发展有限公司
地址：佛山市禅城区黎明一路23号 咨询电话：(0757)83160888 (0757)83131888 传真：(0757)83138432

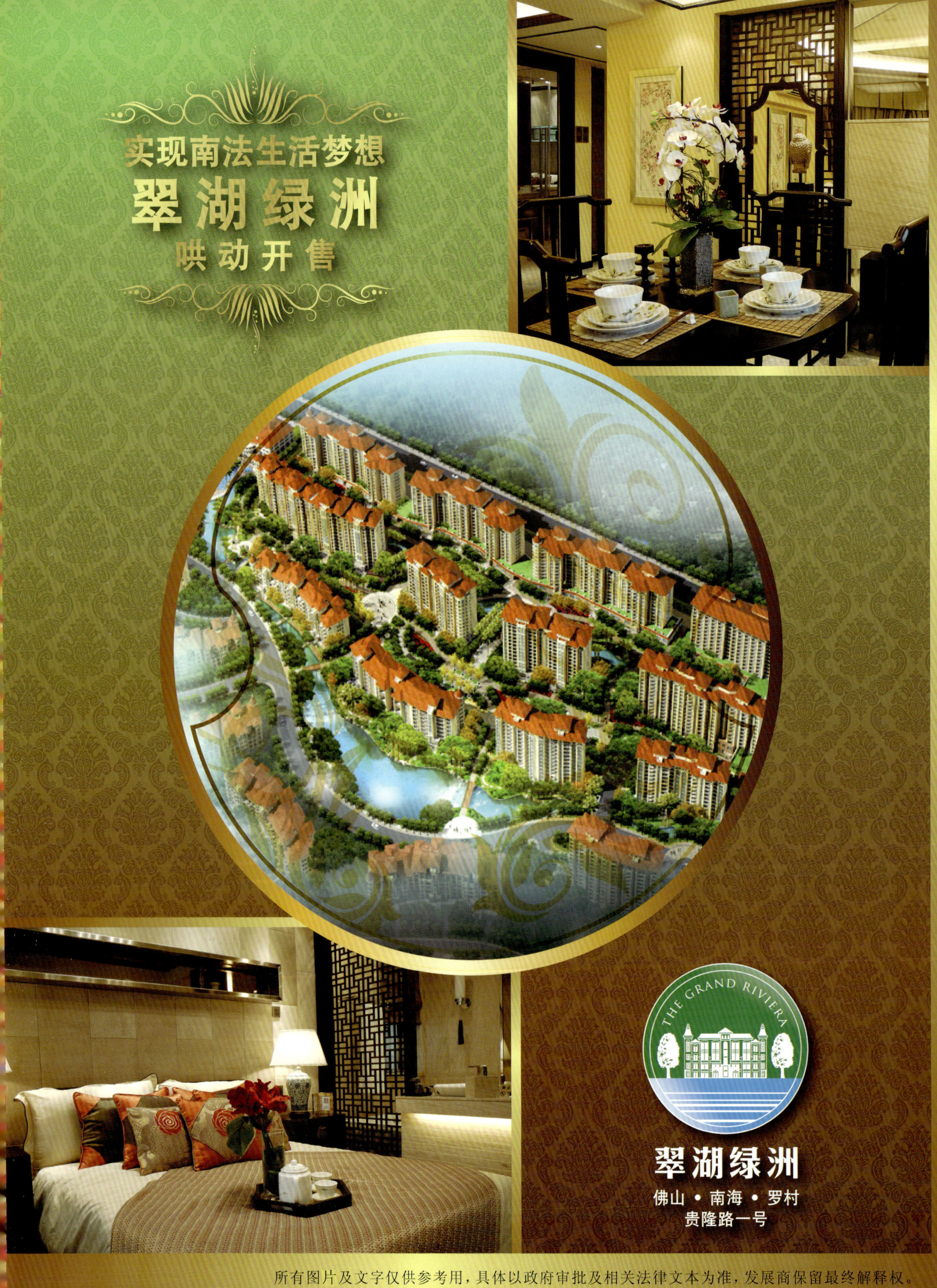
实现南法生活梦想
翠湖绿洲
哄动开售
THE GRAND RIVIERA
翠湖绿洲
佛山 • 南海 • 罗村
贵隆路一号
所有图片及文字仅供参考用，具体以政府审批及相关法律文本为准，发展商保留最终解释权。

中国调味品领导品牌——海天

市场经济的快速发展，对传统产业提出了更高的要求。海天，坚持自主创新推动传统产业优化升级，在科研、产能、渠道、品牌等多方面齐步推动，走出了一条调味品企业特有的发展之路。2010年，海天凭借强大的优势，一路高歌奏凯，以绝对的实力稳居中国调味业的领导品牌地位。

创新发展，稳健争先

品牌导航——强化领导地位

近年来，随着品牌战略的实施，以及一系列营销政策措施的到位，海天的知名度和美誉度得到全面提高，海天已俨然成为家喻户晓的全国性知名品牌，并发展到国际舞台。2009年，海天启动了新一轮的品牌革新运动，旗下代表产品旧装换新颜，统一采用新的标识，品牌口号也变为更富有现代时尚气息的“生活多美味”，同时根据市场发展趋势和市场消费特征，海天对旗下产品进行了全方位的整合，创新推出多个独具竞争力的产品组团，采用不同的子品牌分别针对不同的细分市场专业运作。海天品牌的深入人心，将进一步强化和巩固其在中国调味业的领导地位。

科研创新——打造行业标杆

海天始终坚信，企业的创新发展，最重要的就是要与时俱进，用现代科研技术改造和提升产业水平。一直以来，海天都着力研究解决行业共性关键技术问题，突出改造和优化传统工艺、坚定不移地进行大规模的技术改造，提升企业核心技术的竞争力。海天将创新成果用于技术标准的建立，带动了同行业的其他企业向先进的行业技术要求看齐，加快了整个行业的技术进步，有利于良性竞争，也将进一步引领整个行业健康发展。海天对科研的重视以及技术实力，在一定程度上引领着中国调味业的发展方向。

产能升级——扩大规模优势

随着市场需求的增加，海天的产能优势也逐步体现。2009年，海天启动了高明二期工程的建设，完工后海天的整体年生产规模将达到200万吨，实现年销值超百亿元。从今年年底开始，海天高明二期项目将陆续投入生产。海天高明二期工程注重环保、节能新技术的应用，同步引进了国外先进的环保技术和节能设备，项目完工后无论是从技术设备方面，还是生产能力方面，都将处于世界领先水平，也将进一步体现出海天的规模化、产业化优势。

渠道深耕——拓宽消费市场

海天向来着眼于大市场的建设，多年的精耕细作，海天已拥有业内最健全而缜密的营销网络，全面覆盖中国市场，搭建出海天产品到达消费终端的绿色干线。面向未来市场，依托强大的产品研发和生产能力，海天也将在三大方面完善市场建设：首先是做大、做透国际和国内两个市场；其次是做深、做细农村市场和二、三线市场；第三是做精、做强中高端市场和餐饮文化市场。小商品，大市场，大作为，于海天而言实为最真的写照。

2010年，海天如沐春风，在自主创新战略的带动下，稳步发展。面对未来，海天充满信心，将继续坚定不移的走创新发展之路，再创奇迹，再续辉煌！

Galanz 格兰仕

格兰仕集团是一家世界级综合性白色家电品牌企业。自1978年创立至今，格兰仕由一个7人创业的乡镇小厂发展成为拥有近5万名员工的跨国白色家电集团，是中国家电业最具影响力的龙头企业之一。在百届交易会期间，国家商务部网站上公布的一份针对“中国制造企业品牌知名度”的调查报告中，格兰仕品牌在外商最喜欢的中国品牌中，名列第一。

作为中国制造的杰出代表，格兰仕与中国改革开放同龄，其过去30余年实践中稳健成长、发展和壮大的历史，是中国改革开放成功推进的一个企业标签：在第一个10年里，格兰仕荒滩创业，创出了一个过亿元的轻纺工业区；在第二个10年里，格兰仕从轻纺业转入微波炉业，是中国首批转制成功、建立现代企业制度的乡镇企业之一，并迅猛赢得微波炉世界冠军；在第三个10年里，格兰仕开始打造一个以微波炉、空调、冰箱、洗衣机、生活电器为核心的跨国白色家电集团。

多年来，格兰仕坚持自主创新，每年投入的研发经费占到企业销售额的5%，早已全面掌握微波炉、空调等白色家电的核心技术和核心自我配套能力，自主研制的磁控管、压缩机、变压器、电工线材等核心元器件都达到国际领先水平，自主开发的全能型光波微波炉、高能效光波空调、具有发芽煮饭功能的芽王煲等创新产品成为全球家电市场风向标。

2008年11月15日，执行总裁梁昭贤在微波炉生产线上向温总理介绍格兰仕自主研发的磁控管

空调展厅

顺德新展厅

中山空调基地鸟瞰图

在企业高速发展的同时，格兰仕不断回报社会，积极扩大就业，为各种公益事业捐资捐物累计超过7000万元。近年来，格兰仕先后荣获“世界华人企业500强”、“改革开放30年广东标杆企业”、“中国最佳企业公民”、“福布斯全球最具声望企业前200强”等众多荣誉称号。

2009年，在全球金融危机的重大挑战和考验下，格兰仕集团及时果断地实施“积极进攻”战略，集团全年销售收入实现同比增长30%。格兰仕微波炉中国市场销量同比增长突破60%，海外市场出口量整体增长12%，最高日产量突破10万台。格兰仕空调年度产销量同比增长35%，其中内销同比激增254%，成为行业同比增幅最高的品牌。格兰仕生活电器延续2008年的增长势头，电烤箱、电饭煲、电磁炉等多品项领先，电烤箱产销量世界第一，出口整体增长60%。作为格兰仕新的支柱产业，以冰箱、洗衣机为核心产品的日用电器内外销均呈几何级数增长；面对全球市场供不应求的局面，9月份，格兰仕斥巨资扩建包括年产400万台冰箱、350万台洗衣机、100万台洗碗机的白电新基地，全部建成之后，这里将是亚洲最具规模单体冰箱洗衣机制造基地。

目前，格兰仕在中山、顺德的白色家电制造基地已经处于国际领先水平，同时拥有全球规模最大的微波炉研发、制造中心，以及全球最大规模的家用空调制造基地。除了在中国内地，格兰仕还在美国、韩国等海外市场设立了研发中心，在中国香港、加拿大、墨西哥设立了分公司，在韩国、美国、法国、英国、俄罗斯、西班牙等国家设有商务分支机构，在全球170多个国家和地区拥有上万个分销网点，在世界范围内和200多家跨国公司进行经贸合作。随着全球市场和业务板块的持续扩张，格兰仕还计划向东南亚、南美、东欧等地拓展全球制造网络。

伟大，在于创造。伟大的时代，孕育伟大的企业。2010年，格兰仕已经全面启动了“综合性、领先性白电集团战略”，并选择以低碳发展推进优势家电产业升级转型，立志打造全球领先的综合性白色家电品牌，与时俱进造福世界百姓。

地址：顺德区容桂街道容桂大道南25号 邮编：528305 电话：(0757)28886389 传真：(0757)28889628
网址：http://www.galanz.com.cn. E-mail:info@galanz.com.cn

佛山华国光学器材有限公司

FOSHAN HUAGUO OPTICAL CO.,LTD

负责人（联系人）：周樑成

地址：禅城区张槎街道长虹东路 3 号　邮编：528000
电话：(0757) 82960266　传真：82960166
网址：http//www.fshuaguo.com　E-mail:fshuaguo@fshuaguo.com

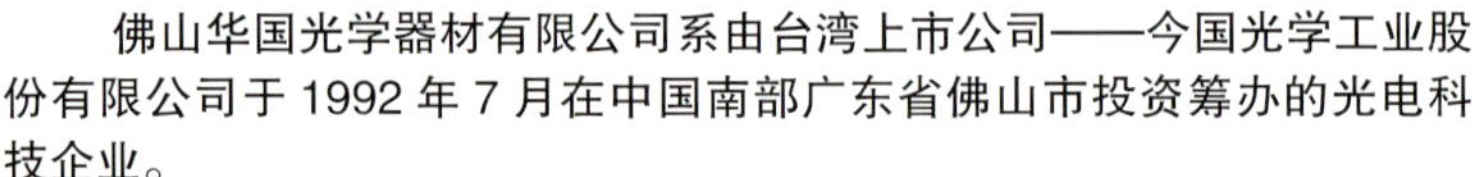

佛山华国光学器材有限公司系由台湾上市公司——今国光学工业股份有限公司于 1992 年 7 月在中国南部广东省佛山市投资筹办的光电科技企业。

公司主要产品有：定焦镜头镜片、数字相机 (300 万 ~ 1200 万像素) 之镜头镜片、液晶投影机、扫描器镜头镜片；光盘机、摄影机、读码机镜片；影印机、传真机、天体望远镜、枪瞄、手机镜片、医疗器材镜头镜片及其它各式镜头镜片。公司产品畅销于海内外，客户群涵盖日本、欧美、东南亚。

公司全员不断追求优质的产品，于 2001 年取得 ISO9001:2000 版的国际质量体系认证，同时也关爱社会环境，现已通过 IS014001:2004 环境管理体系的国际认证，并且获得广东省佛山市环境保护模范企业称号。2009 年 2 月通过并取得 OHSAS18001:2007 职业健康环保体系认证，11 月荣获 Panasonic 第二届全球优秀合作伙伴品质贡献银牌奖。公司致力于光电产品的研发制造，努力打造最优品牌，迈入世界先进企业行列，走向世界。

未来，华国将持续追求客户最大程度上的满意，继续专注本业、善用人才、掌握趋势、正派经营，以追求公司之永续经营！

公司总经理周樑成在东京接受松下公司颁发全球优秀合作伙伴品质贡献银牌奖奖项。

佛山普立华科技有限公司

镜头组装

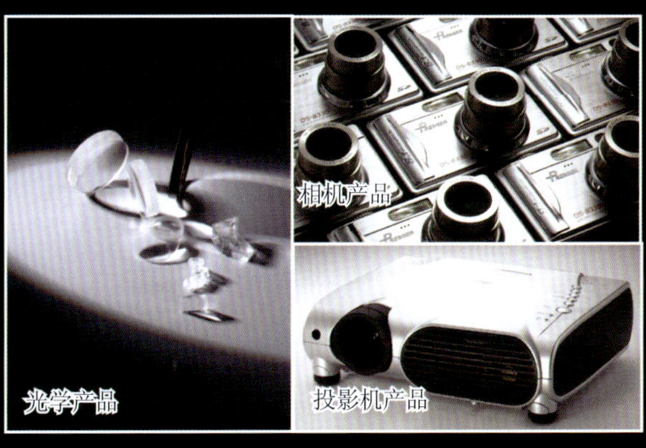
光学产品　相机产品　投影机产品

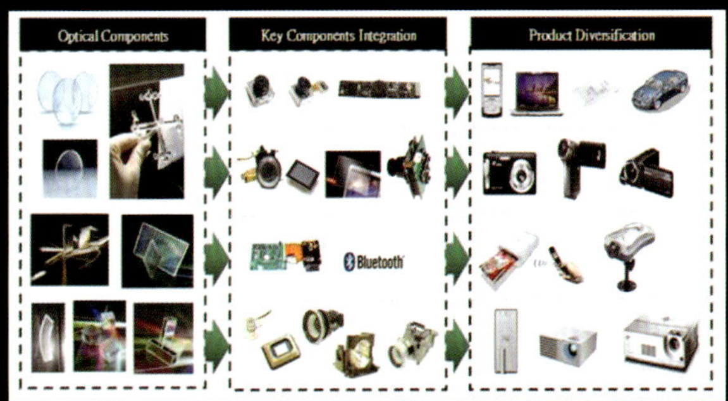

佛山普立华科技有限公司于 1990 年 5 月建厂，前身为普立华照相机有限公司，2001 年正式更名为佛山普立华科技有限公司，2006 年 12 月并入台湾鸿海集团，隶属富士康科技集团电脑及消费产品事业群机光电产品群。现有现代花园式厂区 16 万平方米，员工 1.6 万人，2009 年营业收入 82 亿元人民币。

公司主要生产数码相机、数码摄像机、投影机、镜头镜片等多种光学及数码影像产品，是世界光学精密科技的领跑者。数码相机生产规模及技术领跑全球，为世界第一大数码相机制造基地，全球数码相机市场占有率达到近 14%，市场覆盖全球。自行研发的新产品微型投影机，体积与一般手机同样大小，真正满足“行动投影”的需要，在同行业中极具竞争优势。

公司为员工提供完善的福利体系、晋升体系及丰富的企业文化生活。在厂内生活区设有宿舍、银行、超市、电视房、电子阅览室、图书室、邮局、医疗室、运动场、健身房等设施，公司定期举办生日会、艺术节、体育比赛、业余兴趣培训班等文体活动，设有多个员工自发组建的羽毛球协会、摄影协会、文艺协会等协会组织，丰富员工业余生活。

公司秉承“爱心、信心、决心”的经营理念和构建“幸福企业”的目标，在提供高质量产品的同时，关注员工健康及生活，佛山普立华科技有限公司正大踏步走向更加辉煌的明天！

公司全景

地址：禅城区张槎街道长虹东路 1 号　邮编：528051　电话：（0757）82965168　传真：（0757）82965268

华南家电研究院

地址：顺德区大良街道德胜东路 3 号
电话：(0757)22915515
传真：(0757)22915516

华南家电研究院是由顺德区人民政府与广东省科技厅联合建设的省级行业公共技术创新研发平台，以提高家电整体竞争能力和创新能力为目标，开展家电核心技术创新和研发服务，是广东省产业重大创新平台之一，被列入广东省“十一五”重点工程建设项目。家电院占地面积 80 亩，首期建设用地 30 亩，总投入超过 1.2 亿元，现已建成研发楼、中试楼、检测楼，建筑面积达 2.4 万平方米。

华南家电研究院以提高家电产业国际竞争力，打造世界白色家电之都为己任，主要开展以下六项工作：

★ 建立产学研合作创新机制，提升区域创新能力
★ 集聚行业及高校资源，进行技术研发，重点解决产业共性及关键技术
★ 构筑公共服务支撑平台，强化创新服务能力
★ 承担白色家电产学研创新联盟建设工作
★ 开展行业调研，绘制产业发展技术路线图
★ 完善工业设计创新链，打造家电工业设计核心园区

六大研发中心

★ 家电有害物质替代研发中心
★ 智能家电研发中心
★ 微波技术研发中心
★ 电子控制技术研发中心
★ 节能环保燃气具研发中心
★ 新功能材料研发中心

四大服务平台：

★ CAE仿真工程中心
★ 快速制造技术中心
★ 综合测试服务中心
★ 家电发展战略中心

佛山通宝股份有限公司

FOSHAN TONGBAO CORPORATION LIMITED

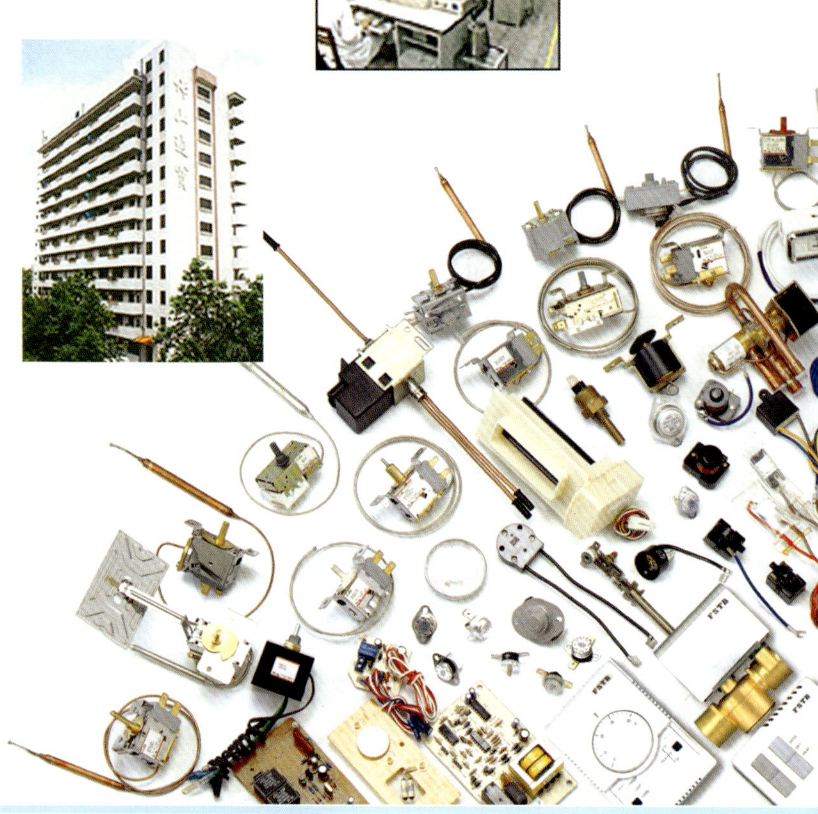

佛山通宝股份有限公司是一家致力于环保、节能的家用电器控制器开发、生产、销售的高新技术企业。在行业中首家通过 ISO9001 质量保证体系认证、ISO10012 计量体系认证和 ISO14001 环境管理体系认证。

公司主要生产经营为各类家用电器配套的各类型温度控制器及其系列产品，主要包括压力式温控器、突跳式温控器、电机保护器、PTC 起动器以及电流式起动器等产品。目前国内外著名品牌电冰箱及空调生产企业都以本公司产品作配套，并获得高度评价，部分公司对本公司产品更是免检使用。

公司立足于家用电器控制器领域，同时发展高新精密材料领域。主要控股、参股企业有：生产热双金属、银铜复合带材及电工触头材料的佛山通宝精密合金股份有限公司；生产汽车、摩托车及发动机气门簧等各类弹簧的佛山名奥弹簧开发有限公司；加工三金属零件的佛山通宝殷华特殊金属有限公司。

地址：禅城区上沙东街 43 号
电话：(0757) 82298522 传真：(0757) 82287037
网址：http://www.fstb.com.cn

佛山市中南农业科技有限公司成立于 1995 年，注册资金 5000 万元，主要从事农产品批发市场的投资开发建设及经营管理。先后被评为“佛山市农业龙头企业”、“广东省农业龙头企业”。旗下“佛山中南农产品交易中心”现占地面积 500 亩，建筑面积 28 万平方米，按交易品类分为肉食、蔬菜、冻品、三鸟、水产品、水果、副食 7 个专业交易区及加工配送区，有 2500 个摊位，主要从事农产品的贸易流通、加工配送、冷藏保鲜和食品安全检测等业务。

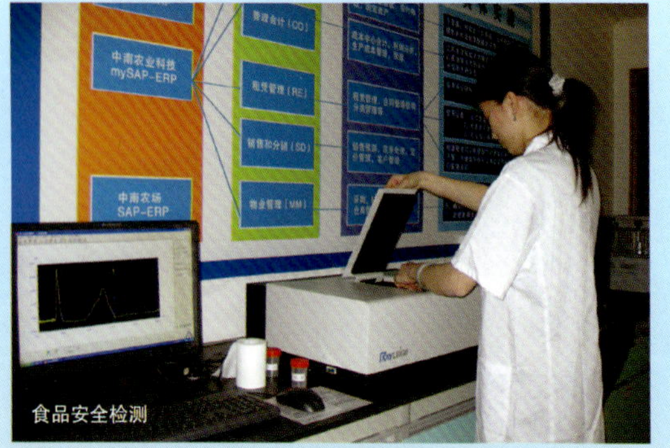

食品安全检测

肉食、蔬菜、冻品业务在佛山及周边地区处于绝对领先地位，其中猪肉日均交易量 1800 头、叶菜日均交易量 2000 吨，对佛山及周边地区市场价格的形成产生重要作用。2009 年，市场交易量 151.7 万吨，交易额 81.4 亿元。目前，交易中心通过了 ISO9001 国际质量标准体系与绿色市场认证，获得了国家农业部定点市场、中国蔬菜流通协会定点市场、中国市场竞争力百强市场、佛山市市场信用分类监管示范市场等多项殊荣，已发展成为佛山市最大的农产品交易物流中心，成为广东省对台农产品贸易集散地之一。

地址：南海区桂丹路乐安路段　电话：(0757) 86480099　传真：(0757) 86489690
网址：www.yuebainian.com　E-mail：zhongnan@yuebainian.com

佛山市南海南方技术创新中心有限公司

地址：南海区西樵镇轻纺城　网址：www.gd-textile.com
服务热线：（广东西樵轻纺城）（0757）86855688
（广东西樵纺织产业基地）（0757）86838655
（广东南方技术创新平台）（0757）86891188

布艺展厅

印花制版

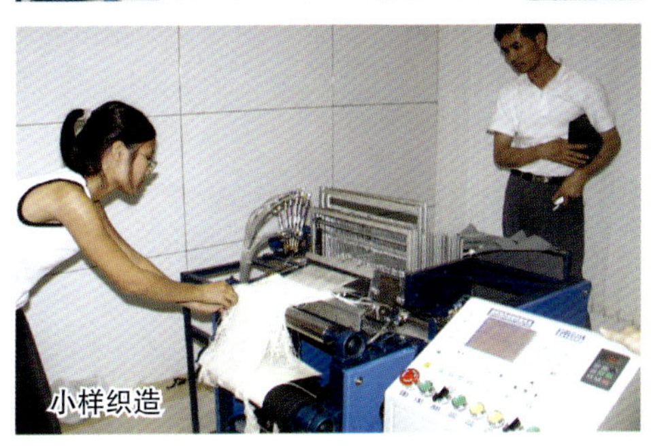
小样织造

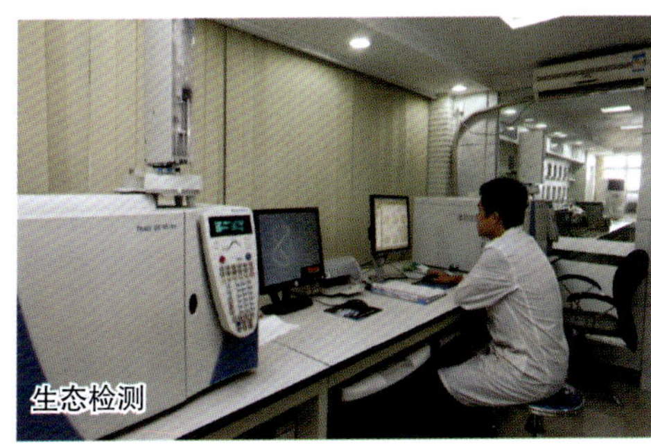
生态检测

染整试验

中国面料名镇——广东西樵

佛山市南海区西樵镇是华南地区最大的纺织面料生产基地，目前共有纺织企业 800 多家，织机 3 万多台套，从业人员约 6 万人，拥有年产各种纺织面料 20 多亿米的生产能力，形成原料生产、面料织造、浆印染后整理、机械加工、服装成衣、市场物流一条龙的完善产业链。2009 年，地区纺织工业产值 90 多亿元。

大展示、大市场、促进大发展。广东西樵轻纺城占地 1000 亩，有高档豪华商铺 3000 多家，集产品销售、商务洽谈、产品研发、物流货运、饮食娱乐于一体，集聚了国内外经销商 1200 多户，纺织原料、特色牛仔、服装面料、家纺布艺、辅料配件等产品一应俱全，产品远销国内、欧美、东南亚等地，2009 年，市场交易额 200 多亿元，是广东省大型高级批发市场、广东省重点龙头流通市场。

造林引凤，携手共赢。广东西樵纺织产业基地是重要的产业集群载体，是全国首个纺织产业升级示范区、省级的产业示范基地和循环经济试点园区。近年来，基地大力推进“四统一”工程，即统一供电、统一供水、统一供蒸汽、统一污水处理，为企业进驻和长远发展奠定了基础。其中，污水处理采取“集中治理 + 人工湿地深度处理”的方式，处理技术和治理效果在国内处于领先地位，确保达标排放，实现基地循环经济和可持续发展。目前，黛富妮家纺、佛山新纺集团、致兴纺织等大批知名企业落户基地，为西樵纺织产业发展增添了新活力。

聚智聚才，推进产学研结合。西樵镇与中国纺织信息中心、东华大学、西安工程大学等国内外 10 多所纺织高校和科研院所进行全面密切技术合作，共建“中国南方纺织产业创新平台”，建成了新产品新技术研发、检测和质量认证、教育培训、信息化管理应用和电子商务五大技术服务体系，发动企业积极参与产学研联盟，共同推进产业创新发展。多年来，西樵纺织产业创新平台为西樵及周边地区纺织中小企业开展各类技术支持服务 8 万多次，研发各类纺织新产品 4 万多个，市场命中率 80% 以上，研发时间从 15 天缩短为 3 天，开发费用下降为原来的 1/3；可以提供 10 多种国内国际行业标准各项产品质量检测服务，检测报告得到世界 180 多个国家和主要国际贸易市场认可；南方纺织网提供产业产品信息 600 多万条。中国南方纺织产业创新平台被业界誉为“产业医院”和“加速器”，成功推动西樵及周边纺织产业创新发展。

佛山纺织品进出口有限公司

FOSHAN TEXTILES IMP & EXP CO.,LTD

公司为大型的外贸企业，

创建于 50 年代初期，

发展至今已有 60 年历史。

佛山纺织品进出口有限公司位于广东省珠江三角洲腹地，毗邻港澳，周边海、陆、空交通十分方便。公司附属有佛山奇卓实业发展有限公司、佛山利长进出口有限公司及香港豪冠有限公司等，自营和代理除国家统一联合经营以外的进出口商品，主要以出口纺织品（包括成品、半成品、原材料及辅料）为主，兼营陶瓷制品、建筑装饰材料、皮毛制品、日用品、电子灯具、小五金等。商品出口美国、英国、德国、加拿大、瑞士、瑞典、意大利、芬兰、日本、香港、澳门等 80 多个国家和地区。

“追求卓越品质、享受快乐人生”是佛山纺出公司的经营理念。多年来，公司坚持信誉第一、顾客至上的原则，以服务市场作为经营宗旨，赢得了国内外广大客户的支持和信赖，年出口额达 1.6 亿美元，连年被当地政府评为“重合同、守信用”企业和被中国海关评为“A 级”企业。

兼营

陶瓷制品	建筑装饰材料
皮毛制品	日用品
电子灯具	小五金等

地址：禅城区汾江南路 129 号之一
电话：（0757）83214163　83214908　83212405
传真：（0757）83211901
邮编：528000
电子邮箱：fstexsie@ec.com.cn

科技创新——燕京啤酒持续高速增长成行业翘楚

2010年3月12日，伴随着雷鸣般的鞭炮声，广东燕京啤酒有限公司三期扩建工程正式投料生产，这标志着广东燕京三期扩建工程完工并正式投入使用。三期扩建工程是由北京燕京啤酒集团斥资5亿在广东进行的扩建项目，项目达产后，公司的年产能将达50万吨，单厂产能位居广东第二。

广东燕京啤酒能连续四年跻身高速发展的快车道，得益于科技创新的举措—自主研发出中国第一支瓶装鲜啤，成为新生代啤酒典范。中国自1900年诞生首支普通熟啤酒，1997年后出现纯生，2004年燕京生产的中国第一支瓶装鲜啤问世，成为了啤酒行业技术新的里程碑。燕京鲜啤不仅在口感上改变了纯生等传统啤酒的厚重和苦涩，更为新鲜可口，更重要的是，鲜啤使用先进独特的处理工艺，避免了对人体有益菌的氧化并保留了大量营养成分，因此也有了“鲜啤等同鲜奶”的说法。而鲜啤与传统啤酒之分，也正如新鲜水果和罐头的区别。

经过几年的快速发展，燕京鲜啤受到了越来越多消费者的青睐。依托鲜啤的科技优势，燕京啤酒已取得了鲜啤品类销量全国领先，广东市场销量增长率连续四年领先的佳绩。2010年4月，燕京啤酒又与中国探月工程联姻，成为“中国探月工程专用产品”。鼎力支持民族科技发展的同时，更利用太空技术进行深度科研合作，力争在产品创新上有更大的突破。与中国探月工程的携手，将会为广东燕京啤酒创造更大辉煌提供助力。

東方神韵

劉兆津陶塑藝術

高级工艺美术师　广东省工艺美术大师

刘兆津，1960 年 11 月出生在广东佛山石湾，祖辈以陶塑为业，是刘胜记第五代陶艺传人。从小在陶文化熏陶下成长，并随父亲刘泽棉学艺。

艺术环境的熏陶和广州美术学院雕塑系的两年专业学习，加上其父中国工艺美术大师刘泽棉的循循教诲，使他在二十几年的陶艺创作中大胆探索各种手法和艺术形式，走出了具有个人独特风格的艺术创作之路。其作品先后获得国家、省级的金奖及银奖。

1982 年～1988 年间，与其父中国工艺美术大师刘泽棉、叔父中国工艺美术大师刘炳合作《十八罗汉》、《九歌》和《水浒一百零八将》，分别获得全国工艺美术评比一等奖及国家珍品金杯奖。

1990 年作品《田家乐》获中国旅游产品天马金奖。

2001 年作品《钟馗》在第二届中国工艺美术精品博览会上获中国工艺美术银奖。

2003 年作品《羊仙献瑞》和《刘海戏金蟾》被广东省博物馆收藏，《毛主席去安源》分别敬送北京韶山湖南毛主席纪念馆和韶山湘乡东山学校作永久珍藏。

2004 年作品《骑象罗汉》获 2004 年广东省工艺美术师作品暨名人名作展金奖。

2005 年作品《观音》和《达摩》分别获广东省工艺美术师精品展金奖和银奖。《维摩演教》在第七届中国（国家级）工艺美术精品博览会暨中国工艺美术优秀作品评选中，获中国工艺美术银奖。

2007 年在香港举办“薪火相传、东方神韵”个人陶艺展。

2007 年举办澳门回归八周年“耕陶五代”陶艺展。

八福喜臨門 澤棉題

陶塑弘一大师像介绍

弘一，剃度前俗名李叔同。由于他持守戒律的严格，他在山上生活的二十四年里，瓢饮箪食，生活简约至极，他衣衫破旧而整洁。他甘于做一个平凡的、不违犯比丘戒律的和尚。

作品为塑造弘一大师静坐一老树头上，其表现手法刚柔并济，尽显人物粗犷，突出了当时弘一大师“悲欣交集”的情景。

人物脸部处理则以较细腻的手法，显出苦行僧清瘦的气质。作品着重于对眼神的刻画，而其衣服尝试了一种新的手法，放弃已有的衣纹处理方法，用表现干涩以及粗燥的纹理效果。这些都使观赏者联想起龚定庵的诗句“吟到夕阳山外山，古来谁免余情绕”。

陶塑八福喜临门介绍

作品由钟馗及八只生动的蝙蝠构成。寓意引福归堂、喜庆和谐、吉祥如意。给人们带来幸福快乐，生机处处。

搔背罗汉

鸡公榄

钟馗雅趣

维摩演教

佛山市溶洲建筑陶瓷二厂有限公司

佛山市溶洲建筑陶瓷二厂有限公司（以下简称溶洲二厂）坐落于“中国建陶第一镇”——佛山南庄镇，是我国专业生产外墙砖产品历史最长，集科研开发、生产、销售于一体的陶瓷生产企业之一。溶洲二厂自1988年成立以来，一直注重内部管理和品牌文化建设，已全面通过了ISO9001：2008质量管理体系、ISO14001：2004环境管理体系、国家强制性产品标准（3C）、二级计量保证体系、采用国际标准认证，并被评为“广东省清洁生产企业”、“广东省高新技术企业”、“广东省民营科技企业”，生产的“溶洲牌”外墙砖先后获得“广东省名牌产品”、“广东省著名商标”等荣誉称号。

溶洲二厂采用成熟的节能环保生产工艺技术，由高效干法与湿法粉碎造粒制粉设备、自动化管道输送系统、意大利进口自动压砖机、节能型无垫板辊道窑、全自动铺贴线，以及联动设施组成的高度自动化生产线，全天候稳定运行，为产品质量提供了可靠的保证；一支由来自各专业、高学历的人材组成的强大精英的研发、管理、营销团队，以科技创新为自豪，以满足客户需要为己任，以优质的产品和完善的服务赢得市场。

溶洲二厂不仅产品持续创新，质量稳步提高，节能降耗和环保方面也取得多项突破。近年来，通过提升自主创新能力，并与华南理工大学等高校结成产学研联盟，先后完成了多项节能技术改造工程和循环经济项目，获得政府、行业和市场的一致认可，其中“陶瓷生产采用高掺量陶瓷废渣的工艺及应用”的技术成果达到国内领先水平，获得了佛山市科学技术奖一等奖，“陶瓷外墙砖（45×45mm）免垫板烧成及连续铺贴节能技术的研究”则获得佛山市科技进步三等奖。

佛山市溶洲建筑陶瓷二厂有限公司，决心以客户满意为中心，以推动陶瓷行业的产业提升为己任，与时俱进、开拓创新，不断为社会提供新颖、优质的外墙砖，为建设“和谐人居”贡献自己的一份力量。

地址：禅城区南庄镇南庄大道东　邮编：528061　电话：（0757）85382292　传真：（0757）85382292　网址：www.rongzhou.com

中国驰名商标

中国 · 顺德 · 乐从

家具中的劳斯莱斯

TOP GRADE FURNISHINGS

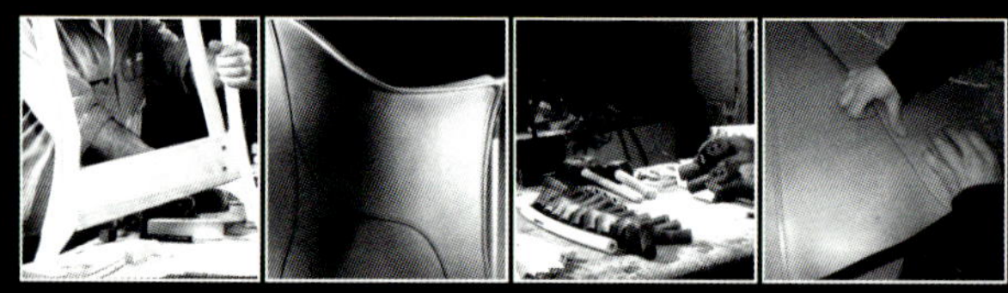

欧洲皇家百年御用历史，100%欧洲工匠世家纯手工打造。四季酒店(Four Seasons Hotel)、盘古大观(Pangu Plaza)指定供应商，游艇专属家具...一切完美的、极致的、汇聚世界家居艺术的奢华梦想，中国超大面积进口家具展馆，以四万平米的恢宏气度，为您呈现欧洲至尊家居品牌鉴赏之旅。罗浮宫·进口馆！

Used by Royal for hundred years in Europe. 100% pure hand-built of European craftsmen family . Specify suppliers of Four Seasons Hotel and Pangu plaza , yacht exclusive furniture ... dream of perfect, delicate,, and a collection of luxury art in the world. With 40,000 square meters of magnificent bearing,it show you a tour for the appreciation of Europe's top brands . It is Home.Louvre CASA.

中国领先 私密销售	欧洲皇家百年御用家私	机场备有奔驰专车敬候	全球十大奢华家居品牌
Leading role in China as private sales	European' s century royal furniture	Where at the airport Benz car stands by to transport	The world's top ten brands of luxury home

罗浮宫 LOUVRE 进口馆 CASA

品鉴预约专线

800-830-1838 400-830-1838

Ceramiche TREA
since 1971

Sarri
dal 1955

jansen

全国免费送货安装　With The First Commitment Of Free Delivery And Installation Nationwide

地址：中国广东省佛山市顺德区325国道乐从路段罗浮宫国际家具博览中心六楼　Http:// www.louvre-furniture.com　E-mail: sales@ louvre-furniture.com

Address: 6F,Louvre International Furniture Exhibition Center,Lecong Section of National Highway Number 325, Shunde,Foshan, Guangdong, 528315, P.R. China.

TUANYI
乐从团
Lecong Tuanyi

佛山市大沥桂江农产品综合批发市场

品种丰富
种类齐全

佛山市大沥桂江农产品综合批发市场，始建于 1992 年，前身是有几十年历史的大沥三鸟墟，2004 年，经南海区政府正式立项，由佛山市南海创贸投资有限公司出资进行升级改造，重新规划。2006 年桂江市场整体搬迁到新场，新场位于南海区大沥镇沥雅路，毗邻 321、325 国道、广三高速公路和广佛高速公路，交通十分便捷。

桂江市场占地 600 多亩，建筑面积达 60 万平方米，交易品种齐全，功能分区明确，主要由“六大批发交易区、四大配套功能区”组成。六大批发交易区为：三鸟批发区、蔬菜批发区、水产品批发区、海味干货粮油副食品批发区、土特产批发区、日杂百货批发区；四大配套功能区为：全自动机械化三鸟屠宰区、冷库储存配送物流区、多元化肉菜综合区、住宅酒店生活区。还配套设有农产品安全检测中心、农产品会展中心、安全监控中心、信息报价管理中心等服务功能。

在《珠江三角洲地区改革发展规划纲要 (2008–2020 年)》及《食品安全法》实施的大背景下，桂江市场紧抓“广佛同城化”的发展机遇，大力发展冷链物流，并与广州市宏翅贸易发展有限公司合资兴建冷库储存配送中心项目。该项目集冷藏、配送为一体，总投资约 1 亿元，分三期建成，其中一期占地面积约 2.5 万平方米，建筑面积约 3.5 万平方米，设有高、低温库、变温库，总储存量达 2 万吨，于 2010 年投入使用。本项目的建设，使市场交易品种从三鸟、蔬菜、塘鱼等一般鲜活产品向海味、干货、冰鲜、冷冻食品等高端农产品延伸，是广佛同城两地经济发展的新焦点。

从简单的批发市场，到今天的大型综合批发市场，桂江市场走过了 20 多年的发展历程，在各级政府、各界朋友的关心支持及自身努力下，已成为佛山市最具规模的农产品批发市场，是佛山市重点“菜篮子”工程，得到政府、市民、农户等各界一致好评，荣获“国家农业部定点批发市场”、“佛山市农业龙头企业”、“广东省农业龙头企业”等多项荣誉，是市民心中的“放心”市场，是带动“三农”发展，惠及周边百姓的“民心工程”。

在此，桂江市场真诚地欢迎各界客商前来考察、指导、交流、合作，帮助我们成长进步，携手共创美好明天。

地址：南海区大沥镇沥雅路旁桂江市场　电话：(0757) 88716188　传真：(0757) 88716218　邮编：528231

佛山市三水丰顺食品有限公司

佛山市三水丰顺食品有限公司是专业从事面粉的研发、生产、销售各种高品质面粉的生产企业，并在行业内率先开创了为客户度身定制个性化的产品先河。公司位于广东佛山三水，地理位置得天独厚，海、陆、空交通四通八达；公司专注于高品质面粉的研发和生产，汇聚了一大批生产、品控、财经、管理、营销等业内精英，形成了强大的运营团队；在小麦采购、制粉工艺、市场营销、人力资源、内部管理、基础以及应用研究、财经管理等领域有着卓著领先的能力，并能人所不能地采用最优质的小麦为原料，生产出真正符合客户需求高品质的面粉，从而傲视业界！

公司采用国际上最先进的制度管理并糅合了理性的人性化管理，加强了员工的归宿感，不断激发员工的工作热情；以崇高的共同创造价值思想指导市场运作，严格依照国际标准操作程序运作，不断提高价值创造能力，准确理解客户，满足客户；公司采用最先进全进口的瑞士布勒生产线，日处理小麦300吨，并拥有目前亚洲一流的面粉专业理化实验室，检测多达24个理化项目及全部烘焙实验。

公司始终坚持客户至上，择善而执，锲而不舍，真诚合作，已成为中国大陆以及港澳台知名食品企业，是高级酒店和饮食集团的指定原料供应商或与之建立了战略合作伙伴关系。目前公司所推出的：鸵鸟、企鹅、蜂鸟、啄木鸟、燕山等全大系列60多个品种的各种面粉，有着丰富而完善的产品线，深受广大用家的青睐。

地址：三水区货场路19号
电话：（0757）87732643
传真：（0757）87735453
邮编：528100

圆筒仓

清粉层

日密科偲橡胶（佛山）有限公司

日密科偲橡胶（佛山）有限公司成立于2005年3月，2006年4月正式建成投产，坐落于环境优美、交通便利的佛山市三水区中心科技工业区内，占地面积3万平方米，注册资本350万美元，总投资额700万美元。由合成橡胶生产量世界排名第三、日本排名第一的JSR集团中ELASTOMIX CO.,LTD 100%出资投资。以生产汽车橡胶制品用的原料橡胶为主。

我司引进先进的生产设备和管理方法，现在一年生产量可达8400吨。将来计划增设设备，以达到一年32000T的生产量。

我司以精练橡胶和人才为核心、以可持续性发展为目标，为社会贡献微薄之力。

地址：三水区中心科技工业区齐力大道南10号　邮编：528137　电话：（0757）87380386　传真：（0757）87380387

佛山市顺德区容山商场有限公司

地址：顺德区容桂街道容奇大道中5号 电话：（0757）26628968 传真：（0757）26611336

佛山市顺德区容山商场有限公司总部位于顺德区容桂街道繁华的容奇大道，开业于1997年9月27日。开业初期只是一家经营面积仅有700多平方米的小超市，如今已成为一家经营6万多种商品的综合性超市。公司总部的营业面积也扩展到3500多平方米，还配备了大型的停车场，为广大消费者营造一个舒适、宽敞、洁净的购物环境，成为顺德地区市民休闲购物的好地方。

容山商场在容桂街道除了位于容奇大道的总部外，还在容港路、扁滘工业区、青年路、振华路段以及杏坛镇等地拓展增设了6家分场（店）。容山商场自开业起就定下了“顾客至上、服务第一、信誉第一、质量第一”的经营宗旨，坚持“物美价廉”的经营策略，让所销售的商品无论在价格上与品质上都有着更高的性价比。

公司加强企业内部管理，在经营中的每个环节做到一环紧扣一环，责任到人，严格把好商品的质量关，做到防微杜渐。不断完善内部监督管理，彻实把各项服务承诺落实到优质服务工作中，做到“想顾客之所想，急顾客之所急”，努力营造“容山商场优质服务”的商誉。首先严把商品进场关，建立严格的产品供货商的审核制度，审核供应商的绩效与资格评定以及所供商品的质量与价格。杜绝各种假冒伪劣商品进场，确保所有进场的商品品质100%合格。确保所销售商品无论从质量、品种、价格等方面都是在同行内有较好的竞争力。

公司通过不断的创新改造和人的互相合作，让容山商场不但取得了良好的社会效益与经济效益，也受到了广大消费者的一致好评与信赖，更获得上级党政部门的大力支持与鼓励，大大提升了企业的品牌知名度和美誉度。

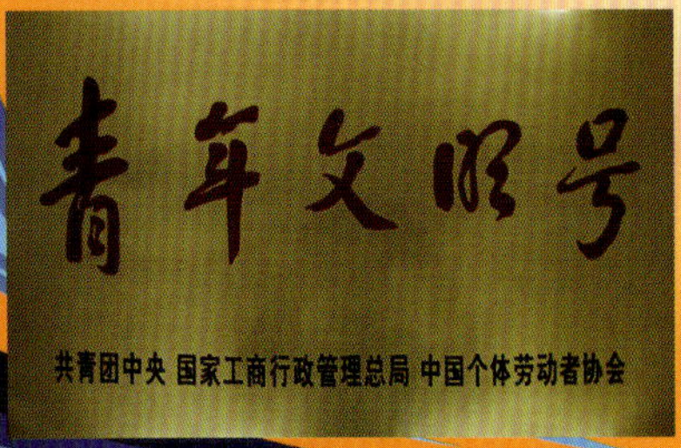

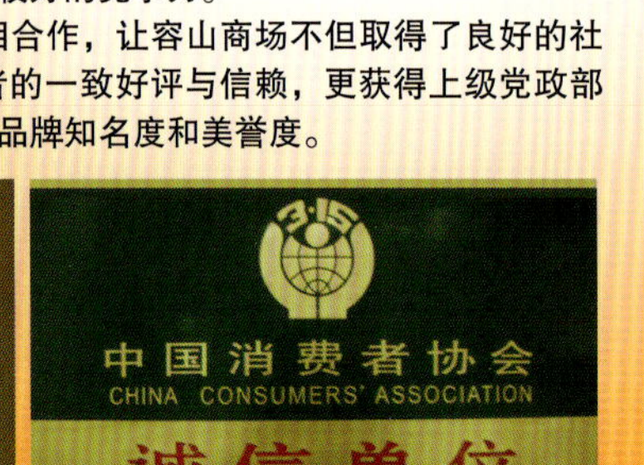

青年文明号

共青团中央 国家工商行政管理总局 中国个体劳动者协会

中国消费者协会

CHINA CONSUMERS' ASSOCIATION

诚信单位

（2003—2004）

容山商场在近两年来获得的奖项荣誉情况如下：

一、获200 6年至200 7年度顺德区“诚信加盟单位”。

二、获200 6年至200 7年度顺德区“诚信单位”光荣称号；

三、获200 6年至200 7年佛山市顺德区食品准入试点单位；

四、获200 6年至200 7年度顺德区商业“诚信示范单位”；

五、获200 6年至200 7年度顺德区“巾帼文明岗”光荣称号；

六、获200 6年至200 7年顺德区“青年文明号”光荣称号；

七、获200 6年至200 7年佛山市“青年文明号”光荣称号；

八、获200 6年至200 7年广东省“青年文明号”光荣称号；

九、获200 6年至200 7年全国“青年文明号”光荣称号；

十、获200 6年至200 7年全国“诚信单位”光荣称号；

中国驰名商标

鹤山市华山泉食品饮料有限公司

电话：（0750）8887447 8808832 传真：8803918 网址：www.gdhsq.com

韶龟山打造中国矿泉水生产新基地

佛山市南海新达高梵实业有限公司

佛山市南海新达高梵实业有限公司（原新达模具机械厂）创建于 1990 年，是一家集专业生产工业铝材、办公屏风、办公家具、钢制家具、五金及塑料配件、模具开发、国际贸易于一体的民营企业。厂房占地面积 8 万平方米。汇集大批专业设计制造、市场营销和企业管理专业人才。公司本着“以质取胜，真诚合作，不断创新，共同发展”的信念，以努力创造现代办公环境为使命，走品牌经营之路，公司产品已覆盖国内外各大、中城市。缔造了国内外家私行业中办公屏风、办公家具开发、生产的权威地位！

今日的新达高梵已步入高科技时代，引进国外先进的生产线，采用电脑数控加工，实现公司全面信息化管理，产品的开发、生产、品质监控、销售、服务均实现网络化。产品符合国家相关家具行业标准，并通过国家权威性检测机构的认证。2005 年公司产品被评为 GEP 中国优秀绿色环保产品。此外，公司已顺利通过 ISO9001：2008 质量管理体系认证、ISO14001：2004 环境管理体系认证和 OHSAS18001 职业健康安全体系认证，并严格按照体系要求进行生产和管理。对产品进行全方位检测与控制，确保卓越的产品品质。

新达高梵公司成功运作资本和品牌经营，以超前的设计理念，卓越不凡的品质、完善的销售体系和细致入微的服务，在激烈的市场竞争中稳步发展，正值少年的新达高梵在以后的成长岁月中将以百倍的热情迎接挑战，超越自我，为创造和谐现代的办公环境而不断奋斗！

地址：南海区狮山镇大涡塘兴业北路 3 号　邮编：528225
电话：（0757）86680800 86680884　传真：（0757）86680885 86680966
网址：www.xdo.com.cn　邮箱：info@xdo.com.cn

KERI科日

佛山市南海科日超声电子有限公司

地址：南海区桂城科技园北约工业区 G 座　电话：（0757）86368525 86368528

佛山市南海科日超声电子有限公司是专注于超声雾化核心部件的研发与生产的高科技企业。公司成立于 2001 年，位于广佛同城中心区域、广东省首个都市型产业基地瀚天科技城。拥有专业技术和管理人员 60 多名，其中高级工程师 10 余名，流水生产线 14 条，产量突破 500 万套，已形成规模化、集约化、标准化的生产模式。并先后获得广东省民营科技企业、广东省守合同重信用企业、南海区“雄鹰计划”重点扶持企业等称号。

自成立以来，科日作为超声雾化行业领先者，一直坚持自主创新，在产品研发方面不断取得重大突破，首创多款超声雾化产品，已成为国内超声雾化行业的标杆产品。迄今为止，科日已通过自主研发，获得包括发明专利在内的各类国家专利 30 多项，专利规模和技术水平在全国同行业中遥遥领先。凭借着优质的产品与技术服务，科日已成为了国内超声雾化核心部件及解决方案的首选供应商。

始于心，成于芯。科日将继续本着“成就客户”的服务理念，与客户共携手，共同开拓广阔的市场空间。

超声雾化解决方案供应商

十年专注研发超声雾化核心部件，帮助客户突破研发瓶颈，随需应变提供超声雾化解决方案。科日深刻把握行业趋势，与三百多家客户密切合作，在诸多应用领域成功开发新品。成就客户，就是成就自我，科日超声雾化与客户携手共进，开拓全新市场。

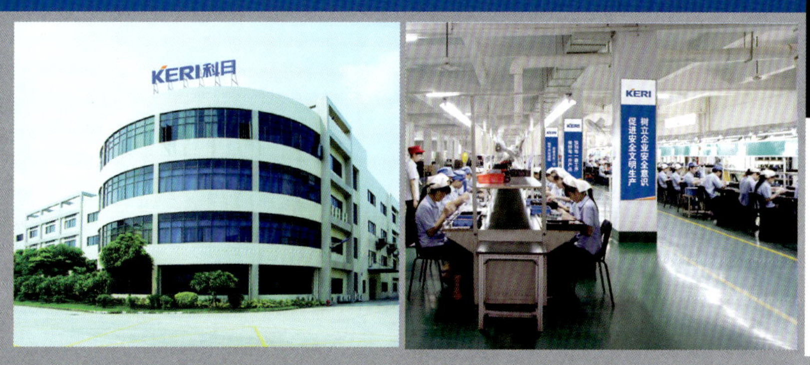

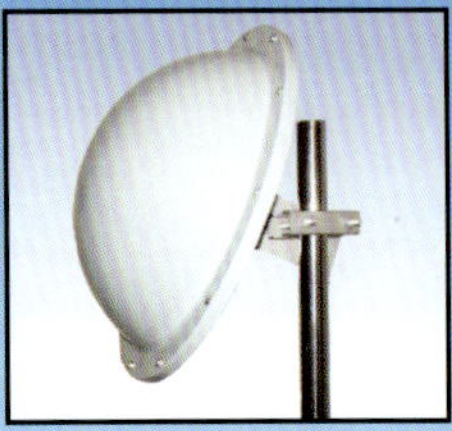

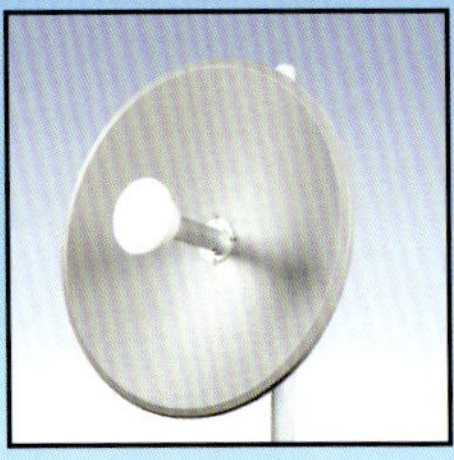

广东粤海汽车有限公司

广东粤海汽车有限公司是中国汽车工业协会和公安部中国道路交通安全协会成员单位，国家定点专用汽车生产民营企业，国家《清障车》产品标准起草、修订主笔单位。2003年和2004年，先后承办全国清障车技术研讨会和全国《清障车》标准修订审查会。

公司积极奉行"科技领先，做大做强"的经营理念，累计已创23项国家专利技术，其中多项填补了国内外清障车制造工艺技术的空白。2009年，被授予广东省机械制造50骨干企业。2010年，经广东省科技厅、广东省发展和改革委员会、广东省经济和信息化委员会审定，成功创建广东省清障车工程技术研究开发中心，列入广东省工程技术研究开发中心建设计划项目。

公司是目前"世界第二、亚洲第一"大的清障车专业制造企业，具备年产清障车3000台套的生产规模、专业设备和实际能力，主要产品包括总质量2~60吨、具有托吊连体、托吊分离、平板、平台等功能160多个不同规格清障车。产品销售覆盖全国所有省区，居国内同行之首。近几年来，已批量出口美国、加拿大、日本、尼日利亚、南非、荷兰、香港、澳门、台湾省等20个国家和地区。

等离子水下切割生产线

装配车间

污水处理厂

板材冲压

地址：南海区九江镇大伸工业区　邮编：528203
电话：(0757) 86551862 86582633 86558098　传真：86551022
E-mail: yhgs@vip.163.com yhgs@gdyh.com.cn

香港现代有色金属有限公司
佛山市现代铜铝型材有限公司
Aluminium Extrusion Profiles and Fabrication

佛山市现代铜铝型材有限公司始建于1992年，目前占地达130余亩，注册资金1000万元，为香港外资企业。是一家集生产各类铝合金建筑型材以及家具、电子等工业型材的专业厂家。公司拥有15台挤压生产线和与之配套的熔铸、阳极氧化、电泳涂漆、粉末喷涂、木纹转印、模具车间和工业材深加工车间，同时建有一套设备完善、精良的现代化检测中心，年生产能力达3万吨。

Fabrication Workshop 深加工设备

可生产多种合金铝棒，目前常用铝棒材质有：6463、6063、6061、6005、6082、6N01、3003、7005等

精密锯床 CNC Saws

数控铣床 CNC Miller

长料拉丝机
Brushing(hairline)for long profiles

冲床 Punching

小件拉丝机
Brushing(hairline)for small part

小钻床 Drilling

地址：南海区狮山镇松岗松石路
Add:Song Shi Lu,Songgang,Nanhai,Fo Shan City,Guangdong China
Tel：0757-85213999 85223332　Fax：0757-85213900 85226286
Http://www.modern-al.com　Http://www.hkmodern-al.com
Email:sales@modern-al.com　sales@hkmodern-al.com

佛山市三水南港码头

佛山市三水区金本建筑工程有限公司

地址：三水区西南街道健力宝北路 9 号 2 楼 电话：（0757）87732574 传真：（0757）87770381 邮编：528100

佛山市三水区金本建筑工程有限公司创建于 1974 年，于 2000 年 9 月改制后成为股份有限公司。

本公司是工业与民用建筑工程施工三级企业，兼营市政工程、装饰、土石方工程。公司注册资本 608 万元，现在资产总值 936 万元，有各种土建工程、基础工程、土石方工程、道路工程、建筑施工机械等种类齐全的机械设备。公司现有管理人员 125 人，具备专业职称资格的有 68 人。其中工程师 12 人，助理工程师 12 人，助理会计师 2 人，经济师 1 人，二级建造师 16 人，质安员 23 人，其中施工员 68 人，有健全的审计和财务管理体系，有完整的质安管理机构和体系，公司属下设有施工队 13 个，还有三水金本房产开发有限公司。该房产公司经营房地产开发、销售。多年来本公司坚持守法经营，坚持质量安全第一，重合同守信誉，具有丰富的工程建设管理经验和协调能力，得到业内人士的认可和上级主管部门肯定，其中多项工程获得省、市、区的奖励和好评。在取得良好的经济效益的同时，社会效益也获得较好的收获。近年来业务量不断上升，使企业的综合实力得到了进一步的加强，为建设大佛山贡献高智能、高素质、高水平的服务。

近年来公司承建已竣工验收的工程有：三水区金本房产开发有限公司成业汇景苑商住楼 7.24 万㎡，三水融创房地产开发有限公司百合嘉园商住楼建筑面积 6.88 万㎡，佛山市兴高铝业有限公司熔注车间、挤压车间，建筑面积 3.37 万㎡，三水华盛房地产开发有限公司华盛花园商住楼，建筑面积共 4.82 万㎡，三水汇盈房产公司沙头成业汇景苑 22–27 号楼，建筑面积 4.18 万㎡等。以上工程得到建设局质监部门和建设单位认可，满足有关质量验收要求，赢得了广大业主的依赖和好评，今后公司还继续以严格施工管理、热情服务，积极参与持续改进客户满意的方针。

三水区运发有限公司

地址：三水区西南街道广海大道西18号 邮编：528100
电话（0757）87833663 传真：（0757）87833663

佛山市三水区运发有限公司占地面积76.8亩，前身是广东省汽车运输公司佛山地区三水汽车站（即209车队）。

公司于2000年1月转为股份制公司，股东有168人，各种营运车辆300多台。目前，公司属下有汽车客运站、公共汽车有限公司、小汽车出租公司、一类维修企业汽车修理厂、长途汽车客运站、综合服务公司。

汽车客运站是三水区惟一全面的公路汽车客运站，占地面积4.2万平方米 。其中广场占地面积2619平方米，站场停车位占地面积1.64万平方米，发车位占地面积536平方米，候车室占地面积1550平方米。营运车辆100多台，营运线路36条，日均发送班车605班，日均发送旅客量为9000～10000人次，年营收约4000万元。

公共汽车有限公司有公共汽车143台，线路21条，担负市区的公交化任务。小汽车出租公司有出租小汽车100台，承担着三水与邻近省市及区内的主要公路客运任务。汽车修理厂、长途汽车客运站占地面积均超万平方米。

公司坚持以市场为导向，致力营造适应当今运输市场要求的运作模式，积极提倡“以人为本、安全第一、服务至上”的经营理念。通过多年的努力，特别是近年来加大对社会营运客车的购并，公司的生产和规模迅速发展壮大。为提高企业管理水平，塑造良好的企业形象，2005年1月28日，公司顺利通过了ISO9001：2000质量管理体系认证，并取得了证书。

公司在发展过程中，得到了上级各部门的大力支持和帮助，公司两个文明建设不断得到发展，取得了较好的成绩。公司党总支多次被交通线党委和区委评为先进基层党支部。汽车站票务班被三水区总工会、区妇联和区团委评为：“巾帼文明新风岗”、“青年文明号”等。

公司秉承“旅客至上、服务第一”的服务宗旨，力求做到“礼貌待客、热情服务、为你分忧、让你满意”，竭诚为广大市民群众提供优质、安全服务。

佛山市广成铝业有限公司

佛山市广成铝业有限公司是一家集产品设计、研发生产、工程施工、安装为一体的高新技术中外合资企业，位于美丽而富饶的珠江三角洲腹地——佛山市三水区，交通便利、信息发达，是全国著名的专业生产建筑铝型材、工业铝型材的大型企业之一。

公司厂区占地面积550亩，拟投资9800万美元，员工3000人，铝型材年产规模达20万吨，现拥有先进的挤压生产线30多条、立式氧化生产线1条、卧式氧化生产线2条、卧式喷粉（漆）生产线2条、立式喷粉（漆）生产线1条、木纹/隔热生产线各1条。

公司秉承“集四海技术精华，创优质名牌产品”的经营宗旨，产品不断创新，并逐步向新能源领域发展。2010年，公司的太阳能电池支架和铝边框项目成功入选广东省现代产业500强项目，正式进入高端铝型材行业。公司生产的太阳能电池支架和铝边框产品采用行业独创和领先性的技术，表面处理真正达到零缺陷。

目前，公司以太阳能电池支架和铝边框项目为契机，成为了行业创新的先导者和行业标准的参与制订者。公司将进一步扩大品牌影响力，立足于长期稳定的发展，实现与客户的共赢！

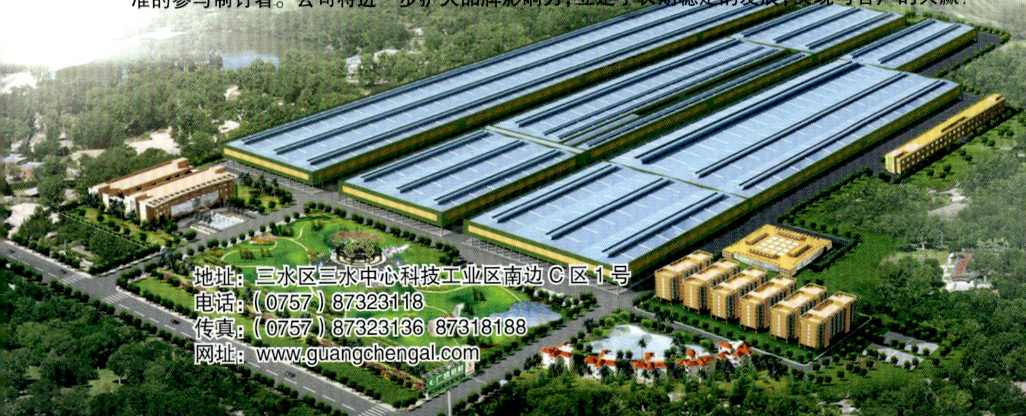

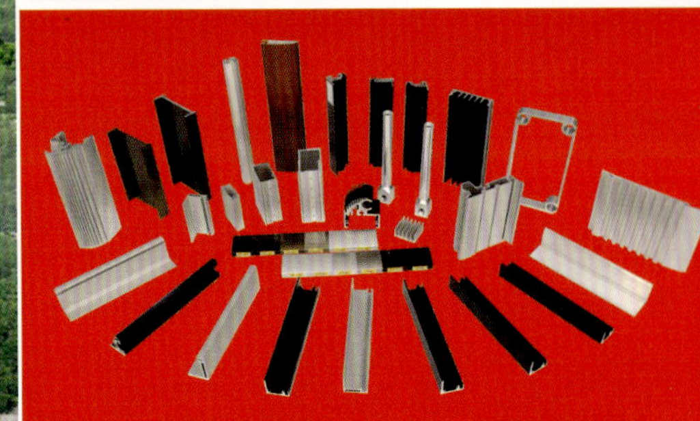

佛山市南海宏达金属制品有限公司

FOSHAN NANHAI HONGDA METAL PRODUCTS CO.,LTD

Covering an area of 40,000 square meters, we are specializing in the manufacturing of metal furniture and hardware products. With strong technical force, advanced equipment and six large-scale production lines, we can complete deep processing of various types kinds of metal wire and tubes.

Our product range now covers lounges, dining sets, beds, mirrors, outdoor living products and gates. Moreover, we are also outputting travel products and hardware items. The materials used to manufacture these series include stainless steel, aluminum, wood, plastic, PP, T/R and nylon, among others.

In order to best meet customers' requirements, we have implemented a quality control system that is in strict accordance with ISO9001 standards. Comprehensive QC measures have been integrated into all aspects of the manufacturing process; from initial inspection of materials through to final checking before packing, warehousing and delivery. We are also making use of advanced machinery in our manufacturing processes to ensure product consistency.

Currently our series are being exported worldwide, with main markets including the United States, United Kingdom, Germany, and France. Apart from our extensive range, the other main reason many customers choose to cooperate with us is our excellent capability for developing and manufacturing products in accordance with their customized OEM requirements.

Our continuing pursuit of first-rate quality, competitive prices and comprehensive after-sales services offers both potential and long-standing clients confidence in us. If you have an order for any of the products we have available, please contact us with your specific ordering details.

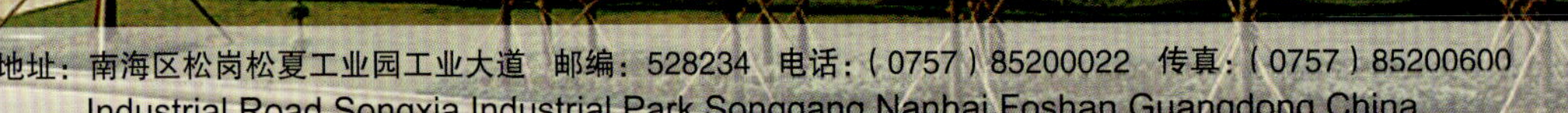

地址：南海区松岗松夏工业园工业大道 邮编：528234 电话：（0757）85200022 传真：（0757）85200600

Industrial Road,Songxia Industrial Park,Songgang,Nanhai,Foshan,Guangdong,China

力丰——中国钣金设备制造的佼佼者

力丰集团是由南海力丰机床有限公司、南海力丰机械有限公司、上海埃锡尔数控机床有限公司、山东力丰重型机床有限公司、山东长治力丰机床研究开发中心等11家分公司组成。集团成立于1981年，主要从事钣金机械、建筑机械、钢铁生产设备、通风机械、重大特种机械加工、集装箱生产设备等，是一家大型的从事机电一体化设备的机械集团。是集企业研发、制造、销售、管理、服务于一体的高新技术企业。在全国同行业中，已进入三甲排名，广东居首位，成为中国钣金加工设备生产的领先者。

公司主要生产各种折弯机、剪板机、钣金生产线、卷板机、卷圆机、校平机、暖通设备、集装箱、专用加工设备等上百款系列，上千种产品。产品所使用的行业已经拓展到风管制造业、汽车工业、集装箱生产、建筑建材工业、五金家电行业、家具生产和装饰工程等多个行业。在国内，集团分有华南、华中、华北、华东四大营销区域。先后为深圳南方中集、上海远东中集、天津国际海运货柜工程公司、山东青岛宇宙集装箱工程有限公司、徐州徐工筑路机械有限公司、三一重工集团、天马集团专用汽车有限公司、深圳比亚迪、中联重科等企业生产了多套生产线；为多家家电公司，如美的集团、格兰仕、威力、志高空调等生产了各类的钣金加工生产设备。 同时，为富士康公司、苏州日立公司等知名企业提供了多台稳定的机床。在国外市场，力丰产品远销美国、日本、澳大利亚、中东、东南亚、阿拉伯等80多个国家和地区。

力丰的领军人物黄琨让（力丰董事会主席）、黄元亮（执行董事），三十年来一直奉行：天行健，君子以自强不息；地势坤，君子以厚德载物，在力丰聚集了机械行业的精英，所以赢得了力丰今日辉煌。

双机联动

整平横切机组

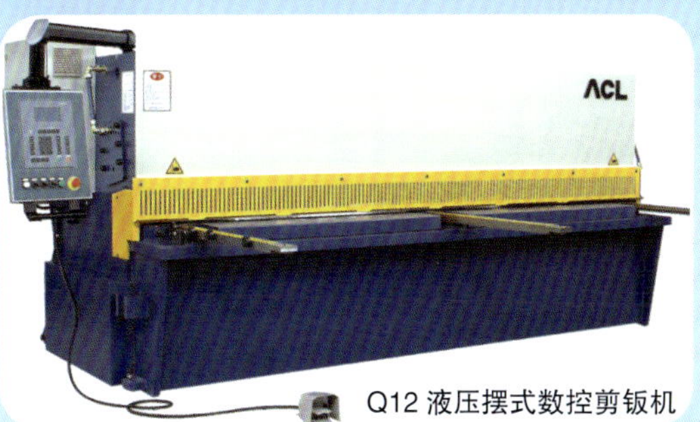

Q12液压摆式数控剪钣机

2009年，面对全球金融危机，力丰实现了年产值超3亿元，利税1900万元。通过实施双轮驱动战略，挥军北上在山东惠民购入630亩地，分三期工程建设，09年4月第一期开土动工，2009年11月30日竣工，第一期完成建筑面积6.54万平方米，并已全部投产使用。

质量是企业的生命线，安全是企业的根基 。从2009年3月开始开展了为期98天的质量月活动，共计上报活动成果76份，使机加交检一次性合格率达到99%，产成品出厂合格率达到100%。力丰向来注重安全生产，除了每年例行的召开全厂安全生产大会，每个部门负责人签订安全生产责任状以外，还在2009年的6月响应国家的安全生产月活动，开展安全生产知识竞赛，展开地毯式的安全操作规程培训、举办消防演习、消防培训等。

公司创立自主品牌，树立创新意识，从价格战向价值战过渡。2009年力丰机床被认定为：广东省企业技术中心；被评为：广东省装备制造业50骨干企业、广东省高新技术企业、佛山市工程技术研究开发中心；重型折弯机列入2008-2009国家火炬计划；有4个产品获得广东省高新技术产品，"数控板料开卷矫平剪切生产线"获得佛山市科技进步一等奖；公司产品注册商标"ACL"获得广东省著名商标称号。全年申报专利24项，实用新型专利已授权22项。

2009年公司应用ERP系统，从市场开发、工程设计、生产计划、物料加工、装配控制到质量管理、采购管理、销售管理、资源管理和财务成本管理的全过程进行优化和标准化，利用计算机、通信网络及适当的自动化技术优化整个机械（机床）制造过程，用单独的PDM接口模块，实现PDM与CAD、ERP三者之间的网络连接使企业的管理跃上一个新的台阶。公司2009年组织工段长以上的管理人员参加黄埔骨干执行力外训，提升公司的执行力，打造一支团结奋百、高效合作力丰团队。

广东合和建筑五金制品有限公司

GUANGDONG HEHE CONSTRUCTION HARDWARE CO.,LTD

广东合和建筑五金制品有限公司的成长历程已有三十年的历史了。经历了南海市大沥镇合和塑胶厂——佛山市大沥合和塑胶五金制品厂——佛山市南海合和兴实业有限公司——广东合和建筑五金制品有限公司。它三十年来始终坚持质量第一，诚信经营，服务至上的宗旨，不断地扩大国内外市场，赢得了良好的经济效益及社会效益。企业蒸蒸日上，生机勃勃。2006 年 3 月公司在佛山市三水区西南工业园投资 1.2 亿元，建广东合和建筑五金制品有限公司，一期占地 110 亩，建筑面积 10 万平方米。同时佛山市南海合和兴实业有限公司所注册的“ ” 商标授权广东合和建筑五金制品有限公司使用，淘汰了部分高耗能低产出的老旧设备，进口、新增了一大批环保、全自动化的先进生产设备，为日后品牌战略加速企业发展奠定了扎实的基础，更具竞争力，同时亦为进一步拓展海外市场做准备。

我公司经营状况良好，在金融危机、行业整体效益不景气的情况下仍然取得了较好的经济效益和社会效益。尤其是广东合和建筑五金制品有限公司携广东省著名“ ”商标，销售更是突飞猛进。

根据住建部金属结构协会、门窗配件委员会的统计，合和牌门窗五金及橡胶密封胶条产品产销量和市场占有率在国内为门窗五金及门窗密封胶条行业名列前茅，合和牌门窗五金及橡胶密封制品是该行业的骨干生产企业之一。

我公司从 2000 年开始，每年的产销量均以 30% 以上的速度递增，迅速成长为中国建筑铝、塑门窗五金行业的排头兵之一。在铝、塑门窗五金及相关公众中具有很高的知名度和美誉度。公司着力不断提高产品质量，着力开发环保、节能降耗产品、新技术、新工艺，从而实现企业的快速稳定发展，禀承“打造行业驰名品牌，弘扬民族门窗五金文化”的最高企业宗旨，合和人励精图治，决心为民族门窗五金产品的崛起而努力奋斗。

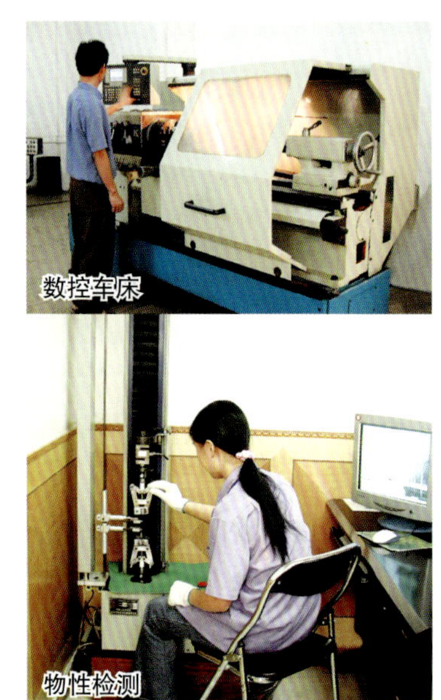
数控车床

物性检测

装配车间

研发楼

模具车间

冲压车间

地址：佛山市三水区西南街道永业路 1 号　电话：(0757) 87310888　传真：(0757) 87318666　邮编：528100

源志誠
設計研發·織造染整·成品加工·配套安裝·一體化銷售
源志诚家纺有限公司成立于1994年，是一家集研发设计、生产织造、染整及成品加工、销售服务为一体的专业公司。主要生产以丝织物、仿丝织物、化纤、混纺及纯棉等为主的高密度酒店及家居室内纺织用布及布艺成品，公司自成立以来，一直以时尚的产品向广大同行提供优质服务，同时致力为国内外五星级酒店研发风格化的产品及提供多元化的合作模式。
Guangzhou Yuanzhicheng Hometextile Co., Ltd was found in 1994, it was a professional company which include design developed, weaving, dying and come with product's making, sale & service. Mainly produce high fabric of silk textile, silk-handle textile, synthetic fibre, blending cotton, pure cotton, and making finish product for house and hotels. Company always supplied quality service with its fashionable products, and keen at developed stylish products multiply corporation model with international and domestic five star hotels.
ISO 9001:2008
织　造　厂：引进欧洲及国内先进生产设备，全面通过ISO9001:2008质量管理体系认证
染　整　厂：拥有成套纱线筒子染色及布料染整生产线和定型及深加工设备
成品加工：拥有亚太地区首条荷兰进口全自动的国际化窗帘生产流水线
广州总公司：自主进出口权，辐射全球经销商网络，及开展多元化的工程项目合作模式
Weaving Factory: Owning international and domestic excellent equipment, go through ISO9001:2008 quality management system
Dyeing factory: Owning yarn dye and pcs dye production line and equipment
Product process: Owning the first one Holland international automatic drapery production line
Guangzhou Head office: Import & export license, sale network all over the world, multiply corporation model.
Yuanzhicheng
源志誠家紡
源志誠家紡有限公司
Yuanzhicheng Home Textile CO.,LTD.
中国广东省广州市越秀区大南路62号
62-64#, Danan Road Yuexiu District Guangzhou, Guangdong Province,China.
Post Code: 510115　E-mail: yzc@yuanzhicheng.com
Tel: 86-20-83302177　Fax: 86-20-83304376
www.yuanzhicheng.com

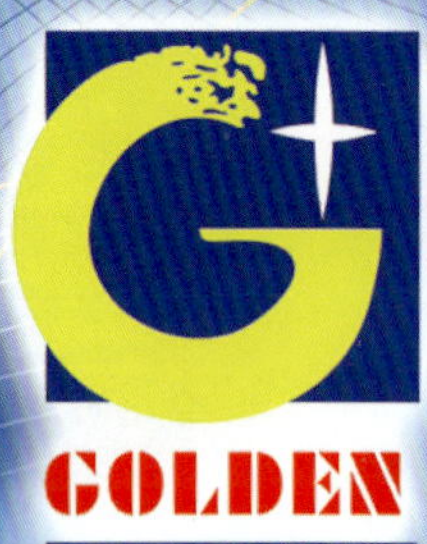

佛山市高敦织染有限公司

FOSHAN GOLDEN TEXTILE CO.,LTD

公司成立于2002年，注册资金568万美元，占地近100亩。是一家专业生产牛仔布，有浆染、织造、丝光后整理工序的纯加工企业。

高敦精神：

- 为员工、客户、股东、社会提供一个长久稳定的赚钱平台；
- 成为产品质量、服务速度及诚信一流的优秀的工厂企业；
- 要出优秀人才的、出成功人士的公司；
- 高敦能成为你的家、大家的家，而且是一个五星级的家；
- 能成为和谐社会优秀的一员。

欢迎设计开发、推广策划、销售、各方精英加盟。

广东省佛山市南海区西樵海舟工业区　电话：0757-86818822 86818833　传真：86810033
Haizhou development Area Xiqiao,Nanhai,Guangdong,China
Tel:(86-757)86818822 86818833 Fax: 86810033　邮箱：cao2100@21cn.com

佛山市南海永其祥织染有限公司

在 2008 年年会上与广大同行客商、政府部门探讨应对"金融危机"的对策。

2009 年年会

参加"第四届西樵慈善基金百万行"活动。

为丰富职工生活，组织员工参与"三·八"活动。

佛山市南海永其祥织染有限公司位于全国纺织面料名镇——西樵镇，凭借着西樵在纺织业源远流长的传统优势，"永其祥"在西樵纺织业界早已享负盛名，从早期创业至今，已有 70 余年的历史，经过四代人不断传承发展，生产已颇具规模，并增设了子公司——中宇纺织有限公司。

中宇纺织有限公司以纺织、加工牛仔布、衬衫布为主，今年，新购置了几十台伽玛纺织机，每日最大产能约 2 万米。新的永其祥织染有限公司，在 2007 年 6 月于西樵科技工业园内，建成并投入使用，占地面积 82 亩，员工 500 多人，设有染整、防缩、丝光三大车间。牛仔布整理车间的主要加工业务有：牛仔布的预缩、丝光、染色、涂层工艺。每天的最大产能达 50 万码，染整车间的主要加工业务有：各类家纺、装饰、工业布的染色、精炼、三防整理定型工艺。每天最大产能达 20 万米。拥有一大批经验丰富的技术人员，技术力量雄厚，产品质量稳定，公司在短短的三、四年间，不断投入资金，购置了一大批国内先进的生产设备，逐步淘汰了一些落后的旧机械，购置了大批先进的能源检测设备，有效地降低了各类的能耗，从而降低生产成本，为企业转型奠定了坚实的基础。同时在生产上不断探索，开发新工艺、深化改革，提升企业的管理水平和服务素质，走中高档路线，使公司在同行企业中更具竞争力。部分产品远销欧美、中东及东南亚等国家和地区。

公司对员工的生活区及娱乐配套设施进行了大规模的扩建改造，着力改善外来务工人员的工作和生活环境，并经常通过公司的工会和团支部组织学习培训、生产技术竞赛和文体活动交流等。

公司办企之余，时刻不忘承担社会责任回报社会。每逢政府或民间团体的各项慈善公益活动，公司都热心捐助慷慨解囊，得到了政府及社会各界的肯定，今年，被佛山市南海区慈善会授予 2010 年度南海慈善奖并获得西樵镇"劳动关系和谐企业"称号。2009—2010 年间公司通过更新和改造生产机械，加大节能设备的投入，安装了大量先进的监控能源仪表，主要从水、电、汽三方面进行节能减排，推动"清洁生产"、"安全生产"工作。

"永其祥"的传承人，不仅承继了祖辈的光荣传统，始终坚持"以人为本，务实创新"的办企理念，而且顺应市场经济发展的方向，不断更新观念，及时调整策略带领企业向加工中、高档产品的发展方向转型，在创建"和谐社会"的大环境下，努力向"节能环保型企业"迈进！

新设备投入使用

地址：南海区西樵镇百西科技工业园新纺路 5 号 电话：(0757) 81898370 传真：(0757) 86866620 邮编：528211

佛山市南海威竣纺织有限公司

佛山市南海威竣纺织有限公司是一家中外合资（台资）纺织企业，成立于2001年，占地40多亩。建筑面积1.3万平方米，总投资380万美元。

公司拥有从德国、日本、台湾等地引进的国际先进针织机和定型、压膜、烫金等后整设备，优良的技术团队，专业研发、生产和销售各种高品质的电脑提花、条子及素面的针织时装面料、家居服及内衣针织布料。

公司先后荣获中国流行面料品牌会员单位；中国流行面料质量管理示范企业；中国纺织品进出口商会会员单位；佛山市南海区守合同重信用企业；广东省民营企业进出口商会会员单位；广东纺织学院实训基地等荣誉。

公司将继续秉承“团结、务实、高效、创新”的企业精神，把握流行趋势，永远走在时装面料开发的前线，努力提高产品的质量和附加值，为客户提供优质面料和优质服务的经营理念，欢迎广大客户选用。

地址：南海区西樵镇百西科技工业园富达路2号
电话：(0757)86805239（专线）
传真：(0757)86806828 86805236
http://www.waygt.com E-mail:waygt@21cn.com

佛山市南海吉贝纺织有限公司

地址：南海区西樵镇民乐儒林开发区 邮编：528211
网址：www.jibei-tex.com 电话：(0757)81893399 传真：(0757)86829839

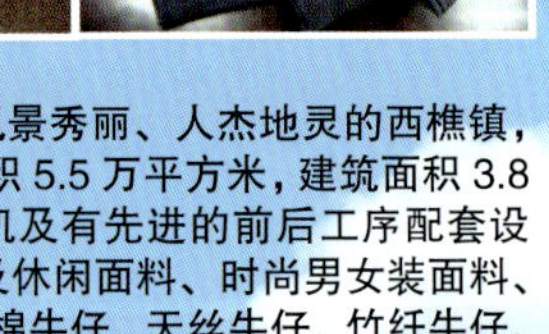

广东省佛山市南海吉贝纺织有限公司位于风景秀丽、人杰地灵的西樵镇，是一家以生产服装面料为主的织造企业，占地面积5.5万平方米，建筑面积3.8万平方米。拥有国际、国内先进的高速剑杆织机及有先进的前后工序配套设备、高速整经机等。我司主要生产牛仔面料以及休闲面料、时尚男女装面料、纯棉时装面料，产品畅销国内外市场。包括：纯棉牛仔、天丝牛仔、竹纤牛仔、麻棉牛仔、冰凉棉牛仔、保暖棉牛仔、竹碳保暖牛仔、羊毛牛仔、T400牛仔、植绒牛仔、隐形印花牛仔、磨毛牛仔等产品，有无弹、微弹、中弹、高弹、经纬弹系列。

吉贝纺织有限公司长期走科技振兴公司之路，为适应市场需求的发展，建立了制版中心、布料染色研究室等强有力的产品开发机构，坚持严格的科学管理，培养出一支高素质的职工队伍。公司不断更新设备、改善员工生活环境，拓展营销网络，多次被评为广东省佛山市先进企业，开发出来的面料多次成为“中国流行面料”评选工程的入围产品。

吉贝纺织有限公司全体干部及员工在“您的需求、我的责任，重价值、轻价格，品质是我们惟一”的企业精神指导下，已建设成为日臻完善、设备一流、技术一流、管理一流、产品一流的现代化纺织企业。

吉贝人欢迎国内外有志于纺织行业发展的人士加盟，并欢迎各界客商光临指导！

吉贝公司以最优秀的价格参与市场竞争，以最优秀的服务回报客户，并热情欢迎新老客户来人来电联系。

广东顺昌印刷有限公司

SHUNCHANG GUANGDONG SHUNCHANG PRINTING CO., LTD.

广东顺昌印刷有限公司前身为新昌印刷厂，成立于1956年；1958年改为地方国营顺德县印刷厂。1994年，公司转制为民营企业，取名为顺昌印刷有限公司。2004年6月，公司易名为广东顺昌印刷有限公司。

现公司坐落在广东省佛山市顺德区大良凤翔工业园18号，毗邻顺德中心及主要交通道路。公司占地2.5万平方米，拥有先进的海德堡CTP印前直接制版系统、多台海德堡及高宝多色胶印机、加拿大雅佳发及上海紫光多色柔版印刷机及瑞士和台湾产的自动模切机、贴盒机、UV激光图案压印转移生产线等完善的印刷加工设备。

物料检测室

广东顺昌以专业生产高档彩色包装纸盒及冰淇淋纸套而著称，获众多著名跨国企业如雀巢、联合利华、高露洁、雅培、美赞臣、卡夫等的信赖和选择，秉承“优质 高效 客户至上”的经营宗旨，为国内外客户提供高品质、全方位的包装产品和服务；营造团结、进取、和谐、稳定的企业氛围，创造客户满意、员工满意、股东满意的效果。

在2008、2009年全球金融危机经济低迷的年份，生产仍有所增长，销售近两亿。从2006年开始，公司连续4年荣获佛山市人民政府授予的“纳税超千万元企业”称号，收到较好的社会效益。

高宝六色＋上光（带UV）胶印机

柔印机

胶印车间

海德堡CTP

地址：顺德区大良街道凤翔工业区18号
电话：（0757）22389128
传真：（0757）22200335

业精机械
YEJING MACHINERY
敬业以求精 Product merit introduction

泰源 印染

佛山市天安塑料有限公司

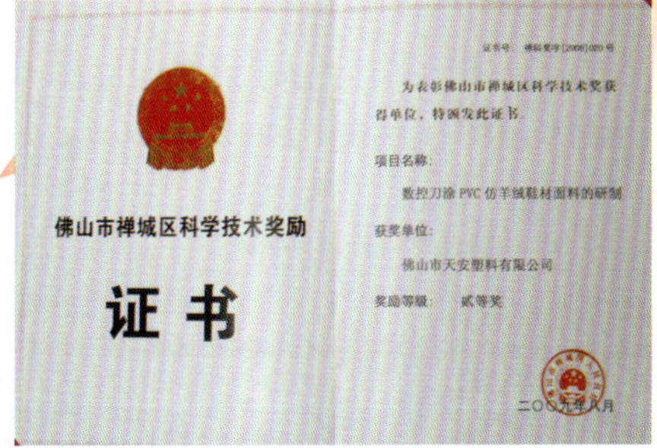

仿羊绒科技二等奖证书

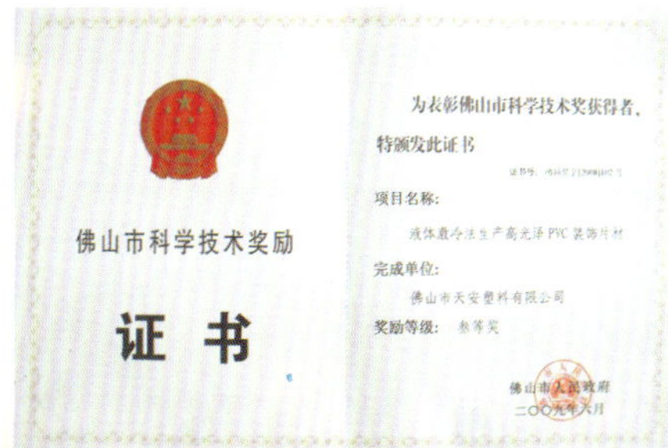

市科技三等奖证书（液体激冷）

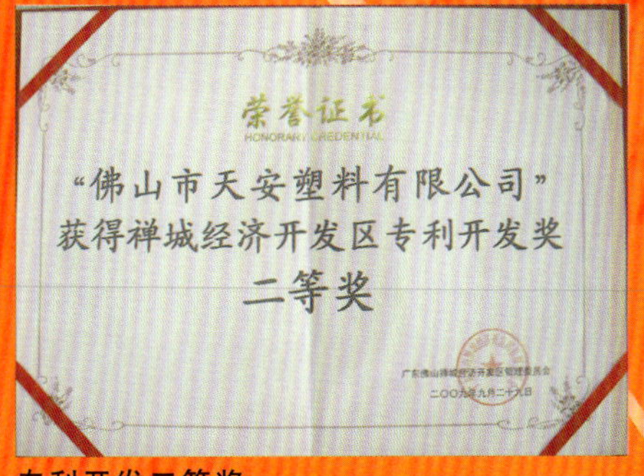

专利开发二等奖

专利优秀奖证书

佛山市天安塑料有限公司成立于2000年5月，总厂和分厂均位于中国广东省佛山市禅城区。是一家集研发、生产制造、市场营销于一体的PVC压延薄膜、装饰材料、人造革的专业生产厂家，也是国内从事高端PVC压延生产的具有自主知识产权高新技术企业之一。公司现有员工近1000人，技术力量雄厚，占地面积6万平方米，先进压延生产设备6条，以及一批配套设备。主导产品有超级透明膜、柠檬酸无毒膜、家具装饰膜、抗静电膜、绝缘电工膜、吹气膜、雨衣膜、文具膜、手袋面料膜、内里膜、广告膜、天花膜、PP装饰膜、箱包革、鞋革、球革、沙发革及汽车革，年产各类PVC制品4.5万吨。产品符合欧盟EN71标准、REACH标准、ROHS标准，美国ASTM标准、HR4040标准、FDA标准，欧洲无毒卫生食品标准。产品外销港、台及世界各地。

公司创建伊始就严格按照ISO9001要求进行管理，并率先通过了ISO9001：2000质量保证体系的认证，2006年通过了ISO14000环境质量体系认证。2009年11月重新被认定为广东省高新技术企业、广东省佛山市禅城区民营科技企业。2006年1月“蓝A”被认定为《广东省著名商标》称号、2007年12月天安系列产品成功获得国家免检产品光荣称号。

公司组建了佛山市工程技术研发中心，以及自己的实验室。把“创品牌企业，造卓越人生，使传统的塑料变成艺术的、绿色生态环保的新型材料”作为企业的发展目标。经过十年努力已成为行业的标杆，公司产品在国内外已处领先水平，尤其是超级透明膜、柠檬酸无毒膜、平贴吸塑类木纹膜、单色家具膜以及各种特性的高档人造革已完全可与日本、韩国、台湾等进口产品媲美。

天安人以不折不挠，兢兢业业的精神和您携手合作，共创生态环保的绿色未来！

产品展览厅

总部地址：禅城区南庄镇吉利工业园新源一路6号　总部电话：（0757）82012222　邮编：528200
禅城区分部地址：禅城区五峰四路100号　分部电话：（0757）82128100　邮编：528000
公司网址：http://www.fs-tianan.com

中共中央政治局委员、广东省委书记汪洋在视察“百校千企 一流技工”大型技工教育成果展时参观我校展位。

省委常委、副省长肖志恒在省人社厅副厅长郑朝阳，佛山市委常委、常务副市长周天明以及南海区副区长孔耀明的陪同下视察省数控工种总决赛五轴加工中心赛场。

佛山市高级技工学校

佛山市高级技工学校是国家级重点技工学校，是广东省高技能人才实训基地。学校经历了近50年的办学历程，为社会培养和输送了近4万名毕业生，为珠三角经济与社会发展发挥了积极作用。目前，学校有教师291人，其中高级专业技术职称56人，中级专业技术职称141人；技师、高级技师104人（其中高级技师61人），师资力量雄厚。学校坚持“品德为先 技能为本 市场导向 工学结合 服务社会 追求卓越”的办学理念，努力培养高技能人才，服务经济与社会发展。

全校教职员工秉承“为学生成才殚精竭虑”的教风，倡导“为成功人生勤学砺技”的学风，坚持以人为本的德育模式，努力培养具备优良品质的高技能人才。

近年来，学校发展迅速，在校生规模达8000多人，设有包括机电一体化、数控加工、模具设计与制造在内的20多个专业，积极开展扶贫助学、就业再就业培训、转岗培训、农民工培训、下岗失业人员技能储备培训、退役士兵职业技能培训等工作，年培训高级工、技师、高级技师逾千人，其他各类培训数千人次，取得了显著的社会成效。

学校高度重视校企合作，从上世纪九十年代中期开始与世界照明业三巨头之一的欧司朗照明公司以德国“双元制”模式合作培养学生，效果显著。中共中央政治局常委李长春同志任广东省委书记时视察佛山，对学校“双元制”培养模式给予了充分肯定。

学校与沈阳机床集团等大批企业校企合作培养技能人才。中共中央政治局委员、广东省委书记汪洋同志在视察“百校千企 一流技工”大型技工教育成果展时，详细询问了佛山市高级技工学校与沈阳机床集团的合作模式后说：“通过校企合作进一步扩大市场，帮助企业培养市场需要的技术工人，学生一出校门，直接能够使用，这种办学模式好。”

学校与沈阳机床集团、广发银行佛山分行分别合作设立了“飞阳”奖学金和“广发银行”奖学金，激励同学们努力学习成才，两项奖学金每学年度合共颁发8.4万元的奖金。

学校是佛山市机械装备公共实训基地，技能教学水平突出是学校的办学特色。学校承办的2010年广东省职业技能大赛数控工种总决赛中，学校参赛的师生有五人进入前三名，合计获得奖金13万元，有八人获得“广东省技术能手”称号。学校实训中心由于设备先进实力雄厚，被确定为第四届全国数控技能大赛决赛赛场。

学校是全国对口支援三峡工程移民工作先进单位，全国总工会农民工培训先进集体，广东省职业技术教育先进集体。

学校与沈阳机床集团、广发银行佛山分行分别签署设立冠名奖学金协议。

省数控工种总决赛五轴加工中心赛场。

省数控工种总决赛四轴加工中心赛场。

学校派出专车接载“双转移”学生到校。

地址：南海区桂城街道桂澜北路 电话：（0757）86222065 传真：（0757）86222065 邮编：528000

华兴玻璃集团公司

地址：南海区罗村街道务庄工业区　电话：(0757) 88581168　传真：(0757) 88581110 转 148

华兴玻璃集团公司是一家生产高白、普白、翠绿料等综合日用玻璃制品的大型民营玻璃容器制造企业。总部位于广东省佛山市南海区罗村街道办事处务庄工业区，集团公司总注册资金近 4 亿元，拥有一大批富于管理、生产经验的职（员）工，其中中高级管理与技术人员约 500 人，总占地面积 200 多万平方米。

公司自 1987 年正式投产以来，始终坚持“服务客户、激励同行、回报社会、创造效益、体现价值”的企业使命，坚持“卓越的品质，完美的追求”的质量方针，坚持“以人为本、靠科技进步”的管理方针，注重选拔、任用人才，不断引进国内外先进生产、检测设备，致力于为顾客提供高质量的产品和服务，生产规模不断扩大，拥有 11 个生产基地（广东佛山南海、广东佛山高明、湖北大冶、福建长城、河南郑州、福建莆田、江苏宿迁、广东佛山三水、河北永清、新疆石河子、浙江海盐）。产品也从单一品种发展到多品种系列，现生产品种包括食品、饮料、调味、保健、酒类、医药、化妆类包装瓶和器皿等。产品远销港澳、东南亚、美国、加拿大等国家和地区。生产规模居国内同行业前列。公司是中国日用玻璃协会副理事长单位。

公司引进了国内外先进电脑控制瓶罐双滴料生产线，采用先进的窑炉电脑自控系统和产品自动检测系统、料道电加热燃气加热自控技术及冷热端喷涂技术。可生产 25 ~ 1000g 重量的瓶罐玻璃产品，不受形状、数量限制。引进国外先进器皿双滴生产线和多色自动印花生产线，可生产器皿系列大小异型压件、水杯及器皿瓶罐印花产品。

2000 年 5 月公司按照 ISO9002:1994 标准建立质量保证体系并于同年 9 月顺利通过第三方审核。公司质量管理体系的建立和不断改进，使公司的质量工作逐渐步入制度化、规范化、标准化的发展轨道，产品质量和服务水平不断提高。2002 年 10 月公司按照 ISO9001:2000 标准对质量管理体系进行系统改进并于 2003 年 12 月份通过第三方的转版认证审核。

2003 年公司按照 CAC 国际食品法典委员会的 HACCP 食品应用准则导入 HACCP 体系，经过近一年时间的试运行，在 2004 年 11 月份，公司一次性地通过了第三方审核，在日用玻璃行业中，成为首家通过双体系认证的企业。

2005 年 3 月，公司荣获“广东省著名商标”。

2005 年 7 月，公司启动管理改善活动。

2005 年度和 2006 年度，公司生产的啤酒瓶在国家质量监督检验检疫总局组织的监督抽查中，其质量指标达到了 GB4544-1996 标准中优等品要求。

2006 年 2 月，公司注册商标（第 1465078 号图形商标）经国际局核准，通过马德里商标国际注册（马德里体系成员国有 73 个成员国）。

2006 年 4 月，公司芦笋瓶产品荣获“中国包装名牌产品”。

2006 年 9 月，公司荣获“广东省名牌产品”称号。

2009 年 4 月，公司注册商标（第 1465078 号图形）被国家工商总局认定为“中国驰名商标”，实现行业内零的突破。

公司将继续坚持履行公司使命，全心全意为顾客提供高质量的产品和服务。

华兴玻璃集团公司衷心希望与社会各界和海内外客户在平等、互惠互利的基础上保持和发展长期友好的合作关系，以达到共赢之效果。

校企合作签约仪式。

国家级重点中等职业学校

广东省佛山市南海区信息技术学校

佛山市南海区信息技术学校是国家级重点中等职业学校，南海区职业教育集团龙头学校。学校占地面积 280 多亩，分为大沥校区和狮山校区，现在校生 5000 多人，教职工 300 多人，其中研究生（硕士）25 人，南海区级以上名师 11 人，领取南海区高层次人才工资外津贴的教师 2 人，双师型教师占 70% 以上。

狮山校区位于佛山一环桂丹立交的西侧，交通便利，环境优美。主要开设机械类、现代商务类和计算机类 3 大块 11 个专业，其中数控技术和计算机软件是广东省重点建设专业。南海区职业学校培训中心设在狮山校区，设备先进，技术力量一流。

大沥校区坐落在经济繁荣的大沥镇，是一个设备完善的精品式校园，开设有会计、网络与营销、金融商务与动漫设计 4 个专业。

学校以服务为宗旨，以就业为导向，以技能为核心，狠抓学生专业技能的培养，组织学生参加数控机床操作工证、钣金维修工证、计算机等级证、会计从业资格证等考试，领证率均达 98%。毕业生专业技能扎实，深受广大用人单位欢迎，每年就业率在 98% 以上。学校以卓越的办学成果享誉省内外，先后被授予广东省职业教育先进单位、广东省心理健康教育示范学校、广东省依法治校示范学校、广东省绿色学校等称号。

2010 年学校参加佛山市中职技能竞赛 10 个项目，7 个获第一名，参加广东省中职学校学生技能大赛，获 4 个一等奖。

学校网址：http://www.nhxx.org

联系电话：(0757) 86685603（狮山校区）；(0757) 85551473（大沥校区）

南海第一职业技术学校是省级示范性学校，与南海广播电视大学、南海成人学院、广东理工职业学院（南海校区）一起实行“四块牌子，一套人马”的管理模式，享有独立招收五年制大专的资格。办学20多年来，先后获得“全国教育先进单位”、“广东省先进学校”、“广东省成人中等专业教育省级示范学校”等荣誉称号。

校区占地近200亩，建筑面积约6万平方米，分松岗、丹灶、桂城三个校区，在校生约2500人，现有教职员工270余人，其中博士5人、硕士23人、教授和副教授等高级以上职称43人。配有功能先进的网络中心和电子、模具、机械、汽修、语言、酒店模拟、会议模拟、PVC、电机拖动实习室（车间）20多个。

学校以服务为宗旨，以就业为导向，培养为社会经济建设服务的高素质技能型人才。实施以人为本，从严要求，全员参与，全程管理的举措，使学生的生活安全，行为教育，能力培养以及就业推荐等方面成绩突出，社会声誉较好。毕业生就业率始终保持在95%以上，历届毕业生均提前一年被用人单位定为实习或就业的对象，他们活跃在南海、佛山各大公司、企事业单位，凭借自身扎实的专业基础和较强的适应能力，在社会竞争的大潮中取得了非凡的业绩。

学校生活环境优美，生活条件完善便捷，校园文化丰富多彩，实施军事化管理与人性化教育相结合的24小时专人值班安全管理制度，确保学生的生活健康安全，在校如家。

南海一职作为南海职业教育的重要基地，将秉承“改革立校、科研兴校、民主治校、发展强校”的办学理念，与时俱进、深化改革，为南海、佛山社会经济发展培养更多的优秀技术人才。

南海一职丹灶校门

南海一职丹灶校区

南海一职松岗校区

南海一职松岗校门

南海第一职业技术学校

南海一职网址：http://www.nhzz.org

◆学校本部地址：南海区桂城南新三路2号
联系电话：（0757）86393995　钟老师：13302890328
陈老师：13326753513
（南海区各路公共汽车经南海区政府下车即到）

◆桂城校区地址：南海区桂城佛平路南海汽车站右侧
联系电话：朱老师 13318334218
（南海区各路公共汽车的总站旁边）

◆松岗校区地址：南海区狮山镇松岗大道76号
联系电话：胡老师：13703072077　（0757）85236747
（南海公交206路、222路、256路、259路、280路、278路）

◆丹灶校区地址：南海区丹灶镇横江大道
联系电话：曹老师：13927759703
（南海公交209路、250路、205路、217路、248路）

南海区九江职业技术学校

地址：南海区九江镇教育路　电话：（0757）86505015　传真：（0757）86505015

广东南海九江中学九江分校坐落于风景如画的西江河畔，是一所依山而建、景色宜人的花园式学校。学校占地5.97万平方米。学校教学设备、设施齐全、先进，高速的千兆计算机网覆盖全校。

近几年来，学校实现了跨跃式发展，于2004年12月通过佛山市一级学校评估，2005年11月通过广东省一级学校的评估验收。2008年5月又顺利通过了广东省普通高中教学水平评估。在“相信师生有才，促进师生成才”办学理念的指引下，学校办学质量连年上升。2009年普通高考上线率达78%。

2006年，学校开始创设武术、龙舟和龙狮等民族传统体育特色教学班。自开办以来，学生在文化课学习之余，南征北战，已在国际、国内及省、市级以上比赛中屡获殊荣。共获得金奖（含金杯、金牌）33个，获奖名次不计其数。

突出的办学成绩和骄人的特色战绩，不断给学校带来良好的声誉和荣誉。2007年9月，学校以鲜明的特色和先进的办学理念而荣获“佛山市南海区教育创新奖”及“南海区先进集体”称号；2009年12月，我校被授予“全国群众体育先进单位”荣誉称号。

2009年，九江中学九江分校积极响应南海区教育局关于全区职业教育战略布局的要求，顺利转型并更名为九江职业技术学校。面对全方位的转型挑战和发展机遇，我们重新站在起跑点上，将继续发扬积极向上、团结奋发的龙狮精神，以开拓进取之心，用勤劳智慧的双手谱写九江职业技术学校新篇章。

2010年佛山市中等职业学校学生技能大赛

佛山市中等职业学生技能大赛

第九届世界龙舟锦标赛

自行车队在公路训练

醒狮队训练

学校远景

南海区桂城街道桂江第一初级中学

桂江一中龙海平校长向赵银生副局长汇报学校练评讲教学法研究情况

怎样建造一个优秀的班集体？

——2009~2010学年度第二学期开学典礼致辞

龙海平

怎样建造出一个优秀的班集体？我认为一个优秀的班级要符合以下的标准，至少要做到四个优。

一是分组优。一个班级要想有活力，有朝气，需要分组管理。分组可以为同学们提供更多的干部岗位，锻炼自己的管理能力。我们在班级里分组，助教协会的队伍就会壮大起来；我们在宿舍里分组，学生会的队伍就会壮大起来。分组可以带来竞争，有竞争才会有发展，中国电信和中国移动的竞争促进了中国通信事业的发展就是一个很好的例子。分组便于结对帮扶，促进合作。有合作才容易战胜困难，共同进步。分组有一个最基本的原则，就是不能抛弃任何一位同学。小组里有后进同学是好事，没有了后进，我们又怎么去当先进？我们帮助后进，自己成长会更快一些。所谓“助教他人，快乐自己”“引领他人，成长自己”就是这个道理。

二是评价优。评价是管理的杠杆。分组以后，我们要建立小组评价制度，要从学习、纪律、卫生等几个主要的方面明确评分标准。在小组评价方面，得分第一的不一定是最好的，持续进步才是最好。所以当自己的小组得分比较低的时候不必担心，说明你的小组拥有更多的机会。有评价才会有努力的方向，有方向的班级才会有活力。

三是干部优。当干部可以培养情商，提高人际交往能力，从另一个途径促进智力水平的提高。干部不一定要当得很大，大小无所谓，关键的是要适合自己。能够发挥自己优势的干部岗位就是最好的岗位。是不是好干部，自己说了不算，需要大家认可。要成为好干部要牢记16个字：勤学勤管，实学实管，细学细管，恒学恒管。只有在勤、实、细、恒四个方面做好了，才有机会成为好干部。希望所有的干部都能够以身作则，做到最好。

四是管理优。一个优秀的班级要想做到管理优，要满足两个基本条件：一是事事有人管，人人有事管。二是管人管到位，理事理顺畅。你的班级达到这些条件吗？达不到，说明我们大家需要努力。

希望全体同学用心关注自己的班级，细心去建造一个优秀的班集体。

2009年全国信息学联赛获奖学生和辅导老师刘凤兰合影

2008年广东省信息学决赛获奖学生和辅导老师刘凤兰合影

各级领导、桂江一中行政人员和活动课教师，与日本伊丹市师生代表团全体成员合影

地址：南海区桂城街道南新三路1号 邮编：528200 电话：0757—86239175（办公室） 网址：http://www.gjyz.net Email:gjyz20091020@tom.com

南海区罗村街道沙坑村

沙坑村位于罗村街道的中部，南海桂丹公路在辖区内贯穿，北靠佛山机场。全村总面积3.2平方公里，辖8个村民小组，常住人口2800人，外来居住人口约4500人。2009年，全村全面完成年初制定的经济指标，村组两级集体总收入达到2738万元，比上年增加5%，村民人均年收入9307元，比上年增加3%，人均股份分红5206元，比上年增加22%。

2009年，沙坑村紧紧围绕建设社会主义新村镇的要求，在投资环境建设、招商引资服务、综治维稳工作、社会保障工作、加强民政及计生服务等作出不懈的努力，并积极推进新光源产业的发展。全村经济实现稳步健康发展。2009年成功创建南海四星级健康村。

沙坑村在致力经济发展的同时，不断加强党支部的建设和执政力，活化党员干部队伍，为各项事业蓬勃发展提供坚强的保证。沙坑村继续加强文化阵地建设，积极推进沙坑小学的扩建工程项目。加大村组两级各项制度的科学管理，全面提升村务、财务的管理水平。全面推行农村二级医疗方案，实现病有所医，切实解决村民“因病致贫”、“因病返贫”的问题。全面贯切《安全生产法》、《消防法》及《劳动合同法》，狠抓安全生产管理责任制的落实，有效维护全村安全生产稳定局面。社会福利、民政救济、慈善公益、扶贫助学、优待老年人及残疾人等事业取得新进展。认真做好拥军优抚和民兵预备役工作，圆满完成年度的征兵工作。

海南村公园

华南电光源灯饰城

沙坑商业市场

南海区大沥镇沥西村

沥西村位于大沥镇西北部，广云、禅炭公路交汇处，广三高速公路贯穿其中，新建沥雅路接通东西，交通便利，地理位置优越。沥西村总面积2.8平方公里，常住人口5495人，外来流动人口5000多人。2004年建成1个占地面积500亩的桂江农产品市场，沥西村的工业以铝型材为主，辖区内有6间比较有规模的宾馆、酒店。大沥汽车站在我辖区内，交通方便。我村正向第三产业规模发展，2009年全村经济收入为3653万元，村民人均收入9939元，沥西村共建有10个安全小区，37支视频监控枪分布在全村大路、小路、村中街道，全村9个村民小组基本建有小公园，11个灯光球场，方便了村民的文娱体育活动。

多年来沥西村在大沥镇党委、政府的领导下，以科学发展观统揽全局，狠抓基层党组织建设，实现了机构机制创新，促进了村党员干部思想作风的转变，增强了基层党组织的凝聚力。2003年我村被评为“广东省卫生村”，最近又成功创建成为佛山市生态示范村，现在正着力创建“南海区星级健康村”。今年，我村根据南海区农村社区建设实验工作方案要求，争创南海区“六好”农村社区。

南海区大沥镇河东村委会

河东村坐落在大沥镇的东面，地处广佛都市圈的连接枢纽，面积 3.5 平方公里，下辖虎榜、建和、联胜、石庙、南井 5 个村民小组，分设 19 个股份合作经济社，属于三级经济体制，常住户籍人口 6500 多人。

河东村以“三旧改造”、节能减排治污为突破口，力促产业提升、环境保护、资产增值、集体增收、经济发展。目前，以东城工业区、东南工业区为代表的工业基地，以及以盐步家具城、大转弯夹板装饰材料城、金珠三角粮油物流中心为代表专业市场，成为河东村经济发展的支柱产业。2009 年，全村实现社会总产值 20.93 亿元，其中第一产业 1498 万元，第二产业 7.15 亿元，第三产业 13.63 亿元，三级集体经济总收入 5606 万元，村民人均收入 13258 元。

2009 年，河东村在获授广东省卫生村、广东省文明村、佛山市文明村、市区两级“十好”和谐文明村、南海区“四星”级健康村的基础上，继续推进文化建设和社会建设工作。首先是提高社会保障的力度，实现了农业股东参加社会养老保险的全覆盖，也实现了户籍退休人群享受社保退休待遇的全覆盖；其次是作为南海区试点村之一，开展了农村社区的建设工作，并获评南海区五星级农村社区。

在大沥镇委、镇政府的领导下，河东村委会将以“改革、创新、稳定、发展”为工作思路，力争全村在经济、社会、政治、文化以及党的建设方面取得新进展。

社区居民步行不超过 5 分钟即可参加社区活动

国家民政部基层政权和社区建设司司长詹成付视察河东村农村社区建设工作

社区服务中心挂牌仪式

南海区大沥镇联滘村委会

联滘村位于广州市和佛山市的中间位置，南海区大沥镇的中部，距广州市 9 公里，佛山市 8 公里，距大沥镇城区 1 公里，广佛公路、桂和公路沿村而过，广佛高速公路横跨本土，水陆交通十分方便。全村面积 1.6 平方公里，由滘口、上漖两条自然村组成，下设两个村民小组，总户数共 1044 户，总人口 3289 人，外来流动人口约 1500 多人。为积极响应佛山市提出“三旧”改造的精神，切实改造提升工业区，我村把“三旧”改造工作提升到新一轮经济发展的战略高度来认识，倍加重视，狠抓落实，按照政府引导，市场运作，稳步推进，各方受益的工作思路，大力推进拆迁工作，腾出土地空间，建设广佛国际商贸城中心区，完成土地的整合和调整工作，提高土地价值，增加集体收入。2009 年，我村工农业总产值 6.91 亿元，比去年同期增长 10%，集体纯收入 2383 万元，比去年增长 40%。

南海区大沥镇曹边村

曹边村地处大沥镇西南部，东临 325 国道，交通发达，地理位置优越。全村辖区面积 1.1 平方公里，户籍人口 1545 人，下辖 8 个村民小组。2009 年工农业总产值 6.18 亿元，人均收入 12814 元，村委会纯收入 1383 万元。

2009 年，曹边村以全新的姿态出现在人们的眼前，重点以曹边村 2009 ~ 2020 年村庄建设规划设计为指引，积极开展农业观光生态园的规划和基础建设；以“三旧改造”、节能减排治污为突破口，锐意推进外来工星级家园、到期旧厂房的改造提升；积极加强招商引资力度，鼓励企业做大、做强、创名牌，为企业创造优良的营商环境，提供优质服务，实现集体收益持续提高。

曹边村坚持“一条主线、三个重点”的发展主题，在致力发展经济的同时，社会事业全面开花。极积响应开展绿色生态美丽家园建设，一年内实现了“七村联创”，先后被评为“佛山市生态示范村”、“南海区民主法治村”、“南海区十好和谐文明村”、“南海区计生两无村”、“南海区体育强村”、“南海区四星级健康村”、“南海区平安村”。“要让群众有：安全感、自豪感、幸福感”是村两委班子提出的最新口号，预示着曹边村在经济发展、社会管理、群众福利等方面向更高目标迈进。

曹边休闲广场，村民休闲的好去处

干净整洁的村中环境

生态翠绿，景致怡人

别具特色的民办学校

顺德区龙江镇陈涌居委会

陈涌社区位于顺德区龙江镇西部，与南海区九江镇接壤，区内交通便利，325 国道、佛开高速公路、龙高公路、顺番路贯穿其间，有商业繁华的居民住宅区，配套完善的工业区和农田保护区。总面积 3.4 平方公里。现有常住户口 1098 户，常住人口 4362 人，流动人口 3800 人。学校、幼儿园、医疗、银行、电讯、邮政、交通、警务、购物、餐饮、旅业等生活配套设施一应俱全。居委会下设 14 个居民小区，一个农村股份合作社和资产管理办公室。

2009 年 3 月，陈涌社区被顺德区选为第一批“顺德好村居”创建单位；在国庆 60 周年创平安活动中，陈涌治保会被区、镇评为优秀单位；通过了第二批顺德“十好”和谐文明村居创建示范村居的验收；获得顺德区首批“全民健身示范村居”的称号。

2010 年，陈涌社区努力争创广东省“六好”平安和谐社区；以“三旧”改造为发展契机，以规划为引导，促进土地利用集约化，产业发展协调化、城乡规划一体化，充分营造一个宜商宜居的社区环境。本次规划将陈涌社区划分为三个片区，以 325 国道为商贸产业发展轴线，沿线区域定位为商贸区，商贸区东侧为居住及配套区，西侧为产业区。重点规划了太和庄改造等四个改造项目。

南海区狮山镇狮南村委会

狮南村民委员会位于狮山镇西南部，总面积6.7平方公里，耕地1206亩，鱼塘1082亩，岗地2000亩。下辖沙一、沙二等16个村民小组，常住人口2902人，外来暂住人口938人。2009年，获得南海区武术龙狮体育2008年度先进集体称号、狮山镇2008年度政务信息报送先进单位、南海区团籍双管理优秀组织奖等荣誉称号。

2009年，农村经济总收入3.86亿元，农村集体经济纯收入5704万元，农民年人均纯收入8429元，年人均股份分红1470元。村中经济以农业为主，辖区内有企业36家，主要是日用品、五金、木材加工、化工行业；农业以饲养鱼、饲养家禽、种菜花树为主；村级集体经济收入来源是出租收入，村民从事的主要行业是饲养鱼家禽、种菜、打工、做生意，村民主要收入来源是销售、工资、做生意。

村两委会成员5人，平均年龄45岁，大专及以上学历2人，中专或高中学历3人。村党组织设置1个党支部；党员队伍84人中，平均年龄46岁，大专及以上学历24人，中专或高中学历14人，初中及以下学历46人。村民代表总数55人。

狮南村现在可以利用的土地仅有2000多亩，对土地利用的步伐迈得不快，物业基础薄弱，物业出租、土地出租不多，仅有两个村民小组的村民收入在3000元以上，其余的都在3000元左右或以下。

狮南村的姓氏来源于南宋时期的南雄珠玑巷。历史上出了不少名人，其中具代表性的有陈鸿猷在清代任修职郎；梁海秋在民国期间任两广盐务处处长。还有就谢家村的清朝二举人谢寿康、谢同熙。具代表性建筑有百多年历史的葛北大祠堂。

狮南饲养户经过多年培育一种叫“三黄鸡”的鸡种。“三黄鸡”毛黄、皮黄、咀脚黄。此鸡食入口滑嫩，味香浓。2002年南海市授于“南海市黄鸡品牌村”。

在三个文明建设方面，村委会下属七条自然村16个村民小组街前均铺设水泥路面。村水泥路全长7公里，连接贯通各条村。村委会辖区内横跨解放涌有三座水泥桥，均可负荷载重量30吨。

全村体育、休闲设施有葛北文化活动室、涌口文化活动室、隔岗文化活动室、大岗社文化活动室等，以及葛里、沙一、沙二、沙三、冯家、隔岗、狮南村委会7个篮球场。

南海区里水镇得胜村委会

得胜村委会辖区面积6.9平方公里，常住人口约4500人，外来人口约1.5万人。下辖北头、大田基、学基塘、中隅、南隅、大朗6个村小组队。该村地处里水镇的中东部，里和路、里官路贯穿其中，是连接和顺、里水、官窑的交通要道，佛山“一环”建成通车后，得胜村的地缘优势，交通优势更明显。目前，得胜村二、三产业企业约有350家，其中工业200多家，包括上规模的企业（年产值超500万元）30家、外资企业30家，涉及的行业主要有制鞋和鞋材加工、五金电子、塑料模具等；第三产业有400多家，主要是饮食、商品销售等服务性行业。工业企业主要分布在里和路、里官路两旁及大朗、得金、北头、南隅、中隅和学基塘等几个工业区。第三产业企业主要分布在里和路、里官路两边及各工业区周边地带。新得胜市场也是较繁华、人气很旺的一个商贸集市。2007年全村工业总产值为12.7亿元，村组两组可支配收入合共超2000万元。2007年二、三产业的税收约为6000万元。得胜村从2003年开始实行“谁开发、谁收益”的激励政策，把开发权下移到各村小组，极大地激发村民搞好经济的热情，加上便捷的交通，优越的地理环境，吸引了外来投资者接踵而来。

南海区西樵镇西岸村

西岸村面积 24.8 平方公里，下辖 8 个自然村，25 个村民小组，常住人口 5900 人，其中农业耕作面积 1.27 万亩，工业区面积 589 亩。行政隶属南海区西樵镇，地理位置却在高明区内，与西樵镇一江（西江）之隔，周边与鹤山市接壤，生态环境没有受到任何污染，是南海最后一块原生态“飞地”。西岸南部的茶山山脉，群山环抱，层峦迭翠，流泉飞瀑终年不息。茶山山腰、银坑溪畔，屹立着历史悠久的道教建筑群——庆云洞。在庆云洞山麓，由东至西的山塘水库绵延 6 公里。

西岸村委会一直以创建人与自然和谐发展，环境优美的生态自然村为目标，落实全面、协调、可持续发展的科学发展观，实现农村集体经济持续健康发展，保护西岸村良好的生态自然环境。

近年来，在镇党委、政府的正确领导下，全村两委干部团结一致、创新破难，按照镇政府对西岸的总体发展规划，充分发挥西岸村优越的地理位置，大力开发融入体育运动、旅游观光、休闲度假、文化娱乐项目，结合庆云洞、狮子山森林公园等旅游景点，继续推进银湖别墅、七星山庄、山林水语等自然生态社区建设和龙涛湾、水国迷城等水上娱乐场所的娱乐氛围营造。同时充分利用现有资源，抓住广东中旅建设“广东省南海西岸旅游产业园，打造国民悠闲旅游示范点”所带来的机遇，快速发展西岸村各项事业，努力把西岸村打造成生态和谐、生活富裕的新农村。

南海区西樵镇新河村委会

人居生活

工业园区

优美的生态环境

新河村位于西樵镇西樵山旅游风景区以西 6 公里处，邻近西江江畔。镇属西江公路贯穿全境，樵高过境公路与其衔接，并与珠二环高速公路西樵段入口接壤。全村面积约 2.95 平方公里，下辖 8 个村民小组，户籍人口 2580 多人。

新河村已形成以纺织为主，印刷、塑料五金、铸造、园林陶瓷、夹板等齐发展的工业格局。辖区路网环境优越，邻近西樵科技工业园区。水电充足，治安良好，生活设施配套完善。通过已审批的新河开发区旧厂房“三旧”改造项目发展契机，拟引进优质企业、引资建设西樵科技工业园服务配套设施。

新河村致力经济发展的同时，社会事业蓬勃发展。全村辖区建成 24 小时道路视频监控系统，配套夜间值班岗亭，使辖区综治、维稳与流管三级预警常年保持绿色的态势，社会综合治理总体形势稳定和谐。近年来，新河村先后获得佛山市南海区优秀安全小区、佛山市南海区“十好”和谐文明村和佛山市南海区“四星级”健康村等称号。2009 年被评为佛山市南海区首批“交通安全文明”示范村，藉此推动新河村的精神文明建设向更高的目标迈进。

新河村民风淳朴，村民热情好客。领导班子年富力强，团结务实，积极进取，是经济发展、区域和谐坚强的组织保证。

三水区西南街道五顶岗村委会

水乡工业园——五顶岗村

五顶岗村委会于2005年由原金本镇辖下的天湖村委会、竹山村委会、九水江村委会、官员村委会合并而成，面积约24.5平方公里，常住人口1万多人。近年来，在街道政府的大力支持下初步形成水乡工业园雏形，各自然村借助建设新农村的热浪，先后有十多条村一改旧农村的面貌，焕发出园林式新农村。

地理位置优越　五顶岗村委会驻地在原金本镇政府，环抱金本城区，国家二类口岸、西江航道三大口岸之一的三水港就位于五顶岗村境内，广肇高速公路、三水二桥公路、省道塘九公路和金白大道贯穿其中，并将有5条公路规划中。五顶岗村土地资源丰富，水陆交通方便，发展潜力大。去往广、佛、肇交通便利，均在30分钟车程以内。

招商环境　水乡工业园：在街道政府的支持帮助下，2007年招商引进世界500强百威啤酒落户，仅一年时间就完成一期建设并投产使用，二期也于2009年动工兴建；2009年先后引进红牛、可口可乐等世界500强知名品牌落户并且第一期基建正在建设中。工业园区：合成电器实业有限公司、道达尔石化（佛山）有限公司、广东中宝联合电缆公司等数十家公司、厂分布在五顶岗辖区内工业园区内，集生产、加工一系列服务。

生态资源　五顶岗村委会辖区下有21条自然村和一个中心城区，在新农村建设的热浪中，先后有十多条自然村完成或正在建设社会主义新农村，余下自然村也在计划之中，各自然村绿化面积都约40%以上，并且在街道政府的支持安排下将形成每村一种树或花的格局。

五顶岗村民风纯朴，村委会班子成员团结齐心。在街道政府和社会各界的支持和帮助下将有更美好的明天。

三水区乐平镇竹山村委会

竹山村委会地处三水区中部，乐平镇西部，距区政府驻地10公里，全村常住人口3382人，1032户，13个村民小组，外来人口480人，总面积12平方公里，耕地面积7400亩。2008年全村工农业总产值8598万元，人均收入8397元，村委会纯收入56万元，自然村集体经济以种养业为主，年纯收入566万元。

近几年来，村委会紧紧围绕建设“生产发展、生活富裕、乡风文明、村容整洁、管理民主”的发展战略，2008年根据乐平镇提出建设社会主义新农村要求，麦村村民小组共投入300万元进行新农村建设，被上级评为“广东省新农村示范村”，受到村民们的一致好评。同时结合本村实际情况，努力提高地值，增加村民收入，大力发展名优品种开发，打造农业产业名优品牌。如乐平西瓜、甜瓜、花卉种植等，全村四大家鱼养殖面积达3900亩，优质鱼养殖160亩（如甲鱼、桂花鱼、乌鱼等），三水白鸭、番鸭和清远黑鬃鹅等更具规模，生猪年存量在15000头以上，此外还利用山坡地招商办企业，到村办企业达到15家，从而增加地值，增加村民收入。

佛山市体育局

丰树产业，亚洲地产品牌领导者

作为新加坡首屈一指的房地产和房地产资本管理公司，丰树产业是新加坡淡马锡集团的全资子公司，以亚洲为主要发展腹地，泛亚商业网络涵盖新加坡、中国、香港、印度、日本、马来西亚、韩国、印尼和越南，拥有11个区域分支机构。集团拥有和管理的物业以商业园、零售/时尚休闲产业、办公楼、物流、工业为主，专注于在亚洲具有增长潜力的房地产市场的投资，并成立多个泛亚地产发展基金，凭借卓越的房地产投资、开发及管理的技术和经验，打造出新加坡最大的购物商场"怡丰城"、"丰树商业城"等国际知名物业，已荣获多项国际奖项和赞誉。

丰硕建树，卓越品质荣耀中国

丰树地产以"创新方法，价值共享"为集团发展理念，秉承国际开发品质的品牌追求，已在中国香港、北京、上海和广州成立分公司，打造了多个典范项目，包括"西安未来城"、"北京丰树大厦"、"南海富丰新城"等，为中国城市创造别树一帜的舒适生活享受。2010年，丰树继往开来，以国际前瞻规划远见，在中国继续迈步前进，更成功收购北京的佳程广场(Beijing Gateway Plaza)，吸引着业界的关注。

富丰·铂丽锦麟，国际生活示范区

在佛山，丰树携国际先进开发理念和成功经验，全力打造国际级高端都市综合体——富丰新城，为佛山人带来全新的集居住、商务、娱乐购物于一体的国际化尊尚生活体验。富丰新城坐拥35万m^2国际综合规划，以无限便捷的国际化都会生活标准，塑造融合生态、人文、科技的人性化空间。项目毗邻千灯湖RBD，位处广佛核心枢纽，为广佛地铁6号线沿线物业，旁靠多条城际主干道路，通过海怡大桥的联接，来往广州南站仅需10余分钟。

项目以新加坡生态理念造园，中央水系结合热带主题园林，打造立体式生态环保园林系统。与毗邻左右的四大市政公园及水网马赛克环城水景，共同打造360°城心翡翠生态视野，为桂禅营造新的呼吸空间，让身心领略自然居住的健康舒适。

富丰·铂丽锦麟效果图

10万m^2国际品位商场，精彩紧邻世界

项目之商业综合体——"南海怡丰城"，仿效新加坡最大的购物商场"怡丰城"的建筑特色，以流线型建筑与灵动空间结构结合设计。在这个总建筑面积达10万m^2的时尚殿堂里，将荟萃国际品牌，娱乐休闲及风情文化交相辉映，以时尚品位和高雅格调，倡导国际化的消费观念，引领全新的生活方式和消费潮流。项目将悉心打造业主专属通道，令商场、住宅无缝连接又互不干扰，配合小区内5千多m^2双子生活馆，为业主带来便捷而尊贵的生活体验。

新加坡怡丰城

MAYFAIR 富丰 铂丽锦麟
国际生活示范区

mapletree 丰树
www.mapletree.com.sg

开发商：佛山市嘉丰置业有限公司 | 丰树集团下属公司
Developer: Foshan Jia Feng Real Estate Co., Ltd. | Part of the Mapletree Group
地址：广东省佛山市南海区佛平四路与石龙南路交汇处
Add:Junction of Foping Si Road and Shilong Nan Road, Nanhai District, Foshan City, Guangdong Province.

富丰专线 0757 8181 1818

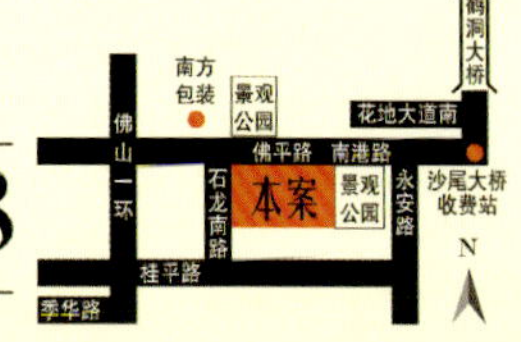

第七篇

科教文

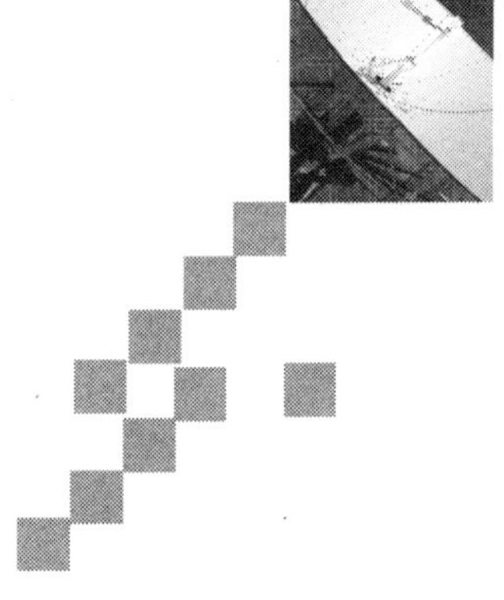

FOSHAN NIANJIAN

科学技术

科学技术

【综述】 2009年，在佛山市委、市政府的领导下，佛山市各级科技部门坚持科学发展观，深入贯彻落实《珠江三角洲地区改革发展规划纲要》，加快自主创新，积极推动创新成果转化。全市科技工作取得了新进展、新成效，创新环境得到进一步优化。佛山市获得了2007～2008年度全国科技进步先进市；禅城区、南海区获得了2007～2008年度全国科技进步先进县（区）。

【产学研工作得到新突破】 建立院市长效合作机制。2009年1月22日，广东省人民政府、中国科学院在广州隆重举行“广东省人民政府 中国科学院全面战略合作协议签署仪式”，佛山作为广东省优先发展和本轮省院合作的重点地区，积极推进落实院市合作各项工作。3月中旬，市长陈云贤率佛山市五区区长与中科院领导进行科技洽谈，院市双方达成了长期互访的共识；5月，院市双方决定共同成立院市合作领导小组和工作小组，同时设立院市合作领导小组办公室；7月，佛山市政府与中国科学院签署了全面合作协议，共同建设中科院佛山产业技术创新与育成中心（简称“育成中心”）和相关专业中心。育成中心统筹协调各专业中心建设，各专业中心明确了各自的工作任务和发展目标，并建立了专业中心考核评价机制，以加强对各专业中心的量化考核。

院市合作全方位多层次顺利推进。一是从战略层面宏观推进。通过建立院市合作育成中心及四个专业中心，推动院市合作向纵深化、高端化方向发展。二是从产业层面积极推进。积极建设院市合作公共技术创新平台，为中小企业提供各种高端技术服务与支撑。三是从镇（街道）层面务实推进。镇街与中科院下属研究院所对接，组建专业镇为载体的院市合作技术创新平台。四是从企业层面加快推进。重点推进行业龙头企业与中科院下属研究所开展合作，加快建立院市合作战略联盟，建设院企合作示范企业和示范基地，逐步形成若干个具有示范带动效应的龙头企业院企合作典范。

设立佛山市科技孵化基金。2009年12月11日，佛山市政府印发了《佛山科技孵化基金设立方案》，筹备设立以政府资金为引导，与社会资本共同设立私募股权基金性质的“佛山市科技孵化基金”，基金募资预计3亿元，其中佛山市财政分两年投入1亿元，聘请专业团队进行市场化运作，主要用于引进海内外创新团队、中国科学院佛山市合作项目和对初创期科技型中小企业进行扶持资助、股权投资，其核心就是体现市政府在院市合作中的引导与促进作用，吸引更多的社会资本积极参与到中科院优秀科技成果在佛山产业化的创新活动中来。

积极推动院企项目合作。积极组织项目对接活动，成功促成了各类院企合作项目近100项，涉及佛山重点发展的软件、数控装备、节能减排等产业。并深入发动有关企业和研究所参与申报省院合作计划项目，向省科技厅推荐合作项目77项，其中30项获得立项支持，获得经费1790万元，占全年省院合作专项资金总额的17.9%。

积极推进企业科技特派员选派工作。通过落实省部产学研“万人千企”行动、推进企业科技特派员选派工作，积极引导企业引进高端技术人才，全面提升企业综合竞争力。2009年佛山市从各高校共引进企业科技特派员225人，约占全省科技特派员的1/10，涉及高校科研院所41家。2009年全市共有159个项目获得了国家、省、市各级科技部门的产学研专项立项支持，其中省级以上立项107项，由科技特派员承担项目99项，获得国家和省特派员专项资金扶持共16项，经费总额495万元。

加强“产学研”联盟建设。禅城区积极探索LED路灯研发与应用的新机制，将合同能源管理模式（EMC）引入路灯改造中，大力推进LED路灯示范应用。积极开展LED路灯的关键技术攻关，成立了LED路灯产业化技术创新联盟，使产品成本在不到一年的时间内，下降了33%。顺德区积极指导深化产学研联盟建设，白色家电产学研联盟积极吸收新会员，组织制订燃气具技术线路图，并深入家电行业企业开展调研，组织实施3项共性技术研发工作，其中，以美的集团为主承担的家电产业共性技术“二氧化碳热泵关键技术及产业化”项目已纳入国家科技支撑计划。

【区域创新体系继续发展】 佛山市利用产业集聚的特点，因势利导支持专业镇技术创新中心的建设。截止2009年底，全市已建成6个广东省创新示范专业镇，建立省级专业镇技术创新试点34个，数量居全省之首，专业镇创新平台28个，提升了区域品牌的整体价值，例如佛山陶瓷、乐从家具等享誉国内外。

坚持依托骨干龙头企业，不断加强企业技术研发机构的建设，强化企业在技术开发和自主创新中的主体地位。截至年底，全市已建立各级企业工程技术研究开发中心452个，省级工程中心已达84家、市级工程中心已达167家。全市有超过90%的研究开发机构和科技人员分布在企业。

为了提升行业共性关键技术研究开发的能力，佛山市着力推动省级研究院建设，建立了华南家电研究院、华南精密制造技术研究开发院、广东数字媒体技术研究开发院、广东省建筑卫生陶瓷研究院4家省级研究院。华南精密制造技术研究开发院牵头，聚集精密制造领域的专家和企业家，启动了“精密制造产业技术路线图”编制工作。华南家电研究院已建立6个二级研发中心、5个公共服务平台，凝练出重大、共性、行业核心课题22个，获得各级政府支持的项目10项。广东省建筑卫生陶瓷研究院与英国陶瓷研究协会于2009年4月签约共同在中国建立卫星实验室；同时与德国TUV商讨合作并开展陶瓷CE认证项目，成为TUV认可实验室，出具TUV欧盟CE证书。

【大力发展高新技术产业】 加强高新技术产业载体建设。加强科技园区建设，积极引进和培育高新技术产业。禅城区稳步推进广东省（佛山）软件产业园建设，软件产业园于2009年1月正式开园，有台湾新茂国际、阿里软件、智邦电子、安讯智能等多家优质软件企业正式入园；组建了“珠江数字创新与服务中心”，推进园区公共技术服务平台建设。南海推动广东都市型产业基地建设，产业基地已吸引近30亿元的优质资本和100多家科技型企业进驻，并被广东省科技厅批准成为“广东高技术产业重点培育区”；启动了“广东省重大科技专项南海新光源产业化基地”建设，发展半导体照明产业，促进传统电光源产业调整升级。

发展高新技术企业。2009年，佛山市有87家企业被认定为高新技术企业。截至年底，全市共有高新技术企业294家，其中禅城区57家，南海区70家，顺德区141家，三水区13家，高明区13家，涌现了美的、格兰仕、佛塑、国星光电、雪莱特、顺特、科达机电等一批高新技术龙头企业。

发展民营科技企业。2009年，全市共认定民营科技企业127家，其中省民营科技企业119家，市民营科技企业8家。截至年底，全市共有省民营科技企业621家，其中禅城区152家，南海区149家，顺德区223家，三水区72家，高明区25家。

积极实施产业技术路线图，改造提升传统产业。佛山市获得广东省科技厅批准同意为“广东省产业技术路线图实施示范市”，禅城区为“广东省建筑陶瓷产业技术路线图实施示范区”，南海区为“广东省铝工业技术路线图实施示范区”，三水区为“广东省食品安全检测与评价技术路线图实施示范区”。

一方面在产业链各个薄弱环节建立广泛的产学研联盟，另一方面筹建产业技术研究院，并引导企业按照方法论的指导，制定建立于本企业专有技术之上的企业技术、产品发展战略，提高企业自主创新的核心竞争力。通过各级科技资源的有效配置，把分布在产业链不同环节的共性关键技术，通过制定产业技术路线图，构成若干大专项，推动整个产业沿着产业链方向开展集群式的创新活动。

【发展新兴产业】 促进LED产业发展。佛山市建立了LED产业发展联席会议制度，由市政府分管领导挂帅，科技、发改、经贸、信产、财政、城建局、质监、知识产权、金融管理局等多个部门参与，统筹协调全市LED产业发展，并把以LED半导体照明为主的新光源产业纳入佛山市重点产业培育发展规划。禅城区是全省实施“千里十万”大功率LED路灯示范工程的示范单位，全区大力推进LED路灯的示范应用，已完成共约1.1万盏高压钠灯的节能改造，节电效率达到55%以上。南海区罗村镇启动了“广东省重大科技专项南海新光源产业化基地”建设，发展半导体照明产业，促进传统电光源产业调整升级。顺德区以“珠江三角洲地区国家级信息化和工业化融合试验区（顺德区）”授牌为契机，2009年初引进了彩虹集团的OLED项目。

推进工业创意设计产业发展。2009年1月17日，国家工业设计与创意产业（顺德）基地挂牌揭幕，全面启动了顺德工业设计园、德胜工业创意产业园、顺德创意设计产业园等国家基地核心园区建设，基地已聚集工业设计及紧密关联企业、机构超过100家。成功举办了第二届中国（顺德）国际工业设计创意博览会、2009创新顺德国际工业设计大赛等展会。同时加快推进工业设计服务平台建设，在华南家电研究院启动了工业设计孵化和人才培训平台建设，支撑工业创意设计产业发展。

推动光伏产业发展。三水区实施“科技培育光伏产业科技创新平台”项目，以专业镇规划发展理念指导广东薄膜太阳能产业基地建设。引导乐平镇以打造光伏太阳能技术创新专业镇为抓手，围绕产业技术创新需求，从科技创新平台建设、人才队伍配备、创新机制、产学研合作等方面超前部署科技创新资源，规划建立广东（乐平）光伏产业研发院和乐平镇生产力促进中心两大公共技术创新平台。

佛山市大力推进LED产业发展。图为LED生产车间一角。

【知识产权工作】 推进创建国家知识产权示范城市工作。为顺利通过国家知识产权局对佛山市的考核验收，全面启动了迎接创建国家知识产权示范城市验收的各项准备工作。根据国家、省知识产权局的要求，市政府出台了《佛山市创建国家知识产权示范城市工作方案》和《佛山市贯彻实施知识产权战略纲要推进国家知识产权示范城市创建工作目标任务分解表》，有力地推动佛山市创建国家知识产权示范城市工作。并召开了佛山市知识产权工作领导小组扩大会议和知识产权工作会议，部署落实创建国家知识产权示范城市各项工作任务。启动《佛山市知识产权战略规划纲要》的研究制定工作，推动佛山市知识产权工作再上新台阶。

12月17 ~ 18日国家知识产权局考评工作组对佛山市创建国家知识产权示范城市进行考核评定。国家知识产权局专利管理司司长马维野率评定组一行，先后实地考察了南海知识产权质押试点单位和佛山创意产业园，认真听取了王玲副市长所作佛山示范创建工作汇报和相关单位的典型经验介绍。评定组充分肯定佛山创建工作：“很有成效、很有特色、很有经验。”认为把国家知识产权示范城市创建与建设创新型城市结合，佛山取得事半功倍成效。在知识产权创造、应用、保护、教育等方面，佛山提供了很多值得在全国推广的经验。

加强知识产权保护，积极筹建中国（佛山）知识产权维权援助中心。加强知识产权保护的力度，建立和完善协调高效的知识产权执法协作机制，形成保护知识产权的整体合力。2009年8月4日国家知识产权局正式批准建立中国（佛山）知识产权维权援助中心。

专利申请及授权情况。2009年，全市专利申请量1.53万件，同比增长13.1%，专利申请量位居全省第四；其中发明专利申请量1853件，增长17.7%。专利授权量为1.29万件，同比增长20.5%，专利授权量位居全省第三。其中发明专利授权量为646件，同比增长76.5%，发明专利授权量增长幅度较大。

禅城区成功获批“实施国家知识产权强县工程区”。2009年，禅城区被国家知识产权局批准成为全国首批实施国家知识产权强县工程区，区科技部门积极采取有效措施，大力推进强县工程的实施，在全省率先召开了工程推进大会，发起并联合全省其他5个强区签署了《建设知识产权强区，提高自主创新能力》佛山宣言，组建了LTCC（低温共烧陶瓷）、LED（发光二极管）、电子白板等三大知识产权创新联盟，成立了“佛山市禅城区专利保险合作社”。

南海区扎实推进“国家知识产权质押融资试点”工作。南海区确立了“政府引导，企业参与，市场化运作”的工作机制，在全国首批6个试点中率先取得实质性的进展，截止2009年底，已贷出及待通过贷审的项目过10个，资金超3000万元。试点工作的深入开展，为中小企业尤其是科技型、成长型中小企业融资提供了新的渠道，有效突破拥有知识产权的创新型中小企业融资难的瓶颈，为企业发展增添了新活力。

【重点产业发展规划编制工作】 为贯彻市委十届七次全会精神，强化规划对产业发展的引导作用，进一步促进佛山产业结构调整的优化升级，根据佛山市委、市政府的统一部署，由市发改局、市经贸局、市科技局等几个部门共同负责佛山市15个重点发展产业规划编制工作。其中，科技服务业、新光源产业、太阳能产业、中医药及保健品产业的规划编制工作由佛山市科技局牵头组织。为做好此次规划编制工作，市科技部门开展了规划的前调研工作，有针对性的进行了历史文件资料的收集、典型企业的走访等详细认真的工作，截至2009年底，4个规划的调研工作已基本完成。（李淑艳）

科协工作

【综述】 2009年，佛山市科协在佛山市委、市政府的正确领导和省科协的指导下，以邓小平理论和“三个代表”重要思想为指导，以科学发展观统领全局工作，认真贯彻《珠江三角洲地区改革发展规划纲要》，依照“三服务一加强”的工作定位，紧紧围绕佛山市委、市政府的中心工作和构建社会主义和谐社会这个目标，以提高全民科学素质为主线，贯彻落实佛山市科协常委会的工作部署，积极发动所属学会及广大科技工作者，开展多层次、多形式的科技服务、学术交流和科学普及等活动，各项工作取得了新的成绩，为佛山市加快建设“现代制造基地、产业服务中心、岭南文化名城、美丽富裕家园”作出了积极贡献。

【以开展科技服务为重点助推经济平稳较快发展】 开展专题调研、科学论证活动，为党委、政府科学决策提供依据。一是联合有关部门共同承办了中韩合作“爱心阳光计划”第49期暨佛山新农村与农业现代化建设高峰论坛。本次活动邀请中韩两国知名专家和学者、佛山市农业干部和农业技术人员200多人出席，学习韩国新农村建设先进经验，了解韩国农协管理理念以及韩国农业信息化应用成果，对佛山市社会主义新村镇建设及区域特色农产品产业发展开展专题研讨。二是开展产业转移与工业园区建设调研活动。组织属下的佛山市陶瓷学会、纺织丝绸学会、质量管理协会联合对建筑陶瓷、纺织印染、金属加工等珠三角传统产业，以及产业转移园区的建设与管理展开专题调研，为构建科学规范、高效节能、生态良好的循环经济园区模式进行有益的探索。调研报告得到了佛山市有关领导的重视，批示转送佛山市发改局等5个政府部门参阅研究。此外，禅城区开展了“禅城区农村教育与现代农业技能培训机制和关键技术”、“禅城区乡村意境保护研究”等专题调研。南海区动员和组织广大科技工作者，参与南海区太阳能光伏开发利用规划的制定，以及南海区都市型产业发展情况、南海区产学研工作等重要课题的调研，完成了南海引进光电国家实验室研究报告。

开展“厂会协作”活动，推动企业创新发展。组织全市企事业单位300多名科技人员代表参加了“2009年实施知识产权战略巡讲活动”顺德站活动，聆听中国科协书记处书记、中国知识产权研究会常务副理事长张勤等专家所做的精彩报告。佛山市科协联合三水区科协开展了基层企业技术需求调研，邀请陶瓷、化工、机械等方面的专家深入三水区白坭镇、乐平镇企业的生产一线，解决企业技术难题，研究企业未来发展方向。佛山市质量管理协会组织49个质量管理小组参加优秀质量管理成果发布活动，旨在推动企业质量管理进步和效益提升，美的等企业的相关领导及质量管理骨干120多人参加了活动。佛山市陶瓷学会对广东天弼陶瓷有限公司等11家企业开展清洁生产审核，为企业提供技术培训600多人次；佛山市纺织丝绸学会对3家纺织企业开展清洁生产审核。南海区继续开展“千企万才”培训工作，开办各类课程65场次，发放学习资料约60万页，经常参与的企业约3000家，参训人员共1.02万人次；组织专家帮助科技企业建设工程技术研发中心和申报各类科技项目，全年新建省、市工程中心7家，有30家企业被认定为高新技术企业和省级民营科技企业。顺德区面向企业开办了多个培训班，近500名企业科技人员参加了培训。高明区鼓励企业积极建立“院士专家企业工作站”，炜林纳公司“院士专家企业工作站”成功通过了省科协的审定。

开展“科普惠农计划”及农村实用技能培训工作，提高农民科技致富能力。积极组织农技协、农村科普带头人申报“科普惠农兴村计划”项目，三水白鸭协会作为全省8个农技协之一入选了全国项目名单；在高明区明城镇潭朗村建立了科普惠农兴村示范点，向村民免费发放了高效复合肥800多包、优良种子3000多包、科普资料2000多份。顺德区根据农民实际需求，举办了3场针对性的农业技能培训，农业新技术使近500名从业人员受益。高明区在12个村委会中建立农村党员干部培训示范点，并在村委会干部中建立了科技示范户，召开了农村科技致富经验交流会，组织区科技示范户共享科技致富心得。同时，举办了合水粉葛绿色食品生产培训班。三水区举办农业技术培训班共25期，参加人员达3000多人次，发放科普知识资料1万多份，组织农村党员种养户参观学习3次共300多人次。

【技术职称评审组织联络及继续教育培训工作】 2009年，佛山市科协开展了工艺美术、机械、轻化、纺织等4个专业的中级和初级职称评审组织联络工作，共组织职称评审会议3次，评审中级材料111份，初级材料30份。市级科技社团积极开展继续教育培训工作，佛山市医学会举办“周四学术讲座”共43场次，参加人数达3000多人次；佛山市质量管理协会举办各种培训班共36期，培训企业质量骨干3200多人次；佛山市信息协会举办了4期计算机技术与软件资格继续教育培训班以及2期信息网络安全专业技术人员继续教育培训班，共500多人次参加了培训。

【学术交流活动】 努力打造“佛山科协论坛”品牌效应，邀请中国工程院叶声华院士等专家探讨佛山市传统产业结构优化升级的有效途径，推动传统产业实现绿色制造；邀请南京航空航天大学丁秋林教授、华中科技大学陈立平教授等专家为中小企业介绍长三角企业信息化做法，解读提升中小企业创新能力的技术手段，解析影响中小企业信息化成败的关键所在。大陆、台湾、香港和澳门联合举办“石湾窑”研讨会，来自香港、澳门、台湾等地的专家学者，和本地多名工艺美术大师、陶瓷艺术大师一起探讨“石湾窑”的过去与未来发展方向。编辑出版《佛山科普时空》6期，刊登科技论文200多篇。佛山市医学会多个分会举办了学术年会，为全市医学科技工作者带来学术盛宴。佛山市工艺美术学会举办了成立30周年的大型展览暨学术研讨活动。

【珠三角城市科技团体交流合作】 佛山与广州、深圳、珠海等珠三角城市科协，以及香港、澳门的科技团体共同签署了《珠三角科技团体交流合作备忘录》，实现资源共享，优势互补。与广州市科协签订了《广佛两市科协合作发展框架协议》，共同举办了“2009科技团体与自主创新论坛”。组织30

多个科技社团的代表赴肇庆，与当地科协及科技社团探讨资源共享和互利互惠的合作空间，谋划创新发展的路径。

【宣传表彰优秀科技工作者】 禅城区开展了第五届“十佳科技人物”评选活动。南海区积极组织科技人员申报奖励项目，对有突出贡献的科技创新团队分别给予100万元奖励，并进行广泛宣传。高明区出台了《高明区高层次人才工资外津贴申领实施细则》等政策，由区财政向全区高层次科技人才发放生活补贴。经佛山市科协推荐，佛山市软件行业协会、信息协会选送的10项动漫科普作品入选广东省科普资源库，并获得省科协的资助。

【以创新大赛为载体开展青少年科技教育活动】 组队参加第24届全省及全国青少年科技创新大赛，成绩位列全省前茅。在全省的比赛中，佛山市的学生项目获得了11项一等奖、18项二等奖、11项三等奖的佳绩，另有2名老师获优秀辅导员称号，2所学校获优秀组织奖；在全国的比赛中，学生项目取得了2项一等奖、1项二等奖、1项三等奖，教师项目取得了2项二等奖、3项三等奖的好成绩。

不断丰富佛山市青少年科技创新大赛的内涵。11月，第25届佛山市青少年科技创新大赛在南海举行，比赛增加了动漫作品的评比和展出，受到了广大中小学生的欢迎，激发了广大青少年对动漫的兴趣和积极性。本届创新大赛共展评全市五区创新成果作品291项、科技实践活动106项、科学幻想绘画299幅、动画作品92个、漫画作品525幅。来自全市336所学校622名学生参加了本届大赛。

进一步夯实青少年科技教育工作基础。2009年，佛山市科协除了组织队伍参加全省科技辅导员培训班外，举办了4次不同规模的培训班，邀请全国资深专家安琦教授及有关专家进行授课，印发《2009年佛山市青少年科技创新辅导员培训班资料》。建成佛山市青少年科技创新服务平台，为提高佛山市青少年科技创新水平增添了新的阵地。禅城区开展了“青少年科技创新示范学校”评选活动。南海、顺德大力支持中小学举办丰富多样的科技文化节活动。

【以重点活动为抓手开展科学普及活动】 承办2009年“大手拉小手——科普报告希望行”广东活动的启动仪式及佛山段的活动。4月初，佛山市科协邀请中科院老科学家科普演讲团一行10位老科学家莅临佛山开展全市巡回演讲活动，佛山市委常委、宣传部部长叶志容出席了活动启动仪式并作了重要讲话，指出举办这样一个层次高、规模大、涉及面广的科普报告，对提高佛山青少年的科学素质，具有十分重要的现实意义，对推进佛山市爱科学、用科学氛围的形成更具有指导性。演讲团在佛山市五区作了30场的巡回演讲，听众达1.1万人次。

携手共推科技进步活动月及全国科普日活动。“科技进步活动月”期间，佛山市科协联合有关部门分别在三水区乐平镇、高明区明城镇、顺德区镇龙江镇举办“送科技下乡”活动，组织专家到基层为村民免费提供医疗卫生、保健、农技咨询等服务，播放防震减灾影视片，普及节能减排知识，举办专题图片展，发放10多种共计1万多本（份）图文并茂的科普读物。邀请中科院能源与环境首席科学家、“百人计划”入选者赵黛青研究员为佛山的企业、园区、高校代表和热心市民解析“低碳经济”如何打造宜居环境。举办首届佛山创意动漫巡回展，200多件动漫佳作在全市五区巡回展出100多天。“全国科普日”期间，与广州市科协共同组织广佛两地数百名市民分别乘车到广佛两地的科普基地进行科普游活动；共同在顺德勒流锦华生态园举办了大型的科普集市，组织广佛两地40多名农业及医疗方面的专家为广大民众提供免费咨询、诊疗等服务，派发优良农业种子及有关科普读物。禅城区承办了省科协“万人科学传播大行动”佛山分会场活动，邀请华南师范大学秦兆年教授为师生开讲“光动媒”技术。南海区开办了网络版“科普大篷车”节目，利用网络向中小学生播放“科普大篷车”专题电视节目。顺德区举办了“走进神秘大自然”立体科普图像展览、科普文艺晚会、科普电影下乡等一系列有特色的科普活动。高明区、三水区举办的多项科普活动也受到了群众以及企业员工的欢迎。南海丝厂有限公司科普教育基地积极向广大公众传播茧丝绸文化科普知识，全年共接待前来研讨、参观、学习约1万人次。

加强科普资源、设施及队伍建设。禅城区在佛山市妇幼保健院和中山公园动物园馆共新建了科普画廊 80 多米。南海区在广东志高空调有限公司建立了企业科协组织。顺德、高明区积极开展筹建科学馆的前期准备工作。三水区新建了 5 个科普专栏和 1 个科普电子专栏。

【以学习实践科学发展观活动为契机努力提升科协自身实力】 深入开展学习实践科学发展观活动。按照佛山市委的部署，佛山市科协机关自 2009 年 3 月起，认真开展深入学习实践科学发展观活动，通过学习调研、认真分析及梳理总结，对分析查摆出来的问题，制定整改措施，明确整改重点，落实整改责任，全面推进学习实践活动深入开展。通过开展活动加深认识了佛山市科协工作中存在的主要问题和薄弱环节，进一步统一了思想，达成了共识，明确了今后贯彻落实科学发展观的主要方向、总体思路、工作要求和主要措施。

加强市级科技社团的组织管理工作。2009 年 11 月，佛山市技术创新协会成立并加入佛山市科协。截至 2009 年底，佛山市科协所属科技社团共计 51 个，其中学会、协会、研究会共 50 个（注册法人社团）、企业科协 1 个，个人会员共 3.09 万人。2009 年，佛山市计算机学会、心理学会、物理学会、陶瓷学会等 4 个学会分别召开了换届大会，选举产生新一届理事会。

加强科普教育基地的组织管理工作。在中山大学佛山研究院建立了市级科普教育基地；经申报，广东陈村花卉世界有限公司、顺德区赛倩丝绸商贸有限公司被命名为省级科普教育基地。

加强信息化建设工作。进一步完善佛山市科协综合信息管理平台，利用平台开展学会管理、在线申报、网络科普等工作；专题科普子网站建设工作完成了内部测试；开展了佛山市科协机关信息网络存储备份项目的可行性研究及立项采购工作。

2009 年工作，取得了一定成绩，但存在不足，主要体现在：一是专职科普队伍还不够壮大，缺少相关的激励政策；二是部分地方专项科普经费投入不足，未能适应新时期科协工作和科普事业发展的要求；三是镇（街道）科协的组织机构有待进一步完善和巩固；四是各地科普工作特别是社区科普发展不平衡；五是对区级学会（协会）工作指导力度不够；六是科普设施、科普志愿者队伍建设工作尚需加强等。这些问题需要在今后的工作中逐步加以解决和改进。

（王月新）

广佛两地举行 2009 年全国科普日“万人科学传播大行动”宣传活动。

社会科学

社会科学界联合会

【综述】 2009年，市社科联围绕“思想库、智囊团”的定位，按照“加强管理、规范运作、深入研究、广泛宣传”的思路，着力建立健全体制机制。于3月，成功召开市社科联第六次全体代表大会，选举产生了新一届领导班子。扎实开展理论研究和社科普及，充实社科宣传队伍、扩大社科普及基地，进一步加强社团管理，各项工作取得新进展。

【扎实开展理论研究】 发布“课题指南”接受公开申报，立项66项（其中10项重点课题）。为充分发挥优秀社科研究成果的导向示范作用，鼓励多出精品佳作和优秀人才，调动广大哲学社会科学工作者开展社科研究的积极性，自4月起启动2007～2008年度哲学社会科学优秀成果审定工作，并于12月召开总结大会，最终评定优秀成果60项。

【广泛开展社科普及活动】 围绕“弘扬爱国主义精神、推动佛山科学发展”的主题，成功举办“2009年佛山市社科普及周”活动，其中社科普及周开幕式暨大型社科咨询活动有40多个单位和学会参与，吸引了数千名市民现场咨询。继续办好《学习天地》，紧跟时代、紧扣当前经济社会发展的热点和干部群众关心的焦点选编文章，为基层学习提供指导。“南风讲坛”成为传播社科人文知识的重要阵地，先后邀请王蒙、李燕杰、梁文道等知名教授专家作讲座，还举办了“南风讲坛进机关”活动，全年共举办精品讲座70多场。举办“民营经济发展战略论坛”和“佛山市庆祝新中国成立60周年”理论研讨会。举办“动感地带杯”第二届佛山地区高校大学生辩论赛，组织佛山地区8所高校参加。开展“弘扬爱国主义精神，促进革命老区建设——‘情暖佛山’送书下乡活动”，共组织4000多册书籍送到农村。创建了“佛山社科理论网”，搭建了展示社科工作成效、联系社科工作者的又一平台。

【充实社科宣传队伍、扩大社科普及基地】 2009年10月，组织成立了不占编制的、由42名各院校专家学者和市直各单位实际工作者组成的“佛山市宣讲团”。全年组织了3次专题宣讲活动，举办了报告会50多场次，直接受众1万多人。年初，市社科联与佛山市委宣传部、佛山科技学院联合向省社科联申报广东省广府文化研究基地项目。12月28日，广东省广府文化研究基地在佛山科技学院挂牌，实现了佛山市省级社科研究基地零的突破。

【进一步加强社团管理】 吸收市警察协会、市检察官协会、市法官协会、市律师协会、市民营经济发展研究会、市财务管理学会等6个社团为市社科联团体会员；制订了佛山市社会科学界联合会社会团体管理办法、办理社团业务须知和社团活动资助办法等规范性文件，以及团体会员登记表、联络员登记表和会员名册（参考格式）等标准化表格，召开多次社团工作座谈会，加强了与各院校、社科联各社团的联系。 （石朝阳）

市委党校

【综述】 2009年，佛山市委党校以科学发展观学习实践活动为指导，以贯彻落实全国、全省党校工作会议精神和市委市政府重要工作部署为主线，以提高教学质量，打造党校干部教育品牌为总目标，以改革创新为动力，以队伍建设为关键，形成“教学先行，理论支撑，环境再造，作风保证”的共识，教学科研等各项工作再上新台阶。

【党校培训规模创历年之最】 佛山市委党校超额完成全年办班任务，培训规模创历年之最。全年累计办班 148 期，培训学员 4.98 万人次，为组合以来培训数量最大的一年。坚持以改革创新精神推动干部教育事业科学发展，做到“八个注重、八个着力”：注重培训需求调研，着力抓好专题培训；注重加强党性锻炼，着力发挥品牌优势；注重发挥骨干教师作用，着力推进课题组授课；注重拓展现场教学基地，着力丰富教学资源；注重利用校外资源，着力拓展合作渠道；注重内外沟通协调，着力提升组织能力；注重围绕中心服务大局，着力打造公务员讲座平台；注重坚持发扬优良作风，着力保持优质管理服务品牌。

【立足佛山服务佛山，科研工作成果丰硕】 以立足佛山服务佛山的导向，课题带动与教学科研一体化“两大战略”扎实推进，科研实力和创新力持续积聚。全年共发表论文 147 篇，著作 3 部，其中国家级和省级 38 篇，地市级 109 篇。入选各级理论研讨会论文 29 篇，参加国家级和省级以上研讨会 9 人次，获奖 6 项，市级研讨会 17 人次，获奖 16 项。有 21 项成果获全省党校系统第八次优秀科研成果奖，其中一等奖 5 项，二等奖 7 项，三等奖 9 项。另外获科研工作组织奖和优秀科研工作者奖 2 项，获佛山市 2007 ~ 2008 年度哲学社会科学优秀成果奖 2 项。（赵伟雄）

党史研究

【综述】 2009 年，市委党史研究室按照市委部署，扎实开展了深入学习实践科学发展观活动，查找制约全市党史工作科学发展的自身问题，找准影响全市党史工作科学发展的根本原因，进一步清晰党史工作科学发展的工作思路，提出整改措施。全体人员克服征研任务重、时间紧、人员少等实际困难，鼓足干劲，努力完成各项目标任务，取得了一定成效。

【着力推进党史二卷编写工作】 根据省、市 2006 ~ 2010 年党史工作规划的有关要求，2009 年是开展党史二卷编研工作的关键年，市委党史研究室对已收集的资料进行了整理、分类、研究，全面启动初稿撰写工作，撰写 19 万字初稿（全书 40 万字）。

【继续做好党史征研各项工作】 一是继续做好 31 个地方党史课题的组稿、审稿工作。对 9 个已送稿的课题进行了审稿，其中 4 个通过了审核，其他需作补充修改。二是继续完成《佛山地区抗战时期人口伤亡和财产损失》课题 B 卷资料打印工作。基本完成了 B 卷资料的打印，同时征集了 14 张历史图片资料。三是编写 2008 年中共佛山党史大事记初稿，共 3.7 万字。征集 2009 年佛山党史大事记原始资料，写出 2.2 万字初稿。四是编辑出版了《中共佛山历届党代会及全会文件汇编》（第一届）共 15 万字。五是为《广东党史》红色旅游栏目组稿。共撰写了革命胜迹介绍文章 1 篇，向各区组稿 10 篇，并进行修改、审稿。

【加大对党史遗迹遗址的调研力度】 在对全市各区党史遗迹遗址进行调查、登记摸底的基础上，本室根据工作实际情况，加大了工作力度。并配合市委宣传部做好爱国主义教育基地的评审工作。

【以重大纪念活动为契机，做好党史宣传教育工作】 为《佛山日报》、佛山电台提供了解放佛山有关史实资料和见证佛山解放的当事人，为《佛山日报》全面报道佛山解放提供了丰富的历史资料。8 月 1 日，与佛山日报社共同举办了“老战士重聚话今昔”座谈会，重温解放佛山史实，庆祝建军节。此外，还协助中央电视台《粤赣湘边纵队》摄制组前往顺德，拍摄顺德独立团的有关史实。

（何燕玲）

教　　育

【综述】 2009年，在市委、市政府的正确领导下，在全市人民的大力支持下，佛山市教育系统坚持以邓小平理论和“三个代表”重要思想为指导，围绕率先基本实现教育现代化的目标，深入开展学习实践科学发展观活动，全面贯彻落实《珠江三角洲地区改革发展规划纲要》，积极开展教育各项重大改革与实践，大力推进教育现代化建设，取得了令人瞩目的成绩。

【教育现代化建设】 2009年是佛山市教育现代化先进区建设工作全面抓推进抓落实之年，也是推进教育现代化先进区建设取得突破性进展的一年。按照基本实现教育现代化的目标要求，着力落实各项重大措施，加大了教育现代化先进区建设的推进力度。

通过不懈努力，佛山市教育现代化先进区建设工作取得了突破性进展。2009年上半年，顺德区、禅城区、南海区先后通过了广东省推进教育现代化先进区督导评估，被评为“广东省推进教育现代化先进区”。高明区、三水区奋起直追，努力进取，切实做好各项工作，力争2010年接受并通过省的督导评估。

【学前教育快速健康发展】 通过进一步理顺学前教育管理体制、全面规范办园行为、加快优质幼儿园建设步伐等有力措施，促进学前教育快速健康发展。2009年，全市有8所幼儿园申报省一级，11所幼儿园通过市一级评估。全市100%幼儿园达到办学标准，等级幼儿园所占比例达40%。顺德区和高明区被确定为广东省学前教育发展试点县。

【义务教育发展更加优质均衡】 佛山市从政策制度制定、管理机制完善、教育投入、资源整合、人力资源建设、教育教学改革、设施设备建设等方面加大了工作力度，加快了义务教育优质均衡发展步伐。其中在布局调整方面，各区多渠道筹集资金，落实有力措施，撤并、新建、扩建或改建了一批中小学校，并努力改善学校办学条件，缩小了区域间、校际间差距。与此同时，持续推进义务教育规范化学校和优质学校建设，全市有553所学校通过广东省义务教育规范化学校督导验收，占全市义务教育学校总数99.6%；420所学校通过义务教育优质学校验收，占73.1%。全市义务教育经费保障机制各项资金全面落实到位，满足了义务教育优质均衡发展的需要。

【普通高中与中职教育发展日趋协调】 一方面，大力发展优质普通高中。全市普通高中53所，优质学位达100%，其中46所省一级普通高中全部通过省级教学水平评估，5所市一级学校通过市级教学水平评估；24所学校成为广东省国家级示范性普通高中，处于全省领先位置。另一方面，大力发展职业教育。2009年全市中职学校招收东西两翼粤北山区学生共8337人（不含联合办学），完成省下达“双转移”招生任务的122.71%。全市职业教育布局调整取得新进展，华材职中实训中心及学生宿舍工程、教学楼扩建工程已竣工投入使用；高明职校新校区建设工程和三水区职校新校园建设工程切实按照建设规划积极推进。

【高等教育稳步发展】 着力做好高等院校发展规划，积极推进佛山科学技术学院和佛山职业技术学院建设，尤其是两校新校园建设工作。与此同时，佛山科学技术学院切实抓好“质量工程”，开办了“创业创新班”，培养具有开拓精神和创新能力的应用型人才；学科建设与科研工作成果丰硕，申硕工作取得重大突破，学院在9所申硕高校中脱颖而出，将成为国务院学位办批准的硕士学位授予立项建设单位；2009年学院毕业生就业率达97%。佛山职业技术学院扎实推进校企合作、工学结合工作，努力探索新的校企合作机制，学院相关专业与有关企业进行战略合作，初步建立起订单式培养新模式，彰显了改革创新精神。顺德职业技术学院致力推进特色建设，办学规模、质量和效益不断提高。

【民办教育办学水平进一步提升】 进一步加大对民办教育支持和规范力度，着力完善办学体制，积极推进民办中小学规范化建设，设立民办教育专项资金，加大经费投入，充实设施设备，完善办学条件，有力推动了佛山市民办教育与公办教育相互竞争、相互促进、共同发展的良好局面。全市有民办中小学（含职校）84所、民办幼儿园389所，在校生17.8万人。

【密切关注特殊人群求学需求】 着力加强特殊教育学校建设与管理，形成以特殊教育学校为主体和骨干，以适当随班就读为辅助的特殊教育格局，并实现从义务教育向学前教育和高中阶段教育延伸，满足特殊教育发展需要和各年龄段有特殊教育需要的学生入学需要；深入指导佛山启聪学校和顺德启智学校积极创建省现代化特殊教育学校和全国示范性特殊教育学校；指导新建并于近两年先后开学的三水区和南海区特殊教育学校加快发展；支持高明区筹建1所特殊教育学校。

【免费义务教育全方位落实】 一是制定出台了《佛山市免费义务教育实施办法》，完善免费义务教育管理制度，确保这项重大的惠民政策全面落实到位。二是努力拓宽免费义务教育受惠面。继上年秋季学期非本市户籍政策性借读生5.07万人在佛山市享受免费义务教育后，2009年春季学期起佛山市再次拓宽范围，把广东省户籍学生和外省户籍政策性借读生6.4万人纳入免费范围，享受与本市户籍学生同等待遇；从春季学期开始，全面免除义务教育阶段学校借读费，使非户籍学生享受与本市户籍学生同等待遇。三是义务教育经费保障改革机制各项资金落实到位。至10月底，全市义务教育经费保障机制改革各项到位资金共计54389.15万元（含省拨资金6327.49万元，市级资金594.6万元，区级资金4.75亿元），其中免费义务教育（免书杂费）4.21亿元、补助公用经费3940.76万元、校舍维修改造资金7980.3万元、补助贫困生生活费386.02万元（以上资金除免费资金外，其他项目未含顺德区资金数）。

【非户籍常住人口子女就学“进得来”、“读得起”、“学得好”】 继续坚持“以流入地政府管理为主、全日制公办学校为主”的原则，严格按照免试就近入学的政策规定，妥善解决非户籍常住人口子女就学问题；各级政府对非户籍常住人口子女，在以公办学校接收为主的同时，积极发挥民办学校作用，为他们就近顺利入学提供保证和便利，切实保证“进得来”。严格按照有关政策规定落实非户籍常住人口子女入学收费，坚决禁止任何名目和任何形式的教育违规收费，切实维护他们的切身利益，同时建立和完善非户籍常住人口子女接受教育的经费保障机制，帮助家庭经济困难的非户籍常住人口子女就学，切实保证“读得起”。扶持和规范社会力量举办的、以接受非户籍常住人口子女就读为主的学校发展，加强对学校的检查指导和师资培训，促其改善办学条件、提高管理水平和教育质量，满足他们对优质教育的需求，切实保证“学得好”。全市非户籍常住人口子女义务教育阶段在校生已超过23万人，占全市义务教育阶段在校生总数的35%左右，接近80%学生就读公办学校。

【扶贫助学“一个不少”】 全市低保家庭学生助学工作已形成制度化、规范化、程序化的长效机制，建立起以政府投入为主、社会积极捐资助学等多种渠道筹集助学资金的投入机制，并把扶贫助学延伸到对特殊困难家庭子女的资助，不让一个孩子因家庭困难而失学。2009年，又理顺了中职学校资助政策管理体制，确保全市就读中职学校的最低生活保障家庭学生享受到资助政策。2009年全市资助困难家庭学生14.07万人次，全年资助金额7984.27万元，其中各级财政投入资金占总投入的97.5%。资助资金包含低保家庭学生资助资金、特殊困难家庭学生资助资金、中职学校国家助学金、中职学校免费教育资金（含本市中职低保家庭学生和就读本市中职的“双转移”农村学生免费资金）。

【学校办学行为全面规范】 一是加强招生管理。义务教育公办学校坚持就近免试入学制度，严禁招收择校生，严禁把捐资助学与学生入学挂钩；公办普通高中招收择校生严格执行限分数、限人数、限钱数的“三限”政策。加大了政策法规执行力度，特别对公办普通高中举办高中往届毕业生复读班或招收高中毕业生插班复读，以及占用学校的教育资源与其他单位联合举办补习班或复读班的执法。二是强化中小学课程实施管理。要求学校严格执行国家、省、市课程计划和课程开设要求，开齐课程，开足课时。严禁义务教育阶段学校和教师利用寒暑假、节假日、公休日（双休日）等时间组织或变相组织学生进行任何形式的集体补课，切实减轻学生过重的课业负担。三是坚决禁止义务教育分设重点学校和非重点学校，督促义务教育阶段学校各年级按常态编班，实行固定阶梯式能力分班，不设重点班和非重点班。四是坚决禁止义务教育阶段公办学校改制，对公办民助学校依据有关法规和“四独立”（独立的法人资格、独立财务核算和人事管理、独立的校园校舍、独立的教育教学。）要求进行规范管理，协调相关部门对其收费进行严格核算与监管，促其定价和收费更加合理。五是召开民办初中自主招生学校校长会议，进一步规范民办学校自主招生行为。六是全面规范中小学教育收费管理。全市五区成为广东省教育收费规范区，佛山市2009年3月被授予“广东省教育收费规范市”称号。七是狠抓学校安全规范管理，促进学校安全工作上新水平，确保学校无重大安全事故发生，营造了和谐稳定的育人环境。

【教育教学质量得到全面提高，实现了从量的扩张到质的飞跃转型】 坚持“德育为首”切实抓好学校德育工作，全面提升德育工作针对性和实效性；以课堂教学为重点，全面提高了教学质量；深入实施新课程，深化新课程改革；积极举办各类比赛活动，促进师生成长与发展；全面提升教育信息化效益与师生应用水平，打造了佛山教育信息技术教育品牌；坚持科研促教，教育科研水平进一步提升；积极推进高中阶段学校招生考试改革工作，不断提升考试管理质量和服务水平；稳步、扎实推进学校体育卫生艺术工作，促进学生综合素质全面提高。

着力落实四项重大举措，成效明显。一是致力提升教师业务水平。通过开展教师基本功全员培训、举办多学科教师基本功大赛、与时俱进创新培训模式等措施，加强教师队伍建设。在此基础上，通过评选市级骨干教师及学科带头人、开展科组长及备课组长培训等办法，打造教学专家团队，发挥了专家团队示范和辐射作用，带动队伍业务素质的提升。二是促进教学内涵发展。坚持以教学视导为切入点，提高教研工作的实效性；加大研究力度，探索提高课堂教学有效性的策略、途径和方法；努力创建“品牌学科”，以学科教师团队的整体提升促进教师个体素质和教学行为的持续改善；改革评价方法和手段，进一步提高教学评价的促进功能。三是坚持以教科研引领教育教学水平的提升。一方面，继续搞好常规教研，提高常规教研工作实效性和时效性，同时积极创造条件开展网络教研，有效提高了教研效率。另一方面，坚持“科研促教、科研促校”，积极开展“科研下校、科研下乡”，佛山市课题立项有重大突破，科研成果获奖数量和级别有较大提高，教科研合作交流迅速发展，尤其是广佛交流、港佛交流合作日益活跃。注重瞄准“有效教学”这一教研热点，积极开展课题研究，推进课程改革，提升学科课堂教学有效性。2009年，佛山市基础教育系统有5项课题获全国教育科学“十一五”规划教育部立项课题，这是佛山市教科研史上获得全国教育科学规划课题立项数量最多的一年，是佛山教科研尤其是基础教育科研一大突破。四是以教育信息化带动教育教学质量的提高。教育信息化成为佛山教育的一大特色和品牌。在不断完善教育信息化应用设备设施的基础上，不断强化教育信息化在提升教育教学质量中的“引领、指导、服务”作用，着力提升教育信息化效益和师生应用水平，促进教育教学质量的全面提升。

2009年佛山市高考实现了历史新高：全市4.04万人参加高考，专科线以上上线人数3.06万人，上线率为87.88%，其中本科线上线人数1.6万人，上线率为45.74%；高职类上线人数3281人，占高职类报考人数的59.57%。2009年高考呈现三个鲜明特点：在报考人数减少的情况下，高分层次、重点批次、本科以上、三A以上等各层次上线人数不仅没有减少，反而比上年有较大增长；高分层人数增长较大，比上年增长一倍多；三A以上特别是本科以上上线人数增加。这些表明了2009年全市考生整体上线水平和质量有较大提高，佛山高中教育走上了内涵发展的道路。

【把教师作为教育第一资源，致力打造高素质的教师队伍】 切实加大教师继续教育力度，构筑起教师继续教育长效机制，不断提升队伍整体素质。不断完善各项教师管理制度，全面实施了教师聘用制，建立了分配激励机制，实行教师公开招聘制度，促进学校教育教学水平的提高。全面推行中小学校长竞争上岗制度，进一步完善校长任用、管理办法，提高了校长使用效益。骨干教师队伍建设和名师工程建设稳步推进。全面提高教师工资福利待遇，教师工资收入有了大幅度增长，城乡教师工资收入差距逐步缩小。教师医疗、养老保险和住房公积金制度得到较好落实。绩效工资实施工作稳步推进，基本落实了全市义务教育学校实施绩效工资工作。推进教师工资福利待遇“两相当”（即县域内中小学教师平均工资水平与当地公务员平均工资水平大体相当，县域内农村中小学教师平均工资水平与城镇中小学教师平均工资水平大体相当）工作，全市共计投入近12亿元，力争2011年实现“两相当”，进一步稳定教师队伍。

积极稳妥解决中小学代课教师问题。据统计，全市共有代课教师2371人。在2009年各区招聘教师时，对代课教师给予了倾斜，解决了249名代课教师的入编问题。在此基础上，重新统计、核准代课教师人数，全市符合条件可参加“代转公”招录考试的代课教师人数1707人，其中禅城区263人，南海区794人，顺德区539人，高明区16人，三水区95人。本次“代转公”招录考试，全市编制数额为358个，其中禅城区22个，南海区76个，顺德区188个，高明区16个，三水区56个。至年底，全市解决了607位代课教师“代转公”问题的工作基本落实到位。

【重大事项】 2009年，积极推进教育各项重大工作，成效十分显著。一是按照市委、市政府《关于贯彻落实〈珠江三角洲地区改革发展规划纲要（2008～2020）〉实施意见》的精神，切实抓好各项重要教育工作任务的落实；积极探索和推进广佛同城化及广佛肇一体化教育合作；初步制定了《佛山市中长期教育改革与发展规划编制方案》。二是教育国际化进程加快。据统计，2009年全市共接待境外各种教育交流团超过5000人次，举办各种教育专业交流近100场。教育国际合作逐步深化，与英国蜜惠等五个城市建立了教育合作关系，两地间学校、教师交流逐步推进，教师培训、科研合作也正式启动。佛山市与新加坡、香港等地教育交流合作不断深化，与香港有关部门、香港科技大学就相关合作项目进行磋商并签订了合作协议；新加坡国家国际学生交流项目落户南海。贯彻《佛山市落实CEPA示范城市实施方案》，促成香港有关高校到佛山市合作办学，8月与香港专业进修学校签订合作意向书。各区学校酝酿多年的引进国际先进课程也取得了新突破，10月华英学校与香港教育机构达成协议，引进了剑桥大学国际考试中心CIE国际课程，11月华英学校的IGCSE国际课程班正式开班，标志着佛山市教育国际化向更深层次发展。三是成功举办了首届佛山教育博览会。5月，佛山市举办的首届佛山教育博览会开设展位225个，进场参观达7万人次；40所学校组织超过60个节目参加了舞台展示表演；举办了14场教育论坛，收到了明显成效。四是全力推进中小学校舍安全工程。全市已完成了648所学校、4469栋校舍建筑的排查和鉴定工作，完成率均达100%。在此基础上，各区制定了校舍安全工程规划，全市将在三年内投入共约4亿元解决校舍加固、改造和重建问题。五是佛山市“千校扶千校”工作走在全省前列。对湛江、阳江、肇庆市等地共85所学校进行对口帮扶，得到省的高度评价。

（吴海桐）

文化艺术

【综述】 2009年，佛山市文化广电新闻出版局深入学习实践科学发展观，积极贯彻落实《珠江三角洲地区改革发展规划纲要（2008 ~ 2020）》和省委、省政府《关于贯彻实施〈珠江三角洲地区改革发展规划纲要（2008 ~ 2020）〉的决定》，不断完善公共文化服务体系，加强重点公共文化服务工程和文化基础设施建设，开展丰富多彩的群众文化活动，大力推动文化产业提升发展，并积极推进区域文化交流合作，年度重点工作推进情况良好，岭南文化名城建设取得新的进展。

公共文化服务体系

【全国文化信息资源共享工程】 已建成1个市级支中心，5个区级支中心，街道（镇）、社区（村）、学校、企业等其他类型的基层服务点132个，通过专网为遍布城乡的505个基层点提供视频点播服务，佛山市图书馆系统自主开发地方特色数据库38个。佛山市图书馆承担的《佛山记忆》系列乡土文化纪录片，年内共拍摄50集并在禅城区广播电视中心连播，相关“佛山故事”在《佛山日报》连载。

【联合图书馆工程】 采用“统一标识、统一平台、统一资源、分级建设、分级管理、分散服务”的运作模式，形成了由市图书馆、区图书馆、多个街道（镇）、社区（村）馆及学校图书馆组成的联合体，成功实现了“多馆联合服务，一卡通借通还”及数字资源的网络共享。

【文化民生工程】 切实将文化建设重心放在基层，重点实施与基层农村相关的文化民生工程，在确保广大基层群众包括外来务工人员能够免费享受各种公益性文化服务、推进城乡基本公共文化服务均等化上取得一定成效。春节期间，佛山市五区联动举办了“魅力佛山·春伴你行”新春系列文化活动，参与人数多，参与面广，受到广泛的好评。开展了面向广大外来务工人员的“寻梦佛山”外来务工人员子女艺术和阅读夏令营、佛山市外来务工人员才艺大赛、“欢乐周末·开心你我”广场艺术之夜等活动。全市五区开展外来务工人员才艺大赛海选和初选共66场，举办广场艺术之夜场58场，吸引观众50余万人次。落实全市城乡有线数字电视整体转换工作任务，有线数字电视用户达145万户，有线数字电视网络覆盖率达99%，编制了全市20户以下已通电而未通电视的自然村的“村村通”工程建设方案。农村（社区）公益电影放映工程惠及广大基层群众，全年放映1.11万场，圆满完成作为民生实事向社会承诺的1.1万场的放映目标，观众近200万人次。农家书屋工程全年建成农家（社区）书屋155家。

【构建公共文化服务设施网络】 完成市图书馆新馆、市博物馆、市艺术馆建设、坊塔大剧院相继纳入东平新城佛山市公共文化综合体公建项目的立项工作。东平新城公共文化综合体项目正式动工建设。

【推进广佛肇公共文化服务体系互融合作】 佛山市文化广电新闻出版局与广州市、肇庆市文化部门积极加强沟通，建立广佛肇文化合作机制；整合三地文化艺术节庆活动资源，共同承办重大文化活动，由广州市文化局、中共佛山市委宣传部和佛山市文化广电新闻出版局联合主办的“和声飞扬——广佛合唱艺术之旅”活动是加快广佛文化同城化建设的重要举措；积极推动广佛肇三地文化设施资源共享共用，大力开展流动演出、流动展览等文化流动服务工程。

文化活动和艺术创作

【组织佛山市“魅力佛山·精品荟萃”系列艺术活动】 出台《佛山市“魅力佛山·精品荟萃”艺术精品展演补贴试行办法》，8个剧目12个场次的演出获得审核批准，对《云南的响声》、《雷雨》、《天鹅湖》、《新剪纸作品展》等剧目和展览给予了相应的补贴。并实行了20%半价票政策，使更多市民能够低价享受到高雅艺术。市委宣传部与市文化广电新闻局主办的“0757——佛山油画精品展”，展出了佛山各区8位油画家近年来创作的油画作品71件。举办了“魅力佛山·精品荟萃——2009佛山中国画精品提名展”。

【举办2009“魅力佛山·秋色辉煌”佛山秋色大巡游活动】 成功举办了2009佛山旅游文化节的重点项目之一的“魅力佛山·秋色辉煌”佛山秋色大巡游活动。整个巡游分为《名城秋韵》、《水乡踏歌》、《红豆飘香》、《和谐家园》、《魅力佛山》和《秋色辉煌》等6个篇章，由10辆彩车，50个表演队伍，近3000名演职员组成。全市5区共有102万人观看了秋色大巡游。

【组织主题文化活动】 佛山市围绕庆祝新中国成立60周年安排了134余项文化活动，举办文艺演出110场、开展展览24场次，观众人数15万余人次，并举办了《向共和国献礼》专题电视文艺晚会。积极配合完成佛山市第七届运动会开幕式的文艺表演策划组织工作。市、区群众艺术馆、文化馆、曲艺家协会联合佛山电视台共同举办《私伙局群英会》系列曲艺活动。广东省第九届“百歌颂中华”歌咏活动大赛佛山赛区比赛顺利举行，佛山市共有3支队伍进入总决赛，取得两名金奖、两名优秀指挥金奖的好成绩。

【繁荣文艺创作，打造文艺精品】 电影《无防之城》的拍摄工作已报国家广电局审批，进展顺利；佛山市文艺创作研究室撰写的电视专题片《天使情怀》、《“蚁穴”透视》已完成拍摄，并经广东省纪委常委审查，定为2009年度全省纪律教育月学习内容。粤曲演唱《劫后情》、小粤剧《荷涌夜歌》、粤曲对唱《通济桥畔春色妍》、小品《爱心之旅》、粤曲演唱《荷花世界并蒂莲》等5件作品入选全省第六届戏剧曲艺花会，荣获3金2银的好成绩，佛山市文化广电新闻出版局获得“组织奖”。曲艺节目“龙舟—曲唱小龙”，获得2009年广东省鲁迅文艺奖。雕塑作品《生命无价》、《突破》分别参加北京“礼赞生命——5·12中国汶川大地震抗灾周年纪念展”和“力量之美——第七届中国体育美术作品展览”。佛山市雕塑院《大都市·小音符》等共5件雕塑作品和佛山市群众艺术馆的8件书画作品参加了第11届全国美展。国画作品《正气生南国》在“南粤清风”美展上，被评为铜奖。

文化名城建设和文化遗产保护

【完善政策措施】 2009年佛山市政府出台《关于进一步推进岭南文化名城建设的若干意见》，据此采取了一系列重要举措：补贴艺术精品展演，降低市民享受高雅艺术的门槛；扶持重点文艺社团，提升基层群众文化艺术社团水平；把握时代脉搏，繁荣文艺创作，打造文艺精品；以庆祝新中国成立60周年为契机，开展系列文化活动；不断提升公益活动的品牌影响力。

【推进重点文物修缮工程】 继续抓好佛山祖庙全面修缮工程，积极组织施工力量，至2009年底已完成庆真楼主体、文魁阁、武安阁、三门、前殿、两廊、香亭等单体建筑的修缮。“数字祖庙”工程进展顺利，有望打造成佛山市的标杆科研项目和国内同类项目的最佳范例之一。配合禅城区政府做好祖庙东华里片区改造工程，使片区的文物资源在改造工程中得到切实保护和合理利用。

【开展第三次全国文物普查工作】 截至2009年

年底，佛山市全部完成第三次全国文物普查实地文物调查阶段工作，普查启动率为100%，覆盖率100%，普查完成率100%，累计到位文物普查经费556.5万元，实地调查登记不可移动文物1859处，其中新发现具有一定历史、艺术和科学价值的文物线索1423处，复查已经备案的文物436处。全市五区均已通过国家或省普查办的验收，总体进度、普查质量和经费投入居于全省领先地位。

【加快非物质文化遗产保护】 公布第二批市级名录18项；石湾玉冰烧酒酿制技艺等4个项目入选第三批省级名录；陈永才等4人入选国家第三批代表性传承人。至2009年底，全市拥有国家级项目13项、省级项目23项、市级项目47项；国家级传承人8人、省级传承人21人、市级传承人61人。建成全省目前唯一的非物质文化遗产保护展示厅。佛山市非物质文化遗产保护中心获文化部“非物质文化遗产保护工作先进集体”殊荣，关宏获“全国文化系统先进工作者”称号。举办了“传承与发展——佛山市2009文化遗产日暨少年陶艺创作”活动。正式出版了《佛山非物质文化遗产名录图典》和《佛山藏木鱼书目录与研究》。承办了“广东省与东盟非物质文化遗产保护传承交流会”。

行业监管

【组织开展系列主题执法行动】 2009年度，佛山市共组织开展了净化社会文化环境、打击侵权盗版（教材、教辅读物）等9个主题专项行动，共出动执法人员5.32万人次，检查持证文化经营场所2.87万间次，检查无证经营店档3420间次，收缴非法音像制品、非法电子出版物和非法书报刊合计326.3万张（册/份）。受理群众举报466起，对持证单位作出行政处罚294宗。取缔（或关闭）无证经营店/档2642间，其中取缔“黑网吧”1170间，取缔地下印刷厂5间，取缔无证兼营娱乐场所（含游艺场所）98间，取缔无证音像经营店/档（含“黑影吧”）185间，取缔无证经营书报刊店113间；捣毁地下批销非法出版物窝点、仓库38个，合计收缴非法出版物229.3万张/册（份）；关闭违规网站1033家。销毁非法音像制品62.95万张（盒），销毁非法书报刊31.29万册（份），销毁用于非法经营的电脑主机、显示器7738台；删除屏蔽网络有害信息20.1万条。此外，积极发动社会力量对网吧进行监管，在全市组织了446人的“五老”义务监督员队伍，对网吧进行全方位的监督。

先后组织3个工作组深入各区进行消防安全大检查，检查各类文化场所170多间，发现7类消防安全隐患20多起并限期整改。全市已完成42家卡拉OK服务场所内容管理系统的安装工作，并对70家未满足接入条件的服务场所进行了详细的信息调查。

【有效加强广播电视工作的监督和管理】 在清理检查全市广播电视播出机构境外广播电视节目引进播出、整治全市广播电视播出机构违规播放广告、清理检查涉性淫秽下流节目、整顿违规播出行为等多个方面，做到有落实，有措施，有达标，收到较好的监管效果。保证佛山有线电视网络实时完整转播中央电视台《新闻联播》节目。落实佛山有线电视新开通3套高清节目，至2009年年底，佛山有线电视网络共传输了6套高清节目。圆满完成全年广播电视安全播出任务，尤其是新中国成立60周年“国庆”期间安全播出任务。

文化产业发展和文化体制改革

【推动佛山市文化产业发展】 围绕《佛山市文化产业发展规划（2008～2020）》的全面启动和落实推进开展了一系列工作：一是研究制订该规划的配套扶持政策《关于促进文化产业发展的若干意见》；二是积极争取2010年文化产业发展专项资金；三是筹备建立由市委宣传部牵头，市文广新局与市发改局、市经贸局等16个部门共同参与的市文化产业发展联席会议制度，相关方案将报市委市政府审批；四是统筹各区制定贯彻落实文化产业发展规划近期（2009～2011）重点项目计划，大力促进项目落地实施。

【扶持重点行业发展】 加大对特色文化资源的开

发力度，形成文化产业竞争优势。引导相关企业借助申请外观专利、登记原产地等知识产权保护手段保持行业优势，争取市场份额。协助顺德伦教街道成功申报广东省香云纱文化产业园区和香云纱非物质文化遗产保护基地，于2009年9月初正式挂牌。积极动员动漫企业申报文化部2009年度原创动漫扶持计划，做好指导协助工作。

【积极实施佛山文化“走出去”工程】 4月至6月，广佛现代陶艺作品展在广州成功举办，展出了103位作者约300件作品；8月，“传承与超越”佛山现代陶艺作品展赴台湾的台北、台中两地展出，提升了佛山的城市文化形象；11月，成功组织佛山陶瓷以城市展馆形式参展亮相2009上海国际陶瓷生活艺术博览会，擦亮了佛山陶瓷文化品牌。大力协助企业申报全国文化产品和服务出口重点支持企业和重点项目。

【加大文化产业人才培养力度】 4月下旬，40余人参加了佛山市2009年文化创意与文化产业培训班，为佛山市培养文化产业政策研究和经营管理人才进行了有益的探索。

【积极深化行政审批改革】 作为佛山市行政审批改革试点单位之一，佛山市文化广电新闻出版局积极深化行政审批制度改革，正式成立了行政审批科，初步实现审批与管理的分离。理清文广新系统行政审批事项，简化办事程序，减少审批层级，共取消7项行政审批事项，缩减比例为8%；5项行政审批事项不再委托各区局进行初审或代接件。推行三项配套制度改革，并做好行政审批权限下放顺德工作。并制定全市统一的办事指南，优化审批流程，缩短审批时限。经优化后，文广新系统行政审批事项审批时限压缩近64%。

【做好事业单位分类改革工作】 配合事业单位分类改革，组织召开艺术创作单位改革工作会议，宣传事业单位分类改革政策和相关会议精神，做好职工稳定工作；指导并全程参加祖庙文管所中层人员开展竞聘工作；指导基层单位制定岗位津贴分配方案。 （张紫琳）

文学艺术

【综述】 2009年，佛山市文联及其团体会员、文艺团体在市委、市政府的关怀和重视下，在省文联和市委宣传部的正确领导和大力支持下，深入学习实践科学发展观，积极开展文艺创展演赛活动，全市文艺工作取得了一定成绩，为2010年各项工作的顺利开展奠定了坚实的基础。

【配合省委、市委部署开展中心工作】 根据省委、市委的部署，市文联组织广大文艺工作者积极开展深入学习实践科学发展观活动，为推进文联工作奠定了坚实的基础。年初，市文联顺利召开了第七次代表大会，选举了新一届领导班子，加强了组织领导。为庆祝新中国60华诞，市文联精心策划组织纪念活动，用不同的艺术形式表现祖国60年来的巨大变迁和人民群众精神风貌的变化。同时，围绕贯彻落实《珠江三角洲地区改革发展规划纲要》，推进广佛同城化的步伐，加强广佛文艺交流，并结合纪律教育月和廉政建设，开展文艺创作和展示。

2月23日，市文联召开了第七次代表大会。会议由市委常委、宣传部部长叶志容主持，市委书记林元和出席并发表重要讲话。省文联党组副书记、专职副主席廖曙辉代表省文联讲话，省作协党组成员、副主席兼秘书长温远辉应邀出席会议。会议通过了商学兵同志代表第六届委员会所作的工作报告，修改了市文联《章程》，选举产生了市文联新一届领导机构，商学兵当选市文联第七届主席，杨凡周当选专职副主席，廖之春、郑启谦、李淑勤、李小如、梅文鼎当选为市文联第七届兼职副主席。委任第七届主席团成员邓国平为市文联新一届秘书长。

为庆祝新中国60华诞，市文联开展了“佛山文学艺术六十年”系列宣传活动，得到佛山日报社的大力协助，从8月25日起连续两个星期，每期一个整版，系列报道佛山市11个艺术门类60年来取得的成果以及未来发展的规划，让社会各界更深入了解市文联及各文艺家协会的工作，引起社会广泛好评，扩大了佛山文艺界的社会影响。五区文联、市各文艺家协会和文艺团体积极开展庆祝活动，用不同的艺术形式表现祖国60年来的巨大变迁和人民群众精神风貌的变化。如禅城区文联“庆华诞书画精品展”；南海区文联“颂歌六十周年”文学征文活动、摄影作品展；顺德区文联“新中国成立60周年交响合唱音乐会”；高明区文联“庆祝新中国成立60周年”系列活动；三水区文联“腾飞中国·和谐三水”庆祝新中国成立60周年系列活动。市作协举行了“向共和国60华诞献礼系列活动”、“佛山文学60年著作展”、出版《佛山文学60年精品选》等活动；市音协和金声合唱团举办“星海歌潮——大型民族合唱交响音乐会”；市美协举办佛山美术作品展览；市曲协举办曲艺晚会；市摄协举办佛山市第四届艺术摄影作品展；广佛杂技家举办杂技晚会；市民协举办剪纸作品展；佛山电信文联举办文艺晚会；市老年书画家协会与市楹联学会举办楹联书法展等。

为了进一步贯彻落实《珠江三角洲地区改革发展规划纲要》，推进广佛同城化的步伐，年初，广佛两市文联领导聚首佛山，交流文联工作经验，共谋两地文艺工作发展大计。6月28日，藉广佛地铁动工两周年的契机，广州市文联、佛山市文联、广东水电二局联合主办“广佛地铁同济路站封顶、盾构始发仪式暨广佛文艺家慰问演出”活动，向地铁建设者们表达亲切的问候和敬意。9月，广佛两地50多位作家在南国桃园联谊，启动广佛作家看广佛文学工程,编辑出版“广佛作家看广佛”文丛。10月至11月，广佛两市文联及书法家协会联合举办“广州佛山书法联展”，精选了两市各100幅作品在佛山、广州、增城展出。11月，佛山市文联受广州市文联邀请观摩第七届中国音乐金钟奖。12月，市文联组织文艺家汾江采风，为造福广佛两地的汾江河整治工程呐喊助威。五区文联也分别与广州对应的区文联开展系列活动。如禅城区文联与广州越秀区共建社区文化活动，顺德区文联的“广佛同城和声飞扬—番顺文艺联欢夜”等。

为配合省、市、纪检监察部门开展纪律教育月活动和三水廉政文化教育基地建设，市文联参与主办了“佛山市廉政文化艺术作品展”，全面、系统地展示佛山市近年来党风廉政建设和反腐斗争所取得的成果。同时，佛山市作家为省纪委撰稿的电视专题片《畸变》、《天使情怀》、《蚁穴透视》也先后在全省播映，在帮助广大党员干部加强党性修养、开展警示教育方面，发挥了积极的作用。

【文艺创作硕果累累】 市文联积极引导广大文艺工作者弘扬主旋律，坚持多样化，创作了一批具有时代特色和地域特色的高质量作品，并根据自身特点开展文艺活动。市文联机关刊物《佛山艺术》正常出版，编辑《文联简讯》双月刊，各区文联继续编辑出版各自主办的刊物。

文学方面。吕雷、赵洪的纪实文学《国运——南方纪事》获得中宣部第十一届“五个一工程”优秀作品奖、省“五个一工程”入选作品奖和省第八届鲁迅文学艺术奖，此外，还有多位作家的作品，也分别在国家级、省级评选中获奖。

戏剧方面。佛山市青年粤剧团的粤剧《蝴蝶公主》、佛山电台的广播剧《丝都寻梦》获得省“五个一工程”入选作品奖。佛山粤剧院的粤剧《小周后》（第三版）获得第八届广东省鲁迅文学艺术奖。尹洪波编剧的话剧《深圳日记》由国家话剧院和深圳市剧协在北京、深圳上演引起轰动。本土题材话剧《通济天下》在行通济民俗盛会前正式演出。

音乐方面。张超创作的歌曲《自由飞翔》获得省“五个一工程”优秀作品奖；胡建红在第七届全省残疾人艺术汇演中获声乐类一等奖；李文清、邱军平等作者的歌曲作品也在省有关评选中获奖；市钢琴键盘学会选送代表参加第十五届香港（亚洲）钢琴公开赛，有5人获第一名。

美术方面。市美协在第十一届全国美展中成绩斐然，其中钟婉尧、周小星、程禹卫、李春华、莫松年、刘勇6人的6幅作品入选。此外，简锡昭创作的雕塑作品入选“礼赞生命——中国5·12大地震抗震救灾主题纪念雕塑”全国展，李任孚获第五届中国美协会员中国画精品展优秀奖。同时，市美协还举办多次美术作品展览。

曲艺方面。由何足道、黄白龙创作，梁建和表演的龙舟说唱《龙舟——曲唱小龙》、由甘剑波、廖宇光编撰，廖宇光、侯玉霞演唱的粤曲对唱《顺德礼赞》获得第八届广东省鲁迅文学艺术奖。顺德区均安曲艺引起中国曲协和省曲协高度关注，被称为“均安现象”。禅城区祖庙街道申报“中国曲艺之乡”已获得批准。

摄影方面。在第22届全国摄影艺术展览中，肖建荣的《月光曲》获艺术类银奖、余文清的《把欢乐载回家》获艺术类铜奖，11人作品入选。市摄协2009年举办摄影比赛10多项。

书法方面。共有81人次在全国、省评奖比赛中获奖，其中邱健彬的书法作品获得了第十四届全国“群星奖”优秀作品奖；梁炳伦、贺显亮作品入选全国第二届青年书法篆刻展；胡卓渠作品获第二届中国书法兰亭奖艺术奖。

舞蹈方面。在“广东省第二届岭南舞蹈大赛”中，《唱龙舟》、《龙舟鼓手》夺得金奖，佛山市舞协获得组织奖。同时，在第五届“小荷风采”全国少儿舞蹈展演暨第二届中国淮南国际少儿艺术节舞蹈展演中，舞蹈作品《蚂蚁过河》、《布偶小狮》双双获得金奖。

杂技方面。市杂协训练基地正式挂牌，不仅让青少年有了学习机会，更为艺术家们提供了一个技艺创新、培养新秀的舞台。

民间文艺方面。在第三届广东省民间工艺精品展中，佛山市文联、民协组织报送的作品获得了1金2银5铜5优秀的好成绩。其中，陈永才的剪纸《古镇佛山》获得金奖。

文艺研究和批评方面。为加强对佛山传统文艺的收集、整理、研究和编辑出版工作，对本地文艺作品开展健康的文艺批评。出版了《中国木版年画集成——佛山卷》、《佛山历代书法》以及专著《新时期以来广东戏剧论》等。市批协与高明区联合召开了《国运——南方记事》作品研讨会。《佛山剪纸》等论著获2007～2008年度哲学社会科学优秀成果奖。

【提高服务能力和水平，举行“情暖佛山”系列活动】 为提高服务市民、服务基层的能力和水平，市文联结合“情暖佛山”工程，积极倡导和组织实施“六走进”惠民服务活动，全年共开展活动50多场。如市作协举办了“佛山作家作品送基层”活动，市摄协与高明区摄协赴高明区更合镇为20个自然村近300户村民拍“全家福”；市文联组织文艺家走进南海广播电视大学和石门中学狮山校区，举办文艺讲座、即席挥毫和文艺晚会；组织文艺家走进机关，与市直机关工委举办佛山市直机关“祖国在我心中”美术、书法、摄影展。

同时，为强化服务意识，提高服务质量，积极引导文艺协会和团体开展活动，为文艺家走向市场牵线搭桥。如市杂技艺术家训练基地成立，市民乐团三大基地挂牌，齐白石文化艺术馆筹建，黄松坚大师在中国美术馆办展览等，得到广大文艺家和社会各界的好评。同时，关心文艺家，为文艺家排忧解难，如为岭南画派画家刘春草办理有关证件，申报友谊奖，春节期间慰问民间剪纸艺术家潘保琦、著名书法家庞国钟和民间文艺家陈春陆，给他们送上新春祝福，让文艺家倍感党和政府温暖。

【开展对外文艺交流与合作】 市文联积极组织开展对外文艺交流与合作，着力提升佛山文艺实力。4月，澳门艺穗会应市剧协之邀来佛山进行戏剧交流活动，12月13日市剧协回访澳门，进行穗港禅澳四地戏剧交流演出，庆祝澳门回归十周年；3月，三水区文联与香港诗书联会举办《淼港风华——三水·香港诗书作品联展》；6月，南海区文联组织摄影家赴澳门参加两地荷花展；8月，顺德区文联组织顺德艺术团参加印尼2009亚非艺术节；9月，市书协与香港诗书联学会、省楹联学会举办“香江情韵粤禅风”港粤禅书法联展；2010年1月，市文联组织陶艺家考察台湾。这些活动的开展，有力推动和加强了我市文艺工作的对外交流与合作，为佛山市岭南文化名城建设作出了应有的努力。

（霍锦莹）

传播媒体

新闻出版和版权

【综述】 2009年，新闻出版和版权工作坚持以科学发展观为指导，积极贯彻落实广东省新闻出版局和佛山市文化广电新闻出版局党组的工作部署，履行出版监管、版权保护的行政职能，各项工作顺利推进。

【加强新闻出版监管，确保舆论正确】 按照广东省新闻出版局的部署和安排，对佛山市内各报刊、连续性内部出版物、各报刊社驻佛山记者站、印刷企业、光盘复制企业、发行单位进行了年度核验，并协助做好记者证的换证工作。着力推进印刷复制业的规范经营，举办了印刷企业法规培训班，对2004年至2009年期间成立的或变更了法定代表人的印刷企业未取得法规培训证的负责人进行了法规培训。对市内主要出版物印刷企业和复制企业进行了全面检查，督促落实承印验证登记销毁、复制企业落实光盘复制许可等内部管理五项制度。

【广泛开展版权保护宣传活动】 通过“4·26”保护知识产权宣传周等活动，以播放版权保护公益广告、电台有奖问答游戏、中小学生版权保护征文大赛等方式提高社会公众的版权保护意识。4月26日，举行了主题为“保护著作权，促进创新发展”的现场咨询活动。

【着力推进企业使用正版软件工作】 确定了10家大型企业为2009年使用正版软件重点企业，以加大对企业未经授权非法使用软件行为的查处力度为辅助手段，对10家重点企业逐一进行督促检查。广东省版权局于12月初到佛山市进行了检查验收工作，对佛山市的企业软件正版化工作表示了肯定。

【推进版权兴业工程】 推荐了佛山市新石湾美术陶瓷有限公司和佛山市软件行业集群申报“广东省版权兴业示范基地”，并于11月获广东省版权局通过。 （张紫琳）

佛山传媒集团

【综述】 佛山传媒集团按照市委、市政府关于“小城市办大媒体”的要求不断深化改革，努力打造跨媒体、跨地域、跨行业、跨所有制的大型综合型文化集团，实践中取得了良好的成绩。

【明确定位，勇担城市文化推动者】 佛山传媒集团一直坚持“媒政互动、媒企互动、产学研联动”、“媒体担纲、企业支撑、公众参与”等工作理念，积极参与佛山城市文化建设。新一届市委提出“政府超前引领服务”的执政理念，借助宏观调控，遵循市场和国际化规则，引领佛山城市经济、文化和社会提升。集团提出要以舍我其谁的责任担当，利用好手中掌握的传媒文化资源，按照“政府引领、媒体推动、企业共建”的方式，勇担城市文化建设的推动者。

【积极参与“智慧佛山”建设】 市委提出佛山要实现“信息化、工业化、城市化、国际化”四化融合，打造“智慧佛山”。作为媒体先行的重要举措，集团结合实施《珠江三角洲地区改革发展规划纲要（2008 ~ 2020）》、广佛一体化等，对“智慧佛山”的宣传工作作了全面策划和部署，宣传佛山布局新兴产业转变经济发展方式、城市提升、文化发展、社会管理和民生事业的发展等。

【传播城市品牌】 积极与中央和市外媒体、专业院校机构联系，开展跨地域的产学研联动，对外宣传佛山城市形象。佛山传媒集团投拍电视连续剧《孔子》和电影《叶问2》，既是进军影视业的重要一步，也将对佛山文化产业升级具有里程碑式的意义。

【继续深化“媒企互动”、“媒镇互动”战略】 镇街、企业是经济发展的主战场、主力军，企业在创造物质文明的同时，实际上也是在为城市提供精神文明的成果。为此集团与本地的龙头企业建立了战略合作伙伴关系，扩充服务项目，利用媒体的影响力走出去，积极推动佛山的发展方式转变。

在与镇街的互动方面，集团提出工作重心要下移到镇区，加大对市委、市政府关于区级党政机构改革和简政强镇事权改革等的宣传力度。与省社科院竞争力研究中心在全市33个镇街进行综合竞争力研究和评估活动，并邀请江苏、浙江和广东一些典型强镇和国家、省级科研机构、著名高校学者、农村问题研究权威专家举行高端论坛，进行强镇间的发展模式对话和交流。

【深化媒体融合】 结合新的科技和经济形态，进行媒体融合、整合营销，做好新媒体和传统媒体的合作与转换。“佛山城市综合信息门户”项目着重于对新媒体的开发，被广东省新闻出版局确立为全省五个“城市综合信息门户网站工程”试点之一，并通过中央文化体制改革领导小组审核成为国家扶持项目、获得国家财政部资金支持。省委决定在各地级市举办的实施《珠江三角洲地区改革发展规划纲要》群众论坛，对于佛山分论坛，集团运用多媒体融合项目组的形式将其打造成为系列的“珠江城市论坛”，增强宣传力度和提高群众的参与度。

【实施精品工程，促使集团的新闻宣传工作在创新中快速发展】 2009年佛山传媒集团共获得国家级奖项3个，获得省新闻奖一等奖4个、省广播电视一等奖4个，有2人分别获得省“金梭奖”和省优秀新闻工作者称号。获奖人次和奖项质量均创历史新高。

与此同时，《佛山日报》、佛山电视台、《珠江商报》分别获得由中国十大新闻院校联合主办的中国传媒大会2009年会“中国十大地市报”、“中国十大区域电视台”、“中国十大商报”称号。截至2009年12月30日，《佛山日报》在佛山报业市场占有率达到7.3%，领先于《广州日报》的7%和《南方都市报》的5%；佛山电台的各频率占据了佛山广播市场的前6名；在2009年佛山地区电视排名前二十位中，佛山电视台新闻综合频道排名第三，占有率为6.2%。2009年8月佛山珠江传媒集团股份公司获全国文化体制改革先进企业光荣称号。 （梁洪江）

报　刊

【《佛山日报》】 2009年，中共佛山市委机关报《佛山日报》的规格为周七刊日均24版。佛山日报社围绕市委、市政府的中心工作、重大部署和关系到老百姓生活的大事，推出重点报道，充分体现传媒的舆论导向功能和上传下达的桥梁作用，推动全市各项工作的开展。在国务院批准《珠江三角洲地区改革发展规划纲要》后，策划了解读《纲要》系列报道，推出“广佛同城化 携领一体化”专题，“打造广佛肇经济圈　促进珠三角一体化”专版等。佛山日报社首次派出记者宣传报道2009年广州市“两会”，关注广佛同城等焦点话题，使两地的政府和群众加强相互间的了解。此外，推出庆祝新中国成立60周年特刊《风云60年》和《“恢宏盛典　举国欢腾”喜庆新中国成立60周年》专版。

《佛山日报》2009年10月26日进行了改版，增设《互动新闻》、《品·早茶》和《家周刊》等新版块，并对区域新闻版块和民生新闻版块进行整合，理财版块增设了新专栏，如《理财1 + 1》栏目等。另一方面，对版面的尺寸加以调整，整份报纸横向减少2厘米。

2009年该报社在内外资源的整合上又有新的

突破。在集团内，与佛山电台、珠江时报抱团作战，联合举办“五一”车展。由佛山日报社发起的首届珠三角城市地标评选活动和华南暨珠三角汽车总评榜得到各联盟城市媒体和企业的热烈响应，评选活动的影响力不断提升。同时，还从发行上推行与《珠江时报》、《珠江商报》捆绑销售等措施，强化了五区重点区域的报纸覆盖，提升了广告效果，为客户提供增值服务。

《佛山日报》获2009年度广东新闻奖的作品有：一等奖1件，二等奖3件，三等奖3件，标题奖1件。还推荐一批作品参加第24届中国地市报新闻奖评选。“中国传媒大会·2009年会”2009年12月5日在北京举行颁奖盛典，《佛山日报》获得“2009中国十大地市报”。（*唐岭梅*）

【《珠江时报》】 2009年，《珠江时报》通过改版和创新，提升新闻品质，大幅提高了时报的品牌影响力；创办《桂城社区》，率先进行社区报实践探索，创新了社区服务的新模式。

优化版面设置，制造关注焦点。2009年初，《珠江时报》对都市板块版面进行了调整，改革封面、优化版面设置、推出一批重点栏目。全力经营每天的《重点》版和《关注》版，使之成为每天的关注焦点。同时培育和推出了《拍案说法》、《能人小传》、《忆故人》等一批重点专栏。

建设言论品牌，信息供应商到观点供应商的转型。言论建设是一个媒体核心竞争力的重要指标，也是一个主流媒体责任担当的重要体现之一。2009年3月17日，时报都市板块正式推出《时评》专栏，每周一至周五于A2版刊出，成为常设栏目。时评由《评佛山》、《论天下》、《不漏网》（网摘评论）三部分组成，对当天佛山及外地最新鲜热辣的新闻进行评论。短短几个月时间，时报的时评以贴近的选题、独特的视角、锐利的文风，有趣的写作和温暖的人文关怀得到了读者和同行的赞许，成为了一个品牌。

2009年8月25日，南海板块推出言论专栏《今日观察》，8月26日，推出言论专栏《千灯湖畔》。《今日观察》为深度评论栏目，专为洞悉南海政治经济的达人志士所设；《千灯湖畔》为即日新闻或话题的小言论。言论栏目的开设，加强了南海政治、经济、社会、文化各个方面的言论建设。通过全面加强言论建设，时报拓宽了思考南海的角度，加大了关注南海的力度，同时也加深了报道南海的深度，给《今日南海》的宣传能力带来一个质的飞跃。

《有为对话会》借鉴传统媒体产生新效果。2009年4月30日，时报南海板块推出《有为对话会》的版面形式。《有为对话会》是围绕某个中心话题，邀请有关专家和相关人员，通过对话的形式，将各方观点进行交汇碰撞，达成共识。在版面上将此过程加以完整呈现。《有为对话会》借鉴了电视媒体的传播形式，结合文字报道手段，实现了传统媒体和新媒体的互相借鉴，产生出了新的效果。南海区区长区邦敏两次批示《有为对话会》这种形式有利推进工作，建议能持续下去。

2009年5月20日，时报南海板块开设了为南海广大市民解决实际困难，以记者梁锐明为主持人的栏目——《梁心帮办》。主要是表达“讲良心，办实事”。《梁心帮办》栏目的主要特点是不管大事小事，只要是关乎民生的，记者都会跟进；报道温和，本着少批评多理解、少下结论多沟通、与人为善、和谐第一的理念，在市民与政府之间搭建起一座沟通的桥梁。该栏目每天固定在今日南海社区版头条位置刊登，平均每天接到20多个求助电话，99%以上的求助都派了记者跟进协调，处理解决。从开办至年底止，收到了读者送来的三面锦旗。《梁心帮办》迅速成为一个品牌栏目。

周末版改版，打造周末新闻品牌。为提升时报周末新闻的可读性和影响力，6月28日，周日版正式改版，强调深度、轻松、文化、心灵，追求可读性和休闲味。一、二版主打时报深度报道，三版为“图周刊”，其他各版内容以专题形式回顾当周重大的人物事件，专题集束重磅轰炸是最大的特色。版式上，打破常规，报头竖排，更显特别，短时间内取得了良好的社会反响，成为《珠江时报》的一大亮点。

11月7日，周六版改版，除了常规的新闻版面之外，推出了4个版的《悠生活》消费杂志。《悠生活》强调实用、品味、时尚，旨在为都市人群打造一份生活消费新闻资讯周刊。周六版和周日版的改版，标志着时报形成了一个完整的周末新闻品牌。

为深入扎根南海，做好社区服务，在社区经

济发达的桂城，创办《桂城社区》报。《桂城社区》于2009年10月28日正式创刊，创刊号推出了32个版，因为直达终端，贴近性强，《桂城社区》得到了不少商家的支持，创刊号当期广告收入超过20万元。《桂城社区》实行半月刊，常规版面为四开十六版，每期发行5万份。免费派发到社区家庭，可覆盖70%的城镇社区家庭，直接影响20万左右掌握中高端消费话语权的读者群。社区报贴近社区生活，彻底融入社区生活链，给读者以强烈的归属感和认同感，是贴近度最高黏稠度最好的媒体，将成为最有力量的媒体。《桂城社区》以社区、家庭为中心，公共政策、时尚资讯、衣食住行应有尽有，并且与桂城街道办事处联手推动"关爱桂城"建设，传播"爱己及人、助人乐己"的关爱文化，提升城市竞争软实力。同时，《桂城社区》还有效整合主报、网站、手机等平台资源，共同打造一个全方位、全时段的新媒体互动平台，以期在政府、居民、商家之间搭建一座沟通桥梁，实现政企媒民共赢。《桂城社区》的诞生，对于时报来说具有开创性的意义。对于佛山的媒体生态来说，也是一个创造性的突破。南海罗村也正在积极酝酿，创办罗村社区报。

（戴满香）

【《珠江商报》】《珠江商报》以经济发展为主线，以采编为主体，办报质量不断提高，广告经营稳步发展。2009年，经营收入5300万元，报纸日发行量8万份，获中国传媒大会授予"2009中国十大商报"称号。

围绕佛山市委、市政府和顺德区委、区政府的中心工作，《珠江商报》大力宣传佛山科学发展实践，为提升区域综合竞争力，建设富裕和谐佛山营造舆论环境。2009年，顺德区成为全省学习实践科学发展观的试点，商报专门成立专题报道组，在实践活动的每个阶段，开设专栏，刊发重点报道，进行动态、典型报道。顺德区建立以服务型政府为主要内容的"大部制"改革，引人瞩目，《珠江商报》开辟《综合改革，先行先试》专栏，推出《大部制巡礼》专栏，深层次、多角度地解读这次改革，为市民提供权威、翔实的资讯。10月，顺德区容桂街道成为"简政强镇"的试点单位，《珠江商报》把之作为重中之重加以报道，反响较大。

在时政、经济、民生等方面，有计划、系统性地推出系列重点报道。年初，开出"金牛献福瑞，新春开新篇"专题，对顺德区10个镇街党委书记进行开春访谈；2009年是顺德区城市交通规划建设年，《珠江商报》大篇幅宣传顺德区"一支笔规划"的做法，出版《筑城》、《大道顺德》专刊特刊，全面解读顺德新城的规划以及新城对顺德今后发展的影响。配合广佛同城、珠三角一体化发展纲要实施，该报推出了《广佛同城，顺番对接》等专题，现实与历史交融，让读者感受广佛同城的便利与实惠。"顺德好人"、"顺德好村居"等报道，为顺德区构建社会主义核心价值体系担当宣传舆论职责。

《珠江商报》积极参与地方经济文化建设，提高报业发展的市场化水平。由经营中心编辑出版的《顺德楼市》、《家具产业》、《教育周刊》、《健康周刊》、《消费导刊》、《汽车周刊》、《旅游美食》等都是顺德区最具权威性的行业周刊。《顺德时尚》是引导顺德时尚潮流的新锐月刊。2009年，成功举办了一系列贴近市场、服务经济的重大活动，其中第六届小记者夏令营、第四届顺德私房菜大赛、首届顺德房地产传媒大奖等活动，取得了良好的社会效益和经济效益。

《顺德视角》由顺德区委宣传部主管、顺德现代化研究中心和顺德区社科联联合主办，是顺德唯一的理论宣传刊物。为了更好地整合宣传资源，2008年起区委宣传部委托《珠江商报》组织人员负责该杂志的编辑出版发行工作。2009年《珠江商报》编辑出版的《顺德视角》共8期，发行范围包括有国内和省内有关领导、理论界人士、顺德区各镇街主要领导和党政及各部门有关领导、各大企业负责人，并派送到各大消费娱乐公共场所。

（冯展彦）

【佛山市新闻工作者协会、佛山市新闻学会】 佛山市新闻工作者协会、佛山市新闻学会切实地维护记者合法采访权益。2009年7月，佛山电视台记者在南海区采访一个法制专题新闻时，受到南海农村信用社一营业所工作人员的干扰。事发后，佛山传媒集团、市记协领导及时向南海区委宣传部反映情况，并与涉事单位的上级部门交涉，希望他们妥善处理好此事，防止类似事件再次发生，以确保记者的合法采访权益得到保障。随后，佛山传媒集团、市记协领导又亲自到电视台慰问相关记者，充分肯定他们深入采访的敬业精神，同时希望他们继续坚持“铁肩担道义”的新闻理念，将新闻做得更出色。

7月，南美洲记者访问团到佛山市参观、考察，佛山市新闻工作者协会为访问团联系了南海两家有产品外贸出口的企业。该访问团在两家企业开展了详细的访问和考察，对推介、宣传佛山的企业起到了积极的作用。

9月，根据中华全国新闻工作者协会《关于推荐2009年中国记者节表彰优秀新闻工作者的通知》精神，市新闻“两会”推荐了佛山传媒集团总编办主任黄琳参评2009年全国优秀新闻工作者，并被评为广东省优秀新闻工作者。

市新闻工作者协会、市新闻学会主办的《珠三角新闻界》编辑出版了第八期，共选编了市新闻“两会”会员的业务体会文章及论文40篇，开设有《品牌战略》、《策划心得》、《业务探讨》、《学习与思考》、《评论园地》、《采访实践》、《广电平台》等专栏。（莫　凡）

广播电视

【佛山电视台】 2009年佛山电视台深化改革，硕果累累。2月，启用了新台标，新台标体现出包容开放、探索创新的理念，以及敢为人先、崇文务实、通济和谐的佛山精神，提升了佛山电视媒体形象。3月，启动了驻广州新闻工作站，先后与广州、肇庆、江门等地电视台签约，实现电视信号对等落地，让更多观众可以收看到佛山电视台的节目。8月，开拍电视剧《孔子》，是当年唯一通过国家广电总局重大历史题材剧本审批，并获得电视剧制作许可证的电视剧，佛山电视台通过该剧迈出品牌战略中向影视制作领域跨越的重要一步，将佛山文化产业推上更高层次。佛山电视台和人民网、新华网合作开通佛山版，每天展播佛山电视台的重要新闻和精品专题，突破了地域传播局限，打造新型互联网传播平台。

突出本土特色和品牌优势，业绩不断提升。3月份改版，搭建起滚动新闻架构，基本实现了新闻栏目和新闻事件直播常态化。栏目方面，《小强热线》、《画龙点睛》以多种形式丰富新闻节目形态。推出《今日财经》、《粤讲越过瘾》、《肥佬有声气》等栏目，紧贴热点及本土文化，培养了大批忠实观众。改版后，佛山电视台市场份额有所提升。以“珠江小姐竞选”、“漂亮妈妈大赛”、“私伙局群英会”为主打，建立起品牌活动群，打造多彩城市文化新名片。5月推出的《私伙局群英会》历时7个月，是广东省首个大型粤剧私伙局比赛，吸引广佛肇84支团队参加，获得良好的社会影响。联合央视、省台、东方台、翡翠台等直播报道行通济盛况，将佛山特色民俗活动展现给全国观众。

创优工作取得新突破，获全国性大奖。在省广电节目奖评选中佛山电视台获得两个一等奖，年底在中国广播影视大奖的评选中，佛山电视台的作品《胡小燕当选农民工首个全国人大代表》获得了大奖——优秀消息奖，成为广东唯一获奖的地级市电视台，表明了佛山电视台的实力，也是多年来佛山台在评奖工作上取得的重大突破。在中国传媒大会·2009年会上，佛山电视台入选2009中国十大区域电视台。

理顺宣传体系，经营逆势而上。成立活动运营中心和佛视文化传播有限公司，开展大型活动经营及台本部自办节目的广告运营。面对金融风暴带来的困境，不断开发新的合作模式，佛山电视台三度牵手TVB国际中华小姐，第二届漂亮妈妈大奖赛以及2009珠江小姐竞选等大型活动的招商额均创历年新高。配合“广佛同城 媒体先行”两地媒体战略合作框架签订，开展了大覆盖下的招商。积极洽谈郎朗钢琴演奏会等大型商演项目，介入大型演出票务销售。通过一系列为客户量身定做的服务套餐，以活动带营销，开发更多本地品牌客户。

技术升级高清，保障直播常态化。配合节目改版，完成了新闻演播系统、卫星车备份设备、电视图文点评系统、制作基地直播演播系统、重要机房UPS双回路供电、TVB明珠台等5个频道的插播系统以及P2高清制播系统的调试与升级，有力保障了佛山电视台新闻节目的直播常态化的实现，图像质量明显提升，丰富了节目形态，也提高了安全性。（张巨新）

【佛山电台】 2009年，佛山电台以科学发展观总揽全局工作，新闻及各项经营业务都取得了新的突破，向党和人民交出了一份出色的答卷。

重大题材、重大社会事件宣传报道取得新突破。一是广佛同城宣传促进新闻专题的突破。2009年佛山电台改版推出三个半小时的《珠三角新闻广播》大板块节目，改版力度前所未有；在广州设立了“佛山电台广州第一直播室”，并通过与广州、深圳、东莞、中山等兄弟电台的通力合作，采取连线、互用稿库平台等方式，创造性推出“珠三角议事厅”、“广佛交通消息”、“广佛新干线”、《同城三十分》等新闻和专题栏目，全方位报道珠三角地区社会、经济和民生等各项事业的发展，以及广佛同城化工作的进程。二是“两会”报道方式的突破。在2009年佛山市“两会”期间，佛山电台推出“两会”代表委员接听市民热线和佛山市属五区区长对话市民活动；将直播室直接设到2009年的全省“两会”会场，推出《珠三角一体化九市代表委员谈发展》专题节目；2009年的全国“两会”期间，佛山电台推出了“佛山代表委员声音日记”，连线北京，及时报道。三是重大题材报道的创新尝试。在2009年四川汶川地震一周年之际，佛山电台派记者深入汶川灾区，及时报道灾区人民重建家园及佛山对口援建工作的最新动态。

在新中国成立60周年之际，佛山电台与中央电台华夏之声合作，联合珠三角各兄弟电台，推出《辉煌六十年》系列报道，以及《六十年难忘金曲》节目。此外，还组织听众参加《红色经典之旅》，前往湖南、江西、河北以及本地的革命老区参观学习，接受革命传统的洗礼教育。

落实科学发展观，加强镇区宣传取得新突破。一是创造性地建立“民生热线进镇街”节目。佛山电台所辖各区分台都相继设立了这个节目，实现了政府和广大市民群众的良性互动。二是关注民生议题取得新进展。2009年，佛山电台积极配合佛山市委、市政府开展“市领导与网民互动”活动的直播工作，推动市领导与网民在线交流的常态化；推出“科学发展观问计于民”活动节目，让佛山市各职能部门五十多名主要领导上线，直接倾听解决广大市民群众提出的问题和困难。

开展公益宣传取得新突破。一是公益宣传和户外活动的新进展。2009年佛山电台共播出公益广告9663条，举办公益户外活动100多场次，合共金额800多万元，创历年最好成绩。二是创建公益节目平台，服务珠三角广大市民群众。2009年3月，佛山电台先后与羊城交通台、广州交通台、深圳交通台签署合作协议或合作交流，共用交警资源，在每天交通高峰期互通交通消息，并准确传递给珠三角各地听众，方便民间交通往来。

广播作品获奖和技术人才培训工作取得新突破。2009年，佛山电台一共有13篇新闻专题和文艺等广播作品获得广东省好新闻一至三等奖，3篇论文获得省优秀论文三等奖，获奖数量在全省的19个地级市电台中名列第一。此外，2009年佛山电台有4人获得高级技术职称资格，创历年之最。

全台各项经营业务取得新突破。2009年，佛山电台克服全球金融危机和各种不利因素带来的影响，通过开办一系列富有特色的文化演艺消费节目，如广佛乐购团、澳洲睇楼团、纵贯线歌唱演出等大型活动，创新开拓了传统广播与新的消费行业之间的对口衔接模式，提升了全台业务的竞争能力，全年各项经营业务收入达1.2亿元，创历史最高水平。

（钟　毅）

图书·档案·博物·地方志

图　书

【佛山市图书馆】 2009年，在市文化广电新闻出版局的直接领导及支持下，佛山市图书馆以“科学发 展观”为指导，积极贯彻落实《珠江三角洲地区改革发展规划纲要》，加强人才队伍建设，开辟崭新业务模式，保持了各项工作的创新能力，提高了图书馆在新时期的服务水平和办馆效益，为勇当岭南文化名城建设排头兵做出了实际行动。

构建完善公共文化服务体系，共建共享和谐佛山。近年来，佛山市联合图书馆、数字图书馆、文化共享工程三者在构建和完善佛山市图书馆公共文化服务体系中，相互依托，互相促进。联合图书馆网络体系的建立，促进了文化信息资源共享工程在基层的落实和推广；共享工程的基层服务网络建设，依托联合图书馆的服务网点建设而铺开；共享工程的服务功能同时又紧密结合数字图书馆的应用而发挥作用。以联合图书馆服务网点为阵地，以数字图书馆为平台，以共享工程提供的优质、丰富的文化信息资源为主要内容，初步形成一个功能齐全的虚拟文化服务系统，将文化信息资源传送到城乡基层文化网点和群众身边，成为图书馆公共文化服务体系的亮点和重要内容。

文化“坊城”正式动工，新馆建设迈出坚实一步。2009年8月17日，佛山市公共文化综合体“坊城”正式动工建设。其前后，确定了新馆各功能区域的具体面积和楼层分布，完成了《佛山市公共文化综合体设计任务书——图书馆新馆部分》的修改工作。在7月23日和10月28日的佛山市公共文化综合体图书馆设计方案专家评审会上，与会专家原则同意通过评审，这标志着新馆建设蓝图的实现又迈出了坚实的一步。

推动广佛公共图书馆文献资源共享，加强两地馆际沟通。为贯彻落实《珠江三角洲地区改革发展规划纲要》和《广佛合作框架协议》等文件精神，从图书馆长远发展的战略全局出发，促进广佛两地图书馆的交流合作，佛山市图书馆积极推动广佛公共图书馆文献资源共享和服务协作。2009年，佛山市公共图书馆加大了地方特色数据库建设，从而逐步形成与广州公共图书馆的资源错位发展，与广州共建广府文化特色文献信息资源保障体系。随着覆盖全省的跨系统联合目录平台——“珠江三角洲数字图书馆联盟”（dlib.gdlink.net.cn）的逐步建立，广佛两地乃至珠江三角洲地区的图书馆联合参考咨询与文献传递网将实现无缝连接，其资源种类将超过任何一家传统图书馆的馆藏。

开辟阅读推广新模式，促进书香社会建设。为深入落实党的十七大精神，全面贯彻《珠江三角洲地区改革发展规划纲要》， 全市开展了“崇文佛山—2009佛山全民阅读活动”。作为该项活动的主导和中坚力量，佛山市图书馆率先开展了以“儿童阅读、全民阅读、网络阅读”三大板块为内容的“崇文佛山·阅读春天”佛山市图书馆2009系列读书活动。崭新的载体、多元化的服务以及资源共享的格局，构筑起了持续开展读书活动的平台，独特的创意灵感、精心的组织策划收到了良好的服务效果，培养和提升了市民的阅读兴趣和水平，进一步促进了佛山书香社会的建设。

评估自查狠抓业务，落实整改提高办馆效益。2009年6月，为迎接全国公共图书馆第四次评估定级，图书馆组织了评估定级领导小组，制订了切实可行的评估定级方案，一方面认真分析研究具体情况，另一方面仔细研究评估标准，逐项对比研究找出差距，究其原因，寻求改进途径，把薄弱环节和不足添平补齐，使各项业务迈上新台阶，提高了办馆效益。

开展丰富多彩的文化活动，加强与读者的联系沟通。充分利用馆内展厅、报告厅通过自办、协办、合办等多种形式开展各类丰富多彩的读者活动，据统计，全年共举办讲座 67 场、展览 53 场、流动展览 12 场，放映数字电影 53 场。做到周周有电影、讲座，天天有展览，充分发挥了图书馆公共文化设施的作用，扩大了服务效益。为使南风讲坛发挥更大的传播效果，佛山市图书馆在成果的延伸和宣传方面抓紧跟进，即对已有的讲座视频进行数字标准化处理，设计开发了“南风讲坛视频网”，对名家的现场讲座、听众提问、专访的录音、录像制作成集，以期将来经由公共媒体播出。已挂登图书馆网站的讲座有 70 余场，音 / 视频共 140 部，读者可通过图书馆网站观看或收听讲座。

多媒介宣传推广，提高图书馆社会影响力。宣传工作纳入工作议事日程，贯穿于图书馆工作的始终，涵盖图书馆工作的各个方面。并经常研究和改进宣传工作方法，统筹策划举办文化活动、网站、短信应用平台、自办刊物、信息上报、博览会、阵地宣传等多种方式，以纸质与网络的理想组合，各尽所长，相得益彰。同时，还充分利用各类媒体，如报纸、电视、电台双管齐下，广泛造势，有效地推动了图书馆的宣传推广工作，加强了图书馆在时间、空间和深度上的影响力。

开展学术项目研究，强化竞争和绩效管理，带动人才队伍建设。组织专业技术人员完成《佛山藏木鱼书目录与研究》；积极做好《佛山家谱提要》的宣传、调查工作，共编撰家谱数据、书影照片共 187 种；建设“佛山市地方文献全文数据库”；开发“佛山市社会发展综合数据库平台”；开展《佛山市社会经济发展综合数据库研究》新项目，为政府决策参考和相关研究机构研究利用提供长期的数字化信息保障；《佛山记忆》系列乡土文化纪录片的拍摄工作成效显著，全年共拍摄 50 集。

佛山市图书馆学会工作开展有条不紊，管理制度更加完善。佛山市图书馆学会先后制定了多项内部管理制度，加强了学会的规范化管理，强化学会对外宣传，继续发挥凝聚和桥梁作用，在推进联合图书馆建设和文化共享工程，联合开展各类文化服务活动发挥了举足轻重的作用。（柯　静）

【佛山市新华书店】 2009 年，面对多元的经济环境和激烈的市场竞争，佛山市新华书店坚持以马克思列宁主义、毛泽东思想、邓小平理论和“三个代表”重要思想为指导，以科学发展观为统领，自觉承担为广大人民群众提供和传播精神文化食粮的重任，担当引领健康文明生活方式、构建城市人文精神的重要角色。同时，千方百计搞好图书销售，努力实现良好的经济效益。全店全年销售总收入为 8189 万元，其中一般图书销售 500 万册、5928 万元，全年上交税金 281 万元，取得了较好的社会效益和一定的经济效益。

做好政治读物和中小学课本发行。作为党的文化宣传阵地和出版物发行的主渠道，2009 年，佛山市新华书店通过征订和积极推荐的办法，先后发行了《十一届全国人大二次会议〈政府工作报告〉辅导读本》、《中国特色社会主义理论体系学习读本》、《中共中央关于加强和改进新形势下党的建设若干重大问题的决定》、《科学发展观学习读本》《理论热点面对面 2009》、《六个为什么 / 对几个重大问题的回答》《科学发展观先行先试 / 图说〈珠江三角洲地区改革发展规划纲要 08-20 年〉》等一大批政治读物，其中《理论热点面对面 2009》和《六个为什么 / 对几个重大问题的回答》发行量达 1.7 万册，确保了广大党员、干部、群众对政治类读物学习的需要。全年为禅城区 115 所中小学校发行教材、教辅读物 312 万册，做到送书上门，保证各学校学生“课前到书、人手一册”，得到学校师生和教育管理部门的一致好评。

积极参与“崇文佛山——2009 全民阅读活动”。佛山市委、市政府推动的“崇文佛山——全民阅读活动”在佛山已连续举办多年。佛山市新华书店每年都积极参与，2009 年度组织了多项与阅读相关的活动，将佛山的全民阅读推向一个又一个高潮。具体主要有：2 月 9 日在佛山祖庙门口举办“2009’元宵节佛山作家诗人签名咨询活动”；3 月 16 日、18 日配合著名作家、原文化部部长王蒙在佛山市机关大礼堂和琼花大剧院的讲座进行现场签名售书，满足读者需求；3月23日在佛山实验小学举办“著名儿童文学作家杨红樱讲座暨签名见面会”；4月23日举办“禅城区保护知识产权暨推动全民阅读现场宣传咨询活动”；5月15日与珠江青少年报联合举办“著名动物小说作家沈石溪讲座暨新书签名活动”；5月17日举办“凤凰卫视名嘴梁文道新书签售暨读者见面会”；7～11月，与市委宣传部、市文明办、市教育局、珠江青少年报联合举办“我读一本好书”中小学暑期读书征文比赛，向青少年推荐100种书，选择一本或多本读后写成文章，带动图书销售30多万元。此外，该店的惠景书城、佛山图书城和课本部还多次组织外出流动供应图书和“送书下乡”、支持“农家书屋”建设活动，出动398人次，让利销售图书392万元，捐赠图书3500多册，码洋5.2万元。活动遍及佛山市的禅城、南海、顺德、三水、高明五区的多间学校、工厂以及化州、电白等边远贫困山区，取得较好的社会效益。

继续为读者打造健康美好的精神家园。佛山市新华书店佛山图书城、惠景书城两大图书卖场严格遵守行业规章制度，做到多发行好书，不发行违禁、非法、走私出版物，不参与非法出版活动，始终保持良好信誉，并把满足读者需要，建设文明、温馨、安全的购书环境作为贯彻“读者至上”的服务准则。积极开拓市场，通过巩固原有的客户关系，发展、挖掘新的优质客户，开拓网上书店、会员俱乐部服务，办理邮购，送书上门，参与招标竞投等多种途径，逐步赢得了更多的客户群体。（梁金旺）

档案与地方志

【综述】 2009年，佛山市档案事业又上新台阶，经广东省档案局档案事业发展综合评估小组全面的评估，以综合评分94.6分的成绩成为广东省档案事业发展综合评估先进单位。佛山市方志办把市、区两级地方志书编修作为首要任务，同时，积极开展地方志相关业务工作。

【档案监督指导】 佛山市直单位进行了文件材料归档年度检查，中共佛山市委办公室等138个单位年检合格；63个单位及时向市档案馆移交电子政务文件。禅城区年检抽查了18个单位，南海区抽查了67个单位，高明区抽查了38个单位。

全市机关档案目标管理共15家。省特级5家，其中南海区1家，顺德区2家，高明区1家，三水区1家；省一级10家，其中禅城区2家，南海区1家，顺德区6家，三水区1家。全市社区、村委会档案目标管理新增18家。省特级4家，其中禅城区2家，顺德区1家，三水区1家；省一级14家，其中顺德区1家，三水区13家。全市企业档案目标管理国家二级1家。全市重点建设项目档案共验收59项，其中禅城区18项，南海区34项，顺德区5项，三水区2项。佛山市档案局获得“2005～2008年全省重大建设项目档案工作质量优秀单位”称号。

加强机构改革中档案处置工作，市档案局对原市建设局和原市博物馆两家档案处置工作进行了跟踪落实。顺德区档案局对区属的16个大部门档案管理情况进行调研。市档案局联合市公盈公司对原华侨大厦、金城酒店转制前的国有档案处置工作进行了跟踪落实。市档案局编制了《佛山市重点民生档案查询指引》。省人大、省档案局和省社保厅组成的档案行政执法组对佛山市的社保档案工作进行了档案执法检查和肯定。佛山市档案局和禅城区档案局联合开展了主题为“建立家庭档案、传承社会文明、构建和谐佛山”宣传月活动。市档案局制定了《推进民营企业建档工作方案》。

【档案法制建设】 市档案局完善档案系统“两横两纵”行政审批流程改革，结合佛山市实际，制订了《佛山市档案系统行政审批制度改革实施方案》和《佛山市档案系统行政审批制度》等一系列文件，上报给市行政审批制度改革工作领导小组并发送给各区档案局，统一了全市档案系统行政审批工作。各级档案部门不断完善规章制度，如顺德区制定了《区档案局2009年度行政绩效工作目标责任白皮书》。

【档案馆建设】 佛山市和三水区档案馆新馆建设的筹备工作在紧张进行中。市、区档案馆继续做

好2009年度国家综合档案馆评估工作。市档案局参与了市216个重要活动的拍摄，拍摄图片3.9万张。高明区抓紧开展“图片中心”建设，内网已基本开通，收集图片资料1.3万余张。三水区参与区内重要政务活动的拍摄任务400多个，拍摄图片4万张。市、区档案馆加强档案的接收、征集工作，比较有特色的有市档案馆接收了市政协的实物档案120件，南海区收集到两部中央新闻纪录电影制片厂的珍贵纪录片，顺德区接收了工商银行和原县第二商业公司部分离岗职工人事档案，高明区征集了离退休老干部书画作品，三水区接收香港女性科学探险家李乐诗院士等档案资料一批。市、区档案馆不断优化库房保管条件，做好档案整理、消毒、修复、鉴定等工作，如市档案馆对馆藏密级文书档案进行标著，标著了165个全宗4.1万卷1.5万件。

全年全市国家档案馆接收档案16.75万卷、5.36万件，其中市档案馆接收档案5000卷、6000件。全市国家档案馆馆藏档案239.13万卷、34.2万件；照片档案30.89万张。馆藏资料9.12万册。至2009年底，市、区档案馆累计开放档案7.47万卷、2.09万件，抢救档案2240卷、1218件。

全年全市国家档案馆接待利用者6.54万人次，利用档案资料19.75万卷（件、册）次。

【档案信息化建设】 市档案局、市信息产业局开通了“佛山市电子政务文件内部查询系统”，副市长王玲等省、市领导参加了开通仪式。市档案局认真做好现行电子文件收集和管理工作，至2009年，累计已接收并存入数据库电子文件20.95万份，2009年4.26万份；累计已上公众网的电子文件共7.82万份，2009年1.78万份。市、区档案馆利用现行文件132.53万人次。全年数字化处理馆藏档案市档案馆33万页，禅城区12万页，南海区110万页，高明区16万页；南海区完成120万页纸质档案数字化处理验收以及28.96万份数字档案、1.09万张照片档案的全文挂接工作。全市国家档案馆机读目录案卷级238万条，文件级2266万条。

【积极开展档案和地方志资源的开发利用】 佛山市档案局新增编研成果《佛山陶瓷》、《佛山市上市公司》、《佛山市档案局工作大事记（2008）》和《档案资政参考（1～3）》等；市和顺德区重新修订了《档案馆指南》。展览有“佛山60年（1949～2009）——佛山发展历程档案选展”、“南海改革开放三十年图片展”、“高明区老干部书画展”、“情暖佛山、魅力高明” 和“纪念中华人民共和国建国60周年暨三水改革开放30周年发展历程”；市、区档案馆展览31个，接待参观人次4.8万。

市档案局、市方志办与佛山电视台联合摄制了庆祝新中国成立60年系列新闻片《60年60事》，在佛山电视新闻综合频道《六点半新闻》中播出。该新闻片共60集，全面系统报道佛山60年来经济社会发展变化过程，充分发挥档案、史志服务社会的功能，受到一致好评。

南海方志办协同媒体制作《南海盐步老农的故事》专题片；开展地情宣传讲座，将地情知识宣传走进校园，帮助南海新一代了解家乡的历史文化；联合有关部门开展“红色南海”有奖知识问答以及“读志、用志、赠志”活动。

三水区方志办为省侨务办、新加坡石叻坡民族文化馆等提供“红头巾”相关资料。

高明区史志办围绕如何开发利用史志资源，为地方科学发展服务等方面进行了调研，形成《开发利用史志资源，为地方科学发展服务》调研报告。

【档案学会】 市档案学会组织5名高级职称档案工作者参加广东省档案局举办的研修班，更新知识，提高水平，发挥带头作用。会员积极参加广东省档案学会2009年学术年会，入选论文15篇，其中3篇论文获三等奖。会员参加广东省档案学会“庆祝中华人民共和国成立60周年祖国·南粤·档案人摄影大赛”，7位作者18幅作品获奖。佛山市档案局、市档案学会主办，禅城区档案局承办佛山市档案系统第二届运动会，市、区6支代表队积极参赛。

【广佛肇合作】 为了深入贯彻落实《珠江三角洲地区改革发展规划纲要（2008～2020）》，探讨在广佛肇经济圈建设合作框架下，三地实现档案资源整合和利用，达到档案同城化发展目标，广州、佛山和肇庆三地档案部门领导及有关人员相聚佛山，共商合作大计。（伍婕芸）

【组织编修《佛山市志》】 为做好编修市、区两级志书工作，佛山市及禅城、南海、高明区地方志部门层层把关，力求“精品”。市方志办编纂的《佛山市志》实行“三审定稿”的办法进行审稿，反复修改，定期召开业务会，得到省的好评。4月，省方志办在市召开《佛山市志》（稿）评议会，邀请全国、省的修志专家进行评议，保证了志书的质量。至年底，《佛山市志》已通过省志书验收委员会的复审。

禅城区方志办对《城区志》和《石湾区志》进行了多次评议和修改，其中《城区志》已通过了初审。《南海市志》和《高明市志》通过了市的终审，即将出版发行。

【编辑出版地情资料及综合年鉴】 为丰富地情资料，积累修志素材，市方志办出版了《佛山上市公司》、《佛山改革开放30年新闻报道选编》及《佛山陶瓷》已脱稿，其中《佛山上市公司》已发送至市直有关单位，以及五区和市五套领导班子成员。

南海区方志办与有关部门联合编写的“南海历史文化丛书”，首批《南海名人》、《南海名胜古迹》、《南海风俗》以及自编的《南海古今将领录》也即将出版。

三水区方志办协助驻地陆航团，并积极参与撰写和审稿，顺利完成《抗震救灾志》、《抗震救灾资料长篇》、《抗震救灾大事记》的初稿。为区妇联出版的《三水百年巾帼颂》，帮助他们理顺编写大纲、查找相关图片以及提供“红头巾”的资料及审稿等。

南海、顺德、三水、高明区方志办按时保质编纂出版年鉴，市、区方志办还认真编写了大事记等材料。

【积极开展地方志信息工作】 高明区史志办完成了地情网站和高明政务网史志办网站初步建站工作。

禅城区方志办对其主办的网站内容定期进行更新，不断充实修志内容，为各单位修志和编写年报资料提供了平台。

市方志办及南海、顺德、三水区方志网站均与档案网站结合在一起，定期或不定期发布相关信息及进行内容更新。 （张丽珍）

博　物

【佛山市祖庙文物管理所】 2009年是佛山市祖庙文物管理所颇具转折性的一年，全所人员以深入学习实践科学发展观为契机，积极开展思想政治教育活动，按照上级领导部门的工作部署，较好地完成了各项工作任务。

稳步推进祖庙的百年大修工程。佛山祖庙修缮工程至2008年年底完成万福台、灵应牌坊、两廊、钟鼓楼等建筑单体的修缮工作，从2009年开始，修缮工程推进到三门、前殿、庆真楼等建筑。与万福台等建筑单体相比，这几组建筑的结构更加复杂。修缮办不断加强与设计、施工、监理等单位的沟通，在图纸会审时对建筑结构、恢复古建筑原状等重点难点问题进行了论证并达成共识，保证了施工质量。在文物安全方面，专门召开由相关单位参加的“佛山祖庙全面修缮工程安全保护会议”，由于祖庙内文物分布密集，会议决定修缮办和施工单位分别建立临时仓库存放可移动文物及施工中拆卸下来的建筑构件。在文物搬迁前制定搬迁方案并进行了演练，以确保万无一失，整个搬迁过程科学规范、严密有序。

在时间紧、人员少、工作量大的情况下，通过精心策划及科学合理的安排，出色地完成春节、“五·一”、国庆等重大节日的开放工作；成功举办“三月三”民俗活动暨万福台重启仪式。做好馆庙分家后的文物移交工作，接收移交文物605件，并在文管所条件简陋的情况下对文物进行了较良好的保管处理。完成档案和图书资料共计1万多卷（册）的移交工作以及初步完成祖庙文管所网站的建设。在祖庙大修展览场地严重不足的情况下，举办《走进祖庙圣域牛年花卉展》、《第三次全国文物普查广东省文物普查新发现成就图片展》、《粤港澳博物馆图片展》、《走进神秘大自然——科学知识立体图像展览》。

充分发挥祖庙旅游景点的优势，举办主题为“博物馆与旅游”的国际博物馆日系列活动；与南方日报社驻佛山办事处联合举办“庆新中国60周年华诞、贺宗庙社稷繁荣富强”广佛中小学生征文大赛；还举办了禅城区快乐夏令营、佛港两地粤曲文化交流会等活动。此外，在祖庙内成功协办电影《叶问Ⅱ》开机仪式，吸引了更多各地群众来了解祖庙，了解中华民族的优秀文化传统。祖庙文物管理所一名讲解员在省文博学会主办的“新中国成立60周年文化遗产保护宣传讲解大赛广东省选拔赛”中的英文讲解取得选拔赛二等奖的好成绩。

全年购票参观人数52万人。接待的国内外贵宾有：全国政协常委、西藏自治区人大副主任、桑顶寺活佛桑顶·多吉帕姆·德庆曲珍伉俪，前文化部部长王蒙伉俪，保加利亚最高上诉法院院长格鲁埃夫，越南最高人民检察院检察长陈国旺等一行，法国国际关系专家代表团“展望亚洲2020”协会主席罗波特安德烈一行等。（邹文平）

【佛山市博物馆】 佛山市博物馆于2008年与佛山祖庙机构分设，重新成立后的佛山市博物馆成为佛山市公益文化服务重要组成部分。2009年佛山市博物馆全体干部职工团结一致，以新馆建设作为实践科学发展观的首要任务，切实开展各项业务工作。

新馆建设工作稳步推进。经过前期评审和立项审批工作，2009年8月17日，佛山市公共文化综合体——“坊城”项目举行了隆重的奠基仪式，佛山市博物馆新馆是佛山市公共文化综合体项目的重要组成部分之一。11月，《佛山市博物馆工程方案设计》完成前后，博物馆与东平新城建设管理委员会、建筑设计师进行密切沟通，提出博物馆的具体功能要求和使用构想，努力推进博物馆建筑方案设计工作，邀请东平新城相关人员和设计师到博物馆文物库房实地考察，了解藏品的情况和特点，以便使博物馆新馆建筑设计能满足该馆实际的使用需求。为了做好新馆建设的衔接工作，博物馆编制并提交了《佛山市博物馆二次装修项目投资估算表》和《佛山市博物馆新馆建设2010年申请经费概算表》，为新馆建设工作开展做好资金准备。

积极开展各项业务工作。围绕新馆陈列展览组织策划工作，全馆合理组织业务人员开展的文物征集、藏品管理、文物普查和学术研究等专题项目。2009年成立各专题陈列展览小组，根据新馆展览内容的分工，组织调查和搜集，策划和编写展览大纲；2009年征集到绘画、纺织文物以及地方民俗参考资料等共29批次579件；编撰并出版了《佛山明清冶铸》、《佛山藏木鱼书目录及研究》和《佛山精武体育会》三本学术著作；成功举办5·18国际博物馆日宣传活动；完成网站改版，不断丰富网站内容。通过积极开展各项业务工作，以有效推进佛山市博物馆新馆建设。（邝倩华）

体育·卫生

体　育

【综述】2009年，全市体育工作在市委、市政府的正确领导下，坚持以科学发展观为指导，认真贯彻落实《珠江三角洲地区改革发展规划纲要（2008～2020）》（以下简称《规划纲要》），按照体育强市建设的要求，积极努力探索现代化体育发展模式，继续打造城市体育亮点和品牌，实现了群众体育、竞技体育、体育产业等工作持续、创新、和谐发展，较好地完成了年度工作任务。

【以科学发展观武装头脑，筑牢全市体育工作的思想基础】在开展学习实践科学发展观活动过程中，与贯彻实施《规划纲要》相结合，与广州市体育局共同签署了《广佛同城　体育同行　广州佛山体育同城化合作框架协议》，在《广佛同城化建设合作框架协议》的指导下，积极探索新形势下广州、佛山两市体育合作途径，全面提升广佛体育整体发展水平。以此作为深入贯彻落实科学发展观，加快实施《规划纲要》，推进广佛同城化建设进程的实际行动和重大举措，是广佛两地体育合作发展的新起点。2009年，两市遵循框架协议，举行了一系列的活动，如佛山市举行的以宣传治理汾江河为目的，时隔26年的佛山汾江河龙舟赛，广州、肇庆、清远派出了龙舟队参赛，当天共有15万市民观看了比赛，并在此次赛事上，佛山市荣获中国首个“龙舟龙狮运动名城”称号。佛山组队参加广州龙舟邀请赛、广州横渡珠江、广佛肇三地领导干部羽毛球赛、广佛两地“三人篮球赛”等活动，加强了广佛两地体育交流和合作。特别是佛山作为广州亚运会的分赛区，密切与广州亚组委的联系、沟通，按照亚组委的统一部署，做好亚运会承办项目的各项工作任务。在开展学习实践科学发展观活动中，认真组织和开展“情暖佛山”和“三深入”活动；坚持“标本兼治、综合治理、惩防并举、注重预防”的方针，切实加强党风廉政教育，推进了体育系统党风廉政制度建设。

【以实现“五化”为目标，推进全民健身工作蓬勃发展】2009年群众体育工作以“场地现代化、组织网络化、活动体系化、健身科学化、体质优良化”为工作要求，促进全民健身工作和谐发展。

以城乡健身设施建设为抓手，促进场地现代化。南海区实施“体育强区”战略，推行“2050”工程，力争3年时间村（居）建成“一馆两场一路径”的全民健身设施，至2009年已有130多个村（居）申请验收。顺德区制定了《村（社区）基础体育设施建设方案》，将相关指标纳入《阳光顺德社会发展规划纲要》相关指标体系。高明区继续执行《扶持村居体育设施建设方案》，逐步规范设施申请审核、场地验收、器材采购安装等工作。三水区80%的自然村建有篮球场、乒乓球台。

以“全民健身日”为契机，组织活动体系化。全国首个“全民健身日”，市与禅城区联合举行了大型“全民健身日”体育嘉年华活动。市领导林元和、陈云贤、麦洁华等亲自参加活动和体验运动带来的快乐，带动了全市市民全民健身的热潮。各区也在“全民健身日”前后，开展了丰富多彩的群众体育活动：如南海区组织1万多人参加表演的“运动、健康、快乐”为主题的广场体育嘉年华活动，250多支球队参赛的村际篮球赛。禅城区承办的佛山市“情系母亲河、万众治汾江”庆“五一”万人长跑活动，参加单位125个。高明区的“体育村居行”共开展活动52场，参加活动共5000多人次。三水区的各镇（街道）领导干部篮球赛，大大地激发了市民参加体育健身的热情。据不完全统计，全年市、区镇街道有组织的举办体育活动共503次，参加比赛活动共60多万人次。据各区上报的数据统计，现全市体育人口已经达到46%。

以社会体育指导员为基础，完善组织网络化。2009年培训社会体育指导员700名，为全市早日达到社会体育指导员占人口总数的3‰打下良好基础。全年开展了争创国家级青少年体育俱乐部工作、省和国家级先进社区工作、创省级体育特色学校工作等等。全市上报的22所省级体育特色学校已经初评合格；南海罗村街道成为第六批全国城市体育先进社区。

以国民体质监测为依据，指导健身科学化。认真组织实施了佛山市第三次公务员体质测试工作，共测试768人，达标率达90%以上。继续对佛山市幼儿园近500名幼儿进行国民体质抽样测定，补充反映全市幼儿体质状况的数据库，并初步展开幼儿科学健身指导活动。

以品牌赛事为激励，提高体质优良化。2009年8月，与市直机关工委联合主办了第二届直属机关运动会，共68个代表团5000多名运动员参加，市直机关公务员踊跃参与，起到了促进机关团结、增强公务员体质的效果。与市残联成功举办了第六届残疾人运动会。组队参加了省第二届体育大会，取得了团体总分第五名的较好成绩。举办了市、区直属机关领导干部羽毛球、乒乓球、篮球、网球等四项球类比赛。南海区九江男女龙舟队代表国家参加在捷克举行的第九届世界龙舟锦标赛，获得5金、7银、4铜的优异成绩。

【以举办第七届市运会为契机，全力备战第十三届省运会，推动竞技体育持续发展】 大赛成绩有所突破，输送成绩喜人。2009年佛山市运动员参加世界赛共获得7个第一名、3个第二名、2个第三名；参加亚洲赛获得2个第一名、2个第二名、1个第三名；参加国内赛共获得20个第一名、19个第二名、14个第三名，特别是在第十一届全运会上，佛山市共有99名运动员参加25个项目的决赛，取得7项第一名、6项第二名、8项第三名、9项第四名、3项第五名、3项第六名、7项第七名、9项第八名的优异成绩，是佛山市运动员参加历届全运会中人数最多、项目最广、成绩最好的一届。2009年佛山市有13人输送到省体队，16人被省体校吸收，14名达到一级运动员申报条件，152名运动员被审批为二级运动员。市体校、南海区体校被评为“国家高水平后备人才基地”，市体校被评为全国田径（短跑项目）高水平后备人才基地。

精心组织好第七届市运会。第七届市运会于2009年9月举行，按照市委、市政府提出的“健康、活力、节俭、高效”的理念，以“活力市运、健康佛山”为主题，把本届市运会办成“彰显特色、培育人才、再上水平、促进和谐”的一届运动会。本届市运会突出重点，侧重对后备人才的发现和培养，严把选手资格关，最大限度净化比赛环境，整个竞赛组织严谨，比赛项目较上届增加5个项目，共有2359人参加市运会，共有3人5次破4项市成年组最高纪录，1人1次破1项市少年乙组最高纪录，涌现了一批优秀苗子，为选拔人才，备战第十三届省运会打下了良好的基础。

深入开展学校体育工作，主办好年度学校比赛。贯彻执行《学校体育工作条例》，深入基层学校，积极抓好中、小学校课余训练，努力培养体育后备人才。与教育局共同主办好年度体育传统校、网点校比赛，促进学校体育发展。

加强业务培训，提高队伍素质。2009年共15个项目66名佛山市裁判骨干参加省青少年锦标赛及国际国内比赛裁判工作。选派16个项目共42人参加了省级和国家级裁判员学习班。2009年佛山市有14人晋升一级裁判员，有156人被审批二级裁判员，有6人被审批为三级裁判员。

【以高水平赛事为亮点，促进体育产业创新发展】 举行第八届亚洲游泳锦标赛、第九届亚洲空手道锦标赛、中国功夫对职业泰拳争霸赛，培育了佛山市体育市场。第八届亚洲游泳锦标赛作为佛山市承办2010年广州亚运会项目的测试赛，吸引了21个国家和地区共300多名运动员参赛，比赛规格高，竞赛、安保、交通保障、接待、新闻宣传、医疗卫生、志愿者等各项工作成功经受住了考验，承办工作得到了主办单位和运动员、教练员的一致好评；南海区举办的第九届亚洲空手道锦标赛是南海区历史上承办的级别最高的体育赛事，亚洲29个国家共310名选手参加比赛，促进了南海“体育强区”建设；中国功夫对职业泰拳争霸赛更是举国关注，引发了全民关于中国功夫大讨论的热潮，收到了很好的宣传效应。以上这些赛事对提升佛山国际形象，培育佛山体育市场发挥了重要作用，促进了佛山市体育和旅游文化的发展。

体育彩票销售创历史新高。全市体育彩票销量实现连续5年快速增长：2009年至11月1日已突破自1994年中国体育彩票发行以来佛山市体育彩票年销量的最好成绩（2002年销量为2.2亿元），11月29日提前完成了省体彩中心下达的任务目标，销量达2.41亿元（不含顺德区）。全年全市销量4.22亿元（含顺德区），同比增长39.04%（不含顺德区），超全省平均增幅水平，为佛山市筹集公益金3107万元（含顺德区），代扣税1546万元（含顺德区），为国家、省、市公益事业和体育事业的发展作出了应有的贡献。

民间资本进入体育休闲市场。2009年虽然是金融风暴，经济发展困难重重的一年，但是社会投资体育休闲旅游兴起，如世纪莲体育中心高尔夫球练习场、禅城区的绿色社区体育家园——南庄体育休闲基地、南海区的“灯湖运动休闲中心”、顺德区北滘的摩托车运动公园等。作为政府投资体育健身设施的有效补充也为市民提供了良好的健身、休闲、娱乐、旅游场所。（胡建中）

医疗卫生

【综述】 2009年，佛山市卫生系统以开展深入学习实践科学发展观活动为动力，根据中央、省关于“保增长、扩内需、调结构、惠民生”等一系列部署，统一思想认识，科学分析形势，把握发展机遇，努力推动全市卫生事业科学发展。在落实民生实事、有效应对疫情、落实珠三角发展规划、推进广佛同城化建设、推进卫生改革等方面工作都取得了可喜的进展和较好的成效。全年无甲类法定传染病报告，乙类传染病共报告17种1.92万例，死亡病例31例，发病率保持稳定。

【基层医疗卫生机构建设】 组织实施市政府《关于进一步加强基层医疗卫生机构建设的意见》，从社区卫生服务网络建设、完善服务功能等方面，采取了多项积极措施推进社区卫生服务发展。积极组织构建社区卫生服务网络和信息化基础设施配套。完成了2009年全市新建45间社区卫生服务站、205间社区卫生服务站信息化基础设施配套建设的目标。建立家庭健康档案近15万份，个人健康档案52万余份。此外，继续推动实施《佛山市二级以上医院对口帮扶镇街卫生院工作方案》。

【推进广佛肇三地卫生合作发展】 贯彻实施《珠江三角洲地区改革发展规划纲要（2008～2020）》。根据《广州市、佛山市同城化建设合作框架协议》，签订了广佛两地卫生事业合作发展协议及广佛肇卫生领域合作意见。内容涵盖公共卫生服务、基层卫生服务、医疗服务、中医药服务、卫生人才技术交流合作、医疗卫生信息化建设等6个方面，具体包括推进医学检验影像检查结果互认、建立重大传染病联防联控机制等18个合作项目。建立了三地间重大传染病和突发公共卫生事件联防联控机制。落实CEPA相关工作。启动了佛山市“十二·五卫生发展规划”、新区域卫生规划等4个规划的编制工作。

【传染病防治工作】 做好甲型H1N1流感防治工作。面对全球暴发的甲型H1N1流感疫情，依照“高度重视、积极应对、联防联控、依法科学处置”的原则，按照“强化预防措施、严控社区传播、加强重症救治、减少疫情危害”的防控策略，精密部署，全力以赴，防治结合，有效应对。加强疫情监测预警，做好应对流感大流行的人员、技术、物资准备。加强医疗救治工作。指定了医疗救治一线、二线和三线医院，做好隔离病房、药品、设备、物资等的储备。成立市级专家组，制定全市医疗救治应急预案，严格实行预检分诊制度和发热门诊运行管理，做好应对甲型H1N1流感大流行的准备。开展甲流疫苗安全接种工作，截至2009年，共接种重点人群31万人。

做好其他重大传染病等防治工作。继续做好全市手足口病疫情防控和医疗救治工作。加强了手足口病医疗救治工作及院感防控措施情况的督查，落实重症转诊制度。继续完善艾滋病疫情监测报告和分析，推进美沙酮维持治疗工作，启用社区美沙酮维持治疗智能卡管理系统。全面落实现代结核病控制策略，推进结核病防治规划实施。开展麻风病防治规划中期评估工作，组织对全市4间麻风院村康复人员进行畸残矫治。开展麻风病、性病普查。

实施扩大国家免疫规划等工作。完成全市所有8月龄至14岁儿童麻疹强化免疫工作，共接种109.6万人。2009年全市麻疹发病152例，较上年同期发病774例，下降了81%。加强消除碘缺乏病工作，完成碘盐监测工作，食用碘盐覆盖率等指标达到标准要求，全市五区顺利通过消除碘缺乏病省级考核。

【加强婚检宣传力度】 在总结免费婚检产检实施两周年来工作情况的基础上，进一步加大免费“双检”宣传力度，不断发掘各地创新的服务模式，探索提高婚检率的新路子，完善免费婚检产检服务，提高双检率。开展全市孕产妇死亡评审工作，加强基层妇幼保健人员专业培训。继续积极推进全国亿万农民健康促进行动省级示范镇创建工作。

【卫生监督执法】 建立市级公共卫生相关信息通报机制，加强信息互通和资源共享。建立疾病预防控制机构绩效考核工作机制，落实岗位责任制，提高相关机构的效能效率。深化行政审批制度改革，规范卫生行政许可和监督执法行为，通过对审批事项横向整合，实现卫生行政审批窗口办理率100%，审批事项即办率达19%。加快了市级公共卫生机构建设。新启动了15岁以下儿童乙肝疫苗补种、重性精神疾病监管治疗等重大和基本公共卫生服务项目。全面深化公共场所和生活饮用水卫生监管。组织开展专项整治，组织开展了打击非法使用食品添加剂和滥用非食品用料、餐饮消费环节生猪肉品等6次全市性的大规模专项整治和专项行动。全年全市共报告食物中毒事件11宗，中毒人数共142人，无死亡病例。全市卫生监督机构开展各类卫生监督7.4万户次，对违法案件实施行政处罚478宗，已经执结462宗，罚款金额111.75万元。

【职业病防治】 建立健全建设项目职业卫生评审机制，全年全市共完成了83个建设项目职业卫生评审。加强职业卫生监督检查。配合市政府实施产业结构调整和陶瓷企业改造策略，组织开展对各区陶瓷企业职业卫生监督，职业病危害因素得到有效治理，其中粉尘合格率经整改后由30%～40%提升到80%以上，噪声合格率提升到70%左右。开展了有毒有害化学品职业病危害等专项检查工作。继续加强职业健康检查机构。全市共有取得资质的职业健康检查机构19个，职业病诊断机构2个，职业病危害因素检测评价机构6个，建设项目职业病评价机构3个。

【医疗服务质量监管】 加强规范医疗行为、感染管理、护理管理等各个医疗环节的制度落实，强化监督监管。强化医疗市场及采供血机构监管，组织部署了2009年全市打击非法行医和非法采供血工作，开展打击虚假违法医疗广告活动。加快完善《佛山市医疗机构不良执业行为记分管理办法（试行）》。贯彻执行省药品阳光采购工作，加强对全市医疗机构监督管理。2009年度网上采购金额33.89亿元，累计让利8.61亿元。加强对全市医疗机构耗材及检验试剂和二类疫苗网上采购监督管理工作，确保耗材和疫苗采购的质量安全、有效。全年耗材网上采购金额7.6亿元，累计让利1.2亿元；二类疫苗集中采购金额7150万元，累计让利715万元。严格执行招投标法和政府采购法，加强对市直医疗卫生单位设备和器械部门类集中采购监督管理工作，不断完善和规范采购工作制度，提高采购工作计划性，减少资源浪费和节约采购成本。2009年度市直医疗卫生单位医疗设备招标立项数186个，立项预算金额2.27亿元，实际招标采购金额2.1亿元，节约采购成本1710.6万元，节约率为8.14%。

【党风廉政建设和反腐纠风工作】 制定实施《佛山市卫生系统2009年党风廉政建设和反腐纠风工作意见》，实行目标管理，佛山市局与各区卫生局和市直医疗卫生单位签订行风建设责任书。实施医疗机构不良执业行为记分管理，实施医德医风考评。推行临床路径的运用。试行医患第三方调解机制。佛山市卫生局根据《佛山市第二批深入学习实践科学发展观活动的实施意见》开展了深入学习实践科学发展观活动。

【科教、人事、妇幼、信息工作】 落实科教兴医。2009年全市共获市（厅）级及以上立项242项，其中国家863计划项目和国家自然基金项目各一项；获得市级科技进步奖25项，其中一等奖2项、二等奖9项、三等奖14项。2009年获省级以上继续医学教育项目23项，其中国家级继续医学教育项目4项，省继续医学教育项目17项，省级中医药继续教育项目2项。2009年共举办全科医学岗位培训、重大传染性疾病应急培训、急诊急救培训、微生物实验室安全培训、管理培训等培训班20多个班次，培训各级各类专业人员约1500人次。完善并加强专科建设，全市首批34个重点（特色）建设专科中，有24个通过了周期验证，其中，有2个专科被列为国家中医药局重点专科，6个专科成为广东省卫生厅及省中医药局的重点和特色专科。2009年有3家医院通过评审成为高等医学院非直属附属医院，2家医院成为高等医学院校教学医院。推动医药卫生知识走进基层活动，协助《健康报》社等单位在佛山开展了“社区健康大讲堂”、“中国基层医疗技术服务促进工程中国行——走进广东”等医学知识推广普及项目。

2009年，佛山卫生系统有市级“青年文明号”集体有74家，其中省级“青年文明号”集体9家、国家级“青年文明号”集体2家。

推进卫生信息化建设。2009年6月正式开始实施区域卫生信息平台建设。推进区域医院信息系统集中采购实施工作，已完成区域电子病历系统、区域医院管理信息系统的准入招标工作，各医疗机构深入开展数字化医院建设。加快公共卫生信息化建设，一市三区的卫生监督信息系统已基本完成，卫生许可项目全部实现信息化。开展血液管理信息系统建设，加强区域采血和用血信息化管理。完善计划免疫信息系统建设方案。加强基层卫生服务机构信息化基础设施配套建设，配套完成205个社区卫生服务站的信息化建设。（潘思东）

第八篇

社会生活

FOSHAN NIANJIAN

人力资源和社会保障

人力资源

【综述】 在市委、市政府的正确领导下，市人力资源和社会保障局认真贯彻落实中央、省和市委、市政府的要求，大力实施“人才强市”战略，坚持以科学发展观、人才观统揽全局，优化人才队伍建设，深化各项人事制度改革，强化人事人才公共服务，为推动全市经济社会的又好又快发展提供了强有力的人事人才支撑。

【公务员管理】 一是顺利完成全市公务员统一考录工作。2009年全市招考公务员540多名，报考人数1.4万多人，为历年之最。佛山市按照省的要求从制度和程序上对公务员招考工作进行了改革和完善,网上报名和资格审核后置极大地方便了考生，面试采取了全市集中统一组织，跨地区抽调面试考官，选派2名人大代表和1名政协委员担任面试考官，较好地完成了面试和集中体检工作。 二是出台《佛山市直机关（单位）公开选拔科级领导干部工作意见（试行）》、《佛山市直机关（单位）科级领导干部竞争上岗工作意见》等政策，进一步规范和完善了市机关科级领导干部选拔任用工作。三是积极开展公务员培训工作，共举办各类培训班128期，共3.55万人次参训。四是出台实施细则，进一步完善了公务员生活补贴正常晋升机制。公务员生活补贴与任职年限挂钩的正常晋升机制的启动，大大提高了公务员的工作积极性。

【人才队伍建设】 围绕党和政府的发展大局，按照佛山经济社会发展和产业结构调整升级的需要，大力加强人才培养引进和技能培训工作。2009年，全市引进外国专家及留学人才450名，27名博士与各企业博士后工作站达成了进站协议。对现行的高层次人才政策进行了梳理。精心组织召开了市政府专家顾问团第三次会议和第六届“佛山友谊奖”评选及颁奖活动。组织参加中国博士后人才与科技项目浙江洽谈会，积极争取承办“中国博士后交流会”，擦亮创新型佛山的品牌。落实了留学人员创业园与佛山火炬创新创业园合作的相关工作。推荐了2009年新世纪百千万人才工程国家级人选、中国科学院和中国工程院院士人选、国家“友谊奖”、“南粤友谊奖”和“佛山友谊奖”人选。其中，2009年新世纪百千万人才工程国家级人选的推荐人数为历年之最。专业技术人才队伍建设取得新拓展，争取并得到了省的支持，佛山的广东省机电工程技术高级工程师第四评审委员会增设了电子电气和自动化设计与制造两个专业评审组，为机电行业专业技术人员申报高级职称搭建新的平台。2009年，于上年新设立的10家企业博士后工作站运作逐步正常化，在站博士后研究人员58人，开发研究项目67个，申请专利20个，先后完成研究项目15个。其中有两项成果应用于生产后，提高了产品的保鲜质量，大大节约了企业的仓储物流成本，为企业带来了立竿见影的可观经济效益，并已申请了发明专利。

【事业单位人事制度改革】 围绕改革创新，完善制度,佛山人事管理体制建设取得新成效。2009年，佛山全面建立事业单位聘用制，加强事业单位专业技术职数管理，以专业技术岗位结构比例切入，进而推动聘任制工作在全市全面铺开，以加强技术岗位职数的宏观调控管理使聘用制工作走上了规范管理的轨道；事业单位绩效工资制度正式启动，义务教育学校绩效工资制度、教师平均工资收入水平不低于当地公务员平均工资收入水平的实施工作稳步推进，义务教育教师收入“两相当”的相关政策逐步落实。做好公共卫生和基层医疗事业单位工资收入的摸底工作，为今后公共卫生和基层医疗事业单位绩效工资政策的出台，提供了详细的数据基础和提出建议。工资新系统的应用和完善推动人事信息管理系统逐步走向成熟，按计划顺利完成了“佛山市机关事业单位工资管理数据中心系统”（一期）项目工程，彻底结束原来各单位工资分散管理的局面；工资新系统与数字人事顺利实现功能对接，将所有新政策新法规纳入信息化管理，最大程度上减少人为干预，做到“公平、公正、公开”兑现工资福利待遇。

佛山市全力做好人才公共服务，为经济社会提供强有力的人才支撑。图为招聘会上人头涌涌。

【军官转业安置】 全年全市共接收安置军转干部183名（未含师级转业干部）。按行政移交147人，其中团级转业干部48名，占总人数的26.2%，正营及以下转业干部99人；按专业技术移交的36人。自主择业的军转干部8人，占总人数的4.4%。在2009年的全省军转表彰大会上，佛山有3名军转干部获得全省模范军队转业干部称号，有1名被评为全省先进军转工作者。市军转办连续两年被评为全省军转安置工作先进单位，广州军区赠送了“军转干部之家”的匾牌。

【人事人才服务】 全市各级人才服务机构全力做好高校毕业生就业工作，积极为用人单位引才揽才。2009年，佛山生源应届高校毕业生2.72万人，就业率达90.8%，超过上年高校毕业生就业率水平。人才服务机构与高等院校有机结合，共同搭建高校毕业生就业平台，为特困生提供重点推荐等多项优惠人才服务，全年共为708名特困家庭毕业生实现就业。采取“先行先试，先易后难”的合作思路，制定了广佛同城化人才服务领域对接合作的短期、中期和长期目标，拟定了包括联合举办广佛人才招聘活动和共同促进两地高校毕业生就业等对接合作的初步意见。6月2日，由广佛两地政府人事部门首次携手合作主办，中国南方人才市场和市人才服务办共同承办的“广佛人才一体化大学生专场招聘会”，吸引了263家招聘单位参加，其中广州招聘单位170家，佛山招聘单位93家，共为高校毕业生提供约5000个就业岗位，有超过5000名来自广佛两地的高校毕业生进场求职，取得较好的社会效益和招聘成效。为更好地宣传广佛人事人才工作同城化，使广佛人事人才同城信息能及时向群众公开，创建了“广佛人事人才同城网”，广佛两地共同维护网站信息。为给用人单位提供良好的人才保障和智力支持，进一步强化了人才公共服务职能，特别是为“金牌客户”量身定做服务方案，并重点抓好了“金牌客户”服务各项工作的落实。配备人才集体户专管员，加强了对集体户的跟踪服务。积极开展猎头服务，共为用人单位推荐中高层次人才310人次，其中成功上岗有21人。在人事考评工作方面，全年共组织全市各类专业资格和职（执）业资格考试共40项，共3.13万人报名考试，其中专业资格7项，1.95万人；职（执）业33项，1.18万人。出台了《人事考试工作程序规定》。《程序规定》涵盖了人事考试的全过程，内容全面，可操作性强，为规范全市各项人事考试工作提供了行之有效的操作依据。（卢建华）

劳动就业

【综述】 2009年，全市各级人力资源社会保障部门紧紧围绕党委政府的中心工作，按照“保增长、保就业、保民生、保稳定”的要求，积极应对国际金融危机挑战，认真贯彻《珠江三角洲地区改革发展规划纲要》，努力进取，开拓创新，开创了佛山市人力资源社会保障工作科学发展的新局面，呈现就业局势基本稳定、社保体系不断完善、劳动关系总体和谐的良好局面，为促进佛山经济平稳较快发展和社会和谐稳定做出了积极贡献。

【就业再就业】 面对金融危机给就业市场带来的冲击，及时出台了稳定和扩大就业的一系列政策，采取有力措施，有效地稳定了佛山市的就业局势。2009年，全市登记在册的“零就业家庭”全部实现一人以上就业，保持动态归零；全市下岗失业人员实现再就业3.46万人，完成省下达任务的128.2%，其中就业难人员8307人，完成省下达任务的207.7%；全市共举办1391场免费农民工专场招聘会，促成农民工就业16.6万人；应届高校毕业生就业率达90.8%，超过2008年高校毕业生就业率水平；全市全年城镇新增就业人数11.78万人，完成省下达任务的196.4%；城镇登记失业率为1.84%，低于全省2.6%和全国4.3%的平均水平，为全省各地级以上市第二低。全年共吸纳54名优秀农民工入户。进一步规范外国人就业审批办理工作，简化了办事流程，办结时限从法定的15个工作日缩短至9个工作日，为用人单位和外国人提供了良好的管理和服务。

【职业技能培训】 以实施全民技能提升储备计划为依托，加强职业技能培训工作力度；以实现职业培训的市场化、社会化、规范化为目标，构建经济发展的职业培训、鉴定体系，满足市场导向就业机制下劳动者对提高职业技能和职业变化能力的需要。据统计，2009年全市在岗职工培训8.82万人，新成长劳动力培训9635人，失业人员再就业培训9030人，农村劳动力技能培训2.12万人，创业培训970人，其他培训4.33万人。此外，全市完成高技能培训1.28万人，完成省人社厅下达4000人任务的319.72%。全市转移本地农村劳动力就业3.2万人，新接收本省东西北地区输入农村劳动力就业5.04万人，培训本省农村劳动力1.92万人，分别完成省下达任务的139.1%、111.9%、106.7%。

【技工教育】 2009年，省人社厅下达给佛山市技工学校招生计划8350人（其中：双转移扶贫招生1109人），实际完成9044人，完成计划108.30%，全市技校招生工作在全省21个地级市排名靠前。为积极响应省号召，实施全民技能提升储备计划，完成全省“双百万”技工教育培训发展目标，佛山不断完善技工教育机构建设，夯实职业技能培训基础。2009年广东省职业技能鉴定中心南海基地（省“九五”及2010年人才规划重点工程项目、省国民经济和社会发展十一五规划重大项目）、香港知专设计学院广东工业设计培训学院（南海）等几个重点项目动工兴建，佛山市高级技工学校申请设置全市首家“佛山市技师学院”，全市技工教育更上新台阶。

【职业技能鉴定】 创新工作方式，保证职业技能鉴定的“含金量”，积极参与新职业特别是有佛山产业特色的新职业的国家（省）题库、专项能力题库的开发工作，对考评员实行回避交叉派遣，严格把关。2009年，全市共组织全国全省统一鉴定1.04万人，其中高级工、技师和高级技师3784人（高级工2044人，技师1378人，高级技师362人）；全市共开展非统考的日常鉴定11.53万人（其中高级工8923人），是上年鉴定量的2倍；获取证书10.59万人（其中高级工7667人），是上年的2.1倍。

【企业工资分配】 大力开展工资集体协商工作，发布劳动力市场工资指导价位，为企业和职工确定工资提供参考。引导生产经营困难的企业主动与职工方开展协商，采取轮流安排休假、股份抵薪、适当延迟工资发放时间等办法，促使职工与企业共渡难关。至年底，全市大中型企业中已订立工资专项集体合同的1423户，涉及职工41万人，工资集体协商建制率81.6%，比省的平均水平高30.2个百分点，远高于省下达的建制率50%的目标。

【劳动争议仲裁】 贯彻落实《劳动合同法》，提高劳动合同签订率，通过开展农民工劳动合同签订“春暖行动”，着重提高农民工劳动合同签订率，同时逐步建立起劳动合同管理台账制度。实行被申请人答辩期征询、一次送达相关资料、特殊案件快捷处理、强化法定时限结案“四项”快速办案制度，依法高效处理劳动争议。整合调解资源，建立人民调解与劳动争议调解衔接机制。2009年，全市在岗职工劳动合同签订率97.7%，比上年同期稳步增长了1个百分点；全市共受理各类劳动争议案件10222宗，劳动争议案件当期结案10194宗，当期结案率91.6%。

【劳动监察】 面对金融危机的严峻形势，全市各级劳动监察机构有针对性地进行排查，做到经常性排查和专项性排查相结合，严查企业违法行为。初步建立劳动保障部门与人民银行信息共享和协调联动机制，使恶意违法企业在融资领域受到共同约束。全市五区已全部建立起企业工资支付监控信息化系统，纳入监控的企业达4.58万家。劳动保障热线电话12333与行政服务热线12345两线并网，热线呼入量增加率为97.3%；全市各级劳动保障监察部门共主动监察用人单位2.6万多家，涉及劳动者116.72万人，共为6.2万劳动者追回欠薪约1.67亿元。

【劳动保障法制建设】 建立劳动保障行政复议案件后续跟踪制度，跟踪办结行政复议案件的后续情况。出台了《关于进一步做好促进就业工作的实施意见》，在原来政策基础上进一步细化和拓宽了促进就业政策，完善了积极就业政策体系。颁发《关于落实普通高等学校毕业生就业扶持政策相关问题的通知》，重点要求全市做好对毕业生“六补贴一扶持”政策性优惠工作。实施《佛山市居民住院基本医疗保险市级统筹试行办法》，实现了由区级统筹到市级统筹的重要转折。出台《佛山市新型农村社会养老保险实施意见》（试行）和《佛山市农村居民参加企业职工基本养老保险制度的实施意见》（试行），促进社保城乡一体化发展。制定《佛山市失业保险基金扩大支出范围试点办法》，发挥失业保险促进就业的作用。转发《关于发挥社会保障功能扶持企业发展积极应对国际金融危机有关问题的通知》，减轻企业负担，扶持企业发展，积极应对国际金融危机。降低工伤、失业保险的征缴费率，切实减轻企业负担，稳定就业岗位，共减少企业和职工负担2.85亿元。

【基础建设】 认真贯彻落实《珠江三角洲地区改革发展规划纲要（2008 ~ 2020）》，推进广佛肇合作。广佛人力资源市场信息对接网络开通，实现异地招聘求职。广佛肇互设医保定点医疗机构，2009年，佛山在广州、肇庆的定点医院分别为30家和4家，广州在佛山认定8家医院为定点医疗机构。全市共建7个较大规模的创业孵化基地，入驻创业孵化基地企业440多家，带动就业近1.5万多人。市高级技工学校新校区建设取得新进展，建筑规划设计招投标已经完成，正进入施工前的各项准备，确定2011年春季新生入读新校区。着力加强就业信息网络阵地建设，实现企业招聘信息进入校园。顺利完成市人社局、社保局和各区局（分局）办公自动化系统和视频会议系统工程，节省了办公资源，极大地提高了工作效率和服务水平与质量。

（卢建华）

社会保障

【综述】 2009年，佛山市社会保险部门以科学发展观为统领，坚决贯彻落实“保增长、保民生、保稳定”的决策部署，按照市委、市政府中心工作的要求，紧紧围绕构建和谐佛山的主题，强化管理，规范业务，迎难而上，开拓创新，各项工作成绩显著。至12月底，全市参加城镇职工养老、医疗、失业、工伤、生育各险种人数分别为232万人、182万人、140万人、187万人、158万人。全年全市社会保险基金收入120亿元，支出77亿元，当期结余43亿元。

【迎难而上扩面征缴工作成效明显】 上年底由于全球金融危机的影响，佛山市部分企业生产经营困难，导致2009年初办理停保的人数大幅增加，扩面征缴工作形势严峻。佛山市召开多次扩面征缴工作会议，通过对工伤、失业保险费率进行阶段性下调，减轻企业负担，提高企业参保的积极性；通过引导灵活就业人员积极参保，弥补企业减员所造成的人数缺口；通过加强政府、职能部门之间的协作，形成合力，齐抓共管；同时通过抓好新年度缴费工资申报和企业社保登记证年审等常规性工作，有力推进扩面征缴工作。这些措施不仅改变了扩面征缴的不利局面，还使基金征缴总量超出预期计划，超额完成了市政府下达的扩面征缴任务。

【合理调整确保各项待遇按时足额发放】 一是于2009年1月和10月，按照国家、省的政策，认真抓好全市22.4万余企业离退休人员基本养老金调整计发工作，两次调整后全市企业退休人员人均基本养老金达到1270元，人均增加200元。二是根据规定，对领取工伤保险长期待遇人员的伤残津贴、护理费和供养亲属抚恤金等进行调整，使工伤职工及被供养亲属较好地享受到社会发展的成果。三是从9月起阶段性提高失业保险金，失业保险金标准由每人每月616元调整为708.4元，调高92.4元/月，并提高了农民合同制工人一次性生活补助标准，保证失业人员基本生活。

【统筹城乡养老保险惠民新政取得重大突破】 一是探索城乡一体化养老保障体系。在充分调查研究的基础上，确定了南海、顺德两区作为推进城乡一体化养老保障体系的试点区。南海区将符合条件的城乡居民以灵活就业人员身份纳入城镇职工社会保障体系。顺德区从7月1日起将全区被征土地农村居民全部纳入城镇职工社会保障体系。

二是实施新型农村社会养老保险工作，开启“全民养老”时代。根据国务院和广东省关于开展农村社会养老保险试点工作的精神，佛山市在未被列入国家、省试点范围，且国家财政补贴暂不到位的情况下，积极主动地开展新农保试点工作。10月15日，市政府召开全市新农保工作会议，对全市开展新农保工作做出了部署，提出了“三年内完成任务”的新农保工作目标。11月中旬，市人力资源和社会保障局出台《印发佛山市新型农村社会养老保险实施意见（试行）的通知》，从2010年1月1日起正式实施。各区均在12月前出台实施办法，并将农村居民和城镇居民均纳入新农保制度范畴，或允许符合条件者进入大社保，从制度上实现了养老保险“全覆盖”。

三是妥善解决“早期离开人员”社保问题。2月3日，出台《关于解决早期离开县以上国有集体企业人员社会保险问题的通知》，规定早期离开县以上国有集体企业人员在佛山市实施退休费统筹前的工作年限可以通过一次性补缴的办法予以计算缴费年限。各区从3月中旬正式启动“早期离开人员”一次性补缴社会保险费工作，妥善解决了该部分人年老后的养老医疗保障问题，受到社会各界的好评。

【深化改革巩固覆盖城乡的医保体系】 一是城镇职工基本医疗保险制度得到进一步完善。从7月1日起，扩大城镇职工医保的保障范围，提高家庭病床人日均费用，提高透析器具、人工器官和体内放置材料等医疗耗材报销比例，增加重症肌无力等8种门诊特定病种，同时提高门诊特定病种的报销限额，规范参保人发生意外伤害住院医疗费用核报等14项基本医疗保险经办管理规章，进一步完善了基本医疗保险政策体系。二是居民住院基本医疗保险全面实行市级统筹，公共财政补贴提高到筹资总额的50%，报销比例50%以上，标志着基本医疗保险制度一体化又前进了一步。三是居民门诊医保“一卡通”得到大力推广。高明区从1月起就在全区各定点医疗机构及网点推行居民门诊基本医疗保险“一卡通”；7月，禅城区参保人也统一使用居民门诊医保病历“一本通”。四是大、中专在校生被纳入居民医保体系，居民医保覆盖面进一步扩大。五是研究制定了相关医保定点机构监督管理制度和评级管理办法，强化对定点医疗机构的监管。六是与建设银行等七家银行举行医保联名卡合作协议签字仪式，做好医保联名卡的发行工作。

【立足长远 工伤、失业保险实现新突破】 一是工伤康复工作取得新进展。2009年佛山市在工伤康复方面增加投入进一步完善基础设施，举办大型的企业工伤保险业务经办人员培训班，通过报纸、电台、电视台等常规媒体宣传工伤保险政策外，有针对性地制作了10万份工伤职工慰问卡，让工伤职工在第一时间了解工伤保险政策、办事流程和康复指引等，加深企业劳资人员对工伤保险和工伤康复政策的了解，有力地促进了工伤康复工作的开展，康复率大大提高，成为全市工伤保险工作的重点和亮点。8月28日，市工伤康复中心新大楼落成使用，标志着工伤康复工作进入一个新的里程碑。该中心已成为国家免检的具有工伤康复资质的单位之一。

二是老工伤人员和离职后职业病人员的工伤保险待遇问题得到解决。根据《关于进一步完善我省工伤保险制度有关问题的通知》，市社保局制定了老工伤人员和离职后患职业病人员办理工伤保险待遇的操作流程，确保老工伤人员和离职后职业病人员各项待遇及时足额支付。

三是失业保险扩大支出工作取得新进展。受金融危机的影响，失业人数剧增。顺德区制订并实施了职业介绍和推荐就业补贴制度，运用社保基金对职业介绍工作进行补贴；并通过协调各镇（街道）劳动管理所，把职业介绍的权限下放到全区各村（社区）劳动服务站，把职业介绍所开到居民的“家门口”，让失业人员就近找工作。该制度实施以来，成效显著。

【扎实推进全市社保信息系统建设取得新突破】 新系统历经两年多的建设，已于2009年7月在市直和禅城区率先上线运行，情况正常，基本能满足日常业务经办工作的需要，对于特殊业务或尚未完善的功能，将在运行调试中不断完善；10月起，南海分局也正在实施系统上线工作，条件成熟时即进行系统切换；其他三区的上线准备工作正在有序开展。市社保局还完成了地税全责征收信息系统以及新农保信息系统的建设。

【加强社保稽核工作切实维护基金安全】 一是加大社保稽核力度。按照省社保局稽核部的要求以及全市社保稽核工作部署，有计划按步骤地开展了社会保险日常稽核和重点稽核，有力促进了扩面征缴工作，较好地维护了基金安全和参保人的合法权益。二是健全基金监管机制。执行全市统一的社保基金财务运作的各项规章制度，从制度上规范基金的整体性管理；按各区局、分局实际划拨资金，实现资金的层级调拨管理与调剂管理；全市社保基金会计账务核算系统通过使用统一的用友财务软件及财务专线联网，实现会计核算的电子化、高效化管理。

【落实纲要广佛肇社保同城化实现新跨越】 为深入贯彻落实《珠三角规划纲要》，佛山市积极推进广佛肇社会保险管理服务的对接。三地成立了专责小组，签订了同城化框架协议，并按照“先易后难、先近后远”原则，加快实现养老、失业、医疗保险管理服务“同城化”，相关工作稳步推进。11月初，佛山市在广州市区增加了4家医院为佛山市定点医疗机构，使佛山市在广州指定医疗机构达到30家。同时，广州市也在佛山市初步确定了8家定点医疗机构，方便广州参保人在佛山就医。佛山、肇庆两地劳动保障部门也将佛山市第一人民医院、肇庆市第一人民医院等8家医院互认为医保定点医院，为佛肇两地医保制度对接走出了第一步。

【全力以赴积极配合地税全责征收社保费工作】 根据省劳动保障厅、省地方税务局有关地税全责征收社保费的精神，佛山市地税、社保两部门密切配合，共同成立实施社保费地税部门全责征收上线工作领导小组，第一时间制定出详细的工作计划和进度安排，抽调业务骨干负责数据清理工作，坚持定期召开联席会议，确保各项工作按步骤展开，成效明显。两局还共同制定了培训、宣传方案，迅速开展对缴费单位经办人员的政策宣传和业务培训。10月1日起，禅城区率先实施地税全责征收社保费工作，总体运行情况良好。其他各区也正在按照上线计划，做好各项业务衔接的准备工作。

【勇于创新完善服务手段提高工作效率】 全市各级社保经办机构紧绕方便群众的宗旨，不断解放思想，大胆创新工作方式，服务工作取得了新成绩。顺德区创建居民医保信息管理系统、身份证读卡器嵌入式系统等，大大提高办事效率；创新职工参加居民门诊定点医疗机构的自选模式，医保工作更具人性化；创建医疗保险信息平台，各部门可以进行即时业务沟通，为医疗保险业务处理提供了高效快捷通道。此外，按照市政府的要求，市人社局积极配合市审改办开展行政审批制度改革工作，事权进一步下放区镇，保证申请人只需一次递件；通过设置行政审批“窗口式”办公制度，实现业务一站式办结；此外，对审批层级进行压缩，服务效率大大提高。 （邹花妍）

社会福利

【综述】 2009年，佛山市各级民政部门以科学发展观为指导，按照省、市的工作部署，抓住实施《珠江三角洲地区改革发展规划纲要》和《部省协议》的有利时机，着眼民生，确保稳定，切实推动各项工作开展，服务了大局，惠及了民生，维护了稳定，实现了民政事业新发展。

【城乡社会救助体系更趋完善】 完成了低保提标工作。2009年全市低保标准整体提高30元，禅城、南海、顺德区提高到350元／人月，高明、三水区提高到310元／人月。年底全市共有城乡低保对象2.5万户5.69万人，全年支出低保资金1.14亿元。

全面实施分类施保。正式实施《佛山市城乡最低生活保障对象分类救助实施办法》，各区也制定分类救助实施办法，确定救助标准，落实六类对象救助金的发放。

低保工作规范化建设全面推进。启动“低保规范化建设年”活动，低保管理体系和运行机制得到加强。建立市级社会救助工作联席会议制度，形成了统一、协调、高效、有序的社会救助管理体系和运行机制。

全面启动物价异动应急救助机制。正式建立“基本生活费用价格上涨与低收入居民临时生活补助联动机制”，为编制低收入消费价格指数和启动机制提供了科学的基础数据。

提高了农村五保供养水平。按照年供养经费不低于当地农村居民上年度人均纯收入60%的要求统一调整农村五保供养标准。调整后各区人月供养标准为：禅城550元、南海600元、顺德540元、三水400元和高明400元。2009年全市共发放五保供养经费2013.67万元。

各项配套制度日臻完善。结合各项社会医疗救助制度，构建了“四位一体”的医疗救助制度，有效解决困难家庭看病难问题；建立起“四位一体”的扶贫助学长效机制，有效解决了困难家庭就学难问题；下拨改造救助经费，农村特困居民危房改造工作在各区稳步推进；各级法援机构共为困难群众239人提供了法律援助服务。各地还不断开拓创新，扩大救助工作内涵，加强对困难群众的救助。此外，还依法依规做好了救助管理工作。

【自然灾害救助工作取得实效】 进一步完善自然灾害管理体制。进一步修订完善自然灾害救助应急预案，积极推进区、镇（街）、村（社区）三级救助应急预案体系建设。落实救灾“两项经费”1520万元，建立自然灾害应急临时庇护场所383间，建立易灾地区灾民紧急疏散转移名册台账和特困对象档案。开展“防灾减灾日”宣传教育系列活动，增强了全社会的减灾意识和应对灾害能力。在全市16个社区积极推进“全国综合减灾示范社区”创建工作，共有6个试点社区获“全国综合减灾示范社区”称号。

大力发展慈善事业。充分发挥各级慈善组织活力，积极开展慈善捐助活动，推动基层慈善组织建设，打造了一批慈善活动项目品牌。至年底止，全市共有慈善超市35间。

【社会福利工作水平持续提高】 继续实施“明天计划”和“星光计划”。安排福利机构、低保家庭残疾儿童开展手术治疗康复工作，安排符合条件的低保临界家庭儿童入院筛查体检。“星光计划”绩效评价工作顺利完成，全市共建立1047间“星光老年之家”，逐步覆盖全市各镇街和村居。

福利机构和福利企业建设得到加强。积极改善福利机构和敬老院的供养条件，提高供养率，提升服务水平。建立了“关爱服务、安全设施建设年”活动长效机制，研究制订了佛山市扶持民办福利机构管理办法，积极探索“公助民营”福利事业发展模式。

养老服务工作继续推进。全面推进社区居家养老服务，积极推动服务机构建设，扩大服务对象覆盖面，全市70%的镇街开展了该项工作。进一步完善和落实老年人优待政策，组织各项敬老爱老活动，成功举办佛山市十大“长寿之星”评选、老年人粤曲大赛等活动，营造了关爱老人、关注老人健康的社会氛围。积极推动建立高龄老人津贴制度。

积极筹集福利公益事业经费。积极贯彻《彩票管理条例》，通过开展专营化升级建设、合理开发市场、加强营销宣传、加大培训力度等方式，拓宽了销售渠道，进一步树立福利彩票“公益、慈善、诚信”的品牌形象，全年共销售福利彩票6.69亿元，与上年同比增长25.64%，共筹集福彩公益金2.34亿元，为佛山市创造税收2030万元。

全面推进社区居家养老服务，营造关爱老人、关注老人健康的社会氛围。

【社会组织培育管理有序发展】 继续培育发展四类重点社会组织。积极落实社会组织培育政策，制订现代行业协会发展规划和措施，扩大现代行业协会的覆盖面。全市共有社会组织2054个，其中社会团体1007个，民办非企业单位1047个。

规范社会组织年检和评估工作。完成上年度社会组织年检工作任务，结合年检工作开展了清理整顿工作。市、区制定了《社会组织评估实施办法》和《行业协会评估细则》，在行业协会中展开社会组织评估工作，对20个行业协会进行了评估。

社会组织党的建设、自身建设得到加强。组织社会组织开展深入学习实践科学发展观活动，进一步加强了社会组织党组织的建设。深入开展了自律与诚信建设活动，维护了广大会员的合法权益，创造了社会团体发展的良好氛围。

【双拥优抚安置工作更加有力】 调整提高优抚对象抚恤补助标准。统一调整提高全市“三属”、残疾军人、复员军人、带病回乡退伍军人等优抚对象的定恤定补标准。还将佛山市参战人员补助标准由原来250元/月提高到280元/月。

完善优抚对象医疗保障制度。对未参加职工医疗保险的抚恤补助优抚对象，全额资助其参加城镇居民基本医疗保险（含住院和门诊）。积极探索新形势下优抚对象医疗保障体系建设，制定了《佛山市抚恤补助优抚对象医疗保障办法》。

全面落实退伍安置政策。圆满完成2008年冬季退役士兵安置工作，发放自谋职业安置补助金2269万元。以实现就业为目标，采取多层次适应退役士兵特点的培训方式，举办了职业技能培训班。继续落实好军休干部“两个待遇”，扎实做好服务管理工作。

【专项社会事务管理工作更加规范】 殡葬改革和服务继续推进。顺利完成了全市2008年度殡改工作考核和各殡葬服务单位的年检工作。对全市公墓进行了清理整顿，保障了清明节、重阳节群众拜祭活动在文明、安全、有序中进行。组织第五次“骨灰植树回归自然”活动。研究制订了《佛山市2011年～2020年公墓建设发展规划》和《佛山市殡葬设施建设“祥安计划”》。

区划地名与边界管理有序进行。完成《佛山市地名规划》编制工作，规范了地名命名，受到国家民政部的充分肯定。签订6条市级界线2009年度委托管理维护协议。完成佛山—中山线的内、外业联合检查工作，完成广州—佛山、佛山—中山部分地段界线修测工作。组织南海、高明、三水区完成南海—三水线和高明—三水线联检工作。全市地名和地名标志管理进一步规范。 （杨　俊）

老龄工作

【综述】 根据省老龄委要求，组织开展了佛山市实施省老龄事业发展“十一五”规划情况的中期检查评估，并形成了《佛山市实施老龄事业发展“十一五”规划情况报告》报省老龄委。

【全面推进社区养老服务】 全市70%的镇(街道)开展了居家养老服务工作。召开了全市居家养老经验介绍现场会议，南海、顺德区民政局，禅城区祖庙街道、顺德区大良街道、三水区西南街道分别在大会上做了经验交流。市老龄办和市老年学会还对禅城区大力建设社区居家养老服务中心以及三水党政领导高度重视老龄工作的经验作了专题调研。

佛山市敬老、养老、助老的社会风尚蔚然成风。图为义工在为老人理发。

【开展形式多样的敬老助老活动】 在春节、国庆节、老人节等节日期间，市老龄委相继召开了市老龄工作者迎春茶话会和敬老慰问座谈会，向市直465名80岁以上离休老干部、五区329名百岁老人、150名特困老人发给每人500元的慰问金。

【积极学习贯彻《老年法》，维护老年人合法权益】 把《老年法》纳入普法计划，市老龄委对保护老年人权益的工作历来重视，狠抓学习、宣传、贯彻《老年法》，并切实抓好老年咨询服务和法律援助工作。老年维权网络不断完善，为老年人提供法律援助，搞好老年人来信来访工作和法律援助、司法救助工作，使老年人的合法权益得到切实保障。全市共有老年法律援助中心26个。

【大力弘扬长寿文化】 与《佛山日报》及《悦生活》周刊、广佛都市网联合策动，举办了首届佛山市“十大长寿之星”评选活动，全市共28名百岁寿星参加了评选，近8万名市民参加了网上投票，最后选出的十大寿星最大年龄112岁，平均年龄108.5岁。11月，市老龄委还协助中国老年学会长寿研究委员会和三水区政府举办以环境发展和健康长寿为主题的首届“中国长寿论坛”，国际科学理事会、中国社会科学院、中国老年学学会、中国长寿之乡的代表近140人出席了研讨会。此外，三水区正积极与中国老年学学会合作，筹建中国老年学学会长寿文化创意产业基地。

【组织庆祝建国60周年老年文艺活动】 2009年市老龄委与市文化广电新闻出版局联合举办了“祖国在我心中——首届佛山市老年人粤曲大赛”。广大老年积极参与，创作了不少主题鲜明、具有岭南风格、艺术水平较高的粤剧节目。此外，推荐了优秀文艺节目和书画作品参加省老龄委举办的广东省老年文化系列活动。

（彭　山）

物价改革与管理

【综述】2009年，佛山市各级物价部门贯彻落实《珠江三角洲地区改革发展规划纲要(2008～2020)》提出的价格改革目标，着力推进能源资源价格、环境价格改革和医药价格试点改革，强化价格、收费监管工作，保持价格总水平稳定。

在国际金融危机的影响下，价格总水平低位运行，据国家统计局佛山调查队统计，2009年佛山市居民消费价格指数下降1.6%。构成居民消费价格指数的八大类商品、服务价格升降情况为：食品类升0.1%、烟酒及用品类升1.6%、衣着类降2.4%、家庭设备用品及维修服务类降1.3%、医疗保健及个人用品类升1.4%、交通和通信类降2.5%、娱乐教育文化用品及服务类降1.3%、居住类降6.9%。

【深化价格改革】为加强水资源保护，促进节水型社会建设，从4月1日起统一提高水资源费征收标准至0.12元/吨，同时按照逐步实现全市自来水同城同价的改革目标，各区先后进行了水价调整。

根据省政府的部署，佛山市从11月起对除居民生活用电以外的各类电价进行调整，全市销售电价总体水平每千瓦时提高1.9分钱。电价调整后，缩小了工商业用电的价格差距，商业用电与非普工业用电的价差由原来每千瓦时19.1分钱缩小为9分钱；扩大了大工业、非普工业和商业用电电压等级的价差，由原来每千瓦时1分钱调整为2.5分钱；拉大了峰谷电价比价，大工业和非普工业专变用户的峰谷电价比价由原来1.58：1：0.5调整为1.65：1：0.5。

【清费减负治乱】根据国家和省治理乱收费减轻企业负担的工作部署，物价、财政、审计、纠风等部门联合开展对市直行政机关及其下属单位、中央和省驻禅所有收费单位的专项检查。重新规范了市属单位的6项收费行为，取消收费项目2项，降低收费标准1项。认真贯彻执行国家出台的取消100项收费的减负措施，原来实际执行的38项收费全部取消，年减负金额2.73亿元（其中教育收费占了1.9亿元）；贯彻燃油税费改革措施，取消了公路养路费、公路客运附加、公路运输管理费、水路运输管理费和航道养护费5项收费，年减负金额为16.5亿元；降低防空地下室易地建设费，年减负金额约2000万元。以上各项减负措施落实后，全市每年可减轻企业和群众负担近20亿元。

认真开展中小学教育收费检查，清理整顿中小学校补课收费，纠正了部分学校为提高高考升学率对高三年级学生进行补课并收取补课费的违规问题，责令有关学校退回补课费。

加强抗甲型流感药品等重要、敏感商品的价格监管和检查，对60多家违规涨价的药店进行行政处罚。

为促进全市房地产市场价格秩序健康发展，出台实施新建商品房销售价格管理规定，对新建商品房的住宅、商铺及配套使用的停车位、车库的销售价格行为和预售行为进行规范。

全市共受理价格举报投诉、政策咨询4763件，投诉的热点依次为：春节期间客运票价、外来人员暂住证收费、停车场服务收费、物业服务收费、出租车燃油附加费、成品油价格、教育收费等问题。在办理中查处价格违法案件807件，退还群众金额96.8万元，没收违法所得11万元，罚款45.6万元。

（刘共航）

收入与消费

【综述】 佛山市抓住实施《珠江三角洲地区改革发展规划纲要》的重大机遇，认真落实中央、省、市“保增长、扩内需、调结构”系列政策措施，积极应对国际金融危机的冲击，实现了全市生产总值稳步增长，消费品市场稳中趋旺，城镇居民收支保持稳定增长的良好局面。全市城镇居民抽样调查资料显示，2009 年，全市城镇居民人均可支配收入和人均消费支出分别增长 9.3% 和 9.9%。

【收入平稳增长】 2009 年，全市城镇居民家庭人均总收入为 27425 元，增长 10.5%，其中，人均可支配收入为 24578 元，增长 9.3%。城镇居民家庭主要收入来源及增长情况见表 1。

表 1：2009 年佛山市城镇居民收入主要来源及其增长

收入项目	金额（元）	增长（%）	拉动总收入增减（百分点）	构成（%）
家庭人均总收入	27425	10.5	—	100
其中：可支配收入	24578	9.3	—	—
工资性收入	19788	8.1	6	72.2
经营净收入	2272	7.2	0.6	8.3
财产性收入	512	4.4	0.1	1.9
转移性收入	4852	24.2	3.8	17.7

【工资性收入稳中有升】 2009 年，全市城镇居民人均工资性收入 19788 元，增长 8.1%。其中工资及补贴收入增长 7.4%，其他劳动收入增长 51.3%。工资性收入增长的主要原因是：随着经济企稳向好，部分企业发放年终奖、业务提成、其他劳动收入等高于上年水平。

【经营净收入平缓增长】 随着整体经济环境的好转，在政府加大就业，拉动内需政策的带动下，居民消费信心得以提振，购买欲望增强，不仅带动了居民消费的较快增长，也使个体经济逐步走出经营谷底。从 2009 年二季度起，佛山市城镇居民经营收入开始扭亏为盈，并保持平缓增长。2009 年，全市城镇居民人均经营净收入 2272 元，增长 7.2%。

【加发过渡性养老金政策带动转移性收入快速增长】 近几年来，佛山市政府一直高度重视低收入家庭和离退休人员的生活。相继出台的提高养老金、离退休人员的离退休金和最低生活保障线等惠民政策，为低收入家庭和离退休人员带来了实惠，推动了转移性收入较快增长。2009 年，全市城镇居民人均转移性收入 4852 元，增长 24.2%。其中，11 月补发 1 ~ 10 月企业离退休人员过渡性养老金，迅速带动离退休金收入快速增长，全年增长 32%，企业离退休人员待遇得到进一步改善。

【财产性收入小幅回升】 2009 年，全市城镇居民人均财产性收入 512 元，增长 4.4%。带动财产性收入增长的主要原因：一是出租房屋收入增加，全年城镇居民出租屋收入增长 9.3%；二是年初以来，股市恢复性上涨，居民的投资收益有所增加，全年城镇居民股息与红利收入增长 27.5%。

【各类消费全面增长】 随着经济环境的不断好转、

居民收入的稳定增长以及国家出台一系列扩大内需、鼓励消费和放宽货币政策刺激消费政策的影响下，居民消费保持稳定增长。全年全市城镇居民人均消费支出19296元，增长9.9%，各类消费全面增长。

【在外饮食消费较大幅度增长拉动食品支出增加】 全市城镇居民人均食品消费支出6679元，增长6%，拉动消费支出增长2.1个百分点。城镇居民恩格尔系数为34.6%，下降1.3个百分点。在食品消费构成中，居民人均在外饮食消费增长15.5%，成为拉动食品消费的主要增长点。

【衣着消费较快增长】 受国际金融危机影响，全国纺织品出口下降，部分纺织品转向国内销售，在国家扩大内需的政策影响下，众多商家在节日加强降价促销力度，驱使居民对“衣”的购买欲望增强。同时，居民更加注重穿着品位，穿名牌、求个性，购买服装的单价逐年提高。2009年，全市城镇居民人均衣着支出1219元，增长9.7%。其中，服装购买单价提高0.3%，支出增长10.7%。

【住房装潢支出大幅增长】 随着居民居住环境的改善，购房建房行为直接促进了住房装修支出和小区管理、家政等家庭服务需求消费支出增长。全年全市城镇居民人均居住支出1773元，增长14%。其中，人均住房装潢支出259元，增长109%，对居民住房消费增长起主要的拉动作用；物业管理费支出195元，增长4.1%。

【医疗保健、教育消费持续增长】 全年全市城镇居民人均医疗保健支出为1092元，增长9.1%。其中，医疗保健器具和各类滋补保健品支出共398元，增长64.7%；随着全民医保的实施，居民在药品支出上得到实惠，全年药品费支出下降12.3%；医保的推行也使居民就医频率增加，全年医疗费支出增长24%。

在义务教育和非义务教育费用明显减少的情况下，由于家长对子女教育已不满足于学校学习的知识，舍得花钱让子女有更大的提高，因而家教费、培训班费用大幅上升。全年全市城镇居民人均教育支出982元，增长7.8%。其中，家教费、培训班费用支出分别增长3.7倍和20%。

【出行方式升级带动家用汽车消费快速增长】 2009年，政府出台的降低小排量汽车购置税、取消了包括公路养路费等总共6项收费刺激汽车消费政策，带动居民家庭购车数量增多，汽车交易呈现上升趋势。全市城镇居民人均交通支出2596元，增长30.3%。其中，购车消费拉动人均消费支出增加486元，拉动消费支出增长2.8个百分点。到2009年年底，全市城镇居民百户拥有家用汽车45.5辆，增加5辆。

【服务型消费较快增长】 随着收入的不断增加，居民消费需求逐渐发生变化，花钱买服务的消费观念悄然升起，服务型消费迅速增长。2009年，居民消费支出中，人均服务性消费支出6048元，增长7.5%，拉动消费支出增长2.4个百分点，占消费支出的比重为31.3%。服务性消费支出增长较快的有家庭服务、医疗服务以及以洗浴为主的个人服务。城镇居民服务性需求较大的主要是交通通讯服务、教育文化娱乐服务和饮食服务。各类服务性消费支出情况见表2。

表2：2009年佛山市城镇居民各类服务型消费支出情况

消费类别	金额（元）	增长（%）	占服务性支出比重（%）
服务性消费支出	6048	7.5	100
饮食服务	1142	15.5	18.9
衣着加工服务费	6	−31.5	0.1
家庭服务	123	24.4	2
医疗费	257	24	4.2
交通通讯服务费	1850	−3.5	30.6
教育文化娱乐服务费	1989	8.4	32.9
居住类服务费	407	15.8	6.7
杂项服务费	274	28.4	4.5

（国家统计局佛山调查队）

婚姻家庭 · 计划生育

婚姻登记

2009年，佛山市各级民政部门和婚姻登记机关坚持以“依法行政、为民服务”为宗旨，以创建文明窗口为载体，以优质服务为目标，认真贯彻落实省民政厅《关于进一步加强我省婚姻登记规范化建设步伐的通知》精神，通过改善婚姻登记处办公条件和服务环境，实现婚姻登记信息化管理，建立健全管理制度、强化婚姻登记员队伍建设等措施，使登记环境有了新提升，政务公开有了新亮点，队伍建设有了新发展，不断提升婚姻登记规范化建设水平。全年共办理结婚登记39060对，其中中国内居民结婚登记38753对，涉外、涉港澳台华侨结婚登记307对。办理离婚登记6513对，其中，国内居民离婚登记6459对，涉外、涉港澳台华侨离婚登记54对。补领婚姻证书3422宗。2009年，禅城区民政局、南海区民政局、南海区九江镇、大沥镇、丹灶镇、三水区芦苞镇等6个婚姻登记机关被评为全国婚姻登记规范化建设单位。（崔凯丽）

计划生育

【综述】 佛山市人口和计划生育系统紧紧围绕市委、市政府确定的人口与计划生育工作思路，以科学发展观统领工作全局，不断探索建立新时期人口与计划生育工作新机制，稳定低生育水平，统筹解决人口问题，促使全市人口与计划生育工作水平得到较大提升。2009年，全市户籍人口出生率为9.84‰，自然增长率为5.02‰，政策生育率为97.25%，全面完成省下达的人口计划指标任务，市及五区被省政府授予“广东省2009年度人口与计划生育先进单位”称号。

【人口与计划生育层级动态管理责任制进一步落实】 以开展省统一部署的“镇（街道）无政策外多孩出生、村（居）无政策外出生”活动为抓手，大力推行人口与计划生育层级动态管理责任制，建立预警、督办、绩效考评等制度，加强动态管理和检查监督，及时掌握孕情动态，狠抓长效避孕节育措施的落实，严格兑现奖罚，使基层计划生育工作基础进一步加强。

【流动人口计划生育服务管理水平进一步提升】 认真执行流动人口计划生育工作规范，落实流动人口计划生育工作责任制。加强部门协调，健全职能部门综合治理机制，推进职能部门之间信息系统的互联共享，加强信息系统数据的监测。利用信息化手段，做好流动人口全员管理摸底调查、数据录入等工作，认真开展流动人口计划生育专项服务活动，为流动人口已婚育龄妇女提供免费查环查孕、生殖健康普查普治等优质服务。大力推进流动人口计划生育服务管理区域协作，完善联系人制度和信息交互制度，促进流动人口证件办理、孕情检查、长效避孕节育措施等工作的落实。2009年，全市常住流动人口政策生育率为95.45%，呈现逐年提升态势。

【计划生育挂钩帮扶工作深入开展】 认真开展计划生育挂钩帮扶工作，建立党政领导干部挂钩帮扶人口与计划生育工作制度，大力落实各项工作任务。

市、区、镇（街道）有关领导干部和部门认真落实职责，深入基层开展调研，掌握基层人口与计划生育工作情况，提出帮扶措施，解决挂钩点的实际困难，促使基层人口与计划生育工作水平有较大的提升。

【计划生育利益导向机制进一步健全】 坚持处罚多生与奖励少生并举，引导广大群众自觉实行计划生育。一是认真做好社会抚养费依法征收工作，处罚多生，保持对违法生育行为的高压态势。二是落实各项奖励扶助制度，奖励少生。认真贯彻国家和省的各项奖励扶助政策，以及佛山市节育奖制度和农村独生子女和纯二女结扎户女孩参加中考降5分照顾录取政策。认真落实计划生育家庭特别扶助制度，并在省的基础上大幅度提高奖励标准。有条件的地区出台了流动人口节育奖、计划生育家庭优先租用廉租房、发放计划生育困难家庭住房租赁补贴等新举措，并对符合救助条件的计划生育家庭给予优先帮助，使实行计划生育的群众得到更多实惠。2009年，各级重点解决城镇独生子女父母退休一次性奖励问题，认真开展调查摸底、数据测算、方案制定、申报填表、资料审核和资金发放等工作。

【出生人口性别比偏高问题得到综合治理】 采取多种措施促进出生人口性别比平衡：一是加强宣传教育，营造“生男生女一样好”的舆论氛围；二是进一步完善职能部门综合治理机制，落实齐抓共管职责，并将职责落实情况列入责任制考核内容；三是加强对全市从事计划生育技术服务医疗机构的监督管理，完善B超使用、孕情跟踪、药物管理、信息通报和有奖举报等制度；四是有关部门不定期联合开展出生人口性别比偏高问题专项治理行动，净化生育环境。2009年，全市出生人口性别比继续控制在合理范围内。

【计划生育宣传教育进一步深化】 推进计划生育宣传阵地建设，并以元旦、春节、世界人口日等节假日、纪念日为契机，开展形式多样的宣传服务活动，向群众宣传计划生育政策法规、生殖健康、优生优育等知识。创新宣传教育工作思路，加大投入，推进生育文化和人口文化建设，打造了一批具有佛山特色的生育文化和人口文化品牌。

【计划生育依法行政扎实推进】 认真落实国家和省的人口与计划生育政策法规，大力推进行政审批制度改革，简化办事程序，不断提升依法行政水平。按照省的要求，扎实做好城镇独生子女父母调查工作。抓好信访工作，认真倾听群众诉求，将矛盾化解在萌芽状态，全市没有发生因计划生育引起的突发性事件和恶性事件。

【计划生育优质服务提质提速大力推进】 大力推进计划生育优质服务提质提速，加强技术服务机构的规范化、标准化建设。广泛开展科技大练兵活动，组织全市计划生育技术人员参加全员培训和测试，不断提高业务水平，大力开展免费婚检、产检相关工作，深入推进出生缺陷一级干预工作，为广大育龄群众提供计划生育、生殖健康、避孕节育等优质服务。大力开展计划生育药械市场专项整治行动，维护人民群众的身心健康。

【计划生育信息化应用水平进一步提升】 大力加强计划生育信息化建设，完善工作制度，开展知识竞赛和岗位练兵活动，提升业务水平，强化信息化在人口与计划生育领域的应用。加强部门协调，推进人口基础信息库建设，推动职能部门之间的资源共享，提高工作效率。（何敏宏）

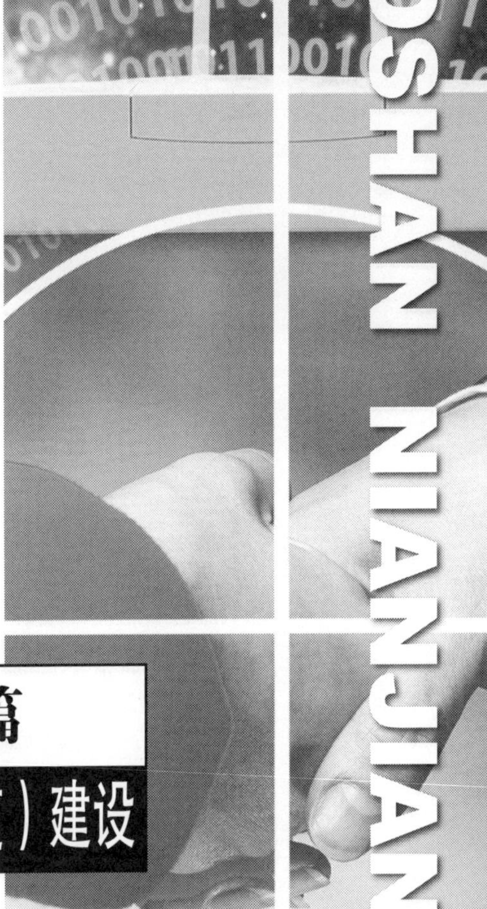

第九篇

各区、镇（街道）建设

禅　城　区

概　况

禅城区，佛山市五个行政区之一，东距广州仅6公里，东南距香港96公里，南距澳门135公里，广珠（海）、广湛（江）公路和广茂铁路横贯境内，交通便利。禅城区下辖一个镇和三个街道办事处，既是佛山市人民政府驻地，也是佛山市的中心城区。

佛山禅城，“肇迹于晋，得名于唐”，历史悠久，文化底蕴深厚，素有粤剧之乡、陶瓷艺术之乡、武术之乡、民间艺术之乡和秋色艺术之乡的美誉，至北宋时期，与湖北汉口、江西景德镇和河南朱仙并称“四大古镇”。拥有被外国朋友誉为东方民间艺术之宫的名胜古迹“祖庙”、岭南四大名园之一的“梁园”和凝聚中华武术精髓的“黄飞鸿博物馆”。

禅城区委、区政府认真贯彻落实科学发展观，积极应对国际金融危机，积极贯彻落实国家、省、市应对国际金融危机的各项措施，抢抓贯彻实施《珠江三角洲地区改革发展规划纲要（2008 ~ 2020）》带来的重大机遇，政治、经济、文化、社会等各方面事业均取得新发展。2009年，禅城区实现地区生产总值886.33亿元，同比增长14.5%；完成工业总产值2026.12亿元，增长11.5%；社会消费品零售总额322.92亿元，增长22.9%，出口57.8亿美元，下降14.4%；固定资产投资274.01亿元，增长14.1%；全年实际利用外资4.4亿美元，增长45%；禅城本级财政一般预算收入25.67亿元，增长11.1%。

经　济

【工业】 坚持“优二进三”、打造精品经济的产业发展战略，加快传统产业优化升级步伐，努力构建现代产业体系。2009年禅城区工业经济发展保持平稳增长。全区实现工业总产值2026.12亿元，同比增长11.5%。其中规模以上工业总产值1884.55亿元， 同比增长12%。 工业运行主要特点：一是轻、重工业均衡发展。全区规模以上重工业增长速度为10.8%，轻工业增长为14.5%，两者增速差距由上年的10.6个百分点缩小到3.7个百分点。三产比重逐渐增加，2009年全区二、三产业的比例为55 : 44，正向珠三角发展规划纲要提出的目标稳步靠拢。二是传统产业中品牌企业在调整中不断释放活力。如陶瓷生产厂家由调整前的115家减少到21家优质企业，陶瓷产业工业经济总量仍与整治前2007年相近。纺织业、服装业也出现类似情况。新兴产业初具规模，禅城区的精密制造、医疗器械、环保设备、汽车零配件制造等现代制造业发展势头较好，据统计，LED、通讯设备等新兴产业产值已超过100亿元。三是大力推进清洁生产改造，节能减排成效显著。全区陶瓷生产企业清洁生产改造工作已基本完成，其他行业中如兴发、联达、沃德森公司已获得省清洁生产企业称号。全区单位GDP能耗，节能考核均连续两年位列全市第一。四是名牌战略又有新突破，新获得中国驰名商标4件、广东省著名商标11件、广东省名牌产品4个。

【商贸旅游】 服务业发展步伐加快，成为增加就业、推动精品经济的主要力量。全年服务业增加值

406.36 亿元，增长 20.1%。现代物流、专业市场、会展经济蓬勃发展。家电下乡工作进展顺利，全区销售网点 72 家，覆盖率达 100%，销售家电下乡产品 9337 台。居民消费需求日益多元化并继续优化升级，超市、便利店、专卖店、购物中心等新型业态发展迅速；连锁经营、物流配送、电子商务等新型流通方式不断涌现。顺联国际、兴华商场、沃尔玛、好又多、吉之岛、国美电器、苏宁电器等一批连锁经营企业得到有效发展。全年全区社会消费品零售总额 322.92 亿元，增长 22.9%，大型商业企业成为推动消费的主力军。

2009 年，禅城区实现旅游总收入 58.6 亿元，同比增长 9.1%，其中旅游外汇收入 2.11 亿美元，同比增长 9.3%；接待过夜客人近 203.9 万人次，同比增长 0.8%。旅游质量安全监管有效，旅游行业诚信自律，全年无重大旅游安全和质量事故。2009 年禅城区的南风古灶旅游区正式跻身于国家 4A 级旅游景区行列，实现国家 4A 级景区零的突破。禅城区旅游局与广州越秀区旅游局共同举办“广佛少年同城游”启动仪式，并签订了《越秀区与禅城区旅游合作协议》。在广佛肇三地统一发行“广佛肇旅游一卡通”。成功举办“南庄杯”广东省第三届五人龙舟锦标赛暨南庄镇第十届龙舟赛和首届中国（佛山）陶瓷节。

【农业】 以促进农民增收为目标，以统筹城乡发展为着力点，积极推进农村综合改革，大力发展现代都市农业，规范农村经营秩序，促进农业增产、保障农民增收。2009 年，禅城区农村经济总收入达 440.86 亿元，同比增长 15.01%；全区农民人均收入 11366.97 元，同比增长 10.8%。继续完善农村股份合作制，大力推进“两分两换”试点，稳步推进农村集体经济体制改革，出台了《禅城区关于推进集体经济管理体制改革试点工作意见》。加强农产品监管力度，保障市民餐桌安全，对蔬果批发市场实行 24 小时监测制，动物产品（生猪、菜牛）屠宰检疫坚持“逢进必检，每车必检”的原则。4 月 15 日，禅城区首个“厂场挂钩”放心肉店在南庄镇开张营业。

【招商引资】 全年合同利用外资 1.55 亿美元，同比增长 10.21%；实际利用外资 3.59 亿美元，同比增长 22%。全区新批投资项目 31 个，软件园引入项目 40 个，创意产业园引入项目 160 多个。佛山国家高新技术开发区禅城园、国家火炬创新创业园孵化器、广东（佛山）省级民营科技园、广东省（佛山）软件科技园、佛山创意产业园、1506 创意城等现代化产业基地加快建设。德科机器人、广顺电器、市光法雷奥等 13 个高新技术项目落户。LED、医疗器械、研发总部、动漫创意等都市型产业集聚发展。一批现代服务业项目顺利推进，岭南天地、佛山（国际）家居博览城、海盛东方城等重点项目全面建设，佛山国际水暖卫浴城正式奠基。

【科技创新】 2009 年，禅城区获评国家科技进步示范区、国家知识产权强县工程区和中国产学研合作促进奖。全区共有 132 个项目列入市级以上科技计划，其中“基于机器人技术的自动化生产线”、“生态建筑陶瓷工业产业化关键技术开发及标准制定”和“广东省不锈钢产业技术路线图”等 8 个项目被列入 2009 年广东省重大科技专项；获 2008 年度省科学技术奖 4 项、市科学技术奖 37 项、区科学技术奖 70 项；专利申请总量 2290 件、授权总量 1796 件，其中发明专利申请量 350 件、授权量 142 件；全区累计建立省级以上的高新技术企业 75 家（新标准认定），民营科技企业 248 家；累计设立院士工作室 10 家，各级工程技术（研究）中心 112 家，其中省级 20 家、市级 62 家、区级 30 家。1 月，广东省（佛山）软件产业园正式开园，已有 70 多家软件企业入园，园区集聚效应初步形成；3 月，禅城被国家知识产权局批准成为首批国家知识产权强县工程区，于 8 月 27 日在全省率先召开了“实施国家知识产权强县工程推进大会”，发起并联合全省其他 5 个强区共同签署了《建设知识产权强区，提高自主创新能力》佛山宣言；禅城“省部产学研结合示范区”于 7 月在全省率先通过验收；禅城作为广东省“千里十万”绿色照明示范工程中的唯一县级单位，截止 2009 年底已完成约 1.1 万盏高压钠灯的节能改造；华南精密制造技术研究开发院启动了“精密制造产业技术路线图”编制工作；华夏建筑陶瓷研究开发中心分别与英国陶瓷研究协会和德国 TUV（技术监督协会）合作，成立卫星实验室和TUV认可实验室。禅城区在参选第24届全国青少年技术创新大赛中，参选的项目获得了一金一银二铜的优异成绩。

【**财政金融**】 2009年，禅城辖区税收总额实现120.21亿元，同比下降1.1%，其中区级（含镇、街道）收入15.99亿元，同比增长0.7%。全区一般预算收入完成25.67亿元，同比增长11.1%；一般预算支出完成34.43亿元，同比增长13.4%。全区财政实现收支平衡，略有结余。财政收支总体运行良好，有效应对国际金融危机；财源结构持续优化，收入质量进一步提升；大力向重点工程和民生领域倾斜，民生支出占一般预算支出58.3%；财政公共服务职能进一步扩展。2009年财政工作以“创新财政运筹理念，提升科学理财水平”为工作思路，努力服务精品经济发展。全力筹集资金确保重点项目开展，促进产业结构调整优化；强化开源长效机制，狠抓重点收入来源，提升资金运营效益，财政收入实现逆势增长；创造性提出政府融资资金视同财政资金管理的理念，实行“统一审批、集中控算、分户管理”新模式，打造融资资金管理新格局；破解镇街预算监督制度难题，实现区与街道财政预算编制“时间、技术、格式”同步，构筑镇街预算监督新体系；民主预算、国家集中支付，政府采购等各项公共财政改革继续深化，工程审核管理机制进一步强化，财政内外监督向纵深拓展。

【**食品药品安全**】 2009年，禅城区政府将食品安全纳入十大重点工程。扎实推进石湾镇街道创建省食品安全示范镇工作，大力宣传《食品安全法》，抓好食品安全综合协调工作，建立健全食品安全监管长效机制，不断提升食品安全整体水平，全区食品安全工作形势稳中趋好。药品安全方面，强化日常监管工作，规范企业经营行为，加大整治力度，净化三品一械市场，深化专项整治，积极开展职能部门联合执法，全面实施评级分类管理系统，有效净化禅城区医药市场秩序。

【**规划建设**】 2009年，《禅城区南庄大道（佛山一环至佛开高速段）片区控制性详细规划》、《佛山市东平河（佛开高速—澜石大桥）南岸沿线用地控制性详细规划》等控制性详细规划相继获佛山市人民政府审批同意。截至2009年底，禅城区控制性详细规划的覆盖率已提高至61%。

强化城乡规划对禅城区十项重点工程的科学引导，编制完成《佛山市中心组团新城区北片控制详细规划修编——澜石片区调整》，为澜石片区改造提供了法定的依据；编制完成《南庄湖涌片区景观规划设计》和《佛山陶瓷文化公园城市设计》，为南庄生态休闲区及世界级陶瓷文化公园建设提出科学的规划指引；编制完成广佛地铁禅城段沿线物业规划，全面落实和推进广佛一体化；全年累计完成“三旧”改造面积205.22万平方米。

2009年，禅城区建筑工程报建140项，比上年同期减少21.3%；建筑面积212.3万平方米，比上年同期增加53.5%；工程造价39.4亿元，比上年同期增加50%。建筑工程竣工备案165项，与上年基本持平；竣工备案面积218万平方米，比上年同期增加9.3%；竣工备案造价17.3亿元，比上年同期减少29%。全区有3项工程被评为“广东省质量优良样板工程”；有3项工程被评为“广东省安全生产文明施工优良样板工程”。房地产交易量继续保持平稳增长势头，全年共批准商品房预售总面积135.52万平方米，与上年同期基本持平；禅城区一手住宅均价为8202元／平方米，同比增长6%；二手住宅均价为3932元／平方米，同比增长18%。保障性住房建设任务为1400套。其中，大观街新建保障性住房项目净用地面积12880平方米，设计容积3.5，居住户数820户，于2008年11月25日开工兴建，2009年11月30日封顶，计划2010年年底前投入使用。丝绸大街祖庙东华里安置地块调整建设保障性住房800套，预计2011年完工，2010年底前可实现封顶并进行分配。

【**国土资源**】 2009年，国土资源管理工作以落实好“保护资源、保障发展、保持稳定”三大任务为主线，统筹国土资源管理工作。

在土地利用和审批方面，全年共办理上报12个批次用地和1个单独选址项目用地，总面积4246亩（其中，三旧改造项目4宗，面积957亩，单独选址用地面积503亩）；已获得省批准7个批次和一个单独选址项目用地，总面积约2393亩。

全区共有23个项目属于第一批扩大内需项目，主要包括污水处理厂、输变电站及现代产业项目，其中涉及新增建设用地的项目3个（佛开扩建、河滘变电站、LNG南庄门站），已按要求全部上报省审批，另外19个项目安排使用存量建设用地或政府储备用地，还有1个项目（禅城粮库）尚在选址中。

在“三旧”改造方面，禅城区的“三旧”改造得到了国土资源部部长徐绍史、国家土地督察广州局局长束伟星、省国土资源厅厅长招玉芳等各级领导的高度赞扬和肯定；编制完成《2009年至2012年佛山市禅城区三旧改造计划及项目库》，全面掌握全区“三旧”改造项目用地的基本情况。

在土地市场方面，全年全区共办理出让、租赁业务846宗，土地面积1650.3亩，合同价款22.83亿元。办理交易鉴证22份、代征税21笔、金额约3496.17万元。另代收土地契税3.09亿元。发放经营性用地开发指标19宗，用地面积636.79亩。

在地籍管理方面，一是做好土地确权和登记发证工作。2009年，全区共完成土地登记发证2.31万份，其中国有土地2万份，集体土地3124份。二是全面完成第二次全国土地、农村土地地类调查、城镇地类调查、基本农田上图及2009年度土地利用现状变更调查工作。调查成果及数据已上报市、省二调办并录入数据库。三是全面完成2009年基准地价更新工作，更新成果于2009年12月30日通过专家评审。

在地质灾害防治方面，完成《禅城区地质灾害防治规划（2009 ~ 2020年）》和《2009年度地质灾害防治方案》的编制工作，率先完成地质灾害防治“十有县”的建设，建立了禅城区地质灾害防治群测群防体系，禅城区最大地质灾害隐患点——大雾岗地质灾害隐患点得到有效防控。

在土地储备方面，2009年禅城区土地储备规模达到1.02万亩。

在行政服务方面，自2009年7月进驻魁奇路大厅运行至年底，国土窗口共受理业务1.34万件，日均接待群众300人次，所有业务均按承诺时间依时办结。由于改进审批流程，实现土地证、房产证的并联审批，开创了同时受理、同步审批、同时出证的并联办证模式，缩短了办理土地登记的时限，最多压缩了76%，群众满意率高达99.43%。

在土地执法监察方面，全国第九次卫片监测发现禅城区变化图斑42块，其中违法用地5宗，面积73.5亩，比省第三次卫片执法检查违法用地总面积下降94.7%。省第四次卫片检测发现禅城区变化图斑152块，其中违法用地7宗，面积86.8亩，比省第三次卫片执法检查违法用地面积下降93.3%。对全国第九次卫片执法检查中发现的违法违规用地，已全部进行立案查处，做到了立案率100%，查处率100%，结案率100%。

【交通建设】 围绕“广佛同城”目标，开创了快巴、城巴与公共交通相结合的广佛客运服务模式，并于2009年9月22日推出禅城区第一批广佛道路客运同城化改造线路，同步启用2个广州出租车回程点。推进交通共同体管理体制改革，进一步完善现代化、规范化、科学化的公交管理模式；举办“公交百日优质服务”活动和第三届“城市公共交通周及无车日活动”。大力整治公交黑尾气，抓紧公交新能耗（LNG）可行性研究。全面淘汰非空调车，引进101台欧III标准全新空调车；完成了石湾文化广场公交站建设，火车站站场（含文昌路）和东方广场公交站改造，对56座公交站亭进行改造升级；引进GPS、视频监控系统、称重系统等现代管理和监控设备，启动内贸集装和超载治理工作，确保安全生产和公平竞争。

【环境保护】 完成区2009年的减排任务（消减二氧化硫3600吨，化学需氧量1800吨）。全年新增的项目几乎没有新增二氧化硫产生，工业废水无新增外排，同时关闭或迁移了多家排污大户。2009年共核发环保标志8.99万个；正式启动了加油站、油库、油罐车的油气回收综合整治计划；有19家陶瓷企业通过广东省清洁生产的审核。对汾江沿岸企业展开综合整治专项行动，并派驻专人到61家重点企业进行监管；实施汾江河生态浮岛试验段工程的建设任务；加强一级水源保护区内重点排污企业的整治搬迁工作。8月正式成立禅城区污染源在线监控中心，有42家企业安装污染源监控系统。通过该系统对2家企业进行行政处罚，处罚金额约为7913元。2009年，禅城区的大气环境质量持续改善。二氧化硫的年均浓度为0.041毫克／立方米，二氧化氮的年均浓度为0.06毫克／立方米，可吸入颗粒物为0.081毫克／立方米／公里·月，同比分别下降32.8%、9.1%、5.8%；酸雨频率为64.6%，同比下降18.1%；降尘为4.9吨，同比下降32.4%；2009年空气污染指数API≤100的天数为342天，占总天数的93.7%，总体空气质量良好。饮用水源东平河的综合污染指数为0.23，水质状况为清洁级水平；佛山水道汾江河段的综合污染指数为0.38，水质明显改善；区域噪声和道路交通噪声的监测结果均符合责考要求。

【绿化美化】 2009年，重点完成汾江河绿化景观工程、中山公园景观灯改造工程、同济路与文华路交界口等植树工程、季华路南北片区春季补植工程和江湾路陶艺大道景观改造工程等绿化美化建设，共完成绿化投资1300万元，完成绿化改造面积18万平方米，新增绿化面积12万平方米，种植乔灌树木5万株，土地植被8000平方米，顺利完成“三年促变，绿地佛山”建设任务。加快推进市政道路工程建设。已完成中心城区交通改善工程一期绿景路等7条道路的沥青罩面改造，共投资7755万元。完成了广佛地铁禅城区的季华园站、同济路站、祖庙站、普君北站、朝安站的通信、电力、给水、路灯、燃气等管线迁改工作及其相关区间的交通疏解工作。完成18座桥梁（含人行天桥）、71座桥涵和10个泵站的等级评估，建立“一桥一档”。共处理生活垃圾34万吨，日处理垃圾918吨，处理粪便8200吨，无害化处理率达100%。接管祖庙辖区村委道路保洁面积约23万平方米。全年共征收生活垃圾处理费约4765万元，上缴区财政约4450万元。完成LED项目的EMC（合同能源管理模式）合同签订，成为全国首个成功推广应用LED大功率路灯的案例。大功率LED节能路灯建设进展迅速，已完成湖景路、荷园路、彩虹路、岭南大道、卫国路、汾江南路、佛山大道张槎隧道等一批市政道路和城市隧道共5659盏大功率的LED的安装。按照区汾江河综合整治工作实施方案要求，扎实推进各项截污工程建设。一是完成了城西片区清淤疏浚工程（一期）、石角污水泵站压力管、石角污水泵站扩建自排涵闸改造工程，江堤路污水管、朗河路污水压力管工程，九江基污水泵站（临时）、田边污水泵站压力管工程，黎涌泵站进出水管（黎明路污水压力管）、田边污水泵站及进水管工程共9个项目；二是抓紧南北大涌东侧截污工程、丰收涌截污（一期）等工程的推进，镇安污水处理厂三期扩建工程土建施工部已完成95%；三是加强对BTO污水处理项目的管理，确保各污水处理厂安全运营和COD减排达标。

【城市管理】 遵循“综合管理、源头抓起”的工作思路，坚持“依法执法、文明执法、理性执法”的工作原则。组建基层综合管理工作站144个，过半工作站已实现实质运作。深化景观示范路的建设，市容示范板块的雏形已现。开展整治城门头下沉广场、普君市场周边、人民桥、华远东路等一批市容环境黑点，并取得成效。大力整治乱摆乱买，设置临时摆卖区、灯光夜市约30个，规划摊位近1500个，有效规范疏导乱摆卖行为。2009年1月份组建成立全省第一支城乡执法女子特勤中队，以柔性、亲和的执法方式，实现管理效果和队伍形象的双赢。2009年，区执法局共查处违法行为19.95万宗，其中自查18.41万宗，现场教育和纠正违法行为19.7万宗，立案查处2505宗。共受理城管信访举报736宗，已处理717宗，处理率达到97.4%。拆除违法建设77宗，面积1.72万平方米，拆除违法搭建物379宗，面积近2万平方米。

【水利建设】 2009年，水利建设有9项工程已完工或基本完工，6项工程正处于设计或预算送审阶段，1项工程于8月动工。推进罗南泵站、平流泵站等民生重点工程的实施，2009年罗南泵站已完成并交付使用。大力推进汾江河综合整治水利项目。2008～2009年列入水利岸线组工作任务内的工程共15项（其中1项暂缓实施），工程总计划投资约7.52亿元。至2009年，有6项工程已完成。推进内河涌整治，2009年度计划河涌清淤总长度8473米，清淤总方量7.16万立方米，总投资420.8万元。全年共查处各类水事违法事件43宗，督促涉水工程机关单位履行审批手续25宗，配合汾江河综合整治查处在河道堤防管理范围内的违章建筑物23宗，清理河滩地垦植面积约2800平方米。

社会事业

【精神文明建设】 南庄镇河滘村等16条村获评禅城区“十好”和谐文明村，其中南庄镇龙津村等12条村被推荐为佛山市“十好”和谐文明村。石湾镇街道湖景社区等9个社区居委会获评禅城区文明社区。禅城区各级“十好”和谐文明村、文明社区覆盖率分别达到45%、85%以上。积极推进精品服务，重点打造“季华—岭南大道商业带”，季华五路、我爱宝宝有限公司、吉之岛东方广场店分别成为省级“百城万店无假货”活动示范街、示范店。佛山市华南精密制造技术研究开发院、南庄镇吉利村、石湾镇街道怡景社区和祖庙街道南浦社区、张槎街道行政服务中心、市中小学德育基地分别跻身2009年度省文明单位、省文明村、省文明社区、省文明窗口和省国防教育基地。

建立净化社会文化环境工作领导协调小组及各项行动组，加大打击黑网吧、净化网络和荧屏声频、维护校园周边环境整治力度，11月顺利通过中央督察组的检查。开展优秀少儿歌曲传唱活动，成功举办“歌声飞扬，唱响佛山”首届少儿合唱节。

启动“情暖佛山·守望相助邻里亲”邻里日活动，发动居民间主动“送一个笑脸，打一声招呼，道一声问候，给一个帮助”。举行“情暖佛山——做一个有道德的人”中学生论坛暨“道德模范进校园”活动，增强青少年感恩意识和社会责任感。以国庆活动为契机，举行一系列丰富多彩、弘扬民族精神的文艺活动，加快群众文化建设。

【教育】 紧紧围绕推进教育现代化工作目标，按照“精品发展”战略部署和“安全规范，科学发展”的工作主题发展教育事业。6月，禅城区被省人民政府授予“广东省推进教育现代化先进区”称号。

通过规范办园行为、加快优质幼儿园建设等措施，促进学前教育快速健康发展；2009年起，对就读禅城区义务教育阶段学校的广东省户籍生、政策性借读生全面实施免费教育；促进普通高中与中职教育协调发展；持续推进成人教育和社区教育工作，禅城区教育局荣获2009年“全国农村成人教育先进单位”称号。2009年高考成绩再续辉煌，连续3年领先全市。

在第24届青少年科技创新大赛上，创下6项省一级奖的历史新高，代表广东省参加全国决赛取得1金1银2铜成绩的新突破；在第七届广东省少年儿童发明赛上获得1金7铜的好成绩；第二次冲击全国水科技最高奖项，获第七届“ITT杯”全国中学生水科技发明比赛三等奖；在全球“2009气候酷派”绿色校园行动比赛中囊括一、二、三等奖，其中佛山二中获全国唯一的一等奖，参赛学生廖哲被评为优秀“青少年气候变化大使”，获邀参加哥本哈根联合国气候变化大会。

双语教学实验班工作取得突破，进一步加大与英国、日本和香港等地的交流与合作。佛山三中A-LEVEL国际双语班顺利开班。积极稳妥解决代课教师问题；做好“三名”工程后续管理工作，建立“教育专家库”和“专家工作室”，不断丰富和发展任务驱动的方式、方法；启动名班主任培养计划，将班主任纳入评选系列。

自2009年起，分4年实施“教育新装备”工程建设；启用集多个功能模块于一体的新教育信息管理系统，教育系统全部实现教育、教学信息化；2009年，全区8所学校通过“广东省第四批现代教育技术实验学校”验收。

【文化体育】 禅城区举办“和谐禅城，美丽家园”——社区才艺大比拼活动、庆祝新中国成立60周年暨广佛合唱艺术之旅大型文艺晚会。参与“百歌颂中华”广佛合唱艺术之旅活动的启动和闭幕演出、“魅力佛山·秋色辉煌——2009佛山秋色大巡游”等大型群众文化活动。

全年在广场、小区、院落、影院为群众免费放映电影1800多场，覆盖全区所有村居，丰富村（居）民的文化生活。联合图书馆工程顺利推进，建成张槎中心小学分馆，南庄分馆也在筹建当中。颁布《禅城区社区图书馆建设标准》，建成农家（社区）书屋30家。“十分钟文化圈”已具雏形。全区文化志愿者协会在筹建当中，祖庙街道作为试点，在12月5日成立了文化志愿者队伍，首批文化志愿者280多人。创作报告文学《陶都英姿》，以文学的形式凸显陶文化的精髓和神韵。将文化与旅游产业相结合，推出“岭南文化精髓两日游”旅游线路，打造“一庙、一馆、一剧、一桥、一食、一拳、一展、一陶、一乡”为特色的禅城旅游精品。参加“佛山——香港CEPA合作交流会”，以动漫咏春拳、《情醉粤韵》、梁园历史文化街区建设、梁园书画院等8个项目为带动，将城市个性融入文化产业之中。编制《禅城区67处市级文物保护单位保护范围规划》，并上报区政府审核。石湾玉冰烧制作技艺、蔡李佛拳术、冯了性风湿跌打药酒、源吉林甘和茶、盲公饼制作技艺等5项“非遗”项目成功入选第二批市级非物质文化遗产名录。“禅城电视”于3月9日准时开播。粤曲《通济桥畔春色妍》、粤剧《荷涌夜歌》均获广东省第六届群众戏剧曲艺花会银奖。与广州市越秀区、肇庆市端州区共同签订了“广佛连肇·三地连心·文脉连绵”——三地文化共建框架协议书，共同打造“广佛肇岭南文化核心圈”。

2009年，成功举办了“第七届粤桂港澳台狮王争霸赛暨夜光龙邀请赛”，“情系母亲河，万众治汾江”庆五一万人长跑，2009年珠江三角洲标准舞，拉丁舞公开赛，禅城区“体育彩票杯”阳光体育少年集体活动，社区水上体育趣味运动，禅城区第二届残疾人运动会，禅城区中、小学龙狮锦标赛暨成年桩狮公开赛，禅城区第六届青年足球赛等10多项重大群体活动。组织开展各类体育活动共60多项，参加活动的市民达10多万人次。全年共举办“政府购买体育服务”活动7次，免费向市民开放的场馆达11个，受惠市民12万人次。2009年以石湾镇街道办为监测点对204名体力劳动者进行了体质测试，合格率为89.7%。荣山中学、佛山市第十中学、佛山市实验小学、佛山市石湾第一小学被命名为广东省体育特色学校。禅城区有各级社会体育指导员886人，体育社团教练员379人，各类体育辅导站点206个，有力地推动了全民健身运动的进程。禅城区参加佛山市第七届运动会共获得少年组奖牌175枚，其中金牌57枚，银牌42枚，铜牌76枚；成年组获奖牌37枚。禅城区组队参加“2009佛山市汾江河龙舟邀请赛”中取得佳绩，代表佛山市参加2009年广州国际龙舟邀请赛“彩龙竞艳”项目的角逐，获一等奖。

【医疗卫生】 积极推进社区卫生、公共卫生、医疗卫生体系建设，全面提升卫生行业的管理和服务水平，及时有效防控甲型H1N1流感流行，解决群众“看病难、看病贵”等医疗民生问题。全年无甲类传染病报告，乙类传染病3106例，发病率为368.05/10万，呼吸道、肠道、血缘及性传播传染病发病平稳；麻疹发病率比上年同期下降70.03%；手足病比上年同期上升20.43%，无死亡病例；甲型H1N1流感病例171例，其中暴发疫情5起。2009年，区属各医疗机构门诊人次509.83万人次、出院人次3.9万人次，分别比上年同期增加17.59%和7.66%，业务总收入6.48亿元，增长率为19.72%。全区免费婚检人数5574人，免费产检人数3481人。对辖区内502家餐饮单位违法添加非食用物质和滥用食品添加剂等违法现象进行了严厉查处。2009年，禅城区的社区卫生服务中心有9个，投入使用社区卫生服务站总数达到41个，社区卫生服务覆盖社区居民达90%以上。推进病历“一本通”，进一步提升门诊医保医疗质量管理，方便群众就医。减少重复购买病历的费用。推进检验检查结果互认，建立全区门诊医保定点医疗机构检验检查结果互认，承认广州地区三甲医院检验检查结果制度，避免不必要的重复检查，切实减轻群众医疗负担。

【劳动和社会保障】 全力以赴抓就业促增长，开展“春暖行动”、“创充分就业社区”、“城乡就业援助月”、“民营企业招聘周”、“禅城区100场农民工专场招聘会”、“一企一岗”高校毕业生就业帮扶、“迎国庆就业援助进家入户”等活动。全区共受理用人单位166家541人次，社保补贴193.87万元；受理用人单位144家352人次，岗位补贴60.27万元；为6041人办理灵活就业社会保险补贴1391.9万元；办理下岗失业人员小额贷款担保8人，贷款额16万元；全年新增就业岗位2.87万个，领取“再就业优惠证”的下岗失业人员实现再就业1888人，应届高校毕业生就业2846人（就业率90.8%），区农村劳动力转移就业2106人，接受本省外市转移就业1.05万人，圆满完成2009年再就业和转移就业目标任务。全区登记失业率为2.06%。

实施门诊医保“一卡通”制度，让参保人可在区内16家门诊医保定点医院自由就诊，突破了普通门诊只能选1家医疗机构就诊的设定，并调整一、二级医院的报销比例，扩充基本药品目录范围，逐步提高门诊医保的保障水平。对居民（住院）医保政策进行调整，提高缴费标准和待遇支付水平，使参保人住院总体费用报销水平由原来的40%提高到45%，年度最高报销金额从6万元提高到10万元。将大中专学生纳入居民医保，扩大了医保覆盖率。新批定点药店111家。

举办专题宣传法律讲座6场，现场法律咨询活动62场，派发宣传法律资料4.3万份，监察检查企业9930家；组织专项执法行动15次；立案处理劳动保障举报投诉案件2575宗，为1.21万名劳动者追回工资、补偿、社保等待遇4366.96万元；妥善处置10人以上劳动保障群体性突发事件94宗，涉及5340人，涉案金额2718.46万元；全区有144个建设单位按照规定开设了保证金专户，缴存保证金1.1亿元，建筑业欠薪案件和群体性突发事件得到有效遏制。

【计划生育】 2009年，禅城区出生率9.15‰，自然增长率4.4‰，政策生育率97.36%。全区实现无政策外多孩生育的镇（街）3个，无政策外生育的村（居）委75个，圆满完成年度人口与计划生育工作任务，分别被省、市政府授予“2009年度计划生育工作先进单位”称号。

【社会治安综合管理】 强力推进“强综治,创平安,促发展”，以平安建设为目标，勇于探索社会管理的新模式，加大工作力度，开展一系列的社会治安综合治理行动1218次，取得了良好的效果。全区共立刑事案件1.69万宗，同比下降4.7%，公安机关侦破刑事案件7917宗，同比上升15.7%，抓获违法犯罪嫌疑人9009人，打掉涉黑恶犯罪团伙45个；检察机关批准逮捕1886人，提起公诉1799人；法院一审判决1680人。

全区推行大综治工作取得实效。区、镇街综治委的地位进一步提升，综治工作机制不断完善，实施区委拟定的“大综治”工作格局，有效地解决属地党委政府的管理权和区职能部门执法权协调难的问题，实现在当地党委政府统一指挥下，主要部门牵头与相关职能部门配合的矛盾纠纷联合调处、社会治安联合防控、突出问题联合治理、重点工作联勤联动、基层平安联合创建、重点工作对象联合管理服务的“六联”机制。各镇街的综治信访维稳工作中心全部挂牌运作，南庄镇、张槎街道的综治信访维稳中心工作经验得到省督导组的充分肯定。全区134个村居综治工作站的建设和完善得到进一步加强，大部分工作站运作正常，为创建平安村（居）打下扎实基础。流动人员和出租屋管理服务站的建设进一步升级改造，出租屋电子门禁卡的使用，成为全市的推广试点区。

各镇（街道）介绍

【南庄镇】 南庄镇位于佛山市禅城区西部，面积76.69平方公里，辖1个社区、18个行政村，户籍人口约8万人，外来人口约10万人。2009年，南庄镇积极应对国际金融危机冲击，早谋快断，化危为机，大力调整和优化产业结构，经济加速回暖。2009年地区生产总值首次突破100亿元，达102.49亿元，同比增长14.5%；工业总产值286.9亿元，同比增长11.2%；固定资产投资53.32亿元，增长33.2%；完成税收9.42亿元，下降16.1%；财政收入3.61亿元，增长50.49%。

产业转型升级有序推进。顺利实现用3年完成陶瓷产业调整的目标，共关停转移陶瓷企业62家，保留下来的13家陶瓷企业全面实行清洁生产。初步形成国内高端的陶瓷研发、设计、信息、展贸平台和后勤服务基地。成功举办第13、14届中国（佛山）国际陶瓷博览交易会；“新中源”和“冠珠”陶瓷入选由世界品牌实验室发布的2009年“中国500最具价值品牌”。电子电器、金属加工、机械制造等多个行业齐头并进，陶瓷产业以外的制造业所占的比重从2007年的44%上升到57%；企业整体实力增强，年产值超亿元的企业60家，年纳税1000万元以上的企业13家。

重点项目加快建设。推进建设面积达10平方公里的南庄生态休闲区建设，打造佛山乃至珠三角重要的休闲度假胜地。顺利完成占地1000亩的中心湖工程，主干路网基本形成，启动了动漫产业城、生态休闲酒店、体育休闲训练基地等首批项目建设。顺利完成紫洞路扩建、南庄二桥重建、罗南泵站、平流泵站、220KV陶博站等重点路网及配套工程，推进广明高速二期等新的重点路网工程征拆工作。加快推进海盛东方城、纵横国际大饭店、港宏世家等系列项目建设。通过实施项目带动、环境改造和生态建设，环境质量和发展水平得到有效提升。

园区经济发展势头良好。禅城经济开发区克服金融危机影响，全年实现工业总产值35.16亿元，同比增长43.5%。全镇引入企业243家，投资总额约16.6亿元。天安、华新等骨干企业积极增资扩产。创新驱动继续发力，天安塑料、佛斯弟摩托、皇冠化工等成为省部企业科技特派员派驻的企业。

民生和社会事业得到较快的发展。通过发挥综治信访维稳中心和村级综合管理工作站的作用，有效化解矛盾问题。加大投入建设视频监控系统，违法犯罪发案率较大幅度下降。全面完成18个村“出嫁女”及其子女确权、验收工作。农村医疗实现“就地看病”，部分村试行免费看病。建成社区卫生服务站16间；建成全市首家“放心肉店”；成立镇慈善会，认捐善款近3000万元；举办广东省第三届五人龙舟锦标赛暨南庄镇第十届龙舟赛；编辑出版首部《南庄镇志》。

【石湾镇街道】 石湾镇街道地处佛山市中心组团禅城核心区，是中国陶瓷之都、中国不锈钢商城和中国十大魅力古镇。辖区面积26.62平方公里，下辖12个行政村，22个社区居委会，户籍人口约15万人，外来人口约15万人。

经济保持平稳较快发展。2009年，街道完成国内生产总值（GDP）280亿元，增长14.5%；社会工业总产值669亿元，增长11.5%；固定资产投资103亿元；实际利用外资1.57亿美元，增长72.6%。

产业结构调整成效显现。加快实施“优二进三”发展战略，推动现代服务业的快速发展。2009年实施的51个重点项目中房地产、商贸、酒店等现代服务业项目所占的比重达90%以上。第三产业的比重从上年的38.3%增加到40.7%，产业结构得到了明显的优化。

传统特色产业进一步提升。积极推动不锈钢产业向高端发展。一是筹建不锈钢高新产业园区；二是加快公共创新服务平台的建设。由华南不锈钢技术创新中心牵头策划的广东省不锈钢创新产业技术路线图于2009年10月份正式立项。依托华南不锈钢技术创新中心、三大国家级重点实验室等公共创新平台，大力开展自主创新，催生了一批科研技术成果。加快提升陶瓷产业的发展水平，重点改造提升现存陶瓷企业的发展水平。鹰牌、东鹏、红狮等陶瓷企业获得省清洁生产认证企业称号。

推进“精品城市”建设，城市化明显加快。澜石片区改造项目总面积2176亩，实际改造面积1800亩，涉及拆迁建筑物面积约100万平方米。佛山（国际）家居博览城项目总投资30亿元，其中首期占地281亩，建筑面积约81万平方米，将建成全球最大、最具现代化规模家居博览“航母”。滨海御庭、慧港国际、翠堤明珠等一大批旧改项目稳步推进。

推进“精品文化”建设，提升城市软实力。文化创意产业蓬勃发展，1506创意城已完成了10万平方米的改造，引进了70多家创意企业及20多位艺术家入驻，并与国内外60多所设计、艺术院校共建实训基地；南风古灶举行的中国（佛山）首届陶瓷节，吸引近40万名市民和游客及国内外60多家媒体参与，提升了石湾陶瓷文化在国内外的影响力，知名度不断提高。组织了部分国家及省级陶艺大师到宜兴、景德镇、德化等地考察学习，拓宽陶艺发展视野；组织陶艺品到国内外著名陶瓷产地进行陶艺展销，提高石湾陶艺知名度和影响力。

推进“精品服务”建设，社会各项事业持续发展。石湾镇街道社会治安综合治理效果显著，荣获“全省平安建设先进镇（街道）”称号。启动全民健身活动，承办“中国·石湾鹰牌陶瓷杯”第七届粤桂港澳台狮王争霸赛暨全国夜光龙邀请赛。积极开展创建和谐社区建设活动，共有7个社区被评为省“六好”平安和谐社区。

【张槎街道】 张槎街道位于禅城区西部，广佛经济商圈的重要组成部分，总面积26.5平方公里，下辖15个村委会和6个居委会；常住人口8万多人，外来人口20多万人。2009年，实现地方生产总值213.67亿元，同比增长14.5%；完成工业总产值709.42亿元，同比增长11.8%；完成固定资产投资55.1亿元，同比增长22.4%；完成社会消费品零售总额26.45亿元，同比增长22.1%；实际利用外资6155万美元，超额完成任务，合同利用外资1195万美元。

张槎交通便利，广珠、广湛、佛开高速公路、一环贯穿境内。张槎具有岭南水乡特色，拥有东平河、汾江河、王借岗自然风景区等，为张槎营造了得天独厚的经商环境和人居环境。2009年，张槎街道沿着"禅西新城、商聚张槎"的发展方向，加快产业结构调整，以张槎民营科技工业园为载体培养高新技术产业集群；全面启动"槎针片区"、"玉带片区"、"民科园二期土地开发项目"等重点项目以及村、组两级留用地开发，全面完成"三旧改造"任务；努力推进轻工路、张槎西路、季华路北沿线、朗宝西路、朗宝东路等多条道路的改造建设，提升现代化城市形态；全面启动农村行政服务中心建设，大力发展社会文化体育事业，切实维护社会大局稳定，促进张槎经济社会持续、快速、和谐发展。

【祖庙街道】 祖庙街道位于禅城区东北部，东至桂澜路，南沿季华路，西以佛山大道为界，北抵汾江北岸。辖区面积31.6平方公里，下辖9个村和56个社区居委会，户籍人口30.45万人，流动人口11.81万人。2009年实现地区生产总值327.8亿元（按在地统计口径，下同），同比增长14.5%；实际利用外资1.9亿美元，增长40%；固定资产投资额65亿元；国、地两税收入48亿元；农村居民人均纯收入12656元，增长12%。

全力推进"三旧"改造工作。祖庙东华里片区动迁工作已完成动迁总任务的99.8%。九鼎国际城等季华商务区重点项目稳步推进。祖庙街道承担了同济东路、广佛地铁4个站口和汾江河综合整治工程征地拆迁等十几项征拆工作。全年街道"三旧"改造动工面积共72万平方米，超额完成了区下达的任务。

第三产业快速发展。依托祖庙商圈、东方广场商圈、季华商圈和城北片区的物流市场，2009年全街道实现第三产业增加值220亿元，增长19.5%；社会消费品零售总额165亿元，同比增长21.3%。兴华商场、佛山宾馆、吉之岛的纳税均超1000万元。

支柱行业稳步发展。海天、欧司朗、照明、佛塑、水泵厂等骨干企业积极面对金融危机，实现率先突围，成为拉动街道经济平稳增长的主要力量。全街道实现了工业总产值360.4亿元，增长10.5%。骨干企业中税收超5000万元企业有10户。纳税总额13.9亿元；纳税1000万元以上的企业有54家；纳税500万元以上的有84家。

社会各项事业蓬勃发展。发挥街道综治信访维稳中心的作用，大力推进社会治安"大综治"格局，社会大局稳定；大力推进就业与再就业工作，永安、朝安东等15个社区居委会被评为广东省"六好"平安和谐社区，南浦社区被评为全国综合减灾示范社区、广东省文明社区，花园、南浦、铁军、唐园、永安等5个社区被命名为佛山市绿色社区；开通"安颐通"平安钟呼援服务系统，打造居家养老精品服务，受到省民政厅的好评；同济小学被评为省红领巾示范学校、全国首批语言文字规范化示范校及省首批语言文字规范示范学校。街道档案管理通过省特级复检，镇安村被评为省特级档案目标管理单位。街道被评为佛山市计划生育先进集体和禅城区计生工作先进单位。街道还被评为"中国曲艺之乡"。　（郑年胜　赵　军　王　鹰）

附录：2009年禅城区党政主要领导名单

书　记：梁毅民
副书记：黄喜忠　何家泰
常　委：葛承书　罗涧华　裴广明　王京穗
谭伟平　郑年胜　马志强　徐　渊
区　长：黄喜忠
副区长：葛承书　杨中慧　乔　羽　梁炳军
张辉明　黎志军

现任禅城区党政主要领导名单

书　记：刘宏葆
副书记：黄喜忠　何家泰
常　委：葛承书　罗涧华　裴广明　王京穗
谭伟平　郑年胜　马志强　黄清华
区　长：黄喜忠
副区长：葛承书　杨中慧　乔　羽　梁炳军
张辉明　黎志军

（2010年8月禅城区供稿）

南 海 区

概 况

南海区位于广东省中部、珠江三角洲腹地，毗邻广州，邻近港澳，环抱佛山市禅城区。面积1073.82平方公里，辖2个街道、6个镇、224个行政村和60个社区。2009年末，全区户籍人口117.51万人，外来人口94.25万人。有旅居海外的侨胞和港澳台同胞40多万人。

南海历史悠久，文化底蕴深厚。早在6000多年前，就孕育出新石器时代的“西樵山文化”。秦始皇三十三年（公元前214年）始设南海郡；隋开皇十年（公元590年）设置南海县。近代以来，涌现出维新运动领袖康有为，民族实业家陈启沅，政治活动家何香凝，科学家詹天佑、邹伯奇等杰出人物。区内旅游资源丰富，有西樵山、南国桃园、西岸、仙湖等四大旅游度假区及康有为故居、黄飞鸿狮艺武术馆、叶问纪念馆、九江双蒸博物馆等特色景点。民俗活动丰富多彩，官窑生菜会、乐安花灯会、赛龙舟、醒狮盛会等传统民俗独具魅力。南海先后被命名为“中国龙舟运动之乡”、“中国龙狮运动之乡”；十番被列入国家级非物质文化遗产，官窑生菜会、乐安花灯会被列入广东省非物质文化遗产。

2009年，南海区经济与社会发展跃上一个新台阶。全区实现地区生产总值1542.22亿元，增长14.5%；固定资产投资总额475亿元，增长14.7%；社会消费品零售总额455.35亿元，增长18.7%；实际直接利用外资5.92亿美元，下降1.3%；地方财政一般预算收入85.84亿元，增长12.6%；金融机构本外币存款余额2287.4亿元，增长22.6%；城镇居民人均可支配收入28309元，增长9%；农村居民人均纯收入12326元，增长10.5%。

经济建设

【农业】 2009年，全区实现农业总产值58.8亿元，同比增长4.7%。种植业总产值19亿元，占农业总产值的32.3%；水产业总产值21.2亿元，占农业总产值的36%；畜牧业产值15.5亿元，占农业总产值的26.4%。农业招商引资成效明显，产业化水平逐步提高，全年引进25个农业招商项目，涉及花卉、水产、种植、休闲观光农业、农产品流通加工及农产品电子商务等，带动农户扩产增收，促进农业升级转型。至年末，从事种养业达到适度规模经营的有125户，其中区级以上农业龙头企业18个，带动农户17万户，实现农产品年销售额185亿元。

【工业】 2009年，南海工业经济结构持续优化，继续保持良好增长势头。全年实现工业总产值3670.37亿元，同比增长10%，其中规模以上工业实现产值3196.32亿元，同比增长11.1%；规模以下工业实现产值474.05亿元，同比增长6.7%。传统支柱行业稳步增长。全年有色金属冶炼及压延加工业、金属制品业、电气机械及器材制造业和非金属矿物制品业实现产值1430.40亿元，占规模以上工业总产值的44.8%，同比增长3.7%。其中有色金属冶炼及压延加工业有规模以上企业（下同）117家，实现产值361.26亿元，占全区规模以上工业总产值的11.3%；金属制品业企业521家，产值500.10亿元，占15.6%；电气机械及器材制造业企业282家，产值335.34亿元，占10.5%；非金属矿物制造业企业 161 家，产值 233.7 亿元，占 7.3%。新兴行业拉动工业增长作用增强。电子器件制造业规模以上企业（下同）9 家，实现产值 165.36 亿元，同比增长 40.3%；汽车及零部件制造业企业 39 家，产值 104 亿元，增长 23.3%；家用电力器具制造业企业 69 家，产值 148.76 亿元，增长 3.3%；照明器具制造业企业 110 家，产值 69.88 亿元，增长 46.5%。至 2009 年底，全区共有 7 个中国驰名商标、15 个中国名牌产品、63 个广东省名牌产品、83 个广东省著名商标。

【第三产业】 全年实现第三产业生产总值 561.77 亿元，增长 20.1%。房地产业发展迅猛，全年商品房销售面积 436.1 万平方米，增长 78.2%；销售金额 276.67 亿元，增长 95.04%。旅游业基础设施投入加大，全年投入旅游设施建设资金近 11 亿元，服务档次不断提升。全区共有三星级以上酒店 27 家，其中四星级酒店 4 家，五星级酒店 1 家。全年实现旅游总收入 61 亿元，增长 10%；接待过夜游客 251 万人次，增长 8.5 %。消费品市场持续旺盛，全年社会消费品零售总额 455.35 亿元，增长 18.7%。其中批发零售贸易业实现零售额 384.24 亿元，增长 19.6%；住宿餐饮业实现零售额 71.11 亿元，增长 14.3%。

【招商引资】 全年招商引资超百万元以上项目 540 个，计划投资总额 334.3 亿元，同比增长 7.1%。其中超千万元项目 293 个，计划投资总额 322.8 亿元；超亿元项目 65 个，计划投资总额 251.7 亿元。平均每个项目（超百万元项目）计划投资额 6191 万元，平均投资密度 213 万元 / 亩。引入区外资金 136.7 亿元（不包括外资），占全区招商引资总额的 40.9%。都市型产业招商引资获得新进展。广东金融高新技术服务区成功引进香港汇丰、浦发、恒生、东亚 4 家银行，广州证券、国信证券 2 家证券公司，新加坡亿胜投资、集成创投 2 个风险投资项目；富士通数据中心、法国凯捷等一批服务外包项目落户。广东都市型产业基地吸引 30 亿元优质资本、200 多家科技企业进驻。

【对外经济贸易】 受国际金融危机蔓延、国际需求特别是欧美等主要市场需求下降影响，2009 年，南海区外贸进出口小幅下跌，全年实现进出口总额 116.8 亿美元，同比下降 3.6%。其中出口总额 61 亿美元，同比下降 17%；进口总额 55.8 亿美元，同比增长 16.9%。利用外资继续保持增长。全年实际利用外资 5.92 亿美元，新批外商投资企业 38 家。全年有华创石油化工储运、金田工业、集扬物业、本田汽车用品、阿兹米特汽配、本田汽车零部件、佛山熔汤铝业、旭硝子汽车玻璃等 8 个世界 500 强投资项目增资扩厂。此外，世界 500 强企业殷华特殊金属有限公司迁入南海。新增投资总额超千万美元项目 9 个，包括同向精密机械、盟和汽车配件、怡翠房地产、万科金域蓝湾等 4 个新投资项目以及燕京啤酒、乐普特种材料、新南达电缆、旭硝子汽车玻璃、雄塑科技等 5 个增资扩产项目。

【财政金融】 2009 年，南海区一般预算收入为 85.84 亿元，同比增收 9.61 亿元，增长 12.6%，完成年初预算收入计划的 101.44%。一般预算支出 79.68 亿元，较上年增支 4.78 亿元，增长 6.39%，完成年初预算支出计划的 96.12%。年末金融机构人民币存款余额 2260.72 亿元，同比增长 23.7%；外币储蓄存款余额 3.91 亿美元，下降 30.6%。其中，城乡居民人民币储蓄存款余额 1337.03 亿元，增长 11.5%；城乡居民外币储蓄存款余额 2.63 亿美元，增长 1.8%。年末金融机构人民币贷款余额 1001.10 亿元，增长 29.1%；外币贷款余额 10.88 亿美元，增长 323.4%。

城乡建设

【基础设施】 2009 年，南海区加大基础设施建设力度，筹集 120 亿元用于市政、路网等基础设施建设。投入交通基础设施建设资金 12.2 亿元，其中投入公路桥梁建设资金（已通车项目）4.5 亿元，新建公路 17.57 公里，改扩建公路 12.67 公里，新建桥梁 3 座。至年底，全区公路通车里程 1803.04 公里，公路密度 167.91 公里 / 百平方公里。桂澜大桥、佛山一环北延线等 4 项工程通车，海怡大桥、魁奇路东延线、广佛出口放射线二期等 11 项工程顺利推进，南九路复线等9项交通工程立项。辖区范围内电厂总装机容量58.2万千瓦，全年完成总供电量155亿千瓦时，同比增长5.6%；全年共投入10.6亿元进行输变电工程的建设。2009年，全区开工水利工程项目50宗，主要以电排站建设、河涌整治为主，完成投资2.45亿元。

【节能减排治污】 南海区把节能减排治污工作作为“两转型一再造”的突破口和重要抓手，全面启动“绿色美丽家园”建设，通过实施产业结构调整、重点行业整治、重点工程建设、河涌综合治理等，顺利完成2009年初区人大代表大会决议通过的目标任务。全年关停玻璃、纺织、印染、有色金属、建陶等重污染企业91家；建成生活污水处理项目11个，完成截污管网工程317公里；建成灌溉泵站18个；整治主、支干内河涌207公里以及支涌400公里，建成河涌护岸绿化512万平方米。单位地区生产总值能耗下降到0.66吨标准煤/万元，同比下降13.47%；初步核定二氧化硫（SO_2）排放量2.9万吨，同比下降27.9%，低于目标排放量3.38万吨，超额完成全年任务；核定化学需氧量（COD）排放量2.37万吨，同比下降16.8%，低于目标排放量2.68万吨，顺利完成全年任务。全年空气优良天数达326天，其中优秀天数125天，同比上升9.3%。

【“三旧”改造】 2009年，南海区完善机构设置，加强队伍建设，明确办事程序，出台《关于加快推进旧城镇旧厂房旧村居改造工作的补充意见》、《关于进一步理顺“三旧”改造建设用地使用权确权问题的意见》、《关于印发〈佛山市南海区土地储备中心镇（街道）属储备地融资管理办法（试行）〉》的通知》等政策性配套文件13份，解决“三旧”改造中的土地确权、土地出让利益分配等问题。全区分10批认定“三旧”改造项目1258项，计划改造土地面积约7.2万亩，计划投入改造资金1746亿元。至年底，完成和启动“三旧”改造项目166项，改造土地1.1万亩，投资近167亿元。同时，全区“三旧”改造的专项规划和35个市级示范村居的改造总体规划编制完毕。“三旧”改造为产业发展、城市建设提供了新的空间，为资产的盘活、增值提供了有效的途径。

科教文体卫

【科学技术】 2009年，南海区一方面通过出台科技创新扶持政策，一方面积极争取上级资源，扶持企业自主研发，提升企业自主创新能力。全年高新技术产品产值1217.79亿元，占全区工业总产值的33%。企业申报各级科技计划项目320多项，新建省级工程技术研究中心3家、市级工程技术研究中心5家。至年底，有省高新技术企业113家、省民营科技企业127家、省级工程技术研究中心24家。全年专利申请3822件，专利授权3196件。此外，积极开展青少年科技教育活动，使青少年科技创新意识不断增强。在全国青少年科技创新大赛中，南海区参赛作品获一等奖1项、三等奖2项；在广东省青少年科技创新大赛中，获一等奖4项、二等奖7项、三等奖2项。

【教育】 2009年，南海区教育总投资25.77亿元，增长13%。全区九年义务教育普及率100%、巩固率100%。全区义务教育阶段学校100%通过规范化学校验收，有143所达到优质学校标准，占义务教育阶段学校的82%；有8所高中为广东省国家级示范性高中，高中教育入学率98.2%。年内，南海区顺利通过广东省推进教育现代化先进区评估验收。至年末，全区有中小学校201所，其中小学127所，初中48所，普通高中16所（含完全中学），中等职业技术学校10所。另有成人大中专学校1所，成人文化技术学校8所，特殊教育学校1所。中小学校在校学生28.66万人，其中小学生14.59万人，初中生7.32万人，高中生4.38万人，中等职业技术学校学生2.37万人。全区各类学校有教职工2.37万人，其中专任教师1.75万人。符合政策性借读条件的义务教育阶段学生纳入免费义务教育对象范围，全区有17.9万人享受免费义务教育，免费资金达到1.46亿元。

【文化】 2009年，全区文化事业总投资4928万元，顺利通过“全国文化先进县”复查。群众文化活动精彩纷呈，成功举办“2009珠三角休闲欢乐节”、“佛山秋色南海巡游”和“南海区第七届少儿艺术花会”

等活动；继续大力推进“农村公益电影送影下乡”工作，全年放映电影5192场，受益观众达208万人次。公共文化服务体系得以加强，建成南海首个高雅艺术剧场，南海区博物馆迁建正式动工，新增4家社会资金兴建的文化艺术馆和博物馆。至年末，全区有文化馆1间，博物馆4间，图书馆17间，镇文化站8个，农村文化室673个。文化艺术创作硕果累累，莫松年的雕塑作品《十月·凤凰》入选第十一届全国美术作品展览；大沥镇青年合唱团获广东省第九届“百歌颂中华”歌咏比赛金奖；桂城舞蹈团代表佛山市参加广东省第二届体育大会健身秧歌比赛，获“秧歌二套”、“腰鼓”、“自由套路”三个项目金奖；区美术家协会有10幅美术作品入选参加省美术作品展出，为近年来美术作品入选最多的一次。文化遗产保护工作取得新进展，西樵松塘村成功申报为第二批广东省历史文化名村，拟申报国家级历史文化名村。

【体育】 南海区全面实施“体育强区”战略，进一步加强文体基础建设，全年投入体育事业经费约2993万元，新建设体育场地159个。至年末，全区有体育场地5586个。群众体育深入开展，承办、举办珠江三角洲休闲体育邀请赛、百村（居）男子篮球赛、狮山杯自行车公路挑战赛等赛事。竞技体育成绩显著，区、镇（街道）两级举办体育竞赛352次，参赛运动员达11万人次。南海运动员参加市及市级以上各项比赛获奖牌832枚，其中金牌296枚。年内，向佛山体校输送体育苗子22人。

【卫生】 2009年，南海区有各级各类医疗卫生机构276个，其中区直医院8所，镇（街道）卫生院14所，门诊部53所。全区床位总数5884张，卫生技术人员9372人。全区执业医师2821人，注册护士3892人。省中西医结合医院成为全省首个县级三甲医院；区、镇、村三级医疗卫生服务网络日臻完善，实现社区卫生服务全覆盖，105个社区卫生服务站投入使用，门诊人次稳步上升，选取16个站点开展社区免费健康服务试点。“健康村”工程有序铺开，全年有18个行政村通过“健康村”评估鉴定。至此，累计建成星级“健康村” 33个，占行政村总数的15%。

社会各项事业

【人口与计划生育】 2009年末，全区户籍人口117.51万人，外来人口94.25万人。全年出生人口12267人，人口出生率10.44‰；死亡人口3808人，人口死亡率3.24‰；自然增长人口8459人，人口自然增长率7.2‰。南海区人口和计划生育工作取得明显成效，8个镇（街道）全部实现无政策外多孩出生；无政策外出生村（社区）有165个，同比增加51个，占村（社区）总数的58.72%，率先成为佛山首个“无政策外多孩出生”区；国家试点免费孕前优生健康检查工作取得新突破，全年宣教1.61万人，参加孕前优生检查1.04万人，检出生育高风险夫妇2561对。

【人民生活】 2009年，南海区城乡居民收入同步增加，生活质量稳步提高。全年在岗职工年平均工资38276元，增长9.9%；城镇居民人均可支配收入28309元，增长9.0%；全区农民人均纯收入12326元，增长10.5%。居民消费仍然较旺，全年实现社会消费品零售总额455.35亿元，比上年增长18.7%。全区城镇居民人均消费性支出23343元，增长10.5%；农民人均生活费支出10862元，增长14.6%。城乡居民存款增加，年末城乡居民本外币储蓄存款余额2287.44亿元，增长22.6%。

【社会保障】 全民保障体系建设走上新台阶。调整城乡最低生活保障标准，由原来的320元／人·月提高到350元／人·月。实施特困家庭分类救助，全年发放分类救助金180多万元，受惠群众5000多人。落实保障性住房计划，解决500多户困难家庭住房问题。大力推进“大社保”，选取4个行政村作为试点，开展推动“3545” （即女性满35周岁而未满50周岁，男性满45周岁而未满60周岁）农村居民参加大社保的探索工作。

2009年末，全区参加养老保险、失业保险、城镇职工基本医疗保险、工伤保险人数分别为52.87万人、30.22万人、42.15万人、65.97万人。全年办理领取一次性养老保险待遇手续349人，办理退还养老个人账户6.77万人，退还金额1.31亿元，养老金社会化发放率100%；有1.93万人次享受失业保险待遇；有12.4万人次享受城镇职工基本医疗保险待遇；核发工伤补偿待遇9421宗。

【综治维稳】 2009年，南海区以创建全省强综治创平安促发展先行区为契机，将强综治工作向下延伸，加强基层治安、维稳等工作的软件、硬件建设，完善治安防控体系，夯实了综治基层基础。8个镇（街道）全部建立镇街综治信访维稳中心，244个村（社区）建立综治工作中心。全区建成安全小区1291个，建有视频监控头4.18万个。年内，8个镇街综治信访维稳中心受理矛盾纠纷1614宗，成功调处1507宗，成功调处率93.4%；群众越级进京上访和到省市集体上访的批次、人次同比分别下降29%和32%；全区治安报警数、刑事报警数、刑事立案数分别下降21.3%、21.6%、4.2%。

各镇（街道）介绍

【桂城街道】 桂城街道位于南海区东部，是南海区的政治、经济和文化中心。辖区面积84.16平方公里，辖22个行政村和19个社区，常住人口近55万人，其中户籍人口约21.6万人。2009年，街道实现地区生产总值252亿元，同比增长13.5%；工业总产值273亿元，增长1.23%；全社会固定资产投资总额96.4亿元，增长32.3%；批发零售住宿餐饮业营业额442亿元，增长22.6%；税收总额55.8亿元，增长4.4%；财政收入15.8亿元，增长5.7%；城乡居民储蓄存款余额369.09亿元，增长17.94%；农村经济总收入246.48亿元，增长15.59%。

产业结构优化升级。加快广东金融高新技术服务区建设，启动广东都市型产业基地建设。年内，广东金融高新技术服务区成功引进香港汇丰、浦发、恒生、东亚4家银行，广州证券、国信证券2家证券公司，新加坡亿胜投资、集成创投2个风险投资项目，富士通数据中心、法国凯捷等一批服务外包项目落户。广东都市型产业基地11个大型孵化平台项目建设全面启动，其中天安数码城、瀚天科技城共30万平方米物业投入使用，吸引30亿元优质资本、200多家科技企业进驻。

民营企业竞争力提升。星期六鞋业集团上市，广东昭信集团与多个国内顶尖研发团队合作，成功进入LED芯片设备制造领域，成为全国首家、全球第四家拥有LED芯片设备制造技术的企业。至年底，街道有通过各级认证的科技类企业66家，其中国家火炬企业2家，国家重点支持的高新技术企业19家，省民营科技企业39家；有广东省企业技术中心5家，省级工程技术研究开发中心5个。

城市环境优化美化。完成旧佛平涌岸线建设，新增绿化面积13万平方米，为农村的“三旧”改造项目提供优越的环境配套。千灯湖二期工程顺利推进，一环东涌北段工程启动；累计投入6亿元完善三山新城路网设施，郊野公园、河堤公园、海怡大桥等一批重大工程动工。深入推进叠滘、平洲城区、石硝、蠕岗、东二等截污工程，启动平洲污水处理厂二期、三山污水处理厂首期建设。全面铺开街道、村、小组三级环保联动管理体系，改善重要景观河道水质。

社会各项事业同步发展。整合多个职能部门，组建桂城街道综治信访维稳中心；创新挂钩“双联”制度，增加挂钩组下访调处职能，机关干部和教育系统挂钩联系群众家庭432户。全年上访案件283件次，同比下降33.2%；下访发现问题131件，解决121件，出嫁女等上访热点问题取得突破性解决。建成村居综治中心26个，10个平安村居通过验收。建设首个综合性的怡翠片区应急避难场所，组建桂城街道综合应急救援大队，广泛开展预案演练。举办“关爱桂城”建设动员大会，把“关爱桂城”确立为第10张城市名片，携手中国移动南海分公司和佛山珠江传媒集团建立战略合作伙伴关系，以关爱基金为杠杆吸引一批公益团体积极参与，成立桂城慈善会，弘扬社会关爱文化。启动全国和谐社区建设示范街道创建工作，建立“一社、一支、一站、一居委”的专业化分工架构，使社区工作更为规范与人性化。

【罗村街道】 罗村街道位于南海区中部，东接桂城、南依禅城、西连狮山、北临大沥，属佛山中心组团。辖区总面积44.64平方公里，下辖10个行政村和4个社区，户籍人口6.69万人，流动人口

7万多人。2009年，街道实现地区生产总值73亿元，同比增长14.5%；工业总产值165.12亿元，增长8.79%；全社会固定资产投资总额30.2亿元，增长28%；招商引资总额30.8亿元，增长35.7%；财政收入5.25亿元，增长6.37%；城乡居民储蓄存款余额76.52亿元，增长16.27%；农村经济总收入244.4亿元，增长17.3%。

新光源产业发展迅猛。广东省新光源产业化基地成功落户，罗村电光源灯饰“千亩专业市场、万亩生产基地”产业蓝图雏形初现。占地300亩、投资超过4亿元、建筑面积达27万平方米的华南（国际）电光源灯饰城一期商铺项目基本竣工，1800个商铺认租率超过90%。占地1500亩的新光源产业化基地核心园区正式签约并完成总体规划编制，总建设面积近9万平方米的科技研发区和总部经济区已经立项。同时，南海电光源灯饰照明行业协会正式成立，协会会员单位达66个。电光源灯饰产业招商如火如荼，新入驻企业超过20家。

传统产业做优做强。淘汰落后产能企业，全年关停各类污染企业25家，完成治理提升23家，陶瓷、熔铸企业全面关停。支持优质企业做大做强。全年获批贷款资金8700万元，10家优质企业受益，切实解决企业融资难题。鼓励、支持企业开展技术改造和科技创新，12家企业共申报技改创新项目24个，计划总投资3.5亿元。大力实施品牌战略，重点协助台日电梯等6家企业申报广东省名牌产品。

环境改造加速推进。推进汾江河罗村段综合整治工作，签订沿线厂企拆迁补偿协议78份，涉及42家企业，补偿金额超6000万元，清拆面积近6万平方米。完成岸线整治6.2公里、环境绿化整治3.5公里，种植灌木5000多株，建设亲水平台及栏杆3.5公里。总投资超过2.3亿元的西隆片截污工程、罗村污水处理厂二期扩建工程、务庄污水处理厂等一系列污水处理设施及其配套管网建成后，生活污水处理率将超过80%。罗村涌整治工程全面竣工，并完成16条、19.34公里的支涌整治。此外，将“三旧”改造办公室由协调机构变为常设机构，抽调精干力量专职“三旧”改造工作，出台《罗村街道加快节能减排、“三旧”改造工作的意见》，加快“三旧”改造步伐。全年新增“三旧”改造项目57个，占地面积5395亩。

社会各项事业持续发展。成功创建为“全国和谐社区建设示范街道”，在全市率先实现农村社区服务中心全覆盖。实现村级综治工作中心全覆盖，成立南海区法院首个派驻镇（街道）的“法官工作室”。成立南海区首个应急避难场所，罗湖社区成功创建全国综合减灾示范社区。积极推进“大社保”工作，2620人完成补缴手续，补缴金额约7435万元。进一步落实保障性住房建设，及时向低收入住房困难户发放房屋租赁补贴。全年发放帮扶救助金31万余元、物资折合16万余元。建成社区卫生服务站10个，社区卫生服务网络全面覆盖城乡。罗村医院升级为佛山市首家红十字医院，并与广州军区总医院建立军民共建关系。成功举办第三届孝德文化节，孝德文化深入人心，孝德文化与叶问咏春、乐安花灯成为罗村三大文化品牌。

【九江镇】 九江镇位于南海区西南部，西、北两江成环抱状流经镇域南北，江岸线长40多公里，是佛山市重点建设的“八大港区”之一。辖区面积94.75平方公里，下辖23个行政村和5个社区，户籍人口10万人，外来常住人口6万人。2009年，全镇实现地区生产总值108.73亿元，同比增长14.3%；工业总产值205亿元，增长6.4%；全社会固定资产投资总额33.43亿元，增长19.3%；财政收入2.58亿元，增长8.2 %；城乡居民储蓄存款余额74.86亿元，增长9.8%；农村经济总收入277.97亿元，增长17.3%。

新兴产业发展势头强劲。2009年，九江镇被广东省经贸委授予“省市共建现代物流重点镇”称号，并顺利获批“广东省物流信息化试点镇”。中外运南丰码头5000吨级泊位顺利完工启用；南鲲码头通过验收正式运营；九江港区全年实现集装箱吞吐量16.1万标箱，增长8.6%；货物吞吐量214.3万吨，增长29.5%。金属材料市场招商形势喜人，已成功签约项目115个；大转湾鱼珠（国际）木材夹板市场完成全部基建。佛山珠银（钢铁）电子交易中心进入试运营阶段。

节能减排治污力度加大。全力整治头盔、光管支架及小熔铸企业，整治率达100%；投入200万元完善环境监察和监测体系，加强污染源在线监控；

同步推进河涌整治与污水处理厂建设，全年投入资金7500万元整治河涌147.7公里，完成率50.25%，首期2万吨/日的污水处理工程建成投产。

社会各项事业全面推进。九江双蒸酒博物馆正式开馆，双蒸酒酿制工艺入选第三批省级非物质文化遗产。全年组织各类文体活动50多场，成功打造敦根、西桥等7个“五星体育强村”，九江“名门世家”男女子龙舟队代表国家在世界龙舟锦标赛中勇夺5项冠军。开展九江医院新门诊大楼建设，不断完善社区卫生建设；通过“国家卫生镇”和“省卫生村”复评，获“广东省全国亿万农民健康促进行动示范镇”称号。落实保障性住房政策，年内建成保障性住房80套，超额完成10套，中低收入住房困难家庭居住条件得到有力改善。建立“综治工作一条街”，促成镇综治办与司法所、信访办集中办公，全年受理群众信访357宗，同比下降6%，办结率98%。完成28个村居综治工作中心建设。积极开展“平安村居”创建活动，投入资金1299万元，增加视频监控点200个。积极开展“广东省生态示范镇”和“全国环境优美乡镇”申报，省生态示范镇已通过专家评审，沙咀、镇南、朗星3个村通过市级“生态示范村”审核验收。

【西樵镇】 西樵镇位于南海区西南部，是中国纺织面料名镇、中国龙狮名镇、全国首个纺织产业升级示范区、国家AAAA级风景名胜区。辖区面积177平方公里，下辖27个行政村和5个社区，户籍人口14万人，流动人口8万人。2009年，全镇实现地区生产总值144.42亿元，同比增长12.9%；工业总产值304.99亿元，增长8.74%；全社会固定资产投资总额50.98亿元，增长30%；财政收入5.26亿元，下降10.5%；城乡居民储蓄存款115.8亿元，增长13.31%；农村经济总收入360.3亿元，增长4.27%。

产业结构进一步优化。推进企业节能减排，坚决淘汰落后产能。34家重点用能企业完成能源监测，开展能源审计和节能规划；24家重点企业实施清洁生产改造，投入资金9.7亿元；铁腕关停4家陶瓷厂，督促7家保留陶瓷厂完成清洁生产验收；完成165家牛仔布织造厂和55家家具厂喷漆废气、粉尘治理；开展对43家企业的1113台喷水织机的综合整治。扶持优质企业。借助“雄鹰计划”解决企业融资难题，17家企业获批担保融资贷款1.7亿元，获贴息150万元。大力推进科技创新和品牌战略，新认定3个省科技计划推荐项目，新增省名牌产品1个、省著名商标2个，50多家企业获得各级财政奖励超5000万元。纺织产业转型提升。发布《2009～2011年纺织产业提升实施方案》，从政策上扶持纺织企业发展，促使纺织企业加快技改升级步伐，全年引进先进设备1200多台套，投入资金6亿多元。举办2009中国纺织科技成果展示交易会，全镇纺织企业与9家科研机构签订合作协议，进一步增强了企业科研创新能力，提升了纺织业的发展后劲。

旅游业快速发展。实施旅游管理架构改革，继续打响南北狮王争霸赛和世界华人狮王争霸赛区域品牌，提升旅游形象。西樵山创建5A景区工程全面启动，碧玉湖公园建成开放，南海博物馆、石景宜博士博物馆开工建设；西岸旅游产业园项目启动，省中旅集团计划3年内投资10亿元建设五星级度假酒店和景区景点，改造提升庆云洞景区。全年接待游客230万人次，实现旅游收入4.32亿元。

社会各项事业取得新发展。投入4000多万元继续改善学校办学条件，通过省教育强镇复评，民乐小学、樵北中学获评省体艺特色学校。完成西樵医院政府全资收购，12个社区卫生服务站建设以及乡医卫生站撤并工作，医疗卫生服务水平有效提升。成功举办国庆龙舟赛、体艺节、职工运动会、龙狮文化节、曲艺群英会等活动，建成10家“职工书屋”、2家“农村书屋”。松塘村获评广东省历史文化名村，西樵大仙诞庙会和南海龙舟说唱成功申报广东省非物质文化遗产，枫林白塔和云泉仙馆被评定为广东省文物保护单位。“南海慈善一日捐”活动募集善款355万元，全年发放慈善金53.75万元。成立镇综治信访维稳中心，铺开村（居）综治中心建设，加强对突出信访问题的化解处置。全年综治中心成功调处矛盾纠纷214宗，办结群众来信来电来访137件。启动“平安村居”建设，投入981万元建设视频监控系统，新建摄像头327个，建成安全小区29个。

【丹灶镇】 丹灶镇位于南海区西部，是中国日用五金之都、全国环境优美乡镇、国家卫生镇、广东省教育强镇。辖区面积143.5平方公里，下辖27个行政村、4个社区，总人口16万人，其中户籍、外来人口各占一半。2009年，全镇实现地区生产总值96.8亿元，同比增长14.5%；工业总产值195.23亿元，增长3.85%；全社会固定资产投资总额32.49亿元，增长23.44 %；招商引资总额26.24亿元，增长4.13%；财政收入3.5亿元，增长6.83%；城乡居民储蓄存款余额57.38亿元，增长17.01%；农村经济总收入229.07亿元，增长8%。

确立新的镇域发展战略定位。邀请专家深入研究及经各级反复讨论，确立了“有为生态之乡、广佛西部明珠”的镇域战略定位，明确“工业强镇、物流重镇、生态名镇”的产业发展导向，提出建设“两河三岸”滨水新区的远景构想：依托北江及其支流南沙涌形成的两河三岸的自然景观，重点发展商贸、房地产、旅游、服务等产业；规划面积约15平方公里，划分为上安、新安、金沙城区、沙滘、大金5个片区；按照“规划引领，项目推动，分步实施，体现成果”的准则，计划用10 ~ 15年时间完成建设，最终形成丹灶城区与金沙城区连为一体、景观优美、业态高端、魅力四射的美丽新城区。

招商引资成效显著。2009年8月7日，举办投资项目签约仪式暨招商推介会，推介“白云新城”“三旧”改造、“两河三岸”滨江新城、丹灶汽车客运站商住配套、仙湖湖畔房地产、仙湖酒店配套、五金区、金沙水乡农业生态休闲区、丹灶生态观光农业示范园等8大项目，引入盟和（佛山）汽车配件有限公司、佛山市西沃卫浴设备有限公司、同向（佛山）精密机械有限公司、佛山市季华铝业公司、丹灶珍丰路、罗行商业广场、南海新利家具制品有限公司、草本泉源丹灶灵芝生态园等8大项目，总投资额达6.61亿元。至年底，全镇引入包括第6家世界500强关联企业在内的优质投资项目17个，其中超亿元项目9个。

现代农业发展亮点纷呈。全年新增农业投入300万元，完成农田整治1000多亩、鱼塘整治近800亩。设立专门农业招商推介网页，引入中药灵芝生态园、百容水产种苗繁育基地等农业名牌项目。百容水产种苗繁育基地占地近400亩，总投资达5000万元，对镇、区、市现代农业的发展将起到强有力的促进作用。推进近4000亩农业休闲区的规划建设，农业与旅游相结合走出新路，初现雏形。

社会治安进一步好转。加快平安村居建设，投入760多万元，建成10个安全小区。加强公共场所和出租屋管理，出租屋登记1853宗，完成指标105.3%；办理暂住证5.59万个，完成指标101.1%。保持严打整治高压态势，专项整治治安突出问题，全年治安、刑事报警数分别下降20.6%和21.4%，摧毁各类犯罪团伙35个，抓获团伙成员152人。

【狮山镇】 狮山镇位于南海区西部，是广东省文明镇、广东省家电技术创新专业镇、广东省家电产业集群升级示范区、中国（广东）平板（液晶）显示产业基地、中国塑料中空包装产业基地。辖区面积256.09平方公里，下辖官窑、松岗、小塘3个办事处和8个社区、49个行政村，常住人口39.2万人，其中流动人口22.6万人。2009年，全镇实现地区生产总值450亿元，增长15.5%；工业总产值1336.6亿元，增长8.53%；税收34.6亿元，增长19.6%；全社会固定资产投资总额110.27亿元；招商引资总额95.5亿元，增长5.6%；城乡居民储蓄存款余额134.18亿元，增长18.53%；农村经济总收入1553.23亿元，增长16.62%。

启动简政强镇事权改革。11月，狮山镇启动简政强镇事权改革，科学理顺现有的行政架构，将原有的38个部门，精简为12个内设机构、1个独立设置机构、2个事业单位和1个派出机构，使权责更趋合理，行政效能进一步提高。举办56个事权承接的业务培训班，共有769人次接受了培训。12月1日，狮山镇正式办理下放的事权。

民营企业逆境提升。建立“雄鹰企业”资料库，建立和完善“雄鹰企业”服务体制和机制，帮助民营企业发展。南方风机于10月在创业板成功上市。举办“醒狮杯”国际家用电器及消费电子工业设计大赛，启动创意品采购平台，组织企业参加各种展会，举办技术进步业务培训班，切实推动传统制造业自主创新。全年新增广东省工程技术研究中心和广东省企业技术中心各1家，高新技术企业10家；41个项目成功申报省滚动计划技术改造、技术创新项目，投入资金超10亿元。

城乡建设全面推进。投资近1亿元，建设狮山中心城区体育馆、官窑体育馆和软件园滨水文化长廊等公共设施，官窑体育馆和软件园滨水文化长廊Ⅰ期三栋文化建筑已竣工；郊野体育公园动工建设；投资1.68亿元，完成红星路、科技中路、小小线等多条市政道路建设；投资近1亿元完成桃园西路、兴业路、虹岭路等6条主干道和中心城区、官窑城区共135万平方米绿化建设；220KV坑田(狮中）输变电工程建成并投入使用，工业、居民用电得到保障。

社会各项事业全面发展。投入2.1亿元，大力推进“名师名校”工程。举办“2009年狮山文化艺术节”，开展各项文化活动百余场，参与群众超过20万人次；创立《新狮山》区域报；在“影响中国·第9届中国时代优秀文学作品”征评中，狮山镇和佛山作家协会合力创作的报告文学集《狮山神采》获得作品集类金奖；“官窑生菜会”成功申报为第三批省级非物质文化遗产。投入1211万元，建成20个覆盖城乡的社区卫生服务站，形成区、镇、村（居）三级医疗服务网络，全镇超过11万人参加居民门诊医疗保险。倡导社会人文关怀，区、镇两级共投入1648万元救济困难群众，投入800万元加快建设保障性住房，切实解决困难群众生活难、治病难、住房难等问题。投入5000多万元建成4498个视频监控点和75个视频监控安全小区，治安报警数、刑事立案数同比分别下降23.4%、23.8%。

【大沥镇】 大沥镇位于南海区东部，是连接广州和佛山两市中心城区的重要纽带，素有“广佛黄金走廊”之美誉，是中国铝材第一镇、中国有色金属名镇、中国内衣名镇、国家卫生镇、中国龙狮运动名镇、广东省教育强镇。辖区面积125.77平方公里，下辖大沥、盐步、黄岐3个办事处，32个行政村和15个社区，户籍人口26.2万人。2009年，全镇实现地区生产总值329.39亿元，同比增长15.1%；工业总产值703.6亿元，增长8.78%；招商引资总额49.2亿元，增长2.5%；全社会固定资产投资总额90.3亿元，增长21.7%；税收总额和财政收入分别为29.77亿元和18.4亿元；城乡居民储蓄存款余额385.9亿元，增长7.4%；农村经济总收入674亿元，增长10.8%。

先进制造业和现代服务业同步发展。中科院中医药生物技术产业中心挂牌成立；有色金属产业园核心区产业集聚效应明显增强，中金圣源物流、中联铝厂、占美金属和沥东铝材等一批入园企业正式投产；中铝南海合金有限公司进入试产阶段；兴海铜业、豪美铝材总部大楼建成使用。广佛国际商贸城中心区土地开发不断加快；桂江农产品市场和广佛五金城规模不断扩大；盐步家具展览中心和中国五金名牌产品展贸中心相继落成。

环境再造成效显著。加快城市污水处理系统建设，盐步污水处理厂一期投入运营，城西污水处理厂和盐步污水处理厂二期加紧建设，完成截污管网建设67.7公里。完成谢边涌、机场涌一期和河东大涌等主、支干河涌的清淤治理，与广州接壤的花地河、潋表涌和滘东涌“一河两涌”综合整治工程加快推进，水系资源有效活化。进一步加强绿化景观建设，新增和改造绿化面积52万平方米。出台“三旧”改造项目资金扶持试行办法，掀起新一轮“三旧”改造热潮。广佛国际商贸城中心区、中盈广场等一批大型“三旧”改造项目加快推进；南方广场开门迎客，水头商业中心竣工验收，黄岐富东商业广场封顶。

社会各项事业全面进步。文艺创作精品迭出，263件作品获省级以上奖项，镇合唱团荣获全国首届农民合唱大赛金奖。强化计生管理与服务，成功创建“无政策外多孩出生镇街”。启动“大社保”和“新农保”工作，居民门诊医疗保险覆盖面进一步扩大，20个村实现医疗保险二次报销。成立综治信访维稳中心，稳妥处置突发性群体事件，社会矛盾得到有效化解。深化“平安大沥”创建，视频监控系统覆盖率达96%，治安报警数下降20.5%。

【里水镇】 里水镇位于南海区东北部，辖区面积148.28平方公里，下辖34个行政村和2个社区，户籍人口12.2万人，流动人口15.5万人。2009年，全镇实现地区生产总值185亿元，同比增长16.4%；工业总产值514.2亿元，增长8.8%；税收22.3亿元，增长23.4%；财政收入7.68亿元，增长65.7%；全社会固定资产投资总额71.2亿元，同比增长4.7%；城乡居民储蓄存款余额110.3亿元，增长13.5%；农村经济总收入641亿元，增长14%。

都市农业取得突破。成功引入“万顷洋园艺世界”项目，项目占地面积5000亩，首期开发3000亩，规划建设“七大区域”，着力开发名贵花卉、苗木及观赏鱼三大产业。重点扶持百合花项目，政企联动共同出资3200万元，新建百合花温室大棚约600亩，打造“百合花之乡”。精心培育龙头，特色农业示范效应愈加显著，炳昊花卉、益源果场被认定为2009年度南海区农业龙头企业。着力整治农田，投入500多万元进行麻奢片区3000多亩农田整治，不断提高农田耕作能力。

工业产业转型升级。引进高端产业，旋翼飞机、世界500强企业德国巴斯夫公司等一批规模大、科技含量高、产业前景好的优质项目进驻。志高空调成功上市，一批“雄鹰”企业获区中小企业专项资金政银企合作项目资金和信用担保贷款共7000多万元。积极推动科技创新和品牌创建，全年新增中国驰名商标1个、广东省著名商标3个，广东省企业技术中心2个，广东省装备制造业50强企业2个。企业申报专利426件，其中发明专利72件，同比增加100%。

第三产业异军突起。房地产业势头迅猛，全镇房地产销售总面积超过55万平方米。现代物流业壮大发展，广佛物流总部基地项目正式进驻，一期完成招商；东部现代物流园项目成功申报佛山市可经营性重点项目。专业市场兴起，佛山模具城一期招商完毕，与里水模具产业形成配套；八达通国际商品贸易港正式对外营业，并成为国家“十二五”现代服务业示范点。珠江帝景五星级酒店正式奠基，中信五星级酒店加紧建设。

民生工程惠及大众。公交服务更加便利，里水新客运站正式动工建设。创建健康村15个，其中通过验收6个，15家社区卫生服务站投入使用，里水新医院建设已完成征地工作。引入伊顿国际双语教学实验幼儿园，广东实验中学南海学校正式奠基，优质教育资源更加丰富。社会保障体系更加完善。新建或改建保障性住房共73套；大力推进农村居民“大社保”和“新农保”工作，“大社保”参保率为36%，2050名农村居民领取“新农保”养老金；大力推动慈善事业发展，全年发放各项救助资金817万元。（沈　娜）

附录：2009年南海区党政主要领导名单

书　记：李贻伟

副书记：区邦敏　赵崇剑

常　委：黄福洪　张和平　刘坚明　莫结茹　郑灿儒　赵　海　李永生

区　长：区邦敏

副区长：黄福洪　万志康　孔耀明　俞　进　冯永康　刘涛根　朱　武

现任南海区党政主要领导名单

书　记：邓伟根

副书记：区邦敏　赵崇剑

常　委：黄福洪　张和平　刘坚明　郑灿儒　赵　海　李永生　冼富兰

区　长：区邦敏

副区长：黄福洪　万志康　孔耀明　俞　进　冯永康　刘涛根　朱　武　袁　剑

（2010年8月南海区供稿）

顺　德　区

概　况

顺德区位于珠三角腹地，北邻广州，南近港澳，面积806平方公里，建县于明景泰三年（1452年），1992年撤县建市，2003年撤市设区，全区现辖4个街道，6个镇，108个行政村，92个居民区，户籍人口121.32万人，流动人口89万人。有顺德籍港澳台同胞和海外侨胞近50万人。

顺德自古物华天宝、商贸发达、经济富庶，岭南文化积淀深厚，是远近闻名的鱼米花果之乡，也是粤菜、粤曲、粤绣的发源地之一。顺德的美食文化源远流长，民间素有“食在广州，厨出凤城”之说，今日更享有“中国厨师之乡”美誉。境内的清晖园、碧江金楼、西山庙、逢简水乡等风景名胜，是古代岭南建筑文化和南国水乡风光的典型代表。2009年，顺德特有的龙舟说唱、香云纱染整技艺被列入国家级非物质文化遗产名录，“香云纱”文化遗产保护基地正式成立。

顺德一直以来都是改革开放的先行者，1992年被广东省委、省政府确定为省综合改革试验市；1999年被广东省委、省政府确定为率先基本实现现代化试点市；2008年9月被列为广东省开展深入学习实践科学发展观活动县（市、区）试点单位之一；2009年8月17日，广东省委、省政府正式批复同意顺德继续开展以落实科学发展观为核心的综合改革试验，并在经济、社会、文化等方面事务赋予顺德行使地级市管理权限。

经过改革开放30多年来的发展进步，顺德如今已成为中国县域科学发展的排头兵，是中国著名的制造业基地，拥有“中国家电之都”、“中国燃气具之都”等美誉，家用电器、机械装备、精细化工、医药保健、家具产销等传统产业闻名全国。近年积极推动产业转型，重点培育太阳能、OLED、环保装备、汽车配件与制造等新兴产业。2009年，顺德实现地区生产总值1711.93亿元，增长14.1%；工业总产值4277.44亿元，增长10.9%；单位生产总值能耗下降5.5%；全社会固定资产投资342.6亿元，增长13.5%；社会消费品零售总额473.5亿元，增长19.3%；地方财政一般预算收入89.29亿元，增长12.5%；城乡居民储蓄余额1321.66亿元，增长14.9%，经济社会发展呈现转型升级的良好态势。

经济建设

【工业】 2009年，顺德区实施调整产业结构战略，帮助企业融资、市场开拓和技术改造，应对危机成效显著。区委、区政府连续两年安排2亿元中小企业发展资金，创新中小企业信用担保基金服务方式，帮助198家中小企业融资11亿元；推广股权出资、商标质押等方式，协助企业融资161亿元；推进小额贷款公司试点；鼓励企业参与“家电下乡”、“广货北上”，顺德企业家电下乡产品全年销售额约占全国13%；整合市场安全监管体系，网格化监管网络覆盖全区。2009年，家用电器、电子信息、机械装备、纺织服装、精细化工、医药保健、包装印刷、家具、汽车配件等支柱产业蓬勃发展。全区产值超亿元的工业企业达273家，其中超10亿元27家，超百亿元3家。经区政府认定总部企业21家，纳税超千万元企业和集团达223家，上市公司13家

（其中5家控股）。光伏、LED等新兴产业发展迅速，新兴产业乘势而上，产业逐步向高端化方向发展。工业设计集聚发展，省区共建“广东工业设计城”，顺德工业设计园等三大主体园区布局初具雏形。太阳能产业崭露头角，国家级太阳能应用系统中心等一批新能源研发机构相继进驻，一批知名太阳能产业企业签约落户。彩虹OLED项目定位为华南区域总部并动工建设，宝钢制罐正式投产。企业开拓资本市场取得成效，精艺股份成功上市，美的电器实现再融资，环球制药入股香港荣山国际，佛山奥园控股万鸿股份。顺德农信社成功改制为农村商业银行。香港永亨银行获准进驻顺德。“顺德家电”集体商标获国家工商总局批准，成为全国首个集体家电商标。

【农业】 围绕建设现代高效农业的目标，充分发挥农业基础设施完备和区位条件优越等有利条件，不断提升顺德农业的综合竞争力和现代化水平，农业现代化步伐加快，推广农业新品种、新技术取得实效，荣获“中国鳗鱼之乡”称号。2009年全区实现农业总产值66.1亿元，同比增长2.8%。

【第三产业】 培育发展生产性服务业，提升生活服务业，推动流通产业结构优化升级，现代服务业发展壮大。世界零售业巨头争相进驻，乐购、沃尔玛落户大良。华南国际采购与区域物流配送中心项目落户顺德，力源金属物流城、金錩国际金属交易广场、嘉安国际物流中心等现代物流基地投入运营。万村千乡市场工程深入推进，三级零售网络逐步形成。顺德家电展、工博会等展会国际化、市场化水平不断提高。乐从镇成为国家级电子商务试点。星级酒店建设进展顺利，财神酒店获评中国五星级旅游饭店，喜来登酒店正式营业。第四届顺德岭南美食文化节反响热烈，“顺德美食”品牌进一步打响。2009年顺德完成第三产业增加值602.77亿元，同比增长19.5%，占GDP比重为35.2%，比上年提高两个百分点，服务业增加值602.8亿元，同比增长19.5%。

【自主创新与品牌建设】 以自主创新为突破口，推动传统产业从规模扩张转向价值提升。2009年，顺德区产学研合作的深度、广度不断拓展，3个国家级重点实验室基本建成，家具研究开发院挂牌成立，新认定省级企业技术中心、工程中心14家。举办“院士专家顺德行”，促成多项技术对接。与中国科学院计算机技术研究所共建工业与信息技术研究中心，中国科学院广州技术转移中心顺德工作站落户容桂。总部经济加快发展，新认定总部企业5家，累计21家，顺德的总部经济已从建立单个总部大楼向打造总部经济集聚区域升级。名牌、标准战略再创佳绩，“顺德家电”成为全国首个集体家电商标，新增中国驰名商标3件（累计16个）、省著名商标13件（累计91件）、省名牌产品21个（累计90件），中国名牌产品累计32个，国家级区域品牌累计22个。2009年新增专利申请量8483项（累计6.53万项），新增专利授权量7303项（累计4.76万项），参与制定国家标准、行业标准和地方标准累计51项。

城乡建设

【城乡规划发展】 2009年，顺德区突出强化规划引领作用，推出城乡总体规划、土地利用总体规划、顺德新城规划、顺德新城德胜商务区规划、西部生态产业区规划等多层次、高起点的发展规划，统领全区城乡建设发展，逐步落实“一城三片区”战略构想，构建起大规划引领大发展的新格局。

【基础设施建设】 以基础设施建设为切入点，主动参与珠三角一体化。3月24日，顺德区政府与9家银行签订贷款合同，获得用于区内106个主干公路和市政道路项目建设的117亿元贷款；与中铁合作采用BT模式建设碧桂路、红旗路改造和高富路新建工程。南国西路主车道改造、大金山隧道、龙盘大桥等项目竣工通车，广珠城际轨道、太澳高速和一环南延线一期等顺德段工程完成进度70%以上。13宗重点水利工程基本完工。500千伏顺德变电站配套9回220千伏线路全线贯通，企业、居民用电得到保障。与中移动签约，5年内投入30亿元，打造“信息顺德”。整治违法违规用地，建立区镇联合储备土地机制，提高土地集约利用效率。全年申报“三旧”改造项目30个，完成改造5个。

【环境保护】继续整治陶瓷、漂染、废旧塑料等行业。德胜电厂2×30万千瓦“上大压小”发电工程项目投入运营，对完成二氧化硫减排任务起到关键作用。新建和扩建污水处理厂7家，全区配套污水管网通水运行约200公里，城镇污水处理率达67.4%。倡导节能新技术，推进太阳能光伏发电示范项目4个，建成天然气管道343公里。新增、改造绿化面积（含林分改造）466.9万平方米。整治内河涌151公里。创建6个市级生态示范村和7个“绿色社区”。推进公交TC模式改革，倡导绿色出行，投入新型环保公交车87辆，更新双燃料出租车100台。

【新农村建设】2009年创建27个“顺德好村居”示范点，新增25个“六好”平安和谐社区。完善城乡房屋拆迁补偿安置办法。推行公寓式农民住宅，推进大良五沙“金沙人家”社区公寓建设。

社会事业

【教育文化】2009年，顺德区通过广东省教育现代化先进区验收，被评为全国推进义务教育均衡发展工作先进地区。职业教育“双零”模式在全省推广。新建扩建学校、幼儿园10所。选派100名优秀教师到薄弱学校支教。通过全国文化先进县复查和第三次全国文物普查阶段性验收。继续开展“顺德好人”评选活动，推进“家门口的电影院”、“家门口的图书馆”工程，群众文体活动日益丰富。

【社会保障和劳动就业】2009年7月1日起正式实施全省首创的完全被征土地农村居民基本养老保障制度，截至年末，全区有31个股份社2.75万名保障对象纳入了制度保障范围。对低保人员实施分类救助，将低保标准提高至每人每月350元。落实城镇独生子女父母及无子女职工退休奖励和生活补助金。居家养老服务覆盖所有镇街。全区已成立村级福利会130家。建立大学生就业实践基地，推广社区工作坊、日班生产线等就业模式，率先建立租赁厂房企业工资保证金制度，2009年登记失业率为1.76%。

【医疗卫生】扩大基本门诊药品目录，推进“名医进村居”、“网上预约挂号”等便民服务。2009年区新增6间社区卫生服务站，区妇幼保健院儿童医院、新杏坛医院投入使用，区第一人民医院易地重建工程、伍仲珮纪念医院扩建工程正式启动。加强食品、药品安全监管，有效防控甲型H1N1流感。

综合改革

【综合改革试验】2009年8月17日，广东省委、省政府批复同意顺德继续开展以落实科学发展观为核心的综合改革试验工作，并在维持顺德区目前建制不变的前提下，除党委、纪检、监察、法院、检察院系统及需要全市统一协调管理的事务外，其他所有经济、社会、文化等方面的事务，赋予顺德行使地级市管理权限。顺德综合改革试验的目标是要坚决突破制约科学发展的思维定势和体制机制障碍，积极探索率先建立与社会主义市场经济体制相适应的科学发展模式，不断增强产业竞争力、城市创新力、人文吸引力和区域影响力，努力争当科学发展的示范区、体制改革的试验区、自主创新的领先区、新型区域合作的模范区、城乡发展一体的先行区，为珠三角地区“三促进一保持”、“两转型一再造”，为全省深化县（市、区）体制改革、推进科学发展、建设服务型政府探索经验和提供示范。

【党政机构改革】9月14日，经过广东省委、省政府批准同意，广东省编委批复《佛山市顺德区党政机构改革方案》。9月16日，顺德正式推进区级党政机构改革，将政府职能分为政务管理、经济调节与市场监管、社会管理与公共服务三大类型，通过党政部门联动、部门属地管理，将原来的41个党政机构（含部分双管单位）及群团组织职能进行全面、系统的梳理，将职能相同、相近、相关的部门进行合并，整合为16个部门。首创部门首长负责制，将6个党委机构全部与有关政府机构合署办公；首创党政联动运作模式，由参加区联席会议决策的区委常委、副区长和政务委员兼任16个部门的首长；实行行政三分制，建立起党政决策权、执行权、监督权既相互制约又相互协调的运行机制；通过实行属地管理，将原属省市垂直管理的部门改为属地管理，变金字塔式的组织结构为扁平化的网络结构。

【简政强镇事权改革试点】 2009年11月9日，顺德区在容桂街道试点推进简政强镇事权改革，在维持容桂街道目前建制不变的前提下，在产业发展、城市建设、社会管理、市场监管、公共服务等方面，依法赋予容桂县级行政管理权限，第一批316项（方面）经济社会管理权已下放到位。同时，理顺区和街道的关系，整合容桂街道原有28个党政部门、街属单位和部分双管单位职能，综合设置13个工作机构，与区级大部门体制实现对接；理顺政府和村居的关系，建立互动合作型社区管理模式，选择社区（村）试点设立市民服务中心，由容桂街道统筹人员和经费，负责计生、城管、治安、征兵等行政事务；理顺政府和社会的关系，探索社会管理和公共服务体制改革；创新民主决策机制，成立容桂街道公共决策和事务咨询委员会，对涉及公众利益、社会民生的重要工作进行公共决策咨询；探索建立现代社工制度，试点开展社工工作，公开招聘有资质的社工，在社区低保优抚、妇女儿童、残障人群以及青少年等领域为市民提供专业服务。

（吴彩霞）

各镇（街道）介绍

【大良街道】 大良是顺德区政府所在地，顺德的政治、文化、教育、商贸中心，地处顺德中部偏东，连接广州，毗邻港澳，是佛山市规划的第二个百万人口中心组团的城市核心。辖区面积80.34平方公里，下辖19个社区居委会和2个村委会，户籍人口20.91万人，流动人口13.59万人。大良文化底蕴深厚，辖区内有清晖园、宝林寺、西山庙等名胜古迹。2009年，大良实现地区生产总值249.42亿元，规模以上工业总产值244.5亿元；工商税收47.35亿元；全社会固定资产投资73.8亿元；人民币存款余额605.28亿元；城镇职工人均收入3.58万元，农民人均收入9689元；实际利用外资4176.71万美元。

经济平稳发展。2009年，大良街道积极应对危机，支持企业申报“顺德区中小企业信用担保基金融资”，18家优质中小企业获得共计1.78亿元的区信用担保基金贷款；与大良信用社合办“展业易”贷款计划；与顺德信用联社营业部、区中小企业促进会联合举办“大良地区中小企业融资洽谈会”，为110多家企业介绍银行贷款业务，解决企业融资问题。鼓励协助企业多渠道开拓市场，万家乐、威王电器、安博基业3家企业的多款产品中标家电下乡计划。发动企业参加第105届、106届广交会、佛山机械装备展览会、第二届中国（顺德）“工博会”、2009年“顺德家电展”、2009“广佛欢乐购物节”、凤城美食推广系列活动等。组织企业申报各项科技项目及优惠扶持政策，2009年大良企业共获得国家、省、市、区各级科技奖励及扶持资金1629.44万元；有18家企业被认定为国家级高新技术企业。协助企业建立研发平台，加强产学研联盟建设，瑞德电子等4家企业通过各级工程中心验收，共有7个项目入选省级科技计划，33个项目纳入2009年顺德区科技计划，万家乐燃气具、震德塑机被认定为广东省部产学研结合示范基地。支持企业进行专利及名牌申报工作，实施标准化和名牌产品战略。辖区内企业已共获专利授权366件；广东盈彬大自然木业有限公司经国家工商总局批准认定为“中国驰名商标”企业；推荐安能保险柜制造有限公司申报“广东省著名商标”。

配合新城建设，完善旧城改造，全面加强城市管理力度。推进太澳高速、广珠城际轨道、珠二环高速、东新高速及碧桂路、红旗路的征地拆迁工作，污水处理厂工程建设。推进道路改造和环境绿化美化工作，中旅三旧改造项目。推进顺峰山公园改造提升工程，林分改造和河涌治理工作。投资3850万元，实施“雨污分流”排水工程改造。成立城市管理办公室，全面加强社会公用事业服务和城市管理，统筹绿化、市政项目维护、市容环境卫生、公共交通、行政执法等各项工作，完善城市管理职能架构。

加强民生事业建设。2009年大良财政用于居

民最低生活保障、自然灾害生活救助、城镇特困居民医疗救助、抚恤、五保供养、城镇特困家庭学生救助以及其他专项用途的民政资金支出达1705万元。开展“凤城·圆梦”行动，共募集价值30万元物资，为500个低保家庭圆梦。各社区（村）组建福利会，4个社区登记成立了福利会，筹集社会慈善资金近300万元。优化教育及医疗服务，投入资金1.4亿元建设顺峰中学，9月投入使用；新建五沙社区医疗门诊楼。对山体滑坡等地质灾害进行全面治理。增设100套治安视频监控设施；在北区社区试行治安、交通、城管的综合管理。全力推进全征土地农村居民参加养老保障工作。

【容桂街道】 容桂街道位于顺德区南部，顺德中心城区的重要组成部分，面积80平方公里，下辖23个居委会、3个村委会，总人口46万人，其中户籍人口19.89万人。2009年，实现本地生产总值331.2亿元，规模以上工业产值1126亿元，税收总额37.6亿元；年末金融机构人民币各项存款余额320.5亿元，其中城乡居民储蓄存款余额214.8亿元。城镇职工人均收入35772元/年，农民人均收入9643元/年。

大力推动传统制造业升级，引入工业设计、研发、创意等行业，应对全球金融危机。举办镇域创意产业论坛，启动德胜创意产业园建设。通过举办银企洽谈会、协助企业申报中小企业扶持基金和担保基金等措施，帮助企业解决融资难问题，促成37家企业进行银企合作，融资额达2.19亿元。4月，容桂街道与中国科学院广州技术转移中心签订合作协议，合作组建中国科学院顺德工作站，实现与中科院100多间研究院所的直接沟通，成为国内目前唯一一个与中科院开展院地合作的镇级单位；9月与中科院广州技术转移中心、深圳先进技术研究院共建顺德先进工业设计中心； 10月制定支持院地合作的政策办法，鼓励和支持中科院在容桂设立院地合作平台和进行高新技术成果孵化。顺德首家广东省院士专家企业工作站落户万和集团。继续实施品牌战略，华润涂料获认定中国驰名商标。截至2009年底，容桂有国家驰名商标5个、广东省著名商标25个、国家名牌产品11个、广东省名牌产品20个，新增省教育部产学研结合示范基地1家，新增省级工程中心1家。

城乡建设加快推进。东部中心公园景观工程等东部新区多项城市工程全面启动。新桂洲医院、体育公园、中国时尚球类运动南方基地、外环路等重点基础设施加快推进。容奇大道东和桂洲大道东绿化“示范路”改造全面完成。容奇大道、容桂大道、桂洲大道和凤祥路－振华路4条主干路定为卫生管理“示范路”。26个居（村）内街巷更换节能灯完成80%以上。最大3家印染、纺织企业全部完成废水、废气处理系统的建设，金纺集团建成全省首个全封闭、花园式废水处理系统。“水浸街”整治一期工程投入1600万元，整治9个社区60多条道路街巷的水浸黑点，新建排水管6000多米、雨水口1000多个。容奇新涌闸站、眉蕉尾电排站、八涌闸站等水利工程建设加快推进。第一污水处理厂二期厂区建设基本完成。

社会各项事业全面发展。2009年，容桂投入2000多万元充实教学设备，改善薄弱学校办学条件，南区小学教学楼竣工投入使用。全年主（承）办各项文体活动80多项，全国慢投垒球锦标赛、第16届亚运会亚洲海报设计大赛暨容桂水乡画精品展等活动在社会上引起了较大的反响。容桂获授“中国龙舟训练基地”、“中国盆景名镇”称号。基本实现居（村）慈善组织全覆盖，全年募集慈善基金4000多万元；全年救助对象达3600人，发放救助款达330万元。“省卫生村”、“国家卫生镇”通过复查验收。建成视频监控室21个，全面覆盖26个社区（村）；全年110刑事治安有效报警同比下降48.8%。容桂街道被评为“广东省平安建设先进镇（街）”。容桂客运站成为广东省一级（A类）汽车客运站。

“简政强镇”事权改革试点工作。根据《中共广东省委、广东省人民政府关于佛山市顺德区开展综合改革试验工作的批复》精神，顺德区委、区政府决定在容桂街道开展“简政强镇”事权改革试点工作。2009年11月9日，容桂街道召开“简政强镇”事权改革试点工作动员大会，正式公布《佛山市顺德区容桂街道“简政强镇”事权改革试点工作方案》。改革以简政放权、转变职能为核心，进一步提高基层政府的社会管治能力和公共服务水平。至年底，各项改革试点工作顺利推进。对接区大部制，将街道原来28个党政部门和事业单位整合设置为5个内设机构、6个直属机构和2个双重领导机构。区政府下放第一批316项行政审批和日常管理权限。确定马冈、海尾、华口为社工工作试点，全面铺开社工培训和上岗工作；确定华口为政社分离试点，成立华口社区市民服务中心；成立街道公共决策和事务咨询委员会，在建立社会协同治理机制和民主决策机制方面走出第一步。

【伦教街道】 伦教地处珠江三角洲腹地，位于顺德东部，是顺德百万人口中心城区的重要组成部分。总面积59.2平方公里，户籍人口约8.2万人，辖下有8个村和2个社区。伦教交通网络完善，广珠西线、105国道、碧桂路、龙洲路等多条快速主干线贯穿其中，国家重点工程太（原）澳（门）高速、珠二环高速、广珠城际轻轨均穿过伦教。邻近顺德港、北滘港等重要港口。伦教历史悠久，距今1200年前已有居民点，是顺德蚕桑、丝织业中心和广东土丝手工业重镇。有不少蕴含浓厚乡情且享誉四方的特色产品，如伦教糕、羊额烧鹅、香云纱、黑胶绸等。2009年，伦教实现工农业总产值353.93亿元，其中工业总产值348.13亿元，农业收入5.8亿元；全社会固定资产投资18.99亿元；税收收入7.89亿元；城乡居民储蓄余额72.4亿元。

经济实力不断提升。经过多年的稳步发展，伦教逐步建立起以电子信息、木工机械、玻璃机械、珠宝首饰、纺织服装和装饰建材六大特色产业为主的经济发展格局，先后获得“中国木工机械重镇”、“中国玻璃机械重镇”等荣誉称号。2009年伦教全面提升产业服务体系的配套水平，推动经济发展。7月8日，伦教商会大厦正式落成使用，成功吸引“广东工业大学（伦教）工业设计与技术研发中心”和“中国地质大学（武汉）伦教科技创新中心”两大产学研合作机构，以及标准化促进与研究分中心、木工机械产业研究室、报关公司、律师事务所等服务机构入驻。引入广东省中小企业再担保公司组建金融服务中心，设立全省第一家中小企业贷款担保基金。组建“梳齿榫接木机”和香云纱染整技艺两个专利联盟，美涂士涂料获得伦教首个“中国驰名商标”。顺德最大的农产品交易市场——三洲农产品交易中心正式投入使用。近年共完成2万多亩基塘整治，建立“乌洲鸡”、“顺菊”等一批品牌农产品。伦教农业迈向产业化发展道路，形成颇具特色的现代农业模式。

打造岭南水乡特色的生态新城。2009年，伦教立足“产业发达的生态新城”的发展定位，加强水乡生态建设，完善交通网络，城市面貌得到改善。推进长鹿农庄规划建设，突出其在伦教东部片区水乡生态休闲业的龙头核心地位。投入720万元，提升绿化面积11万多平方米，推进长鹿农庄入口道路周边绿化等一批道路、公园的绿化改造工程，试行“一街一景”绿化模式。推进10条内河涌整治和龙田涌生物治理工程；改造、兴建大洲电排站等一批水利工程。105国道顺德立交桥掉头匝道、一批重点电力设施、污水处理厂等基础性工程项目全面建成并投入运行，人居环境得到进一步优化。

社会各项事业同步迈进。全面推开居家养老服务，已有140多位老人受益；继续投入1500万元扶持村居民生福利工程，涉及供水、供电、市政配套、文化体育等方面共79个项目，完善村居基础设施。文化体育事业发展迅速。文联和体育总会属下共建立书画、文学、音乐、摄影、球类、醒狮、象棋、龙舟、诗歌、粤曲、灯谜等18个群众文体组织，举办各类大小文化体育活动。全年举办了“三八”大巡游、“开心大舞台”、“我爱伦教”社区文化节、国庆60周年文艺晚会等基层特色文体活动，丰富市民文化生活。2009年，“香云纱染整技艺”成功申报国家级非物质文化遗产，“广东香云纱文化产业园区”和“香云纱文化遗产保护基地”正式成立，提升街道文化创新发展能力。

【勒流街道】 勒流地处佛山市顺德区中心部位，原为镇建制，2006年正式改建制设置为勒流街道，面积92.62平方公里，下辖22个村（社区），户籍人口11.4万人，流动人口约11万人。勒流是著名的侨乡，有众多乡亲旅居港、澳、台和世界各地。文化艺术底蕴深厚，是龙舟之乡，书画之乡，素有“勒流翰墨”之称；勒流美食文化源远流长，享有“厨出凤城，味在勒流”的美誉，2008年被中国烹饪协会授予“中华美食名镇”荣誉称号。改革开放以来，勒流形成交通机械汽配、五金制品、灯具照明、小家电等为支柱的多元化产业格局，辖区内拥有一大批国家高新技术企业和省民营科技企业，规模以上企业399家，年产值超亿元的30家，当中超10亿元的占5家，规模以上工业企业的产值约占全部工业总产值的93%。

2009年，勒流街道实现工农业总产值450.4亿元，其中工业总产值441.97亿元；利用民营资本13.23亿元；全社会固定资产投资17.56亿元；限额以上批发零售餐饮业零售额2.46亿元；全街道税收收入13.76亿元（含调库数）；全街道财政收入5.65亿元。

认真应对全球金融危机，加快产业结构调整和转型升级，经济平稳有序发展。成立企业服务中心，建立“一企一档”，通过金融服务、信贷担保、产业政策支撑、组织企业参展等措施，帮助企业渡过难关。引入高新技术，推动自主创新，提升五金、小家电等传统支柱产业的核心技术优势。推动生产铰链、滑轨等产品的龙头企业参与国家、行业、地方标准的制、修订工作。支持鼓励企业和产品创名牌，促进产业优化升级。2009年，获认定“国家高新技术企业”有16家，31家企业成功申报省民营科技企业；新增省企业技术中心2家；9家企业成功通过广东省外经厅重点培育和发展的出口名牌认定；东泰成功申报中国驰名商标；富华、华钿、奥特龙成功申报广东省著名商标。现已有国家名牌产品1个（新宝电热水壶）、国家驰名商标1个（东泰）、广东省名牌产品10个以及广东省著名商标7个。推动工业集约发展，加强对两园区的企业管理，园区基础设施配套逐渐完善。其中，富安工业基地已开发面积3000亩，进驻企业超过75家；勒流港工业基地已开发面积5500亩，进驻企业超过45家。第三产业发展步伐加快，广州港“穿梭轮船”勒流支线的开通带动物流经济的发展，餐饮、酒店、房地产业等现代服务业发展迅速。2009年，房地产开发投资达7.8亿元，同比增长88.47%，商品房累计销售额9.49亿元，累计销售面积13.61万平方米。以博澳城为代表的房地产项目，成为支持街道经济发展的重要动力之一。勒流农业以水产养殖为主，养殖品种又以优质鳗鱼、加州鲈、水鱼为主。2009年农业总产值8.43亿元。勒流加大公共财政对“三农”的投入，全面整治基塘河涌，净化水源，优化养殖及生态环境，改善农业及农村生产、生活条件。

加强基础设施建设和环保建设，提高城市化水平。一环南延线一期、珠二环全线、南国西路改造、龙洲路主辅道改造等工程全面进场施工。顺吉、顺藤、顺都三条220kv电力线建设取得突破，110kv勒流港口变电站和110KV新城变电站工程稳步推进。融资10亿元推进涵盖交通、环保、医疗、教育、文化等领域的12项建设工程，投入950万元，完成27座危患桥梁改造，改善群众生活环境。污水处理厂二期厂区施工已经完工并试运行。连续几年投入资金近2亿元，推进水闸、电排站改建，增设电动提升门，高标准整治内河涌及堤面混凝土硬底化等一系列水利设施建设，防洪水利工程设施及内河涌整治初见成效。投入2000多万元对建设中路、政和北路、龙洲路人行道、政府广场等进行绿化美化。加大内河涌整治、卫生死角清理、下水道疏通清淤及生活垃圾处理。境内三条主干河涌按时、按质全面完成整治任务。

社会各项事业全面发展。加大教育投入力度，加速中小学整合撤并以及改建，推进江义初级中学、裕源小学、冲鹤小学建设，新稔海小学投入使用。开展村居篮球赛、“信社杯”长跑赛、校园歌唱比赛、“博澳城杯”家庭书法大赛等系列群众性文体活动，丰富市民文体生活。勒流医院扩建完成，新建大楼投入使用。创卫工作成效卓著，16个村居创建成为省卫生村居。切实做好“城乡合作医疗保险”和“基本门诊合作医疗”，其中城乡合作医疗保险，全街道22个村居参保率达到90%以上。进一步完善社会救助体系，提高农村最低生活保障线标准，切实推进新农保，落实全征地农民养老保险制度，截止2009年底，共有6个股份社，2300居民享受到该项惠民政策。建立危重病特殊救助和困难群体子女助学制度，基本实现“应保尽保”。发展村居社会福利事业，11个村（社区）成立村（居）福利会。

【北滘镇】 北滘位于顺德东北部，是全国百强镇，全镇总面积92平方公里，下辖8个社区居民委员会和10个村民委员会，户籍人口11万人，常住人口25万人。2009年是北滘建制50周年，北滘确立了“智造北滘，魅力小城”发展目标，推动经济、社会和城市建设全面发展。全年实现本地生产总值230亿元，工农业总产值1121亿元，工业总产值1113亿元，全社会固定资产投入33.8亿元。国地税收入42.9亿元，地方财政一般预算收入13.58亿元，财政支出12.08亿元。全镇职工年平均工资18220元，农民人均纯收入10380元。年末城乡居民储蓄余额128亿元。

科学发展促进产业结构转型升级。北滘加强扶持企业力度，通过“金种子计划”、“暖冬行动”、“中小企业信用担保基金”等系列扶持措施，累计向155家中小企业发放扶持资金近1700多万元、提供担保贷款3400万元。加大引导力度，促使应对国际金融危机的过程成为推动转型发展的过程，工业设计、总部经济、现代服务业三大引擎促进北滘现代产业体系进一步完善。美的集团采取“总部+生产基地”的发展模式持续扩张，被评为“中国企业500强”第69名、“中国制造业企业500强”第27名；碧桂园集团入选中国房地产开发企业500强第8名，全年实现合同销售232亿元，业绩再创历史新高；10月，首家中小企业总部日美总部大楼举行奠基仪式；精艺股份成功上市。实施以工业设计促进传统产业优化提升的战略，投入5000万元建设顺德工业设计园，成为“国家工业设计与创意产业（顺德）基地”的重要组成部分，成功争取广东工业设计城项目落户，工业设计集聚发展。北滘港二期、华南国际采购与区域物流配送中心等重点大型商贸流通项目顺利推进。加大农业扶持力度，区镇两级下拨扶持资金451.8万元，完成7530亩现代农业园区扫尾工程建设。

致力融入广佛同城、珠三角一体化发展，加强城市建设，提升城市价值。新启动日美总部、文化艺术中心、北滘购物广场、行政执法大楼等项目，新城区的路网、绿化等市政配套进一步完善。高标准改造跃进路、济虹路、东风路，对旧城区进行全新规划。133个电网改造项目和11万伏泰安站输变电工程等重点项目陆续完工。建成污水处理厂二期，污水处理能力提高到每日6万吨。加强河涌整治，西河泵站等城市水利工程和北滘河等主干河涌疏浚拓宽整治工程相继推进，完成镇内179条、总长162公里的支河涌整治规划。全面完成《北滘镇土地利用总体规划（2006～2020）》修编，对35宗违法搭建进行拆除。完善三级城市管理网络工作体系，组建槎涌等6个城管工作站，将城市管理延伸到村居一级。

社会各项事业协调发展。投入1800万元对中心小学、北滘中学进行改造。打造文化品牌，加快建设文体基础设施。全年共举办文艺活动、体育赛事、社会公益讲座近500场次。借助创建“顺德好村居”的机遇，铺开“美化家园工程”优化美化村居环境，全镇有16个村居相继启动“美化家园工程”建设。开拓发展民生事业。政府全年用于扶贫济困等社会救济支出超过1000万元，受惠群众超过5000人，投入1500多万元筹建余荫院老年公寓新大楼。成立北滘慈善会，实现村级福利会全覆盖，两级慈善福利机构共筹得善款6100多万元。建立社区工作坊、日班生产线、杂工劳务市场等多个就业帮扶基地，共帮助1263名就业困难人员就业。在全区率先建成就业服务一站式大厅，全年成功推荐就业4318人次。实施“展翅计划”等就业帮扶措施，全年免费培训974人。美的集团捐款1000万元建设的北滘医院特别服务中心投入使用，北滘医院成为广佛“医保同城”首家广州市外广州社保定点医院。全镇计划生育率为97.54%，被评为佛山市人口与计划生育先进单位和佛山市无政策外多孩出生镇。

【陈村镇】 陈村镇位于广州、禅城、番禺、南海、顺德五地交汇处，是顺德区的“北大门”，总面积50.9平方公里，下辖7个村委会和8个居委会，常住人口7.8万人，流动人口5.9万人。2009年实现本地生产总值83.65亿元，工农业总产值231.03亿元，其中工业总产值224.8亿元，税收收入8.02亿元，区级库税收收入2.7亿元，地方财政收入16.73亿元，全社会固定资产投资33.37亿元，全镇储蓄余额87.35亿元。

以“提一优二快三”为经济发展思路，优化提升产业结构。2009年全镇规模以上工业产值218.31亿元，年产值超亿元企业30家，17家企业申报130项科技项目，获得各级科技扶持资金2100多万元。科达机电、申菱空调、圣都模具、世创金属等4家企业分别被纳入广东省装备制造业50强重点骨干企业和100强重点培育企业。出台加快发展第三产业实施意见，明确第三产业发展方向。全年限额以上商业零售额7.31亿元，增长24.3%。著名品牌地产商万科进驻，顺联万利商业广场酒店、骏杰花园酒店、金阁饮食娱乐项目动工。会展经济蓬勃发展，成功举办第三届顺德国际机械零部件采购展览会，第五届中国（佛山）机械装备展览会暨第七届中国（陈村）机床及橡塑设备博览会、第八届中国国际植物展览会、2010 中国（陈村）国际艺术博览会等多个大型展会。启动“花卉产业提升工程”，开展高新花卉种植示范试点工作，提升农业的附加值和产业化水平。

城市建设水平有效提升。启动新城区建设，已完成首期规划设计。政和路、合成路等 8 条旧城道路全面完成改造，改造长度约 5.14 公里。配合佛陈路快速化改造工程建设，对沿途花卉大道、环镇路、锦龙路、新君悦等多个路口进行跨线桥或下穿隧道改造。分步推进工业区 23 个项目道路改造，改造长度 12.02 公里。推进“三旧”改造，锦龙工业区、旧医院、荟芳园地块，旧机电厂地块，潭洲工业区“退二进三”等“三旧改造”项目已陆续动工建设。实施“送路下乡”工程，由镇财政出资推进改造或新建村（居）道路 38 条（项），总长约 24 公里。推进白陈路绿化改造和改貌工作。完成沙洲公园、四季公园建设，推进文化宫公园、文海河公园建设。新增和改造绿化面积 10.71 公顷，整治河涌 66.2 公里。陈村镇交通中心投入使用。工业区集成 10KV 路架设等 5 个项目完成建设，园区企业用电需求得到保障。花卉世界低压电网工程完成工程量的 80%。

社会各项事业持续发展。推进梁钊林纪念小学、青云中学、仙涌小学扩建，职业中学实训中心等改造建设。推进“名校、名校长、名师”工程，促进教育现代化和精品化建设。开展“感动陈村”和谐家庭评选活动，推广社会文明新风。举办“陈村镇首届社区文化节”，举办各类文体活动 50 多场。全面通过国家卫生镇复评，庄头、花城两村（居）成功创建省卫生村，实现全镇省卫生村达标率 100%。对仙涌、大都、潭洲三个试点村推进新农村建设。推进新型农村社会养老保险工作，提高门诊合作医疗待遇和服务。成立 11 个村（社区）福利会，筹集慈善资金 400 多万元。开办老年人学校，开展居家养老服务。武装工作连续 26 年取得“征兵工作全优单位”。群众生活水平稳步提高，2009 年全镇职工年人均收入 20366 元，增长 8%；农民年人均纯收入 8772 元，增长 5%。

【乐从镇】 乐从镇位于顺德西北部，佛山市中心城区的南部，325 国道贯穿南北，东平水道和顺德水道夹镇而流。全镇面积 78 平方公里，下辖 4 个居委会，19 个村委会。户籍人口近 10 万人，流动人口约 13 万人，旅居港澳及世界各地的海外乡亲 6 万多人，是广东省著名的侨乡。2009 年实现国内生产总值 105.75 亿元；商业销售 585 亿元，规模以上工业总产值 107 亿元。税收入库 16.9 亿元；各项银行存款余额 303 亿元。

经济保持平稳增长。2009 年，乐从依托产业集群，政府、企业界、金融界和行业协会、商会强化合作，鼓励企业成立担保公司，为企业贷款提供担保，解决中小企业融资难问题，制定《乐从镇中小企业国际市场开拓资金管理办法》，扶持企业参与国际市场竞争，成功抗击金融风暴，全镇没有一家企业因为资金链问题而倒闭。大罗钢铁市场、红星美凯龙、罗浮宫总部大厦、件杂货码头、北围园区和新天佑城等六大项目相继动工。电子商务等现代服务业蓬勃发展， 11 月，乐从正式成为国家级电子商务试点。占地 100 多亩的嘉安国际物流中心投入营运，财神酒店被评为中国五星级旅游饭店，成为该镇首家、全区第二家五星级酒店。对 240 多家低端家具厂进行关停并转，镇内 21 家陶瓷企业基本完成搬迁工作。推进乐从集体诚信品牌体系建设，共有 604 家商户加入先行赔付行列，167 家被认定为诚信店。成立家具城商会，筹集家具市场推广费 2000 多万元。对家具市场进行景区化管理。加快农村集体经济发展，抓好水藤商业城和路州商业楼等物业经济的发展。推动农业产业化，加州鲈鱼、泰国笋壳鱼、鱼苗孵化、花卉盆景等一批地方优势特色农业蓬勃发展，引入工厂化养鱼模式，建设无公害蔬菜基地和无公害环保养猪基地。

城市化水平进一步提升。2009 年，完成《乐从镇 2020 年土地利用总体规划修编》和沙良河片区概念性规划，制订《乐从镇社会经济改革发展规划纲要（2009 ~ 2020）》。融资 8 亿元强化市政建设。陈登职业中学宿舍楼、桂凤中学、大闸小学体育馆和沙滘小学一批校舍相继动工和投入使用。良马电排二站等三大水利枢纽工程同时动工。完成325国道二期绿化提升工程，南区公园基本完工，绿色家具长廊基本建成。加强河涌整治，细海河中段及迳口大河下游段清淤工程完工，支干河涌清淤工程、“顺德好村居”内河涌整治工程正在动工，污水处理系统一期完工。抓好陶瓷业和家具业的整治，空气污染物浓度大幅度下降，空气优秀率达到46.5%，比上一年提高12.1个百分点。成立城市管理中心，全面接管街区城管工作。实施严管路制度和24小时保洁制度，完善城市道路门牌的编制，加强对城市公共设施的维护和管理，优化公交营运线路，城市管理水平提升。

社会发展水平进一步提高。推行居家养老，兴建老年大学，逐步形成以居家养老为基础、社区服务为依托、机构养老为补充的老年福利服务体系。开发集医疗、社保、付费等功能于一体的金穗医保门诊卡，全区首创。全面开展2009慈善福利项目筹款活动，筹集超过4000万元的善款。乐从慈善会被授予“慈善中华行杰出贡献单位”奖。由政府和慈善会为低保人员再购买两份商业保险，解决因病返贫问题。开展文明村居建设，葛岸村获中央文明委表彰并授予“全国创建文明村镇先进村镇”称号。成立食品安全管理中心，创新食品管理工作。

【龙江镇】 龙江位于顺德西部，因江水曲折迂回、势若游龙而得名。锦屏、龙峰二山将全镇分为龙江、龙山和里海三个自然区域，人称“二龙拱珠”。龙江是国家重点镇、广东省中心镇，也是珠三角地方性中心和佛山城市组团之一，镇内土地肥沃，河网密布，水资源丰富，是著名的岭南水乡之一。全镇面积73.8平方公里，常住人口18.5万人，其中户籍人口9.7万人，辖内9个居委会，13个村委会。近年来，龙江先后获得国家、省、市有关部门授予中国家具制造重镇、中国家具材料之都、中国塑料建材产业之都、国家卫生镇、广东省历史文化名镇、广东省技术创新专业镇、广东省教育强镇、广东省卫生镇等荣誉称号。2009年，左滩麻祖岗古贝丘遗址发现，填补顺德境内尚未发现过先秦时期文化遗址的空白，龙江入选为第二批省历史文化名镇，为佛山市唯一的入选镇。2009年全镇实现工农业总产值295.3亿元，其中工业产值287亿元，商品销售总额42亿元，全社会固定资产投资30.3亿元，税收收入（含调库收入）9.49亿元，人民币存款余额158.5亿元，农民人均收入为9458元。

龙江经济以制造业为主，有家具、塑料、小家电、啤酒饮料、纺织服装、有色金属加工等六大支柱产业，占全镇工业总产值60%以上。2009年，镇内家具制造企业2200多家，家具材料销售企业约3000多家，各类塑料建材和塑料制品产业企业共210家，是全国最大的家具原材料集散地。家电产业主要以简氏依立电器有限公司、亿龙电器股份有限公司为龙头企业；生力啤酒饮料项目是菲律宾生力（国际）集团在中国投资的最大项目，总投入超2.5亿美元。每年3月和9月，龙江同时举行“龙”家具精品展览会和亚洲国际家具材料展览会，至2009年已分别举办了18届和8届。龙江农业以淡水鱼养殖为主，主要品种有四大家鱼和加洲鲈、桂花鱼、鳗鱼等，养殖水面有4万多亩。2009年龙江全面完基塘整治和农业园区建设，累计完成基塘整治3.7万亩；累计完成农业园区建设2.9万亩。全面完成林分改造工程。2009年全镇实现农业总产值8.32亿元，全镇农民人均纯收入9204元，股份分红平均每股670元。

城乡建设进一步发展。龙江是珠江三角洲西部重要的交通枢纽之一，是海南及云、贵、川、桂等西部省区进入珠三角的门户。龙江交通优势明显，形成镇域“三纵三横”的对外交通系统骨架,“三纵”分别为佛开高速公路、新325国道和顺德快速干线，“三横”分别是珠二环高速公路、龙洲路和顺番公路。各项基础设施日益完善，龙江镇体育公园、新交通中心、新龙江医院、新消防大楼、多家新中小学校正在加紧建设。污水处理厂截污管网已完成20公里，日处理污水量已达3.3万吨，二期日处理量3万吨扩能工程正在推进。

社会各项事业全面发展。2009年，龙江镇成立顺德第一个镇级历史文化研究会，启动“两龙文化”系列研讨活动，例如重修两龙乡志、编写村志，在学校、社区等地方举行历史文化讲座。全镇22个社区（村）全部参加城镇居民基本医疗保险和基本门诊合作医疗，其中城镇居民基本医疗参保人数7.22万人，占应参保人数99%，基本门诊合作医疗参保人数7.67万人，占应参保人数80%；受理早

期离开县以上国有集体企业人员2560人，其中已完成审核并有审核结果的有1150人，初步完成初审的有1120人。全镇登记失业率为1.27%；民政救助投入900多万元。人口和计划生育工作，创出历年“政策生育率最高、无政策外出生社区（村）最多、社会抚养费征收率最高、人口出生性别比最稳定”的成绩，其中人口出生率为9.9‰，人口自然增长率为3.76‰。

【杏坛镇】 杏坛镇位于顺德区西南部，全镇总面积122平方公里，下辖24个村委会，6个居委会，388个自然村，2009年常住人口约12.8万人，流动人口约3万人，海外侨港澳台同胞5万多人。镇内绝大部分是江河冲积平原，是珠江三角洲知名水乡，还被评为“广东省民俗艺术之乡”、“广东省教育强镇”、“国家卫生镇”。2009年全镇实现国内生产总值83.6亿元，农业总产值11亿元，工业总产值224.6亿元，商业销售总额达到46.7亿元，全社会固定资产投资19.08亿元，国地两税实际入库6.01亿元，城镇居民人均可支配收入17856元，农民人均纯收入9335元，年末城乡居民储蓄余额67.24亿元。

经济保持稳步快速发展。2009年全镇规模以上工业企业202家，实现产值213.39亿元，同比增长15.3%。新增省级高新技术企业3家，省民营科技企业3家，省级企业技术中心2个，粤港关键领域重点突破项目1项，市科学技术奖励项目3个，区科学技术奖励项目2个。科技工业园C区一期29家企业全部投产；二期引入45家企业，投资总额达到11.5亿元，其中12家已经投产。完成800多亩基塘整治，加快建设逢简现代农业园区，推广“新、优、特”农产品种养技术，首期投资5000万元建设农产品物流基地动工，现代农业体系逐步完善。

加快推进城乡开发建设，加强环保建设和城镇管理。东海发展协调区建设全面提速，已累计完成征地表决1.42万多亩，占全部征地任务的76%。完成高富路、一环南延线、珠二环以及220千伏供电线路的征地任务，建成220千伏供电线路杏坛段立塔及架线工程，顺吉线、顺都线先后投入使用。投入2亿多元建设镇二环路北段，融资1.5亿元建设11项重点水利工程。实施“青山、碧水、蓝天、绿地”工程，引导企业减排治污，向企业、村（居）推广节能照明产品达5万支。投入80多万元改造提升城市绿化，全镇新增绿化面积29万平方米。启动镇、村（居）水环境联动监控机制，投入2000万元，加快疏浚逢简村内河涌、北片区和南片区支干河涌。全年共查处案件40宗，拆除违法建筑面积1.05万平方米。完成22.6万平方米土地“招、拍、挂”。投入80多万元完成多个重点路段的加光、修复工程，解决群众出行安全问题。

民生事业发展提速。加快新中心小学和新桑麻小学建设，建成胡宝星职业技术学校综合实训楼，投入300多万元改造一批学校，普高率达98.8%。完成杏坛新医院建设，建成工业园区、吉祐、古朗、光华等4个医疗网点。右滩、西登、光辉获得省级卫生村称号，全镇省级卫生村达到21个。2009年城镇居民基本医疗保险参保率92.48%；基本门诊合作医疗参保率89.85%。成立杏坛慈善会和“仁心慈善门诊”，对93户困难家庭实施救助，全年区镇村（居）三级累计发放“低保”金达524万元，安置4千多人就业。成立杏坛福康居家养老服务中心，第一批11个村（居）85名老人免费享受居家养老服务。完成昌教黎氏家庙修缮工程，加快苏氏大宗祠、逢简明远桥及样板段的修缮与改造。开展“文化下村（居）”活动，全年举办文体活动160多场，各类球赛500多场。“康宝”龙舟队积极参加国内外竞技比赛，取得3金4银1铜成绩。

【均安镇】 均安镇位于顺德西南部，毗邻中山、江门两市，地势西高东低，三面环水，总面积为79.4平方公里，户籍人口8.7万人，下辖8个居委会和5个村委会，是国际武打巨星李小龙的故乡。2009年，均安镇实现地区生产总值67.78亿元；工业总产值167亿元，其中规模以上工业产值116亿元，农业总产值13.9亿元；财政一般预算收入2.97亿元；工商税收入库5.35亿元，城乡居民储蓄余额54.12亿元；农民年人均纯收入8643元。

经济发展步伐稳健。2009年，加快发展特色产业，举办第四届均安国际牛仔博览会。启动“一企一策”帮扶服务，首批9家帮扶企业已取得初步成效。进一步完善产业园区的污水处理厂、生产用净水厂以及蒸汽厂等三大功能配套。帮助41家中小企业通过“顺德区中小企业信用担保基金”的资质审批；协助企业申请补贴130多万元。受理报建报监工程44项，建筑面积26.13万平方米；办理商品房合同备案登记1272宗；全镇房地产销售税入库7294万元。集资3000多万元建设的奎福古寺新寺群全面竣工并顺利举行开光仪式。碧桂园大酒店通过四星级酒店评审。

城乡建设进一步推进。完成土地利用总体规划、城镇总体规划和“三旧”改造项目等重大规划修编。一环南延线建设工程、均荷路扩建工程、百安路跨线桥建设工程、横九路建设工程等重点交通项目以及文化广场、天连小学扩建工程、文田中学建设工程、水利建设等一系列民生工程项目相继动工建设。完成业安路停车场、公交站亭站牌、城区道路、泰安桥人行道等市政设施的维护工作。全年共处理市容环卫、城市绿化和环境噪音等方面的违规案件150多宗，乱摆卖、违章建筑、环境污染、非法营运等现象得到遏制。

各项事业全面发展。2009年，均安镇代表顺德区全面接受“广东省教育现代化先进区”的验收，被评为“顺德区教育先进镇”。均安被命名为“中国民间文化艺术之乡（粤曲）”；均安女篮被授予“广东农民女篮的旗帜”荣誉称号；成功举办第四届广东省青少年曲艺“明日之星”选拔赛；编排曲艺新作《八音锣鼓柜巡游》并远赴四川参加了全国曲艺之乡汇报演出。均安镇创建成为“全国亿万农民健康促进行动广东省示范镇”；天湖、新华居委被命名为广东省“六好”平安和谐社区；南沙、太平创建成为“广东省卫生村”，三华创建成为“广东省A级卫生村”；均安医院通过广东省普通高等医学院校教学医院的评估验收。社会公共服务不断完善。通过政企合作，共投入17台全新中巴，穿梭4条线路，范围覆盖全镇。完成各居（村）的数字电视整体平移工作，实现数字电视的全覆盖。

（顺德区地方志办公室）

附录：2009年顺德区党政主要领导名单

书　　记：刘　海
副 书 记：梁维东　周志坤
常　　委：莫德富　潘东生　梁惠英　毛永天
　　　　　杜镜初　列海坚　邓　华
区　　长：梁维东
副 区 长：邓永强　王干林　杨小晶　苏伟波
　　　　　曹洪彬　周爱群

现任顺德区党政主要领导名单

书　　记：梁毅民
副 书 记：梁维东　周志坤
常　　委：莫德富　潘东生　梁惠英　毛永天
　　　　　杜镜初　列海坚　邓永强　温良谋
区　　长：梁维东
副 区 长：王干林　杨小晶　苏伟波　曹洪彬
　　　　　周爱群
政务委员：王惠国　关世良　赵万雄

（2010年8月顺德区委供稿）

高 明 区

概 况

高明区位于广东省中部，珠江三角洲西翼，濒临西江，东南和南面与鹤山市交界，西南与新兴县相连，西北与高要市接壤，东北隔西江与三水区、南海区相望。全区总面积937.81平方公里，户籍人口近30万人，下辖荷城街道、杨和镇、明城镇、更合镇一街三镇，共72个行政村（居）。区政府所在地为荷城街道。

2009年，高明区以贯彻落实《珠江三角洲地区改革发展规划纲要（2008 ~ 2020）》为契机，围绕“抓项目、保增长”工作方针，以“两转型一再造”（产业转型、城市转型与环境再造）为抓手，全力应对国际金融危机冲击，全区经济社会保持平稳较快发展。全年全区实现地区生产总值352.07亿元，同比增长18.5%。其中：第一产业增加值1.27亿元，同比增长3.3%；第二产业增加值277.7亿元，同比增长19.9%；第三产业增加值61.7亿元，同比增长15%；三次产业比重为3.6∶78.9∶17.5。

经济发展

【农业农村】 2009年，高明区实现农业总产值25.73亿元，同比增长2.4%。其中：种植业产值7.17亿元，同比增长5.4%；林业产值6500万元，同比增长47.8%；畜牧业产值10.21亿元，同比增长2.1%；渔业产值6.5亿元，同比下降2.3%，农林牧渔副服务业产值2.21亿元，同比增长3.6%。农业增加值1.27亿元，占地区生产总值3.6%，对地区生产总值贡献率0.6%。

农业产业化加快发展。完善崇步中心区以及海峡两岸农业合作试验区建设，引入安祖园艺科技有限公司花卉世界等多个花卉种植项目，花卉园艺种植产业初具规模。全区发展农民专业合作组织9家，建成大型农业生产基地26个，发展农业龙头企业6家，带动农户4950户，户均增收6887元。全区30个生产基地取得无公害农产品产地认证，15个农产品获得无公害农产品称号，5个农产品获得绿色食品称号，无公害农产品产地认定面积达12.18万亩，占全区种养面积51%，是珠三角重要的绿色无公害农产品生产基地。

农村体制改革全面推进。全面启动深化农村集体经济组织管理改革工作，全区完善和规范农村集体经济组织494个，占应规范农村集体经济组织64.5%。推进培育农民新型合作组织和整合、改造农村集体经济组织试点工作，确定杨和镇河西居委会丽堂新村、明城镇明阳村委会团结一、二经济社、杨和镇对川村委会作为试点，其中杨和镇河西居委会丽堂新村完成农民新型合作组织体制改革。推进“两分两换”试点改革，启动西江新城首期200套“农村宅基地换房”工程建设。

社会主义新农村建设成效明显。荷城塘伙村“农家乐”项目占地总面积约600亩，投入资金1500多万元，完成一期工程主体部分施工建设。新亭村投入450万元完成5栋新农村公寓建设，完成村中主干道和牌坊改造，改善村中居住环境；崇步村投入68万元完成水改工程，投入134万元进行村道硬底化、休闲地绿化和体育设施建设，丰富村民文化生活；大楠村以农民增收为目标、村庄规划为龙头、提高村民生活质量为宗旨，开发商铺50多间，并建成集办公、文化娱乐于一体的综合楼。

【工业经济】 2009年，高明区实现工业总产值1328.98亿元，同比增长21.3%；规模以上工业实现产值1293.77亿元，同比增长20.9%。工业增加值270.44亿元，占地区生产总值76.8%，对地区生产总值贡献率83.6%。

产业集聚效应明显。纺织服装、石油化工、金属材料、食品加工、塑料制品、新材料、节能环保等七大工业支柱产业进一步做大做强，全年七大工业支柱产业共实现工业产值883.6亿元，占全区规模以上工业总产值66.5%。全区工业产值超亿元企业220家，其中超10亿元企业14家；税收超1000万元企业18家，其中超亿元企业4家。

产业结构日趋优化。关停并转的17家陶瓷、水泥企业中，有15家明确转型方向。新型陶瓷、水泥企业取代传统高污染企业取得实质性进展，4家规模大、实力强、技术优、品牌好的陶瓷企业基本完成优化升级，3家水泥企业获得技改建设水泥粉磨站核准，另有2家水泥企业技改建设新型水泥项目正在办理。科学编制佛山陶瓷产业基地高明示范园规划，推动全区陶瓷产业向高层次发展。

自主创新工程成效明显。与北京科技大学、四川大学、中科院过程工程研究所开展产学研合作，促成合作攻关项目36个。新建各类创新平台与工程技术研发中心11个，组建全区首个“院士专家企业工作站”，举办“中国科学院——佛山新材料产业技术发展高层论坛”。全区高新技术产业产值突破500亿元，同比增长35%。152个企业（项目）被纳入各级技改创新工程项目库或滚动计划。全区共有10个科技项目承担省部、省院产学研合作专项，获得475万元经费扶持。新增省级以上名牌商标10件，创历年之最。推进“463”上市计划初见成效，选定8家优质企业作为重点培育的拟上市企业。

【第三产业】 2009年实现第三产业增加值61.7亿元，占地区生产总值17.5%，对地区生产总值贡献率14%。

旅游业取得新成绩，全年接待游客近160万人次，增长32.6%；旅游总收入10.32亿元，增长25.7%。成功举办2009佛山旅游文化节高明篇系列活动，其中第三届“万人濑粉宴”创“规模最大的濑粉品尝活动”大世界基尼斯纪录。金谷朗旅游度假区、富逸湾酒店、塘伙村特色农家乐等一批重点项目加快推进。全区首家五星级标准的碧桂园凤凰酒店投入使用。物流业稳步推进，完成珠江货运码头二期泊位扩建工程，腾信物流扩建码头加快建设，浩辉华南食品配送中心进入筹建阶段。房地产市场销售畅旺，商品房销售额与成交套数分别增长17.8%、57.2%。推动政银企合作，引导金融机构做好资金保障、金融创新等工作，68家企业申请信用担保基金贷款总额达3.43亿元。

【招商引资】 全年新引进项目86个，合同投资金额92.78亿元，项目数与投资额分别同比增长53.5%、38.4%。其中引入超亿元项目21个，集中在新材料、电子电器、机械装备等新兴产业，包括投资5.8亿元的佛山德铸重工实业有限公司、投资5.5亿元的广东中旗新材料科技有限公司、投资1.2亿元的三川电工有限公司等。投资强度进一步提高，突破200万元／亩。增资扩产势头良好，新增资项目16个，主要有高明亿龙塑胶、海纳川药业、基业冷轧板、广东万和电气等重点企业，意向增资金额19.75亿元，海天调味、中油高富、广东溢达等一批骨干企业在建增资扩产项目快速推进。

【对外贸易】 全区进出口总值12.89亿美元，同比下降11.2%，其中出口总值10.03亿美元，同比下降12.8%。全年合同利用外资金额5300万美元，同比下降27%；全年实际利用外资1.15亿美元，同比增长14.7%。

【财政金融】 财政支出与财政收入同步增长。2009年实现本级财政收入21.76亿元，同比增长49.5%。其中：一般预算收入11.8亿元，同比增长17.9%；实现地方本级财政支出19.44亿元，同比增长45.1%。其中：一般预算支出10.75亿元，同比增长16.9%。金融存贷款余额大幅增长。12月底止，全区金融机构本外币存款余额176.19亿元，同比增长26.7%；其中：城乡居民储蓄存款余额107.15亿元，同比增长18.2%；金融机构本外币贷款余额 117.09 亿元，同比增长 37.9%。

基础设施建设

【重点基础设施建设】 2009 年，超常规推进项目储备，全年全区立项 150 个，落实贷款金额 46.54 亿元，项目涉及交通、卫生、教育、水利、市政等多个领域，资金到位项目有六成动工建设。沧江工业园基础设施加快完善，全年新开工工程 13 项，投资近 1.5 亿元，开展多条次干道路的路面、排水、绿化、路灯等工程建设，其中 7 项绿化及路灯工程基本完成，三洲核心片区实现路网相连、绿化亮化、景观优美、配套完善的整体提升。顺利完成荷城至明城 LNG 站燃气管道工程，全年铺设燃气管道 21 公里。

【交通基础建设】 确立“东靠西连”区域发展新思路。积极争取省、市政策支持，确定加快融入广佛都市圈的十项重点工程，为加快融入广佛同城化进程创造更为有利的条件；探索区域合作新路径，成功举办“要明鹤兴”区域一体化发展论坛，完成或推进 115 项对接事项。加快交通基础设施建设，全年各级累计投入交通基础建设资金 15 亿元。首条高速公路广明高速公路高明段 6 月份竣工通车，全区没有高速公路的历史正式结束，具有划时代意义；江肇高速公路高明段加快建设，完成投资 33%；广明高速西延线与江罗高速公路高明段完成工可评审；龙高公路及高明大道快速化改造全面动工；杨西大道杨梅至人和段建成通车。珠江货运码头续建工程投入运行。海螺水泥专用码头工程的使用岸线申请获交通运输部批准。全区公交站亭建设完成 80%，行政村公交通达率和村道硬底化率均达 100%。

【水利建设】 秀丽河整治（清淤）工程全面完工，共完成工程量土方 112 万立方米，石方 8000 立方米，完成建设投资 3860 万元。西坑水库除险加固工程成为全区唯一一项列入中央扩大内需投资的水利工程项目，完成顶管、闸室和高压摆喷工程，完成投资约 445.5 万元。马宁泵站（含东水闸重建）工程完成土方 9.7 万立方米，砼 2072 立方米，钢筋 378 吨，搅拌桩 3.5 万米，完成投资约 1132 万元。富湾排涝泵站工程进行破堤及填筑外江围堰等工程项目施工，完成建设投资 362.2 万元。

【供电供水】 2009 年，完成电网投资 5.95 亿元，建成 6 个 110 千伏及以上变电站，投资金额和项目数量均创历史之最，其中沧江输变电工程是全区首个 500 千伏输变电工程，与 220 千伏后龙输变电工程、110 千伏丽景输变电工程、110 千伏石塘输变电工程等均比原计划提前投产，从根本上改善全区电网结构，增强电网供电能力。

全年供水 6610.13 万立方米，同比增加 365.95 万立方米，增长 5.9%。其中高明水厂年供水 5241.36 万立方米，同比增长 0.9%，最高日供水达 17.27 万立方米，同比增长 7.3%；合水水厂年供水 687.46 万立方米，同比增加 77.68 万立方米，增长 12.7%；杨梅水厂年供水 538.10 万立方米，扩建完成投产后最高日供水量达 4.69 万立方米；西安水厂年供水 143.21 万立方米。全年售水 5748.15 万立方米，同比增加 465.93 万立方米，增长 8.8%，售水量增长主要集中在荷城。其中荷城供水分公司年售水 3924.03 万立方米，同比增加 453.02 万立方米，增长 13.1%；杨和供水分公司年售水 763.18 万立方米，同比增长 1.8%；明城供水分公司年售水 661.37 万立方米，同比下降 0.6%；更合供水分公司年售水 399.58 万立方米，同比增长 1%。全年实现销售收入 7892 万元，同比增长 6.7%；实现净利润 564 万元，同比增长 81.9%。

城市建设与管理

【城市规划建设】 2009 年，完成全区土地利用总体规划修编和常安路以东、荷香路南北区域、沿江路以东区域、中心城区跃华路以北新区、高明大道（高明大桥—三洲桥段）沿线区域、三洲旧区等多个重点区域控制性详规，扎实推进西江组团规划、不开发区规划、城乡一体化规划编制工作。

西江新城完成总体规划并开展部分地区控制性详细规划设计。总投资约 34 亿元的 23 项基础设施工程进入设计施工阶段，包括荷富大道扩建、广东纺织职业技术学院新校区、高明职业技术学校新校区、秀丽河景观建设、沧中附小、妇幼保健院新院、围拳涌截污等工程，其中广东纺织职业技术学院新校区、高明职业技术学校新校区和妇幼保健院新院建设全面动工，同时完成新城核心区4325亩征地合同签订工作。

“三旧”改造完成专项规划，16个“三旧”改造项目全面启动，总投资18.7亿元，改造范围102万平方米。其中旧汽车客运站改造项目完成旧汽车站公有部分房屋拆除并开展私有房屋动迁工作，高明广场一期工程（拆迁安置房）正式动工；沿江路以东区域旧城改造项目完成区域范围内3家企业拆迁，占地面积约24亩，同时全力推进居民住宅动迁工作，改造资金初步得到落实，第一期1亿元贷款资金到位；三洲旧区改造项目改造范围约3560亩，完成物业详查、前期策划方案、分区规划设计等工作。

【城市管理】 2009年推进“数字城管”信息系统建设，开展“数字城管”数据普查工作，一期工程总面积26.3平方公里。加速下移城市管理重心，推进城管工作站创建和城管示范路、示范区、严管区建设,共设立城管工作站4个；城管示范区8个，总面积6.08平方公里；城管严管区8个，总面积9.67平方公里；城管示范路8条，总长度18.6公里。高明大道精细化管理初见成效，共清拆高明大道两旁违法建（构）筑物798平方米,查处乱拉挂、乱张贴等行为782宗，教育整改破坏沿线绿化行为847宗，解决高明大道局部路面开裂凹陷、乱拉挂乱搭建、广告招牌设置混乱等突出问题。城市违法用地与违法建设、乱摆卖等“八乱”现象得到进一步遏制。

【环境保护】 全年主要污染物化学需氧量5700吨、二氧化硫排放量1.15万吨，同比持平或下降。全区4家保留陶瓷企业全部通过环保清洁生产现场验收，3家水泥企业获得技改建设水泥粉磨站核准，2家水泥企业正在办理技改建设新型水泥项目。5家区镇污水处理厂全部投入运行，每日新增污水处理能力10.5万吨，杨和、明城、更合三镇结束没有污水处理厂的历史，全区一街三镇的污水可顺利实现净化后达标排放。

“三年促变、绿地高明”成效明显，新增城市绿化、道路绿网和水系绿网绿化面积66万多平方米，改造生态公益林林分、桉树面积分别为489万平方米和2万亩，完成义务植树及山上造林绿化面积536万平方米。

民生事业

【教育与人才】 2009年，加大教育投入力度，全年全区教育总投入约4.35亿元。广东省教育现代化先进区创建工作顺利推进，国际教育合作取得新突破，免费义务教育对象进一步扩展，完成“双转移”招生任务。全区普通中学12所,在校学生2.06万人；中等职业学校3所，在校学生5899人；小学20所，在校学生2.19万人；幼儿园27所，在园幼儿9813人；4229名非户籍常住人口子女享受免费义务教育。专任教师2847人(含职技校，不含教育组、教科培中心、成校)，其中普通中学专任教师1393人，普通小学专任教师1230人。全年普通高考全区录取总人数1975人，其中本科728人、大专1247人；成人高考录取271人，其中本科173人、大专98人。

加大人才引进力度，出台《佛山市高明区高层次人才工资外津贴申领实施细则》等6份人才政策实施细则，设立500万元人才开发专项资金，进一步建立和完善以人才评价、培养、选拔、吸引、聘用、流动、管理、激励为主要内容的政策体系，初步构建和谐人才环境。完善人才库建库工作，全区录入高层次人才信息库626人,其中教育类511人，卫生类78人，工程及其他类37人；全区人才队伍总量达到3.6万人。举办2009年高明区专业技术人才专场音乐会，进一步营造“尊重劳动、尊重知识、尊重人才、尊重创造”的良好社会氛围。

【卫生与计生】 实施居民门诊基本医疗保险“一卡通”制度，完成村级卫生站的重建、改造和医保联网，在全区47个定点承保单位实施居民门诊基本医疗保险，参保人仅需支付2～5元诊金就能获得较好医疗服务，免费使用基本目录药品，减轻群众看病负担。加快6家镇级卫生院（社区卫生服务中心）改造建设，荷城街道中心卫生院建设开始动工，更合镇中心卫生院完成门诊综合楼主体建设，杨和镇卫生院改造基本完成。全年举办专题培训班13次，培训镇街医疗机构医务人员800多人。甲型H1N1流感、手足口病等传染病得到有效防控。

2009年全区户籍人口出生3287人，政策内出生2864人，计划生育率94.30%，比上年同期提高0.62%，出生率9.85‰，自然增长率5.2‰，全面完成市下达的人口计生各项指标，继续保持低出生、低增长的良好局面。全区15个村（社区）的平均政策生育率比上年提高0.68%，伦涌、谭朗、白石、香山四个村（社区）成为“两无”村（社区）。各镇（街道）设立3～5个人口计生宣教示范点，全区人口计生宣教工作整体水平得到提升。人口计生科研工作取得新进展，“新婚人群不孕不育调查研究”和“高明区育龄妇女生殖健康与不孕不育的现状研究”两个科研项目获省人口计生委批准立项。

【社会保障】 全年全区新增就业岗位6812个，帮助1.03万人就业，培训农村劳动力1776人。低保标准提高到每月310元，实现应保尽保。居民住院医疗保险实行市级统筹，缴费标准由每人120元提高到160元，住院年度累计最高支付限额由5万元提高至8万元。巩固和扩大城镇职工社会保险覆盖面，全区城镇职工养老、失业、工伤、医疗4个险种的参保人数分别为8.68万人、7.87万人、9.82万人、8.63万人，分别比上年同期增长3.4%、3%、4.3%、3.7%，社会保险费征缴率为99.7%，各项社保待遇及时足额发放。建成第二批首期112套廉租住房，同时建设二期154套廉租住房，低收入家庭的住房困难问题得到明显改善。

【慈善公益事业】 与《佛山日报·今日高明》推出专版开展“爱心高明”慈善宣传活动，大力营造慈善氛围，培育广大群众特别是青少年的慈善意识。“高明慈善日”深入民心，组织开展慈善一日捐活动，共募集慈善资金283万元，全年共支出慈善资金254万元，共资助2595名困难群众。

【城乡居民生活水平】 2009年全区城镇在岗职工年人均工资20329元，农民年人均纯收入7239元，分别增长8.1%、11.8%。

精神文明建设与社会治安

【文化与体育】 2009年，高明区成为全省唯一被省文化厅推荐参评全国文物工作先进县的县（区），接受全省《南粤锦绣工程》文化先进县考评验收。由省作协副主席吕雷和区文联副主席赵洪创作的《国运——南方记事》获得全国第十一届“五个一工程”奖。全区文化建设呈现蓬勃发展态势，区图书馆接受国家一级馆检查验收，完善文化信息资源共享工程区级分中心和区文化大楼各功能室。推进城乡公共文化服务均等化，各镇街文化站按省特级或一级站标准进行建设完善，杨和镇投入500万元开展文化广场建设；全区建成农家书屋23家，行政村（居）综合文化室示范点10家，78%的行政村（居）建立多功能文化活动场地。

加大对村（居）公共体育设施建设扶持力度，全年投入资金约75.4万元，赠送安装篮球架34副、户外乒乓球台94张、室内乒乓球台21张、健身路径5处（68件）并配套安全胶垫；新建公共标准篮球场24个，改建篮球场10个。全区体育健儿获全运会银牌1枚、铜牌1枚，东亚运动会金牌1枚，亚洲青年锦标赛金牌1枚，全国赛金牌10枚、银牌15枚、铜牌7枚，省锦标赛金牌4枚、银牌2枚、铜牌9枚，市运会金牌34枚、银牌30枚、铜牌24枚。

【综治维稳】 落实军警民联防机制，加大打击各类犯罪力度，2009年全区违法犯罪警情数下降21.1%，刑事发案下降3.6%。全区八成社区创建成省“六好”平安和谐社区，群众安全感进一步增强。建设镇（街道）综治信访维稳中心，开展矛盾纠纷排查调处，落实维稳各项工作措施，圆满完成建国60周年国庆期间等重大节庆日安保工作，有效维护社会大局稳定。

【依法治区】 区政府坚持和完善政府向人大及其

常委会报告工作和向人民政协通报情况制度，自觉接受人大及其常委会和人民政协监督，认真听取工青妇、民主党派、工商联和无党派人士意见。全年办理人大代表建议和政协提案136件，办复率100%，秀丽河整治、镇（街道）污水处理系统规划建设、水泥和陶瓷产业整治及优化升级等三件人大议案圆满办结。

【机关效能建设】 制定出台《佛山市高明区公职人员问责暂行办法》，实施公职人员问责制，与三项重点工作制度、联点挂钩制度、主办部门负责制和无会日制度等形成机关作风建设五项长效机制。认真落实党风廉政建设责任制，向区直部门派驻纪检组长（纪工委书记），反腐倡廉体制机制建设进一步加强。开展以“廉政、效能、服务”为主题的机关作风建设活动，机关作风进一步改善。

各镇（街道）介绍

【荷城街道】 荷城街道位于高明区东部，地处西江之滨，被西江、沧江二水环抱，是佛山市西江组团重要组成部分，是高明区委、区政府驻地，全区政治、经济、文化、金融、信息和科技中心。下辖14个社区居委会和14个村委会，面积179.05平方公里，户籍人口14.75万人。

综合经济实力不断加强。2009年，实现工业总产值767.03亿元，同比增长19.8%；固定资产投资68.96亿元，同比增长30.3%；工商税收收入17.29亿元，同比增长26.65%；农业生产总值5.59亿元，农村人均纯收入7526元，同比增长11.9%。

工业经济持续平稳发展。纺织、石化、食品、塑料、光电等五大支柱产业工业总产值399亿元，占全年工业总产值的52%。全年共引进项目27个，合同投资金额52.84亿元，亿元以上项目9个。全年合同利用外资4401.51万美元，实际利用外资8017.64万美元。重点企业增资扩产步伐加快，中油高富二期213万吨技改扩能项目计划半年内完成技改，投资30亿元的海天酱油二期项目正式动工，佛山照明白炽灯转换电子节能灯、亿龙塑胶增资扩产等进展顺利。

第三产业发展迅猛。房地产销售保持畅旺，碧桂园二期等各大楼盘成交活跃。高档酒店发展蓬勃，碧桂园凤凰酒店、喜伯年酒店建成营业，富逸湾酒店逐步转入全面建设阶段。荷城商圈迎来重大发展机遇，高明广场、京柏城、中港广场等大型商场加紧建设。

基础设施建设步伐加快。2009年投入市政设施建设约5400万元。市政道路进一步完善，投入1782万元进行兴良路、惠福路建设。城市生态建设步伐进一步加快，总投资1亿元的富湾污水处理厂及配套管网建设项目，完成BOT及BT合同的谈判及各项前期工作；三洲大涌以及显州塘、棠美塘整治工程落实初步方案并进行施工设计；投入160多万元完成富湾工业大道、恒昌路中央绿化带等绿化工程，绿化面积1.4万多平方米。

农业农村工作稳步推进。推进农村集体经济组织管理体制改革工作，建立和规范集体经济组织135个（含经联社）。完善水利工程建设和管理，建成“三防”信息指挥中心及防汛物资储备仓库和开展荔朗围排涝防洪综合整治工程。规范村级财务制度，村（居）财会服务中心共接管村（居）财务账318盘。推进政策性水稻保险工作，早晚造参保面积合计3万多亩，街道补贴18万多元。推广“公司＋基地＋农户”经营模式，促进农民增产增收。

“三旧”改造全面推进。全年梳理“三旧”改造项目173个，占地面积1015.7万平方米。三洲旧区改造项目完成物业详查、前期策划方案、分区规划设计等前期工作。旧厂房和旧村（居）改造推进顺利，完成新亨村和塘伙村改造提升，示范和带动作用逐步显现。

社会保障体系不断完善。住院和门诊基本医疗保险工作实现并轨运行，2009年参保人数7.63万人，参保率99.9%。居民社会养老保险参保人数2.83万人，参保率47.86%。建立和完善低保、五保、子女助学、危房改造、医疗救助、法律援助、临时救济等7项社会救助制度。重视伤残和复员退伍军人和烈属等重点优抚对象的生产生活问题。全年投入农村危房改造资金约19.75万元，完成危房改造19间。

综治维稳工作稳步推进。2009年投入60多万元重新整合设置综治中心，自6月份以来共受理矛盾纠纷122件，与上年同期相比下降26%；成功调处111件，成功率91%，同比上升9.2%。加强社会治安综合治理，在城中村安装视频监控系统，加强工业园区治安防范网建设，提高安全防范能力。流管工作得到加强，登记出租屋1.45万间，登记率95.45%；登记暂住流动人员5.03万人，登记率95.8%；办理暂住证2.89万个。

社会各项事业蓬勃发展。2009年，46条自然村二次水改工程全部通过公开招标，其中42条村完成水管安装工程。投入1000多万元建设学校校园网和科学探究室，建成荷城街道第一小学教学大楼和新富湾小学并投入使用，通过“教育强镇”复评。投入1400多万元建设街道中心卫生院门诊医疗综合楼，西安社区卫生服务中心完成提升并投入使用，富湾社区卫生服务中心开展报建工作。举办“魅力大舞台”晚会16场，体育活动185场次，数字电影228场；建成农家书屋19家、综合文化室3家，完成村村通有线电视、园园通有线电视工程一期和农村数字电视平移。全年辖区户籍人口出生1475人，人口计划生育率为94.27%，比上年同期提高0.65个百分点。

【杨和镇】 杨和镇位于佛山市高明区腹地，属高明区三大组团之一的中部组团，东、北与区政府所在地荷城街道相连，镇政府与区政府距离8公里，南与鹤山市龙口镇相邻，西与明城镇接壤，陆路交通四通八达。下辖3个居委会，7个村委会，103条自然村。总面积228.33平方公里，耕地面积3.85万亩，山林面积18万亩，户籍人口3.85万人。

经济实现平稳健康发展。2009年，杨和镇实现工业总产值232.85亿元，同比增长18.6%；税收收入2.06亿元，同比略有增长；固定资产投资27.09亿元，同比增长25.9%；实际利用外资2525.25万美元；合同利用外资568.07万美元；全镇用电量达到5.2亿千瓦时，同比增长19%；农业总产值4.07亿元。

招商引资有新突破。全年引进项目12个，合同投资总额13.2亿元，引进项目呈现技术含量高、投资规模大、品牌辐射能力强等特点，如华凯电梯公司、三川电工公司、九恒条码印刷公司等。全年共有7家企业扩产，增资额近3亿元，如基业公司增资5000万元新建年产20万吨级连续镀锌钢板生产线，威士达塑料增资6000多万元扩大中高档PVC人造革生产线等。

自主创新有新成果。高效轧制国家工程中心高明分中心在基业冷轧钢板有限公司正式挂牌成立，充分利用北京科技大学的特色资源优势、成果优势和人才优势，为金属材料加工企业提供全方位服务。企业自主创新意识不断增强，主动求新、求变，“产学研”平台的作用得到充分发挥。全年有17家企业获得省贴息扶持资金和技改创新专项资金，共630万元。

基础设施建设上新台阶。江肇高速杨和段完成征地1800亩，三个标段全线进行施工。杨西大道一期工程主干道建成通车，全长8.2公里；二期工程完成征地拆迁。完成全镇总体规划评审和土地利用总体规划修编；完成“三旧”改造专项规划，3个“三旧”改造项目全面启动；完成低效山坡地、园地收地任务5345亩，其中有2000多亩动工整理。全年投入市政基础建设资金2500万元；全年投入1542万元用于17个水利建设项目，投入1693万元用于农电配网基建、技改升级等工程。完成杨和镇污水处理厂首期工程建设，9月底试水运行。

农业经济发展上新水平。扶持龙头企业和农民专业合作经济组织发展，推进农业产业化经营。全镇共有现代农业生产基地20个，经营面积达3万亩；规模以上农户20多家，规模化经营面积达到3.5万亩。成立蔬菜专业合作社，全年销售蔬菜总量有60万公斤，总产值280万元。全镇有2个生产基地获得无公害农产品产地认定、2个产品获得无公害农产品认证。

民生事业有新亮点。投入600多万元用于杨和卫生院升级改造。累计投入256.8万元解决16条自然村饮水难问题，受益群众近3000人。2009年投入470万元大力推进农村合作医疗和农村居民社会养老保险工作，农村合作医疗参保率达99.7%。投入1000万元高标准建成杨和敬老院并全面投入使用。加强城乡富余劳动力就业推荐工作，培训帮助2000多人就业。发放各种优抚救助资金近300万元，为509户特困低保户出资购买基本医疗保险，使1085人的基本生活得到有效保障。

民主法制建设取得新成效。坚持和完善向镇人大及主席团报告工作、向人民团体通报情况制度。2009年共办理人大代表议案和建议18件，办结18件，办结率100%。深入推进“五五”普法、“法律六进”和“民主法治村建设”工作，宣传各项法律法规，大力推行政务、厂务、村务公开。进一步深化财政管理体制改革，增开人代会成立财经小组对镇财政预算实施监督，大力压缩一般性支出，“五项经费”实现零增长。

社会大局保持稳定。全年投入600多万元建设新警务中心，投入50万元创建综治信访维稳中心，形成“大综治、大调解”工作格局，维稳工作力度得到全面加强。镇综治信访维稳中心投入运作以来，共排查各种矛盾纠纷和不稳定因素67起，化解65起，化解率97%；共接待群众反映诉求23宗，成功调解23宗，调解率100%，一批突出信访问题与不稳定因素得到有效化解。

社会各项事业均取得新成绩。2009年，教育现代化加快推进，新杨和中学首期投资5500万元，完成主体工程的50%；投入400多万元完成教学设施设备更新和沙水小学规范化建设提升。群众文化事业蓬勃发展，投入近600万元建设杨和文化活动中心首期工程；“农家书屋”和文化信息资源共享工程顺利完成，实现行政村均有农家书屋目标；开展“魅力大舞台”、公益数字电影放映等公益活动。“四创”工作有序开展，共有18条自然村创建省卫生村和市、区“十好”和谐文明村。人口计生工作扎实推进，分别获市、区“2009年度人口与计划生育先进单位”荣誉称号，计生办证厅获“市巾帼文明标兵岗”称号。

【明城镇】 明城镇位于佛山市高明区中心腹地，是中国革命历史上杰出人物“革命三谭”（谭平山、谭植棠、谭天度）的故乡。全镇总面积183.42平方公里，下辖1个居委会和11个村委会，共150个村（居）民小组，户籍人口4.55万人。

经济实现平稳较快发展。2009年，明城镇实现工业总产值134.69亿元，同比增长21.7%；农村人均纯收入7167元，同比增长11.8%；固定资产投资19.52亿元，同比增长28.2%；工商税收1.61亿元，同比基本持平并略有增长；合同利用外资352.55万美元，实际利用外资1116.06万美元。

园区基础建设日益完善。全年共投入3000多万元完善园区基础设施，完成约4000米污水处理厂首期污水配套管网、城七路排水排污管网、高田路三期硬底化等工程建设，园区基础设施进一步完善；建成总投资4835万元的110kv石塘站工程，有效减轻明城变电站用电负荷。

招商引资实现新突破。2009年引入项目10个，合同投资总额14.19亿元，投资超亿元项目6个。全年动工在建项目9个，新投产企业6间，新增产值达到5.2亿元。华兴玻璃投入1.2亿元建设第三条窑炉；贝斯特陶瓷投入8000万元增加生产设备和扩建成品仓库；洪乐精管投入8000万元重建新车间和应用清洁能源管道天然气；新粤丰陶瓷投入3000万元进行技术改造和增加设备设施。

产业结构优化升级上新台阶。新材料产业快速发展，引入广东中旗新材料、锦湖日丽高分子材料等5个项目。陶瓷行业整改提升效益显著，2009年全镇3家陶瓷企业总税收达到2209.6万元，均呈现逐月上升的良好态势。水泥行业优化提升进展顺利，旋江水泥有限公司日产4000吨旋窑水泥离线改造项目正在报批，峰江水泥股份有限公司改建年产100万吨水泥熟料粉磨站项目获省经贸委批复。

“三农”工作开创新局面。投入200多万元完善农业园区基础设施，引进以生产高档花卉和盆景、大型景观树等为主的安祖艺科技有限公司和佛山市鸿景地产公司等10家入园企业，进一步带动园区及周边农业的发展。农村集体经济体制改革推进顺利，完成136个农村集体经济组织的改革工作，占总任务75.1%，同时完成佛山市经济社整合试点任务。推行居民养老保险制度，全镇参保人数1.3万多人。

乡镇建设取得新成效。全年投入132万元加快“三年促变、绿地高明”建设，建成1800米高田绿化示范路和3500平方米高田绿化主体林工程，完成高明大道8600米绿化再提升工程，绿化美化工程得到进一步提升。全力推动明城污水处理厂建设，首期工程总投资3120万元，日处理量1万吨规模工程9月底试水运行，日处理量2万吨规模工程和配套管网年底前完成，污水处理厂正式投入运营。佛山LNG明城天然气站及管道建设顺利推进。

文化教育实现新突破。全年投入发展教育事业经费2700万元，全力推进教育现代化，进一步完善教育教学配备；按市一级幼儿园标准建设的盈富幼儿园投入使用，成人文化技术学校实体化运作，成为就业培训的定点单位。推进南粤锦绣工程建设，综合文化站配套设施不断完善。组织文艺演出10多场和公益数字电影放映240场。新建农家书屋5间，实现每个村委会至少有一间农家书屋的目标。

民生工程全面落实。投入800多万元推进社区卫生服务中心建设。投入510万元对30个村民小组进行二次改水，完成25个村民小组。2009年对484户1130人低保对象和120户农村五保户，发放五保金、低保金及施保救济金共262万元；发放优抚、退伍军人一次性就业安置费等105万元；扶持残疾人经营和贫困家庭子女就学40多万元。落实能繁性母猪补贴50多万元，种粮直补308万元，水稻保险28.6万元，门诊和住院医疗保险252万元，全征地农民养老保险65.7万元；落实家电、汽车、摩托车下乡补贴429宗共35万元。

计生工作顺利推进。深入开展创建“两无”活动，加强流动人员和出租屋综合管理，全镇人口出生率11.28‰，计划生育率94.27%，顺利完成上级下达的任务。不断完善计划生育利益导向机制，发放家庭奖励金和节育奖励金等共53.8万元。全镇计生工作连续7年取得区人口与计划生育工作先进单位称号，连续6年取得市人口与计划生育工作先进单位称号。

【更合镇】 更合镇地处高明区西部，位于珠江三角洲城镇群东西两翼交汇中轴位置，北接高要，南邻鹤山，西连新兴。总面积347.01平方公里，山林地面积33万亩，自然环境优越。下辖19个村委会，3个居委会，166条自然村，户籍人口6.16万人，是广东省不锈钢产品制造技术创新专业镇、卫生先进镇和教育强镇。

经济实现平稳健康发展。2009年，更合镇实现农业总产值10.42亿元；工业总产值194.4亿元，增长31.2%，工业产值超亿元企业41家，超10亿元企业3家；固定资产投资23.5亿元，增长27.6%；工商税收1.37亿元，增长2.24%；地方本级财政收入4709万元，增长6.85%，诚德特钢、万和电气、炜林纳等3家企业税收超1000万元。

招商引资工作取得新成绩。全年共引入项目8个，合同投资总金额30亿元，包括投资5.8亿元的德铸重工实业有限公司和5.5亿元的华美嘉洁具公司。增资扩产势头良好，万和电气、炜林纳、协进不锈钢、左右铝业、汇通家具等骨干企业在建增资扩产项目快速推进，其中万和电气、协进不锈钢分别增资5000万元。小洞园区转型建设佛山陶瓷产业基地示范园，汇德邦陶瓷有限公司成为进驻园区的第一家企业。

农业农村工作成效良好。农业专业化程度进一步提高，合水粉葛成为高明区第一件国家地理标志产品，粉葛协会、白鸽协会成为高明区新的农民专业合作组织。完成87条自然村二次水改、48间危房改造以及13宗农田水利设施维修工程。落实种粮直补、家电下乡、农机补贴等各项惠农政策，累计投入700多万元。推进规范农村集体经济组织工作，共完成140个经济组织，完成率达78.21%。“民主法治村（居）”创建工作转入考核验收阶段，完成村民小组级硬件建设140个，占全镇的78%。

城乡基础设施建设成效显著。全年累计投入交通基础建设资金1300多万元，广明高速高明段竣工通车，高铜线更合段推进顺利，广明高速西延线完成路线设计，全镇行政村公交通达率和村道硬底化率均达100%。电网建设高速发展，500千伏沧江站、220千伏后龙站、110千伏小洞站建成投产。统筹城乡发展重点项目快速推进，合水污水处理厂建成投用。“三年促变、绿地高明”取得成效，新增绿化面积7000多平方米。开展省级林业生态县（区）创建工作，全年造林8000亩，中幼龄林抚育4万亩，完成2538亩生态林改造。

教育事业继续蓬勃发展。2009年累计投入教育事业经费4873万元。推进义务教育阶段规范化建设，完成“一中四小”布局调整，全镇5所中小学校达到规范化学校标准。开展教育现代化创建工作，投入460多万元用于提升学校教育设施，投入约170万元进行学校“三化”建设。

精神文明建设取得新成绩。实施“五项文化惠民工程”，全年放映公益数字电影276场，建成农家书屋6家，完成“园园通”有线电视一期工程和全镇农村有线电视整体平移，开展“魅力大舞台”

等群众性文体活动。创建省一级综合文化站1个和村（居）综合文化室示范点3个；完成区下达的6条“十好”和谐文明村创建任务，稳步推进1条省级文明村创建工作；体育事业上新水平，成功创建1个省级先进体育社区。

卫生和人口工作扎实推进。推进更合中心卫生院建设，大楼主体工程完成封顶。全镇农村医疗卫生服务体系进一步健全，完成村级卫生站的重建、改造和医保联网，实现门诊医保“一卡通”。继续深入开展“两无”活动，推进人口与计划生育依法管理和流动人口管理，全镇人口管理和服务水平进一步提升，全年户籍人口出生725人。

社会保障、救助体系建设日益完善。积极落实各项为民解困措施，困难群众实现应保尽保，2009年各项优抚救助、农村和城镇孤老人员低保帮扶、医疗救助、退伍军人补助以及敬老院建设、农村再就业等民生支出达600多万元。居民基本医疗保险范围进一步扩大，覆盖面超过96%，居民养老保险全镇参保率约58.5%。

社会大局保持和谐稳定。全力化解矛盾纠纷，全年共排查调处矛盾纠纷430件，成功调处355件，成功率82.5%。加强社会治安综合治理，打击各类违法犯罪行为，规范流动人员和出租屋管理，开展禁毒和社区戒毒（康复）工作。投资43万元的镇综治信访维稳中心投入运作并初显成效，逐步构建起“大综治、大调解”的工作格局。狠抓安全生产工作，开展隐患排查治理120多次。

（管　雪　陈志芬）

附录：2009年高明区党政主要领导名单

书　记：马亮照
副书记：潘志文　黄　坚
常　委：梁瑞强　吴耀棠　严　冰　张明生
　　　　罗　雄　陈仕兴　黄棋泰　梁恩球
区　长：潘志文
副区长：黄小毅　俞宙虹　余中伟　余明开
　　　　王培星　刘志刚

现任高明区党政主要领导名单

书　记：马亮照
副书记：唐棣邦　黄　坚
常　委：吴耀棠　严　冰　罗　雄　陈仕兴
　　　　黄棋泰　梁恩球　史建新
区　长：唐棣邦
副区长：黄棋泰　俞宙虹　余中伟　余明开
　　　　王培星　刘志刚

（2010年8月高明区供稿）

三 水 区

概 况

三水位于佛山市西北部，因西江、北江、绥江三江汇流境内而得名。明朝嘉靖五年（公元1526年）建县，1959年3月并入南海县，1960年9月恢复三水县建制，1993年3月撤县设市，2003年1月撤市设区。全区总面积874.22平方公里，辖西南街道、云东海街道、白坭镇、乐平镇、芦苞镇、大塘镇和南山镇7个镇（街道），另设国家高新技术产业开发区佛山·三水园。全区户籍人口39.18万人，外来人口13.07万人，有旅居海外华侨和港澳台同胞20多万人，是著名的侨乡。

近年来，三水区积极实施“园区兴业、工业强区”发展战略，按照“一个中心、两大板块”（以西南组团为中心、以三水大道为轴线，东部重点发展工业、西部重点发展现代农业和服务业，两翼齐飞、三大产业协调发展）的总体战略布局，大力推进经济建设、城乡建设和社会建设，努力打造“现代工业之区、生态时尚之城、幸福长寿之乡”。2009年，全区实现地区生产总值434亿元；工业增加值297.5亿元；财政总收入75.7亿元，其中地方财政一般预算收入16.5亿元；三次产业比重为4.7 ：70.3 ：25；工业化率为68.5%、城镇化率为61.6%；完成固定资产投资233.1亿元，其中基础设施建设投资66.9亿元。

经济建设

【农业】 大力发展现代农业，编制完成现代农业园区总体规划，投入1.72亿元开展佛山海峡两岸创意农业城等现代农业园区建设，“乐平雪梨瓜”成功申报国家地理标志保护，现代农业发展水平进一步提升。全国首创“政银保”合作农业贷款，发放农业贷款75宗1409万元；继续扩大农业保险覆盖面，能繁母猪和政策性水稻保险投保率分别达到77%和100%。2009年，实现农业总产值43.74亿元，比上年增长4%，其中，种植业产值11.83亿元，增长3.2%；牧业产值21.13亿元，增长5.7%；渔业产值8.71亿元，增长0.9%。粮食作物播种面积11.14万亩，比上年减少0.7%，粮食总产量3.51万吨，比上年增长0.3%；蔬菜种植面积17.59万亩，比上年减少3%，总产量38.62万吨，比上年增长5.3%。 肉禽产品方面， 全年生猪上市量61.26万头，比上年下降0.7%；三鸟上市量2942.32万只，比上年增长2.8%。淡水养殖面积15.58万亩，比上年减少0.9%，水产品总产量9.64亿吨，比上年增长1.2%。

【工业和建筑业】 2009年，积极实施“工业强区”发展战略，招商引资在质量上取得新突破，全年新签招商项目120个，项目计划投资总额211.4亿元，其中超亿元项目27个，项目计划投资总额169.55亿元，占全区计划投资总额80.2%，年内引入了中建材太阳能广东基地、爱康太阳能电池、可口可乐、三井化学、正邦科技等一批优质大项目。工业生产保持快速增长。全年完成全部工业总产值1397.85亿元，比上年增长18.1%；完成全部工业增加值297.47亿元，增长16.8%。民营工业持续较快发展，全年完成工业总产值922.29亿元，占全区工业总产值的66%，比上年增长16.5%。年末全区共有规模以上工业企业789家，比上年增加103家，全年完成工业总产值1348.44亿元，比上年增长21%，其中，轻工业总产值463.39亿元，增长23.2%；重工业总产值885.04亿元，增长19.8%。规模企业中总产值超10亿元的企业有21家，总产值超亿元的企业有357家。

2009年全区资质内建筑企业完成施工产值14.32亿元，比上年增长7.5%，其中建筑工程产值12.24亿元，增长3.2%；安装工程产值1.58亿元，增长31.7%。全年共完成施工面积199.44万平方米，竣工面积113.61万平方米。建筑业增加值7.79亿元，比上年增长15.5%。

【国内贸易】 2009年实现社会消费品零售总额112.4亿元，比上年增长19.5%，其中，批发业零售额7.6亿元，增长8.5%；零售贸易业零售额74.8亿元，增长18.1%；住宿和餐饮业零售额30亿元，增长26.4%。在零售总额中，城镇零售额85.8亿元，增长18.2%，农村零售额26.6亿元，增长23.8%。民营经济稳步发展，全年完成批发零售贸易销售额110亿元，增长12.2%，完成消费品零售额101.6亿元，增长18.9%。

【对外经济贸易】 外贸进口保持增长，出口下降幅度逐步收窄。2009年新签各类利用外资合同441宗，其中外商直接投资18宗；合同规定利用外资金额2.2亿美元，比上年减少38.5%，实际利用外资3.09亿美元，增长10%。全年进出口总额11.6亿美元，比上年增长7.5%，其中，进口总额5.5亿美元，增长55.3%；出口总额6.1亿美元，减少15.9%，下降幅度比上半年和前三季度分别收窄5.5%和3.4%。在出口总额中，“三资”企业出口3.3亿美元，减少22.7%，“内资”企业出口2.8亿美元，减少6.2%。

城市建设

【固定资产投资】 固定资产投资保持较快增长。2009年完成全社会固定资产投资额233.06亿元，比上年增长25.9%，其中，基本建设投资171.7亿元，增长35.1%；更新改造投资28.86亿元，增长12.9%；房地产开发投资31.8亿元，增长2.6%。在全区固定资产投资完成额中，工业投资完成160.24亿元，占全部投资的68.8%，比上年增长23%；基础设施建设投资66.94亿元，比上年增长228.4%。全年商品房销售面积61.17万平方米，同比增长109.7%，销售额296337亿元，同比增长137.8%。

【城市建设】 年内完成了云东海景观规划和干线公路网规划的编制与修编工作。丁字基、文锋东、纺织印染厂等重点片区“三旧”改造进展顺利，城市配套设施建设加快推进。启动了中心城区道路和人行道路面改造和绿化提升工程，完成魁岗文塔广场周边环境综合整治，新建成右岸、砂岗等市政公园。调整了大塘镇和迳口华侨经济区的行政区划，成立了南山镇。开展了政策性农村住房保险，136条自然村创建成为新农村。西南城区下水道清疏工程全面完成；城乡工业和生活污水处理厂建设加快推进，5个污水处理厂投入使用，白泥坑垃圾卫生填埋场建设进展顺利。完成了中心城区驿岗污水处理厂扩建和芦苞镇、乐平镇污水处理厂等建设工程。建成大棉电排站，大棉涌综合整治工程已完成总工程量的80%。整合芦苞水厂，建成北江水厂和西江水厂，实现双水源联网供水。成立区城管办，提升了城市管理水平。城市供水管道866.6公里，供水总量3612万立方米，供气管道215.4公里，供气总量1.51万吨。建成区绿化覆盖率39.7%，人均公共绿地面积11.46平方米。

【环境保护】 环境保护工作以污染减排为重要抓手，强势推进节能减排，以推进陶瓷、纺织印染皮革行业优化提升、企业清洁生产、污水处理厂建设以及电厂脱硫监控中控平台建设为主，深化工业污染治理，推进产业结构调整。2009年共整治38家陶瓷企业，关闭4家纺织印染和皮革企业，新增15家省清洁生产企业，5个污水处理厂投入使用，白泥坑垃圾卫生填埋场建设进展顺利。全年完成环境污染治理项目113个，环境治理投入资金23亿元。工业废水排放总量3017.5万吨，废水排放达标率93.9%；工业二氧化硫去除量1.6万吨，工业烟尘去除量 19.7 万吨，工业烟尘排放达标率 96.2%。

社会各项事业蓬勃发展

【社会民生】 2009 年，“民生十件实事”得到较好落实。全区分散五保供养标准和下岗残疾军人生活补助标准由每人每月 310 元和 300 元分别提高到 400 元和 530 元。对集中供养五保对象每人每月发放补贴 400 元；经济适用房和廉租房二期全部封顶，联同金融机构出台了经适房贷款办法，有效解决了入住难问题；较好解决了第一代归难侨最初入境安置户住房问题；全国首创“政银保”合作农业贷款，发放农业贷款 75 宗 1409 万元；继续扩大农业保险覆盖面，能繁母猪和政策性水稻保险投保率分别达到 77% 和 100%。培训本省农村劳动力 1615 人；全区人均新增或改造绿地面积 3.12 平方米，顺利通过省林业生态区检查验收；白泥坑垃圾卫生填埋场已完成总工程量的 35%，预计今年 5 月投入使用；投入 1600 万元开展西青大道等片区排水改造工程，基本解决中心城区“水浸街”问题；完成了 154 条自然村“村村通自来水”工程任务；完成了中心城区驿岗污水处理厂扩建和芦苞镇、乐平镇污水处理厂等建设工程；建成大棉电排站，大棉涌综合整治工程已完成总工程量的 80%；为 1.8 万多名 70 岁以上户籍老人进行免费体检；为已婚育龄妇女妇科疾病普查普治 5.8 万多人次，为 1500 多名孕妇进行了出生缺陷筛查。

【教育和科学技术】 顺利通过省基础教育工作责任考核相关程序，教育现代化建设上新水平。新技工学校建设进展顺利，全区 20 所学校成为省现代教育技术实验学校，3 家按省一级标准建设的镇级中心幼儿园投入使用，成功创建广东省首个全国协同教育示范区。年末全区共有普通中学 18 所，在校学生 3.28 万人；小学 50 所，在校学生 4.56 万人；幼儿园 53 所，在园人数 1.63 万人；中等技术专业学校 6 所，在校学生 6200 人；电大、教师进修学校 1 所，在校人数 1300 人。全区各类学校共有教职工 6999 人，其中专任教师 5700 人。2009 年高考录取人数 2664 人，其中本科生 1212 人，大专生 1452 人。学龄儿童入学率及小学毕业升学率均达到 100%，初中毕业升学率 99.08%，高中升学率 88.74%。

科技综合实力显著增强。2009 年全区登记科技成果的数量为 22 项；年内获科技成果奖励 52 项，其中获省级以上奖励 1 项；全年专利申请 508 项，专利授权 405 项；各级企业共有工程技术研究中心 8 家，高新技术企业 10 家。

【文化、卫生和体育】 文化事业日益繁荣。全区有各级文物保护单位 37 处，文化事业机构 3 间，艺术表演团体 13 个，区属博物馆、文化馆、公共图书馆各 1 间，文化站 7 间，图书馆和文化站藏书量共 48.9 万册。2009 年，全区已装有线电视用户 12.7 万户，有线电视覆盖率 99%。全年全区共创作各类文艺作品 520 件，其中获市级以上奖励 61 件。成功举办第二届中国三水饮品文化节。

全区共有卫生医疗机构 180 个，其中医院、卫生院 16 个，卫生防疫站 2 个，社区医疗服务中心 4 个。卫生机构共有床位 1350 张、卫生技术人员 2776 人。年内医院、卫生院诊疗人数共 299 万人次，婴儿死亡率 3.4‰，5 岁以下儿童死亡率 4.7‰，产妇住院分娩比例为 100%。全年为 1.8 万多名 70 岁以上户籍老人进行免费体检；为已婚育龄妇女妇科疾病普查普治 5.8 万多人次，为 1500 多名孕妇进行了出生缺陷筛查。

体育事业蓬勃发展。2009 年共举办各类大型体育活动 25 次，全区现有较大型体育场馆 13 个，少年业余体校 1 间，在校学生 350 人，向上输送体育人才 38 人，其中向省级输送 5 人，参加省市各类比赛 391 人次，获省市比赛奖项 469 项。全区在校学生体育达标率 94%，优秀率 14%。

【社会保障与安全生产】 开展了政策性农村住房保险，居民基本医疗保险保障水平进一步提高。经济适用房和廉租房二期全部封顶，联同金融机构出台了经适房贷款办法，有效解决了入住难问题；较好解决了第一代归难侨最初入境安置户住房问题。2009 年，全区五保供养标准和下岗残疾军人生活补助标准由每人每月 310 元和 300 元分别提高到 400 元和 530 元。将农村居民和城镇居民纳入养老保险体系，统筹城乡的社会保障体系初步建立。年末全区参加企业养老、失业、医疗、工伤保险人数分别为11.81万人、10.54万人、11万人和13.55万人，分别比上年增长5.4%、5.4%、7.8%和24.3%。全年征收社会保险基金7.85亿元，同比增长19.3%，发放社会保险基金5.6亿元，同比增长27.3%。

安全生产事故得到有效控制。2009年全区亿元生产总值生产安全事故死亡率为0.14，道路交通万车死亡率为4.32，工矿商贸企业从业人员10万人生产安全事故死亡率为0.77，各项指标均达到佛山市安全生产相对控制考核的要求。

【人口、就业与人民生活】 2009年末全区常住人口53.35万人。按户籍人口资料统计，年末全区户籍人口总户数为12.43万户，总人口39.18万人，人口出生率10.05‰，死亡率7.71‰，自然增长率为2.34‰。年末全区共有从业人员32.9万人，比上年减少800人，减少0.3%，其中，第一产业从业人员7万人，第二产业从业人员17.63万人，第三产业从业人员8.28万人。年末城镇登记失业人员1620人，城镇登记失业率为2.03%。

城乡居民生活水平不断提高。城镇住户抽样调查资料显示，城镇居民人均可支配收入1.91万元，增长14.5%，人均生活消费支出1.76万元，增长9.2%，恩格尔系数为33.6%，人均住房面积为32.5平方米。年末每百户城镇居民拥有摩托车100辆、家用汽车33辆、洗衣机104台、电冰箱110台、彩色电视机154台、空调机215台、热水器119台、移动电话262部、家用电脑108台。

各镇（街道）介绍

【西南街道】 西南街道位于西、北、绥三江汇流处，是三水区委、区政府驻地；辖区面积178平方公里，常住人口超20万人，外来人口超12万人。辖区内拥有荷花世界、邓培故居、西南武庙、魁岗文塔、半江桥、清代海关遗址、五显古庙、思贤滘、昆都山、三江汇流等人文景观。2009年，西南街道全面落实科学发展观，围绕“生态经济、绿色竞争、幸福长寿”三条主线，强势推进各项工作，在经济发展、城市建设、民生事业等方面都取得了突破。2009年，实现地区生产总值223亿元，同比增长12%；工业总产值492亿元，同比增长10.82%；农业总产值8.7亿元，同比增长5.6%；固定资产投资总额51亿元，同比增长26%；税收入库23亿元，同比增长3.6%。

打造水乡工业园。加快推进首期2000多亩征地工作，抓紧修订园区管委会规划。投入约2亿多元，完成进港大道等4项绿化提升工程以及路灯改造工程。预算投资3亿元的金乐路建设等配套工程顺利推进。集中供气（燃气）、供热（水蒸气）项目初步确定选址。用好“中国饮料名镇”这张名片，加快引入饮料食品及其配套项目。2009年引入39个项目，合同投资总额36.5亿元。百威啤酒增资3亿元，正抓紧推进二期建设。一批优质饮料及其配套项目洽谈进展顺利。红牛预计2010年下半年投产。可口可乐新厂房顺利动工。

承办第二届饮品节。本届饮品节在招商招展、舆论宣传、安全保障等方面比首届有重大突破。共吸引325家企业参展，53万人次参加盛会，销售饮料食品200吨，带动物流、住宿、餐饮、交通、旅游等消费2亿多元。

城市建设步伐加快。2009年完成文塔广场首期工程建设，为第二届饮品节提供了一流的场所。西南大道招投标工作顺利推进，绿化、照明路灯、园建、给排水工程概算约1.34亿元。新村、城内村征地工作进展顺利；企业拆迁已签5宗约6000平方米。投入1.2亿元，完成金港大道、金本环镇路、文锋西路、口岸大道、西黄线等改造工程，改造道路全长24公里。投入3.3亿元，重点推进文明路支路工程、金乐大道、金犇路等道路建设，新建道路近5公里。完成金港大道、进港大道、三水大桥、金河大道、白金大道、塘九线绿化改造工程，22公里绿色长廊基本成型。完成洲边立交、飞鹅岗绿化改造，年内新增绿化面积80万平方米。加强与银信部门沟通联系，计划融资2亿元，配合上级推进廉园建设，打造全省廉政文化教育示范基地。

新农村发展迅速。落实挂钩责任，各自然村基本完成创卫。年内新建2座垃圾中转站。街道、村委会、自然村三级每年投入623.31万元，实现农村统一保洁，垃圾集中转运。农村和工业园区的生

活垃圾已发包给有资质的公司统一清运。推进重点水利工程建设，完善农村防灾减灾体系。落实农村出嫁女及其子女合法权益工作，修改股份社《章程》，确认出嫁女及其子女2289人次的配股资格，超额完成区下达的任务。继2008年投入1000多万元添置警用装备，2009年再添置警用摩托100辆、单车130辆，提高敏感场所见警率。提升25个安全文明小区建设水平，小区刑事案发率同比下降60%，治安案发率下降55%，6个小区实现"零发案"。街道全年立刑事案件2424宗，同比下降3.6%，破案1123宗，居民安全感显著增强。

教育现代化顺利推进。2009年顺利完成校长换届竞岗，以高度负责的态度做好防控甲流工作和安全工作，无发生重大安全事故。投资近500万元的二中体育馆如期投入使用。中考重中上线率达46.33%，上线人数、上线率均比上年稳中有升，二中、河中成绩尤为突出。全街道小学英语竞赛153人次获全国奖项，中学数、理、化、英能力竞赛69人次获全国奖，师生在各类竞赛中2326人次获得区以上奖项。

【云东海街道】 云东海位于三水中心城区北面，规划面积约70平方公里，是佛山"2＋5"西南组团的重要组成部分，三水中心城区的重要功能片区，市际交通主要有三水二桥引线、广三、广贺、广肇高速与广州等城市联系。云东海街道于2008年3月28日正式挂牌成立，其前身是云东海旅游经济区，成立于1999年7月。云东海是珠江三角洲地区不可多得的一块生态宝地，森林覆盖率达80%，陆地水体比例约为7∶3，山水相连，山环水抱，自然环境优美，发展第三产业得天独厚。三水区委、区政府从建设"现代工业之区、生态时尚之城、幸福长寿之乡"的战略高度出发，设立云东海街道，全力推进云东海大湖建设，打造佛山现代"新西湖"。

云东海建设全面推进。云东海北湖一标建设工程从2008年7月开始启动，经过半年来的紧张施工，于2009年2月9日在云东海桂花岛举行了蓄水仪式，实现了云东海建设的突破性进展。云东海北湖二标建设工程2009年5月启动，涉及土地面积3400多亩，已完成总工程量的80%。为高品位、高标准开展云东海景观建设，通过公开招投标，由美国易道环境规划设计有限公司和上海市政工程设计研究总院组成联合体共同编制《云东海景观规划》。经过近一年的调查研究、交流讨论、征求意见和反复修改后，《云东海景观规划》在2009年9月顺利通过专家评审，并经区政府常务会议审议正式通过。该规划以"国际健康商旅度假胜地"为定位，对描绘云东海景观建设蓝图，促进云东海科学发展具有重要的指导作用。土地承包取得突破，2009年共支出云东海土地承包资金6899万元，其中按金47万元，土地承包金1477万元，青苗及地上物补偿款5375万元。景观节点建设稳步推进。落实《云东海景观规划》，有序开展景观节点建设。其中，桂花岛绿化工程已于2009年10月竣工，以桂花为主题，栽植面积2万平方米，总投资约200万元。

融资工作取得阶段性成果。在2009年初成立街道融资工作组，编制银企合作计划，做好融资项目对接。共筹划云东海中心区服务组团路网等项目20个，投资总额21.52亿元，融资额16.37亿元，均获有关银行贷审会的审核通过，已到位融资资金10.31亿元。云东海湖生态恢复建设、云东海文化创意产业示范基地基础设施建设两项目，也获得国家开发银行贷款授信28亿元。云东海中心区服务组团路网等一批融资项目已上马，确保融资资金尽快投入建设并产生效益。

湖区迁村和新农村建设加速推进。为更好地指导湖区迁村工作的开展，委托深圳市世联土地房地产评估有限公司开展前期咨询工作，2009年，完成项目市场调研并明确湖区开发整体定位与发展战略，提交了第一阶段成果汇报，开展第二阶段迁村调查工作，2010年初完成拆迁补偿安置方案的修编。加快新农村"示范村"建设，联合社区严家村、唐家村新农村"示范村"建设工程在2010年春节前完成。加强新农村"达标村"长效管理，杨梅村委会社边村、小塘村，上九村委会村头村"达标村"建设在2009年9月顺利通过区级长效管理验收。

土地利用与管理不断加强。以《三水区土地利用总体规划》各项用地指标为指导，将区政府下达的约束性指标落实到具体地块，其中基本农田面积264公顷，与现行规划相比核减基本农田1214.93公顷；合理增加建设用地，规划到2020年建设用地面积1732.93公顷，规划期内新增建设用地1216.06公顷，优先保障基础设施及其他重点项目用地，体现经济、社会及生态效益的统一。征地工作力度不断加大。2009年街道实施的征地项目共有8个，土地面积合计3459.98亩。电力设施和引水工程项目征地完成；110KV基塘变电站征地、出线工程塔基征地及青苗、地上物补偿工作全面完成，确保云东海今后发展的电力需求；引水工程所需约630亩土地，已于9月上旬全部签订土地征收合同。

城市面貌明显改善。同心路、学海三路、鹅影路于2009年7月完成招投标，施工进展顺利，2010年春节前完工；青云路、龙山路、虎山路于2009年11月前完成招投标并全面施工。云东海大道辅道及景观建设工程已基本完工，全长4.2公里，绿化面积约17万平方米，以特色景观植物结合局部组团造景的形式，打造与云东海湖区生态理念更为融合的生态自然景观。云东海绿化广场于10月建成并开放，为市民提供更多公共空间和休闲场所。云东海林区管理服务用房工程于2009年顺利完工并投入使用。街道派出所办公场所主体工程于2009年1月竣工后，逐步完善配套建设及绿化改造工程，为街道派出所的成立和正常运作创造了条件。

优质现代服务业发展初具规模。在云东海湖生态恢复建设、云东海文化创意产业示范基地基础设施建设两项目在2009年初被批准纳入“广东省2009年重点建设项目”前期预备项目后，加快推进两项目申报“广东省重点建设项目”的有关工作，已经通过《项目建议书》的审批。龙头项目引进有新成效。诺贝尔生命科学研究中心已于2009年上半年挂牌成立，是落户云东海的第一个高新技术产业项目；云东海生态体育公园二期、绿湖康体公园两项目已正式签订合同；“云东海岭南珍贵树种生态园”项目于5月签订合作意向，打造云东海区生态旅游、绿色健康长寿产业的新亮点。体育花园项目高尔夫球场顺利开业；绿湖酒店项目独立客房主体已完成装修；山水庄园项目A组团市政道路及排水排污工程已完成60%，正进行酒店图纸设计；深业酒店正在进行相关项目报批手续并洽谈引进酒店管理公司；极乐寺项目于9月举行奠基仪式，2010年初动工。

【白坭镇】 白坭镇地处珠三角腹地，东南面与南海丹灶、西樵接壤，西面与高要、高明隔西江相望，距广州不足40公里，离佛山市中心城区仅24公里。全镇总面积66.46平方公里，辖2个村委会、1个居委会、66条自然村。全镇人口2.38万人，外来人口超6万人。

经济形势逐步向好。2009年全镇实现工业总产值232.37亿元，同比增长13.02％；地区生产总值70亿元，同比增长13.51%；税收入库3.24亿元，其中地税实现超亿元目标；固定资产投资40亿元，同比增长28.08%；用电量8.72亿千瓦，同比增长10%。广佛同城化项目恒益电厂扩建工程全面进入钻桩、煤运码头建设，2011年一号机组可投产；3个融资项目共获银行贷款1.04亿元；惠万家、萨米特、海盛达、青上化工等4家企业投入技改资金共计3.84亿元。产业优化升级扎实推进。2009年，白坭镇获得全区首个“陶瓷行业污染深化综合整治先进单位”称号；镇内9家陶瓷企业通过整治验收，新明珠和宏源被评为“陶瓷行业污染深化综合整治先进企业”，顺利完成中盛陶瓷厂转型，关停拆迁12家小型界砖厂，把辖区无牌照的废品回收点列入取缔对象；协助广汇化工公司成功申报广东省循环经济试点企业。

城镇建设特色初现。2009年，坚持规划先行，加快基础设施建设，完善城镇配套设施，特色小城镇魅力初现。城镇规划不断强化，开展《白坭镇总体规划》修编与《东部片区控制性详细规划》编制，完善路网规划建设；按照“分类指导、分步实施”原则稳步推进“三旧”改造，旧工商银行大楼改造为高档次酒店，旧白坭中心小学改造项目通过公开出让后将建设成为精品商住区。基础设施建设加快，2009年广明高速、白金二期拓宽建成通车；白金三期完成路基建设；广珠铁路征地成功突破林刘家祠堂、金三角开发区拆迁工作，鹿岭村整体搬迁签约工作基本完成；佛山第二水源水管铺设全面完成；佛山天然气管道工程征地全面铺开；峣山11万伏输变电工程如期推进。休闲公园、莘村污水处理厂等城镇配套建成投用；凯旋花园二期、周村市场、周村员工村、宝盈和谐广场加紧建设；投入150万元建设桂丹路样板路，新添绿化面积1.6万平方米。

人民生活水平稳步改善。2009年，坚持发展惠民，关注、改善民生，把经济发展成果惠及广大村民群众。加快推进城乡一体化，全镇69条村组全面实现垃圾“村收镇运”；完成西岸等13条新农村示范村、邓坑等17条市级、塘夏等14条区级“十好和谐文明村居”创建，通过国家卫生镇复查；动工建设白坭汽车客运站以及塘夏村、三巷村、陈家村3条自然村的水泥路，开通镇内公交，率先在全区完成村村通水泥路、通公交车工程；协助农户成功申请83万元“政银保”贷款；推进第四期土地有偿承包工作；做好岗头现代农业园区前期设计、村级财务第三方代理等工作。2009年，农村人均纯收入9609元，同比增长10.67%；城乡居民储蓄存款余额达20.58亿元，同比增长16.09%。加紧实施水利工程，完成樵桑联围达标加固工程的设计，岗头段拆迁顺利启动；投入420万元完成樵北涌最后5公里的清涌工程；投入118万元实施解放沙联围及西岸联围抛石护坡工程；完成沙围灌溉泵站的勘察、设计和内河涌整治工程的招投标工作。完善社会保障体系，大力普及居民基本医疗保险，参保率达98.62%；送医下乡，对全镇70岁以上老人进行免费体检；投入315万元用于全镇70岁以上老人生活补助及80岁以上老人高龄津贴；投入26万元用于全镇低保家庭补贴；投入41万元用于五保老人生活费补贴；成立白坭慈善超市；开展本地和外地劳动力培训，并积极推荐就业；745名出嫁女及其子女获取股权证，占全镇出嫁女及其子女总人数的95.5%。新建综治信访维稳中心，司法、信访、综治联合办公、一站式服务；白坭派出所获得全省优秀基层单位，并在三水区公安分局单位绩效考核取得第一名；新建周村社区民警中队，建成邓坑等3个安全文明小区；重视安全生产，全年未发生重特大安全事故。建成岗头幼儿园，解决岗头片300多名适龄儿童“读书难”问题；完成学校教师聘用制工作，探索实施教育发展新模式，获评广东省中小学教育创新成果二等奖，成为区教育现代化建设示范点；落实取消义务教育阶段借读费政策，减免外来工子女读书借读费100万元；深入开展“幸福工程”、“关爱女孩行动”等计生服务，成立了新明珠等流动人口计划生育协会；新建白坭文化活动中心，举办太极、咏春拳、广场舞培训班等多种形式的群众文体活动。

政府效能明显提高。围绕建设学习型、服务型政府，增强镇村干部队伍的大局意识、发展意识、责任意识、忧患意识、廉洁意识，进一步提高政府效能和服务水平。

【乐平镇】 乐平镇位于佛山市三水区中部，与广州市花都区、佛山市南海区狮山镇接壤，总面积198.5平方公里，辖3个居委会和14个村委会，户籍人口约7.5万人，是广东省重点发展的中心城镇之一。镇内交通发达，佛山一环（高速）、珠二环高速、省道盐南线、三水大道均穿越乐平，距广州新机场、佛山中心城区仅20多分钟车程。乐平旅游文化资源丰富，以“中国历史文化名村”——大旗头古村和侨鑫生态园最具代表性，是广东省重点发展的中心城镇之一。

经济建设呈现出又好又快发展态势。2009年实现工农业总产值391.58亿元，同比增长23.65%，其中工业总产值380.56亿元，同比增长24.36%；实现地区生产总值114亿元，同比增长26.78%；完成全社会固定资产投资55.3亿元，同比增长24.63%；税收总收入6.37亿元，同比增长4.5%，镇级一般预算收入1.02亿元，同比增长8.4%；农民人均收入8904元，同比增长7.8 %。用电量同比增长18.96%，超出全区平均水平8个百分点。各项主要经济指标保持平稳、较快增长。

“三园一区”建设稳步推进。全年引入项目16个，合同引资额65.75亿元，同比增长166.9%，平均投资密度354万元／亩，为历史最高水平。新项目中包括世界500强中移动华南物流配送中心等一批优质大项目。在“新产业”发展方面，由中国500强企业中建材集团投资55亿元的广东薄膜太阳能基地项目和总投资18亿元的爱康太阳能电池项目先后落户。首期8兆瓦太阳能示范电站申报国家金太阳示范工程，光伏产业基地被列为省重点项目，全省首个光伏产业专业镇通过佛山市评审。企业自主创新成效显著，共有9家企业成为省高新技术企业，建成5个工程技术研发中心，展浩建材有限公司“采用拼装式铝蜂窝板制造汽车厢组装板”被纳入国家及广东省重点新产品计划项目，获国家级立项。佛山海峡两岸创意农业城建设提速。2009

年，农业城首期8000亩核心区已引入16家知名企业，投资额9亿多元。核心区4标段建设进度均早于预期，其中第1标段1800亩养殖场农网架设和排灌工程可交付使用；第2标段进园道路已完成工程的60%；第3～4标段已动工建设，2010年上半年完成整个核心区的基础设施建设。2009年，大旗头文化古村旅游创意产业园建设有序开展。佛山职业技术学院、三江职业技术学院、区新理工学校校区顺利动工。院校建成投入使用后，为园、镇可持续发展提供人才支撑。

城镇化建设取得长足发展。抓住国家实行适度宽松的货币政策机遇，2009年，园、镇实现融资12.3亿元，为园镇新一轮大发展奠定坚实基础。乐平华盛广场、华盛酒店、宝盈时代广场、金四季美食城、乐平文化活动中心等一批生活、文化、娱乐设施建成或投入使用，填补园镇配套设施不足的短板。完成乐平水厂资源整合工作，城区居民和700多家企业用上北江自来水。路网建设稳步推进，完成齐力北路等8项道路建设工程，实施西乐路排水工程、新乐南路路面改造工程和新城路、华盛路建设工程，全面铺开乐大线改造工程，进一步完善园镇路网建设。绿色乐平建设卓有成效，建设乐平文化活动中心广场以及一批新农村绿化公园，环卫保洁和绿化维护实行社会化管理。园、镇新增绿化面积约110万平方米，人均公共绿地面积约9平方米，绿化覆盖率达到38%。

城乡一体化建设呈现新面貌。2009年，“创国卫”工程成效显著，投入5000多万元实施创建国家卫生镇工程，第二批31条省卫生村通过验收。新农村建设取得实效，2008年第二批16条新农村成功创建成全区新农村示范村，2009年第三批17条新农村通过区级考核验收；新增夏洞村等13条自然村完成“村村通”自来水工程，受惠人口达5978人；在全区率先开通首条镇内公交专线，进一步方便群众出行。农业生产条件不断完善，启动海丰洲5000亩耕地整理工程，完成南边左岸涌清淤、丰平洲护岸加固和古云灌溉泵站扩建工程；完成近2万米排灌渠硬底化建设，高标准连片整治400亩鱼塘。农村经济蓬勃发展，推进大旗头古村等4个“农家乐”试点建设；“乐平雪梨瓜”成为全区首个国家地理标志保护产品；实现年销售额6500多万元；“乐平大包”申请饮食行业集体商标注册，使“乐平大包”品牌得到更好的保护和发展。农村管理不断加强，落实农村财务管理体制改革，规范农村财务票据使用，解决“白头单”账务处理问题。落实农村出嫁女及其子女合法权益工作，确认1595人次出嫁女及其子女配股资格，并为其派发股权证。

社会各项事业取得新进步。平安乐平建设成效明显，10项重点民生工程加快落实，社会保障体系不断完善，教育、卫生、文化、宣传等事业协调发展。

【芦苞镇】 芦苞镇位于佛山市三水区中北部，东接广州市花都区赤坭镇，南接三水乐平镇，西南与肇庆四会市相连，北及西北与三水大塘镇接壤，地处珠江三角洲腹地，是历史商埠，素有“小广州”之称。芦苞镇域总面积105平方公里，人口近5万人，其中外来人口1.5万人，现辖90个自然村、6个村委会和1个居民委员会。早在1986年定为珠江三角洲工业重点卫星镇，1996年定为广东省小城镇综合改革试点，2000年定为三水次中心，2001年评为广东省文明村镇、广东省体育先进镇，2002年定为广东省中心镇，2005年评为广东省教育强镇，2006年通过广东省卫生镇验收，2007年被评为广东省技术创新专业镇，2008年被评为广东省旅游特色镇。

重大项目建设取得突破。2009年，全力支持奥特莱斯项目，提供贴身跟踪服务，促成该项目于11月正式进场施工，力争2010年广州亚运会前首期营业。长寿温泉项目于2009年5月全面复工，高尔夫球俱乐部重新开业，芦苞祖庙周边环境改造工程加快实施，镇内首个大型商业楼盘捷荣房地产“锦江豪庭”一期正式对外发售。基础建设全面提速。把握国家扩大内需的有利时机，以芦苞涌综合整治、高尔夫大道扩建、名牌大道建设等多个优质工程项目为依托，成功融资2.15亿元，突破了基础设施建设的资金瓶颈。芦苞涌综合整治水利工程已完成工程总量的90%，东海大道段景观工程完成设计审核；高尔夫大道扩建工程进入公开招标阶段；名牌大道建设项目征地拆迁工作接近尾声，部分路段已进场施工。

工业经济走出困境。支柱企业创新求进，其中广东博德精工建材有限公司研发出第六代精工玉石，广东多正化工科技有限公司、广东华兴玻璃有限公司研制出新型产品，发展后劲不断增强。2009年，签约企业加快上马，拨款1455万元专项资金完善工业园区基础设施建设，提升工业园区的硬件水平；成立理顺工业园区用地手续专责小组，具体统筹办理项目用地手续，解决企业用地历史遗留问题；盘活381亩土地进行“二次招商”，引入7个优质项目；落实“项目动工月”活动，促成17个项目动工建设，新增8个项目建成投产。

“三农”工作全面推进。以现代农业园区和社会主义新农村建设为抓手，致力改善农村生产生活条件，促进农村社会全面进步。2009年，全镇农村经济总收入6.22亿元，同比增长15.2%；农村人均收入9316元，增长10.6%。发展现代农业，投入近600万元完成上塘片农业园区首期3000亩工程，新建硬底化排灌渠道5216米。投入1910万元重建新村排涝站。投入360万元整治欧边涌芦苞段。积极培植绿色无公害农产品，进一步打造西河生猪、四合芥兰、上塘网纹瓜、沙墩马铃薯等质优农业品牌。推进新农村建设，结合“‘十好’和谐文明村居”创建工作，抓好农村宜居环境改造，投入600多万元建设24条社会主义新农村，受惠村民8600多人。同时，对前两年创建的27条新农村实施长效管理，完善各项卫生管理制度，巩固新农村建设成果。落实惠农政策，积极推行“政银保”合作农业贷款工作，解决农户贷款难问题。认真落实种粮农民农资综合直补及能繁母猪、家电下乡、摩托车、汽车下乡等补贴，启动农村住房保险工作，确保惠农政策落到实处。

各项事业稳步发展。全面落实科学发展观，以建设各项惠民工程为载体，进一步改善民生，努力推进社会各项事业稳步发展。2009年投入近400万元开通6条镇内公交线路，实现“村村通公交”。完成一、二期共12条自然村的“村村通水泥路”扫尾工程。促成芦苞水厂与北江水厂并网整合，“村村通自来水”工程稳步推进。71套渔民公寓（二期）解困房即将竣工，困难渔民的住房问题将得到彻底解决。投入约466万元全面改造成公路。投入近150万元提升芦湖路绿化。投资近700万元的芦苞生活污水处理厂投入运营。白泥坑垃圾卫生填埋场进入施工阶段。对口连山县福堂镇的帮扶工作扎实推进。投入约280万元开展低保、优抚及医疗救助等民政工作，全镇2300多人受惠。为1530名70岁以上老人免费体检，为900名60岁以上老人免费检查白内障并帮助部分老人开展治疗。为独树岗村委会鱼塘二队、鱼塘四队等符合政策的村民购买全征地农村居民基本养老保险。全面实施新型农村社会养老保险制度。完成居民住院医疗保险、居民门诊医疗保险征保工作。建立“青年就业创业见习基地”。积极开展妇女维权工作。优化教育队伍，推进教育现代化建设，通过省教育强镇复评；投入近300万元完善校园设施，建立校车长效优质服务机制。成立芦苞镇文学艺术界联合会，举办庆祝建国60周年系列群众文化活动。开展全民健身运动，成功举办芦苞镇2009年龙舟赛，参加第十四届区运会蝉联金牌总数第一，参加2009年“云东海杯”镇级领导篮球赛成就“四连冠”。成功创建27条“广东省卫生村”，顺利通过“国家卫生镇”技术评估和“全国亿万农民健康促进行动广东省示范镇”复评。

【大塘镇】 大塘镇位于佛山市三水区西北部，分别与广州市花都区、清远市和四会市接壤，北江流经境内，广四线、清龙线以及即将动工建设的珠外环高速公路贯境而过。全镇总面积98.23平方公里，常住人口4.2万人，下辖7个村委会和1个社区居委会。大塘镇是广东省可持续发展实验区、广东省城镇化技术集成应用试点单位和广东省蔬菜专业镇。

2009年，全镇全年实现地区生产总值44.3亿元，增长23%；工业总产值128.3亿元，增长32%；农业总产值6.8亿元，增长5.8%；全社会固定资产投资总额33亿元，增长26.9%；财政一般预算收入8171万元；国税收入8984万元；地税收入8197万元。

工业经济平稳增长。支持和配合企业开展融资，协助企业融资超过1亿元，有效帮助企业减轻资金压力。推动佳利达纺织染、三强塑胶、力达精密金属、正德机械等一批企业增资2.93亿元进行扩产。推动企业科技创新，促成企业与高校“产学研”合作项目3项，申报科技立项10项，获批科技扶持资金240万元。进一步明确产业招商方向，全年新签项目37个，合同引资额22.12亿元，投资密度288万元／亩，同比提高71万元／亩，引入了包括国内500强正邦科技集团食品加工、上海保立佳环保新材料、鑫昌富晟汽配在内的一批规模项目。狠抓签约项目落实，全年新增动工项目42个，完工（含试投产）项目50个。

“三农”工作扎实推进。2009年，农业设施不断完善，完成大塘现代农业园区4.5万亩总体规划，优化了农业园区功能布局；筹集落实资金600万元，启动了农业园区东园望岗片、西园邓塘洲片3000亩工程建设；加强基本农田设施建设，高标准连片整治鱼塘865亩，建设硬底化排灌系统5600米。年度重点水利工程进展顺利，海仔口提水泵站工程完成60%，南昌电排站完成设备安装，大塘围达标加固工程前期工作有序铺开。特色农业蓬勃发展，成功举办大塘绿色生态农业节暨第五届冬瓜王大赛，完成“大塘绿肉节瓜”商标注册，制订无公害蔬菜系列标准化生产规程和产品质量标准4项，建设农科示范基地100亩，推广使用新技术7项；成立了全区首个蔬菜专业合作社，完成2个“农家乐”示范项目建设；特色优势农产品黑皮冬瓜实现产值4790万元，同比大幅增长170%；农村居民年人均纯收入7942元，同比增长12.5%。农村环境持续改善，投入450万元，完成10条新农村示范村创建工程。完成30条自然村通自来水工程；保障了农村群众饮用水卫生安全。推进村村通公交工程，开通镇内6条公交线路，方便群众出行。完成450亩生态公益林建设。

城镇建设全面铺开。通过BT模式，实施了商业大道项目工程。完成了大布沙内街改造工程，镇容镇貌得到明显改善。大力配合做好征地拆迁工作，确保塘西一期大塘段工程、清龙线大塘段拓宽工程等重点交通工程顺利动工建设。投入200多万元，实施了镇文化活动中心装饰改造工程，完善公共文化服务功能。城镇生活污水处理厂BOT项目全面动工，消防中队、汽车站建设前期各项工作有序推进；渔民公寓、大塘实验幼儿园全面落成并交付使用，第四商住小区项目动工。结合新城区规划，加强土地经营和管理，公开挂牌出让了一批商住用地，引入社会资金建设商住项目，着力完善城镇商住配套功能。

社会事业健康发展。推行低保动态管理，2009年发放低保救济金125万元。成立了镇慈善超市，共有210多户困难家庭受惠。发放助学资金21万元，帮扶困难学生263名。完成11户低保危房维修。培训和转移本地农村富余劳动力和渔民180名，促进了劳动就业。全年累计投入450万元，完成了中小学信息网络工程、校园美化绿化工程以及校车更换工程，改善了办学条件。深化中小学人事制度改革，实施了教职工聘用制，教师待遇普遍得到提高。推进基层文化建设，新增农家书屋3间、星光老年之家3间，组织了一批文体活动进园区、进农村和进社区。落实人口计生目标层级动态管理责任制，圆满完成上级下达的各项人口计生任务指标。加强公共卫生体系建设，确保了公共卫生安全；完善社会治安防控体系，促进了治安环境持续好转。

行政水平得到提高。深入开展加强机关作风效能建设专题活动、第三批深入学习实践科学发展观活动，整改突出问题，增强了广大干部科学发展意识，促进了工作作风的转变。修订完善政府采购、工程招投标管理办法，规范了政府采购、工程招投标运作流程和具体行为，促进了廉洁行政，干净干事。加强镇属资产的经营和运作，理顺了一批历史债权债务。大力推进和落实项目融资，缓解了建设资金紧缺的局面。

【南山镇】 南山镇于2008年10月17日经省政府同意，省民政厅批复设立，由迳口华侨经济区和六和村委会合并而成。南山镇位于三水区最北端，与肇庆市的四会市、清远市的清新县接壤，总面积115.62平方公里，下设4个社区居委会和1个村民委员会，总常住人口2.7万人，户籍人口2.3万人（含归侨侨眷2432人）。南山镇地理位置优越，对外交通便捷，大佛山交通网纵一路和珠外环贯镇而过，距新白云国际机场、广州火车站、三水港车程均在40分钟车程内。良好的生态环境、深厚的文化底蕴、丰富的旅游资源，是佛山市著名的乡村旅游度假区。

2009年，实现GDP10.52亿元；工农业总产值36.65亿元，其中工业总产值30.7亿元，农业总产值5.95亿元，第三产业总产值1.1亿元，同比增长145.2%;实现各项税收4826.65万元，同比增长57.72%；引进项目5个，合同投资总额3.3亿元，同比增长112.9%；完成固定资产投资7亿元，同比增长16.74%。

休闲养生项目逐步落实。加快枕头湾水库的招商引资，推进南丹山旅游项目的建设，制定“农家乐”奖励方案，把农业园建设成为集现代农业生产、技术推广、教育培训、观光旅游于一体的农业观光基地，全年接待游客约40万人次。

民心工程建设加快。六山线扩宽工程正在紧张施工，连接择善、东和的光彩桥和东洲1号公路已完成。“村村通水泥路”全面铺开。迳口“萌茵花园”商住小区首期已顺利封顶。漫江大道、街心公园、中心广场及中心区道路、六山线塘排至鸡山路段、暾坳线梁屋至坳头路段、华侨新村西侧市政园林绿化工程已全面完成。第一代归难侨住房解困工程全面实施。迳口片卢屋村、曹寨村和长应村的新农村建设以及六和片10条自然村的新农村建设已完成，居民医疗保险参保率达95%以上

社会大局稳定。南山镇成立后，狠抓信访维稳工作，确保社会大局稳定。2009年投入40万元，设立面积达350平方米的综治信访维稳中心，全年办结各类来信来访20多起。大力开展普法教育，为群众解决了大量生产生活问题和群众纠纷，调解纠纷9宗，调解成功率100%。加强安全生产工作，没有发生重大安全事故。坚决打击违法行为，查处了8个违法瓷沙场，严肃查处偷采瓷沙的违法行为。积极落实农村出嫁女及其子女合法权益。

机关效能建设成效明显。切实加强了镇领导班子自身建设和机关作风建设，开展干部党员走访调研活动，解决人民群众关心的热点难点问题。严格落实党风廉政建设责任制，完善了重大工程招投标和财政管理等制度，认真开展反腐败警示教育和政务、村务公开工作。制定了机关管理制度，健全了机关效能建设制度，机关办事效率、工作作风不断改进。（何　鹰）

附录：2009年三水区党政主要领导名单

书　记：宋德平
副书记：卢立湃　邓国斌
常　委：袁　璐　郑运安　区柱明　杨志越　陈少浩　卢志雄　陈浩斌
区　长：卢立湃
副区长：陈浩斌（常务）　何绮红　何国辉　张卫红　郝卫兵　霍　平

现任三水区党政主要领导名单

书　记：卢立湃
副书记：刘东豪　邓国斌
常　委：袁　璐　区柱明　陈少浩　卢志雄　陈浩斌　李仕清
区　长：刘东豪
副区长：陈浩斌（常务）　何绮红　何国辉　张卫红　郝卫兵　霍　平

（2010年7月三水区供稿）

第十篇

社会统计资料

2009年佛山市主要经济指标

指标名称	计量单位	2009年	2009年比上年增长%
一、年末总户数	万户	110.46	1.6
二、年末总人口	万人	367.63	0.9
其中：男	万人	183.29	0.8
女	万人	184.34	1.0
年平均人口	万人	365.98	0.9
人口出生率	‰	9.72	-0.8
人口自然增长率	‰	4.72	1.7
三、国内生产总值	亿元	4820.9	13.5
第一产业	亿元	95.77	3.4
第二产业	亿元	3037.69	13.6
第三产业	亿元	1687.44	13.8
人均国内生产总值	元	80686	12.8
第一产业比重	%	2	-
第二产业比重	%	63	-
第三产业比重	%	35	-
四、农林牧渔业总产值	亿元	195.03	3.2
五、全部工业总产值	亿元	12675.15	-
其中：规模以上工业	亿元	11711.28	-
其中：轻工业	亿元	5564.62	-
重工业	亿元	6146.66	-

指标名称	计量单位	2009年	2009年比上年增长%
六、固定资产投资总额	亿元	1470.56	16.8
七、社会消费品零售总额	亿元	1408.78	17.8
八、地方财政一般预算收入	亿元	254.7	11.7
财政一般预算支出	亿元	266.99	9.2
九、出口总值	亿美元	245.78	–15.1
其中：内资企业出口	亿美元	96.83	–13.9
“三资”企业出口	亿美元	148.95	–15.9
实际外商直接投资	亿美元	18.74	3.7
十、金融部门存款余额(本外币)	亿元	7211.14	26.2
其中：城乡居民储蓄存款余额	亿元	3945.01	12.9
金融部门贷款余额	亿元	4101.97	36.7
十一、货物周转量	亿吨公里	168.63	7.2
旅客周转量	亿人公里	67.91	24.5
港口货物吞吐量	万吨	5099.38	–1.1
十二、移动电话用户	万户	944.31	6.5
固定电话用户	万户	269.46	–10.8
移动电话交换机总容量	万户	1201	8.3
固定电话交换机总容量	万门	294.26	6.2
十三、旅游总收入	亿元	204.86	10.1
接待过夜总人数	万人次	835.9	4.2
十四、小学学校数	所	429	–4
小学在校学生	万人	43.42	–2.8
普通中学学校数	所	179	0
普通中学在校学生	万人	32.31	–0.1
高等学校在校学生	万人	3.7	0.2

指标名称	计量单位	2009年	2009年比上年增长%
初中毕业生升学率	%	98.83	–
高中毕业生升学率	%	83.79	–
十五、卫生医疗机构	个	1249	0.4
其中：医院	个	57	0
卫生机构病床数	张	21456	4
各类卫生技术人员数	万人	3.15	7
十六、在岗职工年人均工资	元	34106	9.9
农村居民人均纯收入	元	10699	10.8
十七、市区每百户居民拥有：			
彩色电视机	台	138.5	5.3
电冰箱	台	101.5	0.5
洗衣机	台	100.5	0.5
淋浴热水器	台	119.5	2.6
组合音响	套	58.5	1.7
影碟机	台	–	–
空调器	台	245.5	1.9
摩托车	辆	94.5	–5
家用电脑	台	111.5	3.7
移动电话	部	244	2.3
十八、主要农业产品产量			
粮食	万吨	9.75	2.6
其中：稻谷	万吨	6.93	4.1
蔬菜	万吨	141.13	6.3
水果	万吨	5.76	–6.4
肉类总产量	万吨	28.09	4.2

指标名称	计量单位	2009年	2009年比上年增长%
其中：猪肉	万吨	14	3.6
水产品总产量	万吨	54.91	2.1
其中：塘鱼	万吨	53.61	2.3
十九、主要工业产品产量			
酱油	万吨	146.76	33.4
布	亿米	8.37	–0.5
机制纸及纸板	万吨	63.88	–12.2
塑料制品	万吨	209.83	3.3
铝材	万吨	231.95	5.7
家用电冰箱	万台	543.13	29.8
电风扇	万台	2567.52	–12.7
房间空气调节器	万台	1476.53	6.9
微波炉	万台	4179.08	8
灯泡	亿只	17.35	–9.4
彩色显像管	万只	62.72	–72
照相机	万台	884.15	–46.3
发电量	亿千瓦小时	82.60	35

（市统计局）

第十一篇

文件·法规选编

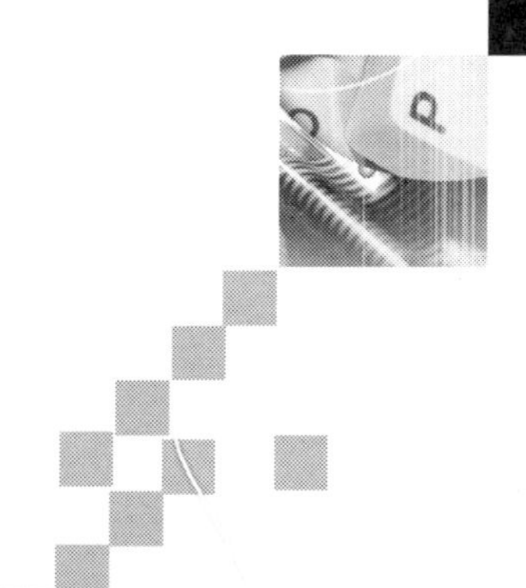

印发完善居民住院和门诊基本医疗保险制度意见的通知

各区人民政府，市政府有关部门、直属有关机构：

《关于完善居民住院和门诊基本医疗保险制度的意见》业经市政府同意，现印发给你们，请遵照执行。执行中如有问题，请径向市劳动保障局反映。

二〇〇九年一月二十二日

关于完善居民住院和门诊基本医疗保险制度的意见

为了进一步完善我市居民基本医疗保险制度，逐步提高住院和门诊基本医疗保险制度的保障水平，根据广东省人民政府办公厅《关于建立城镇居民基本医疗保险制度的实施意见》和佛山市《关于建立佛山市居民基本医疗保险制度的指导意见》、《关于建立佛山市居民门诊基本医疗保险制度的指导意见》精神，结合我市实际，现提出以下意见：

一、调整参保居民住院和门诊基本医疗保险费用的报销比例

（一）各区参保人员纳入基本医疗保险范围的住院医疗费用的平均报销比例不低于55%；

（二）各区参保人员纳入基本医疗保险范围的门诊医疗费用的平均报销比例二级医院不低于70%、一级医院不低于80%、社区医院不低于90%。

二、居民门诊基本医疗保险基金年度使用比例（率）及计算方法

（一）各区要结合本区实际，确定承办居民门诊基本医疗保险的定点医疗机构年度内的门诊基本医疗保险基金使用比例（率）。为了使基金更好的发挥作用，各区为各定点医疗机构确定的门诊基本医疗保险年度基金使用比例（率）不低于85%。各区医保经办部门要与各定点医疗机构定期进行居民门诊包干经费结算，定点医疗机构年度内基金使用比例（率）在85%以上的，医保经办部门按全额包干费用结算；定点医疗机构年度内基金使用比例（率）在85%以下的，医保经办部门按实际发生费用结算，年度结余的基金结转次年统筹使用。

（二）基金年度使用比例（率）计算公式：

医疗保险基金年度使用比例（率）= 医疗保险基金年度支出金额 ÷ 医疗保险基金年度征收总额 ×100%

三、控制居民门诊药费自费率

各区参保人员到定点医疗机构门诊就医的平均每诊次药费，自负费用占总药品费用的比例（率），应控制在25%范围以内。

四、适当增加居民门诊医疗服务项目

各区在稳步推进居民门诊医保制度的前提下，应根据本区的实际情况，适当增加一些常规的基本医疗服务项目纳入报销范围，增加门诊三大常规化验项目、胸部透视、心电图检查等纳入医保报销范围。

五、组织实施

（一）加强组织领导。居民住院、居民门诊两个基本医疗保险制度的实施，关系到广大人民群众的切身利益，政策性强，涉及面广，各区政府要切实加强组织领导，为完善居民基本医疗保险制度创造条件。区劳动保障、卫生、财政部门通力合作，确保居民基本医疗保险制度顺利推进，进一步完善居民基本医疗保险制度。

（二）加强宣传力度。各区要认真总结居民基本医疗保险制度的实施情况，更加深入广泛地加强宣传力度，采取多种渠道、多种方式的宣传，使广大参保居民和社会各界更加理解、支持和参与居民基本医疗保险制度建设。

（三）建立满意度民意调查机制。各区要将居民基本医疗保险制度建设、医保经办部门参保登记服务、定点医疗机构医疗服务等，细化为调查内容，组织有关人员或聘请专门的调查机构，开展民意调查，并将调查结果向社会公布。

六、本意见于2009年2月1日起实行。

印发进一步加强基层医疗卫生机构建设意见的通知

各区人民政府，市政府有关部门、直属有关机构：

《关于进一步加强基层医疗卫生机构建设的意见》业经市政府研究同意，现印发给你们，请认真贯彻执行。市政府将适时组织相关部门对落实情况进行督查，执行中遇到的问题，请径向市卫生局反映。

二〇〇九年二月二十七日

关于进一步加强基层医疗卫生机构建设的意见

为积极配合市政府推进居民基本门诊医疗保险制度，进一步提高我市基层医疗卫生机构的服务能力和水平，加快基层人才队伍建设和人才培养，提高基层卫生人才队伍的整体素质和服务水平，促进基层医疗卫生事业的发展，切实解决群众“看病难、看病贵”的问题。提出以下意见：

一、指导思想和目标任务

（一）指导思想

以邓小平理论和“三个代表”重要思想为指导，全面落实科学发展观，坚持以基层为重点的卫生工作方针，深化基层卫生体制改革，优化卫生资源配置，加大基层卫生投入，加强基层卫生人才队伍建设，努力改善基层医疗卫生状况，逐步缩小城乡卫生差距，满足群众公共卫生和基本医疗需求，不断提高群众的健康水平和生活质量。

（二）目标任务

加强基层卫生服务体系建设，健全和完善基层卫生服务网络；制定和落实人才和技术对口帮扶政策，采取有效措施引导、组织大中型医疗卫生机构的卫生专业技术人员到基层医疗卫生机构服务；完善全科医师、社区护士等基层卫生专业技术人员的培养制度，逐步在基层建立一支以全科医学为主体，包括中医、西医、公共卫生、护理、药学等卫生专业技术人员以及基层卫生管理人员的基层卫生人才队伍，加快基层卫生服务网点信息系统的建立，全面提高基层卫生服务体系的服务能力。

二、切实加强基层卫生服务体系建设

（一）进一步加快基层社区卫生服务网络建设

各区要在综合考虑服务人口数量与分布、居民主要卫生问题、健康需求、卫生资源利用和经济发展水平等因素基础上，不断完善区域卫生发展规划，有计划、有步骤地建立健全以政府举办的镇街卫生院（社区卫生服务中心）、村卫生站（社区卫生服务站）为主体，以社会力量举办的基层卫生服务机构和诊所、医务所（室）、护理院等为补充的基层卫生服务体系。按照每3万~10万居民或每个街道（镇）范围内1个的标准设置镇街卫生院或社区卫生服务中心，并根据实际需要设置社区卫生服务站。各地在网络建设中要坚持政府主导原则，完善相关经费补助政策。对于新建的公立社区卫生服务站按照每站不低于30万元的标准给予一次性建设补助，以区镇（街）两级财政投入为主。现阶段要着力从3个方面加大工作力度：一是大力调整现有卫生资源。镇街卫生院在当地政府的支持下，按照立足于调整现有卫生资源、辅以改扩建和新建的原则，建设延伸医疗服务网点，并通过大力推进基层医疗服务网点“镇村一体化”管理，加强对现有基层卫生站的人员、药品、医疗服务的规范和监管，提高其服务质量和服务能力。二是大力促进优质医疗卫生资源向基层转移，重心下移。鼓励城市大中型医院利用自身技术优势，以合作的方式做强基层卫生服务机构，开展延伸服务，促进优质卫生资源向基层转移，提高基层卫生服务机构建设水平。三是要按照平等、竞争、择优的原则，统筹基层卫生服务机构发展，支持社会力量参与举办基层卫生服务机构，完善基层卫生服务网络。

（二）完善基层卫生服务网点信息系统

按照《佛山市卫生信息化发展规划（2006~2010年）》的要求，全市要建立比较完善的、统一的社区卫生信息管理系统，应用现代信息技术，对基层卫生服务和管理实行流程再造，加强管理和绩效考核，不断提高基层卫生服务和管理水平。

社区卫生信息系统与全市卫生信息数据中心联网，逐步建立覆盖全体居民的佛山市居民电子健康档案，实现佛山市居民医疗卫生服务“一卡通”，实现基层卫生服务机构与上级医院的双向转诊，实现参保患者门诊、住院的就医信息与社保中心联网，实现社区卫生信息系统与市医保经办部门信息的实时数据交互；建立院内完善的医疗信息统计分析系统，及时监控参保患者门诊、住院费用的发生情况及医疗质量、医疗服务行为。同时，利用信息技术手段，建立和实施基层卫生服务考核体系，将基层卫生服务机构的绩效分配机制从原来“以收益为基础”调整为“以效率为基础”，充分体现“按劳取酬”和“优劳优得”，激发医务人员的工作积极性，提高工作效率。对全市基层卫生服务机构进行考核，提高政府公共卫生经费的使用效率。按照卫生信息化建设的实际需要，社区卫生信息系统软件开发费用由市、区财政统筹解决，合理分担。市级财政约需投入118万元的软件开发费。各区、镇政府和医疗机构可按每个基层卫生服务站的信息化软、硬件需求投入不低于6万元的启动资金。

（三）加强医院内涵建设，逐步完善基层卫生服务功能

基层卫生服务机构及人员要更新服务观念，开拓进取，把工作重点放在优化和完善基层卫生服务功能上来，围绕着“以人的健康为中心，以健康需求为导向”开展各项工作，一是为居民提供方便、快捷、优质的基本医疗服务。居民患常见病、多发病、诊断明确的并可采用一般治疗手段的慢性病都能在基层卫生服务机构得到基本医疗和康复，不断提高居民在基层卫生服务机构的就诊率，让居民就近获得费用比较低廉、质量比较优良的基层卫生服务；二是为所有自愿的基层居民建立健康档案；继续为有需要的病人、老年人、残疾人提供家庭病床、家庭出诊、家庭护理、家庭康复等服务，不断提高居民对基层卫生服务机构的满意率。三是落实基层公共卫生任务。开展社区健康状况调查，掌握社区居民的总体健康状况和疾病流行态势，针对危害居民健康的主要危险因素，有计划地实施社区干预。各区要根据基层卫生服务机构服务人口数和提供的公共卫生服务项目、数量、质量等指标，在全面考核的基础上，每年按照社区常住人口每人18~30元的标准核拨社区公共卫生服务经费，市级财政每年对各区给予一定的经费支持，用于社区卫生诊断及健康档案管理、健康教育、传染病防控等多项服务。以逐步加强基层医疗卫生机构的硬件、人才基础和建立基层疾病预防控制的长效机制。

（四）制定我市镇街卫生院基本建设标准，加快基层卫生基础设施建设

根据我市社会经济发展及群众需求等实际情

况，通过认真调研，制定符合我市实际的镇街卫生院基本建设标准。在各级政府的支持下，加强医疗机构基础设施建设，增加医疗业务用房，改善医院就医环境，添置与基本医疗服务内容相适应的诊疗设备和其他硬件设施，彻底改变我市部分镇街卫生院基础设施、设备落后状况，为确保城乡居民享受基本医疗卫生服务提供基础保障。

三、加快基层卫生队伍建设，健全和完善基层卫生人才培养体系，制定和落实人才和技术对口帮扶政策

（一）加快全科人才培养步伐，提高基层卫生服务能力

根据卫生部《乡镇卫生院卫生技术人员培训暂行规定》和《关于加强城市社区卫生人才队伍建设的指导意见》等文件的要求，结合我市基层卫生服务工作的发展现状，需进一步加强基层卫生人员培训体系的建设，大力开展乡镇卫生院各类卫生技术人员、乡村医师、全科医师和社区护士的培训工作。积极开展以适合基层卫生服务的医学新理论、新知识、新技术和新方法为主要内容的继续教育，加强大中型医院、预防保健机构对基层卫生服务机构的业务指导，加快基层卫生服务学科带头人队伍建设，逐步建立职责明确、分工协作、具有较高综合素质的基层卫生服务专业技术团队，为深入开展基层卫生服务工作提供人力资源保障。为进一步满足居民基本卫生服务需求，推进和谐社区建设，当前应着重做好全科医师和社区护士岗位培训工作。各区财政应设立社区卫生人员培训专项经费，列入年度预算，确保全科医师和社区护士岗位培训工作顺利开展并取得成效。

（二）实行城市卫生技术人员晋升高级专业技术资格前到基层卫生机构工作的规定

每年由市卫生局组织市第一人民医院、第二人民医院、市中医院、市妇幼保健院、市疾病预防控制中心、市职业病防治所等6个单位的卫生技术人员在晋升高级专业技术资格前指定到高明区基层卫生机构工作不少于半年时间。其他各区的二级以上医院的中级以上卫生技术人员也应在一个晋升周期中安排到各区镇街卫生院工作3～6个月。对于支援基层的卫生技术人员除保留其工资奖金及一切福利待遇外，还给予适当的生活补贴。

（三）建立二级以上医院对口帮扶镇街卫生院制度

帮扶原则。根据受帮扶基层医院的业务发展需要，遵循轻重缓急原则，优先安排最迫切需要提高的基层医院接受上级医院的帮扶；按照缺什么补什么、哪里薄弱加强哪里的原则，重点对医院管理、专科建设、临床诊疗技术等进行帮扶；原则上各区二级以上医院负责本地区卫生院的帮扶工作，确有困难的地区，由市直医院予以支援。

帮扶医院与受帮扶基层医院的确定。帮扶医院：全市二级及以上医疗机构均可作为帮扶医院，对受帮扶的卫生院提供援助。具体方案由市、区卫生局确定。受帮扶医院：主要是全市实力较弱的政府举办的镇街卫生院。需要接受帮扶的，先由各镇街卫生院提出申请，再由市、区卫生局（以区卫生局为主）审核确定。

帮扶形式与要求。

帮扶形式：包括派高年资医生上门坐诊、开展教学查房、免费接收进修培训、组织专题讲座、帮助规范与加强医院管理等，具体帮扶形式由建立对口帮扶关系的医院双方确定。

工作要求：建立对口帮扶关系的医院双方要签定对口帮扶协议，有效期为3年。到期后需继续帮扶的，报告市、区卫生局并经双方同意可续签协议。

各区卫生局具体负责辖区范围内镇街卫生院对口帮扶工作的组织管理。南海、顺德、三水区镇街卫生院帮扶工作由区卫生局自行组织完成；市卫生局将协助安排部分市直医院对禅城、高明区的镇街卫生院进行对口帮扶。建立对口帮扶关系的双方医院签署的帮扶协议应报受帮扶医院所在地卫生局备案。

市、区卫生局负责对镇街卫生院帮扶工作进行跟踪管理，有关工作情况每季度上报1次。

四、强化医疗机构监督管理，确保门诊基本医保工作顺利推进

市卫生局制定门诊基本医疗保险定点医院管理办法及考核标准，并成立门诊基本医疗领导小组。各区卫生局相应成立门诊基本医疗领导（管

理）、监督小组，对门诊基本医疗的就诊流程以及软硬件设施的配置标准做出明确具体的规定。从加强门诊医疗的基础管理、加强药品使用管理、加强收费管理、加强监督管理4个方面着力提高医疗机构自身管理水平和医疗服务质量。通过优化就诊流程，设立专门指引和咨询平台，努力为参保居民营造方便、及时、优质的门诊基本医疗服务环境。

各定点医疗机构要严格执行我市基本门诊医疗保险制度各项诊疗规定和要求。一是继续加强医生药品使用培训，养成在同等治疗效果的情况下，优先使用门诊医保目录内药品的习惯；二是对病人的检查、治疗、用药应与诊断一致，做到合理检查、合理治疗、合理用药，在控制医疗成本的同时，保证医疗质量，不能追求经济效益而忽视社会效益；三是严格执行门诊处方限量的规定，按规定必须将门诊普通病与特殊病的药品及项目分别开具，杜绝以物串药、以药串药、伪造、涂改、不如实记录等现象，按有关规定保存病历资料；四是严格掌握出入院及监护病房的收治标准，根据病情需要按规定实行转诊转院；五是要建立医疗保险定点医院社会评价体系，在诊疗、服务、守信等方面对参保患者定期进行问卷调查及座谈，满意率要达到95%以上。

五、明确职责，加强配合，落实各项基层卫生建设工作任务

各级政府要建立健全政府领导、部门协作、职责到位的基层卫生工作机制，建立检查、督导和评估制度，推动基层卫生工作的开展。

发展和改革部门要将基层卫生纳入国民经济和社会发展规划，加强基层基础卫生设施建设，会同卫生部门完善并实施区域卫生规划，优化卫生资源配置。

财政部门要随着当地经济增长和财政收入的增加，加大对基层卫生的投入力度，落实各项财政补助政策，促进全市基层卫生工作目标的实现。

劳动社保部门制定医保制度时要加大对基层医院的倾斜力度，有效引导群众到基层医院就医，合理使用医疗资源。

卫生部门要发挥主管部门职能作用，做好基层卫生工作的综合管理、业务指导工作，建立和完善基层卫生网络，加强基层卫生队伍建设，提高卫生服务质量和服务效率。

关于授予莫伦等 11 名外国专家 2009 年“佛山友谊奖”的决定

各区人民政府，市有关单位：

为早日实现佛山建设“现代制造基地、产业服务中心、岭南文化名城、美丽富裕家园”的战略目标，推动佛山全面转入又好又快的科学发展轨道，近年来，我市继续积极引进国外专家。应邀（聘）前来我市工作的外国专家在我市经济建设和友好合作中作出了很大的贡献。为表彰他们在各自岗位上的出色表现和突出贡献，根据《佛山市“佛山友谊奖”授予办法》（佛山市人民政府令第 2 号），市政府决定授予莫伦等 11 名外国专家“佛山友谊奖”（名单附后），颁发荣誉证书和奖牌。

附件：“佛山友谊奖”获奖名单

二〇〇九年九月二十二日

附件：

“佛山友谊奖”获奖名单

莫伦（美国）	杜邦帝人薄膜中国有限公司	总裁
刘春草（马来西亚）	佛山市文学艺术界联合会	顾问
格尔德 · 施图克（德国）	佛山市禅城区交通局	顾问
庄禧安（挪威）	欧司朗（中国）照明有限公司	总裁
保美弘幸（日本）	佛山市国星光电股份有限公司	日方统括部长
濱田保（日本）	爱信精机（佛山）车身零部件有限公司	总经理
巴尔多尼 · 伊万（意大利）	萨克米机械（佛山南海）有限公司	生产及质量部经理
周小天（德国）	海信科龙电器股份有限公司	总裁
禹亨泽（韩国）	广东顺德浦项钢板有限公司	总经理
斋加章夫（日本）	日密科偲橡胶（佛山）有限公司	董事长
张东熹（韩国）	农标普瑞纳（佛山）饲料有限公司	总经理

第十二篇

企业事业单位介绍

FOSHAN NIANJIAN

广东省法制教育所

广东省法制教育所自2003年成立以来，严格执行党的方针政策，认真贯彻落实科学发展观，坚持以人为本，对受教对象实行人性化管理、人文教育。全所68.33%工作人员取得专业技术资格，其中有1/4的工作人员取得中级职称。在软件无先例、安全压力大、教育任务重的艰难情况下，该所一班人团结一致，大力发挥乐于吃苦、甘于奉献、勇于拼搏、敢于创新的工作精神，在实践工作中，引入社会工作理念指导工作，并运用心理辅导、社会工作等富有针对性、实用性、专业性的方式方法开展教育，积极为受教对象办实事、解难事，探索出了一条“教育模式社会化、教育队伍专业化、教育方法科学化”的新路子，工作特色明显，教育成效突出，受教对象经教育好转后顺利回归社会，期内好转率达95%，取得了场所持续安全稳定、教育质量稳定提高、教育队伍健康发展“三丰收”，为维护社会和谐稳定作出了突出贡献，得到了各级党委政府和上级主管机关的充分肯定，赢得了社会各界、受教对象及其亲属的一致好评，收获了良好的社会效果。由于成绩突出，该所连续6年被评为“教育工作先进单位”、“安全稳定工作先进单位”、“廉政建设先进单位”；荣立“集体二等功”1次，先后被授予“省文明单位”、“青年文明号”等荣誉称号；在历年的该系统年度考核中均被评为“优秀”等次；2009年被推荐申报“集体一等功”、“第三届广东省人民满意公务员先进集体”；累计有33人次立功受奖。

地址：三水区西南街道同福北路23号　邮编：528100
电话：（0757）87775112　传真：（0757）87775112

南海区大沥镇平地小学

南海区大沥镇平地小学是广东省一级学校，位于广佛公路平地路段北侧，学校创建于1927年，现已发展成一所环境优雅、场室齐全、设施先进、颇具规模的现代化学校。更是一所人文底蕴厚积、办学特色鲜明、教育成果显著的特色学校。从这里先后走出了省游泳赛冠军黄瑞葵、卢顺洁；全国跳远和短跑冠军黄桂珍；省田径冠军黄镜标；连续10次荣获全国赛跳远冠军并两次破全国记录、并在1978年获第八届亚运会跳远冠军的邹娃；广东省少年射击冠军温伟雄；全国青少年锦标赛200米栏与400米栏冠军并破记录的陈振华；南海市第一个获全国数学“华罗庚杯”铜奖的黄宇恒等。

近几年来，学校全面开展新课程改革实验，各项工作一年一个新台阶。先后荣获南海区知识产权教育示范学校；南海区交通安全学校；中国青少年素质教育研究实践基地；南海区机器人教学与实训基地；南海区青少年信息学奥林匹克网点学校；VCHINA视像中国香港－南海远程教育试验学校；佛山市绿色学校；佛山市体育传统项目（网点）学校等区、市级荣誉称号。

我校在数学、田径、文艺、体育、科技等方面参加镇、区级比赛中均名列前茅。近几年开展的机器人特色教学更是成绩突出，蜚声中外。在机器人灭火、足球、篮球、FVC工程挑战赛、国际VEX机器人挑战赛等国内外比赛中屡获金奖、频频折桂。2010年5月17日，在佛山市教育博览会上，我校机器人特色教育受到市委书记陈云贤的高度称赞。未来的平地小学将一如既往、勇立潮头、开拓奋进，成为广佛圈一朵耀眼夺目的教苑奇葩。

▲市委书记陈云贤盛赞平小的办学特色好。

地址：南海区大沥镇盐步平地德政路6号　邮编：528247
电话：（0757）85773677　传真：（0757）85769697

南海区九江镇镇南村

南海区九江镇镇南村位于九江镇西北部，东邻烟南村、河清村，北靠西樵镇新田村，西面与高明隔江相望，龙高公路贯穿其中。全村辖区4平方公里，共有耕地3540亩，其中鱼塘2921亩，旱地619亩。下设3个村民小组，742户，常住人口2722人，党员92名，2009年农民人均纯收入达到9790元。

镇南村在镇委、镇政府的正确领导下，深入贯彻落实科学发展观，在发展经济建设同时大力开展文明生态家园建设，近年来通过投入大量的资金，全面对全村环境进行升级，如道路硬底化、内河涌整治、休闲公园、篮球场、健身器材建设等工程，使村内自然生态环境焕然一新。镇南村在近年的各类评比屡获佳绩，连续两年被评为卫生村A级，相继成为佛山市生态示范村、南海四星健康村、南海区“十好”和谐文明村、南海区体育强区五星级村委会、民主法治村等光荣称号。随着社会的不断发展，镇南村必定与时俱进，朝创建绿色、平安的和谐农村社区推进。

顺德区容桂街道小黄圃社区居委会

小黄圃社区位于容桂区东南面，总面积9平方公里，有住户1800多户，常住人口8000多人、流动人口5000多人。1998年3月，经顺德市人民政府批准，与东升管理区合并，称小黄圃管理区，分东坊、南联、北坊、北大、东升五个股份合作社。2000年1月管理区改为村民委员会，2001年8月再由村民委员会转为居民委员会至现在。

自改革开放以来，本社区有翻天覆地的变化。新建五个居民住宅新村：东南新村、新地新村、北坊新村、北大新村、东升新村。1990年新建学校一座，占地38亩，有教职员工48人，学生950人。区内还建有医院一间，集中西医科，有住院部，医疗器械设备齐全，可以做大的复杂的手术。敬老院一间，幼儿园一间，托儿所六间，电影院一间，两队业余曲艺组，水厂两间，供电站一座，农贸市场一个，银行三间，大小公园十个，篮球场七个，跨海大桥三座，交通道路与市、镇连成一体化，工商业发展迅速，初具城市化规模。

本区本着“立足社区，服务群众”的宗旨，以创建环境优美，治安良好，生活便利，关系和谐的文明社区为目标，利用现有的社区资源，从实际出发，全面推进社区建设工作。通过社区服务中心，大力推行社区服务，开展面向老人、儿童、残疾人、社会贫困户、优抚对象的救助服务和福利服务，面向社区居民衣、食、住、行的便民利民服务。加强对社区的物业管理，对区内的环境卫生、治安、绿化等工作进行规范化管理，为居民提供一个优美整洁，安全舒适的居住环境。加强群众性的政治思想教育，法制教育，科普和卫生保健教育，全面推进居民的思想文化素质，有效地防止各种腐朽思想的侵蚀，丰富群众的精神文明生活，增强社区的凝聚力和归宿感。同时，积极发动社区单位和居民参与社区建设，共同营造“共驻共建”文明社区良好氛围。

地址：顺德区容桂街道小黄圃眉蕉路6号
电话：（0757）28373030 传真：(0757)28306285

南海南兴树脂有限公司

南兴树脂有限公司是一间中外合资从事研究、生产鞋用粘胶10多年的专业公司。从国外引进年生产能力为数万吨的全套精密先进生产、检验设备，与德国Bayer、日本DENKA及美国、西班牙等其他海外公司有着密切的原材料及技术合作。公司主要产品包括传统系列胶粘剂、表面处理剂、硬化剂及新型无三苯系列产品，并在新一代水性产品上有着卓越的表现。供应国内外鞋业、手袋箱包及建筑工程单位使用。公司始终保持产品的良好品质及专业特性，并倍受广大客户好评。

公司以提高国内鞋业产品档次为宗旨，将不断提高产品的质量标准，不断完善售后服务，不断研究开发环保概念的新产品，为国内鞋业走向世界而继续努力。

佛山市南海波丽塑料包装有限公司

佛山市南海波丽塑料包装有限公司隶属于台湾禹昌国际集团。禹昌国际集团系国际著名的专业制造各类食品包装容器的生产设备企业，用户遍及中国、东南亚、美国、日本、欧洲等全球发达地区，仅驻亚洲各国的营销据点就有25家之多，另拥有13家超大型专业生产“一次性塑料餐饮用品”工厂，是总员工人数超过2500人的专业制造、生产“一次性塑料餐饮用品”设备及产品的跨国集团。

南海波丽塑料包装有限公司是台湾禹昌国际集团全球最大生产一次性塑料餐饮用品工厂。保护用者健康是企业宗旨！产品务必达到安全、卫生、优质，物超所值为企业生存原则！为配合国家保护国民饮食安全强制推行QS准入制的需要，投入巨资再次升级企业，并仅一次便成功全面通过QS认证大关！

产品特性：公司的塑料食品包装容器产品，主要以食品级聚苯乙烯（PS）及聚丙烯（PP）为原料，采用自动化高温成型设备与技术，生产过程达到安全卫生之最高要求，以确保产品品质与检疫合格，使得食品得以保存鲜美，利于消费者健康需要。此外，精美的产品再加上公司淋膜或印刷技术，更能衬托出食品的附加价值，发挥广告的效益！

地址：南海区狮山镇松岗万石 邮编：528234
电话：（0757）85882898 传真：（0757）85226152

佛山市南海福和玩具有限公司

佛山市南海福和玩具有限公司（Foshan City Nanhai Forward Toys Co., Ltd.）成立于2000年，是香港永和实业有限公司的全资附属公司。本公司主要生产塑胶及电子玩具，素以产品质优而著称，自开业以来，生产量逐年递增，业务蒸蒸日上，规模不断扩大。现厂房面积4.2万多平方米，员工约3500人。

随着公司制度的不断完善及员工们的辛勤工作，本公司的业务逐年提高。本公司产品主要销往美国、欧洲及亚洲等世界各地。

本公司的目标是致力保持我们在塑胶玩具制造业的市场潜力，使产品能够不断改善，日臻完美。我们采用国际质量管理标准进行管理，务求在生产过程中，保证完全达到客户要求及国际玩具安全标准。2003年通过了ISO9001：2000质量管理体系的认证，2009年1月取得中华人民共和国广州海关适用AA类管理决定书以及于2010年获得中国合格评定国家认可委员会（CNAS）认可实验室。

地址：南海区盐步盐桂路河西工业区
电话：（0757）85775547 传真：（0757）85776663

佛山市南海华樵建筑工程有限公司

我公司成立于1958年2月，自成立以来，均具独立法人资格。1980年前隶属南海县建工局，1981年划入南海二建并先后改名为：南海市第二建筑工程公司西樵工区、南海市第二建筑工程总公司第二公司。随着企业的壮大和适应发展的需要，于2003年10月更名为“佛山市南海华樵建筑工程有限公司”。现企业主项资质为房屋施工总承包贰级，增项资质有：市政施工总承包贰级、钢结构专业承包贰级、装饰装修专业承包贰级、土石方专业承包贰级。

在上级部门的领导下，公司不断发展壮大，有职称人员158人，其中高级职称人员6人，中级职称30人，并配备相应足额的持证上岗人员。多年来，经全体员工的共同努力，取得了可喜的成绩。其中：西樵人民医院住院楼（RC /12层，2.45万m²）和西樵人民医院门诊医技楼(RC/4层，2.31万m²）均被评为佛山市优良样板工程。公司近年被评为纳税先进单位和纳税大户，受到佛山市南海区政府的表彰。

我公司今后将一如既往，坚持“百年大计，质量第一”的宗旨，提高企业的信誉，在竞争中求发展，以务实的态度，竭诚为社会服务，为社会建设事业作贡献。

地址：南海区西樵镇江浦西路9号 邮编：528211
电话：（0757）86896638 传真：（0757）86888697

阿兹米特（汽配）佛山有限公司

阿兹米特汽配（佛山）有限公司成立于2005年9月9日，位于广东省佛山市南海区狮山镇小塘三环西路A区1号。占地面积3.72万平方米，公司类型是有限公司（日本法人独资），投资总额1500万美元，2005年5月至2008年5月为工场筹建期，2008年6月正式生产经营，现有职工200人。主要从事汽车排挡杆总成及零部件，变速箱零部件，摩托车及通用机变速箱机能零部件，相关构成品制造用的模具、夹具及构成部件的开发、制造和销售。

SEMILEDS 旭瑞光电股份有限公司

旭瑞光电股份有限公司（下称“旭瑞光电”）由美国SemiLEDs Corporation（下称“SemiLEDs”）与国内几家具有规模及影响力的LED相关企业共同出资组建，专业从事设计和生产LED外延、高亮度及大功率芯片。

旭瑞光电是SemiLEDs在中国投资的首个项目，于2010年1月在南海区注册成立，占地约100亩，总投资超过3.5亿美元，并计划在2013年底完成本投资的所有兴建项目。本项目完成后，能够生产4英寸外延片和大功率、高亮度、发光效率大于100流明/瓦的LED芯片。

旭瑞光电的制程技术源自SemiLEDs开发及该公司自有MvpLED™专利技术，使用金属基底和独特的芯片技术结构，具有更佳的电学和导热功能，可增加最终应用端的亮度和发光效率，这种突破性的创新先进技术，对于白光照明及大尺寸背光的应用都有着无可比拟的优势。

旭瑞光电计划在成立三年后上市，从成立伊始就完全按照上市公司的要求进行管理和营运。以打造中国最优秀的半导体外延芯片生产企业为目标，生产优质半导体照明产品，争取2015年成为世界半导体照明三强企业。

地址：南海区狮山桃园路与科教东路口
邮编：528222
电话：（0757）81082070
传真：（0757）81082075
网站：www.semileds.com

广亚铝业有限公司

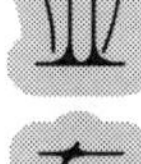
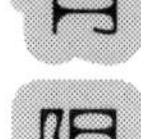

广亚铝业成立于1996年，总部位于佛山市南海区，2007年在佛山市三水区建立了大型生产基地。目前，公司已发展成为占地62万平方米、固定资产10亿元、员工4000余人、年产能力30万吨的大型现代化铝型材制造企业。作为国家生态建材示范企业、建设部建筑铝合金型材定点生产企业，广亚铝业拥有中国名牌产品、中国驰名商标、中国十大铝型材质量品牌、广东省高新技术企业、佛山市民最喜爱的品牌企业等一系列荣誉称号。

广亚铝业专业生产各种建筑、装饰和工业用铝型材，产品时尚高雅、品质优良，先后通过了Qualicoat、Qualanod、ISO/TS16949等质量认证。公司客户遍及全国绝大部分省份和欧美、澳大利亚、非洲、东南亚、中东、香港、台湾等国家和地区。

2009年，在金融危机席卷全球的情况下，广亚铝业成功突围，先后在山西运城和广西百色设立了铝棒、铝型材生产企业，现已相继投产。目前公司在四川眉山设立的生产基地也正在全面建设中，预计2011年建成投产。展望未来，广亚铝业将继续推动公司的铝加工产业向纵深方向发展，加快生产扩张的步伐，进一步巩固和强化公司的行业领先地位。

地址：南海区狮山镇官窑永安白沙桥东南侧　邮编：528237
电话：（0757）85883338　传真：（0757）85888683

广东精达里亚特种漆包线有限公司

广东精达里亚特种漆包线有限公司成立于2002年9月16日，坐落于南海区大沥镇长虹岭工业园，由铜陵精达特种漆包线有限公司（国内最大漆包线制造商）控股，美国里亚电磁线公司（Rea Magnet Wire Inc. 世界第二大电磁线和有色线产品的制造商）参股合资兴建，注册资本为1408.6万美元。公司占地65亩，设计产能为年产4万吨特种漆包线和裸铜线，是目前国内最大的特种漆包线（180级以上）生产工厂之一，产品主要面向珠江三角洲以及港澳地区。公司主导产品有：220级聚酰亚胺漆包铜圆线，200级聚酯亚胺复合聚酰胺酰亚胺漆包铜圆线；HFC空调压缩机用多层复合漆包铜圆线；180级聚酯亚胺漆包铜圆线，可广泛用于空调压缩机、冰箱、冷柜、洗衣机、吸尘器电机、工业特种电机、电器等。

公司产品获得国家质量监督检验检疫总局颁发“产品质量免检”证书和美国UL安全认证，产品符合欧盟RoHS指令要求，于2009年获得广东省科学技术厅认定为省高新技术企业，公司通过ISO/TS16949质量管理体系认证，OHSAS18001职业健康安全管理体系及ISO14001环境管理体系认证。

地址：南海区大沥镇长虹岭工业园长岗北路　邮编：528247
电话：（0757）85597011　传真：（0757）85580008

广东省著名商标

佛山市南海永兴阀门制造有限公司

佛山市南海永兴阀门制造有限公司是具有20多年阀门生产史、注册商标为㊙"永泉牌"、制造各类阀门的专业公司，是中国建筑金属结构协会给水排水分会阀门专业委员会副主任委员单位。

在10万多平方米的厂区内，为国内外市场提供26大系列、1000多种规格的"永泉牌"各类阀门。近年来，我公司自行创新设计的20多项专利产品可媲美于同类进口产品，用于高层建筑给排水、消防、中央空调管网及自来水公司、污水处理厂、泵房等。

主要专利产品有多功能活塞式水泵控制阀、可调减压阀、安全泄压阀、遥控浮球阀、缓闭止回阀、电动浮球阀、电磁控制阀、节能消声止回阀、双斜面弹性密封闸阀、启闭信号消防闸阀、全不锈钢定比减压阀、对夹消声止回阀，活塞式气囊水锤吸纳器及国内领先的倒流防止器。其中节能消声止回阀和带电触点开启指示消防闸阀荣获省级1999年度重点科研新产品证书。目前已具备生产通径2400mm阀门的能力。

国内许多重大工程都采用了㊙"永泉牌"系列阀门，如：北京奥林匹克运动场工程、广州市大学城、深圳港逸豪庭、江门得实计算机外部设备有限公司、顺德家电展览馆、贵阳市嘉信华庭、珠海自来水公司、中山市中山日报办公楼、佛山沙口水厂等等工程。公司生产的倒流防止器、多功能水泵控制阀、多功能水力控制阀系列等产品被中国建筑金属结构协会、给水排水设备分会评为工程建设推荐产品。

公司始终坚持以市场为导向，以科技进步为动力，努力打造出更多更好的品牌产品回报社会，服务于社会。

地址：南海区九江镇龙高路梅东段1号　邮编：528203
电话：（0757）86561111　传真：（0757）86557559

佛山市三水区金能燃料有限公司

佛山市三水区金能燃料有限公司是国有企业转制而成的股份制有限公司，成立于2000年11月23日，以煤炭储场、装卸中转及销售为主，兼营酒店旅业。

公司拥有属于自己产权的专用煤场100多亩，煤场位于北江河畔，距码头仅3公里，并紧贴321国道，更有铁路专线直达卸场，水泥通道贯穿每个煤仓，所有的煤仓都安装现代化的喷淋设备；场内设有完善的排水系统，污水均经过总容量为6000立方米的四级过滤池排放，有效地保持了场内和周边地区的环境。公司还拥有装备完善的运输装卸队伍、独立的化验以及专业技术人员，在煤炭的进场、接卸、堆放、调配、化验和出场等方面，均能为客户提供优质的配套服务。独特的地理位置，完善的设备设施，为煤炭中转、储存、经营提供了得天独厚的条件。每年超200万吨的煤炭中转量令金能煤场已成为珠三角大规模的煤炭集散地之一。

公司经营煤炭多年，拥有一批具有丰富经验和开拓精神的专业营销人员。与国内大型的煤矿集团保持有良好的合作关系。每年的煤炭销售量超20万吨，遍布整个珠江三角洲，能最大限度地满足客户要求，及时、准确地供应优质价廉的煤炭。

公司还兼有酒店旅业等多元化经营。属公司产权的金能大夏建筑面积3671平方米，配套了完善的旅业饮食、歌舞娱乐等服务，并设有2059平方米的停车场。酒店的经营既为公司带来可观的效益，也能使广大往来客户在工作之余得到充分的休息和享受。

公司确立忠诚服务、货真价实、稳健经营、坚守信誉的宗旨，与广大客户共同进步，共创未来！

地址：三水区西南街道环城路73号　公司办公室电话：（0757）87715733
业务销售电话：（0757）87724789　煤场客服电话：（0757）87832135

佛山三水金源人造皮革有限公司

佛山三水金源人造皮革有限公司地处有"魔水之乡"之称的广东省佛山市三水区。是一家专业生产中高档的PVC SEM–PU和湿法PU合成皮革（后段加工）的独资企业。

公司从1997年筹建，1998年5月正式投产运行，占地面积1.67万平方米，固定资产480万美元，注册资金360万美元。现有两条PVC/PU主机生产线，配套有三版印刷机、饰面机、压花机、喷涂机、辊涂线等后处理设备，产品具有低毒、耐寒、阴燃、腊感、珠光、夜光、金色等特点。特别是我公司生产的PVC硅胶产品享有相当的市场信誉，还可按照客户的要求度身定做。我公司的产品可广泛用于沙发、家具、箱包、服装、鞋类、玩具等方面。

地址：三水区西南街道金本工业大道59号　邮编：528132
电话：（0757）87514163　传真：（0757）87515975

佛山市三水兆丰和塑料制品有限公司

PolyTech Plastic Production Co.,Ltd　兆丰和塑料制品

佛山市三水兆丰和塑料制品有限公司1980成立于广州，因发展需要，2004年建厂于三水大塘工业园。

在多年的奋斗创业过程中，本公司以认真踏实，坚持不懈的精神，不断进行产品的开发和创新，设备更新换代和质量上的研制改良，时至今日，本公司正由一个手工操作的小作坊，发展到成拥有众多先进设备的小型企业。园林式厂区面积6万多平方米，注塑机、吹瓶机、吹模机等数10台以及十几条塑胶软管生产线。

本公司生产各类塑胶制品，专业产品有膏霜瓶、液体瓶及多种规格的塑料软管，附带有印刷、烫金、喷涂等配套工艺，产品适用于化妆品、洗涤品、药品、涂料等包装用途。

本公司多年以来一贯秉承"品质优良，诚信至上"的服务准则，赢得广大客户的信赖和支持。

本公司全体仝仁将继续以精益求精的经营理念及热忱完善的服务与各界人士携手共进！

江苏省南京市

南京地处长江下游中部，距长江入海口 347 公里，长江自西向东横穿南京市市区。南京是江苏省省会城市，现辖 11 个区，全市行政区域总面积 6598 平方公里，常住人口 816.1 万人。

台城

交通枢纽

作为国家定位的辐射带动中西部地区发展的重要门户，南京不断完善航空、水路、铁路、公路、管道等“五位一体”的交通运输体系。亚洲最大的客运枢纽——南京南站连接六个方向 18 条铁路，每天有 47 对列车经停南京。2012 年，南京禄口国际机场完成航空货邮吞吐量 24.8 万吨、旅客吞吐量 1400.15 万人次，南京港完成货物吞吐量 19197 万吨。以南京为核心，已形成辐射镇江、扬州、马鞍山等周边城市的“一小时都市圈”。

南京亚青会邀请函发送仪式暨倒计时一周年活动

科教中心

南京科技实力雄厚，现有国家级工程技术研究中心 16 家，国家级重点实验室 25 家，在宁中国科学院院士和中国工程院院士分别为 46 人和 34 人。南京正着力推进 20 家紫金科技创业特别社区、中国（南京）软件谷、模范马路创新街区等载体建设。2012 年引进世界 500 强企业研发机构 8 家、中国 500 强企业研发机构 11 家。南京现有 54 所普通高等学校、71.96 万在校大学生，万人在校大学生比例位居全国城市第一位，9.57 万在校研究生。

南京桠溪国际慢城

文化名城

南京是国务院首批公布的历史文化名城之一，现有世界文化遗产 1 处，世界级非物质文化遗产 4 个。南京着力彰显古都风貌与城市现代化相结合的独特魅力，打造老城南历史文化街区等重点项目。南京公共文化服务水平不断提升，2012 年开展广场文化活动 22291 场，参与人次 1000 万以上，现有博物馆 45 座。2012 年，南京文化产业增加值为 335 亿元，已建成国家级园区（基地）9 个。在 2012 年亚太文创产业协会公布的两岸城市文化竞争力排行榜上，南京名列第五。结合第二届亚洲青年运动会和第二届夏季青年奥运会的筹备工作，积极推进亚洲体育中心城市和世界体育名城建设。

中国南京国际软件产品和信息服务博览会

南京南站